徂徕山志

CU LAI SHAN ZHI

泰安市地方史志办公室　编

方志出版社
Publishing House of Local Records

图书在版编目（CIP）数据

徂徕山志 / 泰安市地方史志办公室编. — 北京：方志出版社，2015.10

ISBN 978-7-5144-1215-4

Ⅰ. ①徂… Ⅱ. ①泰… Ⅲ. ①山—泰安市 Ⅳ. ①K928.3

中国版本图书馆 CIP 数据核字（2015）第 051346 号

徂徕山志

编　　者：	泰安市地方史志办公室
责任编辑：	陈　华
出 版 人：	冀祥德
出 版 者：	方志出版社
	地址　北京市朝阳区潘家园东里 9 号（国家方志馆 4 层）
	邮编　100021
	网址　http://www.fzph.org
发　　行：	方志出版社发行中心
	电话（010）67110500
经　　销：	各地新华书店
印　　刷：	济南黄氏印务有限公司
开　　本：	889×1194　1/16
印　　张：	40
字　　数：	920 千字
版　　次：	2015 年 10 月第 1 版　2015 年 10 月第 1 次印刷
印　　数：	0001~4000册

ISBN 978-7-5144-1215-4/K·989　　定价：398.00 元

徂徕山 名片

■ 省级重点文物保护单位

■ 国家森林公园

■ 全国国营林场100佳

■ 全省爱国主义教育基地

■ 市级自然保护区

■ 泰山世界地质公园徂徕山园区

■ 国家AAA级旅游景区

■ 省级自然保护区

■ 省级环境教育基地

■ 全国重点文物保护单位

■ 全国首批森林氧吧

徂徕山抗日武装起义纪念碑

徐向前题

一九八七年九月

徂徕山国家森林公园

遲浩田

山东省泰安市

徂徕山 国

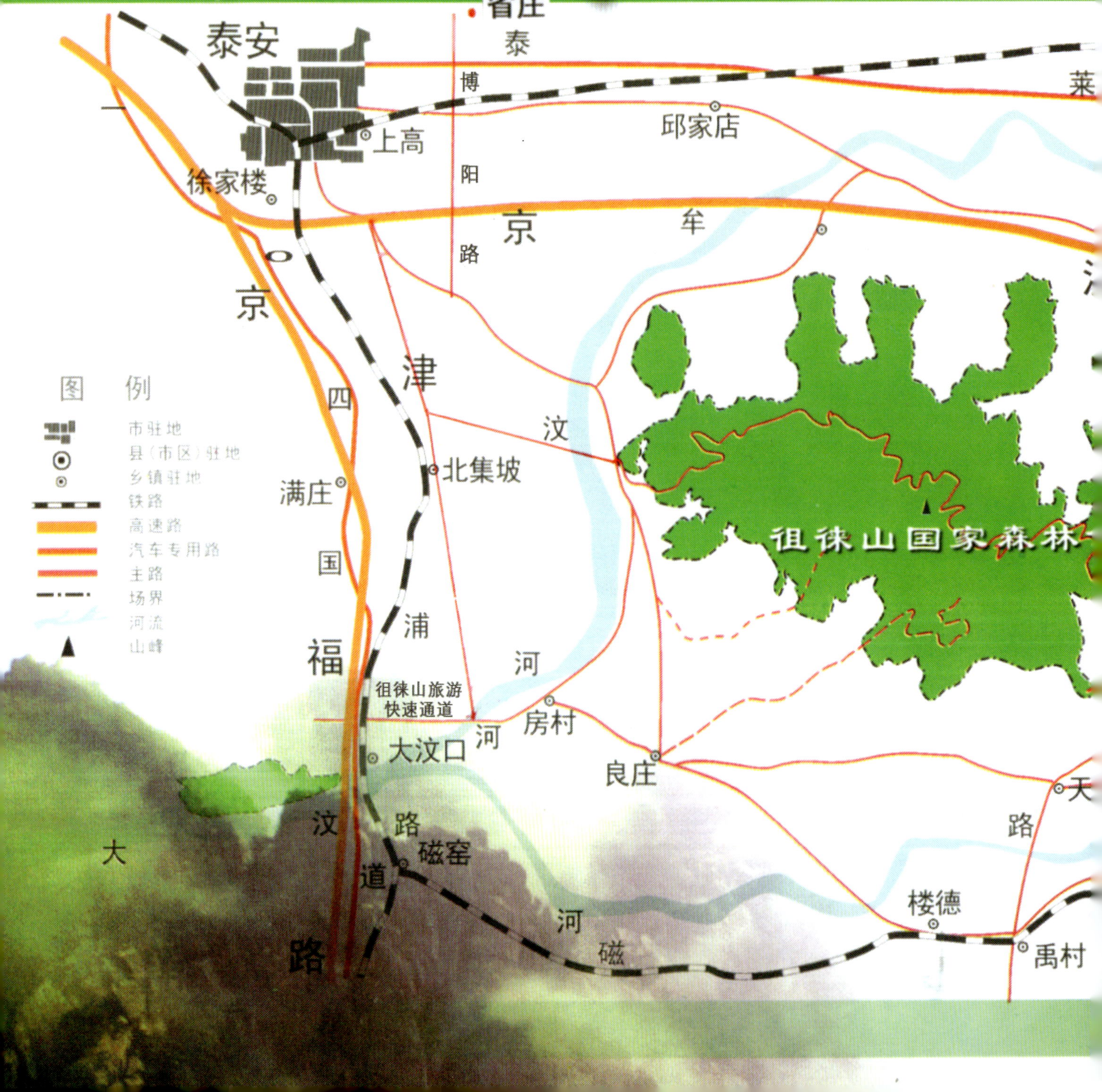
省庄
泰安
上高
徐家楼
邱家店
泰
博
阳
路
莱
京
牟
京
津
四
汶
北集坡
满庄
国
浦
福
河
徂徕山旅游
快速通道
房村
河
大汶口
良庄
汶
路
磁窑
道
大
路
河
磁
楼德
禹村
天
路
徂徕山国家森林
图 例
市驻地
县（市区）驻地
乡镇驻地
铁路
高速路
汽车专用路
主路
场界
河流
山峰

森林公园

位置示意图

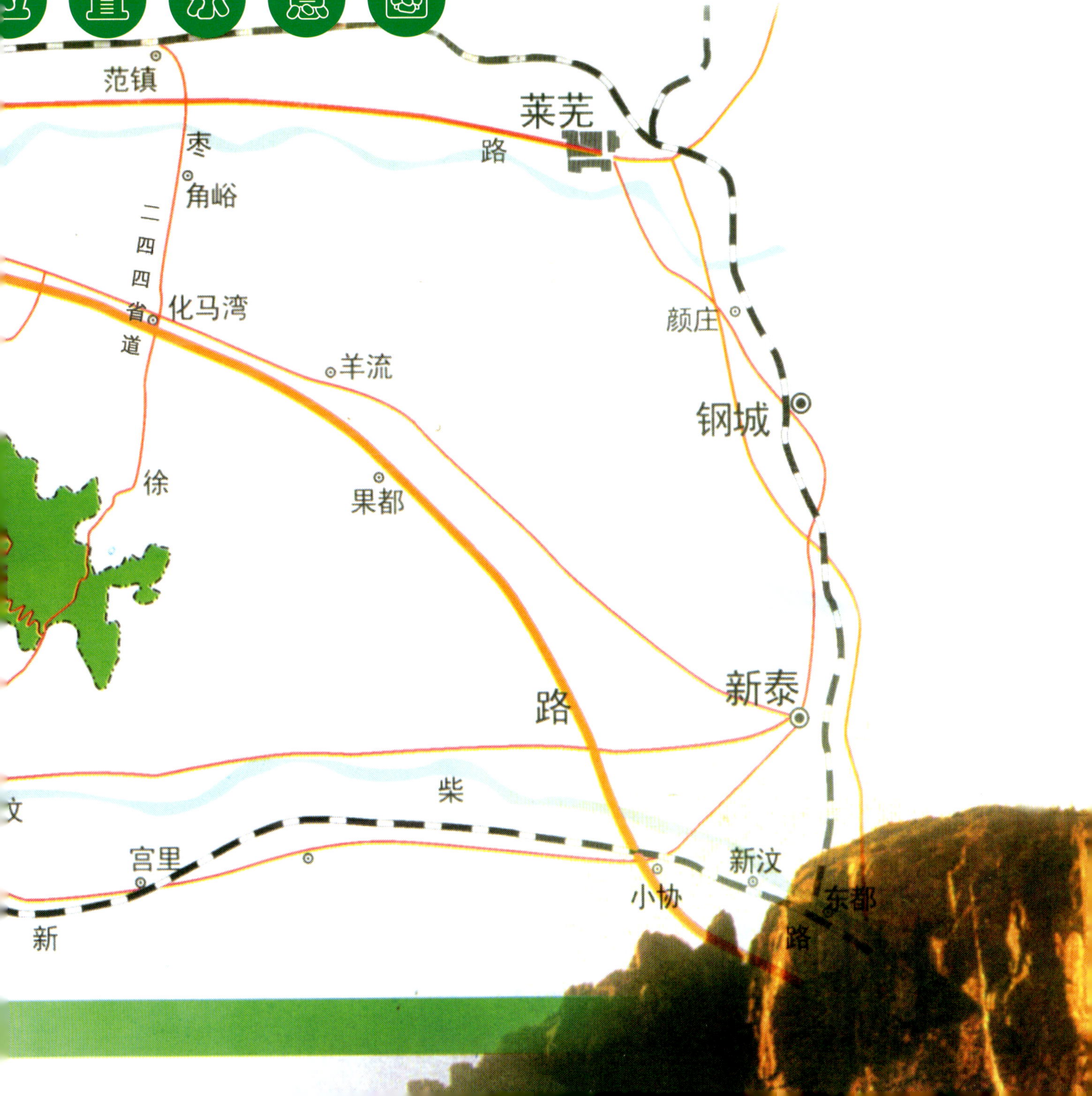

徂徕山汶河景区导览图

至莱泰高速
高速路收费站
唐誉路
至方特
至泰新路
泰文路
北环路
花样年华景区
博阳路
唐誉路
泰景观大道
汶河国家湿地公园
古博城遗址
旧县大桥
颜张坝
孙化路
至徂徕镇
滨河路
一天门大街
环湖路
泉林坝
原生态湿地
泰良路
环山路
汶
河
锣鼓山
滑雪场
度假村
温泉花园
森林浴场
温泉景区
作书房遗址
神女峰
攒石岗
度假山庄
大象石
佛脚
悟空拜师
定海神针
唐僧酣睡
佛谷
唐僧帽
崆崆山
崆崆山洞
中共泰安县委办公旧址
缠绵谷
玉潭飞瀑
招军石
锥子山
麒麟奔跑
骆驼峰
春阳沟
秋千架
游客服务中心
大寺景区
大寺
旧寺
盘山路
纪念碑
徂徕山林场场部
紧急救援中心
徂徕山旅游快速通道
徂汶河大桥
徂徕山大街
牛郎织女石
虹湾
剑劈石
十六
服务中心 service Center
出入口 Gateway
售票处 Booking Office
卫生间 Toilet
停车场 Parking Lot
餐厅 Restaurant
公交站 Bus Station
大桥 Bridge
河流水库 River & Reservoir
盘山路 Winding Road
公路 Road
盘道 Bends
高速公路 Expressway
在建公路 Under Construction

ulai and Wenhe River Scenic Area Guide Map

徂徕如画

汶河玉带

徂徕春色

徂徕之夏

徂徕金秋

徂徕瑞雪

徂徕晨曦

徂徕月夜

雾锁徂徕

泰山温泉城

《徂徕山志》评审会 2014.9.26•泰安

徐恩虎（前排左五） 泰安市人民政府副市长
翟世林（前排右六） 山东省地方史志办公室副主任
李　刚（前排左四） 山东省地方史志办公室市县基层志编纂指导处处长
于文龙（前排右五） 泰安市人民政府副秘书长
王天宇（前排左三） 泰安市地方史志办公室主任
王书高（前排右四） 青岛市地方史志办公室副主任
马　辉（前排右三） 泰安市地方史志办公室原主任
吕继祥（前排右一） 泰山风景名胜区管理委员会副主任
魏云刚（前排左二） 泰山学院旅游学院副教授、副院长
陈玉泉（前排右二） 泰安市林业局副局长
屈婉情（前排左一） 山东省地方史志办公室市县基层志编纂指导处主任科员

王笃银（后排右五） 泰安市地方史志办公室原副主任
高兴学（后排左六） 泰安市地方史志办公室纪检组长
周晓东（后排左五） 泰安市徂徕山林场工会主席
曹成义（后排右三） 泰安市地方史志办公室副主任
袁立轩（后排右二） 泰安市地方史志办公室副调研员、人事秘书科科长
郑应茂（后排右四） 泰安市徂徕山林场科长
赵　兵（后排左四） 泰安市地方史志办公室志书编审科科长
戚淑娟（后排左一） 泰安市地方史志办公室年鉴工作科科长
冯宪谟（后排右一） 泰安市地方史志办公室市情信息科科长
贾冉冉（后排左三） 泰安市方志馆馆长
王云勇（后排左二） 泰安市地方史志办公室年鉴工作科副科长

泰安市地方史志编纂委员会

名誉主任　李洪峰
主　　任　王云鹏
常务副主任　成　丽
副 主 任　李诚实　朱玉春　魏　武　任建宙　田　萌　王天宇
委　　员　孟永辉　李　彤　刘文明　董世武　王光锋　孙兰俊
刘　斌　袁久亮　张广银　王新民　马纯勇　亓利群
吕继祥　杨军昌　戴　冰　牛国新　周美广　高兴学
曹成义

《徂徕山志》编纂委员会

主　　任　王云鹏
常务副主任　徐恩虎
副 主 任　姚　霆　于文龙　王天宇　刘　斌　范方彦　边炳梓
委　　员　刘德胜　孙庆进　李京泰　高　勤　刘汉勤　万长江
徐学义　刘洪亮　周美广　高兴学　曹成义　周晓东
朱　丽　侯　丽

《徂徕山志》编审人员名单

主　　审　王云鹏
副 主 审　徐恩虎
主　　编　王天宇
常务副主编　边炳梓　曹成义
副 主 编　高兴学　周晓东　陈树秋
编　　辑　高兴学　曹成义　袁立轩　赵　兵　戚淑娟　张洪谱
杨　洋　郑应茂　张兴广　程宝珠　朱海涛　焦圣涛
高　锋

凡　例

一、本志以马列主义、毛泽东思想、邓小平理论、“三个代表”重要思想、科学发展观为指导，以中共十一届三中全会以来的路线、方针、政策为准绳，以改革开放和经济发展历程为主线，坚持辩证唯物主义和历史唯物主义的观点，遵循存真求实的原则，全面、客观、科学地记述徂徕山的自然与社会、历史与现状，力求反映出自然要素和人文底蕴，突出徂徕山的时代特征和名山特色。

二、采用述、记、志、传、图、表、录等体裁，以志体为主。篇目设计从科学分类的实际出发，按照事以类聚，类为一致的原则，适当考虑社会分工，按章、节、目等层次记述，力求体现结构合理、繁简适当、层次分明、图文并茂的特点。章下设无题序，以统领本章内容。有的节下设目、子目。图、照片、表穿插于相关的文字之间或附近，表按章统一编号。内容交叉者，用详此略彼或互见法处理。史事史迹有异说者，诸说并存。

三、记事时间，上限自事物发端，下限至2012年。记述范围，以徂徕山为主体，兼及周边乡镇。

四、内容按照“详近略远”的原则，以记述徂徕山现状为主，以《地理环境》《植物资源》《动物资源》《风景名胜》《文物古迹》《徂徕山抗日武装起义》《旅游》《林场管理》为重点章，体现徂徕山悠久的发展历史、人与自然的和谐发展、徂徕山抗日武装起义的历史意义，以及热爱祖国、不畏强暴、忠诚于党、矢志为民、英勇奋斗、顽强拼搏、不怕牺牲、敢于胜利的徂徕山精神。

五、本志《植物资源》《动物资源》皆根据实际调查和记录，以记载徂徕山的植物、动物资源为重点，按进化系统为序，兼及植物、动物保护。因物种繁多，只能选择在系统进化上和经济意义上的重要代表，择要列述。

六、本志采用语体文、记述体，执行中国地方志指导小组《地方志书质量规定》。文风力求严谨、朴实，语言力求简洁、流畅。

七、本志资料，除部分篇章由专家学者撰稿外，均取自历代山志、有关古籍、档案、图书、报刊、考察记录等。所用资料，一般不注明出处。统计数据以部门、单位统计年报为准。

八、本志纪年，中华民国成立前用历史纪年，在括号内加注公元纪年。从中华民国元年始，用公元纪年。

九、本志《艺文》章摘要辑录历代歌颂徂徕山的作品和在当地流传广泛、乡土气息浓郁的神话传说。

十、本志《人物》分设人物传略、人物简介、烈士名录三部分。人物传略，遵循“生不立传”原则，对入传人物只记事迹，不作评述，排列以卒年为序。人物简介，收录在世的人，以生年为序。烈士名录收录徂徕山山区籍的革命烈士，以卒年或参加革命时间为序。

十一、引文尊重原文。“( )”表示行文（包括引文）间的注释，“□”表示缺字或难以辨认的字。

十二、本志涉及“光化寺”寺庙名称时为“光化寺”，涉及景区及其他名称时为“光华寺”；泰安市泰山区、泰安市郊区、泰安市岱岳区简称为泰山区、郊区、岱岳区。

目 录

第六章　文物古迹

第七章　石　刻

第八章　宗　教

第九章　徂徕山抗日武装起义

第十章　旅　游

第十一章　林场管理

第十二章　山区居民

第十三章 艺 文

人 物

附 录

索 引

Contents

Chapter 7 Rock Inscriptions

Chapter 8 Religions

Chapter 9 The Anti-Japanese Armed Uprising of Mount Culai

Chapter 10 Tourism

Chapter 11 Forest Farms Management

Chapter 12 Residents

Chapter 13 Arts and Literature

Personages

Appendix

Index

概　述

徂徕叠翠

徂徕山又名尤徕山、驮来山，与泰山并称“姊妹山”。位于山东省中部、鲁中山地丘陵区的中心位置，属泰沂山脉，孤立于泰莱平原，山脉东西走向，其主峰太平顶，海拔1027.8米，相对高度800多米，是山东省第二大国有林场。地理坐标为北纬36°02′~36°07′，东经117°16′~117°20′，东邻莲花山，南临历史文化名城曲阜30千米，西距大汶口文化发祥地20千米，北倚世界自然与文化遗产的泰山，主峰太平顶与泰山玉皇顶的直线距离为30千米。横跨新泰市的天宝镇，岱岳区的化马湾乡、房村镇、良庄镇、徂徕镇5个乡镇，东西长21千米，南北宽12千米，总面积173平方千米。1992年9月，山东省泰安市徂徕山林场被林业部批准为国家森林公园。是年11月，泰安市人民政府批准建立徂徕山市级自然保护区，横跨新泰市和泰安市郊区，占地面积90.5平方千米。1999年3月，徂徕山林场被山东省人民政府划为生态公益型林场。2006年9月，被联合国教科文组织世界地质公园评审委员会评为泰山世界地质公园徂徕山园区。10月，泰安徂徕山国家森林公园被山东省旅游局批准为国家AAA级旅游景区。11月，山东省人民政府批准建立徂徕山省级自然保护区。保护区涉及新泰市天宝镇，泰安市岱岳区的化马湾乡、良庄镇、房村镇、徂徕镇5个乡镇的部分村庄，占地面积109.15平方千米，其中核心区面积37.77平方千米、缓冲区面积35.58平方千米、实验区面积35.8平方千米，保护区内核心区、缓冲区无居民居住，实验区内有自然村7个。

周武王十二年（前1046），周灭商，在泰山南北分别建立齐、鲁两国，泰山以北为齐国（国都今临淄），泰山以南为鲁国（国都今曲阜），徂徕山为鲁地。战国时期至公元前350年，徂徕山为齐地，周边有阳关邑、博邑、梁父邑。秦代，先属齐郡，后属济北郡。汉朝设泰山郡，隶属兖州刺史部。秦始皇帝二十六年（前221），秦始皇统一中国，将全国划为36郡，徂徕山属济北郡，郡治博阳（今泰山区邱家店镇旧县村）。三国时期归魏，属兖州泰山郡。隋开皇初，东平郡废，设博平、梁父县，隶鲁郡。隋开皇十六年（596），博平改为汶阳，后又改为博城。唐武德五年（622），博城设东泰州。贞观元年（627），唐太宗李世民嗣位后，将徂徕山周边的梁父、嬴、肥城、岱4县并入博城县，隶属于兖州。乾封元年（666），博城县更名乾封县。总章元年（668）复称博城县。神龙元年（705），又改称乾封县，隶河南道兖州。五代十国时期，先后属梁、唐、晋、汉、周等朝管辖。北宋开宝五年（972），乾封县治所移岱岳镇（今泰安城）。大中祥符元年（1008），乾封县改称奉符县。金天会十四年（1136），奉符县设泰安军，治所奉符。大定二十二年（1182），泰安军改为泰安州，属山东西路泰安州。元朝初隶东平路泰安州，后属中书省泰安州。明代时属济南府泰安州。清朝初，沿明朝旧制。雍正十三年（1735），始设泰安县，归泰安县管辖。民国初期，归属未变。1941年1月，设立泰安县天宝区。1945年8月，徂徕山以南的天宝、徂阳、大汶口等区划归泰宁县。

1949年10月，新泰县人民政府成立，隶泰山专署。1952年9月，泰宁县改名为徂阳县。1953年12月，山东省林业厅成立徂徕山育林委员会，徂阳县林业科建立光华寺苗圃和礤石峪林场。1956年3月，徂阳县撤销，楼德镇和西柳、柴城、天宝3个区划归新泰县，设天宝区；临汶、西遥、西住、良庄4个区划归泰安县。是年，经山东省人民政府批准，成立国营泰安专署徂徕山林场，下设礤石峪、光华寺、王庄、徂徕、山阳、西旺造林站6个。1958年3月，徂徕山林场新建南旺造林站（大寺），并将7个造林站改为林业工作站。1961年3月，徂徕山林场场部由礤石峪迁至大寺前。1962年5月，徂徕山林场收归山东省林业厅领导，改为山东省国营徂徕山林场。1964年4月，徂徕山林场由山东省林业局划归泰安县人民委员会管理，场名改为泰安县徂徕山林场。1970年10月，徂徕山林场由中国人民解放军山东生产建设兵团第三师第十四团一营、二营管理，7个林区由7个连管理。1974年11月，山东生产建设兵团撤销，徂徕山林场移交泰安地区，改为泰安地区徂徕山林场。1983年10月，新泰县、新汶市合并，成立新泰市，直属山东省人民政府，由泰安地区专署代管。

1985年3月，经国务院批准，撤销泰安地区，泰安市升为地级市，实行市管县体制；泰安市（县级）分为泰山区、郊区。是年8月，泰安地区徂徕山林场改为泰安市徂徕山林场。1986年12月，良庄办事处改为良庄镇。1993年11月，徂徕山国家森林公园管理委员会成立，与泰安市徂徕山林场实行一个机构两块牌子，具体管理徂徕山国家森林公园的开发建设。1995年1月，房村乡改为房村镇。2000年4月，泰安市郊区更名为泰安市岱岳区。2011年，徂徕山林场设置大寺林区、徂徕林区、王庄林区、锦罗林区、光华寺林区、礤石峪林区、庙子林区、黄石崖林区、王家院林区和太平顶景区。是年12月，泰安市徂徕山林场（徂徕山国家森林公园管理委员会）加挂山东泰安徂徕山省级自然保护区管理局牌子。至2012年建置未变。

徂徕山的形成，历经了自太古代至新生代各个地质时代的演变过程。今日的徂徕山不是太古代的古老隆起，而是一个中新生代的掀斜断块凸起，燕山运动奠定了山体的基础，喜马拉雅山运动造就了山体的基本轮廓，莲花山断裂活动塑造了徂徕山的自然景观面貌。徂徕山地层，除北部山体边缘分布有部分古生界寒武—奥陶系的沉积地层外，主要是早前寒武纪晚太古代形成的变质表壳岩系泰山岩群。它的主要岩性为斜长角闪岩，其原岩为基性火山岩和凝灰岩，经角闪岩相区域变质作用而形成的沉积变质岩。因后期被众多的早前寒武纪花岗质侵入岩大量侵吞和重重包围，变得极其支离破碎，多呈透镜状、扁豆状、层带状等孤立的残余包体产出。主要分布在徂徕山西南部的黄石崖、二圣宫、大寺、龙湾等地。

徂徕山的构造，既有早前寒武纪形成的基底，又有中新生代发育的构造，彼此迭加相互改造，形成相当复杂的构造面貌。早前寒武纪的构造，褶皱和断裂都有。中生代构造以断裂为主，主要有北东向和北北西向断裂，常以断层带的形式出现，断裂的多期活动性明显，内部结构和力学性质比较复杂。徂徕山山脉的总体走向为近东西向，地势具有西高东低，南陡北缓的特点。地貌分为侵蚀构造中山、侵蚀构造低山、侵蚀丘陵三种主要地貌类型，在新构造运动的影响下，徂徕山的垂直侵蚀切割作用十分强烈，地势差异显著，地形起伏大，地貌分界明显，造成主峰太平顶拔地而起的雄伟山姿，形成了多种多样的侵蚀地貌和众多奇特的自然景观。由于流水垂直侵蚀切割作用十分强烈，使境内群峰突起，沟谷纵横，山势陡峭，沟深谷

幽，地形起伏大，地势差异明显。特别是主峰周围，侵蚀切割作用最为强烈，地形险峻、奇峰林立、深沟峡谷、尖顶山头、锯齿状山脊、悬崖峭壁举目可见；重力滑坡和崩塌作用强烈而普遍，生成许多奇石、怪洞、石河和石海；受地貌格局的影响，发育了近东西向为主平状水系，主支河流构成格状水系，河谷纵横，梯级明显，多叠水瀑布；受降水影响，河流径流季节变化明显，地下水多为裂隙性潜水，由于花岗岩、变质岩的地理发育多形成裂隙性泉水。

徂徕山山区属暖温带半湿润大陆性季风气候，气候温和，四季分明，春秋短暂，冬夏较长，春季干旱少雨，夏季炎热多雨，秋季凉爽干燥，冬季寒冷少雪。夏季日照时间长，冬季日照时间短。年平均气温13.9℃，极端最高气温39℃，极端最低气温-16.2℃。年平均降水量771.5毫米，主要集中在7~9月，占全年降水量的63.2%。山下四季分明，山上春秋相接，气候湿润，雨量充沛，水源充足，涝泉分布广，涧水清澈见底。

徂徕山森林茂密，动植物种类繁多，植被覆盖率92.4%，森林覆盖率87.8%。据调查，徂徕山植被以常绿针叶林和落叶阔叶林为主，分为针叶林、阔叶林、竹林、灌丛、灌草丛、草甸6种植被型，有高等植物1110种及亚种、变种、变型，隶属于186科、624属，其中野生药用植物127科、383属、608种，国家I、II级重点保护植物5种；高等动物13纲、57目、229科、1090种，其中国家I、II级保护野生动物19种。列入《濒危野生动植物种国际贸易公约》的植物3属、3种，动物23种；列入《中国珍稀濒危植物红皮书》的植物4种；列入《中华人民共和国和日本国政府保护候鸟及其栖息环境协定》的保护鸟类67种，占该协定种数（227种）的29.52%；列入《中华人民共和国和澳大利亚政府保护候鸟及其栖息环境的协定》的保护鸟类14种，占该协定种数（81种）的17.28%；列入《山东稀有濒危保护植物》的植物20种，其中渐危种11种、稀有种9种；列入山东省重点保护的野生动物29种，其中节肢动物1种、两栖类2种、鸟类20种、兽类6种。古树名木1000余株，其中主要古树名木有600株，有1700余年的高大古松，千年的银杏树，500年以上的柏树，还有受国家保护的黄檗、水杉、红松、樟子松、刺楸、核桃楸、山槐等稀有名贵树种。

徂徕山自然景观宜人。徂徕山被汶水自东、北、西三面围绕，林木茂密，山峦峻拔嵯峨，高低错落，沟谷纵横幽深，溪流遍布沟壑，松竹相映，山水交融，自然风光绮丽秀美，比较著名的有望山、寨山、孤山、骆驼山、秋千架、独秀峰、贵人峰、龟兔峰等奇峰景观，有千年古松、古柏、古银杏、古紫藤等森林景观，有招军石、金鱼石、情侣石、天问石、剑劈石、瞭儿石、牛郎织女石、徂徕大佛等地貌景观，有竹溪佳境、礤石飞瀑、饮马泉、卧龙泉、虹湾、濯龙湾大峡谷、长寿泉等泉溪瀑布，有上池、中军帐、二圣宫、礤石峪等沟谷，常年溪水不断，水质清澈，久旱不断流。有徂徕夕照、徂徕雾凇、雨后彩虹、太平云海、峡谷奇观、汶河玉带等天象景观，其中徂徕夕照属“泰安八大景”之一。

徂徕山人文景观类型多样，名胜古迹众多。众多景点命名来自传说、神话或民间故事，为山峰、深谷、流泉增添了引人入胜的神奇色彩。主要有四禅寺、光化寺、二圣宫、吕祖阁、大悲庵、隐仙观等30余处祠庵庙宇遗迹遗址，有中军帐、竹溪六逸堂、徂徕书院等十几处名胜古迹，有“大般波罗密经”“炼丹炉”“贫乐岩”“卧龙”等数不胜数的隶、草、篆名人石刻，还有徂徕山抗日武装起义遗址等。众多著名的人文景观与自然环境、自然景观融为一体，交相辉映，构成了徂徕山山水壮丽诱人的风景线，烘托营造了徂徕山浓厚的文化氛围。

徂徕山是历史上人民反压迫、反暴政、反侵略的根据地之一。山上有西汉赤眉军起义的根据地天平寨，徂徕山抗金、清朝盐贩徂徕山起事、徂徕山西峰聚众起义等都曾转战徂徕山及其周边地区。1938年1月1日，中共山东省委在徂徕山的大寺举行抗日武装起义，成立八路军山东抗日游击队第四支队，这支抗日劲旅奋战于鲁中地区，转战于胶东各地，为山东抗日根据地的建设和抗日战争的胜利做出了重要贡献。抗日战争和解放战争时期的东良庄保卫战、徂徕山战斗、袭击茅茨据点、中军帐战斗、徂徕山突围战等革命斗争，更是如火如荼，处处留有英雄的足迹和可歌可泣的动人事迹。

徂徕山为历代文化名人所景仰，或揽胜掠景，或隐居读书，或办学讲经，留下了众多的遗址遗迹和丰富多彩的诗文墨宝。周襄王二十五年（前627），鲁国史官作《鲁颂》，诗中有“泰山岩岩，鲁邦所詹”“徂徕之松，新甫之柏”之辞，为最早吟颂徂徕的诗句。《水经注》记“山多松柏”，《邹山记》载“徂徕山在梁甫、奉高、博三县界，犹有美松，亦曰尤崃之山也。”唐朝诗人李白《送韩准裴政孔巢父还山》，抒发寄情山水、闲逸自在的超然心境，为徂徕山增添了神秘浪漫的文化色彩。宋庆历元年（1041年），奉符儒者石介建书院于长春岭（今徂徕山土岭附近）下，世称徂徕书院，并称石介为徂徕先生。欧阳修《读〈徂徕集〉》、苏轼《遥祭守道先生》、张耒《读守道诗》、同恕《竹溪六逸图》、丁养浩《徂徕夕照》、乾隆《望徂徕》、赵国麟《游徂徕山记》、燕平《徂徕山漫步》、赵和琪《虎跃徂徕山》、吴昌硕《徂徕之松图》、钱松嵒《徂徕山图》、刘海粟《云海徂徕图》、张彦青《徂徕胜境图》等名篇佳作丰富了中华文化宝库。

徂徕山山岳壮观，悬崖峭壁险峻，奇峰异石雄姿，草木葱翁，构成了一幅绚丽多彩的自然山水画卷；自然景观、人文景观有机地融合在一起，体现了自然美和深邃的文化内涵，将成为森林风景欣赏、旅游观光、开展爱国主义教育的基地和科学文化研究的国家森林生态旅游胜地。

徂徕山风貌

大事记

徂徕山抗日武装起义五十周年纪念大会

先　秦

夏代　商族首领相土（商汤之十一世祖）向东方扩张，在徂徕山附近建立据点，史称“相土东都”。

商代　东夷族中盛行“八神”信仰，其第二神曰“地主”，祠祀于泰山梁父。其信仰广播于齐地，祭祀一直延续至秦汉（汉成帝时始被罢省）。后世视泰山支山梁父为大地象征。

周武王十二年（前1046年）　周灭商。泰山南北分别建立齐、鲁两国，泰山以北为齐国（国都今临淄），以南为鲁国（国都今曲阜）。徂徕山为鲁国领地。

周襄王二十五年（前627年）　鲁国史官作《鲁颂》，以颂国君僖公。其中《閟宫》诗，为鲁僖公从齐桓公征伐淮夷，归而献俘、祭庙所歌。诗中有“泰山岩岩，鲁邦所詹”、“徂徕之松，新甫之柏”之辞，为最早吟颂徂徕的诗句。

周定王十八年（前589年）　齐顷公伐鲁，夺取龙地（今岱岳区房村镇乡城村），并南侵至巢丘（今岱岳区境），晋出兵救鲁大破齐师于鞍（今济南市境），齐被迫求和将其所侵汶阳田归还鲁国。

周景王元年（前544年）　吴国公子季札出使齐、郑、晋等国。使齐返回途中其长子病卒于嬴、博之间（今徂徕山以北）。

周敬王十八年（前502年）　鲁国季氏家臣阳虎据欢（今肥城市安驾庄镇夏晖村附近）及阳关（今岱岳区房村镇阳关村）叛鲁，翌年六月，阳虎兵败突围奔齐。

周敬王二十八年（前492年）　鲁国人曾参耕于泰山之下，逢天雨雪冻，旬日不得归家，思其父母，作《梁山歌》。其歌后来成为泰山著名土风。

春秋时期　鲁国大夫展禽受封于柳下（今新泰市柳里），以崇尚礼节闻名于世。卒谥惠，世称柳下惠（今新泰市天宝镇和圣墓，为柳下惠葬所）。

同期　武威人石作蜀从学于孔子之门，列“七十二贤”之一。后为郈邑宰，因愤季氏僭越，辞官隐徂徕山中。鲁悼公十八年（前450年），葬于徂徕山之阳。后世奉为徂徕石氏始祖。

同期　齐、鲁两国分别在徂徕山南乡城的南北之间设龙邑，徂徕山以北设蜀邑，在徂徕山西北设博邑，在徂徕山西南设阳关。

周威烈王三年（前423年）　鲁国伐齐攻入阳关（今岱岳区房村镇阳关村）。

周赧王四年（前311年）　楚国大夫屈原使齐，以结盟好。其行经由泰山附近。所作《九章·抽思》云“低徊夷犹，宿北姑兮；烦冤瞀容，实沛徂兮”。

周赧王三十一年（前284年）　齐国嬴、博之间（徂徕山北部）地裂并出现泉涌。

秦

始皇帝二十六年（前221年）　秦始皇统一中国，将全国划为36郡，徂徕山属济北郡领地，郡治博阳（今泰山区邱家店镇旧县村）。

始皇帝二十八年（前219年）　秦始皇帝登封泰山。从泰山之阳登上山巅，立石表封，行封礼；再从山阴下山，禅于梁父山（今新泰市天宝镇境，名映佛山）。

汉

西汉元封元年（前110年）四月 汉武帝封泰山，禅肃然山（今莱芜羊里镇羊丘山）。封禅前一日，至梁父山，拜祭地主祠。

新莽始建国元年（9） 王莽代汉称帝，国号新。此时前后，王莽遣吏于梁父山下建立祖庙。清末于梁父山下出土石虎及古砖，砖上隶文有“新政”、“监护大夫”等字。

新莽天凤五年（18） 琅琊民樊崇在莒起义，旋率部转入泰山，先据徂徕山天平寨（徂徕羊栏沟峰周皆峭壁，其顶平阔，名赤眉堡，今存栅栏窝、旗杆窝等），后守泰山天胜寨，同王莽军交战。嗣后率部西进，立汉宗室、泰山式县（今宁阳县境）人刘盆子为帝。其部发展为声势浩大的赤眉军。

东汉建武三十年（54）三月 汉光武帝巡鲁地过泰山，命官员祀泰山及梁父山。

东汉建武三十二年（56）二月 汉光武帝封泰山，下山后于二十五日（甲午），行禅礼于梁父山之阴，以汉高后配地，山川群神陪祀。用元始年间祭北郊之礼仪。

东汉延熹四年（161）六月十三日 泰山及尤来山（今徂徕山）发生强烈山崩。

东汉末期 琅琊阳都（今山东沂南）人诸葛珪（字君贡，即诸葛亮之父）任泰山郡丞。传亮幼时曾从父泰山任所，后因此经历而好为《梁父吟》。〔《三国志·蜀书·诸葛亮传》〕清马允刚《重修武侯祠墓记》中述诸葛亮居梁父之传说：“侯之一生，初居山左，读书梁父山下”。

三　国

三国时期 吴地道士葛玄（祖籍琅琊，后居句容，世称葛仙公）以道术闻于时，传其曾游于徂徕山东南邃谷，世称其地曰“葛氏岩”。

晋

东晋建武元年（317） 传名道葛洪（字稚川，自号抱朴子，葛玄三代从孙）曾至泰山徂徕一带。徂徕山有“稚川谷”、“葛家坊”，传皆得名于葛洪。

南北朝

北魏时期 佛教僧众在徂徕山东南麓创建光化禅寺。

东魏天平二年（535） 中书令羊深守泰山博县，结寨于商王村（今岱岳区徂徕镇北望村，其寨在北望村南高山上，世称此山为北望寨山），招引泰山、齐郡之民，对抗权臣高欢。同年一月，高欢军攻破山寨，击斩羊深。

东魏兴和三年（541）四月 清信女羊银光造佛像，奉祀于徂徕山光化寺。造像系背屏式一铺三尊像，滑石质，高60厘米，宽37厘米，素面舟形背光。正面三尊像高浮雕，中间主尊立，头部残，后有浅浮雕双重莲瓣纹头光。背面题记四行，称：“大魏兴和三年四月壬寅朔八日己酉，清信女佛弟子羊银光造像一躯，所愿从心”。

北齐河清二年（563） 崇佛众僧在徂徕山西北麓兴建四禅寺（后改为法云寺，今岱岳区房村镇大寺村）。

北齐武平元年（570） 梁父县令王子椿分别刻《文殊般若经》、佛名于徂徕山映佛岩、将军石等处。为后世书家所推崇。

隋

开皇二年（582） 梁父县由故址（今新泰市天宝镇故城村）西迁（今岱岳区房村镇东梁父村）。

唐

贞观元年（627）二月 唐廷将徂徕山周边的梁父、嬴、肥城、岱山4县并入博城（今泰山区邱家店镇旧县村），隶于兖州。

乾封元年（666）正月 高宗登封泰山、禅社首山，皇后武则天亚献。后下诏大赦天下，改是年为乾封元年，改博县为乾封县（今泰山区邱家店镇旧县村）。

唐开元十四年（726） 唐玄宗诏授徂徕山隐士王希夷（滕州人）任中散大夫、守国子博士。希夷好《易》及《老子》，与道士刘玄博隐徂徕山中，刺史卢齐卿尝进谒问政。

唐开元二十八年（740） 诗人李白寓家东鲁期间，曾与孔巢父、韩准、裴政、陶沔、张叔明诸人隐于徂徕山竹溪（今岱岳区良庄镇高胡庄二圣宫附近），诗酒唱和，时称“竹溪六逸”。

唐贞元年间（785~805） 高僧释怀晖驻锡于徂徕山，四方禅子纷来请问。怀晖为出自南宗禅惠能的洪州马祖道一系传人。自是马祖禅学传入泰山。后宪宗诏其入章敬寺。

唐贞元七年（791） 学者封演著《封氏闻见记》称：海内知名温汤（温泉）共8处，其一为兖州乾封汤（今岱岳区徂徕镇桥沟温泉）并“能愈疾”。

唐会昌五年（845）七月 唐武宗敕并省天下佛寺，时高僧从谂因会昌法难，隐迹徂徕山。解禁后出山，天下僧俗仰慕，尊之为“古佛”。

五代

后唐长兴年间（930~933） 著名道士陈抟（字图南，号扶摇子）“唐长兴中举进士不第，遂不求禄仕，以山水为乐”，曾隐徂徕礤石峪附近。清人赵国麟《游徂徕山记》云：“隐仙观……东为陈抟睡处，其北为炼丹石屋”。今其处有“希夷睡处”双钩楷书刻石。

后晋开运三年（946）四月 兖、郓间民变迭起，有号称“赵将军”者，率众数千人，转掠于乾封一带。曾率兵围攻商王村（今岱岳区徂徕镇北望村），与村之豪强石氏搏杀，伤亡数百人，石氏族众亦战死多人。

宋

宋开宝五年（972） 太祖下诏迁乾封县治所至岱岳镇，从今泰山区邱家店镇旧县村迁至泰城岳庙（今岱庙）。

宋大中祥符元年（1008）五月 巡视封禅准备事宜之中使自兖州回，奏称：“泰山素多虎，自兴功以来，虽屡见，未尝伤人，悉相率入徂徕山。众皆异之”。真宗随诏封禅制置使王钦若“就岳祠祭谢，仍禁其伤捕”。

同月 宋直史馆姜屿奏请封徂徕山神号，其称：“泰山东南有徂徕山，盘礴高大，亚于岱宗。冈岭相连，乔松茂石，经史具载，可谓名山。其山神既无名位，阙于封崇，欲望封神为秩祭之所”。

宋大中祥符七年（1014）三月 宋廷颁

牒于徂徕山光化寺，赐额“崇庆寺”。

宋庆历元年（1041年） 奉符儒者石介居丧徂徕期间，建书院于长春岭（今徂徕山土岭附近）下，聚徒讲学，以《易》教授诸生，有《易口义》十卷、《易解》五卷。世称徂徕书院，并称介为徂徕先生。学者有杜默、濮州李堂、奉符李穆、姜潜诸人。范成大《衡山记》将徂徕书院称为四大书院之一。而陈登原将泰山书院、徂徕书院称为八大书院之二。

宋庆历二年（1042）六月 宋廷召石介为国子监直讲。徂徕书院结束。

宋庆历五年（1045）七月 石介因支持“庆历新政”，遭政敌诋毁，自请出朝，旋于故里忧愤以终。后葬于徂徕山西北祖茔。其友人欧阳修为撰墓志铭，刘概赋《哭守道先生诗》刻石于墓前。

宋庆历年间 士人崔昉（字晦叔，号文真子）居徂徕山，自称“东齐徂徕山退叟”，有《大丹药诀本草》，为药学名著。

宋嘉祐年间 京东转运使陈希亮用徂徕珠子煤制为墨，名“黑龙髓”。世人宝之。

宋治平三年（1066） 徂徕附近崇佛民众结社蔚成风气。徂阳寨山（今新泰市天宝镇寨山前村）有结社题记。

金

金天会六年（1128）十二月 金兵先后破东平府、袭庆府（今兖州），占领泰山一带。宋御史须城人吴给与郓州刑曹掾泗水县莵裘（今新泰楼德镇）人孙億（兵部尚书孙傅之弟）率军民据徂徕山为寨，数次下山与金兵激战。南宋遥授吴给充徽猷阁待制，知东平府；朝奉郎孙億直龙图阁，知袭庆府。后为金兵所败。

金大定二年（1162）冬 泰安军奉符县天封寺僧法润等，经官纳钱获赐额“法云寺”，欲兴复徂徕西麓四禅寺，因见旧址山水冲注，乃移徙旁地。大定十二年并立《四禅寺牒记碑》（今立四禅寺内）。

金大定三年（1163） 徂徕僧众在羊祜城（今新泰市天宝镇古城村）羊氏故址建大党寺，并立玄敕牒碑。

金大定十年（1170） 诗人党怀英因“应举不得意，遂脱略世务，放浪山水间，”隐徂徕山西北麓，筑竹溪庵（后人称其处为作书坊），赋诗著书。同年五月，其与岳父石震登独秀峰，题记于北崖壁“徂徕居士石震过独秀峰，览太白遗刻有感，题识于后。婿党怀英偕行，庚寅长至日”。竹溪庵庵址西有巨石刻“竹谿”二篆字，传为党氏书。

金大定十六年（1176） 僧福灯等在徂徕山北齐古刹四禅寺重建法云寺。金廷赐额“法云禅寺”。此寺与四禅寺同属一系，前者称“大寺”，此则称“小寺”。

金明昌元年（1190） 金章宗敕封徂徕山神为护国感应侯，建祠于徂徕山太平顶及独秀峰下。

元

金贞祐二年（1214） 金廷因受蒙古所迫，由中都（今北京）迁往河南开封，山东大乱，徂徕成为众多豪强拥兵据守之地：泰安崔家庄人严谨率众据天平寨，抗击蒙古军。后金将蒙古纲封其为怀远将军；泰安徂阳人朱玉据守本里，后归严实，充都总领，管辖军民勾当；泰安天保（今新泰市天宝镇）人时珍与其叔时遇、时正等，据守天保寨，先附宋，后率众归附严实，累官左副元帅；泰安人司仙统万馀户据守徂徕山，后通

过五翼军都总领信亨祚之关系，归附严实。因兵乱不止，徂徕之佛道祠宇多遭焚掠。

蒙古太祖二十年（1225） 全真道士丁志年（号古阳子）游徂徕，居葛氏岩下炼神庵废址（为全真教派入居徂徕之始）。志年尝师益都名道真常子范志敦，得其传，及居徂徕，致力兴复，数年间“殿堂室馆庖厨咸有伦序”。蒙古太宗十二年（1240）工告成，泰定军节度使时珍命工刻石于葛氏岩壁，以纪始末。海迷失后二年（1250）十二月，经东平府路道录司具奏元廷，赐志年以金襕紫服，并授以和光大师之号。此后，徂徕山炼神庵道人重修上清观，东平官吏信世昌（信亨祚之子）为题额“重修上清之观”。

蒙古太宗五年（1233） 河内（今河南沁阳）名儒许衡为避兵乱，隐居徂徕山中，攻读三国名儒王弼《易注》，其居室匾曰“鲁斋”。后迁居泰安东馆镇（今地不明），教授弟子。居泰前后三载，学者称其为鲁斋先生。

蒙古定宗元年（1246） 襄溪（今湖北襄阳）道人鹿善森“岁在癸巳（1233）来寓钜平（泰安），后改莳徂徕”，于乳山下作二圣堂，祀老子、孔子。泰定军节度使、开国侯时珍（今新泰市天宝镇人）父子襄助其工，俾终底成。四月，时珍幕客高翿为撰《贫乐岩二圣堂记碑》。贞祐之变中，徂徕光化寺殿宇堂庑尽为灰烬。时珍及其子时宥先后延请僧晖公、昧公师弟来驻光化，支倾起废，重建寺宇。同年四月，高翿为撰记碑。

蒙古宪宗五年（1255） 泰安道姑毛氏筑庵徂徕山，修持三十余年，至是年十一月十九日卒，临化留颂有“如今脱下皮囊日，拍塞虚空永自然”之语。前泰定军节度使征行千户时宥为刊石于其墓前，后世遂称其地为“毛老谷”。

蒙古宪宗九年（1259）三月 泰定军节度使时珍以徂徕二圣观道众不能安集，乃定议将其青石泺祖业地尽行施与。珍卒，其子宥遵遗命行之。道人刊石纪其盛德。

元中统元年（1260）七月 诗人杜仁杰游徂徕，题名勒白鹤湾东崖：“长清杜仁杰与严忠范游徂徕，观水于白鹤湾，松崖临壑，高深难量，□□鹤回翔□□”。又撰《贫乐岩铭》，东平行台严忠济之弟严忠范为书刻于二圣观中。

至元五年（1268） 泰山、徂徕等地大举开山造田，造成严重水土流失，“故所谓山坡杂木怪草盘根之固土者，今皆垦为熟地，由霖雨时降，山水涨逸，冲突沙土，卒灌汶河，年复若是”，导致洸河淤湮，影响运河水道。

元大德四年（1300）十月 竹溪庵主□道源及进徒刘进童重整庵宇，“虽未能复还旧基，而殿廊斋舍，抑次第而合时完矣”。后得奉符尹刘□之捐助，“未阅月，工已告厥成”。泰安州儒学教授时震立《竹溪庵记》记其始末（今碑在玉帝阁下）。

元皇庆二年（1313） 僧众在徂徕山竹溪庵故址建法云寺，后于明嘉靖三年（1524）迁建于许家庄，亦名许庄寺。

明

明宣德四年（1429）十一月 宣宗允准总兵官、平江伯陈瑄奏请：“徂徕诸山泉源所出旧有湖塘，今多淤塞，乞加修浚，庶有停蓄，得以（运河）通利往来”。

明天顺二年（1458）四月 英宗允准太监阮安（一作阮通）奏请：“山东徂徕等处泉源，旧差（工部）主事一员管理，以济徐、吕二洪，景泰间裁革，今宜复差。”

明天顺五年（1461） 总兵官武兴奏请："山东徂徕等处泉源，接济济宁运河，原有郎中史鉴提督，近俱裁革。缘前系紧要去处，令……山东令管河参政孙子良、副使袁文华管理。"

明成化九年（1473）一月 总督漕运平江伯陈锐奏请：济宁南北闸河，则赖徂徕、沂、泗、泰山、曲阜等处诸泉源，近所司视为泛常，不为疏浚修筑，是致水利不通，粮运有阻，应委副使督理其事。

明弘治十六年（1503） 僧成宽"发心修盖"徂徕山南麓清云寺（又名旧寺，今岱岳区房村镇黑石埠村）。康熙五十五年（1716）孙家疃村信士郑印等重修，道光二十二年、光绪二十年、光绪三十年皆有信众重修。光绪间泰安知县李于锴并出判保护寺产。为徂徕古刹之一。

明万历四十三年（1615）夏 泰安大旱，汶水绝流，宫山火炽。徂徕山等处民众"愍不畏法，日甚一日"，"动皆千百成群"，"一日数惊"。

明万历年间 汶上道士于蚖虚辟室于徂徕山礤石峪隐仙观，栖神玄默，寿至八旬。后卒葬峪中贵人峰下，世称于仙墓。隐仙观自此渐兴，后相继建成玉帝阁、三清殿等，被称为"徂徕第一奥区"。

明崇祯六年（1633）三月 泰安州南境民变迭起。"徂徕山有贼首姓赵，不知名，居住磁窑（今宁阳县磁窑镇），纠合庄贼党约二三百，有时相聚于徂徕，有时出没于午山"。明思宗为此传旨严饬各官："严缉逋渠，解散余党，务绝根株，毋得玩继。"

明崇祯十六年（1643）二月 清军进入泰安州境，五日，山东总兵刘泽清之弟副将刘源清率部援青州，进至徂徕山附近，"撞遇虏贼大队"，众寡不敌，兵溃被杀，失亡士马千计。事后署泰安州事、布政司照磨程日升收得其尸，申报于朝。

清

清康熙十二年（1673） 徂徕道士韩太章募得泰安旧县（今泰山区邱家店镇旧县村）程氏徂徕中军幛山场，在此建蓬莱观，内设草殿、吕祖阁，塑"三清"（玉清、上清、太清）神像等。

清康熙二十二年（1683） 道人号高沙卧云"冲年志道"，结庐于徂徕石榴峪的悬珠山（今徂徕林场黄石崖林区），号卧云庵，奉祀吕仙（后庵圮，移像于南楼）。泰安、莱芜士人皆相礼敬，"诵徂徕者必曰卧云子"。同年，莱芜学者吕原（定峰）为撰碑记。泰安知州升户部员外郎（名缺，推考应系陈于逵）立石于庵前。同时兴建有聚泉庵，庵建于徂徕的阳药山（今岱岳区良庄镇大庵村，属徂徕林场黄石崖林区），俗称"大庵"。

清康熙二十三年（1684）十月 清圣祖南巡至泰安州，祀泰山毕，移舆南下。晚驻跸城东南之崔家庄（今岱岳区徂徕镇境）。

清康熙三十年（1691） 徂徕道士程某（名缺）于聚泉庵中创建三官殿。庵未知创年，入清渐兴。

清康熙五十年（1711） 礤石峪道士路圆守卒后，其徒解通儒嗣主其观，后有刁徒"利峪中产，谬称为路弟子，欲殴解而据为己有"。事控于州，同知张奇逢查明真相，禀于知州，征刁护田，道宇复安。康熙五十三年（1714）正月，泰安进士、候补内阁中书赵国麟应士绅之请，为撰《徂徕山礤石峪赡田碑记》。

清康熙五十二年（1713）九月 学者赵

国麟游徂徕，宿礤石峪，撰写《游徂徕山记》。

清康熙六十年（1721）一月 盐贩曹龙章、王美公聚众数百人占据徂徕山，抗拒官兵。龙章自称仁义王，一时贫民投奔者甚众。山东巡抚李树德与泰安州同张奇逢、新泰知县王僧慧等组织围剿，泰安吏目赵纶率兵千人夜围盐徒东营，斫关而入，擒其首八大王、神算军师等数十人，盐徒败溃。俘杀曹龙章等人。

清康熙六十年（1721）三月 圣祖允准山东巡抚李树德因盐徒之变，奏请在徂徕山前驻兵防守，其疏言：“泰安州徂徕山前，大小数十村庄，地属山区，民多强悍，应委官兵弹压。查徂徕山前楼德庄，在各村适中之地，请将泰安州巡检，带兵60名，移住其地；再派抚标千把总各一员，带马步兵100名，在宫里村驻扎；派镇标千把总各一员，带马步兵50名在尧山口驻扎。三路分防，不时巡查。”

清雍正八年（1730）六月 泰安大雨数昼夜，泉水涨涌，徂徕山礤石峪玉帝阁毁于山洪。

清雍正九年（1731）秋 徂徕山山洪暴发。

清乾隆十三年（1748）二月 高宗东巡泰安。题《望徂徕山》诗。乾隆二十七年（1762）四月，高宗南巡回銮至泰安，再题《望徂徕》诗。

清乾隆三十四年（1769）七月 泰山大雨，徂徕裂泉横流，冲毁北齐古刹四禅寺。

清乾隆三十六年（1771） 藏书家周永年欲辑儒家经典为“儒藏”，并使“分布于天下学宫，书院、名山古刹，又设为经久之法”（《儒藏说》）。同年买山徂徕，置田构庐，筑藏经石室，拟聚书万卷，传诸后人。其后清廷诏开四库馆，永年被荐入馆修书，徂徕经室修筑遂止。

清乾隆三十九年（1774）十月二十六日 因王伦起事，高宗下旨“清查保甲”，以绝盗患。山东巡抚杨景素回奏称“东省保甲一事，较他省尤为切要”。其中徂徕山洞穴幽深，“易窝藏奸匪，皆须随时严行稽查”。

清乾隆五十年（1785） 邑绅赵润身及都司贾仰超、朝城县训导赵浣等重修徂徕山礤石峪。乾隆五十三年（1788），赵浣等人又于峪中创建六逸亭，以祀唐竹溪六逸。

清乾隆五十八年（1793） 乡人在“徂徕之阳汉帝宫”（今新泰市宫里镇）出土古铁器。为邹县举人马邦玉所得，考为镬器。

清嘉庆元年（1796） 宁阳齐家庄人齐镇清，在县境试种长生果（花生）“其生颇蕃，”不久遍及泰安各州县。延至清末，泰安各县花生产量日益增高，徂徕一带尤“获大利”，山中石田变为膏壤，山农渐为富足。

清嘉庆十六年（1811）六月 徂徕山礤石峪道士张始明重修隐仙观殿宇。

清嘉庆十八年（1813）九月 天理教教首林清领导教民发动起义失败后，清廷对天理会教众大肆搜捕。传“巨魁”祝现（原为豫亲王仆，癸酉宫变中率众闯东华门）逃亡于泰安徂徕山中，官府虽严缉而终不能获。

清道光四年（1824） 兖沂帮会武装啸聚徂徕山谷，号称“掖刀会”，为患甚烈。泰安知县徐宗干率丁壮入山，严加捕治，擒获其首，散其党徒。

清道光二十一年（1841）八月 徂徕山礤石峪道士梁重格、王重泰等重修道观，“玉皇楼、三清殿、吕祖阁与山神、灵官二庙、迎仙桥、庐舍等”，一时俱举。

清咸丰元年（1851） 徂徕山中军帐自康熙间开辟后，渐成游赏名区。嘉庆年间，道士刘教山募资重修，将蓬莱观易草为瓦，“制更阔，增葺书斋数楹”，并更名三清殿。同年四月，乡绅程润普又聚族人捐资重葺，“攲者植之，圮者整之，规模皆复旧观”。

清咸丰四年（1854）五月　泰安进士、广西庆远知府程灿策等捐资于徂徕山礤石峪创建六逸亭，并重修迎仙桥、渡仙桥，以纪念唐诗人李白竹溪旧隐。

清咸丰十年（1860）　清廷为对付太平军和捻军，下令民间修筑寨堡，乡民在徂徕北望村筑同心寨。

清咸丰十一年（1861）三月　泰安曹庄人刘季勇在徂徕西峰聚众起事，自称“汉三王”，响应捻军，乡民往投者数千人。后知县方振业与乡绅王淑箴率兵进剿，刘季勇战死，余众星散。

清同治元年（1862）　山东幅军、白莲教军先后转战泰安各州县。泰安南境及新泰居民纷避乱于徂徕山中。

清同治六年（1867）九月　捻军鲁王任化邦所部（东捻军）数十万至泰安，是时捻军“甚众，南至尧山，北抵徂徕，不下数十万人”。

清光绪二十六年（1900）八月　徂徕四禅寺僧众募资重葺，重修佛殿及韦驮殿、山门、禅堂等。

清光绪二十九年（1903）　泰安知县毛澂闻梁父山下有巨冢，有石虎首露地上，因令工修葺，于虎下获古一砖，高二尺许，隶文三十二字，有“新政”、“监护大夫”等文。宣统元年（1909），学者邢端游泰山获见之，考为新莽时遣吏监护建立齐地祖庙时所造。

清光绪三十二年（1906）八月　江苏邳州变民娄苦瓜等入据徂徕山，活动于新泰、泰安之间。出兵时皆摇旗鸣鼓，大张告示，禁止淫掠。地方官吏闭城自保，不敢相犯。

清宣统二年（1910）七月　泰安县茅茨庄（今岱岳区良庄镇茅茨村）耶稣会教士西人温某，勾结“奉教奸民”程锡殿及士绅姬茂才等，“私立合同借约”，侵占徂徕山大庵峪之道院、树株、山田。

中华民国

1912 年

秋　飞蝗成群，自西进入泰安。良庄一带高粱被蝗虫食尽。

1913 年

秋　刘贯如等6人在徂徕山东麓黄道沟村西北创办黄道沟林场，植杂树5000余株。

1916年

春　徂徕山盘踞土匪，势其猖獗，经常打家劫舍，抢掠财物，民不聊生。

11月26日　设在泰安的英国基督教圣公会，利用各地分堂招募华工近1000人，其中仅徂徕崔家庄即招募34人。12月初，所招华工由威海乘船抵法国白郎城后，编入英法联军华工军团，参加第一次世界大战，挖战壕、修工事、运弹药等战地勤务。至1919年秋，华工陆续返回。

1918年

3月下旬　匪首刘黑七（刘桂堂）、李堂刚率匪徒攻打新泰县城未克，遂洗劫城关附近各村后，窜入徂徕山前后的天宝寨、崔家庄等村抢劫。

同年　泰安地区匪患严重，新泰及徂徕山一带尤甚，当局时剿时抚。军匪共处，“鸡犬牲畜粮草什物甚至庐舍荡然无存”。农

民苦不堪言，相率逃往关外谋生。

同年　天宝、楼德（今新泰市）一带菌痢、疟疾流行，发病者达万人，死亡率20%。

1919年

10月　匪首刘黑七（刘桂堂）、李堂刚、郭蚂蜂率匪徒300余人啸聚徂徕山茅茨、周庄、庙岭等山村，刘匪“司令部”设在西峪村（今新泰市境），昼伏夜出，抢劫掳掠。

1920年

8月　匪首刘黑七抢劫徂徕崔家庄，杀死村妇1人，绑架8人至抱犊崮，勒索银币4000元。

1925年

2月　奉系军阀张宗昌所收直系溃军中1000余人哗变，窜入徂徕山，聚而为匪，四出抢劫，并声言屠戮崔家庄、茌家庄、化马湾等村。

11月　豫鲁之战泰安战役爆发。战前，张宗昌一部驻扎楼德（今新泰市）一带。

1926年

2月23日　匪首刘黑七“司令部”进驻徂徕山东麓西峪村，所部匪徒抢劫附近村庄，绑架男女和少年学生等40余人，杀死4人，余均掠至蒙阴、泗水、费县等处，辗转拘押40天后被赎回。

3月　泰安县东部、莱芜县西部、徂徕山北部硬拳道以“剿匪保佑民安，入会刀枪不入”为号召举办红枪会。统辖308个村的红枪会，会众达1.4万人。

5月　徂徕山南部山阳、茅茨、良庄、大汶口等地无极道、黄纱会、红枪会相继兴起，举办“大武学”，制造土枪土炮等武器，抵御兵匪，保家护院，会众达1.6万人。

9月18日　盘踞徂徕山的奉系军阀张宗昌部散兵围攻崔家庄，该村红枪会利用寨墙坚守抵抗，用土枪土炮击毙匪徒9人。

1927年

10月20日　泰安县知事安仁率警备队赴东乡剿匪。化马湾、茌家庄、崔家庄、角峪等村红枪会调集3000余人，会剿徂徕山土匪10余日，会众死伤80余人，匪徒逃逸出境。

1928年

4月　北伐战争泰安战役爆发。20日，国民革命军第二军团陈调元部第三十七军在楼德、崔家庄全歼张宗昌部1个师。26日，北伐军分3路发起总攻。27日，其中一路进至徂徕山北麓南上庄、山口一线。5月2日战役结束。

1930年

11月中旬　徂徕山东南部土匪猖獗。当地无极道、硬拳道等红枪会组织加强武装，抵抗土匪和散兵游勇。

1931年

6月初　徂徕山南部无极道称霸一方，蹂躏村民，抗捐抗税，解散乡公所，宣称攻打泰安城，拆毁津浦路。泰安县派人与无极道首领召开联席会议协商遭拒绝，不久，马鸿逵发兵3个团，对房村、良庄、山阳、茅茨、天宝、楼德等60余村展开“梳篦式”清剿，毙伤无极道骨干分子40余人，抓获道首岳光文、岳成臣和“老秀才”3人，押解大汶口枪决，并收缴无极道枪支弹药。

夏　泰安联庄会成立，开展清乡剿匪，镇压徂徕山南麓无极道，将红枪会各派改编为联庄会。

徂徕山起义良庄集结地遗址（北大庙）

1934年

国民党山东省政府在徂徕山设立种畜场。

1937年

6月 泰安县累计植树3402万株，泰山、徂徕山、卧牛山、梁父山、扈鲁山、蒿里山等地树木成林。

7月7日 “卢沟桥事变”发生，抗日战争爆发。驻泰安中共各级党组织发动、带领徂徕山区人民抗击日本侵略军。

10月中旬 中共山东省委黎玉、林浩率省委机关转移到泰安，并派遣干部分赴鲁中各地组织抗日武装。24日，在泰城文庙召开紧急会议，决定在徂徕山发动武装起义。

同月 中共泰安县委作出分片发动群众，组织抗日武装，待命参加徂徕山抗日武装起义的具体部署。各级党组织和共产党员、进步人士积极响应，开展抗日武装组织工作。

12月27日 中共山东省委在泰安篦子店村召开紧急会议，黎玉、洪涛、林浩、刘居英、马馥塘、程照轩、孙陶林、武中奇、武思平等出席。会议决定于日军占领泰城立足未稳之际，在徂徕山举行武装起义。遂派人赴徂徕山作武装起义准备工作，并通知莱芜、新泰、泗水等县党组织武装待命集中。30日，省委机关撤离篦子店村赴徂徕山区。

12月31日 中共新泰县工委发出紧急通知，要求已武装起来的110多人，立即奔赴徂徕山待命，参加省委组织的抗日武装起义。

1938年

1月1日 徂徕山抗日武装起义爆发。中共山东省委在徂徕山大寺举行誓师大会，宣布成立八路军山东人民抗日游击队第四支队（简称第四支队），洪涛任司令员，黎玉任政委，赵杰任副司令员，林浩分管政治工作。下设2个中队。不久，新泰、莱芜、泗水等县起义部队共300人先后会合徂徕山。至当月下旬，队伍发展为5个中队，400余人。

1月24日 宁阳县教育界爱国人士朱蓂阶，带领23名青年由宁阳九区北鄗村夜奔徂徕山，加入八路军山东抗日游击队第四支队。

1月下旬 中共山东省委在徂徕山山阳以东的寨前庄召开会议，部署开展抗日游击战，扩大抗日根据地。

1月29日 侵占大汶口的日军滨野部200余人侵犯泰安县东良庄村。该村200余民众封闭寨门，奋起自卫。村民用土枪、土炮击毙日军10余人。日军攻破寨门后，残杀村民70余人，烧毁房屋300余间，将财物抢掠一空。制造了骇人听闻的“东良庄血案”。遭劫后，赵一川率东良庄一批青壮年组织抗日队伍，与王心存拉起的一支抗日武装合编为泰安抗日游击大队。后编入八路军山东抗日

游击队第四支队。

1月30日 八路军第四支队经天宝、黄花岭进驻烈庄、刘杜、岔河一带活动。经董琰、李枚青、单洪、王建青、周星夫、王迫悟、王宪廷、刘少傥、王德一、刘其仁、韩顾三、李春之、曹礼琴等人的发动，至3月中旬，新泰县500余人加入四支队。

2月24日 驻泰安城和大汶口日伪军一个大队兵力，“扫荡”徂徕山南部地区。原泰安六区区长程子源率部在山阳村与敌发生激战。敌炮猛轰，造成千余间房屋被毁，村民死伤近百人。

4月8日 中共山东省委和四支队在莱芜城东关官寺广场举行会师庆祝大会，八路军山东人民抗日游击队第四支队改为山东人民抗日联军独立第一师。洪涛任师长，林浩任政委，赵杰任副师长。6月8日，省委根据中共中央关于改变抗日武装部队番号的两次电示，决定撤销“独立师”番号，恢复“八路军山东人民抗日游击第四支队”，廖容标任司令员。

5月21日 中共鲁豫皖边区省委在泰安县南上庄召开会议，省委书记郭洪涛作《为创建山东抗日根据地而奋斗》的报告。

5月26日 山东抗日联军独立一师师长洪涛（原名洪裕良），因积劳成疾，在泰安县角峪乡劝礼村病逝。

6月 国民党山东省政府主席沈鸿烈任命于清泉为泰安县县长，县政府驻徂徕留送村。10月，于被渐汶河红枪会刺杀，县政府溃散。

8月 中共泰安县委在徂徕山后长山前村举行各界代表会议，成立泰安各区民众抗日武装联防办事处，代行抗日民主政府职权。范明枢任主任，该办事处（驻化马湾劝礼村）又称八路军驻泰安办事处。

9月下旬 经泰安县独立营与中共泰安县委做争取工作，在徂徕山北麓化马湾一带发展起来的任德本部受编为泰安独立团，程鹏任团长，夏辅仁兼任政委。该团整编后开赴莱芜编为四支队一团三营。

12月27日 根据中共中央决定，八路军山东纵队成立，山东抗日游击第四支队改名为山东纵队第四支队，廖容标任司令员，林浩任政委。

1939年

4月 中共泰安县委在徂徕山北麓长山前村召开党、政、军、群各界代表会议，成立泰安县各区民众抗日武装联防办事处。

5月 八路军一一五师东进支队越过津浦铁路进驻徂徕桥沟村，开往鲁中山区。

9月26日 日伪军400余人，扫荡徂徕山区，一大队三中队与敌激战，毙敌70余人。保卫了徂徕山抗日根据地。

冬 国民党山东省政府主席兼保安司令沈鸿烈派朱永保在徂徕山南麓组建山东省第十二行政督察专员公署，设保安司令部。翌年，该部逃往新泰灵查一带。

1940年

2月8日 泰安县抗日民主政府和泰安县参议会在徂徕山北麓宽店村成立，程鹏任县长。

4月13日 泰安县大队赵声余率10余人袭击茅茨日伪军据点，毙伤日伪军2人，缴获机枪1挺、小炮1门。

9月 日伪军扫荡徂徕山，泰安县独立营在新庄刘家林设伏，毙伤敌人5名，缴获机枪1挺。

1941年

4月16日 八路军山东纵队第一旅二团一营对茅茨日伪军据点发起攻击，午夜结束战斗，击毙日军9人，俘虏3人。缴获步枪18枝，轻机枪1挺，掷弹筒1具，迫击炮1门。

6月 徂徕山东北麓各村发生流行性霍乱病，死人众多。县抗日民主政府组织中西医务人员迅速扑灭疫情。

9月 泰安县在徂徕山区石门村召开抗日救亡团体和爱国人士代表大会，选举县抗日民主政府，程鹏被推选为县长。

冬 泰安县独立营炸毁旧县大桥，引诱日军至徂徕山中军帐等地，展开激战，毙伤敌8人，缴获枪10余枝。

1942年

7月1日 驻泰安、大汶口日伪军5000余人“蚕食”徂徕山区，环山设据点30余处，修炮楼（碉堡）、挖封锁沟（筑墙）80余千米，修公路110千米，随后进行反复“清剿”，烧毁村庄，将2000余居民驱赶出境，制造“无人区”，并派出大批特务，威逼中共党员自首，企图将徂徕山区全部伪化。中共泰安县委、县政府、县独立营转移至莲花山西部。

8月 中共泰安县委改为徂徕山工委，王伯原任工委书记。

1943年

1月 中共徂徕山工委在山阳、茅茨、良庄、西住等10多个村建立两面政权。

春 徂徕山区发生严重饥荒、群众以草根、树皮为食。外流、逃荒要饭者成群，各村发生卖儿卖女，饿死者不计其数。

1944年

4月 为粉碎日伪军对徂徕山区的封锁，中共徂徕山工委组织精干武工队员8人，利用“樱花节”日军疏于防备之机，化装进入徂徕山东王家庄日伪据点，一举歼灭日军河田小队16人，缴获轻机枪1挺、掷弹筒1具、步枪11枝。

10月 泰南军分区调集基干营武工队和泰安、新泰独立营围击长期盘踞在徂徕山东南麓的伪军万金山部，迫使其部四处逃避。

1945年

8月15日 日本政府宣布无条件投降，伪泰安道及各县伪政权垮散。境内各界庆祝抗日战争胜利。

同月 恢复新泰县建制，徂徕山中部以南的东庄、天宝、良庄、房村所属的村庄划归泰宁县。

9月 中共徂徕山工委改为泰安县委，吴瑜任书记。

1946年

5月4日 贯彻中共中央《关于清算减租及土地问题的指示》（简称“五四指示”），徂徕山区人民开展土地改革运动。

6月1日 蒋介石挑起内战，向解放区发动全面进攻。徂徕山区人民投入了解放战争。

1947年

2月 徂徕山区各村组织动员人民，备生熟给养、柴草，组织支前工作队，支援莱芜战役。

5月25日 国民党军在孟良崮战争中遭受沉重打击后，以32个旅24万人的兵力进犯鲁中，其中第十二军八十五师进犯徂徕山西

部泰安一带，第十一军进犯徂徕山东部新泰。徂徕山周围县、区、乡、村建立国民党政权和国民党地方武装还乡团，对徂徕山解放区军民进行残杀，对翻身百姓反攻倒算，抗战军民与国民党还乡团展开了激烈斗争，许多革命者壮烈牺牲。

10月23日 泰山军分区基干武装在新泰羊流、果都区武工队配合下，攻击驻新泰天宝、楼德等地的国民党军及还乡团。历时18天，毙俘696人，缴获大批军械物资。

1948年

秋 新泰天宝、楼德一带霍乱暴发，“死亡人数众多，家家有僵尸之痛”。

中华人民共和国

1949年

10月1日 中华人民共和国成立。徂徕山区党政军民分别集会，欢庆新中国成立。

同年 徂徕山区行政区划调整，北部七区、八区，后改为角峪区、徂徕区，归泰安县管辖；南部西住、良庄、天宝为泰宁县管辖，后改归徂阳县管辖。

1951年

2月 驻泰安解放军部队，响应泰安专署封山造林号召，同地方党政机关干部、学校师生一同参加义务植树造林活动，共植树433公顷。

1952年

9月 泰宁县因与福建省一县重名，经中央人民政府政务院批准，改名为徂阳县。泰安县临汶区划归徂阳县管辖。

1953年

2月7日 泰安专区开始民主建乡，徂阳县建乡128处。

12月 山东省林业厅成立徂徕山育林委员会，由徂阳县林业科建立光华寺苗圃和礤石峪林场，并由泰安县和徂阳县分别向徂徕山派驻林业推广员，组织发动当地村民植树造林，至1955年，以公私合营方式造林1333.33公顷。

1956年

1月 山东省人民委员会以鲁林丁字〔55〕第2949号文决定建立徂徕山林场。按照省人委决定，泰安专署组织人员进行筹建。1956年3月，经省政府批准，在原林场、苗圃的基础上，正式建立“国营泰安专署徂徕山林场”。下设礤石峪、光华寺、王庄、徂徕、山阳、西旺6个造林站。至1964年，林场面积达到9066.67公顷。

3月 徂阳县撤销，西住、良庄、西遥、临汶4个区和大汶口镇划归泰安县，天宝区划归新泰县管辖。

1958年

3月 徂徕山林场新建南旺造林站（大寺），并将7个造林站改为林业工作站。1964年，造林结束，7个林业工作站改为营林区，进入营林阶段。

4月 徂徕山林场由山东省林业局划归泰安县人民委员会管理，场名改为“泰安县徂徕山林场”。

1959年

10月 山阳水库动工兴建，1960年6月建成。投资200万元，投入工日50万个，完成土石60万立方米。2010年投资2000万元，进行除险加固。坝身长800米，宽5米，高13.2米，库容2295万立方米，灌溉面积1220公顷。

1961年

3月 徂徕山林场场部由礤石峪迁至现在驻址大寺。

12月 徂徕山中部侯家宅北坡发生火灾，毁林20公顷，烧死幼树10万株。

1962年

5月 徂徕山林场收归山东省林业厅领导，场名改为“山东省国营徂徕山林场”。

1963年

6月 省委书记谭启龙在省林业厅负责人的陪同下到化马湾视察林业工作。

7月30日 徂徕山太平顶一带突降暴雨，2小时降雨量200毫米，山洪暴发，峰岩坍塌，山顶至黄石崖长15千米的山沟平均刷深3米多，最深处达8米，造成柳峪至花园沟山体滑坡，冲垮谷坊250座、塘坝1座、小水库1座。黄石崖村侯培玉一家8口人全部遇难。黄石崖、山阳、茅茨村农田被淹，倒塌房屋820多间。

同年 徂徕山林场荣获国务院颁发的“荒山造林先锋”锦旗。

1964年

9月10日 贯彻中共中央颁布《关于农村社会主义教育运动中一些具体政策的规定（修正草案）》（时称社教“后十条”）。地委抽调5000人（泰城企事业单位450人）组成社教工作队，于11月上旬到泰安县6个公社开展“四清”（清政治、清经济、清组织、清思想）运动，其中徂徕公社作为地委试点单位。1965年8月，地委在徂徕试点的基础上，抽调6300人组成3个社教工作团，分赴泰安、新泰、新汶3县市首批开展“四清”运动。至1966年8月，工作团撤离，“四清”运动基本结束。

1967年

泰安县打井队首次使用钻机在徂徕打出60~70米岩心井3眼。

1970年

10月 山东生产建设兵团将徂徕山林场改为“中国人民解放军山东生产建设兵团第三师第十四团一营和二营”，7个林区改为连队。1974年11月，山东省委以鲁发〔1974〕110号文批复，撤销生产建设兵团，改名为泰安地区徂徕山林场，并移交泰安地区革委会管辖。

1971年

6月20日 泰安县遭受大风、冰雹袭击。风力7~8级，冰雹大如鸡蛋，小如花生。共计10个公社受灾，其中良庄、北集坡、范镇、徂徕、西住、泰山6个公社受灾最重，夏玉米、棉花几乎被砸光。

8月 新泰县天宝公社沿汶河13个自然村受疫水感染，暴发流行性钩端螺旋体病，1个月内发现病人316名。经防治，疫情得到控制。

1972年

7月24日 《人民日报》以“钟声不灵政策灵”为题，报道了徂徕公社劳动管理经验。

同年 徂徕山林场首次采用飞机防治松毛虫0.6万公顷，至1979年共实施3次防治，

面积达2万公顷。

1974年

12月 中共泰安地委决定，建立泰安地区徂徕山林场党的核心小组，由6人组成。

1977年

6月 国务院副总理谷牧到徂徕山林场视察工作。

10月 彩山水库动工兴建，1978年8月主体工程竣工并投入运行。坝身长1350米，宽7米，高24.5米，库容2000万立方米。2007年被水利部定为三类库坝，2008年，经国家批准立项，总投资6410万元。2009年1月开始施工，对原水库坝堤内外坡、溢洪道、放水闸、坝堤路面进行了除险加固，至2010年工程全部完工，12月通过省水利厅验收，并投入运行。加固后库容为1686万立方米，兴利库容1055.8万立方米。灌溉面积1000公顷。

12月 山东省革命委员会公布徂徕山抗日武装起义遗址为省级重点文物保护单位。

同年 徂徕公社桥沟村用温泉水试验养殖尼罗罗非鱼成功。1982年建成繁殖基地。建鱼塘32个，年繁殖尼罗鱼220万尾。

1978年

5月 贯穿徂徕山东西的主干公路开工建设，1980年底建成通车，全长32.86千米。其中西大门至马场段（15千米）于2004年4月开始硬化，当年12月竣工。2012年12月对整段公路进行延长、拓宽及加固（全长36.3千米，宽8米），年底完工5.57千米。投资875万元。

12月26日 泰安县西住、良庄遭9级大风，刮毁房屋7000余间，冻死牛、羊40余头，刮倒树株1万棵。

1979年

5月21日 日本蜂业协会蜜源植物考察组一行4人，到徂徕山林场考察刺槐林经营管理情况。

9月 徂徕山纤维板厂开始筹建，1982年5月调试，10月1日正式投产，年产纤维板2000立方米。

同年 徂徕公社在泰安县范围最早实行联产计酬"五定一奖"（定人员、定面积、定产量、定报酬、定成本，超产奖励）责任制，下半年在全县推广。

1980年

8月26日 日本山口县林业考察组一行5人，到徂徕山林场考察山区用材林营造及经营管理情况。

1981年

5月27日 日本蜂蜜株式会社考察组一行4人，到徂徕山考察。

7月 中共泰安地委决定建立中共徂徕山林场委员会，由6人组成。

同年 成立徂徕山林场森林保护站，各林区建立森林病虫害防治队伍共计14人。

同年 在徂徕山兴建防火瞭望台，至2012年共建设12座。

1983年

6月8日 联合国水土保持考察团到徂徕山光华寺林区考察。

8月23日 美国水土保持考察组到徂徕山林场光华寺林区考察森林植被。

1984年

经泰安地委批准，徂徕山林场场部定为县级事业单位，编制42人，隶属地区林业局领导。

1985年

3月27日 经国务院批准，撤销泰安地区，泰安市升为地级市，实行市管县体制。8月，泰安地区徂徕山林场改为“泰安市徂徕山林场”。

12月 泰安市郊区房村办事处改为房村乡。1995年1月改为房村镇。

同月 泰安市郊区徂徕办事处改为徂徕镇。

同月 新泰市天宝办事处改为天宝镇。

参加抗日武装起义的老战士在新落成的徂徕山抗日武装起义纪念碑前合影留念

2001年2月，撤销大东庄镇，并入天宝镇。

同年 成立泰安市郊区化马湾乡。

1986年

10月 徂徕山林区辘轳把子沟发生森林火灾，过火面积20公顷，烧毁树木近千株。

12月 泰安市郊区良庄办事处改为良庄镇。

1987年

8月1日 泰安市徂徕山抗日武装起义纪念碑在徂徕山大佛寺前马头山奠基，至12月10日落成。碑高23米，正面为徐向前元帅题写的“徂徕山抗日武装起义纪念碑”12个镏金大字，背面为起义老战士、著名书法家武中奇撰书的769字碑文。

同年 徂徕山四禅寺被省政府公布为省级重点文物保护单位。

1988年

1月1~2日 中共山东省委在泰安隆重召开纪念徂徕山抗日武装起义50周年大会。省委书记梁步庭，副书记、代省长姜春云，省委常委、组织部部长张全景，济南军区司令员李九龙、政委宋清渭，省军区司令员刘玉德，徂徕山起义原四支队领导人林浩、赵杰和泰安市领导人出席大会。其间，举行徂徕山抗日武装起义纪念碑揭幕仪式和徂徕山抗日武装起义50周年纪念展览等纪念活动。

1989年

4月 经共青团泰安市委批准，共青团徂徕山林场总支委员会改为共青团徂徕山林场委员会。8月召开第一次团员大会，选举产生书记1名，副书记2名，委员2名。

1990年

3月 泰安市公安局徂徕山林区公安分局成立，为科级事业单位，编制50人。下设大寺、王庄、光华寺、庙子4个派出所。同时撤销保卫处。

6月7日 朝鲜自然保护联盟中央委员长梁贞泰一行4人到徂徕山林场考察。

1991年

徂徕山人造板厂引进南京林业大学专利成果，投资600万元，对原有66型硬质纤维板生产线设备进行技术改造，生产高档板材中密度纤维板。1993年10月竣工投产，填补省内空白。

1992年

5月1日 省委书记姜春云到徂徕山林场视察。

9月 徂徕山被林业部批准为国家森林公园。1993年10月正式开园，下设大寺、中军帐、太平顶、光华寺、礤石峪、二圣宫6个景区。

1993年

2月 泰安市郊区地质矿产资源管理办公室在化马湾、角峪两乡交界处发现2条黄金矿脉，总面积15平方千米，平均品位每吨矿石含金4.7克。

11月 徂徕山林场被林业部评为全国国有林场"百佳"单位。

12月 成立徂徕山管理委员会，与泰安市徂徕山林场实行一个机构两块牌子，具体管理徂徕山国家森林公园的开发建设。

1994年

1月 徂徕山国家森林公园太平顶景区建立。总面积374.5公顷，其中有林面积244.8公顷。

8月8日 徂徕山广播电视转播台开工建设，同年12月8日竣工。转播台塔高80米。1995年1月1日开播，全市广播电视覆盖率由22%提高到77%。

1995年

4月 修建光化寺庙宇。8月完工，投资10万元。

9月9日 举办第一届徂徕山光化寺庙会。至2000年共举办了六届。

同年 省人大常委会副主任、党组副书记李文全到徂徕山林场视察。

1996年

3月 徂徕山林场举办纪念建场四十周年场庆活动。

7月25日 徂徕山受暴雨袭击，降水量296毫米/24小时，造成经济损失上百万元。

10月1日 举办第一届徂徕山"四禅寺"庙会，至2000年共举办了五届。

同月 重建四禅寺庙宇。12月完工，投资10万元。

1997年

1月 徂徕山林场锦罗营林区建立，总面积1046.3公顷，其中有林地面积854.5公顷。

同年 成立徂徕山旅游开发办公室。

1998年

8月 新泰市天宝镇被中国农学会特产经济委员会命名为"中国樱桃第一镇"。2001年在农产品国际博览会上，被评为"优质果品"；2002年被省鉴定为"无公害农产品”。2009年获得有机转换产品认证，2011年获得绿色食品认证。2012年，天宝镇樱桃种植面积达到3333.33公顷，其中盛果面积192.33公顷。总产量1.44万吨。

同年 副省长陈延明到徂徕山林场检查工作。

1999年

3月 徂徕山林场被省政府批准为生态公益型林场。

7月 市人大视察团到徂徕山视察。

9~10月 省政协视察团、驻鲁部分全国政协委员到徂徕山林场视察。

同年 省委常委、副省长林廷生到徂徕山林场检查工作。

同年 泰安市建立徂徕山自然保护区。面积2.24万公顷，其中核心区3000公顷。主要保护森林植物789种，其中国家级、省级保护植物10种；兽类116种，爬行动物12种，两栖动物6种，鸟类141种，其中国家级、省级保护野生动物37种。2006年12月，经省政府批准，成为省级自然保护区，保护区总面积1.09万公顷。

同年 市委、市政府作出《关于加快发展旅游业的决定》，按照“营造大泰山，开拓大市场，发展大旅游，构筑大产业”的总体思路，将徂徕山景区作为构筑大泰山旅游圈的重点，纳入全市旅游发展重要工作日程。

2000年

4月19日 经国务院批准，泰安市郊区更名为泰安市岱岳区。

5月 徂徕山林场重修玉皇楼、礤石峪隐仙观、三清殿、吕祖殿、六逸堂等景点，10月完工。总投资30万元。

同年 成立徂徕山林场消防队。2006年建立泰安市消防支队徂徕山消防站。

同年 泰安市岱岳区被命名为“山东省经济林名特优板栗之乡”称号。

2001年

中国联通泰安分公司在徂徕山设立通讯联络基站1处。2004年，中国移动泰安分公司与联通泰安分公司在徂徕山分别设立基站3处，至2012年徂徕山共有基站9处，基本实现通讯信号全覆盖。

同年 省委副书记王修智在市委书记鲍志强陪同下，到徂徕山林场检查工作。

2002年

同年 新泰市天宝镇梁父山板栗被省鉴定为“无公害农产品”，年家峪野生板栗获得有机认证。2012年，梁父山板栗种植面积

板栗园

达到1000公顷，总产1500吨。

2004年，山东省副省长孙守璞（前排右三）到徂徕山林场检查工作

2003年

10月 副省长蔡秋芳到徂徕山林场调研旅游工作。

同年 徂徕山林场投资87万元，建设防火电视视频监控系统，铺设光缆24千米，安装监控点4个。

2004年

4月 徂徕山林场投资1250万元，对泰良路至马场17.52千米主干公路进行硬化。市委书记耿文清，在市委常委、秘书长朱玉合，市人大常委会副主任李秀兰陪同下，出席改造工程开工仪式，12月完工。为国家3级公路。

同年 副省长孙守璞到徂徕山林场检查工作，副市长白玉翠陪同。

同年 撤销西旺林区，并入大寺林区。

2005年

4月 徂徕山龙湾地质公园被批准为省级地质公园。总面积约12平方千米。

6月13日 《徂徕山旅游开发总体规划》通过来自北京、上海、济南的生态、林业、旅游、规划、城建等方面专家评审。该《规划》由中科院地理研究所旅游规划中心、同和时代（北京）旅游发展研究院合作编制。整个规划分五大区域：大寺综合服务区，太平顶观光游憩区，龙湾沟、濯龙湾沟生态旅游区，宗教文化旅游区，桥沟温泉度假区。

11月 市政府成立徂徕山旅游开发建设领导小组，市委常委、副市长白玉翠任开发建设领导小组组长，有关部门负责人为成员。

同月 泰安旅游景点命名活动启动仪式在徂徕山中军帐举行。市人大、市政府、市政协领导及景点命名专家学者14人参加了活动仪式。

同年 徂徕山林场投资101万元，在中军帐沟修筑塘坝、云步桥各1座，硬化路面513米；修筑中军帐至望岳峰步游道700米；十亩大地至太平顶步游道2500米。

2006年

9月18日 徂徕山、陶山、莲花山等3个地质遗迹景区被第二届联合国教科文组织地质公园评审委员会评为泰山世界地质公园（外围园区）。

10月 徂徕山被山东省旅游局批准为AAA级旅游景区。

11月 徂徕山林场自主研发“徂徕山古树名木管理系统”获得成功。

同年 太平顶景区龙女湖开工建设，2007年竣工，投资450.6万元，完成土石2.54万立方米。坝身长108米，宽3米，高22米，库容16万立方米。

同年 国家林业局副局长李育才到徂徕山林场调研。

2006年，国家林业局副局长李育才（左一）到徂徕山林场检查指导工作

的黑石埠村、东南旺村、西南旺村签订《委托造林协议书》，并在春阳坡、西南园一带荒山荒地造林36.7公顷，职工出工1万余个，栽植黑松、黄栌、火炬树等3.5万株。

5月20日 市委书记、市人大常委会主任杨鲁豫到徂徕山检查工作。

同月 由徂徕山滑雪有限公司投资建设的徂徕山滑雪场动工兴建，12月29日，一期工程完工，并正式投入运营。总投资8000余万元，占地面积10万平方米。设初、中、高级雪道3条，拖牵索道2条。

7月 省人大常委会副主任莫振奎到徂徕山林场调研。

10月 中央军委原副主席、时任国防部长迟浩田到徂徕山视察，并题写“徂徕山国

2007年

7月 徂徕山发现大面积麻栎古树种群。据专家认为古树树龄150~300年，为华东地区发现面积最大、保存较完整的一片麻栎林。

9月11日 “泰山武术杯”、“三山两湖”(泰山、徂徕山、莲花山，东平湖、天平湖）全国山地自行车挑战赛在徂徕山举行。

12月26日 纪念徂徕山抗日武装起义70周年座谈会在泰安举行。

同年 徂徕山林场进行大面积棚户区改造，2010年竣工。改造面积343万平方米，投资2632.3万元，解决职工住房314户。

2008年

春 在市林业局协调下，徂徕山林场与徂徕镇的徂徕村、房村镇

2008年10月，中央军委原副主席、时任国防部长迟浩田(右二)到徂徕山视察

家森林公园”。

同年 徂徕山林场投资14万元，为13个工队、6个瞭望台安装太阳能蓄电系统和电视机；投资12万元，购置风力灭火机10部、油锯6部、往复式水枪20部、防火专用摩托车10辆，组建了摩托化机动中队。

同年 徂徕山林场在濯龙湾景区新建步游道500米，铺设台阶1000余级，建设弓桥1座，总投资1000万元。

同年 著名书法家欧阳中石到徂徕山林场考察。

2008年，山东省人大常委会副主任莫振奎（中）到徂徕山林场视察

2009年

1月 徂徕山林场被国家林业局批准为首批“森林经营示范国有林场”。

同月 徂徕山锦罗林区卧尧工队神仙屋子沟发生火灾，过火面积10公顷，树木无损。

6月 徂徕山林场办公楼开工建设，12月，主体工程竣工，建筑面积3200平方米。2010年6月19日，办公楼正式启用。

同月 徂徕山-泰城南部高新技术开发区直达旅游快速通道建成通车。全长8.35千米，宽12米，设计为二级公路，总投资9500万元。

2008年，市委书记、市人大常委会主任杨鲁豫（中）到徂徕山林场检查工作

10月 由山东泰山温泉旅游开发有限公司投资建设的泰山温泉城动工兴建，2012年5月建成，6月正式开业。总投资50亿元，占地面积90.67公顷，建筑面积90万平方米。为集温泉养生、休闲度假、商务会议、康体娱乐和生态旅游等多功能于一体的国家AAAA级旅游景区。

2010年

7月1日 徂徕山林场管委会召开庆祝建党89周年纪念大会。

同年 建立光化寺老通沟检查站、查山口检查站。

2011年

8月30日 市机构编制委员会批准，徂徕山林场内部机构设置方案，共设科室14个，消防队2个，林（景）区10个，均为正科级，配备科级干部90名。

12月 经市机构编制委员会批准，徂徕山林场（徂徕山国家森林公园管委会）加挂山东泰安徂徕山省级自然保护区管理局牌子。

同年 建立戚家峪检查站。

2012年

10月10日 纪念泰安市新方志编修30周年暨《徂徕山志》编纂启动大会在泰安市召开。

11月15日 市委副书记、市政府市长王云鹏到徂徕山林场调研。

同月 北京林业大学校长宋维明到徂徕山林场调研。

12月 徂徕山林场投资875万元，对主干公路进行拓宽加固。

同年 北京军区原司令员李来柱到徂徕山林场考察。

2012年11月，市委副书记、市长王云鹏（前左一）到徂徕山林场调研

第一章 地理环境

徂徕山峰林地貌

徂徕山地处山东腹地，北距五岳之首泰山30千米，南临历史文化名城曲阜30千米，西靠大汶口文化发祥地20千米。位于北纬36°02′~36°07′，东经117°16′~117°20′，东西长21千米，南北宽12千米，总面积173平方千米。主峰太平顶海拔高度1027.8米，由泰莱平原拔地而起，气势雄伟，与泰山并称“姊妹山”。林区内有横穿东西的干线公路30千米，可达主峰太平顶。徂徕山是山东省建立最早和面积最大的国家森林公园之一。地处暖温带大陆性气候区，四季分明，雨热同期，年均降水量771.5毫米，年均气温13.9℃，最高气温达39℃，最低气温为-16.2℃。境内群峰突起，重峦叠嶂，沟谷纵横，沟深谷幽，潭瀑众多，森林密布，空气清鲜，景色秀丽，环境优美，自然景观和人文景观丰富。

第一节　地理位置

一、位置

徂徕山位于泰山东南，属泰沂山脉，孤立于泰莱平原，东西走向，处于鲁西地块鲁中隆断区徂徕山—莲花山断块凸起的西部。北为泰莱断陷盆地，南为新蒙断陷盆地，西以南北向断裂为界止于汶河东侧，东以北西向化马湾断裂与莲花山断块相邻。极值地理坐标为北纬36°02′~36°07′，东经117°16′~117°20′。

二、面积

徂徕山横跨新泰市的天宝及泰安市岱岳区的化马湾、徂徕、房村、良庄等5个乡镇。东西长21千米，南北宽12千米，总面积173平方千米，其中徂徕山林场面积90平方千米，占总面积的52.02%。至2012年徂徕山面积未发生变化。

三、主峰

徂徕山又称尤徕山，境内共有大小山峰99座，主峰太平顶，位于徂徕山中部，海拔高度1027.8米，与泰山玉皇顶直线距离为30千米。太平顶其巅双峰颉颃，老松偃覆其上。西峰较平，上有感应侯祠遗址。金代章宗皇帝于金明昌元年（1190）封山神为“护国感应侯”而建，后圮。故址有巨石屹立，上有元至正二十五年（1365）文人补刻唐代隐士国子博士王希夷的《王野人诗》：“徂徕山下是吾家，吸露嘘风卧紫霞。几百年来无个事，朝朝座对老松花。”

西岩有天然石洞，每当天晴气朗、夕阳西下，洞内即攒红散紫，金光烁烁，故名紫霞洞。王希夷曾在此修真。下为李源寨，有自来泉飞流。

顶南为万松岭，自古多“美松”。公元前六世纪，鲁国僖公修寝庙，下令伐徂徕山之松、新甫之柏，今松柏遍布。岭下有石屋，中有冽甘泉，甚旺。

顶东南为贵人峰。峰巅奇石突兀，孤秀刺天，遥望如人立。古人称：“泰山有丈人，徂徕有贵人。”

第二节　地　质

徂徕山处于鲁西地块鲁中隆断区徂徕山—莲花山断块凸起的西部。北为泰莱断陷盆地，南为新蒙断陷盆地，西以南北向断裂为界止于汶河东侧，东以北西向化马湾断裂与莲花山断块相邻。徂徕山是一个中新生代形成的断块凸起，由结晶基底和沉积盖层两大部分组成。结晶基底为早前寒武纪的变质表壳岩系和侵入杂岩，沉积盖层为古生界寒武—奥陶系的石灰岩和页岩，两者呈角度不整合接触，由南向北依次从老到新分布，地貌上构成一个南陡北缓的单斜断块山系。区内地质构造极其复杂，早前寒武纪的多期次岩浆活动、多期次构造变形和变质作用十分明显，使结晶基底岩系遭受不同程度的变化作用，中生代构造活跃，新构造运动普遍而强烈，它们直接控制了山体的形成及其地貌景观。

一、地层

徂徕山出露的地层，除北部山体边缘分布有部分古生界寒武—奥陶系的沉积地层外，主要是早前寒武纪晚太古代形成的变质表壳岩系泰山岩群。它的主要岩性为斜长角闪岩。其原岩为基性火山岩和凝灰岩，经角闪岩相区域变质作用而形成的沉积变质岩。同位素年龄为2840±160Ma、2820±163Ma（Sm—Nd）。因后期被众多的早前寒武纪花岗质侵入岩大量侵吞和重重包围，变得极其支离破碎，多呈透镜状、扁豆状、层带状等孤立的残余包体产出。它们多分布在本区西南部的黄石崖和二圣宫以及大寺、龙湾等地，分别赋存在望府山期条带状变质侵入岩、中天门期石英闪长岩和傲徕山期二长花岗岩等侵入岩体中。泰山岩群的残余包体呈北西向延伸，具点多、稀散、规模小的特点。根据

片麻岩

条带状英云闪长质片麻岩

其岩性组合的特点和同位素年龄资料，可能相当于鲁西泰山岩群雁翎关组的组分。

二、构造

徂徕山既有早前寒武纪形成的基底构造，又有中新生代发育的构造，它们彼此迭加相互改造，形成相当复杂的构造面貌。

早前寒武纪的构造，褶皱和断裂都有。由于基底经历了多期构造变形作用的迭加改造和漫长复杂的构造演变过程，其原来的构造面貌一时难以全面恢复。现在所能观察到的是泰山岩群和望府山期变质侵入岩中发育的各种柔流小褶皱，以及普遍发育的北西向韧性剪切带。

中生代构造以断裂为主，主要有北东向和北北西向两组断裂。它们常以断层带的形式出现，断裂的多期活动性明显，断裂的内部结构和力学性质都比较复杂。

三、岩体

侵入岩　徂徕山的侵入岩，除少量中生代燕山期的脉岩外，主要是早前寒武纪的侵入岩，它们是徂徕山分布最广而又极为重要的地质体，约占其面积95%以上。主要有三期侵入岩。

晚太古代的望府山期英云闪长岩　呈岩基状北西向产出，因受后期变形、变质作用改造，其原岩的面貌全非，成为似层状的变

条带状英云闪长质片麻岩

质侵入岩，具体为条带状黑云斜长片麻岩和条带状角闪斜长片麻岩。此外，又遭受后来多期岩浆侵入活动的侵吞和改造，完整性比较差。多分布在本区西南的西黑峪、刘龙寺、黄石崖、庙子等地，在二长花岗岩和石英闪长岩中呈残余包体状出现。同位素年龄：2740Ma（Sm—Nd）、2769Ma（Rb—Sr）。

早元古代早期的中天门期石英闪长岩　主要有中粒黑云石英闪长岩和细粒闪长岩两种岩石类型。黑云石英闪长岩，浅灰—浅黄灰色，中—粗粒结构，片麻状构造，主要矿物成分为石英、斜长石、微斜长石、黑云母和角闪石，岩石的垂直节理和水平节理比较发育，球形风化作用十分普遍，呈岩基状北西向产出，规模比较大，分布比较广，主要有康王庙—黄古墩、老团山—庙子两个比较大的岩带，此外，在傲徕山期的二长花岗岩中，也有不少呈北西向延伸的层带状残余包体。细粒闪长岩，深灰一黑灰色，细粒结构，块状构造，主要矿物成分为斜长石、黑云母、角闪石和石英，分布比较少，呈层带状、透镜状残余包体，赋存在傲徕山期的二长花岗岩中。石英闪长岩的同位素年龄：2549Ma（Rb—Sr）、2610Ma（Rb—Sr）。

早元古代晚期的傲徕山期二长花岗岩　风化面黄灰色，新鲜面青灰色，中—细粒结构，弱片麻状构造，主要矿物成分为斜长石、微斜长石、石英和黑云母。岩石的垂直节理和水平节理都十分发育。此类岩体呈岩基状北西向产出，是徂徕山分布最广的一种侵入岩，如中军帐、太平顶、马场等处均有大面积出露。同位素年龄：2466Ma（Sm—Nd）、2333Ma（Rb—Sr）。

徂徕山早前寒武纪侵入岩有五个特点：即分布广泛，多呈北西向展布；岩石类型比较多，岩性变化比较大，岩石面貌比较复杂；岩浆演化的多阶段性和侵入作用的多期次性明显；岩浆来源的类型比较多，幔源型（傲徕山期岩体）、壳源型（中天门期岩体）、幔壳源混合型（望府山期岩体）；遭受后期改造的特征明显。

变质作用与变质岩　徂徕山的变质作用比较普遍和强烈，有区域变质作用和动力变质作用（韧性剪切变形作用）两种类型，它们形成了晚太古代的泰山岩群以及使众多侵入岩体遭受不同程度的变质。变质作用的多期性明显。区域变质作用有三期：即晚太古

徂徕山地质石纹

代早期的角闪岩相变质作用；晚太古代晚期的绿片岩相变质作用；早元古代早期的低绿片岩相变质作用。动力变质作用有三期：即晚太古代剪切变形作用，使望府山期条带状片麻岩发生糜棱岩化；早元古代早期剪切变形作用，使中天门期石英闪长岩发生糜棱岩化；早元古代晚期剪切变形作用，使傲徕山期二长花岗岩局部发生糜棱岩化。

徂徕山出露的变质岩相对比较少，主要有由区域变质作用形成的泰山岩群斜长角闪岩、变粒岩和片岩，以及望府山期的条带状片麻岩。其次为韧性剪切变形作用形成的糜棱岩和变晶糜棱岩等动力变质岩。

四、山脉形成的年代与演化过程

徂徕山属鲁中山区泰沂山脉，在燕山期构造运动中形成现在规模。岩石为太古界泰山杂岩，周缘地带有灰岩出露。海拔500米以上地区面积广大，山势较为平缓。山脉中耸立着望山、孤山、东辙山、秋千架、望岳峰、玲珑山、虎头山、攒石崮、黑山、卧虎山、轿顶、映佛山、炮楼顶、女之崮、贵人峰、独秀峰、大寨顶、黄崖顶、荞麦峰、锯连山等21座山峰，最高的为太平顶，海拔1027.8米。沧浪沟、毛老峪、石榴峪、大藏峪、羊栏沟、光化寺沟、年家峪沟、王庄沟等数十条沟谷遍布山中。徂徕山作为地壳发

奇峰异石

地质构造

展某一阶段的产物，它的形成与泰山基本类似，也经历了一个漫长而复杂的演变过程，大体上可分为古徂徕山形成、海陆演变、今日徂徕山形成等三个阶段。

古徂徕山形成阶段（距今2500Ma以前）大约在晚太古代初期，即距今2800Ma前，古老陆台裂开，形成巨大的凹陷带（海槽），沉积了巨厚的超基性—基性火山岩和杂砂质火山碎屑岩（泰山岩群）。在距今2500Ma前后，鲁西地区发生过一次强烈的造山运动（泰山运动），原先沉积的岩层褶皱隆起形成巨大的山系，古徂徕山就是这些山系的一部分，耸立在海平面之上，同时伴随着岩层的褶皱隆起，产生了一系列断裂以及大量中酸性岩浆的侵入和区域变质作用，从而逐渐形成了今日见到的表壳变质岩系和分布广泛的英云闪长岩、花岗岩类的古老侵入杂岩体。同位素年龄为2500~3000Ma。

海陆演变阶段（距今600~200Ma） 耸立在海平面上的徂徕山，经过1800~1900Ma的长期风化剥蚀，地势渐趋平缓。古生代初期，华北广大地区大幅度下降，海水侵入，古徂徕山也随之沉没到海平面以下。整个华北包括鲁西在内，当时是一片汪洋大海，于是在古徂徕山的“泰山杂岩”风化剥蚀面上，

沉积了近2000米厚的海相地层，即寒武—奥陶系的石灰岩和页岩。中奥陶世末，在加里东运动影响下，鲁西和整个华北又缓慢地整体上升为陆地，缺失了晚奥陶世、志留纪、泥盆纪、早石炭世的沉积。及至中石炭世初，发生过短暂的升降交替，鲁西处于时陆时海的环境，在中奥陶统的风化剥蚀面上，沉积了中、晚石炭纪的海陆交互相含煤地层。而后鲁西又持续上升，进入大陆发展阶段。在此段时间，徂徕山地区的地势高差不大，基本上是丘陵地形。

今日徂徕山形成阶段（100~30Ma）　中生代晚期（距今200Ma左右），在燕山运动影响下，徂徕山南麓产生了一条近东西向的断裂（莲花山断裂）。处于断裂北盘的古徂徕山，一方面不断掀斜抬升隆起，另一方面又遭受各种风化剥蚀，最后在山体的高处，把原来覆盖在古老泰山杂岩上的2000米厚的沉积盖层全部剥蚀掉，先前形成的“泰山杂岩”才又得以重新出露于地面，从而开始形成今日徂徕山的雏形。

新生代期间（距今70~60Ma）　在喜马拉雅运动的影响下，徂徕山沿莲花山断裂继续大幅度抬升，到新生代中期（距今30Ma左右），今日徂徕山的总体轮廓基本形成。经过后来的长期风化剥蚀，才逐渐形成今日徂徕山的面貌景观。

综上所述，徂徕山在长期的演变过程中，经受了泰山运动、加里东运动、华里西运动、燕山运动和喜马拉雅运动等五次大地壳运动的强烈变革，经历了地壳发展历史太古代、元古代、古生代、中生代和新生代等五个主要阶段的改造，真可谓几度浮沉，几经沧桑。今日的徂徕山不是太古代的古老隆起，而是一个中新生代的掀斜断块凸起，燕山运动奠定了山体的基础，喜马拉雅运动造就了山体的基本轮廓，莲花山断裂活动塑造了徂徕山今天的自然景观面貌。

第三节　地　貌

一、地貌构造

徂徕山既有早前寒武纪形成的基底构造，又有中新生代发育的构造，它们彼此迭加相互改造，形成相当复杂的面貌构造。

早前寒武纪的构造、褶皱和断裂都有。由于基底经历了多期构造变形作用的迭加改造和漫长复杂的构造演变过程，其原来的构造面貌一时难以全面恢复。现在所能观察到的是望府山期变质侵入岩中发育的各种柔流小褶皱和泰山岩群组成的若干较为宽缓的褶皱，以及普遍发育的北西向韧性剪切带。

徂徕山的新构造运动普遍而强烈，对山体形成、地形地势起伏、各种侵蚀地貌生成

徂徕山峰林地貌

起着直接的控制作用，对徂徕山的雄、险、奇、秀、幽、奥、旷等自然景观有着深刻而重大的影响。徂徕山新构造运动主要有三个特点：即运动的方向以垂直升降为主；运动的阶段性和间歇性特征十分明显；运动强度的差异性显著。

在新构造运动的影响下，徂徕山的垂直侵蚀切割作用十分强烈，地势差异显著，地形起伏大，地貌分界明显，造成了主峰太平顶拔地而起的雄伟山姿，形成了多种多样的侵蚀地貌和众多奇特的自然景观。由于流水垂直侵蚀切割作用十分强烈，重力崩塌作用非常显著，使境内群峰突起，沟谷纵横，山势陡峭，沟深谷幽，地形起伏大，地势差异明显。特别是主峰周围，侵蚀切割作用最为强烈，地形险峻，奇峰林立，深沟峡谷和悬崖峭壁举目可见。

地形地势总体特点。徂徕山为一断块隆起的山地，由99个大小山峰和15条主要沟谷组成，山脉的总体走向为近东西向。主峰太平顶海拔1027.8米，由泰莱平原拔地而起，相对高差800余米，其北面、南面和西面分别为柴汶河、渐汶河及大汶河所环绕，从区内众多沟谷的垂直侵蚀作用还在不断进行以及周边盆地仍在继续沉降等情况看，徂徕山和泰山主峰一样，在不断抬升。从大地形总体上看，徂徕山的地形地势具有西高东低，南陡北缓的特点。黄石崖、庙子、地疃、黄土岭一带，多为断层，上游沟谷短急，悬崖峭壁，地形复杂。马场、侯家宅、上池及主脉两翼较为平缓。徂徕山山地坡度大体可分为五级：0~5度山坡占5%；5~25度山坡占37%；25~35度山坡占40%；35~45度山坡占15%；46度以上山坡占3%。王家院、西旺两林区为平原河滩，地势比大约在千分之十左右，西旺个别风积砂丘高达3~8米，但位移极少，现在基本固定。根据地势，全场林业用地7164.4公顷。其中，山区海拔700米以上1602.8公顷，700米以下5033.9公顷，平原河滩527.7公顷。分别占林业用地面积的22.4%、70.3%和7.3%。

二、地貌类型

在新构造运动影响下，徂徕山的侵蚀切割作用十分强烈，侵蚀地貌特别发育。从主峰往外，由侵蚀中山逐渐过渡到低山丘陵。按形态和成因划分出三种主要地貌类型。

侵蚀构造中山　集中分布在主峰太平顶周围，海拔高度900~1027.8米，切割深度为500~800米，组成山体的岩性主要是傲徕山期二长花岗岩，是境内地势最高，抬升幅度最大，侵蚀切割最强的地区，这里峰高谷深，地形陡峻，“V”字形谷和绝壁陡崖特别发育。

侵蚀构造低山　主要分布在侵蚀构造中山的外缘，如中军帐、空山头、花园、卧尧、南天门、康王店、黄古墩、炮楼顶等处，海拔高度在500~800米之间，切割深度100~500米，组成山体的岩性主要是傲徕山期的二长花岗岩和中天门期的石英闪长岩，侵蚀切割强度较主峰一带稍弱，但地形仍然十分陡峻，深沟峡谷、尖顶山头、锯齿状山脊、绝壁陡崖随处可见。

侵蚀丘陵　主要分布在侵蚀低山的外缘，海拔高度200~500米，侵蚀切割强度比较微弱，以风化剥蚀作用为主，多形成孤丘缓岭。

三、微型地貌

在新构造运动影响下，徂徕山还形成很多小型或微型非常奇特的地貌景观，给徂徕山增添了许多奇观异景。如贵人峰、独秀峰的奇峰地貌，濯龙湾沟、梯子峪、龙湾沟、同心沟的峡谷和峭壁地貌，濯龙湾沟和

龙湾沟的迭潭迭瀑景观。此外，在新构造运动的影响下，重力滑坡和重力崩塌作用非常强烈和普遍，随而生成许多奇石和怪洞、石河和石海。

四、流水地貌

徂徕山因受地貌格局的影响，发育了近东西向为主平状水系，主支河流构成格状水系，河谷梯级明显，多叠水瀑布，受降水影响，河流径流季节明显，地下水多为裂隙性潜水，由于花岗岩、变质岩的地理发育多形成裂隙性泉水，且水质好。

徂徕山河谷纵横，共有大小支流266条，一级支流56条，主要河流有历史记载的共11条：即曲水河、羊公河、宅子河、茅茨河（响水河）、石良河、沧浪河、四里河、淘河、东浊河、金沙河、徂阳河，北部水系流入淘河（亦称小汶），南部水系流入柴汶河，汇集于大汶河，流入东平湖。

第四节　气　候

一、日照

夏季日照时间最长，月平均306小时，出现在7月份；冬季日照时间最短，月平均213小时，出现在12月份。年日照时数2893小时。日照百分率：7月份74%，12月份49%。

二、气温

年平均气温为13.9℃，最高气温39℃，最低气温−16.2℃。最热月出现在7月份，月平均气温达25.3℃，最冷月为1月份，月平均气温为−4.5℃。同时，地形对气候的影响较大。据历史记载，海拔700米以上，气温较下部低4℃~6℃。植物生长期缩短15~30天，阴坡与阳坡植物差约10天。年积温3582℃。

徂徕山各月平均气温表

表1−1　　单位：℃

项目＼月份	1	2	3	4	5	6	7	8	9	10	11	12
平均气温	−1.9	0.4	6.0	12.11	18.5	23.0	25.3	24.5	19.6	13.1	5.9	0.2
平均最高	2.7	6.4	11.41	19.7	24.7	30.0	30.0	29.1	24.72	19.5	11.4	5.1
平均最低	−4.5	−2.9	3.2	10.6	15.5	20.4	22.3	21.2	17.1	11.2	6.3	−0.02
极端最高	11.0	18.4	25.8	29.5	33.5	37.0	39.0	35.3	32.3	28.7	24.8	14.0
极端最低	−12.8	−4.5	−5.0	−4.6	9.0	14.2	16.5	14.0	9.4	0.3	−5.2	−16.2

三、气压

气压随海拔高度的降低而升高，随海拔高度的升高而降低，平均气压为1004.1百帕。气压随气温的降低而升高，随气温的升高而降低。12月气压最高，平均为1014.7百帕，7月气压最低，平均991.4百帕。

四、风

徂徕山属暖温带大陆性季风气候区，风向受季节影响较大，冬季多西北风，春季多西南风，夏季多东南风，秋季多西北风，最大风速每秒22米，极端风速每秒34.6米。太平顶大风每年平均达118天，其中冬春季出现大风几率最大。

五、云雾

徂徕山年平均云量5.2成，7、8月份最高达6.6~6.8成。阴天日数7月份平均16天，8月份平均14天；冬季最少，仅5~6天，晴天日数冬季最多，夏季最少。7、8月份为雨汛期，多出现雷雨等降雨云朵；冬半年以中高云为主。徂徕山多雾，7、8月份平均22~24天左右，1980年7、8月份每月达30天。年平均雾日164天。

六、降水

徂徕山年平均降水量为771.5毫米，分布极不均匀。降水主要集中在7~9月份，约占全年降水量的63.2%，且强度大；一般7月份降水量最大，达204.7毫米，1月份最少，仅5.4毫米。同时，降雨受地形影响较大，经常形成地形雨，山体中上部容易形成大暴雨。据记载，1963年7月，特大暴雨降水强度达133毫米/小时；1996年7月25日，24小时降水量高达296毫米，最大降雨集中在海拔700米以上，比700米以下高10%~20%。由于降雨多集中在夏秋之间，故形成徂徕山春天少雨多风、蒸发量大、干旱气候持续时间较长，对林木生长和防火极为不利。年降水日数，历年平均64.7天。林木生长期间降水量约占全年降水量的75.8%。此外，降雨量大小与海拔高度密切有关。海拔高度700米以上降水量比海拔700米以下高10%~20%，而蒸发量又少，故高山地区空气湿度大，干旱威胁较小，林木生长较山下部旺盛。

1997~2005年徂徕山降水情况表

表1-2　　单位：毫米

月份＼年份	1997	1998	1999	2001	2002	2003	2004	2005
1	7.7	–	0.7	34.9	8.2	1.3	8.3	0.5
2	15.8	2.3	24.7	16.4	–	12.6	5.7	19.7
3	1.6	21.3	60.8	2.2	7.3	29.5	1.1	0.5
4	38.1	15.5	23.3	18.7	21.0	52.2	9.9	41.2
5	94.3	21.5	66.6	0.6	141.3	41.5	56.5	77.4
6	87.6	79.1	89.9	253.4	57.3	66.2	129.2	109.4
7	404.1	83.0	297.6	264.7	68.7	234.5	372.0	482.8
8	79.6	240.0	479.5	109.2	107.5	298.6	258.9	121.4
9	40.9	108.6	22.6	26.4	22.2	179.8	156.2	51.9
10	34.6	71.0	13.0	10.9	23.0	143.6	5.8	33.4
11	119.4	5.6	0.1	11.2	2.2	72.6	25.0	7.3
12	1.0	0.1	3.4	13.0	11.0	12.2	11.3	6.4
平均	77.0	54.0	90.2	63.5	39.1	95.4	86.7	79.3

七、湿度

徂徕山空气湿度年平均为62.8%，呈半湿润状况。6~10月份，平均值一般在59%~80%之间。11月至翌年5月一般在50%~65%之间。相对湿度的日变化受气温日变化影响，在日出前出现最低气温时相对湿度最大，在午后出现最高气温时相对湿度最小。蒸发量年平均为1381.9毫米。各季相差悬殊，4~7月均超过160毫米，1月、2月、11月、12月均在60毫米以下。

徂徕山各月空气湿度、蒸发情况表

表1-3　　单位：毫米、%

项目＼月份	1	2	3	4	5	6	7	8	9	10	11	12	全年
相对湿度	56.6	54.8	54.2	49.4	63.1	59.1	76.7	76.1	70.3	65.6	63.6	64.1	62.8
蒸 发 量	52.9	63.9	112.5	193.2	198.8	228.1	168.0	154.9	128.6	114.9	66.9	50.5	1381.9

八、霜期

早霜一般在10月下旬，晚霜3月下旬，无霜期215天。

九、积雪冰冻期

据观察记载，初雪期一般在11月份，终雪期多在3月上、中旬，降雪期一般125天，山上（海拔700米以上）比山下初雪期早10~15天，终雪期延迟10~15天，降雪期140~150天。冰冻期一般从11月下旬开始至翌年3月解冻，海拔700米以上封冻早，解冻迟，植物生长期比山下短。

十、四季

徂徕山位于北纬36°02′~36°07′，东经117°16′~17°20′，属暖温带大陆性季风气候区。春季西南风偏多，气候干燥，气压逐步下降，气温逐步升高；夏季东南风偏多，日照时间最长，温度偏高，日晴天数少，雨量偏多；秋季西北风偏多，气压升高，气温逐步降低，雨量减少；冬季多东北、西北风，日照时间较短，气温最低，少雨多雪，四季分明。

十一、物候

植物候　徂徕山受不同地形、气温、降水、云雾等因素的影响，山上与山下的植物候有较大差异。

1月，山下腊梅开花。2月，山下柳树、柏类萌动。3月，山下迎春、山桃、白玉兰、连翘、榆叶梅、映山红等开花；山上麻栎、柏类开花。4月，山下柳树、苹果、加杨、银杏（白果树）、杏、桃、梨、海棠、樱桃、丁香、泡桐、牡丹、芍药等开花；山上映山红、黑松（白芽松）、黄栌、苦楝、悬铃木（法桐）、核桃开花。5月，山下刺槐、月季、蔷薇、山楂、木瓜等开花；山上山合欢、连翘、柳树、君迁子、南蛇藤、板栗开花。6月，山下石榴、合欢、葡萄、枣树、金银花、黄花菜等开花；山上葡萄、海棠、扁担杆子（面棉筋条）、绣线菊（蚂蝗梢）等开花。7月，山下国槐、凌霄、迎夏、栾树、百日红等开花；山上金银花、黄花菜开花、黄栌开始成熟。8月，山下海州常山、木槿开花；山上胡枝子开花、绣线菊（蚂蝗梢）、山葡萄开始成熟。9月，山下梨、苹果、核桃、山合欢、悬铃木、南蛇藤开始成熟；山上小叶胡枝子开花，阔叶林开始落叶。10月，山下松球、板栗、山楂、银杏、

汶河夕照

柿成熟；山上枫树、黄栌、柿树、黄连木红叶，山菊花开花、苦楝、君迁子成熟。11月，山下黄栌、五角枫、盐肤木、黄连木红叶，阔叶林开始落叶。12月，山上、山下树林休眠。

动物候　徂徕山地形、植被情况复杂，动物种类较多，表现在鸟类上的动物候尤为明显。1~2月，有冬候鸟绿翅鸭、戴菊莺、铁爪鵐等寻食活动。3月初，豆雁始见鸣（11月27日绝见鸣）；同月，留鸟鸢、红脚隼、石鸡、红隼、鹌鹑、戴胜、寒鸦等开始大量出巢活动。4月10日，家燕始见鸣（10月29日绝见鸣）；同月，旅鸟云雀、灰山椒鸟出现。5月11日，大杜鹃始见鸣（7月27日绝见鸣）；同月，夏候鸟池鹭、中白鹭、四声杜鹃、大杜鹃、楼燕、白腰雨燕、三宝鸟开始出现。6月21日，蚱蝉始见鸣（9月25日绝见鸣）；同月，夏候鸟骨顶鸡、山鹡鸰出现。7月，夏候鸟环颈行鸟出现。8月，夏候鸟伯劳、黑枕黄鹂、黑卷尾、蓝矶鸫等迁回。9月，夏候鸟金腰燕、红肋蓝尾鸲、北红尾鸲、短翅鸲等迁回。10月，旅鸟金行鸟、赤脚鹬、乌鹅出现。11月，旅鸟朱雀出现，冬候鸟黄鹡鸰迁回。12月，冬候鸟棕头雅雀、小鵐出现。

十二、奇异景象

徂徕夕照　天高气爽，每当夕阳西下，随着太阳靠近地平面，光线穿过底层浓密大气层和云彩时，天空霞光万道，朵朵残云如峰似峦，道道金光穿云破雾，直泻人间。在夕阳的映照下，云峰之上均镶嵌着金灿灿的边框，闪烁着奇异的光辉。若云海恰在此时出现，满天的霞光便映照在“大海”中，景色壮丽。待夕阳沉入云底，霞光变成了一片火红，天际、云朵、峰峦似在燃烧，色影瑰丽动人。据《泰安县志》记载：“徂徕晚

雾　凇

晴，日近虞渊，暮霭沉沉，返照忽置石壁。则见西来爽气，半受斜阳，怪石微分紫翠，壁上骤现出城廓寺庙，犹如丹青画卷。画内车马往来，人影晃动，熙攘如市，瞬刻即逝。”清朝泰安知州林杭学有诗曰：“独秀峰前落照红，千岩飒飒晚来风。竹溪云径苍霭掩，桑海霞楼倒影空。石涧苍松昊天外，金翎翠羽有无中。两先生去祠堂古，留得灵光照鲁东。”“徂徕夕照”属于石壁蜃景，需要时间、光线和水汽条件的共同作用，大多在独秀峰附近看到，并不易见。

雨后彩虹　大气中一种光的现象，天空中的小水珠经日光照射发生折射和反射作用而形成弧形彩带，由外圈至内圈呈红、橙、黄、绿、蓝、靛、紫七种颜色。出现在和太阳相对着的方向。

太平云海　多在夏秋两季出现，有时白云滚滚，如浪似雪；有时乌云翻腾，似翻江倒海；有时白云平铺，犹如千里棉絮。在太平顶观此景象，尤为壮观。

徂徕雾凇　气温常在摄氏零下20℃左右，多出现雾凇奇观，雾凇又叫树挂，潮湿气流缓行过山，经抬升冷却后凝结成雾，在运动中触及树枝急速冻结为冰粒，如此层层重叠，便形成茸毛状蓬松的冰粒层，即雾凇。徂徕山每年都有发生。

第五节　灾　害

一、风灾

徂徕山山峰多，风口多，风力极值在10级以上的风口有太平顶、徂徕山西端的宽店村、山前的茅茨村、涝坡村、山阳村、官庄村等，徂徕山西端与山后多是西北风，山前多刮东北风。太平顶8级以上大风每年多达140天，主要风灾出现在4、5月和7、8月份。4、5月份主要影响徂徕山周围，7、8月出现在山脊及阴坡，极易造成折木及房屋、果品损失，遭风折的地块主要分布在中军帐沟及濯龙湾一带，太平顶周围、娇顶、老君堂、卧尧沟以北地带。1939年7月，徂徕山出现龙卷风，劲扫徂徕山西南一带，大汶口遭到严重损失。1971年6月，泰安县遭受大风、冰雹袭击，风力7~8级，冰雹大如鸡蛋，良庄、徂徕等公社受灾，夏玉米、棉花全被砸光。1977年12月，泰安县良庄等公社遭受9级大风，刮毁房屋7000余间，冻死牛、羊40余头，刮倒树木1万株。至2012年没有发生大风自然灾害。

二、水灾

1996年7月25日，徂徕山中部突降暴雨，太平顶周围雨量最大达296毫米/24小时，公路、林道被冲毁，冲刷路基沟深1.5米，冲垮大小桥涵30余处，冲垮农田3.33公顷、经济林（幼林）5000余株，造成林场经济损失上百万元。至2012年没有发生大暴雨自然灾害。

三、泥石流

据资料记载，乾隆四十三年（1778）七月四日，一场特大暴雨降在徂徕山西部山脚下，造成山体滑坡，河流改道，四禅寺被冲垮，大片农田受灾。1963年7月30日21时30分，徂徕山太平顶一带突降暴雨，2小时降水量200毫米，山洪暴发，峰岩坍塌，山顶至黄石崖15千米长的山沟平均刷深3米多，最深处达8米。造成柳峪至花园沟山体滑坡，泥石流顺坡而下，冲垮谷坊250座、塘坝1座、小水库1座。黄石崖村侯培玉一家8口人全部遇难。黄石崖、山阳、茅茨等村农田被淹，倒塌房屋820多间。至2012年未发生泥石流灾害。

四、火灾

1961年12月，徂徕山林场中部侯家宅北坡发生火灾，烧毁幼林20公顷、幼树1万余株。1986年10月，徂徕山林区辘轳把子沟发生森林火灾，毁林20余公顷，烧毁树木近千株。1992年2月，锦罗林区棺材沟发生火灾，过火面积2公顷，烧毁树木近千株。2006年3月，徂徕林区老团山东北发生雷击火，过火面积1.33公顷。2009年1月，锦罗林区卧尧工队神仙屋子口发生火灾，过火面积10公顷，树木无损。至2012年未发生森林火灾。

五、冰挂

1994年冬季，徂徕山海拔800米以上遭受冰挂，分布上池、马场、卧尧及周围地区，受害树种主要有松树、刺槐、枰柳、赤杨、落叶松等。损失树木2.93万株，直接经济损失54.9万元。2003年冬季，徂徕山上池、马场、卧尧以上地区再次发生冰挂，面积192公顷，损失树木5.66万株，直接经济损失89.4万元。至2012年未发生冰挂。

六、雷击

据资料记载，1988年，徂徕山庙子林区水平庵自然村以西遭雷击，2头牛当场死亡，5棵大松树被击碎。1996年7月，太平顶驻地2人在屋内干活时被雷电击倒致昏，没有造成人员伤亡。同月，黄石崖村村民赵某在家中遭雷击身亡。同年8月，在同一地点发生同一类型雷击，房屋墙被击一洞。同年，庙子林区石门沟一巨树遭雷击致死，其庙子瞭望台连续两次遭雷击，人、物未损。2004年，光华寺林区职工刘某宿舍被篮球大的火球击中，人员未伤。同年，光华寺林区五道沟一棵高20米、粗35厘米的刺槐树遭雷击。2006年3月，徂徕林区第十五林班九小班内一巨石遭雷击一分为二。2007年，徂徕林区中军帐景点遭雷击，人员被击倒，墙面留有洞。2008年，徂徕山大寺林区西北部路边一棵大槐树遭雷击后成丝状。

第六节 土壤植被

一、土 壤

类 型 徂徕山分为山地土壤与河滩土壤两部分。前者约占93%，后者约占7%。山地土壤，主要为中性棕色森林土，占99%，仅在高山地区的平缓沟谷中有小面积的山地草甸土和隐灰化棕色森林土。河滩土壤，主要为冲积砂土和风积砂土。山区大部属普通棕壤，有少部分粗骨棕壤，共7963.3公顷，占93.8%，此类土壤土层薄，质地粗，结构疏松，层次发育不明显，耐湿性能差。按土层厚度分类：厚层土（60厘米以上）270公顷，占3.4%；中层土（31~60厘米）3583.5公顷，占45%；薄层土（30厘米以上）4109.8公顷，占51.6%。土壤pH值一般在5.5~7.0。在高山平缓地带，有小面积草甸土。山地草甸土，表层积累较厚的有机质层，颜色较暗，剖面特征质地相同。土壤水分丰富，无黏粒移动现象，底部风化较弱，多为粗砂砾石，微酸性反应，非农业用地，典型剖面特征：0~30厘米上色为灰褐色，砂壤，腐殖质层较厚；粒状，根系，动物穴多，疏松多孔，pH值6.3；30~50厘米土色灰褐色，砾质砂土，粒状，根系较多，结构稍紧，pH值6.1；50~65厘米土色为黄褐色、粗砂土，单粒，夹砾石，pH值6.1；65~150厘米土色为黄褐色，粗砂土，粒状，结构紧实，pH质6.7。河滩主要为沉积砂土，以无石灰性潮土为主。

特点及分布 中性山地棕色森林土。分布广泛，为徂徕山区主要土类。总面积

7231.27公顷，占林业用地总面积的93.2%。受自然条件复杂和人为活动的影响，剖面形态差异很大。总的特点是土层较薄，层次不明显，A层不明显或只具有薄层，一般没有发育完全的B层，pH值5.5~6，砂壤至砾质，剖面中多混有石砾，透性良好，保水蓄水能力较差，养分贫瘠。按土层厚度不同划分，以中薄层土分布最广。中层土（土层厚度25~50厘米）占本土类面积的47.7%，薄层土（土层厚度小于25厘米）占44.9%，厚层土（土层厚度50厘米）仅占7.4%。按不同质地划分：砂壤土最多，占本土类面积的97.4%，中壤和轻壤很少，仅占2.6%。中层土及薄层土土壤剖面形态见下表。

花岗岩坡积母质中层少石质砂壤中生草山地表

表1-4

深度（厘米）	颜色	结 构	紧密度	质地	湿度	石砾含量（%）	植物根	层次过度情　况
0-15	灰棕	粒屑状	疏松	砂壤	潮	5	草根中量树根穿过次层	明　显
15-35	黄棕	粒屑状	稍紧	砂壤	潮	15	草根中量树根穿过次层	明　显
35-49	疏松母质、下层半风化母石						有树根穿入	

此剖面在光华寺营林区大寨顶后崖中上部北向陡坡，海拔500米赤松林内。植被为野古草、管草、鸡眼草群从，覆盖度45%。剖面腐殖质层厚度15厘米，植物根密集层厚度15厘米。

片麻岩残积母质薄层少石质砂壤中生草山地表

表1-5

深度（厘米）	颜色	结 构	紧密度	质地	湿度	石砾含量（%）	植物根	层次过度情　况
0-19	灰色	粉状	疏松	砂壤	干	10	草根中量树根穿过	不明显
19-25	疏松母质，下层风化母质							

河滩沉积砂土，分为冲积砂和风积砂土。冲积砂土主要分布于王家院林区，面积379.9公顷，占林场面积的4.5%。由于沉积位置、流速、流量、砂粒粗细和沉积过程不同，分为两类：粗砂土。一般离河道较近，表层淤土很薄，大多为裸砂地，有些是大马牙砂，底部有卵石，营养物质极为贫乏，夏季昼夜温差较大，易引起日灼伤。间壤砂土。一般离河道较远，砂粒较细，淤积层和砂层相间，厚薄不等，主要分布在河滩漫地。

风积砂土　主要分布在西旺营林区，147.8公顷，占林场面积的1.7%，是在原冲积沙滩或黏棕壤的基础上风积而成，砂粒较细，覆砂厚度随所处地形及搬运远近而异，有的岗岭形成砂丘，覆砂厚度2~3米，岗岭之间为平坦砂地，但下部埋藏黄土，肥力较高，地下水1~3米，雨季易形成积水。

二、立地条件

为在不同立地条件下，因地制宜的选择造林树种和拟定造林技术措施；根据地区条件不同及各地区最能影响造林的主导因子，将徂徕山林场划分为22个立地条件类型。依据海拔高度、土层厚度、坡向母质层厚度和地形等将山地划分为15个立地条件类型。

山地立地条件类型表

表1-6

立地条件类型编号	海拔（米）	坡向	土壤种类及土层厚度（厘米）
一	≥700	阴坡、半阴坡	棕色森林土厚度大于50厘米
二	≥700	阴坡、半阴坡	棕色森林土厚度在25~50厘米
三	≥700	阴坡、半阴坡	棕色森林土厚度小于25厘米
四	≥700	阳坡、半阳坡	棕色森林土厚度大于50厘米
五	≥700	阳坡、半阳坡	棕色森林土厚度在25~50厘米
六	≥700	阳坡、半阳坡	棕色森林土厚度小于25厘米
七	<700	阴坡、半阴坡	棕色森林土厚度大于50厘米
八	<700	阴坡、半阴坡	棕色森林土厚度在25~50厘米
九	<700	阴坡、半阴坡	棕色森林土厚度小于25厘米
十	<700	阳坡、半阳坡	棕色森林土厚度大于50厘米
十一	<700	阳坡、半阳坡	棕色森林土厚度在25~50厘米
十二	<700	阳坡、半阳坡	棕色森林土厚度小于25厘米
十三	不分	不分	棕色森林土厚度小于25厘米，下部为坚硬岩石
十四	—	—	沟谷少石草甸土
十五	—	—	沟谷多石

河滩砂地立地条件类型表

表1-7

立地条件类型编号	地形状况	砂地状况	地下水位	土壤名称
一	缓岗或平地	固 定 半固定	—	薄层黏土上风积的薄层粗砂
二	砂丘	固 定 半固定	大于 2 米	风积的厚层粗砂
三	平地	半固定	1~2 米	风积的或沉淀的厚层粗砂
四	平地	固 定	1~2 米	在黏土或壤土上风积的中层或连层粗砂，在砾砂上沉积的间黏土厚层细砂或冲积的间黏土厚层粗砂
五	平地	固 定 半固定	小于 1 米或 1~2 米短期水淹	黏土上风积的中层粗砂：粗砂上沉积的连层冲积土或间黏土厚层粗砂
六	平地	固 定 半固定	小于 1 米或 1~2 米短期水淹	粗砂上沉积的中层或厚层冲积土或复砂厚及冲积土或间黏土厚层细砂
七	洼地	半固定	小于 1 米受水淹	沉积厚层粗砂或间黏土厚层粗砂，粗砂上沉积的薄层冲积土

三、水土流失

1953年12月，山东省林业厅成立徂徕山育林委员会，由泰安县和徂阳县分别向徂徕山派驻林业推广员，组织发动当地村民开展植树造林，至1955年以公私合营方式完成造林1333.33公顷。1956年3月，泰安专署徂徕山林场建立，下设礤石峪、光华寺、王庄、徂徕、山阳、西旺6个造林站，开展大面积人工植树造林，至1965年造林基本结束，转入营林阶段，水土流失基本停止。但因地形复杂、坡度较大，土质瘠薄，林分结构单纯及群众牧场管理不良，尚有不少地段水土流失现象仍较为严重。有些刺槐林地郁闭度大(0.8以上)，未进行抚育间伐致使地表受光极少，阳性草被失去生活能力，新的地被群丛尚未形成，出现新的冲刷现象。至2012年，已形成防护林面积5335公顷。其中，水源涵养林2489.3公顷，水土保持林2728.7公顷，防风固砂林117公顷。

四、植被

面　积　徂徕山总面积173平方千米。徂徕山林场总经营面积8492.1公顷。其中，林地面积7174.1公顷，占总经营面积的84.5%；非林地面积1318公顷，占总经营面积的15.5%。森林覆盖率87.8%。在林地中，有林地面积6819.2公顷，占林地面积的95.1%；疏林地面积50.1公顷，占林地面积的0.7%；灌木林地面积47.5公顷，占林地面积的0.7%；苗圃地面积8.6公顷，占林地面积的0.1%；无立木林地面积45.7公顷，占林地面积的0.6%；宜林地面积203公顷，占林地面积的2.8%。针叶林面积3245.4公顷，阔叶林面积2660.2公顷，混交林面积850公顷，疏林地面积50.1公顷。

在有林地中，防护林面积5335公顷，占有林地面积的78.2%；特用林面积1046.7公顷，占有林地面积的15.3%；经济林面积437.5公顷，占有林地面积的6.4%；竹林面积2.4公顷。林分中，各龄组面积分别为：幼龄林面积1499.3公顷，占22%；中龄林面积1392公顷，占20.4%；近熟林面积1746.6公顷，占25.6%；成熟林面积2068.1公顷，占30.3%；过熟林面积113.2公顷，占1.7%。有林地中主栽树种为油松、赤松、黑松和刺槐等。

林区一瞥

在非林业用地中，农田22.3公顷，占非林业用地面积的1.7%；湿地210公顷，占非林业用地面积的15.9%；建筑面积20公顷，占非林业用地面积的1.5%；其它1065.7公顷，占非林业用地面积的80.9%。

2012年徂徕山各龄林组分类表

表1-8

龄组	面积（公顷）	占林分面积（%）	防护林（公顷）			风景林（公顷）	经济林（公顷）
			水涵林	土保林	防风固砂林		
合计	6819.2	100.0	2489.3	2728.7	117.0	1046.7	437.5
幼龄林	1499.3	22.0	546.6	599.4	53.1	277.4	22.8
中龄林	1392.0	20.4	338.8	546.3	38.1	156.8	312.0
近熟林	1746.6	25.6	576.7	877.8	11.3	214.6	66.2
成熟林	2068.1	30.3	928.1	693.6	14.5	395.4	36.5
过熟林	113.2	1.7	99.1	11.6	—	2.5	—

2012年徂徕山各树种占有林地面积表

表1-9　　单位：公顷

树种	合计	松类	侧柏	栎类	刺槐	毛白杨	黑杨类	经济林	其它
面积	6819.2	3473.4	273.0	217.5	1332.7	3.5	38.3	437.5	1043.3
所占比例%	100.0	50.9	4.0	3.2	19.5	0.1	0.6	6.4	15.3

松林植被

类　型　徂徕山植被在中国植被区划中属于暖温带落叶阔叶林区域——暖温带落叶阔叶林地带——暖温带南部落叶栎林亚地带——鲁中南山地、丘陵栽培植被——油松林、侧柏林、麻栎林等杂木林区。采用优势种原则作为划分类型的标准，把植物群落中各个层或层片中数量最多、盖度最大、群落学作用最明显的种称为优势种，主要层片（建群层片）的优势种称为建群种。按上述分类原则将徂徕山区植被划分为针叶林、阔叶林、竹林、灌丛、灌草丛、草甸6种植被型。

针叶林　寒温性针叶林。徂徕山无典型的寒温性针叶林植被，但有部分引种的寒温性树种，主要包括日本落叶松、华北落叶松、红松等树种。日本落叶松主要集中在林场的马场、上池、卧尧，红松在中军帐有少量栽培。

温性针叶林。温性针叶林是徂徕山区植被构成的主要部分，也是最具代表性的植被类型。徂徕山区内本群系主要有油松林、侧柏林、赤松林、黑松林等。

油松林。油松林是山东省的代表性针叶林类型，是鲁中南海拔700米以上山地习见森林类型，最高分布海拔可达1500米。油松生长在山东的泰山、蒙山、沂山、鲁山等也有历史记载，都有古老的油松古树存在，为油松成为山东的乡土树种提供了证据。油松是中国特有的针叶树种，以油松为建群种的森林植被是温性针叶林中分布最广的植物群落，它的北界为华北山地，西南界限为川、陕、鄂的秦巴山地海拔1000~2000米的山地。它和赤松在山东的分布呈东西交替状态，赤松分布于温暖湿润的山东东部，油松则出现在稍干旱的西部。油松较赤松适应性更强，喜光，耐干旱瘠薄，有害生物少，生长快，材质优良。油松树干高大挺拔，树形优美，枝繁叶茂，四季常青，被看作美的象征。油松在徂徕山各林区均有较大面积分布，总面积1875.4公顷，占森林总面积的27.5%，面积和蓄积在各群系中都居于首位，对于徂徕山植被起着建群种的作用。油松胸径、树高在25年前生长较快，材积在15年前生长缓慢，之后加快，尤其是高地位指数条件，到30年时仍保持明显生长。据调查，地位指数8米时，30年生，990株/公顷，胸径13.2厘米，树高9.6米，108.7立方米/公顷（1999年11月泰安市徂徕山林场科学技术报告）。

徂徕山油松生长情况表

表1-10

年龄	胸径（厘米）			树高（米）			材积（立方米）			材积生长率（%）	形数
	总生长量	连年生长量	平均生长	总生长量	连年生长量	平均生长	总生长量	连年生长量	平均生长		
5	—	—	—	1.30	0.26	0.26	0.0003	0.0001	0.00005	40.0	—
10	2.6	0.52	0.26	2.60	0.26	0.26	0.0023	0.0004	0.00023	31.6	0.66
15	6.0	0.68	0.40	4.30	0.34	0.29	0.0080	0.0011	0.00053	22.1	0.67
20	8.0	0.40	0.40	4.90	0.12	0.25	0.0160	0.0016	0.00080	13.5	0.65
带皮	8.9	—	—	4.90	—	—	0.0220	—	—	—	0.71

徂徕山油松林多为纯林，油松×赤松、油松×侧柏、油松×刺槐、油松×麻栎混交林也有分布，林下灌木、藤本、草本植被分布与油松纯林无明显差异。油松林下灌层主要有胡枝子、兴安胡枝子（达胡里胡枝子）、华北绣线菊、迎红杜鹃、照山白、牛奶子、茅莓、连翘、大花溲疏、野蔷薇、小叶鼠李、卫矛、扁担木等，高1.5米，盖度20%~30%。

草本层主要有黄背草、白羊草、野古草、结缕草、鹅观草、大披针薹草、地榆、桔梗、香薷、茵陈蒿等，高度50~100厘米，盖度60%~80%。层外植物有南蛇藤、野蔷薇、山葡萄、白首乌、穿龙薯蓣等。

根据油松林主要层和层片种类组成和生境条件的不同，特别是土壤条件的差异，徂徕山油松林可以划分为三个群丛：即油松—胡枝子—大油芒+大披针薹草群丛；油松—迎红杜鹃—野古草+大披针薹草群丛；油松—华北绣线菊—大披针薹草群丛。

侧柏林。侧柏是山东的三大针叶乡土树种之一，侧柏同其它两个针叶乡土树种赤松、油松相比，更耐贫瘠干旱，是石灰岩山地造林的先锋树种。以侧柏属植物为建群种的植物群落，在暖温带落叶阔叶林地区分布较广。徂徕山侧柏林面积273公顷，占森林面积的4%。对于保持徂徕山四季长清的景色，起着重大作用。据调查，该树种57年生，平均树高7.8米，平均胸径16.2厘米。侧柏伴生树种主要有黑松、赤松、油松、刺槐、麻栎、栓皮栎、黄连木等。林下通常没有明显的灌木层，灌木不仅盖度小，而且生长低矮，这与侧柏林适生立地条件差有直接的关系。林下常见灌木主要有荆条、兴安胡枝子、酸枣、华北绣线菊、连翘、锦鸡儿、小叶鼠李、卵叶鼠李、扁担木；草本层主要有白羊草、狗尾草、鹅观草、黄背草、橘草、蒿属数种、大披针薹草、中华小苦荬、委陵菜、长蕊石头花、女娄菜、紫花地丁、珍珠菜、结缕草、中华卷柏、茜草等，盖度30%-60%。

侧柏分布区的生长环境比较一致，群落组成相近，根据优势种类的不同，分为三个群丛：即侧柏——荆条+酸枣——白羊草+大披针薹草群丛，该群丛是徂徕山侧柏林最主要的类型；侧柏——扁担木——黄背草群丛，该群丛常见于山地丘陵的阳坡，土层厚度30~40厘米，立地条件优于侧柏、荆条群落；侧柏——鹅耳枥——大披针薹草群丛，该群丛见于山地阴坡，土壤为中厚层土，30~60厘米，枯枝落叶厚10厘米，有机质丰富。

赤松林。赤松为山东的乡土树种，赤松林是山东省地带性的针叶林之一，也是全省面积最大、分布最广、资源最丰富的天然森林群落。赤松的生长、发育、繁衍和分布与当地的生态条件，特别是气候和土壤条件相适应。赤松生长迅速、适应性强，耐干旱瘠薄，也是植被恢复与重建的重要先锋树种。根据63年生赤松解析木，树高生长以30年前最快，连年生长量0.26~0.44米，30年之后逐渐缓慢，大致在0.1~0.12米。胸径生长15~20年最快，连年生长量0.6~0.85厘米；年平均生长量10~25年最快，为0.4~0.67厘米，25年以后逐渐缓慢，在0.30~0.40厘米。材积生长一直处在上升阶段，以15~30年间生长最快，期间连年生长量约为平均生长量的2~3倍。徂徕山赤松林的结构一般分为3层：即乔木层、灌木层和草本层。乔木层多为单层，即赤松层；灌木层难以分出亚层，有时与草本植物统称灌草层。灌木及草本层植物的种类和多度，与气候和立地条件有直接关系。常见灌木有胡枝子、荆条、酸枣、花木蓝、锦鸡儿、截叶铁扫帚、华北绣线菊、连翘、郁李等。草本植物有黄背草、大披针叶薹草、野古草、地榆、委陵菜、苦荬菜、白羊草、结缕草、米口袋、瓦松等。依据赤松林主要层和层片种类组成的不同和生境条件，可划分为3个群丛：即赤松—胡枝子—黄背草+大披针叶薹草群丛；赤松—山槐—黄背草群丛；赤松—花木蓝—黄背草—长蕊石头花群丛。其中赤松—胡枝子—黄背草+大披针叶薹草群丛特征，为徂徕山区的主要类型。

黑松林。黑松原产日本，又称日本黑松，20世纪60年代初，从日本引进，为鲁中南低山丘陵及胶东丘陵、沭东丘陵和沿海沙滩主要造林树种。黑松与赤松、油松的生物学特性有很大的相似性，喜光，树干较通直，根系穿透力强，耐干旱瘠薄，不耐水湿，在排水不良的情况下生长不良。一般在海拔800米以下栽植，个别可达1000米。黑松具有早期生长快，树高和胸径连年生长量最高峰比油松来的早，和赤松基本相当，高峰值也较大。根据解析木材料分析，15~22年生树高和连年生长量最高峰都出现在7年左右，变动幅度在5~9年，树高最大生长量0.6~0.95米，胸径最大生长量0.75~1.2厘米。徂徕山黑松多为纯林，单层林冠，局部地方也有异龄复层林，常与黑松混生的树种有麻栎、栓皮栎、槲树、油松等。常见群丛为黑松—荆条+酸枣—丛生隐子草群丛。乔木层，主要是黑松，灌木层，荆条、酸枣、花木蓝、

合作造林

兴安胡枝子、地椒，草本层，丛生隐子草、大披针叶薹草、白羊草、委陵菜等。

落叶松林。主要为日本落叶松林，原产日本本洲中部及关东山地，由于它生长快，材质较好，多个国家地区普遍引种。20世纪80年代，山东各大山区都有引种。日本落叶松林，一般也分为乔木层、灌木层、草本层三个层次。乔木层一般只有日本落叶松一个树种；灌木层常见种类有茅莓、白檀、绣线菊类、郁李、胡枝子、小叶鼠李、大花溲疏、花木蓝、迎红杜鹃、忍冬、荆条等，盖度一般较大；草本植物尤其丰富，主要有多种薹草、黄背草、野古草、白茅、耧斗菜、地榆、玉竹、白羊草、结缕草、蒿属数种、前胡、铁线莲数种及唇形科多种。

其它针叶林。主要包括华山松林、樟子松林、水杉林等，在徂徕山只是局部小片状栽植，面积较小。

阔叶林　栎林。组成树种主要有麻栎、栓皮栎，面积217.5公顷，占森林面积的3.2%。在海拔800米以下生长良好，最高分布可达1000米，常与松类、侧柏、刺槐、槲树、山槐混生。徂徕山区内分布着较大面积的麻栎古树群，主要在礤石峪林区，最大年龄150多年，胸径1米多，在山东实属罕见。

栎林下灌木以荆条、胡枝子、多花胡枝子、扁担木为主，草本主要有野古草、鹅观草、黄花蒿、小花鬼针草、荩草、中华小苦荬、低矮薹草、看麦娘、狗尾草、鸡眼草、紫花地丁、龙葵等。

刺槐林。面积1332.7公顷，占森林面积的19.5%。刺槐原产北美东部的阿巴拉契亚山脉和奥萨克山脉一带，1898年首先从德国引入青岛，因该树种适应性强，生长迅速，很快遍及全国。本群系在徂徕山各林区都有较大面积分布，垂直分布可达1000米，但以500~800米最为集中，而且生长较好。徂徕山内刺槐林，有人工林，也有二代萌生（次生）林；有纯林，也有与松类、栎类等树种形成的混交林。林下灌木主要是荆条，草本植物较多。阴坡多为一些喜湿性植物，如路边青、龙芽草、半夏、鸭跖草、丛枝蓼、求米草、鹅肠菜等；阳坡草本植物有茜草、大麻、锦鸡儿、臭草、橘草、鹅观草、低矮薹草等。

元宝槭林。元宝槭秋叶变红或变黄对于增加徂徕山区植被的季相变化起着重要作用。林下灌木以荆条、华北绣线菊、大花溲疏为主，草本植物主要有大披针薹草、白羊草、野古草、中华卷柏等。

辽东桤木林。是山东山地沟谷常见的森林类型，徂徕山区在马场、上池有引种，常与日本桤木（赤扬）混生。生长快，根部有芙蓉菌固氮。林下灌木主要有郁李、胡枝子、绣线菊、大花溲疏、连

春秋相接

草木葱蓊

是特有的地带性落叶阔叶林。该类型在徂徕山，虽然面积不大，其经济效益并不突出，但分布较广。其群落学和生态学的重要性不容忽视，基本特征、分类、演替的研究，在植被演替理论和植被恢复应用中具有重要的意义。组成树种有麻栎、栓皮栎、槲树、枫杨、辽东楤木、日本楤木、山槐、黄连木、栾树、椴树、花曲柳（大叶白蜡树）、水榆花楸、坚桦等。林下常见灌木有黄荆、连翘、胡枝子、华北绣线菊、牛叠肚（山楂叶悬钩子）、卫矛、迎红杜鹃等；常见草本有野古草、地榆、委陵菜、大披针薹草、低矮薹草、中华卷柏、蒿类、地锦、鸭跖草、路边青、堇菜、水芹、鹅肠菜、牛膝、歪头菜、东亚唐松草、乌苏里风毛菊等。

翘、盐肤木、扁担木等；草本植物有大披针叶薹草、珍珠菜、鸭跖草、地榆、唐松草、歪头菜、乌苏里风毛菊等。

枫杨林。枫杨俗名枰柳，是山东山地速生优质阔叶树种，在山地丘陵的河谷、溪边和河滩常形成片林。林下常见灌木有胡枝子、扁担木、茅莓、卫矛、野蔷薇等；草本植物主要是一些喜湿种类如知风草、大披针叶薹草、地榆、鸭跖草、水蓼、翼果薹草、牛膝等。

毛白杨林。毛白杨为中国特产树种，也是山东的乡土树种，为平原地区常见森林群落，在山谷、山麓有一定规模栽培，垂直分布海拔200~1000米，一般在500米以下生长良好。林下一般无灌木层，草本植物也比较少，常见的有知风草、狗尾草、牛筋草、藜、益母草、萹蓄、水蓼、铁苋菜、长萼鸡眼草、刺儿菜等。

杂木林。杂木林为暖温带落叶阔叶林中的一个代表，是由多种落叶阔叶树种组成的、建群种和优势种一般不十分明显的森林植物群落，是在自然演替和无人干扰的情况下形成的植被类型。分布在较高海拔地带，

经济林。总面积437.5公顷，占森林面积的6.5%。组成树种主要有板栗、胡桃、苹果、山楂、柿树、樱桃、杏、白梨等。主要分布海拔600米以下的平坦山坡、山脚、沟谷。果树林管理相对较好，林下植被比较稀少，一般无灌木层，常见草本植物有狗尾草、牛筋草、马唐、藜、益母草、萹蓄、铁苋菜、刺儿菜等。板栗、胡桃、樱桃等品质优良，驰名省内外。特别是板栗，林区内有上百年大树1000多株，胸径达90厘米，且生长茂盛。果树林不仅具有一定的经济价值，同时对增加徂徕山区植被的季相变化，增强美感具有重要意义。

竹　林　徂徕山区竹林有毛竹林、淡竹林两个群系。

毛竹林。毛竹天然分布于长江流域各省，

20世纪60年代，由南方引进徂徕山区，栽培在礤石峪林区。毛竹适宜生长在土层深厚、湿润、排水好、向阳避风的地方，一般适宜淡竹的生境都可以栽培毛竹，由于毛竹林为人工栽培，其种类组成和群落结构都比较简单，乔木层一般只有毛竹，林下灌木和草本植物也比较稀疏，灌木仅有少量的荆条、花木蓝、胡枝子、茅莓、扁担木等；草本有黄背草、水蓼、车前、刺儿菜、鸭跖草、画眉草、狗尾草、紫花地丁、龙牙草、龙葵、香附子等。

淡竹林。淡竹同样天然分布于长江流域各省，向北可分布到秦岭北坡，在鲁中南山地为习见栽培。徂徕山区的淡竹主要分布在礤石峪，在赵州庵有成片栽培，另外在隐仙观、二圣宫、光华寺、中军帐有零星栽培。淡竹四季常青，形态优美，成为美化徂徕山区的重要观赏植物。淡竹林的种类组成同样比较简单，乔木层一般只有淡竹，在河谷地带的竹林中，偶尔散生枫杨等种类。林下常见灌木有胡枝子、野蔷薇、郁李、锦带花、扁担木等，草本植物有水蓼、鸭跖草、车前、酸模叶蓼、刺儿菜、小花鬼针草、紫花地丁、龙牙草、龙葵、香附子、画眉草等。

灌　丛　是以灌木为建群种或优势种所组成的一种植被类型。群落高度一般在5米以下，盖度一般在30%以上，建群种多为丛生或簇生的中生落叶灌木，生活型属中、小高位芽植物。灌丛或多或少具有一个较为郁闭的木本层，裸露地面不足50%。灌丛包括原生性类型和在人为因素及其它因素影响下较长时期存在的相对稳定的次生植被。徂徕山区主要灌丛有黄荆灌丛、胡枝子灌丛、绣线菊灌丛、连翘灌丛、野蔷薇灌丛、卫矛灌丛、牛叠肚灌丛7个群系。

黄荆灌丛。该群系为山地次生植被，常出现于林间空地和荒山坡地，在低海拔地区若森林破坏后则迅速形成群落。该群系灌木树种以黄荆为主，其他有酸枣、胡枝子、多花胡枝子、兴安胡枝子、花木蓝、欧李、卫矛、扁担木等。高度1.5米，盖度50%~90%。草本植物主要有黄背草、结缕草、白茅、野古草、白羊草、鹅观草、鸡眼草、茵陈蒿、中华卷柏等。

胡枝子灌丛。该群系在水分条件较好处，常呈丛状分布，盖度40%~50%，最高达90%~95%。在高海拔地区，除了建群种胡枝子外，伴生灌木有多种绣线菊、照山白、牛叠肚、卫矛等；草本层主要是由野古草等几种禾本科植物及菊科蒿类、白头翁所组成，其他有地榆、龙牙草、歪头菜、鹅观草、大披针薹草等。在低海拔地段，伴生灌木有黄荆、酸枣、花木蓝、绣线菊、扁担木、卫矛等；草本层有黄背草、荩草、白羊草、野古草、蒿类等。

绣线菊灌丛。该群系，建群种为华北绣线菊。植株平均高度为1.0~1.5米，盖度40%。伴生灌木主要为卫矛、连翘、胡枝子等。草本层植物生长茂盛，种类繁多，以野古草、黄背草、大披针薹草、鹅观草为主，其次为地榆、委陵菜、桔梗等。

连翘灌丛。该群系主要分布于陡壁深谷、人畜少去处。灌丛高度1米以上，盖度为60%~80%。建群种为连翘，伴生种类有牛叠肚、大花溲疏、花木蓝、照山白、山葡萄、南蛇藤等。草本植物主要有大披针薹草、白头翁、桔梗、歪头菜、委陵菜、翻白草、玉竹、薯蓣、展毛乌头及蕨类。连翘枝条细柔而横展，生长茂盛，春夏之间花先于叶开放，呈现一片金黄色景观。

灌草丛　灌草丛是以中生或旱中生的多年生禾草类植物为主要建群种，其中散生有

部分灌木种类的植物群落。徂徕山区内主要包括两个群系。即黄荆、酸枣、黄背草灌草丛。该群系建群层片为草本层，生长茂密，主要由黄背草组成，盖度约60%，高度60~80厘米，在水分条件优越处盖度可达90%，高度1米。其它种类有白羊草、委陵菜、大油芒、蒿类、白头翁、荩草、鸡眼草等。灌木以黄荆、酸枣为常见，伴生种类为花木蓝、胡枝子等，分布稀疏，不成层。

绣线菊、连翘、大披针叶薹草灌草丛。该群系建群层片为草本层，主要种类为莎草科的大披针叶薹草，伴生种多为耐寒喜湿类型，如地榆、歪头菜、草本威灵仙、乌苏里风毛菊、远东芨芨草等。一般总盖度达90%~95%，高度在40厘米以上。其中散生的灌木主要为绣线菊类、连翘，其它尚有胡枝子、照山白等。

草　甸　徂徕山区仅有结缕草草甸群系，为典型的天然草甸类型，是分布于林缘、林中空地或山顶部的次生类型。该草甸属于山地草甸（植被亚型）——山地禾草草甸（群系组）——结缕草草甸（群系）——结缕草群落（群丛）。以多年生中生（包括旱中生和湿中生）地面芽和地上芽草本植物为主体组成的植物群落类型，属于非地带性植被，土壤为草甸土。植被主要由禾本科植物组成，以结缕草为建群种，此外尚有少量的其他杂类草，群落覆盖度较大，一般70%~90%。

第七节　矿藏资源

至2012年，徂徕山及周围区域共发现花岗岩、石灰岩、石英石、钾长石、石膏、自然硫、高岭土、磷、云母、石油、岩盐、地热水、铁矿石、金矿石等矿藏15种，分布在徂徕山、泰安市岱岳区的化马湾乡、徂徕镇、房村镇、良庄镇和新泰市的天宝镇。其中已探明资源储量的有10种，主要有石灰岩、石膏、自然硫、高岭土、磷、石油、岩盐、地热水、铁矿石、金矿石。

徂徕山资源分布　地下矿藏资源储量不详，未探明。非金属矿有花岗岩，裸露众多，质地最好为大寺林区、徂徕林区一部分、王庄林区和礤石峪林区，色泽纯正。徂徕山抗日武装起义纪念碑花岗石用料90%采自于礤石峪林区。礤石峪林区、光华寺林区、王庄林区、徂徕林区周边花岗石加工厂达10余家。石英分布在王庄林区梯子峪上部与徂徕林区下池接壤部，质量高，上池西北部森林中有裸露部分。钾长石分布在徂徕山周围分条状带藏于地下，易开采，裸露部分已被采尽。金属矿铁矿石储藏极少，铁矿砂分布较广，以徂徕林区分布较多、黄石崖林区大庵西南存储量较为丰富。王庄林区东北有金矿，资源量少，质量差，不具开采价值。

天宝镇资源分布　金属矿有铁砂，非金属矿有花岗岩、河砂、石英、黏土等，除花岗岩资源量较大外，其它资源量很少，没有集中开采价值。铁砂矿矿脉分布在涝洼村、下官庄村交界地带，沿古河床至黄花岭村一带，资源量较少；石英主要分布在黄花岭村，储量不足万吨，已开采；黏土主要分布在后寺村、赵庄村、小西峪村、黄道沟村、大西峪村、松棚村、朴里村，资源量50多万吨；花岗岩主要分布在徂徕山区，可开采资源量5000万立方米。

化马湾乡资源分布　金属矿有铁矿、黄金矿，非金属矿有石灰岩、花岗岩、石英石。其中，黄金矿已圈定矿区全长5.3千米，探明地质工作段1千米，含金资源量达7.62吨，平均品位每吨5.48克；铁矿分布面广，品位较好，资源量不详；石灰岩、花岗岩、钾长石等储藏量大，易开采。

徂徕镇资源分布 非金属矿产资源丰富，有石灰岩、花岗岩、钾长石、斜长石、石英石等，分布于徂徕山北麓一带。其中，石灰岩资源量170亿吨；高岭土资源量100万吨，品位含三氧化二铝30%，二氧化硅45%~60%；瓷石储量不详；能源矿有地热水，资源量在762.12亿千卡，属优质天然高硫高钠的硅氧复合型医疗热矿水。桥沟温泉初步探明地下热水面16公顷左右，常年水温41℃~49℃，封闭水温达80℃。水质良好，含有偏硅酸、锶、铁、氡、氟等30余种对人体有用的矿物质，按阿列金水质分类属氯化物钙二型水，中性，pH值7.3左右，总硬度10.7，经取样化验，主要指标达到医疗矿泉水和天然矿泉水标准。1977年，桥沟村用温泉水试养罗非鱼成功，2009年10月，温泉水开发用于人体洗浴养生保健，至2012年共接待20万人（次）。

房村镇资源分布 非金属矿有自然硫、石膏、石英石、大理石，能源矿有石油。其中，探明硫矿石资源量29.43亿吨，石膏资源量46.41亿吨，石油油面26平方千米，储藏量不详。

良庄镇资源分布 金属矿有铁，能源矿有石油，非金属矿有花岗石、岩盐、自然硫、石膏。其中，探明铁资源量1000万吨，石油资源量100多万吨，石膏资源量7200万吨，硫磺资源量10亿吨，岩盐资源量400万吨，花岗石资源量0.8亿立方米，可采储量为0.06亿立方米，集中分布在北部徂徕山一带。

第二章

水　文

流泉飞瀑

徂徕山境域水资源丰富，受地貌格局的影响，河谷纵横，河流季节明显，发源于徂徕山区的主要河流共11条，分为两大水系，南部溪流注入柴汶河，北部溪流注入渐汶河，两汶河在大汶口附近相汇，注入东平湖。徂徕山及周围共有中型水库2座，小型水库（湖）16座，微型水库120余座，池湾12处，流泉55处。地下水多为裂隙性潜水，由于花岗岩、变质岩的地理发育形成了裂隙性泉水，且水质好，无污染，易开采。为徂徕山造林、防火、灭虫及周围农田灌溉发挥了重要作用。

第一节 地表水

一、河流

徂徕山境内河谷纵横，主要分为两大水系，阳坡溪流注入柴汶河，阴坡溪流注入渐汶河。主要河流11条，即曲水河（邓家庄河）、羊公河、宅子河、茅茨河（响水河）、石良河、沧浪河、四里河（寺河）、淘河、东浊河、金沙河、徂阳河。

曲水河（俗称邓家庄河） 发源于徂徕山北麓徂徕村境内，经刘家兰（徂徕村的自然村）、邓家庄、曹庄（曹庄河子）、许家庄注入渐汶河。全长约10千米，宽5~50米，流域面积约55平方千米。属季节性河流，雨季有水，旱季水量小或干涸。

羊公河 因流经羊祜的食邑梁父故城，为纪念羊祜而得名，现在俗称羊舍河。发源于新泰市天宝镇大官庄村，各支流在羊舍村汇合成干流，注入柴汶河。全长8.5千米，最大宽度40米，最小宽度10米，一般宽度32米，流域面积35.5平方千米。

宅子河 发源于徂徕山太平顶南侧，经山阳水库由东向西经东良庄、西良庄村以南注入渐汶河。全长13千米，宽30~58米，流域面积22平方千米。河底为泥质页岩，河道内建有塘坝5座，常年流水，是良庄南岭农田灌溉水源之一。

茅茨河（俗称响水河） 发源于徂徕山太平顶以南，经黄石崖水库、茅茨村以南注入渐汶河。长13千米，宽40~80米，流域面积30平方千米。河底为砂层，下游为黄土层。季节性河流，汛期有水，干旱季节河流断流。

石良河 发源于徂徕山南侧，经石良水库、野沟水库注入渐汶河。长8千米，宽30~80米，流域面积26平方千米。河底为砂层，季节性河流。

大汶河支流——淘河

沧浪河　发源于徂徕山土岭，经龙湾水库、马头山水库、房村镇黑石埠村、南旺村注入渐汶河。长15千米，宽40米，流域面积60平方千米。

和圣湖

四里河（俗称寺河）　发源于徂徕山北麓龙湾沟，经寺河村、南上庄、北上庄、下庄注入渐汶河。全长约10千米，宽5~150米，流域面积约50平方千米。属季节性河流，雨季有水，旱季水量小或干涸。

洵　河　发源于徂徕山东麓，经化马湾乡洪河村、化马湾村、沙沟村、长安村、洼里村流入大汶河注入渐汶河。长10千米，宽50米，流域面积90平方千米。

东浊河　发源于徂徕山东北麓桃园村境内，经桃园、土门、李家峪、崔家庄村流入汶河（崔家庄以上称康家河、以下称崔家庄河）。全长约5.5千米，宽约5~50米，流域面积约40平方千米。属季节性河流，雨季有水，旱季水量小或干涸。

金沙河　因河砂质地金黄细腻而得名，现在俗称杨庄河。发源于徂徕山里峪，各支流在朴里村以南汇合成干流，注入柴汶河。全长6千米，宽10~84米，流域面积32.1平方千米。

徂阳河　因源出徂徕之阳而得名，现在俗称天宝河。发源于戚家峪，各支流在北汶西村汇合成干流，注入柴汶河。全长13千米，宽8~65米，流域面积46.2平方千米。

沟　壑　徂徕山河谷纵横，共有大小支流266条，一级支流56条，主要河流11条。分为两大水系，即以主山脉为界，南部溪流注入柴汶河，北部溪流注入渐汶河。两汶河汇流于大汶口附近大汶河，流入东平湖。

二、湖、库

徂徕山水系在徂徕山太平顶有龙女湖1座，周围有中型水库2座，小型湖、水库16座。微型（塘坝）水库120余座。

彩山水库

龙女湖　位于太平顶景区马场东沟，其下部至濯龙湾，而得名龙女湖。2006年开工建设，至2007年竣工，投资450.6万元。完成土石方2.54万立方米。坝身长108米，宽3米，高22米，库容16万立方米。

龙女湖

彩山水库　为中型水库。位于化马湾乡西南部，彩山村以东200米。1977年10月动工兴建，1978年8月主体工程竣工投入运行。坝身长1350米，宽7米，高24.5米，水面长4000米，宽1100米，水深15米，设计库容2000万立方米。2007年被水利部定为三类坝，2008年经国家批准立项，总投资6410万元。2009年1月开始修建，对原水库坝堤内外坡、溢洪道、放水闸、坝堤路面进行除险加固，至2010年工程全部完工，12月通过省水利厅验收，并投入运行。加固后库容为1686万立方米，兴利库容1055.8万立方米。设计灌溉面积2000公顷，实际灌溉面积1000公顷。

山阳水库　为中型水库。位于良庄镇新庄村。1959年10月兴建，1960年6月建成。投资200万元，投入工日50万个，完成土石方60万立方米。2010年进行了除险加固，投资2000万元。坝身长800米，宽5米，高13.2米，库容2295万立方米，灌溉面积1220公顷。

马头山水库　为小型水库。位于房村镇黑石埠村，徂徕山抗日武装起义纪念碑以东。1959年建成。坝身长189米，宽6米，高13米，库容12.48万立方米，灌溉面积20公顷。

石门水库　为小型水库。位于房村镇泉头村以南。1958年建成。坝身长140米，宽10米，高12.1米，库容6.6万立方米，灌溉面积66.67公顷。

宽店水库　为小型水库。位于徂徕镇宽店村。1972年建成。投入工日19.16万个，完成土石方24.32万立方米。坝身长560米，宽4米，高17米，库容51万立方米，灌溉面积26.67公顷。

小寺水库　为小型水库。位于房村镇磨山峪村以西，孤山东临。1979年建成。坝身长576米，宽6米，高21.8米，库容320万立方米，灌溉面积333.33公顷。

龙湾水库

黄石崖水库　为小型水库。位于良庄镇黄石崖村以南。1976年建成。坝身长483米，坝顶宽6米，高18米，库容112万立方米，灌溉面积266.67公顷。

二圣宫水库　为小型水库。位于良庄镇高胡村东北。1966年建成。坝身长150米，宽2.4米，高9米，

湖光山影

库容15万立方米，灌溉面积33.33公顷。

水峪水库　为小型水库。位于化马湾乡水峪村。1975年建成。坝身长1350米，宽6米，高24.5米，库容220万立方米，灌溉面积100公顷。

茹叉（徂徕）水库　为小型水库。位于化马湾乡王庄村以南。1963年建成。2011年，投资38万元，对坝体进行除险加固。坝身长120米，宽3米，高9米，库容15万立方米，灌溉面积17.33公顷。

珂珞山水库　为小型水库。位于徂徕镇南上庄以南2000米。1965年4月建成。投入工日66.56万个，完成土石方64.89万立方米。坝身长884米，宽4.5米，高30米，库容308万立方米，灌溉面积466.67公顷

李家庄水库　为小型水库。位于徂徕镇李家峪村以南，1976年8月建成。投入工日870.67万个，搬运土石方85.65万立方米，坝身长620米，宽5米，高27米，水库容量256万立方米，灌溉面积100公顷。

兰家岭水库　为小型水库。位于徂徕镇兰家岭村以南，1959年10月建成。投入工日24.2万个，完成土石方32.65万立方米。坝身长550米，宽5米，高17米，库容70万立方米，灌溉面积66.67公顷。

徂徕村水库　为小型水库。位于徂徕镇徂徕村以北。1959年1月建成。坝身长525米，宽5米，高25米，库容227万立方米，灌溉面积240公顷。

杨庄水库　为小型水库。位于新泰市天宝镇杨庄村，1966年4月建成。总库容860万立方米，兴利库容600万立方米。质黏土坝体，全长1.33千米，坝宽6米，最大高度16.5米。灌溉面积1333.33公顷。

黄花岭水库　为小型水库。位于新泰市天宝镇颜后村，1967年4月建成。总库容669.2万立方米，兴利库容540万立方米。质黏土坝体，全长1160米，坝宽6米，高19.5米。灌溉面积1333.33公顷。

大西峪水库　为小型水库。位于新泰市天宝镇大西峪村，1973年5月建成。总库容265万立方米，兴利库容184万立方米。质黏土坝体，全长600米，坝宽5米，高20.5米。灌溉面积333.33公顷。

塘坝　徂徕山周围有微型水库120余座。

马头山水库

2012 年徂徕山周围主要微型水库情况表

表 2–1

名 称	位 置	坝长、宽、高（米）	库 容（万立方米）	修建时间
龙湾水库	大寺景区转山子南	104×3×15	5.0	一期工程 1966 年 二期工程 1972 年 三期工程 1988 年
周家林水库	房村镇黑石埠村	170×5×13.8	4.2	1963 年
瓦屋石沟水库	房村镇西南旺村	200×3×8.6	4.5	1963 年
栅栏门水库	化马湾乡草茨村南	75×1.5×15	2.9	20 世纪 90 年代
黑峪沟水库	良庄镇黄石崖村	35×3×13	2.3	1955 年
梁父山水库	天宝镇后寺村	65×6×10	7.2	1999 年
磨山口水库	徂徕镇郑家庄村	60×4×17	2.3	1955 年
长山前水库	徂徕镇长山前村	145×4×11.8	4.0	1981 年
中军帐水库	徂徕山中军帐沟	62×2×9	1.6	2006 年
大官庄水库	天宝镇上官庄村	385×5×15.4	49.0	1972 年
庄庄水库	天宝镇庄庄村	450×4×8.3	31.6	1972 年
小西庄水库	天宝镇小西庄村	190×4×8.4	24.1	1970 年
大官庄南水库	天宝镇上官庄村	422×5×8	22.5	1989 年
北沟水库	天宝镇高山崖村	200×4×8.3	17.1	1964 年
花拉湾水库	天宝镇花拉湾村	99×4×9	17.0	1988 年
寨山前水库	天宝镇寨山前村	290×4×12.4	16.7	1969 年
松棚新水库	天宝镇松棚村	180×5×10.5	14.5	1969 年
石龙头水库	天宝镇上官庄村	194×4×19.2	13.5	1988 年
魏家沟水库	天宝镇魏家沟村	140×4×12	13.49	1969 年
罗石沟水库	天宝镇松棚村	130×4×14.3	13.1	1965 年
后寺水库	天宝镇后寺村	160×2×13.4	12.6	1968 年
向阳沟水库	天宝镇黄道沟村	200×4×10	11.0	1968 年

龙湾景色

瀑　布　徂徕山共有瀑布12处，分为常年瀑布和季节性瀑布。常年流水瀑布，最著名的有龙湾瀑布、响水湾瀑布和香水湾瀑布，落差5~12米；季节性瀑布，最著名的为礤石瀑布，位于徂徕山礤石峪，在隐仙观左面，有一个面积巨大坡度陡峭的巨石，俗称"礤石陂"。礤石陂被山洪冲涮得光滑可鉴。夏季发生山洪，洪水泻陂而下，冲到陡崖时生成瀑布，轰响如雷，雪浪排空，成为礤石峪一大胜景，蔚为壮观。

2012年徂徕山瀑布情况表

表2-2　　　　单位：米

名称	位置	高、宽	备注
浆湾瀑布	大寺景区	17×40	季节性
龙湾瀑布	徂徕林区龙湾	5×5	常　年
上不去下不来	徂徕林区上不去下不来	4×15	季节性
响水湾瀑布	徂徕林区响水湾	10×8	常　年
龙女瀑布	王庄林区龙湾沟口	6×5	季节性
香水湾瀑布	王庄林区龙湾沟中部	12×9	常　年
黑峪瀑布	黄石崖林区黑峪	23×27	季节性
花园沟瀑布	黄石崖林区花园沟	8×15	季节性
礤石瀑布	礤石峪林区礤石	72×19	季节性
羊栏泉瀑布	庙子林区羊栏	13×35	季节性
南涧瀑布	庙子林区西山沟	20×10	季节性
石炕子	庙子林区张庄沟下口	7×16	季节性

池　湾　徂徕山名池有吴家池、上池、下池、大鱼池、小鱼池、紫阳池6处，碧水常年流淌不断；名湾有前龙湾、后龙湾（濯龙湾）、白鹤湾、上龙湾、下龙湾、化马湾6处，水深清澈，倒映奇影。

流泉飞溅

2012 年徂徕山名池情况表

表 2-3

名 称	位 置
吴家池	大寺林区驻地
上 池	徂徕林区上池工队驻地
下 池	上池沟东北约 800 米
大鱼池	黄石崖林区三荞麦峰西南约 350 米
小鱼池	大鱼池以南约 200 米
紫阳池	太平顶以西，紫霞洞前约 60 米

下龙湾。因过去此处有一泉，泉水形成一小潭，潭边岩石花纹若龙，人称龙湾。龙湾是徂徕山北门第一奇景，龙湾飞瀑陡坎10余米，因上游山泉众多，瀑流常年不断，丰水季节，形成的瀑布尤为壮观。飞瀑轰鸣，状如银龙跃入幽深潭水，刻字“飞水叠瀑”，字画谐和如一。瀑壁山石美如雕琢，山形与四周迥然不同，奇树参差，花草各异。潭北巨石平洁可容数百人。溪流欢歌，湾溪山涧中有野生赤鳞鱼、小虾、螃蟹等水生动物。

化马湾。位于化马湾村中部，自古就有一水湾，池里种植的莲藕清脆白嫩，附近村民常年靠池藕生活。明清时期，官府在此设有驿站，建房、养马，供传递官府文书和军事情报的官差换人换马，供来往官员途中食宿，当地人称“换马湾”，后演化为今名“化马湾”。

2012 年徂徕山名池情况表

表 2-4

名 称	位 置	名 称	位 置
前龙湾	大寺景区转山子南侧	上龙湾	龙湾沟迷魂阵以北
后龙湾（濯龙湾）	濯龙湾沟入口处以南 260 米	下龙湾	龙湾沟入口处
白鹤湾	徂徕林区上池工队以东	化马湾	化马湾村中部

第二节 地下水

一、裂隙性泉水

徂徕山—莲花山一带，地下水资源为第四系冲积砾石砂层孔隙水，山南平原及河道两侧，其厚度一般10~25米，东部较薄为2~5米，向西逐渐变厚，天宝镇以南的柴汶河最厚达30米以上。由于全为山前冲积层，受河道的影响，富水性很强。山南沟谷河道洪积层，一般无良好含水层，主要岩性以小粒径砾石、中粗砂为主，分布不均匀，水位埋深1~4米，含水量丰富，大部分地下水转化为河川径流。在受切割的河谷内，多以裂隙下降泉的形式出露地表。山北大小断裂比较多，岩石的垂直节理十分发育，在新构造运动的影响下，沟谷纵横，河溪发育，潭瀑层叠，山泉密布。如濯龙湾沟的十八连潭、龙湾沟的迭瀑、礤石峪和二圣宫的飞瀑、中军帐的升仙泉和坞旺泉、二圣宫的羊栏泉和毛姑庵泉以及桥沟的温泉等，因受花岗岩、变质岩的地理发育形成了裂隙性泉水，且水资源丰富，水质好，无污染，易开采。据调查，徂徕镇平原井深均为5米左右，单口井出水量每小时5立方米；丘陵井深15米，单口井出水量每小时1立方米。化马湾乡井深平均在10米左右，单口井出水量每小时5~7立方米；房村镇井深平均8~18米，单口井出水量每小时30~100立方米；良庄镇南部平原地下水埋深平均6米，单口井出水量每小时30~40立方米；北部丘陵地下水埋深平均8米，单口井出水量每小时15~20立方米；天宝镇井深平均8~30米，单口井出水量每小时300立方米。

二、流泉

徂徕山周围共有流泉55处，其中泓沸泉位于徂徕山礤石峪，隔尘桥北，竹溪右侧。泉边有“泓沸泉”三字的异体字石刻。有文化修养的人，能读出“弘佛”的意味。隐仙观是道家福地，却有一个暗语“弘佛”的泉眼，明显不同一般，隐晦地透露出佛、道两家对自然遗产的争夺。

羊舍泉位于天宝镇羊舍村，分东羊舍村、西羊舍村，两村各有1个泉眼，东、西两泉眼常年出水，东泉眼最大涌水量每小时60~100立方米，现已经扩泉为井；西泉眼最大涌水量每小时70~150立方米。

泉水溪流

2012 年徂徕山流泉表

表 2-5

名　称	位　置	名　称	位　置
大泉	大寺林区和尚头下，张栏沟源头	北瓜场泉	光化寺林区北瓜场
留龙泉	大寺林区龙湾水库以北 1000 米	张嘴石子沟泉	光化寺林区张嘴石子沟中部
沧浪泉	大寺林区纪念碑以南泉头村	里峪双泉	光化寺林区老里峪
升仙泉（坞旺泉）	中军帐龙凤松东侧	通沟双泉	光化寺林区老通沟
坞旺泉	中军帐龙凤松西侧 100 米	炮楼顶泉	光化寺林区炮楼顶
龙眼泉	徂徕林区龙湾以南	东掐不泉	礤石峪林区赵州庵
青　泉	徂徕林区龙湾以南	西掐不泉	礤石峪林区赵州庵
长山泉	徂徕林区长山脚下	泓沸泉	礤石峪林区上场
凉　泉	徂徕林区长山前	镇家法泉	礤石峪林区上场西
秫礼泉	徂徕林区秫秫叶子沟上头、上池西坡下游	黑峪沟泉	礤石峪林区黑峪沟中上部
上池泉	徂徕林区上池工队驻地	李烟峪泉	礤石峪林区刘家尧
下池泉	徂徕林区下池	祈　泉	庙子林区二圣宫东北
马峡泉	徂徕林区马家峪沟上端	羊栏泉	庙子林区羊栏沟上部
崆来泉	徂徕村崆崆山	毛姑庵泉	庙子林区驻地南 300 米
嘀嗒泉	徂徕村小罗圈	张庄泉	庙子林区张庄
双　泉	王庄林区黄土岭	周家洞泉	黄石崖林区大寨沟
涝滩泉	王庄林区大涝滩	十六峪泉	黄石崖林区十六峪
柳峪泉	王庄林区柳峪	大庵泉	黄石崖林区大庵自然村
彩山泉	王庄林区彩山	花园泉	黄石崖林区太平顶阳坡下
饮马泉（卧龙泉）	锦罗林区卧尧沟	土龙泉	黄石崖林区土龙沟
东大泉	锦罗林区东大泉	滴答泉	太平顶景区西侧
滴水泉	锦罗林区滴水岩	双眼泉	太平顶景区西美人松旁
神仙泉	锦罗林区神仙屋子沟	紫霞泉	太平顶景区极顶西侧紫霞洞旁
锦罗泉	锦罗林区	长寿泉	太平顶景区马场

续表

名　称	位　置	名　称	位　置
三口泉	光化寺林区茶山口西	虎头泉	太平顶景区虎头石沟
石门泉	光化寺林区石门沟	御　泉	太平顶景区十亩大地入口处
和尚林南泉	光化寺林区和尚林沟南	羊舍泉（东羊舍泉、西羊舍泉）	新泰市天宝镇羊舍村
向阳泉	光化寺林区向阳		

第三节　水资源利用

徂徕山水资源丰富，有11条河流发源于徂徕山。徂徕山林场范围有小型水库（龙女湖）1座，微型水库（塘坝）有龙湾水库、中军帐水库、上池水库3座。总库容25.6万立方米。常年用于造林灌溉66.67公顷，森林防火、防虫3333.33公顷。化马湾乡境内有大汶河支流—淘河，贯穿乡境内，流域面积90平方千米；有中型水库1座，库容1686万立方米，有效灌溉面积1000公顷；小型水库2座，总库容235万立方米，总有效灌溉面积100多公顷。徂徕镇境内有曲水河、四里河、东浊河，境内流域面积145平方千米；有小型水库5座，总库容912万立方米，总有效灌溉面积951.1公顷。房村镇境内有沧浪河，流域面积60平方千米；有小型水库3座，总库容398.48万立方米，总灌溉面积420公顷。良庄镇境内有宅子河、茅茨河（响水河）、石良河，流域面积146.6平方千米；有中型水库1座，小型水库6座，塘坝35座，总库容量2181.5万立方米，总灌溉面积6000公顷。天宝镇境内有龙泉河、金沙河、徂阳河、羊公河，流域面积113.8平方千米；有小型水库3座，微型（塘坝）水库14座，总库容2437.69万立方米，总灌溉面积3846.67公顷。

第三章 植物资源

徂徕山占地面积173平方千米，山势雄伟，重峦叠嶂，盘亘崎岖，群峰叠翠，沟壑幽深，森林茂密，植物种类丰富，是山东省第二大国有林场。徂徕山属温带大陆性季风半湿润气候，光照充足，山下四季分明，山上春秋相接，年平均降水量771.5毫米，气候湿润，雨量充沛，水源充足，涝泉分布广，涧水清澈见底，四季长流。徂徕山植被在中国植被区划中属暖温带落叶阔叶林区域—暖温带落叶阔叶林地带—暖温带南部落叶栎林亚地带—鲁中南山地、丘陵栽培植被—油松林、侧柏林、麻栎林等杂木林区，植物丰富，温带物种基本俱全，植被覆盖率92.4%，森林覆盖率87.8%。

徂徕山有高等植物1110种及亚种、变种、变型，隶属于186科、624属，其中列入《国家重点保护野生植物名录》的国家I、II级重点保护植物有5种，列入《濒危野生动植物种国际贸易公约》的植物有3属、3种，列入《中国珍稀濒危植物红皮书》的植物有4种，列入《山东稀有濒危保护植物》的有20种，其中渐危种11种、稀有种9种。主要古树名木有600株，涉及27个树种，隶属26属、20科，有1700余年的高大古松，千年的银杏树，500年以上的柏树，还有受国家保护的黄檗、水杉、红松、樟子松、刺楸、核桃楸、山槐等稀有名贵树种。

第一节　植物种类

徂徕山有高等植物1110种及亚种、变种、变型，隶属于186科、624属，其中苔藓植物42科、93属、162种（含2变种、1亚种），蕨类植物14科、18属、36种，种子植物130科、513属、912种（含5变种）。种子植物中，裸子植物7科、16属、33种（含5变种），被子植物123科、497属、879种（含1亚种、49变种、6变型），其中双子叶植物103科、389属、695种（含1亚种、39变种、5变型），单子叶植物20科、108属、184种（含10变种、1变型）。属于自然分布的苔藓植物有42科、93属、162种及亚种、变种，蕨类植物有14科、18属、36种及变种，裸子植物有2科、2属、2种；被子植物有105科、350属、602种（含亚种、变种、变型）。徂徕山种子植物的科、属、种数分别占徂徕山高等植物科、属、种的69.89%、82.21%、82.16%，说明种子植物为徂徕山植物区系的基本组成部分，在徂徕山植物区系中占决定地位。

2012年徂徕山高等植物科属种情况表

表3-1

门类		科数	属数	种数（含亚种、变种、变型）	自然分布属数	自然分布种数（含亚种、变种、变型）
苔藓植物		42	93	162	93	162
蕨类植物		14	18	36	18	36
种子植物	裸子植物	7	16	33	2	2
	被子植物	123	497	879	349	601

一、苔藓植物

苔藓植物是一群小型的绿色高等植物中最原始的陆生类群，是从水生到陆生过渡的代表类型，虽然脱离水生环境进入陆地生活，但大多数仍需生长在潮湿地区。它们的孢子体简单，寄生在配子体上。常见的绿色植物体是其配子体，多数种类的植物体有类似根、茎、叶的分化（茎叶体），但其内部构造没有维管束；少数种类具有片状的绿色植物体（叶状体）。幼态的配子体是丝状体（原丝体），它是由孢子体产生的四分孢子萌发而来的，它上面可长出芽体，由芽长成成熟的配子体。

徂徕山苔藓植物区系特点同全省基本一致，除少量旧热带成分和世界广布成分外，绝大多数为泛北极成分。在泛北极区系成分中，以东亚成分占优势，具有明显的东亚成分特点，同时，欧洲、亚洲、北美洲共有成分也占有一定比例。说明徂徕山苔藓植物处于东亚的暖温带和寒温带特有成分的过渡积聚地带，具有浓厚的东亚色彩，尤其与日本区系有极为密切的关系。徂徕山植被丰富、森林茂密，为苔藓植物的生存提供了良好的环境条件。苔藓植物多生于阴湿环境中的岩石、树干或泥土上，徂徕山各山地树林下、石宅阴地和花盆土面上常可见到。徂徕山苔藓植物分为苔纲和藓纲2类，共记42科、93属、162种（含2变种、1亚种），其中苔纲19科、24属、38种（含1变种），藓纲23科、69属、124种（含1变种、1亚种），以藓纲为主，科、属、种分别占徂徕山苔藓植物科、属、种总数的54.76%、74.19%、76.54%，处于绝对优势。

叶　苔 *Jungermannia lanceolata* L. 苔纲、叶苔科、叶苔属。植物体绿色或稍带褐色，叶片2列，侧叶斜生，蔽后式，舌形，先端圆钝，长1.05~1.2毫米，中部宽0.97~1毫米，背基角下延；叶边全缘，平展；叶细胞有明显的三角体，薄壁，叶中部细胞腔直径29~47微米，边缘细胞腔直径29~39微米，基部略大。油体大，无色透明或带褐色，每个细胞多数5~8个，椭圆形或圆形，4~5微米×6~10微米。雄苞叶5~6对，生于雌苞叶下方或生于雄株中部。雌苞生于茎顶端或侧枝顶端；蒴萼圆柱形，长1.5~1.7毫米，粗0.52~0.65毫米，平滑无褶，壁细胞单层，与叶片细胞同形，先端收缩成短喙状小口；苞叶与侧叶同形，仅基部宽兜。孢蒴椭圆形，黑褐色。孢子褐色，平滑，直径10~16微米。弹丝有2条螺纹。雌雄混生同株或异株。生于徂徕山潮湿土面或树干基部，各林区均有分布。

葫芦藓 *Gunaria hygrom -etrica* Hedw. 葫芦藓科、葫芦藓属。植物体黄绿色，茎单生，直立。叶多集生于茎先端，顶部的叶片较狭长，呈线状披针形，先端渐尖，有时略呈兜形，叶边全缘；中肋粗壮，长达叶尖；茎下部的叶较短宽，呈卵圆形或椭圆形，先端急尖，叶边全缘，中肋长达叶尖。叶细胞薄壁，呈长方形或椭圆状长方形，叶基部细胞较长大，呈狭长方形。雌雄同株。蒴柄细长，黄红色。孢蒴倾立或平列，不对称，呈梨形，蒴口大，蒴齿双层。蒴盖呈圆盘状，顶部微凸。蒴柄纤细，橙黄色或红棕色。没

葫芦藓

有真正的根，只有短而细的假根，起固着植物体的作用。一般分布在阴湿的泥地、林下或树干上，直立丛生，有茎、叶分化，茎的基部有单列细胞构成的假根。植物体对有毒的气体十分敏感，在污染严重的城市和工厂附近很难生存。人们利用这个特点，把葫芦藓当作监测空气污染程度的指示植物。有舒筋活血、祛风镇痛、止血等功能，用于治鼻窦炎、痨伤吐血、跌打损伤、关节炎等症。徂徕山各林区均有分布。

地　钱 *Marchantia polymorpha* L.　苔纲、地钱科、地钱属。植物体较大，为绿色分叉的叶状体，平铺于地面。上面表皮有斜方形网纹，网纹中央有1个白点。下面有多数假根及紫褐色鳞片，假根和鳞片有吸收养分、保存水分、固定植物体的功能。叶状体由多层细胞组成。雌雄异株，分别产生雌、雄器托。多生于徂徕山阴湿而富于有机质的土地上，分布广泛，常见于林内、井边、墙角、岩石面等处积存的薄土上。在雨季生长茂盛，各林区均有分布。

二、蕨类植物

蕨类植物旧称羊齿植物，它们既是高等的孢子植物，又是原始的维管植物，是介于苔藓植物和种子植物之间的一个大类群。蕨类植物大多数都具有两种不同的植物体——孢子体和配子体。常见的大型绿色植物是它的孢子体。孢子体有根、茎、叶和维管组织，多为多年生草本，陆生、附生或水生，少数为藤本或呈乔木状；成熟的孢子体在叶子边缘或枝顶产生孢子囊，其中的母细胞经减数分裂形成四分孢子，从囊中逸出。孢子萌发形成配子体，多称其为“原叶体”。配子体体形小，构造简单，生存期短，多数为心形薄片状，少数为陀螺状、块状、分枝带状（如木贼）和微小的球状（如卷柏、苹等）。配子体多为能独立生活的绿色植物体，生于水边或湿地，其上产生精子器和颈卵器，并由它们分别产生游动精子和卵，以水为媒介进行受精作用。受精卵发育成胚，后长大成新一代孢子体。徂徕山有蕨类植物14科、18属、36种，分布在温暖潮湿的林下或溪边石缝间，常成为森林植被中草本层的重要组成部分，可作为反映环境条件的指示植物。

旱生卷柏 *Selaginella stauntoniana* Spring　卷柏科、卷柏属。旱生植物，直立，根状茎横走；叶质厚，边缘不为全缘；侧叶不对称，略斜生，排列紧密，具细齿；孢子叶穗紧密，四棱柱形，单生。茎具原生中柱或管状中柱，单一或二叉分枝；根托生分枝的腋部，从背轴面或近轴面生出，沿茎和枝遍体通生，或只生茎下部或基部。主茎直立或长匍匐，或短匍匐，然后直立，多次分枝，或具明显的不分枝的主茎，上部呈叶状的复合分枝系统，有时攀援生长。叶螺旋排列或排成4行，单叶，具叶舌，主茎上的叶通常排列稀疏，一形或二形，在分枝上通常成4行排列。孢子叶穗生茎或枝的先端，或侧生于小枝上，紧密或疏松，四棱形或压扁，偶呈圆柱形。分布于徂徕山黄石崖、水帘洞沟、阴天剑沟、土岭等地。

银粉背蕨 *Alcuritopterisargentea* （Gmel.） Fee　中国蕨科、粉背蕨属。植株高10~25厘米；根状茎短，直立或斜升，有棕色狭边的亮黑色披针形鳞片。叶簇生，柄长5~20厘米，栗褐色，有光泽，基部有鳞片；叶片五角形，长宽近相等；羽片3~5对，基部以狭翅相连，基部一对最长大，二回羽裂；小羽片3~5对，叶纸质，下面有乳白色或乳黄色粉末。孢子囊群沿叶边排列，成熟后汇成线形；囊群盖由叶边反卷变质而成，膜质，连续全缘。其变种无粉银粉背蕨与原种的主要区别在于叶背面淡绿色，无乳白色或乳黄色粉末，生境、用途与原种相同。全草药用，有调经、止血的功效。生于含有石灰质的岩石缝中，性喜阳也耐阴，耐旱也耐寒，为典型的钙质土壤指示植物，在中性或微酸性土壤中也能生长。徂徕山各林区均有分布。

问　荆 *Equisetum arvense* L. 俗称笔头草、土麻黄。木贼科、问荆属。多年生草本植物。根状茎横生地下，黑褐色。地上气生的直立茎由根状茎上生出，细长，有节和节间，节间通常中空，有能育茎和不育茎之分。能育茎（生殖枝）无色或带褐色，春季由根状茎上生出，单生无分枝，顶端生有1个像毛笔头似的孢子叶穗。不育茎（营养枝）绿色多分枝，每年春末夏初当生殖枝枯萎时，从地上茎上长出。叶退化为细小的鳞片状。全草药用，有清热利尿、止痛消肿的功能。常见于徂徕山河道沟渠旁、疏林、荒野和路边，各林区均有分布。

问　荆

苹 *Marsilea quadrifolia* L. 亦称四叶苹。苹科、苹属。水生，多年生草本。根状茎匍匐泥中，细长而柔软，不实叶具长柄，长7厘米~20厘米，叶柄顶端有小叶4片，十字形，对生，薄纸质；小叶倒三角形，长与宽1~3厘米，先端浑圆，全缘，叶脉叉状，下面淡褐色，有腺状鳞片。孢子果斜卵形或圆形，长2~4毫米，被毛，于叶柄基部侧出，通常2、3个丛集，柄长1厘米以下，基部多少毗连；果内有孢子囊群约15个，每个孢子囊群具有少数大孢子囊，其周围有数个小孢子囊。全草可作猪饲料或绿肥，药用能清热解毒、利尿消肿。分布于徂徕山西旺林区。

三、裸子植物

裸子植物是原始的种子植物，是种子裸生，有种子但无果实的一类植物，均为木本植物，而且多数是高大的乔木，主干粗壮挺拔，枝叶苍翠。多数种类为常绿乔木，有长枝和短枝之分。有许多优质的用材树种和绿化树种，如常见的苏铁（铁树）、银杏、松、杉、柏等都是裸子植物。裸子植物的叶多为针形、披针形、条形或鳞片形，故而又称为“针叶树”，其木材称为“针叶树材”，由裸子植物为主形成的森林叫做“针叶林”等等。裸子植物的茎内有一连成一环的维管形成层，能同时向内向外产生输导组织，使茎干不断加粗。裸子植物的雌雄配子体（即花粉和胚囊）都寄生在孢子体上，不能独立生活；花粉经风媒传粉后落到胚珠中，在那里长出花粉管，将精子送到卵处受精，受精卵进而发育成新一代孢子体。裸子植物一般生长较慢，寿命长。徂徕山裸子植物有7科、16属、33种（5变种），其中赤松、油松、侧柏、落叶松等是主要的造林和绿化树种；苏铁的叶和种子，银杏种仁，松花粉、松针、松油、侧柏种子等均可入药；落叶松、云杉等多种树皮、树干可提取单宁、挥发油和树脂、松香等；苏铁、银杏、雪松等许多植物形态庄重美丽，有很高的观赏价值；银杏、红松的种子是可以食用的干果；多种木材质轻、强度大、不弯、富弹性，是建筑、车船、造纸的优质用材。

银　杏 *Ginkgo biloba* L. 又名白果树、公孙树。银杏科、银杏属。生长较慢，寿命极长，自然条件下从栽种到结果要20多年，40年后才能大量结果，因此别名“公孙树”，有“公种而孙得食”的含义，是树中的老寿星。高大乔木，一般为单轴分枝，有长、短枝之分。叶扇形，叉状叶脉，秋季落叶前叶变为黄色，非常美丽。大孢子叶球有两个胚珠，但通常只有一个发育成种子。种子核果状，熟时橙黄色，似杏。外种皮有毒，不可食，但可提拷胶；种仁即“白果”，可食用，为著名干果之一，也可入药，能润肺、止咳、强身等。银杏树是第四纪冰川运动后遗留下来的最古老的裸子植物，是世界上珍贵的树种之一，因此被当作植物界中的“活化石”。1999年9月，该物种被国家林业局、农业部列入《国家重点保护野生植物名录（第一批）》，为国家Ⅰ级重点保护植物。银杏树形优美，有观赏价值，可作观赏绿化树；叶可提取银杏黄酮，治疗冠心病，亦可杀虫；树干通直，木材优质，是制乐器、家具的高级材料，素有“银香木”或“银木”之称，开发利用潜力很大。主要分布于徂徕山大寺、光华寺、中军帐、礤石峪等林区。

千年银杏

日本落叶松 *Larix. kaempferi* (Lamb.) Carr. 松科、落叶松属。为落叶乔木，干皮暗褐色，纵裂，鳞片状剥落，冬芽紫褐色，近球形，枝平展，有长枝、短枝之分，长枝上叶螺旋状散生，短枝上叶簇生。雌雄同株，球花均单生于短枝顶端，球果小，卵圆形，种鳞薄革质，种鳞上部边缘明显向外反曲，鳞背有小疣状突起，密被腺毛。枝平展，树冠塔形；叶倒披针状条形。雄球花淡褐黄色，卵圆形；雌球花紫红色，苞鳞反曲，有白粉，先端三裂，中裂急尖。球果卵圆形或圆柱状卵形，熟时黄褐色；种子倒卵圆形，种翅上部三角状，中部较宽。花期4~5月，球果10月成熟。喜光照充足、喜肥、喜水、喜温暖湿润的气候环境，抗风力差，不耐干旱也不耐积水；生长速度中等偏快。枝条萌芽力较强，有相当的耐寒性。徂徕山马场、上池等地有引种栽培。

油　松 *Pinus tabulaeformis* Carr. 别名短叶松、短叶马尾松、红皮松、东北黑松等。松科、松属。常绿乔木，树皮下部灰褐色，裂成不规则鳞块，裂缝及上部树皮红褐色；大枝平展或斜向上，老树平顶；小枝粗壮，黄褐色，有光泽，无白粉；冬芽长圆形，顶端尖，微具树脂，芽鳞红褐色。针叶2针一束，暗绿色，较粗硬，边缘有细锯齿；叶鞘初呈淡褐色，后为淡黑褐色。雄球花柱形，聚生于新枝下部呈穗状，成熟后黄褐色，鳞盾肥厚、有光泽，扁菱形或扁菱状多角形，横脊明显，纵脊几乎无，鳞脐明显，有刺尖。种子长6~8毫米。花期5月，球果第二年10月上、中旬成熟。树冠幼年为塔形或圆锥状形，中年呈卵形或不整齐梯形。孤立老年树的树冠为平顶，扁圆形、伞形等。干粗壮直立，形成耸立的树形，有时也能长成弯曲多姿的树干，显得苍劲挺拔。油松为阳

佛爷松

性树，幼树耐侧阴，抗寒能力强，喜微酸及中性土壤，不耐盐碱。为深根性树种，主根发达，垂直深入地下；侧根发达，向四周水平伸展，多集中于土壤表层。油松树姿雄伟，枝叶繁茂，有良好的保持水土和美化环境的功能，是徂徕山主要的造林树种之一。木材、松脂、松针、花粉等有材用和药用价值，种子含油量高，可食用。徂徕山各林区均有分布。

侧　柏 *Platycladus orientalis*（L.） Franco 又叫扁柏、香柏，常绿乔木。柏科、侧柏属。树皮薄，浅灰褐色，纵裂成条片；枝条向上伸展或斜展，幼树树冠卵状尖塔形，老树树冠则为广圆形；生鳞叶的小枝细，向上直展或斜展，扁平，排成一平面。叶鳞形，先端微钝，小枝中央叶的露出部分呈倒卵状菱形或斜方形，背面中间有条状腺槽，两侧的叶船形，先端微内曲，背部有钝脊，尖头的下方有腺点。雌雄同株，球果幼时粉绿色，成熟时棕褐色。球果近卵圆形，成熟前近肉质，蓝绿色，被白粉，成熟后木质，开裂，红褐色。种子卵圆形或近椭圆形，顶端微尖，灰褐色或紫褐色，稍有棱脊，无翅或有极窄之翅。花期3~4月，球果10月成熟。木材坚实耐用；种子、根、枝、叶、树皮均可入药；种子药用称“柏子仁”，有滋补、强壮的功效；种子可榨油供食用和工业用。树形美观，耐修剪，是徂徕山主要的造林树种之一，分布于徂徕山大寺、光华寺、礤石峪等林区。

水　杉 *Metasequoia glyptostroboides* Hu et Cheng　杉科、水杉属。落叶乔木。常单轴分枝长成笔直树干。幼树树冠尖塔形，老树则为广圆头形。树皮灰色或灰褐色，浅裂成狭长条脱落，内皮淡紫褐色；大枝近轮生，小枝对生，下垂，一年生枝淡褐色，二、三年生枝灰褐色，枝的表皮层常成片状剥落，侧生短枝长4~10厘米，冬季与叶俱落。叶扁平条形，长1~2厘米，宽1.5~2毫米，淡绿色，表面中脉凹，背面隆起，交互对生成两列，羽状，冬季与侧生无芽的小枝一起脱落。球花单性，雌雄同株，单生叶腋；球果下垂，近四棱圆球形或短圆柱形，有长柄，熟时深褐色；种鳞木质，盾形，鳞顶扁菱形，中央有一条横槽，宿存，交互对生。种子倒卵形，扁平，周围有窄翅，先端有凹缺。花期2月下旬，果实11月成熟。水杉是中国特有的珍贵树种，世界著名的孑遗植物，有植物王国“活化石”之称。1999年9月，该物种被

水　杉

国家林业局、农业部列入《国家重点保护野生植物名录（第一批）》，为国家Ⅰ级重点保护植物。木材可供建筑用或作为制造板材、家具和木纤维的原料；树姿优美，为优良绿化树种。20世纪40年代，在四川和湖北发现后，许多国家引种成功。1963年，徂徕山林场与山东农学院合作，从湖北利川市引种实验。1976年，从临沂地区莒南县引进1~2年生扦插苗400余株。徂徕山大寺、光华寺、庙子、王庄等林区均有引种栽培。

四、被子植物

被子植物（Angiosperm）又名绿色开花植物，在分类学上常称为被子植物门，是植物界最高级的一类，其营养器官和繁殖器官都比裸子植物复杂，更适应于各种生活条件，种子被子房包围并最终形成果实，使之具有更强的繁殖能力，是地球上最完善、适应能力最强、出现得最晚的植物。自新生代起，被子植物在地球上占着绝对优势。被子植物有如此众多的种类，有极其广泛的适应性，这和其结构复杂化、完善化分不开的，特别是繁殖器官的结构和生殖过程的特点，提供了它适应、抵御各种环境的内在条件，使它在生存竞争、自然选择的矛盾斗争过程中，不断产生新的变异，产生新的物种。全世界有被子植物1万多属，约20多万种，种数占整个植物界的50%以上。在植物分类上归为1个门，并根据子叶的数目、花各部的数目、茎内维管束的排列、根系及叶脉类型等将被子植物分为双子叶植物纲和单子叶植物纲2个纲。

徂徕山有被子植物123科、497属、879种（含1亚种、49变种、6变型），分布广泛，无处不在。植被类型多样，除人工栽培的粮、油、果、菜等作物、经济林、人工绿化、防护林带（如刺槐林、杨柳林等）之外，还有许多野生和半野生的落叶阔叶林（其中栎林是最有地带性的落叶阔叶林）、针阔叶混交林以及灌丛、草甸等。被子植物是和人类生活关系最密切的一类植物，被开发利用的经济作物几乎都是被子植物。徂徕山主要粮食作物有地瓜、花生、大豆、小豆、绿豆、芝麻、谷子等低秆作物；主要经济作物有棉花、花生、烟草、大豆等；果品种类丰富，主要有苹果、黄梨、樱桃、板栗、核桃等，另外山楂、杏、西瓜等也有较多栽培；蔬菜种类多，品质好，主要有白菜、萝卜、茄子、黄瓜、辣椒、番茄、南瓜、芸豆、葱、蒜等。另外，还有丰富的药用植物资源，其中著名的有何首乌、黄精、丹参等，开发利用潜力很大。

（一）双子叶植物

被子植物中多数种类的胚生有两片子叶，被称为双子叶植物。具有开放型的次生维管束，可以不断加粗生长，组成阔叶森林的绝大多数乔木和灌木都属于双子叶植物，另外还有许多草本和藤本的种类。徂徕山有双子叶植物103科、389属、695种（含1亚种、39变种、5变型）。

刺　槐 *Robinia pseudoacacia* L.　又名洋槐。豆科、蝶形花亚科、刺槐属。落叶乔木，高可达20米。树皮灰黑褐色，纵裂；枝具托叶性针刺，小枝灰褐色，无毛或幼时具微柔毛。奇数羽状复叶，互生，具9~19小叶；叶柄被短柔毛，小叶片卵形或卵状长圆形，长2.5~5厘米，宽1.5~3厘米，基部广楔形或近圆形，先端圆或微凹，具小刺尖，全缘，表面绿色，被微柔毛，背面灰绿色被短毛。总状花序腋生，比叶短，花序轴黄褐色，被疏短毛；萼钟状，具不整齐的5齿裂，表面被短毛；花冠白色，芳香，旗瓣近圆形，基部具爪，先端微凹，翼瓣倒卵状长圆形，基部具细长爪，顶端圆，龙骨瓣向内弯，基部具长爪；雄蕊10枚；荚果扁平，线状长圆形，褐色，光滑。花果期5~9月，种子3~10粒。刺槐系喜光树种，不耐蔽荫。喜温暖湿润气候，不耐寒冷。多以水土保持林、防护林、薪炭林树种应用。在立地条件差，环境污染重的地区绿化，是不可缺少的园林绿化树种。木材坚硬，耐水湿，可供矿柱、枕木、车辆、农业用材；叶含粗蛋白，是许多家畜的好饲料；花是优良的蜜源植物，刺槐花蜜色白而透明，深受消费者欢迎；嫩叶花可食，已成为人们的绿色蔬菜；种子榨油供做肥皂及油漆原料。徂徕山各林区均有栽培，且分布广，面积较大。

板　栗 *Castanea mollissima* Bl. 又名栗、中国板栗。壳斗科、栗属。落叶乔木，高可达20米，胸径可达1米。树皮深灰色，深纵裂。小枝有短毛或散生长绒毛，无顶芽。叶互生，排成2列，卵状椭圆形至长椭圆状披针形，长8~18厘米，宽4~7厘米，先端渐尖，基部圆形或宽楔形，边缘有锯齿，齿端芒状，下面有灰白色星状短绒毛或长单毛，中脉有毛；叶柄长1~1.5厘米，有毛；托叶早落。花单性，雌雄同株；雄花序穗状，雌花生于雄花序基部，总苞苞片针刺形。壳斗球形，直径3~5厘米，内藏坚果2~3个；坚果半球形或扁球形，暗褐色，直径2~3厘米。

化马湾乡双泉村百年板栗树

花期5~6月，果期9~10月。板栗年平均温度在10.5℃~21.8℃为适宜，年降水量500~2000毫米均可栽培；对土壤要求不严，适宜在土层深厚，排水良好，地下水位不高的砂壤土上生长，土壤腐殖质多有利菌根生长，以pH值5~6最宜。板栗原产中国，与枣、桃、杏、李同为中国古代五大名果之一，是世界著名的干果树种，素有“干果之王”的美称。徂徕山各林区均有种植。

紫　椴 *Tilia amurensis* Rupr. 又名阿穆尔椴、籽椴、小叶椴、椴树。椴树科、椴树属。落叶乔木，树皮暗灰色，纵裂，成片状剥落；小枝黄褐色或红褐色，呈“之”字形，皮孔微凹起，明显。叶阔卵形或近圆形，生于萌枝上者更大，基部心形，先端尾状尖，边缘具整齐的粗尖锯齿，齿先端向内弯曲，表面暗绿色，无毛，背面淡绿色，仅脉腋处簇生褐色毛；叶具柄，无毛。果球形或椭圆形，被褐色短毛。种子褐色，倒卵形。花期6~7月，果熟9月。喜光也稍耐荫，喜深厚肥沃湿润土壤，抗寒能力强，不耐干旱、水涝、盐碱。萌芽力和萌蘖力均强，耐修剪。树姿优美，树冠圆满，枝条紫褐，叶片光滑，是良好的庭荫和行道树种。抗烟尘和有毒气体，厂矿绿化最为适宜。著名的蜜源植物，花可入药。为中国原产树种，在徂徕山马场、太平顶等地均有分布。1999年9月，紫椴被国家林业局、农业部列为《国家重点保护野生植物名录（第一批）》，为国家II级重点保护植物。

杜　仲 *Eucommia ulmoides* Oliv. 又名胶木。杜仲科、杜仲属。落叶乔木。含橡胶，树皮及叶扯断处有白色橡胶丝拉出。单叶，互生，具叶柄，无托叶，叶卵状椭圆形或长圆状卵形，长6~16厘米，宽3~7厘米，边缘有锯齿，侧脉6~9对；花单性，雌雄异株，

无花被，先叶开放；雄蕊4~10枚，雌蕊具短柄；子房狭长，顶端有2叉状花柱，1室，胚珠2枚。果为具翅小坚果，扁平，长3~4厘米，宽约1厘米，先端有凹口，翅革质。树皮供药用，能补肝肾、强筋骨、安胎、降血压，是中国名贵滋补药材。树皮含杜仲胶22.5%，为硬橡胶，是制造海底电缆和粘着剂等的重要材料；因耐酸、碱、油及化学剂的腐蚀，可制造各种耐碱容器的衬里和输油胶管；种子可榨油，出油率27%。喜阳光充足、温和湿润气候，耐寒，对土壤要求不严，丘陵、平原均可种植，也可利用零星土地或四旁栽培。徂徕山各林区均有种植。该物种被列入《中国珍稀濒危植物红皮书》植物。

楸　树 *Catalpa bungei* C. A. Mey　紫葳科、梓树属。落叶乔木，高可达30米。树皮灰褐色、浅纵裂；小枝紫褐色，无毛。叶对生或3叶轮生，叶片三角状卵形或长卵形，长6~13厘米，宽5~11厘米，顶端长渐尖，基部截形、阔楔形或心形，有时基部具有1~2牙齿，叶面深绿色，叶背无毛；叶柄长2~8

楸　树

厘米。顶生伞房状总状花序，有花2~12朵。花萼蕾时圆球形，2唇开裂，顶端有2尖齿；花冠淡红色，内面具有2黄色条纹及暗紫色斑点，长3~3.5厘米。蒴果细圆柱形，长20~50厘米，直径5~6毫米。种子多数，两端有白色长毛。花期5~6月，果期6~10月。材质优良，纹理美观，为高级家具用材；内皮及叶均可入药，能拔毒、排脓、生肌、利气、杀虫，治痈肿疮毒，咳嗽吐逆、秃疮脱发等症；花可做蜜源。徂徕、锦罗、光华寺、礤石峪等林区均有栽培。

黄　芩 *Scutellaria baicalensis* Georgi　唇形科、黄芩属。多年生草本。主根粗壮，黄色。根茎肥厚，肉质，伸长而分枝。叶片披针形至狭披针形，全缘，背面有腺点。总状花序顶生。小坚果卵圆形，表面有小瘤状突起，腹面近基部有果脐。花期7~8月，果期8~9月。是中国北方野生中药材的主要种类之一。野生于山顶、山坡、林缘、路旁等向阳较干燥的地方，喜温暖，耐严寒，耐旱怕涝。根为清凉性解热、消炎药，用于胃炎、黄疸、呕吐、热痢、肺炎发热、胃壁硬化、肠炎泄泻、小儿鼻血等症。徂徕山各林区均有分布。

忍　冬 *Lonicera japonica* Thunb.　别名金银花、金银藤、鸳鸯藤。“金银花”出自《本草纲目》，由于忍冬花初开为白色，后转为黄色，因此得名金银花。忍冬科，忍冬属。半常绿攀援藤本。金银花幼枝洁红褐色，密被黄褐色、开展的硬直糙毛、腺毛和短柔毛，下部常无毛。叶卵形至矩圆状卵形，有时卵状披针形，稀圆卵形或倒卵形，长3~5厘米，顶端尖或渐尖，少有钝、圆或微凹缺，基部圆或近心形，有糙缘毛，上面深绿色，下面淡绿色，小枝上部叶通常两面均密被短糙毛，下部叶常平滑无毛而下面多少

忍　冬

带青灰色；叶柄长4~8毫米，密被短柔毛。总花梗通常单生于小枝上部叶腋，与叶柄等长或稍短，花冠白色，有时基部向阳面呈微红，后变黄色，唇形，筒稍长于唇瓣，上唇裂片顶端钝形，下唇带状而反曲；雄蕊和花柱均高出花冠。花蕾呈棒状，上粗下细。外面黄白色或淡绿色，密生短柔毛。花萼细小，黄绿色，先端5裂，裂片边缘有毛。开放花朵筒状，先端二唇形，雄蕊5枚，附于筒壁，黄色，雌蕊1枚，子房无毛。果实圆形，直径6~7毫米，熟时蓝黑色，有光泽；种子卵圆形或椭圆形，褐色，长约3毫米。花期4~6月（秋季亦常开花），果熟期10~11月。适应性很强，喜阳、耐阴，耐寒性强，也耐干旱和水湿，对土壤要求不严。根系繁密发达，萌蘖性强，茎蔓着地即能生根。花入药，称金银花，能清热解毒、杀菌消炎。茎入药，称忍冬藤，功能与花同，兼有通经活络作用，可治疗经络湿热、筋骨酸痛等症。是良好的园林植物及水土保持树种。徂徕山山坡、灌丛、疏林、乱石堆、山路两旁均有分布。

茵陈蒿 *Artemisia capillaris* Thunb. 别名因尘、茵陈、因陈蒿。菊科、蒿属。茵陈蒿经冬不死，春则因陈根而生，故名因陈或茵陈。至夏其苗则变为蒿，故亦称茵陈蒿。多年生草本，高40~100厘米。茎直立，木质化，表面有纵条纹，紫色，多分枝，老枝光滑，幼嫩枝被有灰白色细柔毛。营养枝上的叶，叶柄长约1.5厘米，叶片2~3回羽状裂或掌状裂，小裂片线形或卵形，密被白色绢毛；花枝上的叶无柄，羽状全裂，裂片呈线形或毛管状，基部抱茎，绿色，无毛。头状花序多数，密集成圆锥状；总苞球形，苞片3~4层，光滑，外层小，卵圆形，内层椭圆形，背部中央绿色，边缘膜质；花杂性，淡紫色，均为管状花。瘦果长圆形，无毛。花期9~10月；果期11~12月。幼苗入药，能清湿热，利肝胆、发汗、解热、利尿，为治疗黄疸的要药。种子油可食、涂木船或工业用，全草可提芳香油供药用。生于徂徕山荒坡、路边、杂草丛。

连　翘 *Forsythia suspensa* （Thunb.）Vahl 又名挂拉鞭。木犀科、连翘属。落叶灌木。枝开展或下垂，棕色、棕褐色或淡黄褐色，小枝土黄色或灰褐色，略呈四棱形，疏生皮孔，节间中空，节部具实心髓。叶通常为单叶，或3裂至三出复叶，叶片卵形、宽卵形或椭圆状卵形至椭圆形，长2~10厘米，宽1.5~5厘米，先端锐尖，基部圆形、宽楔形至楔形，叶缘除基部外具锐锯齿或粗锯齿，

连　翘

上面深绿色，下面淡黄绿色，两面无毛；叶柄长0.8~1.5厘米，无毛。花通常单生或2至数朵着生于叶腋，先于叶开放；花萼绿色，裂片长圆形或长圆状椭圆形，先端钝或锐尖，边缘具睫毛，与花冠管近等长；花冠黄色，裂片倒卵状长圆形或长圆形。果卵球形、卵状椭圆形或长椭圆形，长1.2~2.5厘米，宽0.6~1.2厘米，先端喙状渐尖，表面散生瘤点，2室开裂；种子多数，狭长圆形，有翅。花期3~4月；果期5~6月。果实药用，有清热、解毒、消炎的功效。连翘早春先叶开花，花开香气淡艳，满枝金黄，艳丽可爱，是早春优良观花灌木，为园林绿化及水土保持树种。生于山坡灌丛，徂徕山各林区均有分布。

中华秋海棠 *Begonia grandis Dry. subsp. sinensis* （A. DC.）Irmsch. 秋海棠科、秋海棠属。多年生草本。有球形块茎，并有很多细长须根。茎高20~40厘米，肉质，少分枝。叶片宽卵形，薄纸质，长5~12厘米，宽3.5~9厘米，先端渐尖，常呈尾状；基部心形，偏斜，边缘呈尖波状，有细尖牙齿，下面淡绿色，叶柄细长，长可达10厘米。花单性，雌雄同株；聚伞花序腋生；花粉红色，直径1.5~2.5厘米；雄花被片4，雄蕊多数，

中华秋海棠

雄蕊柱短于2毫米；雌花被片5。蒴果有3翅。花期7~8月，果期9~10月。叶形美观，叶色翠绿，花色鲜艳，适宜盆栽。全草药用，有活血散瘀、清热、止血、止痛之效。分布于徂徕山中军帐、卧尧等地。该物种已列入《山东稀有濒危保护植物》稀有种。

软枣猕猴桃 *Actinidia arguta* （Sieb. et Zucc.）Planch. ex Miq. 猕猴桃科、猕猴桃属。落叶藤本，长可达30米，径粗10~18厘米。皮淡灰褐色，片裂；一年生枝灰色或淡灰色，有时有灰白色的疏柔毛，小枝螺旋状缠绕。具长圆状浅色皮孔，髓片状，白色或

软枣猕猴桃

浅褐色，老枝光滑无毛。叶互生；叶柄长3~8厘米，有时具刚毛；叶片稍厚，革质或纸质，卵圆形、椭圆形或长圆形，长5~6厘米，宽3~10厘米，基部圆形或近心形，稀为楔形，顶端锐尖或具长尾尖，边缘有锐锯齿，锯齿近线形，表面暗绿色，背面色淡，常无毛，仅背面脉腋上有淡棕色或灰白色柔毛，嫩时脉上被短柔毛；叶柄及叶脉干后通常变黑色。腋生聚伞花序，花3~6朵，直径1.2~2厘米，萼片5个，长圆状卵形或椭圆形；稀为倒卵形，长3.5~6毫米，内侧具稠密黄色毛，外侧仅边缘有毛、花后脱落；花瓣5个，白色，倒卵圆形；雄蕊多数，花药暗紫色；

雄花子房发育不全，雌花常有雄蕊，但花粉枯萎，花柱丝状，多数，子房球形无毛。浆果球形至长圆形，光滑无斑点，两端稍扁平，顶端有钝短尾状喙。花期6~7月，果期8~9月。生于阴坡的针、阔混交林和杂木林中，有的生于阳坡水分充足的地方或山沟溪流旁，多攀缘在阔叶树上，枝蔓多集中分布于树冠上部。喜凉爽、湿润的气候。在自然条件下，软枣猕猴桃是靠攀附于其他树木生长的，很容易被压，应除部分上层林木和过分密集又不能用于软枣猕猴桃攀附的灌木丛，使水平郁闭度保持在0.3~0.4。营养价值高，每100克鲜果含蛋白质2.52克，脂肪0.52克、糖类12.6克、有机酸1.95克、维生素C532~930毫克。含大量维生素C、淀粉，果胶质等，可加工成果酱、果汁、果脯、罐头、酿酒或用于制作糕点、糖果等多种食品。根、茎、叶、果实均可入药，果实味甘、性寒，能止泻、解烦热、利尿。果汁有祛痰作用。根味淡、微涩，有健胃、清热、利湿之功效，可治消化不良、呕吐、腹泻、黄疸和风湿性关节痛，对胃癌及癌肿有一定疗效。叶内含有维生素C、氨基酸、微量元素，可制成保健茶，营养丰富，风味独特，有消脂减肥、抗衰防癌的功效。徂徕山上池、大寨沟、濯龙湾沟等地均有分布。该物种已列入《山东稀有濒危保护植物》渐危种。

（二）单子叶植物

胚中仅有一片子叶长大；多为草本；须根系；茎内维管束散生，通常没有形成层和次生构造。叶脉多为平行脉或弧形脉。花各部分的数量通常以3为基数，根为须根系。徂徕山有单子叶植物20科、108属、184种（10变种、1变型），其中禾本科、莎草科和百合科植物种类较多。

有斑百合 *Lilium concolor* Salisb. var. *pulchellum* (Fisch.) Regel 百合科、百合属。多年生草本。鳞茎卵状球形，鳞片白色，鳞茎上方的茎上簇生很多不定根。茎直立，光滑无毛，有时近基部带紫色。叶互生，条形或条状披针形，长3.5~11厘米，宽3~6毫米，先端渐尖，边缘有小乳头状突起，基部渐狭，有3~7条脉，背面中脉突起，两面无毛。花1~4朵，直立，排列近伞形；花红色，有光泽，总被片长椭圆形至狭卵状披针形，先端钝，钟状开展，不反卷，有紫色斑点，蜜腺两边具乳头状突起；雄蕊6枚，雌蕊1个。蒴果长圆形，种子多数，片状。花期5~7月，果期7~9月。鳞茎含淀粉，可供食用，还可代百合入药，有滋补强壮及止咳的功效。花红色，美丽，可栽培供观赏。生于徂徕山山坡草丛、山沟及林下湿地，各林区均有分布。

玉　竹 *Polygonatum odoratum* (Mill.) Druce 百合科、黄精属。根状茎圆柱形，黄白色，直径5~14毫米。茎高20~50厘米，叶互生，椭圆形至卵状矩圆形，长5~12厘米，宽2~4.5厘米，先端尖，下面带灰白色，下面脉上平滑至呈乳头状粗糙。花序1~4花（在栽培情况下，可多至8朵），总花梗（单花时为花梗）长1~1.5厘米，无苞片或有条状披针

玉　竹

形苞片；花被黄绿色至白色，全长13~20毫米，花被筒较直，裂片长3~4毫米；花丝丝状，近平滑至具乳头状突起，花药长约4毫米；子房长3~4毫米，花柱长10~14毫米。浆果蓝黑色，直径7~10毫米，种子7~9颗。花期5~6月，果期7~9月。根状茎入药，能润肺止咳、生津益气。生于林下或山坡草丛。徂徕山各林区均有分布。

泰山韭 *Allium taishanense* J. M. Xu 百合科、葱属。具斜生的根状茎。鳞茎单生或少数聚生，近圆柱状，粗约5毫米；鳞茎外皮灰黑色，内皮白色，均为膜质，不破裂。叶宽条形，比花葶短或近与其相等，向两端收狭，沿叶缘和纵棱具细糙齿。花葶圆

泰山韭

柱状，沿棱具细糙齿，高22~37厘米，下部被光滑的叶鞘；总苞2裂，远比花序短，宿存；伞形花序近半球状，多花，松散；小花梗近等长，比花被片长2~3倍，基部无小苞片；花淡红色至白色；花被片卵状矩圆形，内轮的长而宽，先端钝圆；花丝等长，略长于花被片，基部合生并与花被片贴生；子房倒卵状球形，腹缝线基部具有帘的凹陷蜜穴，每室2胚珠；花柱伸出花被外。花期9月。秋季可采收，洗净，鲜用或晒干。是山东省特有种植物之一，徂徕山各林区均有分布。

绶　草 *Spiranthes sinensis* (Pers.) Ames. 别名盘龙参、龙抱柱、双瑚草、猪鞭草。兰科、绶草属。植株矮小，细弱；有数条粗厚肉质根。叶近基生，2~4片，线状披针形。冬季落叶，春季发芽。雌雄同株，花茎无毛，数枚小花密集生长，组成顶生的总状或穗状花序，螺旋状盘绕，长5~15厘米，方向为左旋或右旋，旋转角度不定，花序轴长4~20厘米，被白色柔毛；花多为紫红或粉红色，偶为白色，在花序轴上盘旋生长。开花顺序是由基部开始，平均每隔1天开花1枚，最后开放至先端，开花至花谢平均17天，花谢至果熟平均15天。盛花期后植株枯萎，地下部8~9月重新萌芽，翌年春季开花。花期2~5月。花旋转着生花轴上，如青龙盘缠柱上，根如参状，故有盘龙参之别称；因盛花期在清明节，因此有清明草的别名。全草或根入药，能清热、凉血、止痛、止血、消炎。生于阴湿山坡、路边、湿润草地上，徂徕山各林区均有分布。该物种被列入《濒危野生动植物种国际贸易公约》Ⅱ级濒危野生植物。

第二节　植物区系

植物区系为一地区所有植物种类的总和。徂徕山属泛北极植物区的中国—日本森林植物亚区—华北地区的辽东、山东丘陵亚地区。徂徕山地处山东中部，海拔较高，地形复杂，气候多样，区系具有植物种类丰富、优势现象明显、特有物种较多、分布类型多样、地理成分复杂、古老性和多样性的特点。

一、种类丰富

徂徕山有维管束植物144科、531属、948种（含54变种、1亚种、6变型），其中自然分布的维管束植物有121科、369属、639种，分别占山东野生维管束植物科（147

科）、属（636属）、种（1600种）的82.31%、58.01%、39.94%；徂徕山野生种子植物有107科、351属、603种，占山东省种子植物区系科（123科）、属（597属）、种（1500种）的86.99%、58.79%和40.2%，占中国种子植物区系科（301科）、属（2981属）的35.55%、11.77%。徂徕山占地面积173平方千米，占全省总面积（陆地总面积15.71万平方千米）的0.11%，但所包含的维管植物科、属、种数，无论是总数还是种子植物，都占全省较高的比例，植物丰富度远高于山东省和全国平均水平，充分表明植物种类丰富，其中被子植物种数占徂徕山维管植物总种数的92.72%，说明被子植物构成区系的主体，在区系中起主导作用。

二、优势现象明显

从科分析，徂徕山种子植物科含种数20种以上的科有菊科（78种）、禾本科（70种）、蔷薇科（63种）、豆科（54种）、莎草科（41种）、百合科（38种）、唇形科（28种）、蓼科（21种）、十字花科（20种）9个，种数10~18种的科有13个。种子植物科含种数10种以上的有22科、300属、590种，分别占徂徕山种子植物科（130科）、属（513属）、种（912种）总数的16.92%、58.48%、64.69%，表明这些科构成了徂徕山区系种子植物主体。从属分析，种子植物主要属含种数在10种以上的属有蓼属（14种）、蒿属（13种）、薹草属（12种）、葱属（12种）、堇菜属（10种）、莎草属（10种）6个，属含种数6~9种的属有13个。种子植物主要属含种数6种以上的有19属、166种，分别占徂徕山种子植物总属数、种数的3.7%、18.2%。因此，徂徕山植物区系中优势科、属构成了区系植物的主体，优势现象明显。

2012年徂徕山种子植物主要科含属数、种数情况表

表3-2

序号	中文名	拉丁学名	科含属数	科含种数	序号	中文名	拉丁学名	科含属数	科含种数
1	菊　科	Compositae	44	78	12	杨柳科	Salicaceae	2	16
2	禾本科	Gramineae	52	70	13	木犀科	Oleaceae	7	15
3	蔷薇科	Rosaceae	24	63	14	玄参科	Scrophulariaceae	10	15
4	豆　科	Leguminosae	28	54	15	柏　科	Cupressaceac	6	14
5	莎草科	Cyperaceae	11	41	16	石竹科	Caryophyllaceae	8	14
6	百合科	Liliaceae	18	38	17	松　科	Pinaceae	2	12
7	唇形科	Labiatae	19	28	18	葫芦科	Cucurbitaceae	9	12
8	蓼　科	Polygonaceae	5	21	19	大戟科	Euphorbiaceae	7	13
9	十字花科	Cruciferae	12	20	20	毛茛科	Ranunculaceae	7	11
10	茄　科	Solanaceae	9	18	21	萝藦科	Asclepiadaceae	3	10
11	伞形科	Umbelliferae	14	17	22	苋　科	Amaranthaceae	3	10

2012年徂徕山种子植物主要属含种数情况表

表3-3

序号	中文名	拉丁学名	属含种数	序号	中文名	拉丁学名	属含种数
1	蓼　属	Polygonum	14	11	槭　属	Acer	8
2	蒿　属	Artemisia	13	12	鹅绒藤属	Cynanchum	8
3	薹草属	Carex	12	13	圆柏属	Sabina	7
4	葱　属	Allium	12	14	柳　属	Salix	7
5	堇菜属	Viola	10	15	苋　属	Amaranthus	7
6	莎草属	Cyperus	10	16	大戟属	Euphorbia	7
7	杨　属	Populus	9	17	桃　属	Amygdalus	6
8	松　属	Pinus	8	18	卫矛属	Euonymus	6
9	委陵菜属	Potentilla	8	19	茄　属	Solanum	6
10	胡枝子属	Lespedeza	8		总　计		166

三、特有物种较多

徂徕山有泰山前胡、泰山韭、矮齿韭、长冬草等多种山东特有植物，还有油松、白皮松、银杏、华北落叶松、紫椴、水杉、杜仲、虎掌等多种中国特有植物，长萼堇菜、腺毛委陵菜、节节菜、轮叶节节菜、无梗五加、毛山芹、茶菱、假鼠妇草、锥囊薹草等9种植物，虽不为山东特有植物，但在山东省仅产于徂徕山，说明徂徕山立地条件及气候条件的特殊性。

虎　掌

四、分布类型多样，地理成分复杂

按照吴征镒等对中国种子植物区系地理成分的划分，徂徕山野生种子植物351属，15个分布区类型均有分布。北温带成分91属，占种子植物总属数的30.2%，高于中国区系中本分布类型所占比例10.3%，居所有类型首位。典型的北温带分布属，如榆属、胡桃属、鹅耳枥属、堇菜属，在该区均有分布。各类温带性质属（类型8~11、14）186属，占本区系总属数的61.8%，处于绝对优势，表明徂徕山植物区系具有典型温带植物区系的特点。同时，在各种地理成分中，泛热带成分68属，占本区系总属数的22.6%，仅次于北温带分布。泛热带分布属以热带分布为主，个别渗透到亚热带、温带，如朴属、狗尾草属为典型代表。各类热带性质属（类型2~7）106属，占本区系总属数的35.3%，说明徂徕山植物具有一定的热带亲缘。

徂徕山种子植物主要科含种数20种以上的有9个科，均为世界广布科，其中禾本科和菊科是山东省最大的2个科，常为各种草地植被（草本层）的建群种或优势种。豆科是在温带和热带都具有广泛代表性的世界分布科，是人工草场和牧、草地的重要组成科。蔷薇科是被子植物进化中由初级到中级的过渡类型，分布于世界各地，但以北半球温带和亚热带最多，常被视为北半球温带的典型科。百合科和莎草科分布区广泛，但温带地区和寒温带地区的种类较多。唇形科等科分布范围相当广泛，从泛热带至温带都有分布，但地中海—中亚地区是它们分布和多样化的中心。徂徕山植物区系，从科的总体概念上是一个温带性质的区系，温带成分占绝对优势，同时兼有北温带区系和亚热带区系成分的过渡科。

2012年徂徕山种子植物属的分布区类型情况表

表3–4

序号	类 型	属数	占徂徕山总属数的(%)	中国属数	占中国总属的(%)
1	世界分布	50	—	108	—
2	泛热带分布	68	22.6	372	13.0
3	热带亚洲和热带美洲间断分布	2	0.7	89	3.1
4	旧世界热带分布	12	4.0	163	5.7
5	热带亚洲至热带大洋洲分布	11	3.7	150	5.2
6	热带亚洲至热带非洲分布	6	2.0	151	5.3
7	热带亚洲分布	7	2.3	542	18.9
8	北温带分布	91	30.2	296	10.3
9	东亚和北美间断分布	18	6.0	117	4.1
10	旧世界温带分布	35	11.6	157	5.5
11	温带亚洲分布	11	3.7	63	2.2
12	地中海、西亚至中亚分布	6	2.0	166	5.8
13	中亚分布	2	0.7	112	3.9
14	东亚分布	31	10.3	298	10.4
15	中国特有分布	1	0.3	196	6.8

五、区系具有古老性和多样性

徂徕山区系中，起源古老的属相当丰富。在中生代就已出现的胡桃属、槭树属、枣属、荚蒾属、杨属、柳属、栎属等以及于新生代第三纪大量兴起并广泛分布的枫杨属、桤木属、朴属、榆属、椴树属、栾树属、盐肤木属、卫矛属等在该区均有分布。被子植物中有不少古老原始的类群，公认的原始被子植物——古老的多心皮类植物，本区有木兰科、毛茛科等少数科，但许多白垩纪和早第三纪就已形成的古老科在本区也有大量分布，如壳斗科、杨柳科、桦木科、芸香科、榆科、胡桃科、椴树科、豆科、五加科、无患子科等，其中包括曾一度被认为是原始被子植物的葇荑花序类。

原始植物的保存和繁衍，展示了徂徕山植物区系的古老性。徂徕山植物区系的古老性，还表现在含有大量的世界性单种属和寡种属，这些属多表现为分类上的孤立性和进化上的原始性。徂徕山区系有单种属18个（山东26个），寡种属27个（山东50个），共45个，占本区系被子植物总属（497个）的9.05%，占山东单种属和寡种属（76个）的59.21%，如扯根菜属、黄栌属、麦蓝菜属（王不留行属）、夏至草属、透骨草属等。根据现代区系观点，单种属和寡种属代表植物新属的建立，种属尚未分化，从这个意义上，单种属和寡种属的存在，反映了该区系在进化上具有多样性。

第三节　植物分布

徂徕山蕨类植物分布广，无论在森林、草地、岩隙、溪沟、沼泽、高山和水中，都有蕨类植物的踪迹。苔藓植物的分布与温度、湿度和种子植物有着密切关系，分布没有明显规律。种子植物的垂直分布属落叶阔叶林带，分布规律较为明显，分为3个亚带；水平分布因受岩石、土壤类型及地形地势（如坡向、坡位、坡度）等因素的影响，分布规律不明显。

一、垂直分布

徂徕山种子植物多为人工栽培，尤其是乔木树种。由于山体相对海拔不高，植被的垂直分布界线不明显，但依据树种的生物学特性，适生条件，遵循自然规律造林，经过多年的自然演变，各树种基本进入自然演化状态，初步形成大致的垂直分布规律。

丰富的植物资源

2012年徂徕山主要树种垂直分布情况表

表3-5

序号	树　种	海 拔（米）	序 号	树　种	海 拔（米）
1	油　松	200~1000	16	山　槐	200~1000
2	赤　松	200~800	17	盐肤木	300~800
3	黑　松	200~700	18	板　栗	300~700（800）
4	华山松	（400）200~800	19	胡　桃	200~800（1000）
5	落叶松类	600~950	20	苹　果	200~600（800）
6	侧　柏	200~800（1000）	21	柿　树	（200）300~500
7	麻　栎	200~800	22	野　杏	700~850
8	栓皮栎	200~800	23	淡　竹	200~500
9	刺　槐	200~900	24	花楸树	600~1000
10	元宝槭	300~1000	25	黄栌类	200~800
11	日本桤木	700~1000	26	荆　条	200~1000
12	枫　杨	200~800（1000）	27	酸　枣	200~800（1000）
13	黄连木	200~600	28	银　杏	200~600（1000）
14	毛白杨	200~600	29	水　杉	200~800
15	栾　树	200~800	30	杜　仲	200~500

徂徕山树种垂直分布属落叶阔叶林带（200~1000米），在这一地带内植被型以落叶阔叶林为主，如栎林、刺槐林、槭树林、毛白杨林、枫杨林、山槐林、黄连木林、栾树林、果树林等。此外，尚有温性针叶林的部分类型，如油松林、赤松林、黑松林、侧柏林等。根据带内树种的分布特点，分为暖温带落叶阔叶林亚带、中温性落叶阔叶林亚带、寒温性落叶阔叶林亚带3个亚带。

暖温带落叶阔叶林亚带（200~600米）　暖温带落叶阔叶林亚带包含其他各带（亚带）均有分布的树种，如油松、赤松、黑松、侧柏、麻栎、栓皮栎、刺槐、枫杨、栾树、山槐、盐肤木、板栗、银杏、水杉、荆条、酸枣、红叶黄栌等。除上述外，还有其他各带均不分布或极少分布的特有树种，这类树种对温度要求较高。如黄连木、毛白杨、苹果、柿树、淡竹、杜仲等。

中温性落叶阔叶林亚带（600~800米）　许多树种在这一亚带达到其垂直分布的最高点，如栾树、盐肤木、板栗、红叶黄栌、水杉等。在此地带已经接近其最高分布范围，或在此亚带以上分布较少、生长较差的树种较多，如赤松、黑松、侧柏等针叶树种，银杏、麻栎、栓皮栎、枫杨、胡桃、野杏、酸枣等阔叶树种。此亚带可见到较为喜寒的树

种有华山松、落叶松、花楸树等，上下各带的树种还有油松、刺槐、山槐、荆条等。

寒温性落叶阔叶林亚带（800~1000米）在此亚带达垂直分布极限的树种有黑松、赤松、银杏等针叶树种和栓皮栎、枫杨、山槐、胡桃、酸枣等阔叶树种。在此亚带尚可正常生长，超出此亚带则分布较少或生长不良的树种有刺槐、元宝槭、荆条等。仅见于或较多见于此亚带和上部地带的树种有华山松、落叶松类、花楸树等。其他见于上下带的树种还有油松、麻栎等。

大寺林区林木茂密

在1000米以下，除以上主要树种外，乔木树种有加拿大杨、小叶杨、旱柳、合欢、榆、梓、楸、臭椿、日本桤木、黑弹树、朴树、桑、香椿、毛泡桐等，灌木树种有黄荆、卫矛、扁担木、胡枝子、华北绣线菊、花木蓝、白棠子、大花溲疏、杠柳、鹅耳枥、连翘等。草本植物主要以禾本科、菊科种类为主，常见的有黄背草、白羊草、野古草、结缕草、白茅、野大豆、茵陈蒿、益母草、大披针薹草、蝙蝠葛、费菜、车前、中华卷柏等。

二、水平分布

徂徕山主要为片麻岩和花岗岩发育而来的棕色土壤，大部分植物都可分布并且生长良好。受岩石、土壤类型及地形地势（如坡向、坡位、坡度）等因素的影响，在山麓、山谷，土壤和水分条件较好处，植物种类以喜肥喜湿类型为主，乔木有毛白杨、加拿大杨、枫杨、旱柳、榆、梓、梧桐、日本桤木、野核桃等，灌木有扁担木、胡枝子、盐肤木、水榆花楸、花木蓝等，草本植物有结缕草、白茅、野大豆、茵陈蒿等。在阳坡和半阳坡及山脊，乔木以麻栎、栓皮栎、侧柏、刺槐、山槐、黄连木、野杏等为主，并夹杂有少量日本桤木；灌木常见的有海州常山、卫矛、黄荆、酸枣、扁担木、胡枝子等；草本植物主要有黄背草、白羊草、野古草等。在阴坡和半阴坡，乔木树种有松类、元宝槭等；灌藤植物主要有胡枝子、花木蓝、桑、地锦（爬山虎）、南蛇藤、杠柳等；草本主要有大披针薹草、白茅、野大豆等。在低海拔地区，坡向对植物的分布和生长影响作用较大，而在高海拔800米以上地区，植物的分布受坡向的影响则较轻。

第四节 古树名木

古树名木是文明的象征、历史的见证，活着的文物，既是人文与自然融为一体的景观，又是珍贵而不可再得的自然和文化遗产；既是风景资源，又是宝贵的历史文物，具有很高的观赏和考古价值。徂徕山历史悠久，古树名木形态长势各异，有的郁郁葱葱、苍劲挺拔，有的千姿百态、饱经沧桑。徂徕山有1700余年的高大古松，千年的银杏树，500年以上的柏树，还有列入国家级保护的黄檗、水杉、红松、樟子松、刺楸、核桃楸、山槐等稀有名贵树种。古树名木1000余株，其中主要古树名木有600株，涉及27个树种，隶属26属、20科，其中银杏4株、油松4株、赤松2株、侧柏432株、圆柏3株、柳杉6株、水杉5株、柳树1株、麻栎97株、栓皮栎13株、大叶朴1株、枫香树3株、杏树1株、山槐3株、刺槐1株、槐树2株、紫藤1株、皂荚1株、大叶朴1株、元宝槭3株、三球悬铃木1株、黄连木1株、栾树2株、乌桕4株、紫椴1株、刺楸1株、毛梾1株、楸树5株，主要分布在礤石峪、光华寺、庙子、徂徕、太平顶、大寺、王庄等林区，比较著名的有古龙松、古凤松、迎客松、佛爷松、古柏、姊妹银杏、古紫藤、古麻栎群等。

古龙松 位于中军帐西南，高10.5米，胸径86厘米，冠幅16米，树龄1500年以上，主侧枝弯曲苍劲，并在顶部形成一龙头模样，有的小枝也自成一体扭曲成龙形。

古凤松 位于中军帐西南，与古龙松紧邻，高7.5米，胸径97厘米，冠幅13米，与古龙松同龄。南部侧枝跌入岩下十多米。因整个树体呈昂首展翅的凤凰形状，故名为古凤松。

迎客松 位于徂徕林区，中军帐入口台阶上，高8.2米，胸径67厘米，冠幅13米，树龄400年以上，树姿优美，与游客侧面相迎，故名迎客松。因略小于龙凤松，又映天然巨佛，有“佛光普照，万事如意，龙凤呈祥，喜得贵子”之说。

迎客松

姊妹银杏 位于礤石峪林区隐仙观，两株雌性银杏并生，故称姊妹银杏。树龄1000年以上，树高20米，胸径1米有余，树干挺拔，枝繁叶翠，春夏叶绿茂盛，秋冬树叶金黄，独成奇景。

姊妹银杏

佛爷松 位于光华寺林区，为油松，树龄在1700年左右，树高9米，胸径86厘米，冠幅20米，虬枝盘旋，生机勃勃，枝繁叶茂，遮地面积666.67平方米。相传唐代所植，树势龙干虬枝，蜿蜒展臂迎客，虽历尽沧桑仍苍翠欲滴，与泰山的迎客松、元朝松相称，清人碑记中曰“新甫之柏与徂徕之松并咏歌”。

古　柏 位于光华寺林区，为圆（桧）柏一株三枝，形似义字，寓意三兄弟共生一体，故名三义柏。树龄1197年，树高20米，其上三枝，径粗皆60厘米以上，冠高8米，冠幅16米，冠形似蘑菇云。

古栓皮栎群 徂徕山有栎类树种217公顷，其中树龄在150年以上的栓皮栎有11株，主要分布在徂徕山礤石峪林区。据对150年以上的11株栓皮栎进行调查，平均树高11.83米，

平均胸径58.78厘米；单株最高19米，最大胸径99厘米。徂徕山古栓皮栎群是华东地区面积最大的栓皮栎古树群，具有较高的保护价值。

古紫藤　位于礤石峪林区（隐仙观），树龄1000余年，藤干长30余米，藤冠6米×6米，径粗37厘米，基干悬空，上部枝干弯曲，斜跨沟两岸，与麻栎树缠绕扭曲攀为一体，枝繁叶茂，每年紫花盛开时芳香四溢，众多游人观赏竞相拍照留念。

古紫藤

2012年徂徕山主要古树名木情况表

表3-6

分布林区	树种	树龄（年）	树高（米）	胸径（厘米）	冠幅（米）		枝下高（米）	健康状况	株数（株）	古树名木
					南北	东西				
礤石峪林区	银杏	1000	32	104	20	20	10	一般	1	古树名木
	赤松	300	14~18	44~50	7~9	6~7	9	一般	2	古树
	侧柏	150	4~16	11~61	2~12	2~13	2~7	一般	371	古树
	侧柏	200	7~18	20~38	4~7	4~8	3~6	一般	21	古树
	侧柏	250	8~14	27~44	4~9	4~8	2~8	一般	24	古树
	侧柏	300	6~12	36~55	5~8	6~9	2~5	一般	4	古树
	麻栎	150	10~17	36~110	8~23	9~16	2~6	一般	97	古树
	栓皮栎	150	9~12	32~75	8~12	6~12	3~6	一般	11	古树名木
	槐树	100	17	61	12	13	3	较差	1	古树
	刺槐	300	12	53	8	8	6	一般	1	古树
	山槐	100	10	18	3	3	3	一般	1	古树
	山槐	150	14	32	6	6	8	一般	1	古树名木

续表 1

分布林区	树种	树龄（年）	树高（米）	胸径（厘米）	冠幅（米）		枝下高（米）	健康状况	株数（株）	古树名木
					南北	东西				
礤石峪林区	紫　藤	1000	–	25	–	–	–	一般	1	古树名木
	黄连木	200	17	52	12	10	4	一般	1	古树名木
	刺　楸	40	8.5	21	4	4.5	3.8	一般	1	名木
	楸　树	100	16	35~39	7	6~7	6~8	一般	2	古树名木
	楸　树	58	17	33	6	6	8	一般	1	名木
	楸　树	80	13~17	42~46	7~8	6~7	6~9	一般	2	名木
光华寺林区	银　杏	35	15.5~16.5	50~55	9~9.3	9~10.1	3.6~3.8	一般	2	名木
	油　松	1700	9	86	20	19.1	3.7	一般	1	古树
	侧　柏	110	11.5~14.5	30~42	5~6.7	4~6.2	4.1~9.5	一般	5	古树
	圆　柏	1197	20	130	15	16	5	一般	1	古树
	水　杉	50	21.5	67	9	10.5	8.5	一般	1	名木
	槐　树	50	17	59	16	14	2.7	一般	1	名木
	槐　树	50	17.2	46	5	7	3	一般	1	名木
徂徕林区	银　杏	400	23	114	19.4	19.4	3.3	一般	1	古树名木
	油　松	400~1500	7.5~8.2	67~97	13~15.9	12.7~16.3	1.8~4.2	一般	3	古树
	侧　柏	300	10	54	7	7	3	一般	1	古树
	侧　柏	400	8.6	55	8.8	6.6	2.1	一般	1	古树
	圆　柏	300	9	44	5	7	3	一般	1	古树
	圆　柏	400	11.7	38	6.2	6.3	3.3	一般	1	古树
	柳　树	100	4	59	6	2	1	一般	1	古树
	大叶朴	50	11	36	9.5	10.5	3.4	一般	1	名木
	三球悬铃木	100	12	67	7	6	3	一般	1	古树
	杏　树	100	9	44	5	7	3	一般	1	古树

续表 2

分布林区	树　种	树龄（年）	树高（米）	胸径（厘米）	冠幅（米）		枝下高（米）	健康状况	株数（株）	古树名木
					南北	东西				
徂徕林区	元宝槭	100	10	84	9	8	3	一般	1	古树
	栾　树	50	9.5~14	27~48	5.5~8.5	6~8	2.5~4	一般	2	名木
庙子林区	水　杉	30	15.5	44.2	3	3.7	2.4	一般	1	名木
	水　杉	20	14.8~16.4	33.2~34.7	4.3~4.7	5.7~6.9	2.2~2.5	旺盛	2	名木
	栓皮栎	65	12.9~13.8	32.4~32.5	4.8~9.8	6.2~8.5	3.8~5.7	旺盛	2	名木
	枫香树	32	6.2~8.8	51~67	4.7~5.9	5.2~7.6	2.5~2.6	一般	3	名木
	皂　荚	65	10.8	110	6.9	8.7	4	一般	1	名木
	大叶朴	60	12.6	30	7.8	4.9	4	一般	1	名木
	元宝槭	55	9.4~10.7	28.3~32.4	7~7.8	6.2~7.9	2.7~2.8	旺盛	2	名木
太平顶林区	毛　梾	32	10.5	24	9.1	9.2	2.1	旺盛	1	名木
	紫　椴	18	5.5	15	4.5	3.4	2.1	旺盛	1	名木
王庄林区	侧　柏	100	5.5~9.5	51~105	4~7.4	4.5~9	1.5~3	一般	4	古树
	侧　柏	200	8	31	6.7	6.7	3.5	一般	1	古树
	水　杉	35	12~16	88~145	2~42	3~4.8	3~4	一般	4	名木
大寺林区	柳　杉	40	8~8.5	75~79	2~2.6	1.8~3	3~5	一般	2	名木
	水　杉	40	16	123	2	3	5	一般	1	名木
	乌　桕	32	8.5~10	88~140	1.6~3.2	3~5	2.5~4.5	一般	4	名木

第五节　重点保护植物

一、国家重点保护植物

根据国家林业局、农业部《国家重点保护野生植物名录》，徂徕山维管束植物中，有国家I、II级重点保护植物5种，其中银杏、水杉为国家Ⅰ级重点保护植物，野大豆、黄檗、紫椴为国家II级重点保护植物。

二、濒危野生植物

根据《濒危野生动植物种国际贸易公约》，徂徕山列入《濒危野生动植物种国际贸易公约》的植物有兰科植物3属（无柱兰属、绶草属、羊耳蒜属）、3种（无柱兰、绶草、羊耳蒜），均为列入《濒危野生动植物种国际贸易公约》的Ⅱ级濒危野生植物。

三、中国珍稀濒危植物

徂徕山列入《中国珍稀濒危植物红皮书》的植物有刺楸、胡桃楸、蒙古栎、杜仲4种。

四、山东稀有濒危植物

徂徕山列入《山东稀有濒危保护植物》的植物有20种，其中渐危种11种，稀有种9种。

2012年徂徕山列入《山东稀有濒危保护植物》情况表

表3-7

序号	中文名	拉丁学名	科　名	保护级别
1	坚　桦	*Betula chinensis* Maxim.	桦木科	山东稀有
2	野鸢尾	*Iris dichotoma* Pall.	鸢尾科	山东稀有
3	野百合	*Crotalaria sessiliflora* L.	豆　科	山东稀有
4	蜜甘草	*Phyllanthus matsumurae* Hayata	大戟科	山东稀有
5	水金凤	*Impatiens noli tangere* L.	凤仙花科	山东渐危
6	软枣猕猴桃	*Actinidia arguta* （Sieb. et Zucc.） Planch.	猕猴桃科	山东渐危
7	中华秋海棠	*Begonia grandis Dry. subsp. sinensis* （A.DC.） Irmsch.	秋海棠科	山东稀有
8	无梗五加	*Acanthopanax sessiliflorus* （Rupr. et Maxim.） Seem.	五加科	山东稀有
9	迎红杜鹃	*Rhododendron mucronulatum* Turcz.	杜鹃花科	山东稀有
10	连　翘	*Forsythia suspensa* （Thunb.） Vahl	木犀科	山东渐危
11	流　苏	*Chionanthus retusus* Lindl. et Paxt.	木犀科	山东渐危
12	石　血	*Trachelospermum jasminoides* （Lindl.） Lem.var. *heterophyllum Tsiang*	夹竹桃科	山东稀有
13	徐长卿	*Cynanchum paniculatum* （Bge.） Kitag.	萝藦科	山东渐危
14	展毛乌头	*Aconitum carmichaeli Debx var. truppelianum* （Ulbr.） W. T. Wang et Hsiao	毛茛科	山东渐危
15	列　当	*Orobanche coerulescens* Steph.	列当科	山东渐危
16	透骨草	*Phryma leptostachya L ssp asiatica* （Hara） Kitamura	透骨草科	山东渐危
17	羊　乳	*Codonopsis lanceolata* （Sieb.et Zucc.） Trautv.	桔梗科	山东稀有
18	桔　梗	*Platycodon grandiflorus* （Jacq.） A. DC.	桔梗科	山东渐危
19	黄　精	*Polygonatum sibiricum* Delar.ex Redoute	百合科	山东渐危
20	玉　竹	*Polygonatum odoratum* （Mill.） Druce	百合科	山东渐危

第六节 资源利用

徂徕山地理条件优越、气候类型多样，植物资源及可利用资源植物丰富，资源植物按其性质和用途分为药用植物、野菜、淀粉植物、油脂植物、芳香油植物、纤维植物、单宁植物、蜜源植物、观赏植物、藤本植物 10 类。

一、药用植物

徂徕山有野生药用植物 127 科、383 属、608 种，占山东省药用植物种数（1300 种）的 46.77%。按其生活类型的不同可分为多年生草本、1~2 年生草本、草质藤本、乔木、灌木和木质藤本 6 种类型。多年生草本类药用植物 54 科、141 属、228 种，其种数占徂徕山药用植物种数的 37.5%，主要有华北石韦、虎杖、牛膝、展毛乌头、地榆、远志、狭叶柴胡、徐长卿等。1~2 年生草本类药用植物 18 科、104 属、151 种，主要有王不留行、荆芥、龙葵等。草质藤本类药用植物 5 科、25 属、37 种，主要有北马兜铃、菟丝子、茜草等。乔木类药用植物 52 属、97 种，主要有银杏、水榆花楸、皂荚、黄连木、梓树等。灌木类药用植物 17 科、46 属、74 种，主要有槲寄生、野蔷薇、酸枣、连翘等。木质藤本类药用植物 5 科、15 属、21 种，主要有木通、紫藤、凌霄等。

药用植物的营养器官（根、茎、叶）、生殖器官（花、果实、种子）以及全株均可加工供药用。按不同用药部位分为 5 大类，其中全草类、根及地下茎类植物最多，分别占药用植物种数的 36.68%、24.84%。全草类药用植物占有明显优势，主要有地锦、藿香、益母草、蒲公英等，根及地下茎类药用植物主要有何首乌、蝙蝠葛、委陵菜、丹参等，茎叶（皮）类药用植物主要有石楠、照山白、爬行卫矛、歪头菜等，花类药用植物主要有日本辛夷、玫瑰、水金凤、曼陀罗、甘菊等，果实及种子类药用植物主要有板栗、构树、葶苈、酸浆、车前、牛蒡等。

山东道地药材有25种，隶属18科、22属，主要代表有忍冬、徐长卿、丹参、桔梗、栝楼、蒲公英、大蓟、茵陈、白茅、地丁、黄芩、地黄、山楂、银杏、侧柏、酸枣、远志、白首乌、穿山薯蓣、玉竹、黄精、香附、半夏、天南星、连翘、玫瑰等，其中最有开发前景的有4类，即降压类、抗肿瘤类、治疗冠心病类、治疗神经系统疾病类。

2012年徂徕山药用植物不同药用部位科、属、种情况表

表3-8

药用部位	科	比重（%）	属	比重（%）	种	比重（%）
全　草	44	34.65	140	36.55	223	36.68
根及地下茎类	33	25.98	99	25.85	151	24.84
茎叶（皮）	15	11.81	40	10.44	61	10.03
花　类	8	6.30	24	6.27	39	6.41
果实及种子类	27	21.26	80	20.89	134	22.04

说明：比重为该植物占徂徕山野生药用植物科、属、种总数的百分比。

二、野菜

徂徕山有野菜资源约300余种，其中可食野菜约150种，被人们作为蔬菜食用的最常见种类有7类、100多个品种。食用菌类主要有毛木耳、地耳、侧耳、马勃、松蘑、灰口蘑、栗蘑、松乳菇、羊肚菌、铆钉菌类等。茎芽类主要有辽东楤木、柳、香椿、桑、枸杞、山芹等。叶菜类主要有马齿苋、地肤、猪毛菜、鸭跖草、播娘蒿、茵陈蒿、泰山韭、荠、长蕊石头花、龙芽草、马兰、委陵菜、蔊菜、诸葛菜、薄荷、藿香、苋等。花菜类主要有木槿、野蔷薇、石竹、刺槐、黄花菜等。果菜类主要有地梢瓜、枸杞、茅莓、龙葵等。香菜类主要有水芹、薄荷、藿香、紫苏等。根茎类主要有牛蒡、玉竹、桔梗、黄精等。

三、淀粉植物

野生淀粉植物可以作为粮食淀粉的重要补充，广泛应用于各种工业，如纺织、医药、酿造、石油等，常用作粘接剂、选矿剂、石油开采和地质勘探的冲洗液等。徂徕山具有开发潜力的以壳斗科、禾本科、天南星科、薯蓣科等科的植物为主，主要有麻栎、栓皮栎、槲树、野黍、半夏、薯蓣、绵枣儿等。

四、油脂植物

油脂植物多集中于种子植物中，以种仁含量最多，不仅是人们生活中不可少的油料及工业原料，除食用外，而且可广泛用于医药、造纸、化工、橡胶、塑料等方面。徂徕山油脂植物主要有油松、赤松、黑松、侧柏、榆、山槐、黄连木、乌桕、地锦槭、圆叶鼠李、益母草、车前、白莲蒿等。

五、芳香油植物

芳香油是一种以萜类植物为主的复杂化合物，通常含有50种以上的化学成分，是植物在代谢过程中形成的次生物质，具有挥发性强和香味浓郁的特点，广泛应用于饮料、食品、日用化工、医药等工业部门，而且还是重要的出口物资。该类植物以唇形科、芸香科、柏科、樟科、马鞭草科和菊科为主。徂徕山主要有侧柏、荆条、地椒、黄花蒿、野艾蒿、橘草、缬草、月见草、紫丁香、白丁香、紫椴、刺槐、黄连木、杉木等。

荆　条

六、纤维植物

纤维植物是造纸、纺织、编织等的重要原料，徂徕山数量大、分布较广，以禾本科、桑科、荨麻科等为主，主要有悬铃木叶苎麻、木防己、南蛇藤、桑、构树、紫穗槐、苘、拂子茅、荻、芦苇等。

七、单宁植物

又称鞣料植物，是提取栲胶的原料。栲胶是制革、印染、软化用水等的化工原料。徂徕山单宁植物主要是木本类，如赤松、黑松、枫杨、板栗、槲树、栓皮栎、山槐、臭椿、楝、盐肤木等；草本类主要有酸模、茜草、委陵菜等。

八、蜜源植物

徂徕山蜜源植物种类丰富、花期长，为养蜂业提供了优良的资源。根据蜜源植物的性质，分为蜜源植物和辅助蜜源植物2类。

木本蜜源植物主要有连翘、大花溲疏、刺槐、黄荆、荆条、胡枝子、枣、山楂、花木蓝、臭椿、毛葡萄、南蛇藤、扁担木、榔榆等，草本蜜源植物主要有蒲公英、老鸦瓣、荠、丹参、草本威灵仙、石竹、黄花菜、地榆、乌苏里风毛菊、委陵菊等，辅助蜜源植物主要有酸枣、榆、板栗、打碗花、地黄、辽东楤木、紫花地丁等。

九、观赏植物

徂徕山有野生观赏树木39科、66属、92种。落叶树类有桦木科、猕猴桃科、苦木科等34科，常绿树类有松科、柏科、夹竹桃科3科，既含常绿树类又含落叶树类的有杜鹃花科、卫矛科2科。依据观赏树木美观与实用并重的原则，徂徕山野生观赏树木分为林木、花木、果木、叶木、荫木和蔓木6类。

林木类　徂徕山有野生观赏树木类7种，为构成山林景色的常用树种，主要有油松、侧柏、麻栎、栓皮栎、山槐、鹅耳枥等。如油松，树干挺拔苍劲，四季常青，冠如华盖，适应性强，寿命长，是徂徕山国家森林公园的主要树种。

花木类　徂徕山有野生赏花类树木21种，其中春花类9种、夏花类12种。春花类有迎红（尖叶）杜鹃、连翘、山樱桃、大花溲疏等，夏花类有华北绣线菊、天目琼花、紫薇、海州常山、流苏等。如迎红（尖叶）杜鹃，别名迎山红，春季花先叶开放，满山怒放，艳丽动人，是北方优良的早春观花灌木。海州常山，花序大，花果美丽，一株树上花果共存，白、红、蓝色泽亮丽，枝繁叶茂，是极好的观花赏果树木。

海州常山

果木类　徂徕山有野生果类树木10种，果实种类多姿多彩，观赏性高。主要有水榆花楸、栾树、枸杞、野核桃、山楂、牛奶子、扁担杆、白棠子等。如水榆花楸，树姿优美，树冠近圆球形，夏天丛生白花，入秋朱实累累。白棠子，枝条细弱弯曲，夏秋之交紫花繁密，秋冬之际亮紫色的果实莹润如珠，缀满枝头，美丽无比。

荫木类　徂徕山有野生观赏荫木类树种16种，其中外形特点比较突出、观赏价值高，主要有银杏、小叶杨、秋叶桐、榔榆、苦楝、枫杨、梓树、山皂荚等，其中银杏高大挺拔，树姿雄伟，叶形奇异，夏秋季节叶色由浓绿变为金黄，是园林绿化的珍贵树种。如苦楝，树干通直，树皮光滑而透淡褐色，入夏花与叶同时开放，有“紫花树”之称，可孤植或列植于庭园或公园中，供绿荫树用。

蔓木类　徂徕山有野生观赏蔓木类树种19种，主要有金银花、石血、凌霄、紫藤、木通、爬山虎、葛枣猕猴桃、南蛇藤、太行铁线莲等。如紫藤，适应性强，生长快，寿命长，茎蔓缠绕，枝叶茂密，初夏时串串紫穗悬垂，花艳而香，盛夏时藤叶穿插，荚果累累，为园林著名的观花绿荫藤本植物。太行铁线莲，枝叶扶疏，整个夏季开满白色花序，给人以心静自凉之感。

叶木类　徂徕山有野生观叶类树木19种，其形态、大小、色彩多样，观赏价值高，

黄连木

主要有长裂葛萝槭、黄连木、刺楸、大叶朴、三椏乌药、卫矛、构树、柘树等。如长裂葛萝槭在海拔700米以上山地呈片状分布，树形紧凑，叶形秀丽，经霜叶红，血染疏林，秋色意浓，加之枝干光滑，并有纵向白绿相间的美丽花纹，是园林中珍贵的观叶和休眠季节赏枝干佳品。刺楸，主干挺直，枝叶稠密，树冠如伞，皮刺粗壮，为优良的观型、观叶树种，在徂徕山崖边、谷口与松类等混交成林，有“林壑优美”之感。

十、藤本植物

徂徕山有藤本植物21科、48属、64种，其中野生藤本植物有21科、38属、49种。全木质藤本植物9科，如木通科、卫矛科、猕猴桃科等；全草质藤本科有8科，如旋花科、薯蓣科；既有木质藤本，又有草质藤本4科，如豆科、萝藦科等。全木质藤本属19个，如紫藤属、防己属、络石属等；全草质藤本属28个，如马兜铃属、茑萝属、栝楼属等；既含木质藤本又含草质藤本的只有蒺藜属1属。在64种藤本植物中，均为被子植物，其中双子叶植物59种、单子叶植物5种。木质藤本26种，草质藤本38种。对藤本植物的攀援类型按缠绕、卷须、吸附和钩刺4种基本类型进行划分，缠绕类藤本有29种，其中逆时针缠绕茎25种、顺时针缠绕茎3种、混合缠绕茎1种；靠卷须攀援的20种，靠吸附攀援的6种，靠钩刺攀援的9种。说明缠绕类型（逆时针）和卷须类藤本植物在徂徕山藤本植物区系中占优势。

第七节　植物名录

徂徕山共记高等植物1110种及亚种、变种、变型，隶属于186科、624属，其中苔藓植物42科、93属、162种（含2变种、1亚种），蕨类植物14科、18属、36种，种子植物130科、513属、912种（含5变种）。种子植物中，裸子植物7科、16属、33种（含5变种），被子植物123科、497属、879种（含1亚种、49变种、6变型），其中双子叶植物103科、389属、695种（含1亚种、39变种、5变型），单子叶植物20科、108属、184种（含10变种，1变型）。

一、苔藓植物

共记苔纲42科、93属、162种（含2变种、1亚种），其中苔纲19科、24属、38种（含1变种），藓纲23科、69属、124种（含1变种）。

1.1　苔纲 *Hepaticae*

共记苔纲19科、24属、38种（含1变种、1亚种）。

一、剪叶苔科　Herbertaceae

1.剪叶苔属 *Herbertus* Gray.

（1）长角剪叶苔 *H. dicranus*（Tayl.）Trey

二、睫毛苔科　Blepharostomaceae.

2.睫毛苔属 *Blepharostoma*（Dum.）Dum.

（2）小睫毛苔 *B. minus* Horik.

三、绒苔科 Trichocoleaceae

3.绒苔属 *Trichocolea* Dum.

(3) 绒苔 *T. tomentella* (Ehrh.) Dum.

四、裂叶苔科 Lophoziaceae

4.卷叶苔属 *Anastrepta* (Lindb.) Schiffn.

(4) 卷叶苔 *A. orcadensis* (Hook.) Schiffn.

五、叶苔科 Jungermanniaceae

5.圆叶苔属 *Jarmsoniella* (Spruc.) carr.

(5) 圆叶苔 *J. autumnalis* (DC.) Steph.

6.叶苔属 *Jungermannia* L.

(6) 叶苔 *J. lanceolata* L.

7.管口苔属 *Solenostoma* Mitt.

(7) 心叶管口苔 *S. cordifolium* (Hook.) Steph.

(8) 小叶管口苔 *S. microphyllum* Gao.

六、钱袋苔科 Narsupellaceae

8.钱袋苔属 *Marsupella* Dum.

(9) 风城钱袋苔 *M. fengchengensis* Gao et Chang

七、齿萼苔科 Lophocoleaceae

9.齿萼苔属 *Lophocolea* (Dum.) Dum.

(10) 全缘齿萼苔 *L. compacta* Mitt.

(11) 芽胞齿萼苔 *L. minor* Nees.

八、羽苔科 Plagiochilaceae

10.羽苔属 *Plagiochila* (Dum.) Dum.

(12) 羽苔 *P. asplenioides* (L.) Dum.

九、大萼苔科 Cephaloziaceae

11.大萼苔属 *Cephalozia* (Dum.) Dum.

(13) 钝瓣大萼苔 *C. ambigua* Mass.

十、扁萼苔科 Radulaceae

12.扁萼苔属 *Radula* Dum.

(14) 东亚扁萼苔 *R. japonica* Gott. ex Steph.

十一、光萼苔科 Porellaceae

13.光萼苔属 *Porella* Lindb.

(15) 丛生光萼苔 *P. caespitans* (Steph.) Hatt.

(16) 中华光萼苔 *P. chinensis* (Steph.) Hatt.

(17) 海林光萼苔 *P. heilingensis* Gao et Aur.

(18) 日本光萼苔 *P. japonica* (Lac.) Mitt.

(19) 亮叶光萼苔 *P. nitens* (Steph.) Hatt.

(20) 羽枝光萼苔 *P. pinnata* L.

(21) 毛边光萼苔 *P. vernicosa* Lindb.

(22) 鳞叶光萼苔 *P. macroloba* (Steph.) Hatt. et Inoue.

十二、耳叶苔科 Frullaniaceae

14.耳叶苔属 *Frullania* Raddi.

(23) 楔形耳叶苔 *Frullania delavayii* Steph.

十三、细鳞苔科 Lejeuneaceae

15.瓦鳞苔属 *Trocholejeunea* Schiffn.

(24) 南亚瓦鳞苔 *T. sandvicensis* (Gott.) Mizut.

16.原鳞苔属 *Archilejeunea* (Spruce) Schiffn.

(25) 九州原鳞苔 *A. kiushiana* (Horik.) Verd.

17.细鳞苔属 *Lejeunea* Libert.

(26) 湿生细鳞苔 *L. aquatica* Horik.

(27) 日本细鳞苔 *L. japonica* Mitt.

(28) 展叶细鳞苔全缘变种 *L. patens Lindb. var. uncrenata* Chang.

(29) 圆尖细鳞苔 *L. rotundistipula* (Steph.)

十四、小叶苔科 Fossombron i aceae

18.小叶苔属 *Fossombronia* Raddi.

(30) 小叶苔 *F. pusilla* (L.) Nees.

十五、溪苔科 Pelliaceae

19.溪苔属 *Pellia* Raddi.

(31) 花叶溪苔 *P. endiviaefolia* (Dicks.) Dum.

(32) 溪苔 *P. epiphylla* (L.) Cord.

十六、瘤冠苔科 Grimaldiaceae

20.紫背苔属 *Plagiochasma* Lehm. et Lindb.

（33）无纹紫背苔 *P. intemedium* Linch. et Gott.

21.石地钱属 *Reboulia* Raddi

（34）石地钱 *R. hemisphaerica*（L.）Raddi

十七、蛇苔科 Conocephalaceae

22.蛇苔属 *Conocephalum* Weber.

（35）蛇苔 *C. conicum*（L.）Dum.

（36）小蛇苔 *C. japonicum*（Thunb.）Grolle.

十八、地钱科 Marchantiaceae

23.地钱属 *Marchant ia* L.

（37）地钱 *M. polymorpha* L.

十九、钱苔科 Ricciaceae

24.钱苔属 *Riccia* L.

（38）肥果钱苔 *R. sorocarpa* Bisch.

1.2 藓纲 Musci

共记藓纲23科、69属、124种（含1变种、1亚种）。

二十、牛毛藓科 Oitrichaceae

25.牛毛藓属 *Ditrichum* Hampe.

（39）牛毛藓 *D. heteromallum*（Hedw.）Britt.

（40）细叶牛毛藓 *D. pusillum*（Hedw.）Hamp.

（41）黄牛毛藓 *D. pallidum*（Hedw.）Hamp.

26.角齿藓属 *Ceratodon* Brid.

（42）角齿藓 *C. purpureus*（Hdew.）Brid.

二十一、曲尾藓科 Dicranaceae

27.小曲尾藓属 *Dicranella*（C. Muell.）Schimp.

（43）短颈小曲尾藓 *D. cerviculata*（Hedw.）Schimp.

（44）多形小曲尾藓 *D. heteromalla*（Hedw.）Schimp.

28.青毛藓属 *Dicranodonitum* B. S. G.

（45）青毛藓 *D. denudatum*（Brid.）Britt.

29.曲柄藓属 *Campylopus* Brid.

（46）曲柄藓 *C. flexuosus*（Hedw.）Brid.

（47）梨蒴曲柄藓 *C. pyriformis*（Schultz.）Brid.

30.合睫藓属 *Symblepharis* Mont.

（48）合睫藓 *S. vaginata*（Hook.）Wijk et Warg.

二十二、凤尾藓科 Fissidentaceae

31.凤尾藓属 *Fissidens* Hedw.

（49）卷叶凤尾藓 *F. cristatus* Wils. ex Mitt.

（50）异形凤尾藓 *F. anomalus* Mont.

（51）粗肋凤尾藓 *F. pellucidus* Hornsch.

（52）黄叶凤尾藓 *F. zippelianus* Doz. et Molk.

（53）欧洲凤尾藓 *F. osmundoides* Hedw.

二十三、丛藓科 Pottiaceae

32.丛本藓属 *AnoectangiUm* Schwaegr.

（54）丛本藓 *A. aestivum*（Hedw.）Mitt.

（55）扭叶丛本藓 *A. stracheyanum* Mitt.

33.净口藓属 *Gymnostomum* Nees. et Hornsch.

（56）净口藓 *G. calcareum* Nees. et Hornsch.

34.纽藓届 *Tortella*（Lindb.）Limpr.

（57）折叶纽藓 *T. fragilis*（Hook. et Wils.）Limpr.

35.拟合睫藓属 *Pseudosymblepharis* Broth.

（58）拟合睫藓 *P. angustata*（Mitt.）Chen.

36.小石藓属 *Weisia* Hedw.

（59）小石藓 *W. controvetsa* Hedw.

（60）皱叶小石藓 *W. crispr*（Hedw.）Mitt.

37.小反扭藓属 *Timmiella*（De Not.）Limpr.

（61）小反扭藓 *T. diminuta*（C. Muell.）Chen.

38.扭口藓属 *Barbula* Hedw.

（62）尖叶扭口藓 *B. constricta* Mitt.

（63）北地扣口藓 *B. fallax* Hedw.

（64）短叶扭口藓 *B. tectorum* C. Muell.

（65）扭口藓 *B. unguiculata* Hedw.

39.石灰藓属 *Hydrogonium*（C. Muell.）Jaeg.

（66）石灰藓 *H. ehrenbergii*（Lor.）Jaeg.

（67）钝叶石灰藓 *H. williamsii* Chen.

40.红叶藓属 *Bryoerythrophyl lum* Chen.

（68）红叶藓 *B. recurvirostrum*（Hedw.）Chen.

（69）细红叶藓 *B. tenerrimum*（Broth.）Chen.

41.剑叶藓属 *Merceyopsis* Broth. et Dix.

（70）剑叶藓 *M. sikkimensis*（C. Muell.）Broth. et Dix.

42.小墙藓属 *Weislopsis* Broth.

（71）褶叶小墙藓 *W. anomala*（Broth. et Par.）Broth.

43.链齿藓属 *Desmatodon* Brid.

（72）链齿藓 *D. latifolius*（Hedw.）Brid.

44.墙藓属 *Tortula* Hedw.

（73）平叶墙藓 *T. planifolia* Li.

（74）泛生墙藓（墙藓） *T. muralis* Hedw.

二十四、紫萼藓科 Grimiaceae

45.紫萼藓属 *Grimia* Ehrh. ex Hedw.

（75）毛尖紫萼藓（多齿紫萼藓） *G. pilifera* P. Beanv.

（76）紫萼藓 *G. offinis* Hornsch.

46.砂藓属 *Racomitrium* Brid.

（77）东亚砂藓 *R. japonicum* Doz. et Molk

（78）砂藓 *R. canescens*（Hedw.）Brid.

47.裂齿藓属 *Schistidium* Brid.

（79）长齿裂齿藓 *S. trichodon*（Brid.）Poelt.

二十五、葫芦藓科 Funariaceae

48.葫芦藓属 *Funaria* Hedw.

（80）葫芦藓 *F. hygrometrica* Hedw.

二十六、真藓科 Bryaceae

49.短月藓属 *Brachymenium* Schwaegr.

（81）短月藓 *B. nepalense* Hook.

50.丝瓜藓属 *Pohlia* Hedw.

（82）泛生丝瓜藓（丝瓜藓、山丝瓜藓） *P. cruda*（Hedw.）Lindb.

（83）长蒴丝瓜藓 *P. elongate* Hedw.

（84）大丝瓜藓 *P. sphagnicola*（B. S. G.）Broth.

51.真藓属 *Bryum* Hedw.

（85）高山真藓 *B. alpinum* Huds. ex With.

（86）极地真藓 *B. arcticum*（R.Brown）B S. G.

（87）双色真藓 *B. dichotomum* Hedw.

（88）丛生真藓 *B. caespiticium* Hedw.

（89）细叶真藓 *B. capillare* Hedw.

（90）垂蒴真藓 *B. uliginosum*（Brid.）B. S. G.

（91）圆叶真藓 *B. cyclophyllum*（Schwaegr.） B. S. G.

（92）灰黄真藓 *B. pallens* Sw.

（93）沙氏真藓 *B. sauteri* B. S. G.

（94）卷叶真藓 *B. thomsonii* Mitt.

52.人叶藓属*Rhodobryum*（Schimp.）Hamp.

（95）大叶藓 *R. roseum*（Hedw.）Limpr.

二十七、提灯藓科 Mniaceae

53.提灯藓属 *Mnium* Hedw.

（96）异叶提灯藓 *M. heterophyllum*（Hook.）Schwaegr.

（97）具缘提灯藓 *M. marginatum*（With.）P. Beauv.

54.走灯藓属 *Plagiomnium* T. Kop.

（98）日本走灯藓 *P. japonicum*（Lindb.）T. Kop.

（99）缘边走灯藓 *P. acutum*（Lindb.）T. Kop.

（100）皱叶走灯藓 *P. ellipticum*（Bri&）L Kop.

二十八、珠藓科 Bartramiaceae

55.泽藓属 *Phi lonotis* Brid.

（101）东亚泽藓 *P. Turneriaoa*（Schwaegr.）Mitt.

（102）卷叶泽藓 *P. nitida* Mitt.

（103）泽藓 *P. fontana*（Hedw.）Brid.

（104）泽藓齿缘（变种）*P. fontana*（Hedw.）Brid. var. *seriata*（Mitt.）Kindb.

二十九、树生藓科 Erpodiaceae

56.钟帽藓属 *Venturiella* C. Muell.

（105）钟帽藓*V. sinensis*（Vent.）c. Muell.

三十、虎尾藓科 Hedwigiaceae

57.虎尾藓属 *Hedwigia* P. Beauv.

（106）虎尾藓 *H. ciliata*（Hedw.）Ehrh. ex P. Beauv.

三十一、白齿藓科 Leucodontaoeae

58.白齿藓属 *Leucodon* Schwaegr.

（107）白齿藓学 *L. sciuroides*（Hedw.）Schwaegr.

三十二、蔓藓科 Meteoriaceae

59.蔓藓属 *Meteorium* Doz. et Molk.

（108）川滇蔓藓 *M. buehananii*（Brid.）Broth.

三十三、平藓科 Neckeraceae

60.扁枝藓属 *Homalia* Sehimp.

（109）扁枝藓 *H. trichomanoides*（Hedw.）B. S. G.

61.拟扁枝藓属 *Homaliadelphus* Dix. Et P. Vard.

（110）拟扁枝藓 *H. targionianus*（Mitt.）Dix. et P. Vard.

三十四、碎米藓科 Fabroniaceae

62.反齿藓属 *Anacamptodon* Brid.

（111）阔反齿藓*A. 1atidens*（Besch.）Broth.

63.拟附干藓属 *Schwetshkeopsis* Broth.

（112）拟附干藓（东亚拟附干藓）*S. fabronia*（Shwaegr.）Broth.

64.柔齿藓属 *Babrodon* Sehimp

（113）柔齿藓（毛尖柔齿藓）*H. perpusillus*（De Not.）Lindb.

三十五、薄罗藓科 Leskeaceae

65.细枝藓属 *Lindbergia* Kindb.

（114）中华细枝藓 *L. sihensis*（C. Muell.）Broth.

66.细罗藓属 *Leskeella*（Limpr.）Loesk.

（115）义肋细罗藓 *L. tectorum*（Brid.）Hag.

67.假细罗藓属 *Pseudoleskeella* Kindb.

（116）假细罗藓 *P. catenulata*（Schrad.）Kindb.

三十六、羽藓科 Thuidiaceae

68.异枝藓属 *Heterocladium* B. S. G.

（117）粗疣异枝藓 *H. papillosum*(Lindb.）Lindb.

69.多枝藓属 *Haplohymenium* Doz. et Molk.

（118）多枝藓 *H. sieboldii*(Doz. et Molk.) Doz. et Molk.

70.牛舌藓属 *Anomodon* Hook. et Tayl.

（119）小牛舌藓 *A. minor*(Hedw.)Fuernr.

（120）小牛舌藓全缘亚种 *A. minor* (Hedw.) Fuernr. ssp. *Integerrimus* (Mitt.) I-wats.

71.羊角藓属 *Herpetineuron* (c. Muell.) Card.

（121）羊角藓*H. toccoae* (Sull. et Lesq.) Card.

72.麻羽藓属 *Claopodium* (Lesq. et James) Ben. et Card.

（122）多疣麻羽藓 *C. pellucinerve* (Mitt.) Best.

73.小羽藓属 *Haplocladium* (c. Muel1.) C. Muell.

（123）狭叶小羽藓 *H. angustifolium* (Hamp. et C. Muell.) Broth.

74.羽藓属 *Thuidium* B. S. G.

（124）细羽藓 *T. minutulum* (Hedw.) B. S. G.

（125）灰羽藓 *T. glaucinum* (Mitt.) Bosch et Sande Lac.

（126）钩叶羽藓 *T. recognitum* (fiedw.) Lindh.

（127）黄羽藓 *T. pycnothallure* (c. Muell.) Par.

三十七、柳叶藓科 Amablystegiaoeae

75.牛角藓属 *Cratoneuron* (Sull.) Spruce.

（128）牛角藓 *C. filicinuB* (Hedw.) Spruce.

76.细湿藓属 *Campylium* (Sull.) Mitt.

（129）粗毛细湿藓 *C. hispidulum* (Brid.) Mitt.

（130）仰叶细湿藓 *C. stellatum* (Hedw.) C. Jens.

（131）黄叶细湿藓 *C. chrysophyllum* (Brid.) Lange.

77.柳叶藓属 *Amblystegium* Bruch. et Schimp.

（132）柳叶藓 *A. serpens* (Hedw.) B. S. G.

78.水灰藓属 *Hygrohypnum* Lindb.

（133）水灰藓 *H. Luridum* (Hedw.) Jen.

（134）褐黄水灰藓 *H. ochraceum*(Wils.) Loesk.

79.湿原藓属 *Calliergon* (Sull.) Kindb.

（135）湿原藓 *C. cordifolium* (Hedw.) Kindb.

三十八、青藓科 Brachytheciaceae

80.青藓属 *Brachythec ium* B. S. G.

（136）短肋青藓 *B. wichurae* (Broth.) Par.

（137）扁枝青藓 *B. helminthocladum* Broth. et Par.

（138）多褶青藓（细枝青藓） *B. buchananii* (Hook.) Jaeg.

（139）羽枝青藓 *B. plumosum* (Hedw.) B.S. G.

（140）纤细青藓 *B. rhynchostegielloides* Card.

81.燕尾藓属 Bryhnia Kaur.

（141）燕尾藓 *B. novae-angliae* (Sull. et Lesp.) Grout.

82.长喙藓属 *Rhynchostegium* B. S. G.

（142）长喙藓 *R. confertum* (Dicks.) B. S. G.

（143）斜枝长喙藓 *R.imlimtum* (Mitt.) Jaeg.

83.细喙藓属 *Rhynchostegiella* B. S. G.

（144）细肋细喙藓 *R.leptoneura* Dix. et Ther.

84.美喙藓属 *Eurhynchium* B. S. G.

（145）疏网美喙藓 *E. laxirete* Broth.

（146）卵叶美喙藓 *Eangstirete*（Broth）T. Kop.

（147）疣柄美喙藓 *E. asperisetum*（C. Muell.）Bartr.

三十九、绢藓科 Entodontaceae

85.绢藓属 *Entodon* C. Muell.

（148）贡山绢藓 *E. kimgshanensis* Hu et Wang.

（149）狭叶绢藓 *E. angustifolius*（Mitt.）Jaeg.

（150）深绿绢藓 *E. luridus*（Griff.）Jaeg.

（151）绢藓 *E. cladorrhizans*（Hedw.）c. Muell.

（152）陕西绢藓 *E. schensianus* C. Muell.

四十、棉藓科 Plagiotheciaceae

86.棉藓属 *Plagiothecium* B. S. G.

（153）垂蒴棉藓 *P. nemorale*（Mitt.）Jaeg.

（154）阔叶棉藓 *P. platyphyllum* Moenk.

四十一、灰藓科 Hypnaceae

87.毛灰藓属 *Homomallium*（Schimp.）Loesk.

（155）东亚毛灰藓 *H. connexum*(Card.）Broth.

88.美灰藓属 *Eurohypnum* Ando.

（156）美灰藓 *E leptothallum*(C. Muell.）Ando.

89.灰藓属 *Hypnum* Hedw.

（157）大灰藓（多型灰藓） *H.plumaeforme* Wils.

90.鳞叶藓属 *Taxiphyllum* Flei sch.

（158）鳞叶藓 *T. taxirameum*（Mitt.）Fleisch.

91.粗枝藓属 *Gol lania* Broth.

（159）多变粗枝藓 *G. varians*（Mitt.）Broth.

四十二、金发藓科 Polytrichaceae

92.仙鹤藓属 *Atrichum* P. Beauv.

（160）半齿仙鹤藓 *A. semiserratum* X. S. Wen et Z. T. Zhao

93.金发藓属 *Pogonatum* P. Beauv.

（161）苞叶金发藓 *P. spinulosum* Mitt.

（162）扭叶金发藓 *P. contortum*（Brid.）Lesq.

二、维管植物（维管束植物）

共记维管植物144科、531属、948种（含1亚种、54变种、6变型），其中蕨类植物14科、18属、36种，裸子植物7科、16属、33种（含5变种），被子植物123科、497属、879种（含1亚种、49变种、6变型）。被子植物中，双子叶植物103科、389属、695种（含1亚种、39变种、5变型），单子叶植物20科、108属、184种（含10变种、1变型）。

1.1 蕨类植物门 Pteridophyta

共记蕨类植物14科、18属、36种。

一、卷柏科 Selaginellaceae

1.卷柏属 *Selaginella* Spring

（1）蔓出卷柏 *S. davidii* Franch.

（2）旱生卷柏 *S. stauntoniana* Spring

（3）中华卷柏 *S. sinensis*（Desv.)Spring

（4）小卷柏 *S. helvetica*（L.）Link.

（5）卷柏 *S. tamariscina*（Seauv.）Spring

二、木贼科 Equisetaceae

2.问荆属 *Equiserum* L.

（6） 问荆 *E. arvense* L.

3.木贼属 *Hippochaete* Milde

(7) 节节草 *H. ramosissima*(Desf.)Boerner

三、碗蕨科 Dennstaedtiaceae

4.碗蕨属 *Dennstaedtia* Bernh.

(8) 细毛碗蕨 *D. hirsuta* (Swartz) Mett. ex Miquel

(9) 溪洞碗蕨 *D. wilfordii* (Moore) Christ.

四、凤尾蕨科 Pteridaceae

5.凤尾蕨属 *Pteris* L.

(10) 井栏边草 (凤尾草) *P. multifida* Poir.

井栏边草 (凤尾草)

五、中国蕨科 Sinopteridaceae

6.粉背蕨属 *Aleuritopteris* Fée

(11) 银粉背蕨 *A. argentea* (Gmél.) Fée

(12) 陕西粉背蕨 *A. shensiensis* Ching

六、铁线蕨科 Adiantaceae

7.铁线蕨属 *Adiantum* L.

(13) 普通铁线蕨 *A. edgeworthii* Hook.

七、蹄盖蕨科 Athyriaceae

8.蹄盖蕨属 *Athyrium* Roth.

(14) 日本蹄盖蕨 (华东蹄盖蕨) *A. nipponicum* (Mett.) Hance

(15) 亚美蹄盖蕨 *A. acrostichoides* (SW.) Diels

华北蹄盖蕨

(16) 华北蹄盖蕨 *A. pachyphlebium* C. Chr.

(17) 禾秆蹄盖蕨 *A. yokoscense* (Franch. et Sav.) Christ.

9.假蹄盖蕨属 *Athyriopsis* Ching

(18) 钝羽假盖蹄盖 *A. conilii* (Franch. et Sav.) Ching

(19) 假蹄盖蕨 *A. japonica* (Thunb.) Ching

八、肿足蕨科 Hypodematiaceae

10.肿足蕨属 *Hypodematium* Kunze.

(20) 腺毛肿足蕨 *H. glandulosum* Ching ex Shing

九、铁角蕨科 Aspleniaceae

11.过山蕨属 *Camptosorus* Link

(21) 过山蕨 *C. sibiricus* Rupr.

12.铁角蕨属 *Asplenium* L.

(22) 虎尾铁角蕨 *A. incisum* Thunb.

(23) 北京铁角蕨 *A. pekinense* Hance

(24) 华中铁角蕨 *A. sarelii* Hook.

(25) 钝齿铁角蕨 (普通铁角蕨) *A. subvarians* Ching ex C. Chr.

(26) 变异铁角蕨 *A. varians* Wall. ex Hook. et Grev.

十、金星蕨科 Thelypteridaceae

13.卵果蕨属 *Phegopteris* Fée

（27）延羽卵果蕨 *P. decursive-pinnata* (Van Hall.) Fée

十一、岩蕨科 Woodsiaceae

14.岩蕨属 *Woodsia* R. Br.

（28）中岩蕨 *W. intermedia* Tagawa

（29）泰山岩蕨 *W. taishanensis* F. Z. Li et C. K. Ni.

十二、鳞毛蕨科 Dryopteridaceae

15.鳞毛蕨属 *Dryopteris* Adans.

（30）半岛鳞毛蕨 *D. peninsulae* Kitagawa

（31）中华鳞毛蕨 *D. chinensis*（Bak.）Koidz.

（32）泰山鳞毛蕨 *D. taishanensis* F. Z. Li et C. K. Ni

十三、水龙骨科 PoIypodiaceae

16.瓦韦属 *Lepisorus*（J.Smith）Ching

（33）乌苏里瓦韦 L. ussuriensis（Regel et Maack）Ching

17.石韦属 *Pyrrosia* Mirbel

（34）有柄石韦 *P. petiolosa*(Christ)Ching

（35）华北石韦 *P. davidii*（Baker）Ching

十四、苹科 Marsileaceae

18.苹属 *Marsilea* L.

（36）苹 *M. quadrifolia* L.

1.2 裸子植物门 Gymnospermae

共记裸子植物7科、16属、33种（含5变种）。

十五、苏铁科 Cycadaceae

19.苏铁属 *Cycas* L.

（37）苏铁 *C. revoluta* Thunb.

十六、银杏科 Ginkgoaceae

20.银杏属 *Ginkgo* L.

（38）银杏（白果）*G. biloba* L. I

十七、松科 Pinaceae

21.落叶松属 *Larix* Mill.

（39）日本落叶松 *L. kaempferi*(Lamb.) Carr.

（40）华北落叶松 *L. principis-rupprechtii* Maryr.

（41）长白落叶松 *L. olgensis* Henry

22.雪松属 *Cedrus* Trew

（42）雪松 *Cedrus deodara*（Roxb.）G. Don

23.松属 *Pinus* L.

（43）赤松 *P. densifloFa* Sieb. et Zucc.

（44）黑松 *P. thunbergii* Parl.

（45）红松 *P. koraiensis* Sieb. et Zucc.

（46）华山松 *P. armandi* Franch.

（47）日本五针松 *P. parviflora* Sieb. et Zucc.

（48）白皮松 *P. bungeana* Zucc. ex Endl.

（49）樟子松 *P. sylvestris* L. var. mongolica Litv.

（50）油松 *P. tabulaeformis* Carr.

十八、杉科 Taxodiaceae

24.杉木属 *Cunninghamia* R. Br.

（51）杉木 *C. lanceolata*（Lamb.）Hook.

25.柳杉属 *Cryptomeria* D. Don

（52）日本柳杉 *C. japonica*(L. f.)D. Don

银杏（白果）

26.水杉属 *Metasequoia* Miki ex Hu et Cheng

(53) 水杉 *M. glyptostroboides* Hu et Cheng Ⅰ

十九、柏科 Cupressaceae

27.侧柏属 *Platycladus* Spach.

(54) 侧柏 *P. orientalis* (L.) Franco.

(55) 千头柏（栽培变种） 'Sieboldii'

(56) 黄金球柏（栽培变种） 'Semper-aurescens'

28.圆柏属 *Sabina* Mill.

(57) 圆（桧）柏 *S. chinensis* (L.) Ant.

(58) 北美圆柏（铅笔柏） *S. virginiana* (L.) Ant.

(59) 铺地柏（偃柏） *S. procumbens* (Endl.) Iwata et Kusaka

(60) 塔枝圆柏（蜀桧） *S. komarovii* (Florin) Cheng et W. T. Wang

(61) 龙柏（栽培变种） 'Kaizuca'

(62) 金球桧（栽培变种） S.chinensis 'Aureoglobosa'

(63) 鹿角柏（栽培变种） S.chinensis 'Pfitzeriana'

29.柏木属 *Cupressus* L.

(64) 柏木 *C. funebris* Endl.

30.扁柏属 *Chamaecyparis* Spach

(65) 日本花柏 *C. pisifera*(Sieb.et Zucc.) Endl.

31.崖柏属 *Thuja* L.

(66) 北美香柏 *T. occidentalis* L.

32.刺柏属 *Juniperus* L.

(67) 刺柏 *J. formosana* Hayata

二十、罗汉松科 Podocarpaceae

33.罗汉松属 *Podocarpus* L'Hér.ex Persoon

(68) 罗汉松 *P. macrophyllus* (Thunb.) D.Don

二十一、红豆杉科 Taxaceae

34.红豆杉属 *Taxus* L.

(69) 东北红豆杉（紫杉） *T. cuspidata* Sieb. et Zucc. Ⅰ

1.3 被子植物门 Angiospermae

共记录被子植物123科、497属、879种（含1亚种、49变种、6变型），其中双子叶植物103科、389属、695种（含1亚种、39变种、5变型），单子叶植物20科、108属、184种（含10变种、1变型）。

1.3.1 双子叶植物纲 Dicotyledoneae

共记录双子叶植物103科、389属、695种（含1亚种、39变种、5变型）。

二十二、杨柳科 Salicaceae

35.杨属 *Populus* L.

(70) 北京杨 *P.* ×*beijingensis* W. Y. Hsu

(71) 加拿大杨（加杨） *P. canadensis* Moench.

(72) 钻天杨 *P. nigra* L. var. italica (Moench.) Koehne.

(73) 箭杆杨 *P. nigra* L. var. thevestina (Dode) Bean

(74) 小叶杨 *P. simonii* Carr.

(75) 毛白杨 *P. tomentosa* Carr.

(76) 抱头毛白杨（变种） *P. tomentosa* Carr. var. *fastigiata* Y. H. Wang

(77) 八里庄杨 *P. xiaozhuanica* W. Y. Hsu et Liang "Balizhangyang"

(78) 山杨 *P. davidiana* Dode

36.柳属 *Salix* L.

(79) 旱柳 *S. matsudana* Koidz.

(80) 龙爪柳（变型） *f. tortuosa* (Vilm.) Rehd.

(81) 金丝垂柳 *Salix* ×aureo-pendula

(82) 垂柳 *S. babylonica* L.

（83）簸箕柳 *S. suchowensis* Cheng.

（84）腺柳（河柳） *S. chaenomeloides* Kimura.

（85）黄龙柳 *S. liouana* C. Wang et Ch. Y. Yang

二十三、胡桃科 Juglandaceae

37.胡桃属 *Juglans* L.

（86）胡桃（核桃） *J. regia* L.

（87）野核桃 *J. cathayensis* Dode

野核桃

（88）胡桃楸 *J. mandshurica* Maxim. II

（89）美国黑核桃 *J. nigra* L.

38.枫杨属 *Pterocarya* Kunth

（90）枫杨（枰柳）*P. stenoptera* DC.

二十四、桦木科 Betulaceae

39.鹅耳枥属 *Carpinus* L.

（91）鹅耳枥 *C. turczaninowii* Hance

40.桤木属 *Alnus* Mill.

（92）辽东桤木（水冬瓜） *A. sibirica* Fisch. ex Turcz.

（93）欧洲赤杨 *A. glutinosa*（L.)Gaertn.

41.桦木属 *Betula* L.

（94）坚桦 *B. chinensis* Maxim. △

二十五、壳斗科 Fagaceae

42.栗属 *Castanea* Mi1l.

栓皮栎

（95）板栗 *C. mollissima* B1.

43.栎属 *Quercus* L.

（96）麻栎（橡子树）*Q. acutissima* Carr.

（97）栓皮栎 *Q. variabilis* B1.

（98）槲树 *Q. dentata* Thunb.

（99）蒙古栎 *Q. mongolica* Fisch. ex Ledeb.

（100）辽东栎 *Q. wutaishanica* Mayr.

二十六、榆科 Ulmaceae

44.榆属 *Ulmus* L.

（101）白榆 *U. pumila* L.

（102）黑榆 *U. davidiana* P1anch.

（103）榔榆（小叶榆） *U. parvifolia* Jacq.

45.朴属 *Celtis* L.

（104）大叶朴 *C. koraiensis* Nakai

（105）小叶朴（黑弹树） *C. bungeana* B1.

（106）朴树 *C. sinensis* Pers.

二十七、桑科 Moraceae

46.桑属 *Morus* L.

（107）蒙桑 *M. mongolica*（Bur.)Schneid.

(108) 桑 *M. alba* L.

47.构属 *Broussonetia* Hér.

(109) 构树（楮树）*B. papyrifera*（L.）Hér. ex Vent.

48.柘属 Cudrania Tréc.

(110) 柘（柘桑）*C. tricuspidata*（Carr.）Bur. ex Lavallee

柘（柘桑）

49.榕属（无花果属）*Ficus* L.

(111) 无花果 *F. carica* L.

50.大麻属 *Cannabis* L.

(112) 大麻 *C. sativa* L.

51.律草属 *Humulus* L.

(113) 葎草（拉拉秧） *H. scandens*（Lour.）Merr.

二十八、荨麻科 Urticaceae

52.冷水花属 *Pilea* Lindl.

(114) 透茎冷水花 *P. pumila*（L.）A. Gray.

53.苎麻属 *Boehmeria* Jacq.

(115) 大叶苎麻 *B. longispica* Steud.

二十九、檀香科 Santalaceae

54.百蕊草属 *Thesium* L.

(116) 急折百蕊草 *T. refractum* C. A. Mey.

三十、桑寄生科 Loranthaceae

55.槲寄生属 *Viscum* Linn.

(117) 槲寄生 *V. coloratum*（Kom.）Nakai

三十一、马兜铃科 Aristolochiaceae

56.马兜铃属 *Aristolochia* L.

(118) 寻骨风（绵毛马兜铃）*A. mollissima* Hance

(119) 北马兜铃（马兜铃）*A. contorta* Bge.

(120) 马兜铃 *A. debilis* Sieb. et Zucc.

三十二、蓼科 Polygonaceae

57.蓼属 *Polygonum* L.

(121) 扁蓄 *P. aviculare* L.

(122) 习见蓼 *P. plebeium* R. Br.

(123) 酸模叶蓼 *P. lapathifolium* L.

(124) 桃叶蓼 *P. persicaria* L.

(125) 长鬃蓼 *P. longisetum* De Br.

长鬃蓼

(126) 圆基长鬃蓼（变种） *P. longisetum* De Br. var. *rotundatum* A. J. Li

(127) 丛枝蓼 *P. posumbum* Buch.-Ham. ex D. Don.

(128) 杠板归 *P. perfoliatum* L.

(129) 箭叶蓼 *P. sieboldii* Meisn.

(130) 戟叶蓼 *P. thunbergii* Sieb. et Zucc.

（131）叉分蓼 *P. divaricatum* L.

（132）篱蓼 *P. dumetorum* L.

（133）水蓼（辣蓼）*P. hydropiper* L.

（134）拳参（拳蓼）*P. bistorta* L.

58.虎杖属 *Reynoutria* Houtt.

（135）虎杖 *P. cuspidatum* Sieb. et Zucc.

59.何首乌属（蔓蓼属）*Fallopia* Adans.

（136）何首乌 *F. multiflora*（Thunb.）Harald.

（137）齿翅蓼 *F. dentato-alatum*（F. Schmidt）Holub

60.荞麦属 *Fagopyrum* Mill.

（138）荞麦 *F. esculentum* Moench

61.酸模属 *Rumex* L.

（139）酸模 *R. acetosa* L.

（140）巴天酸模 *R. patientia* L.

（141）齿果酸模 *R. dentatus* L.

三十三、藜科 Chenopodiaceae

62.甜菜属 *Beta* L.

（142）叶用甜菜（变种） *B. vulgaris* L. var. cicla L.

63.虫实属 *Corispermum* L.

（143）软毛虫实 *C. puberulum* Iljin.

64.藜属 *Chenopodium* L.

垂序商陆（美商陆）

（144）灰绿藜 *C. glaucum* L.

（145）藜（灰菜）*C. album* L.

（146）尖头叶藜 *C. acuminatum* Willd.

65.地肤属 *Kochia* Roth

（147）地肤 *K. scoparia*（L.）Schrad.

66.猪毛菜属 *Salsola* L.

（148）猪毛菜 *S. collina* Pall.

67.菠菜属 *Spinacia* L.

（149）菠菜 *S. oleracea* L.

三十四、苋科 Amaranthaceae

68.青葙属 *Celosia* L.

（150）青葙 *C. argentea* L.

（151）鸡冠花 *C. cristata* L.

69.苋属 *Amaranthus* L.

（152）反枝苋 *A. retroflexus* L.

（153）绿穗苋 *A. hybridus* L.

（154）苋 *A. tricolor* L.

（155）皱果苋（绿苋）*A. viridis* L.

（156）凹头苋 *A. lividus* L.

（157）繁穗苋 *A. paniculatus* L.

（158）泰山苋 *A. taishanensis* F. Z. Li et C. K. Ni

70.牛膝属 *Achyranthes* L.

（159）牛膝 *A. bidentata* Bl.

三十五、紫茉莉科 Nyctaginaceae

71.紫茉莉属 *Mirabilis* L.

（160）紫茉莉（懒老婆花）*M. jalapa* L.

三十六、商陆科 Phytolaccaceae

72.商陆属 *Phytolacca* L.

（161）商陆 *P. acinosa* Roxb.

（162）垂序商陆（美商陆）*P. americana* L.

三十七、马齿苋科 Portulacaceae

73.马齿苋属 *Portulaca* L.

（163）马齿苋 *P. oleracea* L.

（164）大花马齿苋（半支莲） *P. grandiflora* Hook.

74.土人参属 *Talinum* Adans.

（165）土人参（栌兰）*T. paniculatum* (Jacq.) Gaertn.

三十八、石竹科 Caryophyllaceae

75.孩儿参属 *Pseudostellaria* Pax.

（166）蔓孩儿参（蔓假繁缕）*P. davidii*（Franch.）Pax ex. Pax et Hoffm.

76.鹅肠菜属 *Myosoton* Moench

（167）鹅肠菜（牛繁缕）*M. aquaticum* (L.) Moench

77.繁缕属 *Stellaria* L.

（168）雀舌草 *S. uliginosa* Murr.

（169）沼生繁缕（沼泽繁缕）*S. palustris* Ehrh.

78.无心菜属 *Arenaria* L.

（170）无心菜（蚤缀、鹅不食草）*A. serpyllifolia* L.

79.蝇子草属 *Silene* L.

（171）麦瓶草（米瓦罐）*S. conoidea* L.

（172）坚硬女娄菜（粗壮女娄菜）*S. firma* Sieb. et Zucc.

（173）鹤草（蝇子草）*S. fortunei* Vis.

（174）山蚂蚱草（旱麦瓶草）*S. jenisseensis* Willd.

（175）女娄菜 *S. aprica* Turcz. ex Fisch. et Mey.

山蚂蚱草

石　竹

80.麦蓝菜属 *Vaccaria* Medic.

（176）麦蓝菜（王不留行）*V. segetalis* (Neck.) Garcke

81.石竹属 *Dianthus* L.

（177）石竹 *D. chinensis* L.

（178）瞿麦 *D. superbus* L.

82.石头花属 *Gypsophila* L.

（179）长蕊石头花（霞草、山蚂蚱菜）*G. oldhamiana* Miq.

三十九、番杏科 Aizoaceae

83.粟米草属 *Mollugo* L.

（180）粟米草 *M. stricta* L.

四十、落葵科 Basellaceae

84.落葵属 *Basella* L.

（181）藤三七 *B. gracilis* Miers var. baselloides Bail.

四十一、睡莲科 Nymphaeaceae

85.莲属 *Nelumbo* Adans.

（182）莲（荷花）*N. nucifera* Gaertn.

86.睡莲属 *Nymphaea* L.

（183）睡莲（子午莲）*N. tetragona* Georgi

四十二、金鱼藻科 Ceratophyllaceae

87.金鱼藻属 *Ceratophyllum* L.

（184）金鱼藻 *C. demersum* L.

四十三、毛茛科 Ranunculaceae

88.芍药属 *Paeonia* L.

（185）牡丹 *P. suffruticosa* Andr.

（186）芍药 *P. lactiflora* Pall.

89.乌头属 *Aconitum* L.

（187）展毛乌头（变种）*A. carmichaeli* Debx. var. *truppelianum*（Ulbr.）W. T. Wang et Hsiao. △

90.耧斗菜属 *Aquilegia* L.

（188）紫花耧斗菜（变型）*A. viridiflora* Pall. *f. atropurpurea.*（Willd.）Kitag.

91.唐松草属 *Thalictrum* L.

（189）东亚唐松草（变种）*T. minus* L. var. *hypoleucum*（Sieb. et Zuee.）Miq.

92.白头翁属 *Pulsatilla* Adans.

（190）白头翁 *P. chinensis*（Bge.）Regel

93.铁线莲属 *Clematis* L.

（191）大叶铁线莲（草本女萎）*C. heracleifolia* Dc.

（192）长冬草（变种）*C. hexapetala* Pall. var. *tchefouensis*（Debeaux）S. Y. Hu.

（193）太行铁线莲 *C. kirilowii* Maxim.

（194）毛果扬子铁线莲 *C. puberula*（Lévl. et Vant.）Tamura var. *tenuisepala*（Maxim.）W. T. Wang

大叶铁线莲（草本女萎）

蝙蝠葛（山豆根）

94.毛茛属 *Ranunculus* L.

（195）茴茴蒜 *R. chinensis* Bge.

四十四、木通科 Lardizabalaceae

95.木通属 *Akebia* Decne.

（196）木通（五叶木通）*A. quinata*（Houtt.）Decne.

四十五、小檗科 Berberidaceae

96.小檗属 *Berberis* L.

（197）紫叶小檗（变种）*B. thunbergii* DC. var. atropurpurea Chenault.

97.南天竹属 *Nandina* Thunb.

（198）南天竹 *N. domestica* Thunb.

四十六、防己科 Menispermaceae

98.蝙蝠葛属 *Menispermum* L.

（199）蝙蝠葛（山豆根）*M. dauricum* DC.

99.木防己属 *Cocculus* DC.

（200）木防己 *C. trilobus*（Thunb.）DC.

四十七、木兰科 Magnoliaceae

100.木兰属 *Magnolia* L.

（201）荷花玉兰（广玉兰）*M. grandiflora* L.

（202）玉兰（白玉兰）*M. denudata* Desr.

（203）日本辛夷 *M. kobus* DC.

四十八、腊梅科 Calycanthaceae

101.腊梅属 *Chimonanthus* Lindl.

（204）腊梅 *C. praecox*（L.）Link.

四十九、樟科 Lauraceae

102.山胡椒属 *Lindera* Thunb.

（205）三桠乌药 *L. obtusiloba* Bl.

五十、罂粟科 Papaveraceae

103.白屈菜属 *Chelidonium* L.

（206）白屈菜（土黄连）*C. majus* L.

104.紫堇属 *Corydalis* DC.

（207）地丁草（本氏紫堇）*C. bungeana* Turcz.

地丁草（本氏紫堇）

（208）小药八旦子（土元胡）*C. caudata*（Lam.）Pers.

105.角茴香属 *Hypecoum* L.

（209）角茴香 *H. erectum* L.

106.罂粟属 *Papaver* L.

（210）虞美人 *P. rhoeas* L.

五十一、山柑科 Capparaceae

107.白花菜属 *Cleome* L.

（211）醉蝶花（西洋白花菜）*C. spinosa* Jacq.

五十二、十字花科 Brassicaceae

108.芸苔属 *Brassica* L.

（212）甘蓝（卷心菜）（变种） *B. oleracea* L. var. capitata L.

（213）擘蓝（球茎甘蓝）*B. caulorapa* Pasq.

（214）白菜（大白菜）*B. pekinensis*（Lour.）Rupr.

（215）青菜（油菜）*B. chinensis* L.

109.萝卜属 *Raphanus* L.

（216）萝卜 *R. sativus* L.

110.独行菜属 *Lepidium* L.

（217）北美独行菜 *L. virginicum* L.

（218）独行菜 *L. apetalum* Willd.

111.荠属 *Capsella* Medic.

（219）荠（荠菜） *C. bursa-pastoris*（L.）Medic.

112.葶苈属 *Draba* L.

（220）葶苈 *D. nemorosa* L.

113.碎米荠属 *Cardamine* L.

（221）弯曲碎米荠 *C. flexuosa* With.

（222）碎米荠 *C. hirsuta* L.

114. 南芥属 *Arabis* L.

（223）垂果南芥 *A. pendula* L.

115.鼠耳芥属 *Arabidopsis* L.

（224）拟南芥（阿拉伯芥）*A. thaliana*（L.）Heynh.

116.蔊菜属 *Rorippa* Scop.

（225）蔊菜 *R. indica*（L.）Hiern.

（226）广州蔊菜 *R. cantoniensis*（Lour.）Ohwi

（227）球果蔊菜 *R. globosa*（Turcz.）Thell

（228）沼生蔊菜 *R. islandica*（Oed.）Borb.

117.花旗杆属 *Oontostemon* Andrz. ex Lédeb.

（229）花旗杆 *D. dentatus*（Bge.）Lédeb.

118.糖芥属 *Erysimum* L.

落新妇（红升麻）

（230）小花糖芥 *E. cheiranthoides* L.

119. 播娘蒿属 *Descurainia* Webb. et Berth.

（231）播娘蒿（麦蒿）*D. sophia*（L.）Webb. ex Prantl

五十三、景天科 Crassulaceae

120.青锁龙属 *Crassula* L.

（232）燕子掌 *C. argentea* L. f.

121.景天属 *Sedum* L.

（233）费菜（土三七）*S. aizoon* L.

（234）勘察加景天 *S. kamtschaticum* Fisch.

（235）垂盆草 *S. sarmentosum* Bge.

（236）火焰草 *S. stellariifolium* Franch.

122.瓦松属 *Orostachys* Fisch.

（237）瓦松（流苏瓦松）*O. fimbriatus*（Turcz.）Berger

123.八宝属 *Hylotelephium* H. Ohba

（238）长药八宝 *H. spectabile*（Bor.）H. Ohha

124.落地生根属 *Bryophyllum* Salisb.

（239）大叶落地生根 *B. daigremontianum*（Ham. et Pers.）A. Berga

五十四、虎耳草科 Saxifragaceae

125.落新妇属 *Astilbe* *Buch.* –Ham. ex D. Don.

（240）落新妇（红升麻）*A. chinensis*（Maxim.）Franch. et Savat.

126.虎耳草属 *Saxifraga* Tourn ex L.

（241）球茎虎耳草 *S. stolonifera* Curt.

127.扯根菜属 *Penthorum* Gronov. ex L.

（242）扯根菜 *P. chinense* Pursh.

128.溲疏属 *Deutzia* Thunb.

（243）大花溲疏 *D. grandiflora* Bge.

129.茶藨子属 *Ribes* L.

（244）黑茶藨子（黑穗醋栗）*R. nigrum* L.

五十五、海桐花科 Pittosporaceae

130.海桐花属 *Pittosporum* Banks

（245）海桐 *P. tobira*（Thunb.）Ait.

五十六、金缕梅科 Hamamelidaceae

131.枫香属 *Liquidambar* L.

（246）枫香树（枫树）*L. formosana* Hance

五十七、杜仲科 Eucommiaceae

132.杜仲属 *Eucommia* Oliv.

（247）杜仲（丝绵树）*E. ulmoides* Oliv.

五十八、悬铃木科 Platanaceae

133.悬铃木属 *Platanus* L.

（248）一球悬铃木（美桐）*P. occidentalis* L.

（249）二球悬铃木（英国梧桐）*P. acerifolia*（Ait.）Willd.

（250）三球悬铃木（悬铃木、法桐）*P. orientalis* L.

五十九、蔷薇科 Rosaceae

A、绣线菊亚科 Spiraeoideae.

134.绣线菊属 *Spiraea* L.

（251）华北绣线菊 *S. fritschiana* Schneid.

135.珍珠梅属 *Sorbaria*（Ser.）A. Br. ex

Aschers.

（252）珍珠梅（东北珍珠梅） *S. sorbifolia*（L.） A. Br.

B、蔷薇亚科 Rosoideae.

136.蔷薇属 *Rosa* L.

（253）野蔷薇（多花蔷薇） *R. multiflora* Thunb.

（254）粉团蔷薇（变种） *var. cathayensis* Rehd. et Wils.

（255）七姊妹（变种） *var. platyphylla* Thory

（256）月季花 *R. chinensis* Jacq.

（257）玫瑰 *R. rugosa* Thunb.

137.棣棠花属 *Kerria* DC.

（258）棣棠花 *K. japonica*（L.） DC.

138.悬钩子属 *Rubus* L.

（259）牛叠肚（山楂叶悬钩子） *R. crataegifolius* Bge.

（260）茅莓 *R. parvifolius* L.

139.龙牙草属 *Agrimonia* L.

（261）龙芽草 *A. pilosa* Ldb.

140.地榆属 *Sanguisorba* L.

（262）地榆 *S. officinalis* L.

141.蛇莓属 *Duchesnea* J. E. Smith

（263）蛇莓 *D. indica*（Andr.） Focke

蛇　莓

棣棠花

142.草莓属 *Fragaria* L.

（264）草莓 *F. ananassa* Duch.

143.委陵菜属 *Potentilla* L.

（265）委陵菜 *P. chinensis* Ser.

（266）翻白草 *P. discolor* Bge.

（267）莓叶委陵菜 *P. fragarioides* L.

（268）匍枝委陵菜 *P. flagellaris* Willd. ex Schlecht.

（269）蛇含委陵菜 *P. kleiniana* Wight. et Arn.

（270）朝天委陵菜 *P. supina* L.

（271）长叶委陵菜 *P. longifolia* Willd. ex Schlecht.

（272）中华三叶委陵菜（变种） *P. freyniana* Bornm. var. sinica Migo

144.路边青属 *Geum* L.

（273）路边青（水杨梅 ） *G. aleppicum* Jacq.

C.苹果亚科 Maloideae

145.栒子属 *Cotoneaster* B. Ehrhart

（274）西北栒子 *C. zabelii* Schneid.

146.山楂属 *Crataegus* L.

（275）山楂 （酸楂） *C. pinnatifida* Bge.

（276）无毛山楂（变种） *C. pinnatifida* Bge. var. psilosa Schneid.

（277）山里红（大果山楂）*C. pinnatifida* Bge. var. major N. E. Br.

147.火棘属 *Pyracantha* Roem.

（278）细圆齿火棘 *P. crenulata*（D. Don）M. Roem.

148.石楠属 *Photinia* Lindl.

（279）石楠 *P. serrulata* Lindl.

（280）红叶石楠 *P. Fraseri*

149.枇杷属 *Eriobotrya* Lindl.

（281）枇杷 *E. japonica*（Thunb.）Lindl.

150.花楸属 *Sorbus* L.

（282）水榆花楸（水榆）*S. alnifolia*（Sieb. et Zucc.）K. Koch

（283）花楸树（百花花楸）*S. pohuashanensis*（Hance）Hedl.

（284）泰山花楸 *S. taishanensis* F. Z. Li et X. D. Chen

151.梨属 *Pyrus* L.

（285）杜梨（棠梨）*P. betulaefolia* Bge.

（286）白梨（罐梨）*P. bretschneideri* Rehd.

（287）洋梨 *P. communis L. var. sativa*（DC.）DC.

（288）沙梨（酥梨）*P. pyrifolia*（Burm. f.）Nakai

（289）秋子梨（花盖梨）*P. ussuriensis* Maxim.

152.木瓜属 *Chaenomeles* Lindl.

（290）木瓜海棠 *C. cathayensis*（Hemsl.）Schneid.

（291）皱皮木瓜（贴梗海棠）*C. speciosa*（Sweet）Nakai

153.苹果属 *Malus* Mill.

（292）苹果 *M. pumila* Mill.

（293）山荆子 *M. baccata*（L.）Borkh.

（294）垂丝海棠 *M. halliana* Koehne.

（295）海棠花 *M. spectabilis*（Ait.）Borkh.

（296）花红（沙果）*M. asiatica* Nakai

D、李亚科 Prunoideae

154.桃属 *Amygdalus* L.

（297）桃 *A. persica* L.

（298）蟠桃（变种）*A. persica L. var. compressa*（Loud.）Yu et Lu

（299）碧桃（变型）*A. persica* L. f. duples Rehd.

（300）紫叶碧桃（变型）*A. persica* L. f. atropurpurea Schneid.

（301）山桃 *A. davidiana*（Carr.）C. de Vos

（302）榆叶梅 *A. triloba*（Lindl.）Ricker

155.杏属 *Armeniaca* Mill.

（303）杏 *A. vulgaris* Lam.

（304）野杏 山杏（变种）*A. vulgaris Lam. var. ansu*（Maxim.）Yü et Lu

（305）梅（梅花）*A. mume* Sieb.

（306）美人梅（栽培变种）*A. mume* Sieb.‘Meiren Mei’

156.李属 *Prunus* L.

（307）李（李子）*P. salicina* Lindl.

（308）紫叶李（红叶樱桃李、红叶李）*P. cerasifera Ehrh. f. atropurpurea*（Jacq.）Rehd.

山荆子

紫 荆

157.樱属 *Cerasus* Mill.

(309) 郁李 (赤李子) *C. japonica*(Thunb.) Lois.

(310) 欧李 *C. humilis* (Bge.) Sok.

(311) 山樱花 (山樱桃) *C. serrulata* (Lindl.) G. Don ex London

(312) 东京樱花 (日本樱花) *C. yedoensis* (Mats.) Yü et Li

(313) 樱桃 (中国樱桃) *C. pseudocerasus* (Lindl.) G. Don

六十、豆科 Fabaceae

A、含羞草亚科 Mimosoideae

158.合欢属 *Albizia* Durazz.

(314) 山槐 (山合欢) *A. kalkora* (Roxb.) Prain

(315) 合欢 (夜合树、芙蓉花) *A. julibrissin* Durazz.

B、云实亚科 Caesalpinioideae

159.皂荚属 *Gleditsia* L.

(316) 皂荚 (皂角) *G. sinensis* Lam.

(317) 山皂荚 (日本皂角) *G. japonica* Miq.

160.决明属 *Cassia* L.

(318) 决明 *C. tora* L.

(319) 豆茶决明 (山扁豆) *C. nomame* (Sieb.) Kitag.

161.紫荆属 *Cercis* L.

(320) 紫荆 *C. chinensis* Bge.

C、蝶形花亚科 Papilionoideae

162.槐属 *Sophora* L.

(321) 槐树 (国槐) *S. japonica* L.

(322) 龙爪槐 (变种) *var. pendula* Hort.

(323) 黄金槐 (金枝槐) (栽培变种) 'huanggin'

(324) 苦参 *S. flavescens* Ait.

163.紫藤属 *Wisteria* Nutt.

(325) 紫藤 *W. sinensis* (Sims.) Sweet.

164.刺槐属 *Robinia* L.

(326) 刺槐 (洋槐) *R. pseudoacacia* L.

(327) 红花刺槐 (栽培变种) 'Idaho'

165.木蓝属 *Indigofera* L.

(328) 花木蓝 (吉氏木蓝) *I. kirilowii* Maxim. ex Palibin

166.胡枝子属 *Lespedeza* Michx.

(329) 胡枝子 *L.bicolor* Turcz.

(330) 绒毛胡枝子 (山豆花) *L. tomentosa* (Thunb.) Sieb. ex Maxim.

(331) 多花胡枝子 *L. floribunda* Bge.

(332) 细梗胡枝子 *L. virgata* (Thunb.) DC.

多花胡枝子

(333) 长叶铁扫帚（长叶胡枝子） *L. caraganae* Bge.

(334) 截叶铁扫帚 *L. cuneata*（Dum.-Cours）G.Don

(335) 兴安胡枝子（达乌里胡枝子） *L. davurica*（Laxm.）Schindl.

(336) 阴山胡枝子（白指甲花） *L. inschanica*（Maxim.）Schindl.

167.鸡眼草属 *Kummerowia* Schindl.

(337) 鸡眼草 *K. striata*（Thunb.）Schindl.

(338) 长萼鸡眼草（掐不齐） *K. stipulacea*（Maxim.）Makino

168. 葛属 *Pueraria* DC.

(339) 葛（野葛）*P. lobata*（Willd.）Ohwi

169.大豆属 *Glycine* Willd.

(340) 野大豆 *G. soja* Sieb. et Zucc. II

(341) 大豆 *G. max*（L.）Merr.

170.两型豆属 *Amphicarpaea* Elliott.

(342) 两型豆（三籽两型豆） *A. edgeworthii* Benth.

171.扁豆属 *Lablab* Adans.

(343) 扁豆（眉豆）*L. purpureus*(Linn.) Sweet

172.豇豆属 *Vigna* Savi

(344) 豇豆（豆角） *V. unguiculata*(L.) Walp.

(345) 赤小豆 *V. umbellata*（Thunb.）Ohwi et Ohashi

(346) 绿豆 *V. radiata*（L.）Wilczek

173.菜豆属 *Phaseolus* L.

(347) 菜豆（四季豆、芸豆） *P. vulgaris* L.

174.紫穗槐属 *Amorpha* L.

(348) 紫穗槐（棉槐）*A. fruticosa* L.

175.合萌属 *Aeschynomene* L.

(349) 合萌（田皂角）*A. indica* L.

176.落花生属 *Arachis* L.

(350) 落花生（花生）*A. hypogaea* L.

177.锦鸡儿属 *Caragana* Fabr.

(351) 锦鸡儿 *C. sinica*（Buc'hoz）Rehd.

(352) 小叶锦鸡儿 *C. microphylla* Lam.

178.黄耆属 *Astragalus* L.

(353) 糙叶黄耆 *A. scaberrimus* Bge.

(354) 达胡里黄耆（兴安黄耆）*A. dahuricus*（Pall.）DC.

(355) 草木樨状黄耆 *A. melilotoides* Pall.

(356) 黄耆（膜荚黄耆） *A. membranaceus*（Fisch.）Bge.

179.棘豆属 *Oxytropis* DC.

(357) 二色棘豆（地角儿苗） *O. bicolor* Bge.

180.米口袋属 *Gueldenstaedtia* Fisch.

(358) 米口袋（甜地丁）*G. verna*(Georgi) Boriss. subsp. *multiflora*（Bge.）Tsui

紫穗槐（棉槐）

歪头菜

(359) 狭叶米口袋 *G. stenophylla* Bge.

181.野豌豆属 *Vicia* L.

(360) 山野豌豆 *V. amoena* Fisch. DC.

(361) 歪头菜 *V. unijuga* A. Br.

(362) 大野豌豆 *V. gigantea* Bge.

182.山黧豆属 *Lathyrus* L.

(363) 大山黧豆（茳芒香豌豆） *L. davidii* Hance

183.苜蓿属 *Medicago* L.

(364) 紫苜蓿（紫花苜蓿）*M. sativa* L.

184.车轴草属 *Trifolium* L.

(365) 白车轴草（白三叶）*T. repens* L.

(366) 红车轴草（红三叶）*T. pratense* L.

185.猪屎豆属 *Crotalaria* L.

(367) 野百合（农吉利）*C. sessiliflora* L. △

六十一、酢浆草科 Oxalidaceae

186.酢浆草属 *Oxalis* L.

(368) 酢浆草 *O. corniculata* L.

(369) 红花酢浆草（铜锤草）*O. corymbosa* DC.

六十二、牻牛儿苗科 Geraniaceae

187.牻牛儿苗属 *Erodium* L'Hérit.

(370) 牻牛儿苗（太阳花）*E. stephanianum* Willd.

188.老鹳草属 *Geranium* L.

(371) 老鹳草 *G. wilfordii* Maxim.

(372) 鼠掌老鹳草 *G. sibiricum* L.

189.天竺葵属 *Pelargonium* Herit.

(373) 天竺葵 *P. hortorum* Bailey

六十三、旱金莲科 Tropaeolaceae

190.旱金莲属 *Tropaeolum* L.

(374) 旱金莲 *T. majus* L.

六十四、亚麻科 Linaceae

191.亚麻属 *Linum* L.

(375) 野亚麻 *L. stelleroides* Planch.

六十五、蒺藜科 Zygophyllaceae

192.蒺藜属 *Tribulus* L.

(376) 蒺藜 *T. terrester* L.

六十六、芸香科 Rutaceae

193.花椒属 *Zanthoxylum* L.

(377) 花椒 *Z. bungeanum* Maxim.

194.吴茱萸属 *Evodia* J. R. et G. Forst.

(378) 臭檀吴萸（臭檀、抛辣子） *E. daniellii* (Benn.) Hemsl.

195.黄檗属 *Phellodendron* Rupr.

(379) 黄檗（黄柏、黄波罗） *P. amurense* Rupr. Ⅱ

196.枳属 *Poncirus* Raf.

(380) 枳（枸橘）*P. trifoliata* (L.) Raf.

臭檀吴萸（臭檀、抛辣子）

197.金橘属 *Fortunella* Swingle

（381）金橘（金枣）*F. margarita*（Lour.）Swingle

198.柑橘属 *Citrus* L.

（382）柑橘 *C. reticulata* Blanco

（383）佛手（变种）*C. medica L. var. sarcodactylis*（Noot.）Swingle

六十七、苦木科 Simaroubaceae

199.臭椿属 *Ailanthus* Desf.

（384）臭椿（樗树）*A. altissma*（Mill.）Swingle

六十八、楝科 Meliaceae

200.香椿属 *Toona* Roem.

（385）香椿 *T. sinensis*（A.Juss.）Roem.

201.楝属 *Melia* L.

（386）楝（苦楝、楝树）*M. zaedarach* L.

六十九、远志科 Polygalaceae

202.远志属 *Polygala* L.

（387）远志 *P. tenuifolia* Willd.

七十、大戟科 Euphorbiaceae

203.雀舌木属 *Leptopus* Decne

（388）雀儿舌头（黑钩叶）*L. chinensis*（Bge.）Pojark.

204.叶下珠属 *Phyllanthus* L.

（389）蜜甘草 *P. ussuriensis* Rupr. △

205.地构叶属 *Speranskia* Baill.

（390）地构叶（珍珠透骨草）*S. tuberculata*（Bge.）Baill.

206.铁苋菜属 *Acalypha* L.

（391）铁苋菜（血见愁）*A. australis* L.

207.蓖麻属 *Ricinus* L.

（392）蓖麻 *R. communis* L.

208.乌桕属 *Sapium* P. Br.

（393）乌桕 *S. sebiferum*（L.）Roxb.

209.大戟属 *Euphorbia* L.

（394）乳浆大戟 *E. esula* L.

（395）地锦 *E. humifusa* Willd.

（396）斑地锦 *E. maculata* L.

（397）猫眼草 *E.lunulata* Bge.

（398）大戟 *E. pekinensis* Rurp.

（399）铁海棠 *E. milii* Ch. des Moulins

（400）一品红 *E. pulcherrima* Willd.

七十一、黄杨科 Buxaceae

210.黄杨属 *Buxus* L.

（401）黄杨 *B. sinica*（Rehd. et Wils）Cheng

（402）雀舌黄杨 *B. bodinieri* Lévl.

七十二、漆树科 Anacardiaceae

211.黄栌属 *Cotinus*（Tourn.）Mill.

（403）黄栌 *C. coggygria* Scop.

（404）美国红栌（变种）'Purpureus'

212.黄连木属 Pistacia L.

（405）黄连木（楷树）*P. chinensis* Bge.

213.盐肤木属 *Rhus*（Tourn.） L.

（406）盐肤木 *R. chinensis* Mill.

（407）火炬树 *R. typhina* L.

七十三、冬青科 Aquifoliaceae

214.冬青属 *Ilex* L.

（408）构骨（鸟不宿、老虎刺）*I. cornuta* Lindl. et Paxt.

铁苋菜（血见愁）

胶东卫矛

(409) 冬青 *I. chinensis* Sims

七十四、卫矛科 Celastraceae

215.卫矛属 *Euonymus* L.

(410) 卫矛 *E. alatus* (Thunb.) Sieb.

(411) 白杜（桃叶卫矛、丝棉）*E. maackii* Rupr.

(412) 扶芳藤（爬行卫矛）*E. fortunei* (Turcz.) Hand.-Mazz.

(413) 胶东卫矛 *E. kiautschovicus* Loes.

(414) 冬青卫矛（大叶黄杨）*E. japonicus* Thunb.

(415) 垂丝卫矛 *E. oxyphyllus* Miq.

216.南蛇藤属 *Celastrus* L.

(416) 南蛇藤 *C. orbiculatus* Thunb.

七十五、槭树科 Aceraceae

217.槭属 *Acer* L.

(417) 元宝槭（五角枫、华北五角枫）*A. truncatum* Bge.

(418) 长裂葛罗槭（山青桐）*A. grosseri* Pax var. *hersii* (Rehd.) Rehd.

(419) 茶条槭 *A. ginnala* Maxim.

(420) 青榨槭 *A. davidii* Franch.

(421) 梣叶槭（复叶槭、白蜡槭）*A. negundo* L.

(422) 鸡爪槭 *A. palmatun* Thunb.

(423) 红叶鸡爪槭（变种）'Rubellum'

(424) 美国红枫（红花槭、加拿大红枫）A. rubrum

七十六、无患子科 Sapindaceae

218.栾树属 *Koelreuteria* Laxm.

(425) 栾树 *K. paniculata* Laxm.

七十七、凤仙花科 Balsaminaceae

219.凤仙花属 Impatiens L.

(426) 凤仙花 *I. balsamina* L.

(427) 水金凤（辉菜花）*I. noli-tangere* L. △

七十八、鼠李科 Rhamnaceae

220.鼠李属 *Rhamnus* L.

(428) 鼠李 *R. davurica* Pall.

(429) 冻绿 *R. utilis* Decne.

(430) 小叶鼠李（护山棘）*R. parvifolia* Bge.

221.枳椇属 *Hovenia* Thunb.

(431) 北枳椇（拐枣）*H. dulcis* Thunb.

222.枣属 Ziziphus Mill.

(432) 枣（红枣、大枣）*Z. jujuba* Mill.

(433) 酸枣（变种）*Z. jujuba* Mill. var.

小叶鼠李（护山棘）

spinosa (Bge.) Hu et H. F. Chow

(434) 龙爪枣（栽培变种） ‘Tortuosa’

七十九、葡萄科 Vitaceae

223.地锦属（爬山虎属）*Parthenocissus* Planch.

(435) 地锦（爬山虎）*P. tricuspidata* (Sieb. et Zucc.) Planch.

(436) 五叶地锦 *P. quinquefolia* (L.) Planch.

224.蛇葡萄属 *Ampelopsis* Michaux.

葎叶蛇葡萄

(437) 葎叶蛇葡萄 *A. humulifolia* Bge.

225.乌蔹莓属 *Cayratia* Juss.

(438) 乌蔹莓 *C. japonica* (Thunb.) Gagnep.

226.葡萄属 *Vitis* L.

(439) 葡萄 *V. vinifera* L.

(440) 毛葡萄 *V. heyneana* Roem.& Schult.

(441) 山葡萄 *V. amurensis* Rupr.

(442) 蘡薁 *V. bryoniaefolia* Bge.

八十、椴树科 Tiliaceae

227.椴树属 *Tilia* L.

(443) 紫椴 *T. amurensis* Rupr. II

228.扁担杆属 *Grewia* L.

(444) 扁担木（扁担秆子、孩儿拳头、变种）*G. biloba* G. Don var. *parviflora* (Bge.) Hand.-Mazz

229.田麻属 *Corchoropsis* Sieb. et Zucc.

(445) 光果田麻 *C. psilocarpa* Harms et Loes.

八十一、锦葵科 Malvaceae

230.锦葵属 *Malva* L.

(446) 野葵 *M. verticillata* L.

231. 蜀葵属 *Althaea* L.

(447) 蜀葵（一丈红）*A. rosea*(L.)Cavan.

232.苘麻属 *Abutilon* Miller

(448) 苘麻 *A. theophrasti* Medicus

233.木槿属 *Hibiscus* L.

(449) 木槿 *H. syriacus* L.

(450) 朱槿（扶桑）*H. rosa-sinensis* L.

(451) 野西瓜苗 *H. trionum* L.

234.棉属 *Gossypium* L.

(452) 陆地棉 *C. hirsutum* L.

八十二、梧桐科 Sterculiaceae

235.梧桐属 *Firmiana* Marsili

(453) 梧桐（青桐）*F. platanifolia* (L. f.) Marsili

八十三、猕猴桃科 Actinidiaceae

236.猕猴桃属 *Actinidia* Lindl.

(454) 软枣猕猴桃 *A. arguta* (Sieb. et

朱槿（扶桑）

Zucc.) Planch. △

(455) 中华猕猴桃 *A. chinensis* Planch.

(456) 葛枣猕猴桃（木天蓼）*A. polygama* (Sieb. et Zucc.) Maxim.

八十四、山茶科 Theaceae

237.山茶属 *Camellia* L.

(457) 茶 *C. sinensis* (L.) Ktze

(458) 山茶花（耐冬）*C. japonica* L.

八十五、藤黄科 Clusiaceae

238.金丝桃属 *Hypericum* L.

(459) 赶山鞭（小叶牛心菜）*H. attenuatum* Choisy

八十六、柽柳科 Tamaricaceae

239.柽柳属 *Tamarix* L.

(460) 柽柳（红荆条、三春柳）*T. chinensis* Lour.

柽柳（红荆条、三春柳）

八十七、堇菜科 Violaceae

240.堇菜属 *Viola* L.

(461) 紫花地丁 *V. philippica* Cav. Icons et Descr.

(462) 球果堇菜 *V. collina* Bess.

(463) 长萼堇菜 *V. inconspicua* Bl.

(464) 白花堇菜 *V. patrinii* Dc.

(465) 早开堇菜 *V. prionantha* Bge.

(466) 蒙古堇菜 *V. mongolica* Franch.

(467) 细距堇菜 *V. tenuicorsis* W. Beck.

(468) 鸡腿堇菜 *V. acuminata* Ledeb.

(469) 阴地堇菜 *V. yezoensis* Maxim.

(470) 斑叶堇菜 *V. variegata* Fisch. ex Link.

八十八、秋海棠科 Begoniaceae

241.秋海棠属 *Begonia* L.

(471) 中华秋海棠 *B. grandis* Dry. subsp. *sinensis* (A.DC.) Irmsch. △

(472) 斑叶秋海棠 *B.arganteo-guttata* Lemoine

八十九、仙人掌科 Cactaceae

242.仙人掌属 *Opuntin* tourn. ex Mill

(473) 仙人掌 *O. stricta* (Haw.) Haw. var. *dillenii* (Ker-Gawl.) Benson

243.蟹爪兰属 *Schlumbergera* K. Schum.

(474) 蟹爪兰（蟹爪莲）*S. truncata* (Haw.) K. Schum

(475) 仙人指 *S. bridgesii* (Lemaire) Linginger

244.昙花属 *Epiphyllum* Haw.

(476) 昙花 *E. oxypetalum* (DC.) Haw.

245.令箭荷花属 *Napalxochia* Britt. et Rose.

(477) 令箭荷花 *N. ackermannii* (Haw.) Kunth.

246.鼠尾鞭属 *Aporocactus* Lem.

(478) 鼠尾鞭（金钮、扭仙人指）*A. flagelliformis* (L.) Lem.

九十、瑞香科 Thymelaeaceae

247.草瑞香属 *Diarthron* Turcz.

(479) 草瑞香（粟麻）*D. linifolium* Turcz.

248.瑞香属 *Daphne* L.

（480）芫花 *D. genkwa* Sieb. et Zucc

249.结香属 *Edgeworthia* Meissn.

（481）结香（黄瑞香）E. chrysantha Lindl.

九十一、胡颓子科 Elaeagnaceae

250.胡颓子属 *Elaeagnus* L.

（482）牛奶子（麦粒子）*E. umbellata* Thunb.

牛奶子（麦粒子）

九十二、千屈菜科 Lythraceae

251.水苋菜属 *Ammannia* L.

（483）水苋菜 *A. baccifera* L.

252.千屈菜属 *Lythrum* L.

（484）千屈菜 *L. salicaria* L.

253.紫薇属 *Lagerstroemia* L.

（485）紫薇（百日红、痒痒树）*L. indica* L.

254.节节菜属 *Rotala* L.

（486）节节菜 *R. indica*（Willd.）Koehne

（487）水松（轮叶节节菜）*R. mexicana* Cham. et Schlechtend.

九十三、石榴科 Punicaceae

255.石榴属 *Punica* L.

（488）石榴（安石榴）*P. granatum* L.

（489）重瓣白石榴（变种）*var. multiplex* Sweet.

（490）重瓣红石榴（变种）*var. planiflora* Hayne

（491）月季石榴（火石榴、变种）*var. nana*（L.）Pers.

九十四、柳叶菜科 Onagraceae

256.露珠草属 *Circaea* L.

（492）南方露珠草 *C. mollis* Sied. et Zucc.

（493）水珠草（露珠草）*C. lutetiana* L. subsp. *quadrisulcata*（Maxim.）Asch.& Magnus

257.倒挂金钟属 *Fuchsia* L.

（494）倒挂金钟 *F. hybrida* Hort.ex Sieb. &Voss.

258.月见草属 *Oenothera* L.

（495）月见草（山芝麻）*O. biennis* L.

259.柳叶菜属 *Epilobium* L.

（496）柳叶菜 *E. hirsutum* L.

（497）光华柳叶菜 *E. amurense* Hausskn. subsp. *cephalostigma*（Hausskn.）C. J. Chen

（498）小花柳叶菜 *E. parviflorum* Schreb.

260.丁香蓼属 *Ludwigia* L.

（499）丁香蓼 *L. prostrata* Roxb.

九十五、五加科 Araliaceae

261.刺楸属 *Kalopanax* Miq.

（500）刺楸 *K. septemlobus*（Thunb.）Koidz.

262.五加属 *Acanthopanax* Miq.

（501）无梗五加 *A. sessiliflorus* Seem.

263.楤木属 *Aralia* L.

（502）楤木 *A. chinensis* L.

九十六、伞形科 Apiaceae

264.变豆菜属 *Sanicula* L.

(503) 变豆菜（山芹菜）*S. chinensis* Bge.

265.窃衣属 *Torilis* Adans.

(504) 窃衣（破子草）*T. japonica* (Houtt.) DC.

266.芫荽属 *Coriandrum* L.

(505) 芫荽（香菜）*C. sativum* L.

267.柴胡属 *Bupleurum* L.

(506) 红柴胡（狭叶柴胡）*B. scorzonerifolium* Willd.

(507) 北柴胡 *B. chinense* DC.

268.芹属 *Apium* L.

(508) 旱芹 （芹菜） *A. graveolens* L.

269.岩风属 *Libanotis* Hill.

(509) 香芹（邪蒿）*L. seseloides* (Fisch. et Mey.) Turcz.

270.水芹属 *Oenanthe* L.

(510) 水芹 *Oenanthe javanica* (Bl.) DC.

271.茴香属 *Foeniculum* Mill.

(511) 茴香（小茴香）*F. vulgare* Mill.

272.蛇床属 *Cnidium* Cuss.

(512) 蛇床 *C. monnieri* (L.) Cuss.

273.当归属 *Angelica* L.

(513) 拐芹当归（拐芹）*A. polymorpha* Maxim.

拐芹当归（拐芹）

274.山芹属 *Ostericum* Hoffm.

(514) 大齿山芹（大齿当归）*O. grosseserratum* (Maxim.) Kitag.

(515) 毛山芹（变型）*O. sieboldi* (Miq.) Nakai f. *hirtulum* (Hyama) Hara

275.前胡属 *Peucedanum* L.

(516) 泰山前胡（泰山邪蒿）*P. wawrae* (Wolff.) Suduonian

(517) 石防风 *P. terebinthaceum* (Fisch.) Fisch. ex Turcz.

276.泽芹属 *Sium* L.

(518) 泽芹 *S. suave* Walt

277.胡萝卜属Daucus L.

(519) 胡萝卜 *D. carota* L. var. sativa Hoffm.

九十七、山茱萸科 Cornaceae

278.梾木属 *Swida* Opiz

(520) 毛梾（车梁木）*S. walteri* (Wanger.) Sojak

(521) 红瑞木 *S. alba* (L.) Opiz

279.山茱萸属 *Cornus* L.

(522) 山茱萸 *C. officinalis* Sieb. et Zucc.

九十八、杜鹃花科 Ericaceae

280.杜鹃花属 *Rhododendron* L.

(523) 迎红杜鹃（尖叶杜鹃）*R. mucronulatum* Turcz. △

(524) 照山白（小花杜鹃）*R. micranthum* Turcz.

九十九、报春花科 Primulaceae

281.珍珠菜属 *Lysimachia* L.

(525) 虎尾珍珠菜（狼尾花）*L. barystachys* Bge.

(526) 狭叶珍珠菜 *L. pentapetala* Bge.

(527) 小叶珍珠菜（小叶星宿菜） *L.*

柿树（柿子树）

parvifolia Franch ex Hemsl.

282.点地梅属 *Androsace* L.

（528）点地梅（铜线草、喉咙草）*A. umbellata*（Lour.）Merr.

283.仙客来属 *Cyclamen* L.

（529）仙客来（一品冠、兔子花） *C. persicum* Mill.

一〇〇、柿树科 Ebenaceae

284.柿树属 *Diospyros* L.

（530）君迁子（软枣）*D. lotus* L.

（531）柿树（柿子树）*D. kaki* L. f.

一〇一、山矾科 Symplocaceae

285.山矾属 *Symplocacos* Jacq.

（532）白檀（锦织木）*S. panicuiata*（Thunb.）Miq.

一〇二、木犀科 Oleaceae

286.梣属 *Fraxinus* L.

（533）白蜡树（梣、蜡条）*F. chinensis* Roxb.

（534）花曲柳（大叶白蜡树）*F. rhynchophylla* Hance

287.连翘属 *Forsythia* Vahl

（535）连翘（挂拉鞭）*F. suspensa*（Thunb.） Vahl △

288.丁香属 *Syringa* L.

（536）紫丁香（华北紫丁香）*S. oblata* Lindl.

（537）白丁香（变种）*var. alba* Hort. ex Rehd.

289.木犀属 *Osmanthus* Lour.

（538）木犀（桂花）*O. fragrans*（Thunb.）Lour.

（539）丹桂（栽培变种）'Aurantiacus'

（540）四季桂（栽培变种）'Thunbergii'

290.流苏属 *Chionanthus* L.

（541）流苏树（牛筋子）*C. retusus* Lindl. △

291.女贞属 *Ligustrum* L.

（542）女贞 *L. lucidum* Ait.

（543）日本女贞（冬青木、鼠梓） *L. japonicum* Thunb.

（544）小蜡树 *L. sinense* Lour.

（545）金叶女贞 *L. vicaryi* Rehd.

292.素馨属 *Jasminum* L.

（546）探春花（迎夏）*J. floridum* Bge.

（547）迎春花 *J. nudiflorum* Lindl.

一〇三、马钱科 Loganiaceae

293.姬苗属 *Mitrasacme* Labill.

（548）姬苗 *M. indica* wight.

一〇四、龙胆科 Gentianaceae

白檀（锦织木）

294.荇菜属 Nymphoides

（549）荇菜 *N. peltatum*（Gmel.）O. Kuntze

一〇五、夹竹桃科 Apocynaceae

295.络石属 *Trachelospermum* Lem.

（550）石血（变种）*T. jasminoides*（Lindl.）Lem. var. *heterophyllum* Tsiang △

石血（变种）

296.夹竹桃属 *Nerium* L.

（551）夹竹桃 *N. indicum* Mill.

297.长春花属 *Catharanthus* G. Don

（552）长春花（雁来红）*C. roseus*（L.）G. Don

一〇六、萝藦科 Asclepiadaceae

298.杠柳属 *Periploca* L.

（553）杠柳 *P. sepium* Bge.

299.萝藦属 *Metaplexis* R. Br.

（554）萝藦 *M. japonica*（Thunb.）Makino

230.鹅绒藤属 *Cynanchum* L.

（555）徐长卿 *C. paniculatum*（Bge.）Kitag.△

（556）白首乌（泰山何首乌）*C. bungei* Decne.

（557）朱灵消（白前）*C. inamoenum*（Maxim.）Loes.

（558）白薇（瓢儿瓜）*C. atratum* Bge.

（559）地梢瓜 *C. thesioides*（Freyn）K. Schum.

（560）雀瓢（变种）*C. thesioides*（Freyn）K. Schum. var. *australe*（Maxim.）Tsiang et P. T. Li

（561）变色白前 *C. versicolor* Bge.

（562）鹅绒藤 *C. chinense* R. Br.

一〇七、旋花科 Convolvulaceae

301.打碗花属 *Calystegia* R. Br.

（563）打碗花 *C. hederacea* Wall. ex Roxb.

302.番薯属 *Ipomoea* L.

（564）番薯（甘薯、地瓜）*I. batatas*（L.）Lam.

303.牵牛属 *Pharbitis* Choisy

（565）圆叶牵牛 *P. purpurea*（L.）Voigt

（566）牵牛 *P. hederacea*（L.）Choisy

（567）裂叶牵牛 *P. nil*（L.）Choisy

304.茑萝属 *Quamoclit* Mill.

（568）茑萝松（茑萝）*Q. pennata*（Desr.）Boj.

305.菟丝子属 *Cuscuta* L.

（569）南方菟丝子（欧洲菟丝子）*C. australis* R. Br.

（570）菟丝子 *C. chinensis* Lam.

白薇（瓢儿瓜）

（571）金灯藤（日本菟丝子） *C. japonica* Choisy

一〇八、紫草科 Boraginaceae

306.紫草属 *Lithospermum* L.

（572）紫草 *L. erythrorhizon* Sieb. et Zucc. △

（573）田紫草（麦家公）*L. arvense* L.

307.附地菜属 *Trigonotis* Stev.

（574）附地菜 *T. peduncularis*（Trev.）Benth. ex Baker et Moore

（575）钝萼附地菜 *T. amblyosepala* Nakai et Kitagawa

308.斑种草属 *Bothriospermum* Bge.

（576）斑种草 *B. chinense* Bge.

（577）多苞斑种草 *B. secundum* Maxim.

309.鹤虱属 *Lappula* V. Wolf

（578）鹤虱 *L. myosotis* V. Wolf

一〇九、马鞭草科 Verbenaceae

310.牡荆属 *Vitex* L.

（579） 黄荆 *V. negundo* L.

（580）荆条（黄荆条，变种） *V. negundo* L. var. *heterophylla*（Franch.）Rehd.

（581）单叶蔓荆（蔓荆子） *V. trifolia* L. var. simplicifolia Cham. △

311.紫珠属 *Callicarpa* L.

（582）白棠子树 *C. dichotoma*（Lour.）K. Koch

白棠子树

藿　香

312.大青属 *Clerodendrum* L.

（583）海州常山（臭梧桐） *C. trichotomum* Thunb.

（584）臭牡丹 *C. bungei* Steud.

一一〇、唇形科 Lamiaceae

313.筋骨草属 *Ajuga* L.

（585）筋骨草 *A. ciliata* Bge.

（586）线叶筋骨草 *A. linearifolia* Pamp.

314.水棘针属 *Amethystea* L.

（587）水棘针 *A. caerulea* L.

315.黄芩属 *Scutellaria* L.

（588）黄芩 *S. baicalensis* Georgi

（589）纤弱黄芩 *S. dependens* Maxim.

（590）半支莲（狭叶韩信草） *S. barbata* D. Don.

316.夏至草属 *Lagopsis* Bge. ex Benth.

（591）夏至草 *L. supina*（Steph. ex Willd.）Ik. -Gal. ex Knorr.

317.藿香属 *Agastache* Clayt.

（592）藿香 *A. rugosa*（Fisch. et Mey.）O. Ktze.

318.裂叶荆芥属 *Schizonepeta* Briq.

（593）裂叶荆芥 *S. tenuifolia*（Benth.）Briq.

319.荆芥属 *Nepeta* L.

（594）荆芥 *N. cataria* L.

320.糙苏属 *Phlomis* L.

（595）糙苏 *P. umbrosa* Turcz.

321.益母草属 *Leonurus* L.

（596）益母草 *L. japonicus* Houtt.

（597）錾菜 *L. pseudomacranthus* Kitag.

322.鼠尾草属 *Salvia* L.

（598）丹参 *S. miltiorrhiza* Bge.

（599）荔枝草（雪见草、蛤蟆草）*S. plebeia* R. Br.

（600）一串红（炮仗红）*S. splendens* Ker-Gawl.

323.风轮菜属 *Clinopodium* L.

（601）风轮菜 *C. chinense*（Benth.）O. Ktze.

324.百里香属 *Thymus* L.

（602）地椒（百里香）*T. quinquecostatus* Celak.

325.薄荷属 *Mentha* L.

（603）薄荷 *M. haplocalyx*（Briq.）Kudo

326.地笋属 *Lycopus* L.

（604）地笋（地瓜儿苗）*L. lucidus* Turcz.

327.紫苏属 *Perilla* L.

（605）紫苏（白苏）*P. frutescens*（L.）Britt.

328.香薷属 *Elsholtzia* Willd.

（606）香薷 *E. ciliata*（Thunb.）Hyland.

（607）海州香薷 *E. splendens* Nakai. ex F.Maekawa

329.香茶菜属 *Rabdosia*（Bl.）Hassk.

（608）内折香茶菜 R. inflexa（Thunb.）Hara.

（609）蓝萼香茶菜 *R. japonica*（Burm. f.）Hara var. *glaucocalyx*（Maxim.）Hara

330.石荠苎属 Mosla

（610）石荠苎 *M. scabra*（Thumb.）C. Y. Wu et H. W. Li

（611）小鱼仙草 *M. dianthera*（Buch.-Ham. ex Roxb.）Maxim

331.罗勒属 *Ocimum* L.

（612）罗勒（香草）*O. basilicum* L.

一一一、茄科 Solanaceae

332.枸杞属 *Lycium* L.

（613）枸杞 *L. chinense* Mill.

枸　杞

（614）宁夏枸杞 *L. barbarum* L.

333.散血丹属 *Physaliastrum* Makino

（615）日本散血丹 *P. japonicum*（Franch. et Sav.）Honda

334.酸浆属 *Physalis* L.

（616）小酸浆 *P. minima* L.

335.辣椒属 *Capsicum* L.

（617）辣椒 *C. annuum* L.

（618）菜椒（灯笼椒、变种）*var. grossum*（L.）Sendt.

（619）朝天椒（变种）*var. fasciculatum* Bailey

336.茄属 *Solanum* L.

返顾马先蒿

（620）马铃薯（土豆）*S. tuberosum* L.

（621）龙葵 *S. nigrum* L.

（622）白英 *S. lyratum* Thunb.

（623）茄 *S. melongena* L.

（624）圆茄（变种）*var. esculentum* Nees

（625）珊瑚樱 *S. pseudo-capsicum* L.

337.番茄属 *Lycopersicon* Mill.

（626）番茄 *L. esculentum* Mill.

338.曼陀罗属 *Datura* L.

（627）曼陀罗 *D. stramonium* L.

（628）毛曼陀罗 *D. innoxia* Mill.

339.烟草属 *Nicotiana* L.

（629）烟草 *N. tabacum* L.

340.碧冬茄属 *Petunia* Juss.

（630）碧冬茄（矮牵牛）*P. hybrida* Vilm.

一一二、玄参科 Scrophulariaceae

341.泡桐属 *Paulownia* Sieb. et Zucc.

（631）楸叶泡桐（胶东桐）*P. catalpifolia* Gong Tong

（632）兰考泡桐（河南桐）*P. elongata* S.Y. Hu

（633）毛泡桐（绒毛泡桐）*P. tomentosa* (Thunb.) Steud.

（634）白花泡桐 *P. fortunei* (Seem.) Hemsl.

342.婆婆纳属 *Veronica* L.

（635）北水苦荬 *V. anagallis-aquatica* L.

（636）水蔓菁（亚种）*V. linariifolia* Pall. ex Link. subsp. *dilatata* (Nakai et Kitag.) Hong.

343.阴行草属 *Siphonostegia* Benth.

（637）阴行草（刘寄奴）*S. chinensis* Benth.

344.马先蒿属 *Pedicularis* L.

（638）返顾马先蒿 *P. resupinata* L.

345.松蒿属 *Phtheirospermum* Bge.

（639）松蒿 *P. japonicum* (Thunb.) Kanitz.

346.沟酸浆属 *Mimulus* L.

（640）沟酸浆 *M. tenellus* Bge.

347.地黄属 *Rehmannia* Libosch. ex Fisch. et Mey.

（641）地黄 *R. glutinosa* (Gaert.) Libosch.

348.通泉草属 *Mazus* Lour.

（642）弹刀子菜 *M. stachydifolius* (Tur-

地　黄

旋蒴苣苔（猫耳朵、牛耳草）

cz.）Maxim.

（643）通泉草 *M. japonicus*（Thunb.）O. Kuntz.

349.母草属 *Lindernia* L.

（644）陌上菜 *L. procumbens*（Krock.）Philcox

350.玄参属 *Scrophularia* L.

（645）北玄参 *S. buergeriana* Miq.

一一三、紫葳科 Bignoniaceae

351.梓树属 *Catalpa* Scop.

（646）楸树 *C. bungei* C. A. Mey

（647）梓树（河楸）*C. ovata* G. Don.

352.凌霄属 *Campsis* Lour.

（648）凌霄 *C. grandiflora*（Thunb.）Sehum.

一一四、胡麻科 Pedaliaceae

353.胡麻属 *Sesamum* L.

（649）芝麻（胡麻）*S. indicum* L.

354.茶菱属 *Trapella* Oliv.

（650）茶菱 *T. sinensis* Oliv.

一一五、列当科 Orobanchaceae

355.列当属 *Orobanche* L.

（651）列当 *O. coerulescens* Steph. △

一一六、苦苣苔科 Gesneriaceae

356.旋蒴苣苔属 *Boea Comm.* ex Lam.

（652）旋蒴苣苔（猫耳朵、牛耳草）*B. hygrometrica*（Bge.）R. Br.

一一七、透骨草科 Phrymaceae

357.透骨草属 *Phryma* L.

（653）透骨草（接生草）*P. leptostachya* L. subsp. *asiatica*（Hara）Kitamura △

一一八、车前科 Plantaginaceae

358.车前属 *Plantago* L.

（654）车前 *P. asiatica* L.

（655）平车前 *P. depressa* Willd.

一一九、茜草科 Rubiaceae

359.栀子属 *Gardenia* Ellis

（656）栀子 *G. jasminoides* Ellis

360.鸡矢藤属 *Paederia* L.

（657）鸡矢藤 *P. scandens*（Lour.）Merr.

361.拉拉藤属（猪殃殃属）Galium L.

（658）猪殃殃 *G. aparine* L. var. *tenerum*（Gren. et Godr.）Rchb.

（659）四叶葎 *G. bungei* Steud.

（660）蓬子菜 *G. verum* L.

362.茜草属 *Rubia* L.

（661）茜草 *R. cordifolia* L.

（662）山东茜草 *R. truppeliana* Loes.

一二〇、忍冬科 Caprifoliaceae

363.接骨木属 *Sambucus* L.

山东茜草

（663）接骨木（接骨丹）*S. williamsii* Hance

364.荚蒾属 *Viburnum* L.

（664）鸡树条（天目琼花）*V. opulus* L. var. *calvescens*（Rehd.）Hara

365.锦带花属 *Weigela* Thunb.

（665）锦带花 *W. florida*（Bge.）A. DC.

366.忍冬属 *Lonicera* L.

（666）忍冬（金银花）*L. japonica* Thunb.

（667）红金银花（变种）*var. chinensis* Wakey.

一二一、败酱科 Valerianaceae

367.败酱属 *Patrinia* Juss.

（668）败酱（黄花龙牙）*P. scabiosaefolia* Fisch. ex Trev.

（669）墓头回（异叶败酱）*P. heterophylla* Bge.

一二二、葫芦科 Cucurbitaceae

368.盒子草属 *Actinostemma* Griff.

（670）盒子草 *A. tenerum* Griff.

369.丝瓜属 *Luffa* Mill.

（671）丝瓜 *L. cylindrica*（L.）Roem.

370.黄瓜属 *Cucumis* L.

（672）黄瓜 *C. sativus* L.

（673）甜瓜（香瓜）*C. melo* L.

林泽兰（白鼓钉）

371.西瓜属 *Citrullus* Schrad.

（674）西瓜 *C. lanatus*（Thunb.）Matsum.

372.冬瓜属 *Benincasa* Savi

（675）冬瓜 *B. hispida*（Thunb.）Cogn.

373.葫芦属 *Lagenaria* Ser.

（676）葫芦（瓠）*L. siceraria*（Molina）Standl.

374.栝楼属 *Trichosanthes* L.

（677）栝楼（瓜蒌）*T. kirilowii* Maxim.

375.南瓜属 *Cucurbita* L.

（678）南瓜 *C. moschata*（Duch. ex Lam.）Duch. ex Poiret

（679）西葫芦 *C. pepo* L.

（680）金丝瓜（变种）*C. pepo* L. var. medullosa Alef.

376.苦瓜属 *Momordica* L.

（681）苦瓜（凉瓜、赖葡萄）*M. charantia* L.

一二三、桔梗科 Campanulaceae

377.党参属 *Codonopsis* Wall.

（682）羊乳（四叶参）*C. lanceolata*（Sieb. et Zucc.）Trautv.

378.桔梗属 *Platycodon* A. DC. △

（683）桔梗 *P. grandiflorus*（Jacq.）A. DC. △

379.沙参属 *Adenophora* Fisch.

（684）荠苨（杏叶沙参）*A. trachelioides* Maxim.

（685）石沙参（沙参）*A. polyantha* Nakai

（686）狭叶沙参（柳叶沙参）*A. gmelinii*（Spreng.）Fisch.

一二四、菊科 Asteraceae

380.泽兰属 *Eupatorium* L.

（687）林泽兰(白鼓钉)*E. lindleyanum* DC.

旋覆花

381.马兰属 *Kalimeris* Cass.

（688）马兰 *K. indica*（L.）Sch.-Bip.

（689）全叶马兰（全叶鸡儿肠）*K. integrifolia* Turcz. ex DC.

382.翠菊属 *Callistephus* Cass.

（690）翠菊（江西腊）*C. chinensis*（L.）Nees

383.狗娃花属 *Heteropappus* Less.

（691）阿尔泰狗娃花（阿尔泰紫菀）*H. altaicus*（Willd.）Navopokr.

（692）狗娃花 *H. hispidus*（Thunb.）Less.

384.紫菀属 *Aster* L.

（693）三脉紫菀（三脉叶马兰）*A. ageratoides* Turcz.

（694）钻形紫菀 *A. subulatus* Michx.

385.飞蓬属 *Erigeron* L.

（695）一年蓬 *E. annuus*（L.）Pers.

（696）飞蓬 *E. acer* L.

386.白酒草属 *Conyza* Less.

（697）小蓬草（加拿大飞蓬）*C. canadensis*（L.）Cronq.

（698）野塘蒿（香丝草） C. bonariensis（L.）Cronq.

387.火绒草属 *Leontopodium* R. Br.

（699）火绒草 *L. leontopodioides*（Willd.） Beauv.

388.香青属 *Anaphalis* DC.

（700）香青 *A. sinica* Hance

389.鼠麴草属 *Gnaphalium* L.

（701）鼠麴草 *G. affine* D. Don

390.旋覆花属 *Inula* L.

（702）旋覆花 *I. japonica* Thunb.

（703）线叶旋覆花（窄叶旋覆花）*I. lineariifolia* Turcz.

391.苍耳属 *Xanthium* L.

（704）苍耳 *X. sibiricum* Patrin.

392.百日菊属 *Zinnia* L.

（705）百日菊（步步登高）*Z. elegans* Jacq.

百日菊（步步登高）

393.豨莶属 *Siegesbeckia* L.

（706）豨莶 *S. orientalis* L.

394.鳢肠属 *Eclipta* L.

（707）鳢肠（旱莲草、墨旱莲）*E. prostrata*（L.）L.

395.向日葵属 *Helianthus* L.

（708）菊芋（洋姜）*H. tuberosus* L.

（709）向日葵 *H. annuus* L.

396.大丽花属 *Dahlia* Cav.

（710）大丽花（大丽菊）*D. pinnata* Cav.

397.秋英属 *Cosmos* Cav.

（711）秋英（大波斯菊）*C. bipinnata* Cav.

（712）黄秋英（黄花波斯菊）*C. sulphureus* Cav.

398.鬼针草属 *Bidens* L.

（713）狼把草 *B. tripartita* L.

（714）小花鬼针草 *B. parviflora* Willd.

（715）婆婆针 *B. bipinnata* L.

（716）金盏银盘 *B. biternata*（Lour.）Merr. et Sherff

399.万寿菊属 *Tagetes* L.

（717）孔雀草（小万寿菊）*T. patula* L.

（718）万寿菊 *T. erecta* L.

400.菊属 *Dendranthema*（DC.）Des Moul.

（719）菊花 *D. morifolium*（Ramat.）Tzvel.

（720）甘菊 *D. lavandulifolium*（Fisch.ex Trautv.）Ling et Shih

（721）委陵菊 *D. potentilloides*（Hand.-Mazz.）Shih

401.石胡荽属 *Centipeda* Lour.

（722）石胡荽（球子草）*C. minima*（L.）A.Br. et Ascher.

402.蒿属 *Artemisia* L.

（723）茵陈蒿 *A. capillaris* Thunb.

（724）艾 *A. argyi* Lévl. et Van.

（725）猪毛蒿 *A. scoparia* Waldst. et Kit.

（726）南牡蒿 Bge.

（727）牡蒿 *A. japonica* Thunb.

（728）黄花蒿 *A. annua* L.

（729）青蒿 *A. carvifolia* Buch. Ham. ex Roxb

（730）白莲蒿 *A. sacrorum* Ledeb.

（731）蒙古蒿 *A. mongolica*（Fisch.ex Bess.）Nakai

（732）野艾蒿 *A. lavandulaefolia* DC.

（733）矮蒿 *A. lancea* Van.

矮　蒿

（734）芦蒿（蒌蒿）*A. selengensis* Turcz. ex Bess.

（735）大籽蒿 *A. sieversiana* Willd.

403.狗舌草属 *Tephroseris*（Reichenb.）Reichenb.

（736）狗舌草 *T. kirilowii*（Turcz. ex DC.）Holub

404.苍术属 *Atractylodes* DC.

（737）苍术 *A. lancea*（Thunb.）DC.

（738）朝鲜苍术 *A. coreana*（Nakai）Kitam.

405.风毛菊属 *Saussurea* DC.

（739）乌苏里风毛菊（猪耳朵菜）*S. ussuriensis* Maxim.

406.牛蒡属 *Arctium* L.

（740）牛蒡（大力子）*A. lappa* L.

407.飞廉属 *Carduus* L.

（741）丝毛飞廉（飞廉）*C.crispus* L.

408.蓟属 *Cirsium* Mill.

（742）绿蓟（崂山蓟）*C. chinense* Gardn. et Champ.

（743）蓟（大蓟）*C. japonicum* DC.

（744）刺儿菜（小蓟）*C. segetum* Bge.

409.泥胡菜属 *Hemistepta* Bge.

（745）泥胡菜（和尚头）*H. lyrata*（Bge.）Bge.

410.漏芦属 *Stemmacantha* Cass.

（746）漏芦（祁州漏芦）*S. uniflora*（L.）Ditrich

411.大丁草属 *Gerbera* Cass.

（747）大丁草 *G. anandria*（L.）Sch.-Bip

412.鸦葱属 *Scorzonera* L.

（748）鸦葱 *S. austriaca* Willd.

（749）桃叶鸦葱（皱叶鸦葱）*S. sinensis* Lipsch. et Krasch.

（750）华北鸦葱（笔管草、细叶鸦葱、白茎鸦葱）*S. albicaulis* Bge.

413.毛连菜属 *Picris* L.

（751）毛连菜（枪刀菜）*P. japonica* Thunb.

414.苦苣菜属 *Sonchus* L.

（752）苦苣菜 *S. oleraceus* L.

415.黄鹌菜属 *Youngia* Cass.

（753）黄鹌菜 *Y. japonica*（L.）DC.

416.翅果菊属 *Pterocypsela* Shih

（754）多裂翅果菊 *P. laciniata*（Houtt.）Shih

417.莴苣属 *Lactuca* L.

（755）山莴苣 *L. indica* L.

（756）莴苣 *L. sativa* L.

418.小苦荬属 *Ixeridium*（A. Gray）Tzvel.

（757）抱茎小苦荬（抱茎苦荬菜）*I. sonchifolium*（Maxim.）Shih

（758）中华小苦荬（苦菜、山苦荬）*I. chinense*（Thunb.）Tzvel.

419.黄瓜菜属 *Paraixeris* Nakai

（759）黄瓜菜（秋苦荬菜）*P. denticulata*（Houtt.）Nakai

420.蒲公英属 *Taraxacum* F. H. Wigg

（760）蒲公英（婆婆丁）*T. mongolicum* Hand. -Mazz.

（761）东北蒲公英 *T. ohwianum* Kitam

421.天名精属 *Carpesium* L.

（762）烟管头草（金挖耳、杓儿菜）*C. cernuum* L.

422.蜂斗菜属 *Petasites* Mill.

（763）蜂斗菜 *P. japonicus*（Sieb. et Zucc.）Maxim.

423.女菀属 *Turczaninowia* DC.

（764）女菀 *T. fastigiata*（Fisch.）DC.

1.3.2单子叶植物纲 Monocotyfedoneae

共记录单子叶植物20科、108属、184种（含10变种、1变型）。

一二五、香蒲科 Typhaceae

多裂翅果菊

424.香蒲属 *Typha* L.

（765）水烛（狭叶香蒲）*T. angustifolia* L.

一二六、眼子菜科 Potamogetonaceae

425.眼子菜属 *Potamogeton* L.

（766）菹草 *P. crispus* L.

（767）竹叶眼子菜 *P. malaianus* Miq.

一二七、泽泻科 Alismataceae

426.慈姑属 *Sagittaria* L.

（768）长瓣慈姑 *S. trifolia* L. f. *longlioba*（Turcz.）Makino

一二八、水鳖科 Hydrocharitaceae

427.黑藻属 *Hydrilla* Rich.

（769）黑藻 *H. verticillata*（L.f.）Royle

一二九、禾本科 Poaceae

428.刚竹属 *Phyllostachys* Sieb. et Zucc.

（770）淡竹 *P. glauca* McClure

（771）毛竹 *P. heterocycla*（Carr.）Mitford cv. Pubescens

429.假稻属 *Leersia* Sw.

（772）假稻 *L. japonica*（Makino）Honda

430.芦苇属 *Phragmites* Trin.

（773）芦苇 *P. australis*（Cav.）Trin.

431.芦竹属 *Arundo* J.

（774）芦竹 *A. donax* L.

432.早熟禾属 *Poa* L.

（775）草地早熟禾 *P. pratensis* L.

（776）硬质早熟禾 *P. sphondylodes* Trin.

（777）法氏早熟禾（华东早熟禾）*P. faberi* Rendle

433.雀麦属 *Bromus* L.

（778）雀麦 *B. japonicus* Thunb.

434.臭草属 *Melica* L.

（779）细叶臭草 *M. radula* Franch.

435.小麦属 *Triticum* L.

（780）小麦 *T. aestivum* L.

436.鹅观草属 *Roegneria* C. Koch

（781）鹅观草 *R. kamoji* Ohwi

（782）纤毛鹅观草 *R. ciliaris*（Trin.）Nevski

（783）细叶鹅观草（变种）*R. japonensis*（Honda）Keng var. *hackeliana*（Honda）Keng

437.洽草属 *Koeleria* Pers.

（784）洽草 *K. cristata*（L.）Pers.

438.茅香属 *Hierochloe* R. Br.

（785）光稃茅香 *H. glabra* Trin.

439.野青茅属 *Deyeuxia* Clarion

（786）疏花野青茅（变种）*D. arundinacea*（L.）Beauv. var. *laxiflora*（Rendle）P. C. Kuo et S. L. Lu

440.拂子茅属 *Calamagrostis* Adans.

（787）拂子茅 *C. epigeios*（L.）Roth.

（788）密花拂子茅（变种）*C. epigeios*（L.）Roth var. densiflora Griseb.

（789）假苇拂子茅 *C. pseudophragmites*（Hall.f.）Koel.

441.看麦娘属 *Alopecurus* L.

（790）看麦娘 *A. aequalis* Sobol.

442.芨芨草属 *Achnatherum* Beauv.

（791）远东芨芨草 *A. extremiorientale*（Hara）Keng ex P. C. Kuo

443.画眉草属 *Eragrostis* Wolf.

（792）大画眉草 *E. cilianensis*（A11.）Link ex Vign. –Lut.

（793）小画眉草 *E. minor* Host

（794）知风草 *E. ferruginea*（Thunb.）Beauv.

（795）画眉草 *E. pilosa*（L.）Beauv.

（796）秋画眉草 *E. autumnalis* Keng

444.隐子草属 *Cleistogenes* Keng

（797）北京隐子草（韩式隐子草）*C. hancei* Keng

（798）长花隐子草 *C. longiflora* Keng

445.双稃草属 *Diplachne* Beauv.

（799）双稃草 *D. fusca*（L.）Beauv.

446.䅟属 *Eleusine* Gaertn.

（800）牛筋草（蟋蟀草）*E. indica*（L.）Gaertn.

447.狗牙根属 *Cynodon* Rich.

（801）狗牙根 *C. dactylon*（L.）Pers.

448.鼠尾粟属 *Sporobolus* R. Br.

（802）鼠尾粟 *S. fertilis*（Steud.）W. D. Clayt.

449.草沙蚕属 *Tripogon* Roem. et Schult.

（803）中华草沙蚕 *T. chinensis*（Franch.）Hack.

450.乱子草属 *Muhlenbergia* Schreb.

（804）乱子草 *M. hugelii* Trin.

451.三芒草属 *Aristida* L.

（805）三芒草 *A. adscensionis* L.

452.结缕草属 *Zoysia* Willd.

（806）结缕草 *Z. japonica* Steud.

453.锋芒草属（虱子草属）*Tragus* Hall.

（807）虱子草 *T. berteronianus* Schult.

454.野古草属 *Arundinella* Raddi

（808）野古草 *A. anomala* Steud.

455.柳叶箬属 *Isachne* R. Br.

（809）柳叶箬 *I. globosa*（Thunb.）Kuntze

456.黍属 *Panicum* L.

（810）细柄黍 *P. psilopodium* Trin.

457.求米草属 *Oplismenus* Beauv.

（811）求米草 *O. undulatifolius*（Arduino）Roem. et. Schult.

458.稗属 *Echinochloa* Beauv.

（812）稗 *E. crusgalli*（L.）Beauv.

（813）无芒稗（变种）*E. crusgalli*（L.）Beauv. var. *mitis*（Pursh）Peterm.

459.野黍属 *Eriochloa* Kunth

（814）野黍 *E. villosa*（Thunb.）Kunth

460.马唐属 *Digitaria* Hall.

（815）马唐 *D. sanguinalis*（L.）Scop.

（816）升马唐 *D. ciliaris*（Retz.）Koel.

（817）紫马塘 *D. violascens* Link

461.狗尾草属 *Setaria* Beauv.

（818）狗尾草 *S. viridis*（L.）Beauv.

（819）金色狗尾草 *S. glauca*（L.）Beauv.

（820）粱（谷子）*S. italica*（L.）Beauv.

462.狼尾草属 *Pennisetum* Rich.

（821）狼尾草 *P. alopecuroides*（L.）Spreng.

狼尾草

463.白茅属 *Imperata* Cyr.

（822）白茅 *I. cylindrica*（L.）Beauv. var. *major*（Nees）C. E. Hubb.

464.大油芒属 *Spodiopogon* Trin.

（823）大油芒 *S. sibiricus* Trin.

465.高粱属（蜀黍属）*Sorghum* Moench

（824）多脉高粱（高粱）*S. nervosum* Bess. ex Schult.

466.孔颖草属 *Bothriochloa* Kuntze

（825）白羊草 *B. ischaemum*（L.）Keng

467.裂稃草属 *Schizachyrium* Nees

（826）裂稃草 *S. brevifolium*（Sw.）Nees

468.香茅属 *Cymbopogon* Spreng

（827）橘草 *C. goeringii*（Steud.）A. Camus

469.细柄草属 *Capillipedium* Stapf

（828）细柄草 *C. parviflorum*（R. Br.）Stapf

470.荩草属 *Arthraxon* Beauv.

（829）荩草 *A. hispidus*（Thunb.）Makino

（830）矛叶荩草 *A. lanceolatus*（Roxb.）Hochst

471.菅属 *Themeda* Forssk.

（831）黄背草（菅草）*T. japonica*（Willd.）Tanaka

472.牛鞭草属 *Hemarthria* R. Br.

（832）牛鞭草 *H. aitissima*（Pior.）Stapf et C. E. Hubb.

473.玉蜀黍属 *Zea* L.

（833）玉蜀黍（玉米）*Z. mays* L.

474.薏苡属 *Coix* L.

（834）薏苡 *C. lacryma-jobi* L.

475.虎尾草属 *Chloris* Swartz

（835）虎尾草 *C. virgata* Sw.

476.莠竹属 *Microstegium* Nees

（836）莠竹 *M. nodosum*（Kom.）Tzvel.

477.伪针茅属 *Pseudoraphis* Griff.

（837）瘦脊伪针茅（变种）*P. spinescens*（R. Br.）Vickery var. *depauperata*（Nees）Bor.

478.茅根属 *Perotis* Ait.

（838）麦穗茅根 *P. hordeiformis* Nees ex Hook. et Arn.

479.甜茅属 *Glyceria* R. Br.

（839）假鼠妇草 *G. leptolepis* Ohwi

一三〇、莎草科 Cyperaceae

480.球柱草属 *Bulbostylis* C. B. Clarke

（840）球柱草 *B. barbata*（Rottb.）C. B. Clarke

481.薹草属 *Carex* L.

（841）二形鳞薹草（垂穗薹草）*C. dimorpholepis* Steud.

（842）异鳞薹草 *C. heterolepis* Bge.

（843）异穗薹草 *C. heterostachya* Bge.

（844）大披针叶薹草（披针薹草）*C. lanceolata* Boott

（845）低矮薹草（羊胡子草）*C. humilis* Leysser

（846）尖嘴薹草 *C. leiorhyncha* C. A. Mey.

（847）青绿薹草（青管）*C. breviculmis* R. Br.

（848）日本薹草 *C. japonica* Thunb.

（849）翼果薹草 *C. neurocarpa* Maxim.

（850）锥囊薹草 *C. raddei* Kukenth.

（851）白颖薹草 *C. duriuscula* C. A.

翼果薹草

Mey. subsp. *rigescens* (Franch.) S. Y. Liang et Y. C. Tang

(852) 宽叶薹草（崖棕）*C. siderosticta* Hance

482.莎草属 *Cyperus* L.

(853) 香附子 *C. rotundus* L.

(854) 阿穆尔莎草 *C. amuricus* Maxim.

(855) 扁穗莎草 *C. compressus* L.

(856) 长尖莎草 *C. cuspidatus* Kunth.

(857) 异型莎草 *C. difformis* L.

(858) 褐穗莎草 *C. fuscus* L.

(859) 旋鳞莎草 *C. michelianus* (L.) Link

(860) 白鳞莎草 *C. nipponicus* Franch. et Savat.

(861) 碎米莎草 *C. iria* L.

(862) 小碎米莎草 *C. microiria* Steud.

483.荸荠属 *Heleocharis* R. Br.

(863) 刚毛荸荠 *H. valleculosa* Ohwi f. setosa (Ohwi) Kitagawa

(864) 羽毛荸荠 *H. wichurai* Bocklr.

(865) 牛毛毡 *H. yokoscensis* (Franch. et Savat.) Tang et Wang

484.飘拂草属 *Fimbristylis* Vahl

(866) 复序飘拂草 *F. bisumbellata* (Forsk.) Bubani

(867) 矮扁鞘飘拂草（变种）*F. complanata* (Retz.) Link var. kraussiana C. B. Clarke

(868) 两歧飘拂草 *F. dichotoma* (L.) Vahl

(869) 畦畔飘拂草 *F. squarrosa* Vahl

(870) 单穗飘拂草 *F. subbispicata* Nees et Meyen

485.水蜈蚣属 *Kyllinga* Rottb.

(871) 无刺鳞水蜈蚣（光鳞水蜈蚣、变种）*K. brevifolia Rottb. var. leiolepis* (Franch. et Savat.) Hara

486.湖瓜草属 *Lipocarpha* R. Br.

(872) 华湖瓜草 *L. chinensis* (Osbeck) Tang et Wang

487.砖子苗属 *Mariscus* Gaertn.

(873) 辐射砖子苗 *M. radians* (Nees et Meyen) Tang et Wang

488.水莎草属 *Juncellus* (Griseb.) Clarke

(874) 水莎草 *J. serotinus* (Rottb.) C. B. Clarke

489.扁莎属 *Pycreus* P. Beauv.

(875) 球穗扁莎 *P. globosus* (All.) Reichb.

(876) 红鳞扁莎 *P. sanguinolentus* (Vahl) Nees

(877) 红边扁莎（变型）*P. sanguinolentus* (Vahl) Nees f. *Rubro-marginatus* (Schrenk) L. K. Dai

490.藨草属 *Scirpus* L.

(878) 萤蔺 *S. juncoides* Roxb.

(879) 华东藨草 *S. karuizawensis* Makino

(880) 藨草 *S. triqueter* L.

一三一、天南星科 Araceae

491.菖蒲属 *Acorus* L.

(881) 菖蒲 *A. calamus* L.

492.半夏属 *Pinellia* Tenore

(882) 虎掌（掌叶半夏）*P. pedatisecta* Schott

(883) 半夏 *P. ternata* (Thunb.) Breit.

493.龟背竹属 *Monstera* Adans.

(884) 龟背竹 *M. deliciosa* Liebm.

494.花烛属 *Anthurium* Schott

(885) 安祖花（花烛、红掌）*A. scherzerianum* Schott

一三二、棕榈科 Arecaceae

495.棕榈属 *Trachycarpus* H. Wendl.

（886）棕榈 *T. fortunei*（Hook.）H. Wendl.

496.棕竹属 *Rhapis* L. f.

（887）矮棕竹 *R. humilis* Bl.

一三三、浮萍科 Lemnaceae

497.浮萍属 *Lemna* L.

（888）浮萍 *L. minor* L.

一三四、谷精草科 Eriocaulaceae

498.谷精草属 *Eriocaulon* L.

（889）白药谷精草 *E. cinereum* R. Br.

一三五、鸭跖草科 Commelinaceae

499.鸭跖草属 *Commelina* L.

（890）鸭跖草 *C. communis* L.

鸭跖草

（891）饭包草（火柴头）*C. bengalensis* L.

500.水竹叶属 Murdannia Royle

（892）裸花水竹叶 *M. nudiflora*（L.）Brenan

一三六、灯心草科 Juncaceae

501.灯心草属 *Juncus* L.

（893）江南灯心草（水茅草）*J. leschenaultii* Gay

一三七、百合科 Liliaceae

502.葱属 *Allium* L.

（894）矮齿韭 *A. brevidentatum* F. Z. Li

（895）薤白（小根蒜）*A. macrostemon* Bge.

（896）蜜花小根蒜（变种）*var. uratense*（Franch）Airy-Shaw

（897）野韭 *A. ramosum* L.

（898）细叶韭 *A. tenuissimum* L.

（899）球序韭 *A. thunbergii* G. Don

（900）泰山韭 *A. taishanense* J. M. Xu

（901）黄花葱 *A. condensatum* Turcz.

（902）葱 *A. fistulosum* L.

（903）蒜 *A. sativum* L.

（904）韭（韭菜）*A. tuberosum* Rottl. ex Spreng.

（905）洋葱（圆葱）*A. cepa* L.

503.天门冬属 *Asparagus* L.

（906）南玉带 *A. oligoclonos* Maxim.

（907）龙须菜（雉隐天冬）*A. schoberioides* Kunth.

（908）文竹 *A. setaceus*（Kunth）Jessop

504.萱草属 *Hemerocallis* L.

（909）黄花菜 *H. citrina* Baroni

（910）萱草 *H. fulva*（L.）L.

505.百合属 *Lilium* L.

（911）有斑百合 *L. concolor* Salisb.var. *pulchellum*（Fisch.）Regel

龙须菜（雉隐天冬）

卷　丹

(912) 卷丹 *L. lancifolium* Thunb.

506.山麦冬属 *Liriope* Lour.

(913) 山麦冬 *L. spicata* (Thunb.) Lour.

(914) 禾叶山麦冬 *L. graminifolia* (L.) Baker

507.黄精属 *Polygonatum* Mill.

(915) 黄精 *P. sibiricum* Delar. ex Redoute △

(916) 热河黄精 *P. macropodium* Turcz.

(917) 玉竹 *P. odoratum* (Mill.) Druce △

508.绵枣儿属 *Scilla* L.

(918) 绵枣儿 *S. scilloides* (Lindl.) Druce

509.菝葜属 *Smilax* L.

(919) 牛尾菜 *S. riparia* A. DC.

(920) 华东菝葜 (鲇鱼须) *S. sieboldii* Miq.

510.郁金香属 *Tulipa* L.

(921) 老鸦瓣 (山慈菇) *T. edulis* (Miq.) Baker

511.吊兰属 *Chlorophytum* Ker-Gawl.

(922) 吊兰 *C. comosum* (Thunb.) Baker

512.玉簪属 *Hosta* Tratt.

(923) 玉簪 *H. plantaginea* (Lam.) Aschers

513.芦荟属 *Al e* L.

(924) 芦荟 *A. vera* L. var. *chinensis* (Haw.) Berg.

514.丝兰属 *Yucca* L.

(925) 凤尾丝兰 *Y. gloriosa* L.

515.龙血树属 *Dracaena* Vand. ex L.

(926) 香龙血树 (巴西木、巴西铁) *D. fragians* Ker.

(927) 富贵竹 *D. sanderiana* Sander

516.虎尾兰属 *Sansevieria* Thunb.

(928) 虎尾兰 *S. trifasciata* Prain

517.万年青属 *Rohdea* Roth.

(929) 万年青 *R. japonica* (Thunb.) Roth.

518.蜘蛛抱蛋属 *Aspidistra* Ker-Gawl.

(930) 蜘蛛抱蛋 (一叶兰) *A. elatior* Bl.

519.沿阶草属 *Ophiopogon* Ker-Gawl.

(931) 麦冬 (沿阶草) *O. japonicus* (L. f.) Ker-Gawl.

一三八、石蒜科 Amaryllidaceae

520.朱顶红属 *Hippeastrum* Herb.

(932) 花朱顶红 *H. vittatum* (Hér) Herb.

521.葱莲属 *Zephyranthes* Herb.

(933) 韭莲 (风雨花) *Z. grandiflora* Lindl.

(934) 葱莲 (玉帘) *Z. candida* (Lindl.) Herb.

522.君子兰属 *Clivia* Lindl.

(935) 君子兰 (大花君子兰) *C. miniata* Regel

523.龙舌兰属 *Agave* L.

(936) 龙舌兰 *A. americana* L.

薯蓣（山药）

一三九、薯蓣科 Dioscoreaceae

524.薯蓣属 *Dioscorea* L.

（937）穿龙薯蓣（穿山龙）*D. nipponica* Makino

（938）薯蓣（山药）*D. opposita* Thunb.

一四〇、鸢尾科 Iridaceae

525.鸢尾属 *Iris* L.

（939）野鸢尾（白射干）*I. dichotoma* Pall. △

（940）矮紫苞鸢尾（变种）*I. ruthenica* Ker-Gawl. var. *nana* Maxim.

（941）鸢尾 *I. tectorum* Maxim.

一四一、芭蕉科 Musaceae

526.鹤望兰属 *Strelitzia* Aiton

（942）鹤望兰 *S. reginae* Aiton

一四二、美人蕉科 Cannaceae

527.美人蕉属 *Canna* L.

（943）大花美人蕉 *C. generalis* Bailey

（944）美人蕉 *C. indica* L.

一四三、竹芋科 Marantaceae

528.肖竹芋属 *Calathea* G. F. W. Mey.

（945）孔雀竹芋 *C. makogana* Nichols

一四四、兰科 Orchidaceae

529.羊耳蒜属 *Liparis* Rich. ★

（946）羊耳蒜 *L. japonica*（Miq.）Maxim. ★

羊耳蒜

530.绶草属 *Spiranthes* Rich. ★

（947）绶草（盘龙参）*S. sinensis*（Pers.）Ames. ★

531.无柱兰属 *Amitostigma* Schltr. ★

（948）无柱兰（细葶无柱兰）*A. gracile*（Bl.）Schltr. ★

说明：

①Ⅰ为国家Ⅰ级重点保护植物

②Ⅱ为国家Ⅱ级重点保护植物

③★为列入“濒危野生动植物种国际贸易公约”植物种

④△为山东省“稀有濒危”植物

第四章
动物资源

白 鹭

徂徕山位于山东省腹地，地理位置优越，地形复杂，植被多样，森林茂密。丰富的植物种类和优越的自然条件，为动物提供了天然的食物来源和栖息、繁衍场所，是山东省动物区系的典型代表。按照中国动物地理区划，徂徕山属古北界、华北区、黄淮平原亚区。生态类群属暖温带旱作区农田动物群，温带森林—森林草原动物类群。根据山东省的地形、地貌、土壤、植被及气候条件，徂徕山属于山东动物4个动物地理区（鲁东丘陵、鲁西北平原、鲁中南山地丘陵和鲁西南平原动物地理区）中的鲁中南山地丘陵动物地理区，脊椎动物特别是陆栖脊椎动物的分布具有一定的区域性，属南北动物过渡区。徂徕山有从无脊椎动物到脊椎动物丰富的动物种群，其中包括珍稀濒危物种，充分反映了徂徕山动物区系组成的多样性和完整性，具有较高的保护价值。

徂徕山共记高等动物13纲、57目、229科、1090种，其中无脊椎动物8纲、28目、163科、867种，脊椎动物5纲、29目、66科、223种。在徂徕山野生动物中，国家Ⅰ级保护鸟类2种，国家Ⅱ级保护鸟类17种，山东省重点保护野生动物29种，其中鸟类20种。列入《濒危野生动植物种国际贸易公约》的保护动物23种，其中鸟类18种；列入《中华人民共和国政府和日本国政府保护候鸟及其栖息环境协定》的保护鸟类67种，占该协定种数（227种）的29.52%，列入《中华人民共和国政府和澳大利亚政府保护候鸟及其栖息环境的协定》的保护鸟类14种，占该协定种数（81种）的17.28%。

绿 翅 鸭

2012年徂徕山高等动物分类情况表

表4-1

类　别	纲	目	科	种
无脊椎动物	8	28	163	867
环节动物	2	6	–	20
寡毛纲	1	3	–	13
蛭　纲	1	3	–	7
软体动物	2	4	9	19
节肢动物	4	18	154	828
甲壳纲	1	1	2	7
蛛形纲	1	3	15	77
多足纲	1	–	–	4
昆虫纲	1	14	137	740
脊椎动物	5	29	66	223
鱼　类	1	5	10	37
两栖类	1	1	3	7
爬行类	1	3	4	9
鸟　类	1	15	39	154
兽　类	1	5	10	16

第一节　无脊椎动物

徂徕山气候温和，无脊椎动物种类繁多，数量大，分布广，多数种类个体较小，结构简单，与人类关系密切。绝大多数无脊椎动物没有脊索和鳃裂，心脏位于身体背面，神经索在身体腹面。徂徕山高等无脊椎动物有8纲、28目、163科、867种，分别占徂徕山高等动物纲、目、科、种总数的61.54%、50%、70.26%、78.25%。环节动物主要是蚯蚓类和蛭类，共记2纲、6目、20种。徂徕山森林土壤潮湿肥沃，腐殖质层较厚，土壤有机质含量较高，比较适宜蚯蚓类生长。蚯蚓是鸟类和小型兽类的主要食物之一，其中环毛蚓类是保护区森林土壤中常见种类，主要取食土壤腐殖质，能够改善土壤的理化性状。软体动物主要分布在徂徕山及周边河流、水库、坑塘，共2纲、4目、9科、19种，大多数软体动物以饲用为主，是食物链中重要的组成部分。节肢动物种类最多，数量最大，分布最广，是徂徕山动物界最大

的门类，共4纲、18目、154科、828种，在生态平衡中起着重要作用。

一、环节动物

环节动物（Annelida），身体两侧对称，分节，三胚层，具体腔。具疣足或刚毛。后肾管排泄，按节排列。闭管式循环。神经系统较集中，具脑，每节具一神经节。间接或直接发育，间接发育的幼虫为担轮幼虫。徂徕山环节动物主要是蚯蚓类和蛭类，共2纲、6目、20种，其中寡毛纲3目、13种，蛭纲3目、7种。寡毛纲动物通称蚯蚓，体节明显，头部尚未完全分化，口前叶上无触手和眼（仅少数种类例外），体节上多数有刚毛，无疣足，背侧各环间常有背孔，成体有环带，血液循环为闭管式；直接发育；体细长，多节，雌雄同体；头部不明显，只有口前叶和围口节两部分，口位于围口节的腹面，水栖种类的口前叶常呈锥状或长吻状。蛭纲主要是颚蛭目动物，俗称蚂蟥或马鳖。身体长形，稍扁，墨绿色，尾端有吸盘，雌雄同体生活在池沼或水田中，能吸人畜的血。唾液中含有水蛭素，医学上能发挥抗凝血作用。虫体经干燥炮制后入中药。徂徕山陆栖环节动物种类中，带丝蚓、参环毛蚓等，既可改良土壤，又可供药用；日本杜柱蚓、宽体金线蛭、日本医蛭等，可作为动物性中药材。淡水种类中，白线蚓、水丝蚓等，主要作为饵料。陆蛭、扁蛭等，既可陆栖，又可生活在淡水中。

宽体金线蛭 *Whitmania pigra* 又名蚂蟥、水蚂蟥。蛭纲、颚蛭目。体长，略呈纺锤形，扁平，长6~13厘米，宽0.8~2厘米。背面暗绿色，具5条细密的黄黑色斑点组成的纵线，中线较深。体环107环。雄生殖孔在33~34环沟间，雌孔在38~39环沟间。前吸盘小，颚齿不发达。体宽大，棕褐色，背侧具5条黑黄斑点组成的纵纹，眼5对，吸盘发达。栖息于徂徕山山间河流、沟渠、浅水污秽坑塘等处，嗜吸人畜血液，吸食水中浮游生物、小型昆虫、软体动物等幼虫及泥面腐殖质等。行动敏捷，可波浪式游进，也能作尺蠖式移行。临床用于治疗肝癌、白血病、肠癌、卵巢肿瘤、子宫肌瘤等。

日本医蛭 *Hirudo nipponia*（Whitman）俗名稻田医蛭、蚂蝗、线蚂蝗、水蛭、日本医水蛭。蛭纲、无吻蛭目。一般栖息于沟渠、池塘和沼泽中，特别是常年积水或排水不良的沤田中数量最多。日本医蛭狭长稍扁，略呈圆柱形，长3~5厘米，宽0.4~0.6厘米。背部呈黄绿或黄褐色，背部和纵纹变化大，背中线和一条纵纹延伸到吸盘上，前吸盘较大，口内有3个颚，颚齿发达，后吸盘呈碗状，朝向腹面。生活于水田及沼泽中，再生能力极强，能由断体再生成新体。冬季蛰伏。自然界中主要以吸食鱼类和其他动物血为生。

二、软体动物

软体动物（Mollusca），通称“贝类（Shellfishes）”，身体一般可分为头、足和内脏团三个部分，身体柔软，通常有壳，无体节，有肉足或腕。徂徕山内河流、水库、坑塘等较多，有软体动物2纲、4目、9科、19种，其中主要种类为蜗牛，生活于潮湿阴暗多腐殖质的草木丛、石块、土壤中，易危害农作物；野蛞蝓生活于山区、农田等潮湿的环境中，主要危害瓜菜、花卉等。淡水产的田螺、蚌、蚬，陆地栖息的蜗牛等肉味鲜美，具有很高的营养价值。

中华圆田螺 *Cipangopaludina cahayensis* 腹足纲、田螺科。俗名田螺、香螺。中型个体，壳高约44.4毫米，宽27.5毫米。贝壳近宽圆锥形，有6~7个螺层，每个螺层均向外膨胀。螺旋部的高度大于壳口高度，体螺层明显膨大。壳顶尖，缝合线较深。壳面无滑无肋，呈黄褐色。壳口近卵圆形，边缘完整，薄，具有黑色框边。厣为角质的薄片，小于壳口，具有同心圆的生长纹，厣核位于内唇中央。生活于徂徕山河流、水库、池塘内，尤其喜栖息在水草茂盛的水域。肉味鲜美，风味独特，营养丰富，可食用，还可作为家畜、家禽及鱼类食料，有清热利水、除湿解毒之功效。用于热结小便不通、黄疸、脚气、水肿、消渴、痔疮、便血、目赤肿痛、疔疮肿毒。

同型巴蜗牛 *Bradybaena similaris* (Ferussae) 腹足纲、柄眼目。贝壳中等大小，壳质厚，坚实，呈扁球形。壳高12毫米、宽16毫米，有5~6个螺层，顶部几个螺层增长缓慢，略膨胀，螺旋部低矮，体螺层增长迅速、膨大。壳顶钝，缝合线深。壳面呈黄褐色或红褐色，有稠密而细致的生长线。体螺层周缘或缝合线处常有一条暗褐色带(有些个体无)。壳口呈马蹄形，口缘锋利，轴缘外折，遮盖部分脐孔。脐孔小而深，呈洞穴状。个体之间形态变异较大。卵圆球形，直径2毫米，乳白色有光泽，渐变淡黄色，近孵化时为土黄色。常与灰巴蜗牛混杂发生。生活于徂徕山潮湿的灌木丛、草丛中、田埂上、乱石堆里、枯枝落叶下、作物根际土块和土缝中以及温室、菜窖、畜圈附近的阴暗潮湿、多腐殖质的环境，适应性极广。一年繁殖1代，多在4~5月产卵，大多产在根际疏松湿润的土中、缝隙中、枯叶或石块下。每个成体产卵30~235粒。成螺大多蛰伏在作物秸秆堆下面或冬作物的土中越冬，幼体也可在冬作物根部土中越冬。寄主于紫薇、芍药、海棠、玫瑰、月季、蔷薇、白蜡以及白菜、萝卜、甘蓝、花椰菜等多种蔬菜。初孵幼螺只取食叶肉，留下表皮，稍大个体则用齿舌将叶、茎溉磨成小孔或将其吃断。

三、节肢动物

节肢动物（Arthropoda)，身体异律分节，两侧对称。具几丁质外骨骼，附肢分节。开管式循环，混合体腔。水生种类用鳃或书鳃呼吸，陆生种类用气管或书肺呼吸。排泄器官为颚腺、绿腺或基节腺、马氏管。感官和神经系统发达。雌雄异体或同体，直接或间接发育，间接发育者有变态。徂徕山节肢动物有4纲、18目、154科、828种，是徂徕山动物界最大的门类，分布极广，与人类关系密切，有的是人类生活的食品、药品；有的是农业、林业害虫或卫生昆虫，对人类构成危害；有的是害虫天敌，为生物防治的有力武器，在生态平衡中起着重要作用。

甲壳纲 *Crustacea* 身体分为头胸部和腹部，2对触角，头胸部常有一大型几丁质头胸甲。用鳃呼吸。以绿腺或颚腺进行排泄。间接发育的种类有多个幼虫阶段。多数水中生活，少数陆生。徂徕山有甲壳纲动物1目、2科、7种，主要为蟹、虾等，均为常见种，其中中华绒螯蟹、日本沼虾、中华小长臂虾均为著名的食用种类。

中华绒螯蟹 *Eriocheir sinensis H. Milne-Edwards* 又称河蟹、毛蟹、清水蟹、大闸蟹或螃蟹。甲壳纲、十足目、方蟹科。体近圆形、头胸甲背面为草绿色或墨绿色，腹面灰白色、头胸甲额缘具4尖齿突，前侧缘亦具4齿突，第4齿小而明显。腹部平扁，雌体呈卵圆形至圆形，雄体呈细长钟状，但幼蟹期雌雄个体腹部均为三角形，不易分辨。螯足用于取食和抗敌，其掌部内外缘密生绒毛，绒螯蟹因此而得名。4对步足是主要爬行器官，长节末前角各有1尖齿。腹肢

雌性4对，位于第2至第5腹节，双肢型，密生刚毛，内肢主要用以附卵。雄蟹仅有第1和第2腹肢，特化为交接器。每年6~7月新生幼蟹，栖于河流的岸边。喜掘穴而居，或隐藏在石砾、水草丛中。掘穴时主要靠1对螯足，步足只起辅助作用。以水生植物、底栖动物、有机碎屑及动物尸体为食。取食时靠螯足捕捉，然后将食物送至口边。营养条件好时，当年幼蟹体重50~70克，最大150克，且性腺成熟。此蟹只可活食，因死蟹体内的蛋白质分解后，会产生蟹毒碱。中华绒螯蟹味美且营养丰富。每100克河蟹食用部分含蛋白质14克、脂肪5.9克、碳水化合物7克，此外，还含有维生素A、核黄素、烟酸等。主要分布在水库、山涧溪流中，徂徕山各林区均有分布。

日本沼虾 *Macrobrachium nipponensis* 又称青虾或河虾。甲壳纲、十足目、长臂虾科。体青绿色，带有棕色斑点。长40~80毫米。体外被有甲壳，即外骨骼。全身原有20体节，组合成两体部，即头胸部和腹部。前者由头部6体节与胸部8体节相互愈合而成，节间界线已完全消失；背面包被一块特别发达的甲壳，称为头胸甲。头胸甲略呈圆筒状，前端有一尖的突起称为额剑。额剑短于头胸甲本身之长，左右侧扁，上缘几乎平直，带锯齿11~14个，下缘向上孤曲，有锯齿2~3个。日本沼虾蛋白质丰富，营养价值很高，其肉质和鱼一样松软，易消化，但无腥味和骨刺，含有丰富的矿物质（如钙、磷、铁等），对人类的健康极有裨益。现代医学研究证实，虾的营养价值极高，能增强人体的免疫力和性功能，补肾壮阳，抗早衰。常吃鲜虾（炒、烧、炖皆可），温酒送服，可医治肾虚阳痿、畏寒、体倦、腰膝酸痛等病症。虾皮有镇静作用，常用来治疗神经衰弱、植物神经功能紊乱诸症。主要分布在徂徕山水库、山涧溪流中。

蛛形纲 *Arachnida* 蝎、蜘蛛和蜱螨类均属蛛形纲。其身体分头胸部和腹部，无触角，具螯肢、脚须各1对及步足4对。螯肢及脚须位于头端而步足位于头胸部之后端。以书肺及气管进行呼吸。排泄器官为马氏管和基节腺。生殖孔一个在腹之前方。无幼虫期。陆生生活。徂徕山蛛形纲动物有3目、15科、77种，其中蝎目1科、1种，其中东方钳蝎为肉食性、夜行性节肢动物，喜干燥，栖于岩石、土穴中，是重要的动物性中药材，可食用，经济价值较高，数量较少，为山东省重点保护动物。蜱螨目5科、32种，体形较小，又称壁虱，多以刺吸植物的汁液为生，数量较多时，很容易造成虫灾。蜘蛛目9科、44种，占全省农林蜘蛛类种数（127种）的34.65%，多为肉食性，其分布较广，种群数量较大，主要捕食多种害虫。

针叶小爪螨 *Oligonychus ununguis* (jaacobi) 蛛形纲、蜱螨目、叶螨科。雌螨体椭圆形，长420~550微米，宽260~315微米，褐红色。须肢附节上的端感器略呈长方形，其长约为宽的1.5倍；背感器小技状，短于端感器。四针鞘端部中央略呈凹陷，气门沟无端膝，末端膨大。背毛刚毛状，具绒毛，不着生在疣突上；背毛长度可达或超过背毛列距，背毛13对。足1附节具双刚毛1对，彼此相距较近，其腹面仅1根刚毛；爪退化为条状，各具粘毛1对；爪间突爪状，腹侧基部有5对针状毛。雄螨体菱形状，长320~350微米，足互生、11附节和股节上刚毛数也有变化。阳茎较粗短，钩部弯曲成钩角或直角，无端锤，须部钝。卵圆球形，直径约100微米。初产卵为淡黄色，后变紫红色。半透明，有光泽。幼螨近圆形。孵化后取食呈淡绿色。若螨比幼螨活泼，体褐色带微红。1年可发生9~11代。以紫红色越冬卵在寄主的针叶、叶柄、叶痕、小枝条，以及粗皮缝隙等处越冬，极少数以雌螨在树缝或土块内越冬。翌年，当气温上升到10℃以上时或栗芽萌发时，越冬卵开始孵化。幼螨爬上嫩叶取食危害，至成螨产卵繁殖。少数越冬雌螨出蛰，爬往新叶取食产卵。每头雌螨的产卵量为19~72粒，平均43.6粒。温暖、干燥是针叶小爪螨生长发育和繁殖的有利环境条件，适宜温度25℃~30℃，久雨或暴雨能使螨量下降。板栗林的防治适期在5月初，采用溴螨醇、灭螨醇、扫螨净等专用杀螨剂可以取得理想防治效果。

中华狼蛛 *Lycosa sinensis Schenkel* 蛛形纲、蜘蛛目、狼蛛科。雌蛛身长19~30毫米，雄蛛身长15~21毫米、体态粗壮、活动敏捷、捕食凶猛。全身为土灰色、背甲上向外扩散黑色花纹、螯肢为黄色。中华狼蛛营穴居性生活，多栖息于徂徕山林区，在不积水的地块、沟渠上挖穴筑室。幼蛛和成蛛在挖穴前，一般先利用其他昆虫的洞口为基础，用螯肢掘土并用触肢及前对步足将土粒送出外（离洞口4~7厘米）。初筑新穴，洞口周围有新土颗。洞口并不高于土面。幼蛛洞穴直径与其个体大小有关，成蛛洞穴直径一般在2.5~3厘米；幼蛛洞口直径因蜘蛛龄期不同而异，一般为1~4厘米。随着蜘蛛龄期的增长或季节气温的变化，洞穴的深度逐渐增加，成蛛早春的洞穴深度一般为20厘米左右，夏季可达35厘米。洞底的直径与洞口的直径相同，洞口与洞壁都罩以蛛丝，幼蛛的洞口及洞壁网薄，而成蛛网壁增厚成障，能防止洞壁坍塌。幼蛛蜕皮6次，有7个龄期，一年发生一个世代。中华狼蛛一般在日落后出洞活动和寻食，喜食各种甲虫、蛾类、叶蝉、飞虱、蝗虫等，是多种农林害虫的重要天敌，具有一定的保护价值。主要生活在徂徕山林缘、空地上。各林区均有分布。

多足纲 *Myriopoda* 虫体分为头部和躯干部，或具不明显的胸部。触角1对，身体各节具1~2对足。用气管呼吸。用马氏管排泄，生殖孔1个。无幼虫期。陆生生活。徂徕山多足纲动物有4种，分别是约安巨马陆、马陆，栖于阴湿的石块或树叶下，可入药；少棘巨蜈蚣，栖居于潮湿阴暗处，昼伏夜出，肉食性，可入药；花蚰蜒，常栖于室内外阴湿处，捕食小虫。徂徕山多足类种类不多，但种群数量较大，属大型土壤动物，对改善土壤的理化性状具有很大的作用，在食物链中具有重要地位。

少棘巨蜈蚣 *Scolopendra subspinipes mutilans. L.Kock* 又称蜈蚣、有足虫、天龙、千足虫等。体形扁平而长，全体由22个同型环节构成，长6~16厘米，宽5~11毫米，头部红褐色；头板近圆形，前端较窄而突出，长约为第一背板的2倍。头板和第一背板为金黄色，生触角1对，17节，基部6节少毛。单眼4对；头部之腹面有颚肢1对，上有毒钩；颚肢底节内侧有1距形突起，上具4枚小齿，颚肢齿板前端亦具小齿5枚。身体自第2背板起为墨绿色，末板黄褐色。背板自2~19节各有2条不显著的纵沟，第2、4、6、9、11、13、15、17、19各节之背板较短；腹板及步肢均为淡黄色，步肢21对，足端黑色，尖端爪状；末对附肢基侧板端有2尖棘，同肢前腿节腹面外侧有2棘，内侧1棘，背面内侧1~3棘。蜈蚣为夜行性动物、白天潜居于杂草丛中或乱石堆下，夜晚活动，觅食。为典型的肉食性动物，食性广泛，尤喜小昆虫类，也食蛙、鼠、蜥蜴及蛇类等。其毒液抗惊厥，

有直接扩张血管的作用、抑制结核杆菌、皮肤真菌以及抗肿瘤作用。徂徕山各林区均有分布。

昆虫纲 *Insecta* 身体由头胸腹三部分组成。头部具1对触角、眼和口器。胸部2对翅、3对步足。腹部具呼吸、生殖腔道对外开口和交接器。雌雄异体、异形。间接发育，有变态现象。种类多，分布广，生态多样，与人类关系密切。根据山东省动物地理区划，因南北跨度较大，气候条件北端与南端有较大的差别，因此又将鲁中南丘陵山区分为南部的鲁南山区和北部的鲁中山区。徂徕山位于山东省中南部，属鲁中南丘陵山区，处于鲁南、鲁北山区的中间地带。因此，徂徕山农林昆虫的区系，南端与北端有一定差别。南端有许多典型的南方种类，而北端则多为典型的古北区种类或南北广布种，中间地带相互交流，兼而有之。由于徂徕山植被繁茂，植物区系比较丰富和复杂，因此，昆虫种类多、分布广、生态多样，与人类关系密切。徂徕山昆虫的种类和数量居徂徕山各类动物之首，有昆虫纲14目、137科、740种，占山东省已知森林昆虫种数（1509种）的49.04%，是山东省森林昆虫资源最丰富的地区之一。徂徕山森林昆虫各目中，科、种相比较，鳞翅目昆虫的科数、种数最多，记录32科、228种，分别占徂徕山昆虫总科数、种数的23.36%、30.81%。鞘翅目和同翅目分别为171种、116种，占徂徕山昆虫总种数的23.11%、15.67%。鳞翅目、鞘翅目、同翅目昆虫种数515种，占徂徕山昆虫总种数的69.59%。

2012年徂徕山昆虫种类组成情况表

表4–2

目	科	种	目	科	种
蜻蜓目	1	2	缨翅目	3	5
螳螂目	1	4	鞘翅目	18	171
竹节虫目	2	3	广翅目	1	2
直翅目	5	32	脉翅目	3	11
革翅目	1	1	鳞翅目	32	228
同翅目	27	116	双翅目	7	31
半翅目	13	62	膜翅目	23	72

（一）资源昆虫

能直接或间接被人类利用，有的可作为工业原料，有的可入药或直接食用，有的即使是害虫也可利用，利与害兼有。

1、原材料昆虫

主要有野蚕、家蚕、中华蜜蜂等，或食用，或入药，或作丝绸，或作饲料。

中华蜜蜂 *Apis cerana* Fabricius 又称中华蜂、中蜂、蜜蜂。膜翅目、蜜蜂科。蜂群由蜂王、雄蜂及工蜂组成。蜂王和工蜂触角的鞭节为11节，雄蜂为12节，具1对发达的复眼和3个单眼。嚼吸式口器，咀嚼花粉，加工小腊片，咬破巢房的封口。工蜂后足胫节中央稍凹陷，周围边缘着生内弯的刚毛，形成携花粉的花粉筐或称花粉篮。腹部有特殊的产卵器，特化为螫针，与毒腺相通。蜜蜂是营巢进行社会生活的昆虫，一群蜂里有一只蜂王，几百只雄蜂和数万工蜂，蜂王和雄蜂是执行生殖功能的，工蜂主要是抚育幼虫、采集饲料、营造和保护蜂巢及维持蜂巢适宜温度等。因徂徕山槐树众多，随处可见，每年槐花盛开时，吸引了不少养蜂人到徂徕山放蜂。槐花蜜含大量的糖类及其他微量元素，可入药作为营养品。蜂蜡可入药，亦用作软膏、硬膏、外科用蜡及制丸药的蜡皮。蜂乳又称蜂王浆、王浆、蜂皇浆等，是初长成工蜂咽下腺的分泌物和花蜜所酿成的糖浆状物质，有极高的营养价值和提高人体免疫功能的作用。蜂毒、蜂胶、蜂幼虫焙干均可入药。2006年，中华蜜蜂（中蜂）被农业部列入《国家级畜禽遗传资源保护名录》。

2、可食昆虫

昆虫含丰富的蛋白质和其他营养成分，人们自古以来就有食用昆虫的传统，随着养殖业的发展和人类对蛋白质的需要，可食用的昆虫资源成为人类开发利用极其丰富的宝贵资源。

2012年徂徕山常见的可食用昆虫表

表4-3

中文名	拉丁学名	昆虫名（可食用部分）
蜻蜓目	Odonata	蜻蜓（成虫）
螳螂目	Mantodea	螳螂（成虫）
直翅目	Orthoptara	蝗虫、螽蟖、蟋蟀、蝼蛄（成虫）
革翅目	Dermaptera	蠼螋（成虫、若虫）
同翅目	Homoptara	蝉（成虫、若虫）
鞘翅目	Coleoptara	天牛（幼虫）
鳞翅目	Lepidoptera	风蝶、粉蝶、弄蝶、蚕蛾、透翅蛾（幼虫）、蚕蛹
双翅目	Diptera	蝇蛹、蝇蛆
膜翅目	Hymenoptara	胡蜂、土蜂、马蜂、蜜蜂、熊蜂（成虫、幼虫、蛹）、蚂蚁（成虫）

东亚飞蝗 *Locusta migratoria manilensis* (Meyen) 又称蝗虫、蚂蚱。直翅目、蝗科。在自然气温条件下生长，一年为两代，第一代称为夏蝗，第二代为秋蝗。飞蝗有六条腿；躯体分头、胸、腹三部分；胸部有两对翅，前翅为角质，后翅为膜质。体黄褐色，雄虫在交尾期呈现鲜黄色。雌蝗体长39.5~51.2毫米，雄蝗体长33~41.5毫米。成虫善跳，善飞。成、若虫咬食植物的叶片和茎，大发生时成群迁飞，把成片的农作物吃成光秆。中国史籍中的蝗灾，主要是东亚飞蝗。有群居型、散居型和中间型3种类型，

体灰黄褐色（群居型）或头、胸、后足带绿色（散居型）。头顶圆。颜面平直，触角丝状，前胸背板中降线发达，沿中线两侧有黑色带纹。前翅淡褐色，有暗色斑点翅长超过后足股节2倍以上（群居型）或不到2倍（散居型）。胸部腹面有长而密的细绒毛，后足股节内侧基半部在上、下降线之间呈黑色。胸足的类型为跳跃足，腿节特别发达胫节细长，适于跳跃。卵囊圆柱形，长53~67毫米，每块有卵40~80粒，卵粒长筒形，长4.5~6.5毫米，黄色。第五龄蝗蝻体长26~40毫米，触角22~23节，翅节长达第四五腹节，群居型体长红褐色，散居型体色较浅，在绿色植物多的地方为绿色。蝗虫体内含有丰富的甲壳素，被誉为继糖、蛋白质、脂肪、维生素、矿物质之后人体生命的第六要素，甲壳素能使人体内毒素得以排除，达到排毒养颜之功效，是理想的高营养保健食品。蝗虫营养结构合理，脂肪和胆固醇含量低；有止咳平喘、解毒透疹等功能，可用于治疗百日咳支气管哮喘、心脑血管等疾病。此外蝗虫对降“三高”（高血压、高血脂、高血糖）、降低胆固醇有辅助治疗作用，久食可以防止心脑血管疾病的发生，可谓一食多得。

3、药用昆虫

许多昆虫对人类疾病有特殊疗效，可以入药，亦可使用现代技术提取活性物质制成药或保健品。徂徕山主要药用昆虫有螳螂、蟋蟀、油葫芦、蝼蛄、蝉、芫菁、天牛、黄蜂等，均可焙干入药，或理气、止痛，或逐瘀、通经，或祛风、消肿、解毒、杀虫等。

黑　蝉 *Cryptotympana atrata* Fabricius 别名蚱蝉、知了、黑蚱。同翅目、蝉科。雄体长而宽大，体长44~48毫米，翅展宽约122毫米。黑色，有光泽。头部横宽。复眼1对，大型，淡黄色。单眼3个，三角形排列。触角1对，短小，位于复眼前方。前胸背板两侧边缘略扩大，中胸背板有2个隐约的线状淡褐色的锥形斑。后翅茎部2/5为黑色。具鸣器。腹部各节黑色，末端略尖，呈钝角。雌虫稍短，无鸣器，产卵器显著。成虫栖于树上，雄蝉长鸣不休。雌蝉在树皮下产卵，卵越冬后孵化为若虫，进入土中，吸食树根汁液，经几次脱皮而为成虫。蝉的若虫羽化后所脱落的干燥皮壳称蝉蜕，可入药，有清热、熄风、镇惊作用，可治小儿惊风、癫痫、夜啼。

（二）农林害虫

该类昆虫种类多、数量大，常造成严重危害。如蝗虫、蝼蛄、金龟子、天牛及鳞翅目许多种类，危害树木或农作物。金龟成虫俗称瞎撞，幼虫称蛴螬，主要为害作物发芽的种子、幼苗的根茎等。赤松毛虫、松阿扁叶蜂、松墨天牛是徂徕山林木的主要害虫。

赤松毛虫 *Dendrolimus specabilis* (Butler)　鳞翅目、枯叶蛾科。成虫为中等蛾类，体色有灰白色、灰褐色，体长22~35毫米，翅展46~87毫米。前翅中横线与外横线白色，亚外缘斑列黑色，呈三角形；雌蛾亚外缘线列内侧和雄蛾亚外缘斑列外侧有白斑，雌蛾前翅狭长，外缘较倾斜，横线条纹排列较稀，小抱针消失，或仅留针状遗迹，中前阴片接近圆形。卵粒长1.8毫米，椭圆形，多为块状，初为翠绿色、渐变粉红色，近孵化时紫红色。老熟幼虫体长80~90毫米，深黑褐色，额区中央有狭长深褐色斑。体背2、3节丛生黑色毒毛，毛束片明显，体侧有长毛，中后胸毒毛带明显，体侧贯穿一条纵带，每节前方由纵带向下有斜纹伸向腹面。幼虫以松针为食，暴发时常造成严重危害。该虫一年1代。以3~5龄幼虫在翅皮下、落叶丛中或石块下越冬。翌年3月中、下旬，日平均气温10度左右时上树危害，取食2年生针叶。7月上、中旬幼虫老熟化蛹，7月中、下旬成虫开始羽化产卵。8月上、中旬幼虫陆续孵化，1~2龄幼虫群集危害，啃食叶缘，危害至10月中、下旬，3~5龄时即下树越冬。该虫是徂徕山历史性害虫，常造成严重危害，致使大面积松林死亡。该虫的防治主要采取营林措施，栽植乡土树种、营造混交林、栽植蜜源植物丰富天敌资源。招引益鸟、对寄生和捕食性天敌应加以保护，天敌少的林区，可采取人工助迁方法，引移天敌种群，还可人工繁殖松毛虫赤眼蜂、黑卵蜂、平腹小蜂、螳螂、蠋敌等用于防治。病原微生物如白僵菌、苏云金杆菌、松毛虫杆菌以及经人工复制的松毛虫核型和质型多角体病毒等，也有较好的防治效果。化学防治可采用灭幼脲、苦参碱、毒绳等进行防治。

松墨天牛 *Monochamus alternatus* Hope 又称松褐天牛、松天牛，是松树的重要蛀干害虫，也是松树的毁灭性病害松材线虫病的主要媒介昆虫。鞘翅目、天牛科。在松材线虫的扩散和侵染的过程中，松墨天牛起着携带、传播和协助病原侵入寄主的关键性作用。成虫体长15~28毫米，橙黄色至赤褐色。触角栗色，雄虫触角比雌虫的长。前胸背板2条较宽的橙黄色纵纹与3条黑色绒纹相间。小盾片密被橙黄色绒毛。每个鞘翅上有5条纵纹，由方形或长方形黑色及灰白色绒毛斑点相间组成。卵长约4毫米，乳白色，略呈镰刀形。幼虫乳白色，老熟时长约43毫米。头黑褐色，前胸背板褐色，中央有波状横纹。松墨天牛在徂徕山一年发生1代，均以老熟幼虫在木质部坑道中越冬。次年4月下旬，越冬幼虫开始在虫道末端蛹室中化蛹。雌成虫寿命35~66天，雄成虫寿命42~98天。伐倒木如不及时运出林外，留在林中过夏，或不经剥皮处理，则很快受此虫侵害，成虫迁移距离1~2.4千米。天敌有病原微生物、寄生性线虫、寄生性昆虫、捕食性昆虫、蜘蛛、鸟等。

（三）害虫天敌

在害虫的天敌中，种类和数量最多、应用范围最广、防治效果最好的主要为食虫昆虫，其次为捕食螨。常见的天敌昆虫有瓢虫、草蛉、蝇、虻、茧蜂、金小蜂等，主要捕食蚜虫或昆虫幼虫；瓢虫、跳小蜂等是蚧虫的主要天敌；鳞翅目昆虫的天敌中，膜翅目昆虫占有相当大的比例，如赤眼蜂、姬蜂、茧蜂、小蜂、金小蜂、肿腿蜂等。捕食螨类主要为蜱螨目植绥螨科、细须螨科等种类，主要捕食果树及蔬菜上的红蜘蛛、螨和卵。

中国虎甲 *Cicindela chinenesis* Degeer 鞘翅目、虎甲科。成虫体长17.5~22毫米，宽7~9毫米。身体各部队位具有强烈的金属光泽。头及前胸背板前缘为绿色，背板中部金红或金绿色。复眼大而外突；触角细长呈丝状。鞘翅底色深绿。翅前缘有横宽带。翅鞘盘区有黄斑3个，其基部、端部和侧缘呈翠绿色。足翠绿或蓝绿，但前、中足的腿节中部呈红色。虎甲与蟑螂的爬行速度不相上下，都可以称得上是世界上爬行最快的昆虫。多数时间在地面上度过，白天四处追赶小昆虫，然后用它们长而有力的颌将它们抓住。幼虫生活于成虫挖掘的垂直形土穴中，活动时若受惊则退入洞内。成虫飞翔力强，常在山涧小路上的行人面前迎飞，故得名“拦路虎”。成虫或幼虫均为肉食性，以捕食活虫及其他小型动物为生，为天敌昆虫。

螳　螂 *Mantis religiosa* Linnaeus 螳螂目、螳螂科。身体为长形，多为绿色，也有褐色或具有花斑的种类；头呈三角形，能灵活转动；复眼突出，单眼3个；咀嚼式口器，

上颚强劲。前足捕捉足，中、后足适于步行，渐变态。卵产于卵鞘内，每1卵鞘有卵20~40个，排成2~4列。每个雌虫可产4~5个卵鞘，卵鞘是泡沫状的分泌物硬化而成，多粘附于树枝、树皮、墙壁等物体上。初孵出的若虫为“预若虫”，脱皮3~12次始变为成虫。一般1年1代，一只螳螂的寿命6~8个月，有些种类行孤雌生殖。肉食性，猎捕各类昆虫和小动物，在田间和林区能消灭不少害虫，因而是益虫。性残暴好斗，缺食时常有大吞小和雌吃雄的现象。螳螂有保护色，并有拟态，可捕食40余种害虫，如蝇、蚊、蝗、螽斯若虫、蛾蝶类的卵、幼虫、裸露的蛹、成虫等小型昆虫，也捕食壁虎、蝉、飞蝗等大型昆虫。徂徕山各林区均有分布，为林间重要的天敌昆虫。

第二节　鱼　类

徂徕山水资源比较充足，大中型水库水质理化性状良好，水库水温12℃~23.7℃，平均水温19.46℃；透明度44~178厘米，平均为100.38厘米；pH值平均为7.21（渔业用水水质一般呈弱碱性，高产水体的pH值在7.5~8，水质标准规定pH值为6.5~8.5），含盐量均未超过0.3克/毫升；总磷含量0.131~0.3毫克/毫升；总硬度3.35~9.6德国度，总碱度1.03~2.40毫克/毫升，属一般淡水，比较适宜各种水生生物和鱼类的生长繁育。徂徕山淡水鱼类有5目、10科、37种，占山东省淡水鱼类种数（115种）的32.17%。鲤形目鱼类最多，共28种，占徂徕山淡水鱼类种数的75.68%，其中鲤科鱼类25种，占山东省鲤科鱼类（69种）的36.23%；鲈形目4种，占徂徕山淡水鱼类种数的10.81%；其他占徂徕山淡水鱼类种数的13.52%。徂徕山淡水鱼类主要分布于大、中、小型水库和塘坝，常见种类主要有鲢、鲫、鳙、鲤鱼、草鱼等。徂徕山鱼类既有自然分布，也有人工养殖，但野生种群的数量较多。淡水鱼类区系的主体是鲤科、鲇科等江河平原鱼类，如草鱼、鲢、鳙、红鳍鲌等，种类最多，数量占优势；发生在第三纪早期较古老的种类，如鲤、鲫、麦穗鱼、泥鳅等；一些东洋界喜暖性鱼类，如黄鳝、乌鳢、黄颡鱼、鰕虎鱼等平原鱼类，淡水鱼类具有南北过渡的特点。

鲫　鱼 *Carassius auratus* Linnaeus　古称鲋，今通称鲫鱼。鲤形目、鲤科。体长15~20厘米。呈流线型（也叫梭型），体高而侧扁，前半部弧形，背部轮廓隆起，尾柄宽；腹部圆形，无肉稜。头短小，吻钝。无须。鳃耙长，鳃丝细长。下咽齿一行，扁片形。鳞片大。侧线微弯。背鳍长，外缘较平直。鳃耙细长，呈针状，排列紧密。背鳍、臀鳍第3根硬刺较强，后缘有锯齿。胸鳍末端可达腹鳍起点。尾鳍深叉形体背银灰色而略带黄色光泽，腹部银白而略带黄色，各鳍灰白色。根据生长水域不同，体色深浅有差异。腹部为浅白色，背部为深灰色。成鱼主要以植物性食料为主，2~4月和8~12月的鲫鱼最肥美，为经济型食用鱼类。鲫鱼药用价值极高，其性味甘、平、温，入胃、肾，具有和中补虚、除湿利水、补虚羸、温胃进食、补中生气之功效。主要分布在徂徕山周边水库中。

第三节　两栖类与爬行类

一、两栖类

徂徕山两栖类动物共记1目（无尾目Anura）、3科、7种，占全省两栖类动物种数（9种）的77.78%，其中蛙科4种、蟾蜍科2种，姬蛙科1种。主要分布在河流、湖泊和水库周围岸边林内、田间、草丛和浅水中。徂徕山优势种为黑斑蛙，普通种为金线蛙、泽蛙和中华大蟾蜍。两栖类动物以捕食昆虫为主，蛙和蟾蜍都是农林害虫的天敌，且具有较高的药用价值，是重要的实验动物。黑斑蛙、金线蛙为山东省重点保护动物。

中华大蟾蜍 *Bufo bufo gargarizans* Cantor 又名大蟾蜍、蟾蜍、癞疙疱、癞蛤蟆、癞肚子。无尾目、蟾蜍科。体粗壮，体长10厘米以上，雄性较小，皮肤粗糙，全身布满大小不等的圆形瘰疣。头宽大，口阔，吻端圆，吻棱显著。舌分叉，可随时翻出嘴外，自如地把食物卷入口中。舌面含有大量粘液。近吻端有小形鼻孔1对。眼大而突出，对活动着的物体较敏感，对静止的物体迟钝。眼后方有圆形鼓膜，头顶部两侧有大而长的耳后腺1个。躯体粗而宽，四肢粗壮，前肢短、后肢长，趾端无蹼，步行缓慢。雄蟾前肢内侧3指（趾）有黑色婚垫，无声囊。口内无锄骨齿，上下颌亦无齿。近吻端有小形鼻孔1对。眼大而凸出，后方有圆形的鼓膜。头顶部两侧各有大而长的耳后腺。前肢长而粗壮，指趾略扁，指侧微有缘膜而无蹼，指关节下瘤多成对，掌突2个，外侧者大。后肢粗壮而短，胫跗关节前达肩部，趾侧有缘膜，蹼尚发达，内跖突形长而大，外跖突小而圆。体长79~120毫米。喜湿、暗、暖。白天栖息于河边、草丛、砖石孔等阴暗潮湿的地方，傍晚到清晨常在塘边、沟沿、河岸、田边、菜园、路旁或房屋周围觅食，夜间和雨后最为活跃，主要以蜗牛、蛞蝓、蚂蚁、蚊子、孑孓、蝗虫、土蚕、金龟子、蝼蛄、蝇及多种有趋光性的蛾蝶为食。气温下降到10℃以下，钻入砖石洞、土穴中或潜入水底冬眠。其味辛、性凉、有毒，具有解毒散结、消积利水、杀虫消疳的功效。现代医学证明蟾蜍还有局麻、强心、升压、抗肿瘤等作用。

金线蛙 *Rana plancyi* Lataste 无尾目、蛙科。体长50毫米（雄体略小），头略扁，吻钝圆，吻棱不显，鼓膜大而明显。指端尖圆，后肢粗短，趾端尖圆，趾间全蹼。背面及体侧的皮肤有分散的疣，背侧有一对背侧褶。腹面光滑，肛部及股后端有疣。生活时背面绿色或橄榄绿色，后肢背面棕色横纹不显，腹面黄白色。雄性有一对咽侧声囊，第一指有婚垫，有雄性腺。金线蛙成蛙以捕食昆虫为主，喜食种类主要是水中的螺、虾等。生活于山区的池塘、湖沼、鱼塘、荷花池等水生植物较多的自然水体内。

金线蛙

二、爬行类

徂徕山爬行类动物共记3目、4科、9种，占全省爬行类动物种数（27种）的33.33%。其中，龟鳖目1科、1种，蜥蜴目2科、3种，蛇目1科、5种。主要分布在水库、河流和湖泊周围的林内、田间、草丛中，有的也分布在浅水中。徂徕山优势种为丽斑麻蜥、黄脊游蛇等。王锦蛇为山东省新记录。爬行类动物中，蛇类主要捕食鼠类，蜥蜴类则以昆虫为食，所食昆虫大多为农林害虫。爬行类动物大都可以入药，为传统的中药材。

山地麻蜥 *Eremias brenchleyi* Guenther 体长60毫米左右，尾长约90毫米。四肢发达，行动灵活。体侧为铁锈色或土黄色，背部棕绿色。以昆虫为食，多白天活动。山地丘陵区多见，在土穴或石缝中栖息，春夏季早晨气温升高后开始活动，中午气温高时更为活跃，冬季蛰伏于洞内，春季产卵繁殖。是徂徕山农林业的重要害虫天敌。3~7月为繁殖期，其中4~5月为交配产卵盛期。雌雄性比为1:1.6。从交配到产卵为26天。卵白色、革质、椭圆形，长径平均为1.37（1.23~1.53）厘米，短径平均为0.86（0.7~1.06）厘米，卵重平均为0.6（0.4~0.85）克。每窝平均产卵4.1（3~5）枚，孵化期为50天，初孵出的小麻蜥尾端为蓝绿色，有金属光泽，1个月后逐步消失。个体自然寿命5.5~6周年。主要栖息在徂徕山海拔大于100米的山丘上部及山顶。山地麻蜥正常密度约为1只/100平方米，其数量与山丘土石状况、植被盖度及海拔高度有一定关系，与植被类型关系不大。山地麻蜥有一定的"护洞"行为，主食昆虫和蜘蛛，春季食物生态位宽度大于秋季，食物生态位重叠度0.61。该物种被

山地麻蜥

国家林业局列入《国家保护的有益的或者有重要经济、科学研究价值的陆生野生动物名录》。

第四节 鸟 类

徂徕山森林茂密，覆盖率较高，植被种类多样，各种昆虫数量和种类较多，为各种鸟类提供了充足的食物，大量的鸟类在此取食、栖息、繁衍，是多种鸟类迁徙的必经之地和驿站，每年都有大量的鸟类随季风迁徙至此。

一、种类

徂徕山共记鸟类15目、39科、154种，占全国鸟类种数（1329）的11.59%，占山东鸟类记录种数（408种和亚种）的37.75%，是全国鸟类资源较丰富的地区之一。徂徕山鸟类中，雀形目种类最多，有17科、81种，分别占徂徕山鸟类种数的43.59%、52.6%。其次是鹳形目11种、鸻形目11种、隼形目7种、雁形目7种、鸮形目7种。

雀 鹰 *Accipiter nisus* Tickell 隼形目、鹰科。俗名黄鹰、鹞鹰、牙鹰、鹞子、细胸、朵子等。中等体型（雄鸟32厘米，雌鸟38厘米）而翼短的鹰，体重130~300克。上体呈苍灰色，头顶及后颈部为乌灰色，颏和喉部为白色，虹膜为橙黄色，嘴为暗铅灰色，尖端黑色，基部黄绿色，蜡膜为黄色或黄绿色，脚和趾橙黄色，爪黑色。幼鸟胸腹部具三角形或椭圆形黄褐色斑纹。雀鹰雄鸟的上体几乎纯青灰色，后颈羽基白色，常裸露；胸腹部具赤褐色横斑纹。雀鹰雌鸟体型较大，上体褐色，头后夹杂有少许白色，下体白或淡灰白色，胸、腹部及腿上有灰褐色横斑，喉部分布有褐色细纹，没有喉中线，脸颊棕色较少。栖息于徂徕山针叶林、混交

2012年徂徕山鸟类种类组成表

表4-4

目	科	种	目	科	种
䴙䴘目	1	3	鹃形目	1	4
鹳形目	2	11	鸮形目	1	7
雁形目	1	7	夜鹰目	1	1
隼形目	2	7	雨燕目	1	2
鸡形目	1	3	佛法僧目	3	4
鹤形目	3	4	䴕形目	1	5
鸻形目	3	11	雀形目	17	81
鸽形目	1	4	合　计	39	154

林或林缘地带。喜在高山幼树上筑巢，为徂徕山常见森林鸟类。喜欢从栖处或“伏击”飞行中捕食。其飞行能力很强，速度极快，每小时可达数百千米。主要以鸟、昆虫和鼠类等为食，也捕鸠鸽类和鹑鸡类等体形稍大的鸟类和野兔、蛇等。在雀鹰的食物中，有5%是昆虫，15%是鸟类，80%是鼠类，因此堪称是鹰类中的捕鼠能手。为国家二级保护动物。

雉　鸡 *Phasianus colchicus*（Gmelin） 俗称野鸡，又称雉鸡，因其毛七彩斑斓，故名七彩山鸡，是集肉用、观赏和药用于一身的名贵野味珍禽，被誉为“野味之王”“动物人参”。鸡形目、雉科。外形分头、颈、躯干和四肢4个部分，体表有一层羽毛覆盖。雄鸡平均体重1500克，雌鸡平均体重1250克。适应性强，抗病能力强。栖息在徂徕山海拔200~1000米的各种生态环境中，夏季能耐受32℃以上高温，冬季零下35℃也能在冰天雪地行动觅食，饮冰碴水，不怕雨淋。肉质细嫩鲜美，野味浓，其蛋白质含量高达30%，是普通鸡肉、猪肉的2倍，脂肪含量0.9%，基本不含胆固醇，是高蛋白质、低脂肪的野味食品，具有补中益气，平喘、提神益脑的功效，胆、血、内金经过提炼可制成医药制剂，有滋补、药用、保健、美容价值，有预防和抗病治疗癌症的作用，是一种理想的营养滋补保健品；可以制成羽毛扇、羽毛画、玩具等工艺品，还可制成漂亮的标本。该物种被国家林业局列入《国家保

雉　鸡

护的有益的或者有重要经济、科学研究价值的陆生野生动物名录》。

雕　鸮 *Bubo bubo*（Linnaeus）　又名鹫兔、怪鸱、角鸱、恨狐、老兔。鸮形目、鸱鸮科。头部有显著的面盘，为淡棕黄色。眼的上方有黑斑，颈部有黑褐色的皱领，耳羽发达，突出于头顶两侧。体羽主要为黄褐色，有黑色斑点和纵纹。雕鸮是中国鸮类中体形最大的，体长56~89厘米，体重1400~3950克。面盘显著，为淡棕黄色，杂以褐色

雕　鸮

的细斑。眼先密被白色的刚毛状羽，各羽均具黑色端斑。除繁殖季节成对外，平常单独活动。听觉和视觉在夜间异常敏锐。雕鸮栖息于山地森林、平原、荒野、林缘灌丛、疏林，以及裸露的高山和峭壁等环境中。白天隐蔽在茂密的树丛中休息。常缩颈闭目栖于树上，一动不动，稍有声响，立即伸颈睁眼，转动身体，观察四周动静，如有危险立即飞走。该物种在《国家重点保护野生动物名录》中被列为二级保护动物，在《中国濒危动物红皮书鸟类》中被列为稀有种，在《濒危野生动植物种国际贸易公约》中被列为濒危等级。

大山雀 *Parus major*（Linnaeus）　雀形目、山雀科、山雀属。体形较大，全长约14厘米。头部、喉部呈黑色，与脸侧白斑及颈背块斑成强对比；翼上有一道醒目的白色条纹，一道黑色带沿胸中央而下，雄鸟胸带较宽。大山雀善鸣叫，鸣声清脆悦耳，是中国传统的宠物鸟类。栖息在山区和平原林间。喙钝而短，是典型的食虫鸟，取食的昆虫中以鳞翅目昆虫最多，其次为鞘翅目昆虫，主要捕食松毛虫、蝗虫、蝇类等害虫，是农业、林业及果区中重要的益鸟。该物种被国家林业局列入《国家保护的有益的或者有重要经济、科学研究价值的陆生野生动物名录》。

二、分布

徂徕山鸟类的分布与地貌、环境、气候、植被、水文等自然景观的各种生态条件有着密切的关系。徂徕山属森林生态类型，鸟类的垂直地带性分布并不明显。区内林木种类多，分布集中，地貌及植被比较复杂，水域较多，因此，鸟类的生态分布主要划分为山地丘陵区、库河水域区2个区域。山地丘陵区地形地貌以低山丘陵为主，植被以油松、刺槐、侧柏等为主，也有部分栎类及许多灌丛和灌草丛，是山丘森林鸟类的栖息繁衍场所，主要有树麻雀、大山雀、灰喜鹊、燕雀、金翅雀、三道眉草鹀、山斑鸠等；普通种类主要有喜鹊、戴胜、红尾伯劳、黑卷尾、啄木鸟、灰椋鸟、黑枕黄鹂、池鹭等；

大山雀

稀有种类主要有三宝鸟、山鹡鸰、鸢、虎纹伯劳等。库河水域区有众多水库、河流、塘坝、鱼池、沟溪等，具有丰富的淡水浮游生物及鱼虾类，为雁鸭类、鹭类、鹤类、鸻鹬类等水禽鸟类提供了良好的栖息觅食生境。徂徕山鸟类组成有鹭科、鸭科、鸻科、鹡鸰科、鹬科、雉科、雀科、鹟科等，优势种类主要有普通燕鸻、骨顶鸡、麻雀、家燕、灰喜鹊、黄胸鹀等，普通种主要有斑嘴鸭、灰椋鸟、大山雀、黑卷尾等，稀有种主要有蓝翡翠、杜鹃、白鹡鸰、董鸡等。

三、居留迁徙

依据鸟类的季节居留及迁徙活动情况，徂徕山鸟类分留鸟、夏候鸟、冬候鸟及旅鸟4种类型，其中留鸟38种，占徂徕山鸟类种数的24.68%，以鸦科、啄木鸟科、文鸟科种类为主；夏候鸟45种，占徂徕山鸟类种数的29.22%，以鹭科、鸻科、伯劳科、燕科种类为主；冬候鸟23种，占徂徕山鸟类种数的14.93%，以鸭科、雀科种类为主；旅鸟48种，占徂徕山鸟类种数的31.17%，以鹟科、雀科、鹬科种类为主。

四、资源利用

徂徕山鸟类是珍贵的自然资源，鸟类不仅在羽绒、药材、工艺制品等方面具有经济开发价值，而且在观赏、游乐、美学艺术、科学文化等方面也具有研究价值。从鸟类与人类经济活动的关系、资源价值上可把鸟类分为4种。（一）农林益鸟。捕食昆虫的益鸟主要有啄木鸟科、戴胜科、夜鹰科、鹟科、杜鹃科、燕科、伯劳科、雀科等鸟类。重要的食虫鸟类有大斑啄木鸟、黑枕绿啄木鸟、戴胜、夜鹰、家燕、灰喜鹊、大山雀等，主要捕食鞘翅目、鳞翅目、直翅目等农林害虫，被誉为“树木的医生”“捉虫能手”，对控制害虫的发生、减少农药用量、降低环境污染、维持生态平衡起着重要作用。捕鼠鸟类主要为鸮形目和隼形目鸟类，主要捕食农田、山坡农耕地、林地、草地中的鼠类，对抑制农林鼠害的发生发挥了应有的作用。（二）食尸鸟类。如普通鵟、大嘴乌鸦、秃鼻乌鸦、寒鸦等，往往以腐烂的动物尸体为食，并能消灭一些病残个体，对维持生态平衡，保护净化环境起重要作用。（三）药用鸟类。有些鸟类对治疗疾病有一定疗效，如鸢、鸮类等可治疗癫痫病，鹌鹑能补五脏、强筋骨、耐寒暑、消结热，也有的鸟类能治疗麻木、心腹痛、健脾胃等。《本草纲目》记述药用鸟类70余种，徂徕山药用鸟类有50多种。（四）珍贵观赏鸟类。有些鸟类体态优美、羽色艳丽、鸣声悦耳，如普通翠鸟、戴胜、雉鸡等，可供展出欣赏。一些鸟类能歌善舞、非常动听的鸣禽如小云雀、凤头百灵、灰山椒鸟等，深得人们的喜爱，具有颇高的观赏价值。

科学合理地利用徂徕山鸟类资源，保护和发展野生鸟类资源，维持生态平衡、拯救珍稀濒危物种，要保护好现有森林植被，特别是鸟类赖以生存的栖息地和觅食地；健全管理队伍，加强法治，严格执行野生动物保护法，坚决杜绝乱捕滥猎现象的发生；加强

戴　胜

对鸟类资源和种群数量的监测，建立种群数量消长情况的监测数据库，根据徂徕山动物的自然消长情况，合理开发利用鸟类资源，在不损伤当地自然野生种群的前提下，采取人工养殖或半人工养殖的途径，增殖可利用鸟类的种群数量。

鸟　巢

第五节　兽　类

徂徕山共记兽类5目、10科、16种，占山东省陆栖兽类种数（40种）的40%。山东省重点保护兽类有狼、狐、狗獾、黄鼬、花面狸、豹猫6种，列入《濒危野生动植物种国际贸易公约》中的有狼、狐、黄鼬、花面狸和豹猫5种。徂徕山兽类动物主要以中、小型肉食类为主，以食虫类、翼手类和啮齿类等构成暖温带森林动物群落，常见种类有草兔、刺猬、黄鼬、狗獾及一些小型啮齿动物如小家鼠等。从区系成分看，东洋界的种类如花面狸，东北中高山地区的大林姬鼠等在此也有分布，反映了徂徕山动物种类组成的南北过渡的特点。

狗　獾 *Meles meles* Linnaeus　又名猪獾、獾子、芝麻獾、獾八狗子、獾猪、拱猪、沙獾、貉。食肉目、鼬科、獾属。体长500~700毫米，尾长150~200毫米，体重10~12千克，寿命10~25年。脊背从头到尾长有长而粗的针毛，颜色是黑棕色与白色混杂，呈棕灰色。喜食植物的根茎、玉米、花生、菜类、瓜类、豆类、昆虫、蚯蚓、青蛙、鼠类和其他小哺乳类、小爬行类等。嗅觉灵敏，适应能力较强，善掘土，穴居，昼伏夜出。多栖息在徂徕山山地、森林、溪流、山坡的灌丛中。喜群居，善挖洞。狗獾是一种皮、毛、肉、药兼具的珍贵野生经济动物，獾肉可食，味道鲜美，营养丰富，是席上的佳肴；獾油由獾子的脂肪提取的油脂，是治疗烫伤、烧伤的有效药物；皮是经济价值较高的皮毛，其皮革制品美丽大方，色彩艳丽，是制作高级裘皮服装的原料。

豹　猫 *Felis bengalensis* Kerr　别名山狸、野猫、狸子、狸猫、麻狸、石虎等。食肉目、猫科、豹猫属。体长36~66厘米，尾长20~37厘米，体重1.5~8千克，是体型较小的食肉动物，也是一种皮用、药物、观赏类经济动物。表皮通常为黄色、银灰色、棕灰色、棕黄色、淡褐色、灰棕色或红棕色；胸和头部下方是白色的，有黑色斑纹；体侧、腰、臀、四肢外侧和尾上均有梅花状黑斑；体形十分匀称；头圆吻短，眼睛大而圆，眉

黄　鼬

毛直立，耳朵小，呈圆形或尖形；牙齿28~30颗；门齿较小，上下颌各有3对，主要作用是啃食骨头上的碎肉和咬断细筋。豹猫攀爬能力强，在树上活动灵敏自如，以鼠类、松鼠、兔类、蛙类、蜥蜴、蛇类、小型鸟类、昆虫等为食，也吃浆果、嫩叶、嫩草等。主要栖息于徂徕山山地、林区、灌丛和林缘附近。该物种在《濒危野生动植物种国际贸易公约》中被列为濒危等级。

第六节　重点保护动物

一、国家重点保护野生动物

根据《国家重点保护野生动物名录》，徂徕山有国家Ⅰ、Ⅱ级重点保护野生动物19种，其中白鹳、大鸨为国家I级重点保护野生动物，大天鹅、鸳鸯、鸢、苍鹰等17种动物为国家Ⅱ级重点保护野生动物。

2012年徂徕山国家重点保护鸟类名录

表4-5

序号	中文名	拉丁学名	居留类型	保护级别
1	白　鹳	*Ciconia ciconia* (Linnaeus)	旅　鸟	国家一级
2	大　鸨	*Otis tarda* Linnaeus	冬候鸟	国家一级
3	大天鹅	*Cygnus cygnus* (Linnaeus)	冬候鸟	国家二级
4	鸳　鸯	*Aix galericulata* (Linnaeus)	旅　鸟	国家二级
5	鸢	*Milvus korschun* (J.E.Gray)	留　鸟	国家二级
6	苍　鹰	*Accipiter gentilis* (Menzbier)	旅　鸟	国家二级
7	雀　鹰	*A. nisus* (Tickell)	旅　鸟	国家二级
8	松雀鹰	*A. virgatur* Tamminck et Schlegel	旅　鸟	国家二级
9	普通鵟	*Buteo buteo* Hume	旅　鸟	国家二级
10	红脚隼	*Falco vespertinus* Radde	夏候鸟	国家二级
11	红　隼	*F. tinnunculus* Mcclelland	留　鸟	国家二级
12	灰　鹤	*Grus grus* Share	冬候鸟	国家二级
13	红角鸮	*Otus scops* (Sharpe)	夏候鸟	国家二级
14	领角鸮	*O. bakkamoena* Reichenow	留　鸟	国家二级
15	雕　鸮	*Bubo bubo* Reichenow	留　鸟	国家二级
16	斑头鸺鹠	*Glaucidium cuculoides* (Blyth)	留　鸟	国家二级
17	鹰　鸮	*Ninox scutulata* Buturlin	夏候鸟	国家二级
18	纵纹腹小鸮	*Athene noctua* Swinhoe	留　鸟	国家二级
19	长耳鸮	*Asio otus* (Linnaeus)	冬候鸟	国家二级

二、山东省重点保护野生动物

徂徕山有山东省重点保护野生动物29种，其中节肢动物有东方钳蝎1种，两栖类有黑斑蛙、金线蛙2种，鸟类有黑颈䴙䴘、苍鹭、绿鹭、中白鹭、白鹭、栗苇鳽、石鸡、雉鸡、董鸡、四声杜鹃、普通夜鹰、三宝鸟、蚁䴕、星头啄木鸟、凤头百灵、黑枕黄鹂、寿带（鸟）、暗绿绣眼鸟、黄雀、普通朱雀20种，兽类有狼、狐、黄鼬、狗獾、花面狸、豹猫6种。

普通朱雀

三、中澳协定保护鸟类

根据中华人民共和国政府和澳大利亚政府在堪培拉签订的《中华人民共和国和澳大利亚政府保护候鸟及其栖息环境的协定》，徂徕山有中澳协定保护鸟类14种，占该协定种数（81种）的17.28%。

2012年徂徕山中澳协定保护鸟类名录

表4-6

序号	中文名	拉丁学名	目	科	居留类型
1	黄斑苇鳽	*Ixobrychus sinensis*（Gmelin）	鹳形目	鹭　科	夏候鸟
2	金斑鸻	*Pluvialis dominica*（Muller）	鸻形目	鸻　科	夏候鸟
3	金眶鸻	*Charadrius dubius* Scopoli	鸻形目	鸻　科	夏候鸟
4	泽　鹬	*T. stagnatilis*（Bechstein）	鸻形目	鹬　科	旅　鸟
5	针尾沙锥	*Capella stenura*（Bonaparte）	鸻形目	鹬　科	旅　鸟
6	大沙锥	*C. megala*（Swinhoe）	鸻形目	鹬　科	旅　鸟
7	普通燕鸻	*Glareola maldivarum* Forster	鸻形目	燕鸻科	夏候鸟
8	白腰雨燕	*Apus pacificus*（Latham）	雨燕目	雨燕科	夏候鸟
9	家　燕	*Hirundo rustica* Scopoli	佛法僧目	燕　科	夏候鸟
10	白鹡鸰	*Motacilla alba* Swinhoe	雀形目	鹡鸰科	旅　鸟
11	灰鹡鸰	*M. cinerea*（Brehm）	雀形目	鹡鸰科	旅　鸟
12	黄鹡鸰	*M. flava*（Stresemann）	雀形目	鹡鸰科	旅　鸟
13	大苇莺	*Acrocephalus arundianceus* Temminck	雀形目	莺亚科	夏候鸟
14	极北柳莺	*Phylloscopus borealis*（Blasius）	雀形目	莺亚科	旅　鸟

四、中日协定保护鸟类

根据中华人民共和国政府和日本国政府在北京签订的《中华人民共和国政府和日本国政府保护候鸟及其栖息环境协定》，徂徕山有中日协定保护鸟类黑颈鸊鷉、绿鹭、中白鹭、灰鹤、长耳鸮等67种，占该协定种数（227种）的29.52%。

五、濒危野生动物

根据《濒危野生动植物种国际贸易公约》，徂徕山有濒危野生动物白鹭、绿翅鸭、鸢、苍鹰、雀鹰、松雀鹰、普通鵟、红脚隼、红隼、灰鹤、大鸨、红角鸮、领角鸮、雕鸮、斑头鸺鹠、鹰鸮、纵纹腹小鸮、长耳鸮、狼、狐、黄鼬、花面狸、豹猫23种。

第七节　动物名录

徂徕山共记高等动物13纲、57目、229科、1090种，其中无脊椎动物8纲、28目、163科、867种，脊椎动物5纲、29目、66科、223种。无脊椎动物中，环节动物2纲、6目、20种，软体动物2纲、4目、9科、19种，节肢动物4纲、18目、154科、828种。脊椎动物中，鱼类1纲、5目、10科、37种，两栖类动物1纲、1目、3科、7种，爬行类1纲、3目、4科、9种，鸟类1纲、15目、39科、154种，兽类1纲、5目、10科、16种。

一、环节动物

共记环节动物2纲、6目、20种。

Ⅰ、寡毛纲 Oligochaeta

（一）近孔寡毛目 Plesiopora

1.尾盘蚓 *Dero* sp.

2.水丝蚓 *Limnodrilus* sp.

3.白线蚓 *Enchytraeus* sp.

4.颤体虫 *Aeolosoma* sp.

（二）前孔寡毛目 Prosopora

5.带丝蚓 *Lumbriculus* sp.

6.蛭形蚓 *Bvanchiobdella* sp.

（三）后孔寡毛目 Opisthopora

7.威廉环毛蚓 *Pheretima guillelmi* Michaelsen

8.通俗环毛蚓 *P. vulgaris*（Chen）

9.秉氏环毛蚓 *P. pingi* Stephenson

10.参环毛蚓 *P. asiatica*

11.缟蚯蚓 *A. calignosa*（Duges）

12.日本杜柱蚓 *Drawida japonica*（Michaelsen）

13.赤子爱胜蚓 *Eisenia foetida*（Savigny）

Ⅱ、蛭纲 Hirudinea

（一）颚蛭目 Gnathobdellida

14.金线蛭 *Whitmania* sp.

15.宽体金线蛭 *W. pigra*

16.陆蛭 *Orobdeua* sp.

（二）吻蛭目 Rhynchobdellida

17.扁蛭 *Glossiphonia* sp.

18.鳃蛭 *Ozobranchus* sp.

19.颈蛭 *Trachelobdeua* sp.

（三）无吻蛭目 Arhynchobdellida

20.日本医蛭 *Hirudo nipponica*

二、软体动物

共记软体动物2纲、4目、9科、19种。

Ⅰ、腹足纲 Gastropoda

（一）中腹足目 Mesogastropoda

1.田螺科 Viviparidae

（1）中华圆田螺 *Cipangopaludina cathayensis*

（2）梨形环棱螺 *Bellamya purificata*

（3）铜锈环棱螺 *B. aeruginosa*

2.觽螺科 Hydrobiidae

（4）纹沼螺 *Parafossarulus striatulus*（Benson）

3.狭口螺科 Stenothyridae

（5）光滑狭口螺 *Stenothyra glabra* A. Adams

（二）基眼目 Basommatophora

4.椎实螺科 Lymnaeidae

（6）椎实螺 *Lymnaea stagnalis*

（7）隔扁螺 *Segmentina*

（8）耳萝卜螺 *Radix auricularia*

（三）柄眼目 Stylommatophara

5.巴蜗牛科 Bradybaenidae

（9）同行巴蜗牛 *Bradybaena similaris*

（10）灰巴蜗牛 *B. ravida ravida*

（11）条华蜗牛 *Cothaica fasciola*

6.蛞蝓科 Limacidae

（12）野蛞蝓 *Agriolimax agrestis*

Ⅱ、瓣鳃纲 Lamellibranchia

（四）真瓣鳃目 Eulamellibranchia

7.蚌 科 Unionidae

（13）无齿蚌 *Anodonta euscaphys*

（14）背角无齿蚌 *A. woodiana*

（15）圆顶珠蚌 *Unio douglaisae*

（16）剑状矛蚌 *Lanceolaria gladioilus*

（17）矛形楔蚌 *Cuneopsis celtiformis*

8.蚬 科 Corbiculidae

（18）刻纹蚬 *Corbicula largillierti*

9.球蚬科 Sphaeriidae

（19）球 蚬 *Sphaerium* sp.

三、节肢动物

共记节肢动物4纲、18目、154科、828种。

Ⅰ、甲壳纲 Crustacea

共记甲壳纲1纲、1目、2科、7种。

（一）十足目 Decapoda

1、方蟹科 Grapsidae

（1）中华绒螯蟹 *Erioheir sinensis*

（2）淡水青蟹 *Sesarma plicata*

2、长臂虾科 Palaemonidae

（3）日本沼虾 *Macrobrachium nipponensis*

（4）中华小长臂虾 *Palaemonetes sinensis*

（5）秀丽白虾 *Palaemon modestus*

（6）中华米虾 *Caridina denticulata*

（7）细足米虾 *C. nilotica*

Ⅱ、蛛形纲 Arachnida

共记蛛形纲1纲、3目、15科、77种。

（一）蝎目 Scorpionida

1、钳蝎科 Buthuidae

（1）东方钳蝎 *Bothus martensii* Karsch Δ

（二）蜱螨目 Acarina

2、叶螨科 Tetranychidae

（2）朱砂叶螨 *Tetranychus cinnabarinus* (Boisduval)

（3）神泽氏叶螨 *T. kanawai* Kishida

（4）卢氏叶螨 *T. ludeni* Zacher

（5）截形叶螨 *T. truncatus* Ehara

（6）二斑叶螨 *T. urticae* Koch

（7）山楂叶螨 *T. viennensis* Zacher

（8）果苔螨 *Bryobia rubrioculus* (Scheuten)

（9）苜蓿苔螨 *B. praetiosa*

（10）北始叶螨 *Eotetranychus boreus* Ehara

（11）构始叶螨 *E. broussonetiae* Wang

（12）核桃始叶螨 *E. hicoriae* (McGregor)

（13）杨始叶螨 *E. populi* (Koch)

（14）椴始叶螨 *E. tiliarium* (Hermann)

（15）榆广叶螨 *E. ulmi* Wang

（16）棒毛小爪螨 *Oligonychus clavatus* (Ehara)

（17）本岛小爪螨 *O. hondoensis* (Ehara)

（18）柏小爪螨 *O. perditus Prichard et* Baker

（19）针叶小爪螨 *O. ununguis* (Jacobi)

(20) 苹果全爪螨 *Panonychus ulmi* (Koch)

(21) 麦岩螨 *Petrobia latens* (Müller)

3、细须螨科 Tenuipalpidae

(22) 卵形短须螨 *Brevipalpus obovatus* Donnadieu

(23) 刘氏短须螨 *B. leuisi*

(24) 丽新须螨 *Cenopalpus pulcher* (Canestrini et Fanzago)

(25) 柿细须螨 *Tenuipalpus zhizhilashviliae* Reck

4、瘿螨科 Eriophyidae

(26) 山茶尖叶瘿螨 *Acaphlla steinwedeni* Keifer

(27) 葡萄缺节瘿螨 *Colomerus vitis* (Paqensteoher)

(28) 梨叶瘿螨 *Eipierimerus pyri* (Nalepa)

(29) 伪枸杞瘿螨 *Eriophyes macrodonis* (Keifer)

5、植绥螨科 Phytoseiidae

(30) 德氏钝螨 *Amblyseius deleoni*

(31) 东方钝绥螨 *A. orientalis*

(32) 津州钝绥螨 *A. tsuguwai*

6、真足螨科 *Stigmaeidae*

(33) 麦真足螨 *Penthalus major*

(三) 蜘蛛目 Araneida

7、狼蛛科 Lycosidae

(34) 拟水狼蛛 *Pirata subpiraticus*

(35) 中华狼蛛 *Lycosa sinensis* Schenkel

(36) 拟环纹狼蛛 *L. pseudoannulata* (Boes et Str.)

(37) 黑腹狼蛛 *L. auribrachialis* Schenkel

(38) 星花豹蛛 *Pardosa astrigera* L.Koch

(39) 丁纹豹蛛 *P. tinsignita* (Boes et Str.)

(40) 沟渠豹蛛 *P. laura* Karsch

8、蟹蛛科 Thomisidae

(41) 三突花蛛 *Misumenops tricuspidatus* (Fabricius)

(42) 白条锯足蛛 *Runcinia albostriata*

(43) 草丛逍遥蛛 *Philodromus cespitum* (Waklenaer)

(44) 刺跗逍遥蛛 *P. spinitarsis* Simon

(45) 圆花叶蛛 *Synaema globosa* Fabricius

(46) 蚁狼蟹蛛 *Thomisus formicinus* (Clerck)

(47) 短腿长蟹蛛 *Tibellus oblongus* (Walckenaer)

(48) 波纹花蟹蛛 *Xysticus corceus* Fox

(49) 斜纹花蟹蛛 *X. saganus* (Boes et Str.)

9、跳蛛科 Salticidae

(50) 黑色蝇虎 *Plexippus paykulli* (Audouin)

(51) 花背跳蛛 *Menemerus confusus* Boes et Str.

(52) 吉蚁蛛 *Myrmarachne gisti* Fox

(53) 美丽蚁蛛 *M. farmicaria* Degeer

(54) 灰背大腿跳蛛 *Harmcchirus brachiatus*

(55) 粽管巢蛛 *Clubiona japonicola*

(56) 千岛管巢蛛 *C. kurilensis*

10、蚖蛛科 Vlobridae

(57) 中华蚖蛛 *Ulobrous sinensis* Simon

(58) 疣腹蚖蛛 *U. tokyoensis* Kishida

11、球腹蛛科 Theridiidae

(59) 四棘球腹蛛 *Theridion sudabides*

(60) 横带球腹蛛 *T. angulithorax* Boes et Str.

(61) 八点球腹蛛 *T. octomeulatum* Boes

et Str.

(62) 温室球腹蛛 *T. tepidariorum* C. Koch

12、微蛛科 Micryphanlidae

(63) 草间小黑蛛 *Erigonidium graminicolum* Snndevall

(64) 异常隆背蛛 *Eriqons prominens* Boes et Str.

(65) 食虫瘤胸蛛 *Oedothorax insecticeps* Boes et Str.

13、圆蛛科 Araneidae

(66) 棕色圆蛛 *Aranea fuscoeoloratus* Boes et Str

(67) 叶斑圆蛛 *A. siastrancl*

(68) 大腹圆蛛 *A. ventricosus* (L. Koch)

(69) 横纹金蛛 *Argiop bruennichii* (Scopoli)

(70) 小金蛛 *A.* sp.

(71) 黄褐新圆蛛 *Neoscoma doenitz* (Boes et Str.)

(72) 金楼亮腹蛛 *Singa hamata* (Clerck)

(73) 四点亮腹蛛 *S. pygmaea* (Sundevall)

14、漏斗蛛科 Agelenidae

(74) 黑漏斗蛛 *Coelotes exitialis*

15、肖蛸蛛科 Tetragnathidae

(75) 四斑锯螯蛛 *Dyschiriognatha quadrimaculata* (Boes)

(76) 锥腹肖蛸 *Tetragnatha japonica* Boes et Str.

(77) 卵腹肖蛸 *T. shikokiane*

Ⅲ、多足纲 Myriopoda

共记多足纲1纲、4种。

1、少棘巨娱蚣 *Scolopendra subspinipes mutilans*.L.Kock

2、马陆 *Orthomorpha pekuensis*

3、约安巨马陆 *Prospirobolus joanusi* (Brolemann)

4、花蚰蜓 *Thereuopoda tuberculata*

Ⅳ、昆虫纲 Insecta

共记昆虫纲1纲、14目、137科、740种。

(一) 蜻蜓目 Odonata

1、蜻 科 Libellulidae

(1) 红 蜻 *Crocothemis servilia* Drury

(2) 黄 蜻 *Pantala flavescens* Fabricius

(二) 螳螂目 Mantodea

2、螳螂科 Mantidae

(3) 广斧螳螂 *Hierodula patellifera* (Serville)

(4) 螳 螂 *Mantis religiosa* Linnaeus

(5) 南大刀螳 *Tenodera aridifolia* (Stoll)

(6) 褐绿斑螳 *Statilia maculata* Thunberg

(三) 竹节虫目 Phasmida

3、棒虫脩科 Bacunculidae

(7) 短肛虫脩 *Baculum* sp.

(8) 北方皮虫脩 *Staelonchodes borealis* Cai

4、杆虫脩科 Bacillidae

(9) 瘦 虫脩 *Macella souchongia* Westwood

(四) 直翅目 Orthoptera

5、蝗 科 Acrididae

(10) 花胫绿纹蝗 *Aidopus tamulus* Fabricius

(11) 短星翅蝗 *Calliptamus abbreviatus* Ikonnikov

(12) 大青蝗 *Chondracris rosea* (De Geer)

(13) 大垫尖翅蝗 *Epacromius coerulipes* (Ivanov)

（14）拟短额负蝗 *Atractomorpha ambigua*

（15）笨蝗 *Haplotropis bruneriàna* Saussure

（16）东亚飞蝗 *Locusta migratoria manilensis*（Meyer）

（17）花尖翅蝗 *Aiolopus tamulus*

（18）赤颈蝗 *Acrida pinguis*

（19）长额负蝗 *Atractomorpha lata*（Motshulsky）

（20）大尖头蝗 *Aclida lata*

（21）蔗蝗 *Hieroglyphus*

（22）黑翅蝗 *Euprepocuemis shriakii*

（23）疣蝗 *Trilophidia annulata* Thunberg

（24）蒙古束颈蝗 *Sphingonotus mogolicus* Saussure

（25）大车蝗 *Gastrimangus marmoratus*

（26）小车蝗 *Oedaleus infernalis*

6、螽蜥科 Tettigoniidae

（27）土蝈蝈 *Alanticus* sp.

（28）日本管树螽 *Duectia japonica* Thunberg

（29）铃木蜙蝑螽 *Xiphidiopsis suzukii* Matsumura

（30）中华草螽 *Conocephalus chinensis* Redtenbacher

（31）长剑草螽 *C. gladidtus* Redtenbacher

（32）黑斑草螽 *C. maculatus* Le Guillon

7、蟋蟀科 Gryllidae

（33）稻拟针蟋 *Pteronemobius concolor*（Walker）

（34）长颚蟋 *Scapsipedes asperses* Walker

（35）斗蟋 *S. miado* Saussure

（36）油葫芦 *Gryllus testaceus*

（37）金钟 *Madasumma bibinonis*

（38）黑油葫芦 *Teleogryllus mitratus* Burmeister

8、蟋螽科 Gryllacridae

（39）黑臀蟋螽 *Neanias magnus* Matsumura et Shiraki

9、蝼蛄科 Gryllotalpidae

（40）东方蝼蛄 *Gryllotalpa orientalis* Burmeister

（41）华北蝼蛄 *G. unispina* Saussure

（五）革翅目 Dermaptera

10、蠼螋科 Labiduridae

（42）蠼螋 *Labidura riparia* Pallas

（六）同翅目 Homoptera

11、蝉科 Cicadidae

（43）蚱蝉 *Cryptotympana atrata*（Fabricius）

（44）日本黑蝉 *C. japonensis* Kato

（45）蟪咕 *Platypleura kaempferi*（Fabricius）

12、沫蝉科 Aphrophoridae

（46）松沫蝉 *Aphrophora flavipes* Uhler

（47）白带沫蝉 *A. intermedia* Uhler

13、袖蜡蝉科 Derbidae

（48）红袖蜡蝉 *Diostrombus politus* Uhler

14、象蜡蝉科 Dictyopharidae

（49）中华象蜡蝉 *Dictyophara sinica* Walker

15、蜡蝉科 Fulgoridae

（50）斑衣蜡蝉 *Lycorma delicatulla* White

16、叶蝉科 Cicadellidae

（51）二点叶蝉 *Cicadula fascifrons*（Stal）

（52）一点片头叶蝉 *Petalocephla manchurica* Kato

（53）红边片头叶蝉 *P. rubromarginata* Kato

（54）棉叶蝉 *Empoasca biguttula*（Shi-

raki）

（55）小绿叶蝉 *E. flavescens*（Fabricius）

（56）假眼小绿叶蝉 *E. pirisuga*（Matsumura）

（57）葡萄斑叶蝉 *Erythroneura apicalis*（Nawas）

（58）桃一点斑叶蝉 *E. subra*（Distant）

（59）中华似菱纹叶蝉 *Hishimonoides chinensis* Anutrier

（60）凹缘菱纹叶蝉 *Hishimonus sellatus*（Uhler）

（61）窗耳叶蝉 *Ledra auditura* Walker

（62）四脊耳叶蝉 *L. quadricarina* Walker

（63）黑尾大叶蝉 *Tettigoniella ferruginea*（Fabricius）

（64）黑尾叶蝉 *Nephotettix cincticeps*（Uhler）

（65）大青叶蝉 *Tettigella viridis*（Linnaeus）

17、球蚜科 Adelgidae

（66）松球蚜 *Pineus cembrae*（Cholodkovsky）

18、根瘤蚜科 Phylloxeridae

（67）梨黄粉蚜 *Aphanostigma jakusuiensis*（Kishida）

19、瘿绵蚜科 Pemphigidae

（68）榆绵蚜 *Eriosoma dilanuginosum* Zhang

（69）苹果绵蚜 *E. lanigerum*（Hausmann）

（70）梨卷叶绵蚜 *Prociphilus kuwanai* Monzen

（71）秋四脉绵蚜 *Tetraneura akinire* Sasaki

20、平翅绵蚜科 Phloeomyzidae

（72）杨平翅绵蚜 *Phloeomyzus passerinii zhangwuensis* Zhang

21、群蚜科 Thelaxidae

（73）枫杨刻蚜 *Kurisakia onigurumi*（Shinji）

（74）麻栎刻蚜 *K. querciphila*（Takahashi）

（75）山核桃刻蚜 *K. sinocaryae* Zhang

（76）栎刺蚜 *Cervaphis quercus* Takahashi

22、毛管蚜科 Greenideidae

（77）杭黑毛管蚜 *Greenidea hangnigra* Zhang

23、大蚜科 Lachnidae

（78）松大蚜 *Cinara pinea*（Mordwiko）

（79）柏大蚜 *C. tujafiline*（del Guercio）

（80）柳长喙大蚜 *Stomaphis sinisalicis* Zhang

（81）栗大蚜 *Lachnus tropicalis*（van der Goot）

（82）柳瘤大蚜 *Tuberolachnus salignus*（Gmelin）

24、斑蚜科 Callaphidiae

（83）栗斑蚜 *Castanocallis castanocallis* Zhang

（84）粉栗斑蚜 *C. cereus* Zhang

（85）缘瘤栗斑蚜 *C. margituberulatus* Zhang

（86）紫薇长斑蚜 *Takecallis kahawaluokalani*（Kirkaldy）

（87）榆长斑蚜 *T. saltans*（Nevsky）

（88）竹纵斑蚜 *T.arundinariae*（Essig）

（89）竹梢凸唇斑蚜 *T. taiwanus*（Takahashi）

（90）朴绵叶蚜 *Shivaphis celti* Das

（91）榆华毛蚜 *Sinochaitophorus maoi* Takahashi

25、毛蚜科 Chaitophoridae

（92）白杨毛蚜 *Chaitophorus populeti* (Panzer)

（93）白毛蚜 *C. populialbae*（Boyer de Fonscolombe）

（94）柳黑毛蚜 *C. salinigri* Shinji

（95）京枫多态毛蚜 *Periphyllus diacerivorus* Zhang

（96）栾多态毛蚜 *P. koelreuteriae* (Takahashi)

26、蚜 科 Aphididae

（97）绣线菊蚜 *Aphis citricola van der* Goot

（98）豆蚜 *A. craccivora* Koch

（99）柳蚜 *A. farinose* Gmelin

（100）大豆蚜 *A. glycines* Maesumura

（101）棉蚜 *A. gossypii* Glover

（102）刺槐蚜 *A. robiniae* Macchiati

（103）国槐蚜 *A. sophoricola* Zhang

（104）紫藤蚜 *Aulacophoroides hoffmanni*（Takahashi）

（105）胡颓子钉毛蚜 *Capitophorus elaeagni*（del Guercio）

（106）胡萝卜微管蚜 *Semiaphis heraclei* (Takahashi)

（107）柳二尾蚜 *Cavariella salicicola* Matsumura

（108）桃粉大尾蚜 *Hyaloptera amygdali* Blanchard

（109）月季长尾蚜 *Logicaudus trirhodus* (Walker)

（110）月季长管蚜 *Macrosiphum rosivorum* Zhang

（111）苹果瘤蚜 *Myzus malisuctus* Matsumura

（112）桃 蚜 *M. persicae*（Sulzer）

（113）柳粉毛蚜 *Pterocomma salicis* (Linnaeus)

（114）梨圆尾蚜 *Sappaphis pyri* Matsumura

（115）樱桃瘿瘤头蚜 *Tuberocephalus higansakurae*（Monzen）

（116）桃瘤头蚜 *T. momonis*（Matsumura）

（117）樱桃瘤头蚜 T. sakurae（Matsumura）

27、粉虱科 Aleyrodidae

（118）白粉虱 *Trialeurodes vaporarioruyh*

28、木虱科 Psyllidae

（119）黄栌丽木虱 *Calophya rhois* Low

（120）桑异脉木虱 *Anomoneuro mori* Schwarz

（121）合欢羞木虱 *Acizzia jamatonica* (Kuwayana)

（122）东方羞木虱 *A. sasaki*（Miyataka）

（123）槐豆木虱 *Cyamophila willieti* (Wu)

（124）杜梨喀木虱 *Cacopsylla betulaefoliae*（Yang et Li）

29、珠蚧科 Margarodidae

（125）草履蚧 *Drosicha corpulenta* (Kuwana)

（126）吹绵蚧 *Icerya purchasi* Maskell

30、粉蚧科 Pseudococcidae

（127）松粉蚧 *Dactylopius pini*

（128）竹白尾粉蚧 *Antonina crawii* Cockerell

31、绒蚧科 Eriococcidae

（129）柿绒蚧 *Eriococcus kaki* Wuwana

（130）紫薇绒蚧 *E. lagerstroemiae* Kuwana

32、绛蚧科 Kermesidae

（131）黑斑绛蚧 *Kermes nigrontatus* Hu

（132）泰山绛蚧 *K. taishanensis* Kuwana

33、链蚧科 Asterolecaniidae

（133）多脉栎链蚧 *Bambusaspis hemisphaeria* Kuwana

（134）栓皮栎栎链蚧 *Asterodiaspis variabile*（Russell）

34、壶蚧科 Cerococcidae

（135）印度壶蚧 *Cerococcus indicus*（Maskell）

35、蚧 科 Coccidae

（136）红蜡蚧 *Ceroplastes rubens* Maskell

（137）褐软蚧 *Coccus hesperidum* Linnaeus

（138）朝鲜毛球蚧 *Didesmococcus koreanus* Borchsenius

（139）日本准球蚧 *Eulecanium kunoensis* Kuwana

（140）大球坚蚧 *E. kuwanai*（Kanda）

（141）柿垫绵蚧 *Eupulvinaria peregrina* Borchsenius

（142）东方胎球蚧 *Parthenolecanium orientalis* Borchsenius

（143）橄榄盔蚧 *Saissetia oleae*（Bernard）

36、头蚧科 Beesoniidae

（144）青冈头蚧 *Beesonia quercicola* Ferris

37、盾蚧科 Diespididae

（145）褐叶圆蚧 *Chrysomphalus aonidum*（Linnaeus）

（146）短七松长蛎蚧 *Insulaspis pinett*（Borchsenius）

（147）长七松长蛎蚧 *I. pini*（Maskell）

（148）日本长白蚧 *Lopholeucaspis japonica*（Cockerell）

（149）黄杨芝糠蚧 *Parlagena buxi*（Takahashi）

（150）中华糠蚧 *Parlatoreopsis chinensis*（Marlatt）

（151）片糠蚧 *Parlatoria pergandii* Comstock

（152）黑点蚧 *P. ziziphus*（Lucas）

（153）桑白盾蚧 *Pseudaulacaspis pentagona*（Targioni-Tozzetti）

（154）栗夸圆蚧 *Quadraspidiotus cryptoxanthus*（Cockerell）

（155）梨夸圆蚧 *Q. perniciosus*（Comstock）

（156）卫矛矢尖蚧 *Unaspis euonymi*（Comstock）

（157）樟网盾蚧 *Pseudaonidia duplex*（Cockerell）

（七）半翅目 Hemiptera

38、跷蝽科 Berytidae

（158）娇驼跷蝽 *Gampsocoris pulchellus*（Dallas）

（159）锤胁跷蝽 *Yemma signatus*（Hsiao）

39、盲蝽科 Miridae

（160）三点盲蝽 *Adelphocoris fasciaticollis* Reuter

（161）苜蓿盲蝽 *A. lineolatus* Goeze

（162）黑唇盲蝽 *A. nigritylus* Hsiao

（163）中黑盲蝽 *A. suturalis* Jakovlev

（164）异须盲蝽 *Campylommadiversicornis* Reuter

（165）尼氏盲蝽 *C. nicolsi* Puton

（166）食虫齿爪盲蝽 *Deraeocoris punctulatus* Fallen

（167）绿盲蝽 *Lygus lucorum* Meyer-Dur

40、红蝽科 Pyrrhocoridae

（168）地红蝽 *Pyrrhocoris tibialis* Stal

41、姬蝽科 Nabidae

(169) 暗色姬蝽 *Nabis stenoferus* Hsiao

(170) 日本高姬蝽 *Gorpis japonicus* Kerzhner

(171) 泛希姬蝽 *Himacerus apterus* Fabricius

42、猎蝽科 Reduviidae

(172) 淡带荆猎蝽 *Acanthaspis cincticurs* Stal

(173) 黑光猎蝽 *Ectrychotes andreae* Thunberg

(174) 云斑真猎蝽 *Harpactor incertus* Distant

(175) 黑红捕猎蝽 *H. fuscipes*

(176) 黄纹盗猎蝽 *Pirates atromaculatus* Stal

(177) 中国原瘤猎蝽 *Phymata crassipes chimensis*

(178) 黑红猎蝽 *Haematolocha nigrorufa*

43、网蝽科 Tingidae

(179) 梨冠网蝽 *Stephanitis nashi* Esaki et Kakeya

44、长蝽科 Lygaeidae

(180) 大眼长蝽 *Geocoris pallidipennis* (Costa)

(181) 横带红长蝽 *Lygaeus equestris* Linnaeus

(182) 红脊长蝽 *Tropidothorax elegans* Distant

45、龟蝽科 Plataspidae

(183) 双痣圆龟蝽 *Coptosoma biguttula* Motschulsky

46、同蝽科 Acanthosomatidae

(184) 宽铗同蝽 *Acanthosoma labiduroides* Jakovlev

(185) 泛刺同蝽 *A. spinicoll* Jakovlev

(186) 中华尖同蝽 *Cyphostethus sinensis* Schumacher

47、扁蝽科 Aradidae

(187) 原扁蝽 *Aradus betulae* Linnaeus

48、缘蝽科 Coreidae

(188) 黄伊缘蝽 *Aeschyntelus chinensis* Dallas

(189) 斑背安缘蝽 *Anoplocnemis binotata* Distant

(190) 亚姬缘蝽 *Corizus albomarginatus* Blote

(191) 颗缘蝽 *Coriomeris scabricornis* Panzer

(192) 广腹同缘蝽 *Homoeocerus dilatatus* Horvath

(193) 一点同缘蝽 *H. unipunctatus* Thunberg

(194) 黄边迷缘蝽 *Myrmus lateralis* Hsiao

(195) 短头姬缘蝽 *Brachycarenus tigrinus* Schilling

(196) 波赭缘蝽 *Ochrochira potanini* Kiritshenko

(197) 点蜂缘蝽 *Riptortus pedestris* Fabricius

49、土蝽科 Cydnidae

(198) 大鳖土蝽 *Adrisa magna* Uhler

(199) 短点边土蝽 *Legnotus breviguttulus* Hsiao

50、蝽科 Pentatomidae

(200) 蠋蝽 *Arma chinensis* (Fallou)

(201) 小皱蝽 *Cyclopelta parva* Distant

(202) 谷蝽 *Gonopsis affinis* Uhler

(203) 斑须蝽 *Dolycoris baccarum* (Linnaeus)

(204) 麻皮蝽 *Erthesina fullo* (Thun-

berg)

(205) 硕蝽 *Eurostus validus* Dallas

(206) 菜蝽 *Eurydema dominulus* (Scopoli)

(207) 横纹菜蝽 *E. gebleri* Kolenati

(208) 赤条蝽 *Graphosoma rubrolineata* Westwood

(209) 茶翅蝽 *Halyomorpha halys* (Stal)

(210) 弯角蝽 *Lelia decempunctata* Mostschulsky

(211) 紫蓝曼蝽 *Menida violacea* Mostschulsky

(212) 大臭蝽 *Metonymia glandulosa* (Wolff)

(213) 珀蝽 *Plautia fimbriata* (Fabricius)

(214) 全蝽 *Homalogonia obtusa* Walker

(215) 稻绿蝽 Nezara viridula Linnaeus

(216) 碧蝽 *Palomena angulosa* Motschulsky

(217) 宽碧蝽 *P. viridissima* Poda

(218) 斑莽蝽 *Placosternum urus* Stal

(219) 金绿宽盾蝽 *Poecilocoris lewisi* Distant

(八) 缨翅目 Thysanoptera

51、纹蓟马科 Aeolothripidae

(220) 横纹蓟马 *Aeolothrips fasciatus* (Linnaeus)

52、蓟马科 Thripidae

(221) 桑蓟马 *Pseudodendrothrips mori* (Niwa)

(222) 塔六点蓟马 *Scolothrips takahashii* Prisner

(223) 烟蓟马 *Thrips tabaci* Lindeman

53、管蓟马科 Phlaeothripidae

(224) 华简管蓟马 *Halothrip chinensis* Prisner

(九) 鞘翅目 Coleoptera

54、虎甲科 Cicinelidae

(225) 短毛虎甲 *Cicindela brevipilosa* Hora

(226) 星斑虎甲 *C. kalea* Bates

(227) 中国虎甲 *C. chinensis* De Geer

(228) 多型虎甲 *C. hybrida*

(229) 深山虎甲 *C. sachalinesis*

(230) 曲纹虎甲 *Cicindel elisae*

(231) 褴虎甲 *C. laetescripta*

(232) 双狭虎甲 *Cicinde gracilis*

(233) 散纹虎甲 *C.* sp.

55、步甲科 Carabidae

(234) 齿星步甲 *Calosoma* (Caminaria) denticolle Gebler

(235) 暗星步甲 *C. lugens* Chaudoir

(236) 中华广肩步甲 *C. maderae chinense* Kirby

(237) 麻步甲 *Carabus brandti* Faldermann

(238) 革步甲 *C. coriaceipennis* Chaudoir

(239) 艳大步甲 *C.* (Coptobabrus) lafossei coelestis Stewood

(240) 脊青步甲 *Chlaenius costiger* Chaudoir

(241) 黄斑青步甲 *C. micans* Fabricius

(242) 毛胸青步甲 *C. naeviger* Morawitz

(243) 后斑青步甲 *C. posticalis* Motschulsky

(244) 异角青步甲 *C. varicornis* Bates

(245) 巨短胸步甲 *Curtonotus gigantus* Motschulsky

(246) 大头婪步甲 *Harpalus capito* Morawitz

(247) 大劫步甲 *Lesticus magnus* Motschulsky

(248) 通缘步甲 *Pterostichus gebleri* Dejean

(249) 短鞘气步甲 *Pheropsophus*

jessoensis Morawitz

(250) 赤胸步甲 Calathua halensis

56、郭公虫科 Cleridae

(251) 异色郭公虫 *Tillus notatus* Klug

57、叩头虫科 Elateridae

(252) 细胸叩头虫 *Agriotes fusicollis* Miwa

(253) 沟叩头虫 *Pleonomus canaliculatus* Faldermann

58、吉丁虫科 Buprestidae

(254) 花曲柳窄吉丁 *Agrilus macrocopoli* Obenberger

(255) 苹果小吉丁 *A. mali* Matsumura

(256) 柳窄吉丁 *A. nipponigeno* Obenberger

(257) 六星铜吉丁 *Chrysosbotris affinis* Fabricius

(258) 铜棱吉丁 *C. chrysosligma* Linnaeus

(259) 山杨柳吉丁 *Poecilonota chinensis* Thery

(260) 杨锦纹吉丁 *P. variolosa* Paykull

(261) 红缘绿吉丁 *Scintillatrix bellula* (Lewis)

59、瓢虫科 Coccinelidae

(262) 端尖食植瓢虫 *Epilachna quadricollis* (Dieke)

(263) 七星瓢虫 *Coccinella septempunctata* Linnaeus

(264) 菱斑和瓢虫 *Synharmonia conglobata* Linnaeus

(265) 异色瓢虫 *Leis axyridis* Pallas

(266) 龟纹瓢虫 *Propylaea japonica* (Thunberg)

(267) 红点唇瓢虫 *Chilocorus kuwanae* Silvestri

(268) 黑缘红瓢虫 *C. rubidus* Hope

(269) 红环瓢虫 *Rodolia limbata* Motschulsky

(270) 四斑毛瓢虫 *Scymnus frontalis* Fabricius

(271) 黑背小瓢虫*S.* (pullus) *Kawamurai* (Ohta)

(272) 深点食螨瓢虫 Stethorus punctillum Weise

(273) 十二斑和瓢虫 *Synharmonia bissexnotata* (Mulsant)

60、芫菁科 Meloidae

(274) 中国豆芫菁 *Epicauta chinensis* Laporte

(275) 白条芫菁 *E. gorham* Marseul

(276) 暗头豆芫菁 *E. obscurocephala* Reitter

(277) 绿芫菁 *Lytta caraganae* Pallas

(278) 短翅芫菁 *Meloe corvinus* Marseul

(279) 腋斑芫菁 *Mylabris axillaris* Billberg

(280) 苹斑芫菁 *M. calida* Pallas

61、鳃金龟科 Melolonthidae

(281) 黑棕鳃金龟 *Apogonia cupreoviridis* Kolbe

(282) 毛棕鳃金龟 *Brahmina faldermanni* Kraatz

(283) 华北大黑鳃金龟 *Holotrichia oblita* Faldermann

(284) 暗黑鳃金龟 *H. parallela* Motschulsky

(285) 华头脊金龟 *H. sinensis* Hope

(286) 棕色鳃金龟 *H. titanis* Reitter

(287) 毛黄鳃金龟 *H. trichophora* (Fairmire)

(288) 小阔胫绒金龟 *Maladera ovatula* (Fairmire)

（289）阔胫绒金龟 *M. verticalis*（Fairmire）

（290）小黄鳃金龟 *M. flavescens* Branske

（291）鲜黄鳃金龟 *M. tumidifrons* Fairmaire

（292）大云斑鳃金龟 *Polyphylla laticollis* Lewis

（293）黑绒金龟 *Serica orientalis* Motschulsk

（294）黑皱鳃金龟 *Trematodes tenebrioides*（Pallas）

（295）小祖尾鳃金龟 *Tanyproctus parvus* Chang

62、丽金龟科 Rutelidae

（296）毛喙丽金龟 *Adoretus hirsutus* Obaus

（297）斑喙丽金龟 *A. tenuimaculatus* Waterhouse

（298）黄褐丽金龟 *A. exoleta* Faldermann

（299）蒙古丽金龟 *A. monogolica* Faldermann

（300）铜绿丽金龟 *Anomala corpulenta* Motschulsky

（301）大绿丽金龟 *A. cuprea* Gyllenhal

（302）黄闪彩丽金龟 *Mimela testaceovitidis* Blanchard

（303）无斑丽金龟 *Popillia mutans* Newman

（304）四纹丽金龟 *Adoretus quadriguttata* Fabricius

（305）苹毛丽金龟 *Proagopertha lucidula* Faldermann

63、花金龟科 Cetoniidae

（306）赤斑花金龟 *Anthracophora rustililola*

（307）小青花金龟 *Oxycetonia jucunda* Faldermann

（308）褐锈花金龟 *Poecilophilides rustilicola* Burmeister

（309）白星花金龟 *Potosia brevitarsis*（Lewis）

（310）白斑花金龟 *Liocola brevitarsis*

64、天牛科 Cerambycidae

（311）曲牙土天牛 *Dorysthenes hydropicus*（Pascoe）

（312）大牙土天牛 *D. paradoxus*（Fairmaire）

（313）芫天牛 *Mantitheus pekinensis* Fairmaire

（314）隐脊薄翅天牛 *Megopis sinica ornaticollis*（White）

（315）中华锯花天牛 *Apatophysis sinica*（Semenov-Tian-Shanski）

（316）板栗柄天牛 *Aphrodisium* sp.

（317）桃红颈天牛 *Aromia bungii*（Faldermann）

（318）红缘亚天牛 *Asias holodendri*（Pallas）

（319）褐幽天牛 *Arhopalus rusticus*（Linnaeus）

（320）橡黑花天牛 *Leptura aethiops* Poda

（321）紫缘长绿天牛 *Chloridolum lameeri*（Pic）

（322）刺槐绿虎天牛 *Chlorophorus diadema*（Motschusky）

（323）酸枣虎天牛 *Clytus hypocrita* Plavilstshikov

（324）栗山天牛 *Massicus raddei*（Blessig）

（325）二斑黑绒天牛 *Embrik-Strandia bimaculata*（White）

（326）黄带蓝天牛 *Polyzonus fasciatus* (Fabricius)

（327）双条杉天牛 *Semanotus bifasciatus* (Motschulsky)

（328）家茸天牛 *Trichoferus campestris* (Faldermann)

（329）刺角天牛 *Trirachys orientalis* Hope

（330）灰黄茸天牛 *Trichoferus guerryi* (Pic)

（331）合欢双条天牛 *Xystrocera globosa* (Olivier)

（332）星天牛 *Anoplophora chinensis* (Forster)

（333）光肩星天牛 *A. glabripennis* (Motschulsky)

（334）桑天牛 *Apriona germari* (Hope)

（335）云斑天牛 *Batocera horsfieldi* (Hope)

（336）顶斑瘤筒天牛 *Linda fraterna* (Chevrolat)

（337）异斑象天牛 *Mesosa stictica* Blanchard

（338）松墨天牛 *Monochamus alternatus* Hope

（339）黑点粉天牛 *Olenecamptus clarus* Pascoe

（340）斜翅黑点粉天牛 *O. clarus subobliteratus* Pic

（341）伪昏天牛 *Pseudanaesthetis langana* Pic

（342）青杨楔天牛 *Saperda populnea* Linnaeus

65、叶甲科 Chrysomelidae

（343）黄斑直缘跳跳甲 *Ophrida xanthospilota* (Baly)

（344）黄守瓜 *Aulacophora femoralis* (Mostschulsky)

（345）黑足黄守瓜 *A. nigripennis* Mostschulsky

（346）愈纹萤叶甲 *Galeruca reichardti* Jacoby

（347）铜绿柱萤叶甲 *Gallerucida submetallica* Gressitt

（348）葡萄十星叶甲 *Oides decempunctata* (Billberg)

（349）榆蓝叶甲 *Pyrrhalta aenescens* (Fairmaire)

（350）榆黄叶甲 *P. maculicollis* Motschulsky

（351）漠金叶甲 *Chrysolina auruginosa* (Faldermann)

（352）柳十星叶甲 *C. vigintipunctata* (Scopoli)

（353）柳十八斑叶甲 *C. salicivorax* (Fairmaire)

（354）梨斑叶甲 *Paropsides soriculata* Swartz

（355）柳蓝叶甲 *Plagiodera versicolora* (Laicharting)

66、肖叶甲科 Eumolpidae

（356）褐足角胸叶甲 *Basilepta fulvipes* (Motschulsky)

（357）麦颈叶甲 *Colasposoma dauricum dauricum* Mannerheim

（358）中华萝藦叶甲 *Chrysochus chinensis* Baly

（359）亚洲锯角叶甲 *Clytra asiatica* Chujo

（360）二点钳叶甲 *Labidostomis bipunctata* (Mannerheim)

（361）酸枣光叶甲 *Smaragdina mandzhu-*

ra (Jacobson)

(362) 黑额光叶甲 *S. nigrifrons* (Hope)

(363) 梨光叶甲 *S. semiaurantiaca* (Fairmaire)

(364) 酸枣隐头叶甲 *Crytocephalus japanus* Baly

(365) 纹鞘隐头叶甲 *C. pelipterus* Solsky

(366) 淡绿瘾头叶甲 *C. shansiensis* Chen

67、铁甲科 Hispidae

(367) 泡桐龟甲 *Basiprionota bisignata* (Boheman)

68、豆象科 Bruchidae

(368) 紫穗槐豆象 *Acanthoscelides plagiatus* Reiche et Saulcy

69、卷叶象科 Bruchidae

(369) 葡萄盾金象 *Aspidobyctiscus lacuaipennis* Jekel

(370) 梨虎象 *Rhynchites foveipennis* Fairmaire

70、象虫科 Curculionidae

(371) 中国癞象 *Episomus chinensis* Faust

(372) 棉尖象 *Phytoscaphus gossypii* Chao

(373) 隆胸球胸象 *Piazomias globulicollis* Faldermann

(374) 大球胸象 *P. validus* Motshulsky

(375) 金缘球胸象 P. virecens

(376) 短带长毛象 *Enaptorrhinus convexiusculus* Heller

(377) 中华长毛象 *E. sinensis* Waterhouse

(378) 大长毛象 *E. granulatus*

(379) 北京灰象 *Sympiezomias herzi* Faust

(380) 大灰象 *S. velatus* (Chevrolat)

(381) 波纹斜纹象 *Lepyrus japonicus* Roelofs

(382) 蒙古土象 *Xylinophorus mongolicus* Faust

(383) 臭椿沟眶象 *Eucryptorrhynchus brandti* (Harold)

(384) 沟眶象 *E. chinensis* Olivier

(385) 麻栎象 *Curculio robustus* Roelofs

(386) 短胸长足象 *Aleides fvifidus*

71、小蠹科 Scolytidae

(387) 果树小蠹 *Scolytus japonicus* Chapuis

(388) 樱小蠹 *S. pomi* Yin et Huang

(389) 多毛小蠹 *S. seulensis* Murayama

(390) 纵坑切梢小蠹 *Blastophagus piniperda* Linnaeus

(391) 侧柏小蠹 *Phloeosinus perlatus*

(392) 柏肤小蠹 *P. aubei* Perris

(393) 桑梢小蠹 *Cryphalus exignus* Blandford

(394) 松瘤小蠹 *Orthotomicus erosus* Wollaston

(395) 黑条木小蠹 *Xyloterus lineatus* Olivier

(十) 广翅目 Megaloptera

72、鱼蛉科 Corydalidae

(396) 中华斑鱼蛉 *Neochauliodes sinensis* Walker

(397) 花边星齿蛉 *Protohermes costalis* Walker

(十一) 脉翅目 Neuroptera

73、褐蛉科 Hemerobiidae

(398) 全北褐蛉 *Hemerobius humuli* Linnaeus

(399) 阴啬褐蛉 *Psectra iniqua* Hagen

74、草蛉科 Chrysopidae

(400) 丽草蛉 *Chrysopa formosa* Brauer

(401) 晋草蛉 *C. shansiensis* Kuwayana

(402) 叶色草蛉 *C. phyllochroma* Wesmael

(403) 大草蛉 *C. septempunctata* Wesmael

(404) 中华草蛉 *C. sinica* Jeder

75、蚁蛉科 Myrmeleontidae

(405) 条斑次蚁蛉 *Dendroleon lineatus* (Fabricius)

(406) 褐纹树蚁蛉 *D. pantherius* Fabricius

(407) 中华东蚁蛉 *Euroleon sinicus* (Nawas)

(408) 追击大蚁蛉 *Heoclisis japonica* (McLachla)

(十二) 鳞翅目 Lepidoptera

76、透翅蛾科 Sessidae

(409) 赤腰透翅蛾 *Aegeria molybdoceps* Hampson

(410) 葡萄透翅蛾 *Paranthrene regula* Butler

(411) 白杨透翅蛾 *P. tabaniformis* Rottemberg

77、麦蛾科 Gelechiidae

(412) 鸡血藤麦蛾 *Dichomeris oceanis* Meyrick

(413) 胡枝子麦蛾 *Evippe albidorsella* Snellen

(414) 刺槐种子麦蛾 *Gelechia* sp.

(415) 黑星麦蛾 *Telphusa chororderces* Meyrick

78、潜蛾科 Lyonetiidae

(416) 国槐潜蛾 *Cydia trasias* Meyrick

(417) 旋纹潜叶蛾 *Leucoptera scitella* Zeller

(418) 杨白潜叶蛾 *L. susinella* Herrich-Schaffer

(419) 桃潜蛾 *Lyonetia clerkella* (Linnaeus)

(420) 银纹潜蛾 *L. prunifoliella* Hubner

79、叶潜蛾科 Phyllocnistidae

(421) 杨银潜叶蛾 *Phyllocnistis saligna* Zeller

80、举肢蛾科 Heliodinidae

(422) 柿举肢蛾 *Stathmopoda massinissa* Meyrick

81、谷蛾科 Tineidae

(423) 刺槐谷蛾 *Hapsifera barbata* Christoph

82、木蠹蛾科 Cossidae

(424) 黄胸木蠹蛾 *Cossus chinensis* Rothschild

(425) 小木蠹蛾 *Holcocerus insularis* Staudinger

(426) 日本木蠹蛾 *H. japonicus* Gaede

(427) 榆木蠹蛾 *H. vicarious* Walker

(428) 东方木蠹蛾 *H. orientalis*

(429) 柳木蠹蛾 *H. vicarius*

(430) 蒙古木蠹蛾 *Cossus mongolicus*

83、豹蠹蛾科 Zeuzeridae

(431) 六星黑点木蠹蛾 *Zeuzera leuconnotum*

84、蓑蛾科 Psychidae

(432) 大蓑蛾 *Clania variegata* Snellen

85、刺蛾科 Eucleidae

(433) 艳刺蛾 *Arbelarosa rufotessellata* Moore

(434) 背刺蛾 *Belippa horrida* Walker

(435) 黄刺蛾 *Cnidocampa flavescens*

(Walker)

(436) 枣奕刺蛾 *Iragoides conjuncfa* (Walker)

(437) 黄缘绿刺蛾 *Latoia consocia* Walker

(438) 双齿绿刺蛾 L. hilarata (Staudinger)

(439) 梨娜刺蛾 *Narosoideus flavidorsalis* (Staudinger)

(440) 黄娜刺蛾 *N. fuscicostalis* (Fixsen)

(441) 纵带球须刺蛾 *Scopelodes contracta* (Walker)

(442) 桑褐刺蛾 *Setora postornata* (Hampson)

(443) 扁刺蛾 *Thosea sinensis* (Walker)

86、斑蛾科 Zygaenidae

(444) 桃斑蛾 *Illiberis nigra* Leech

(445) 榆斑蛾 *I. ulmivora* Graeser

(446) 梨叶斑蛾 *I. pruni* Dyar

87、蛀果蛾科 Carposinidae

(447) 桃蛀果蛾 *Carposina niponensis* Walsingham

88、卷蛾科 Tortricidae

(448) 黄斑长翅卷蛾 *Acleris fimbriana* Thunberg

(449) 榆白长翅卷蛾 *A. ulmicola* Meyrick

(450) 棉褐带卷蛾 *Adoxophyes orana* Fischer von Roslerstamm

(451) 南川卷蛾 *Hoshinoa longicellana* (Walsingham)

(452) 苹褐卷蛾 *Pandemis heparana* Schiffermuller

(453) 枣镰翅小卷蛾 *Ancylis* (Anchylopera) *sativa* Liu

(454) 松叶小卷蛾 *Epinotia* (panoplia) *rubiginosana* Herrich

(455) 梨小食心虫 *Grapholitha molesta* Busck

(456) 杨柳小卷蛾 *Gypsonoma minutana* Hubner

(457) 夏梢小卷蛾 *Rhyacionia duplana* (Hubner)

(458) 苹白小卷蛾 *Spilonota ocellana* Denis

(459) 桃白小卷蛾 *S. albicana* (Motschulsky)

(460) 芽白小卷蛾 *S. lechriaspis* Meyrick

89、螟蛾科 Pyralidae

(461) 竹织叶野螟 *Algedonia coclesalis* Walker

(462) 黄翅缀叶野螟 Botyodes diniasalis Walker

(463) 桃蛀野螟 *Conogethes punctiferalis* (Guene's)

(464) 果梢斑螟 *Dioryctria pryeri* Ragonot

(465) 微红梢斑螟 *D. rubella* Hampson

(466) 豆荚斑螟 *Etiella zinckenella* (Treitschke)

(467) 桑绢野螟 *Glyphodes pyloalis* (Walker)

(468) 豆蚀叶野螟 *Hedylepta indicata* (Fabricius)

(469) 赤双纹螟 *Herculia pelasgalis* Walker

(470) 葡萄卷叶野螟 *Herpetogramma luctuosalis* (Guene'e)

(471) 缀叶丛螟 *Locastra muscosalis* Walker

(472) 梨云翅斑螟 *Nephopteryx pirivorella* Natsumura

(473) 麦牧野螟 *Nomophila noctuella* Schiffermuller et Denis

(474) 玉米螟 *Ostrinia nubilalis* (Hubner)

(475) 锈黄缨突野螟 *Udea ferruginalis* Hubner

(476) 旱柳原野螟 *Proteuclasta stotzneri* (Caradja)

(477) 泡桐卷野螟 *Pycnarmon cribata* (Fabricius)

(478) 楸蠹野螟 *Sinomphisa plagialis* (Wileman)

(479) 豆卷叶野螟 *Sylepta ruralis* Scopoli

90、枯叶蛾科 Lasiocampidae

(480) 黄斑波纹杂毛虫 *Cyclophragma undans fasciatella* Menetries

(481) 赤松毛虫 *Dendrolimus spectabilis* (Butler)

(482) 柏松毛虫 *D. suffuscus* Lajonquiere

(483) 油松毛虫 *D. tabulaeformis* Tsai et Liu

(484) 杨枯叶蛾 *Gastropacha populifolia* Esper

(485) 李枯叶蛾 *G. quercifolia* Linnaeus

(486) 黄褐天幕毛虫 *Malacosoma neustria testacea* Motschulsky

(487) 苹毛虫 *Odonestis pruni* Linnaeus

91、大蚕蛾科 Saturniidae

(488) 绿尾大蚕蛾 *Actias selene ningpoana* Felder

(489) 樗蚕 *Philosamia cynthia walkeri* (Felder)

92、蚕蛾科 Bombycidae

(490) 野蚕蛾 *Theophila mandarina* Moore

93、尺蛾科 Geometridae

(491) 山枝子尺蛾 *Aspilates geholaria* Oberthur

(492) 大造桥虫 *Ascotis selenaria* Schifferm ller et Denis

(493) 桦尺蛾 *Biston betularia* (Linnaeus)

(494) 掌尺蛾 *Buzura recursaria superans* Butler

(495) 肾纹绿尺蛾 *Comibaena procumbaria* (Pryer)

(496) 尖尾尺蛾 *Gelasma illiturata* Walker

(497) 直脉青尺蛾 *Hipparchus vallda* Felder

(498) 枯斑翠尺蛾 *Ochrognesia difficta* Walker

(499) 桑尺蠖 *Phthonandria atrilineata* (Butler)

(500) 槐尺蠖 *Semiothisa cinerearia* Bremer et Grey

(501) 尘尺蛾 *Serraca punctinalisconferenda* Butler

(502) 红双线尺蛾 *Syrrhodia obliqua* Warren

(503) 黄双线尺蛾 *S. perlutea* Wehrli

(504) 刺槐外斑埃尺蛾 *Extyopis excellens* Butler

94、凤蛾科 Epicopeiidae

(505) 榆凤蛾 *Epicopeia mencia* Moore

95、天蛾科 Sphingidae

(506) 芝麻鬼脸天蛾 *Acherontia styx* Westwood

(507) 葡萄天蛾 *Ampelophaga rubiginosa rubiginosa* Bremer

(508) 榆绿天蛾 *Callambulyx tatarinovii* (Brermer et Grey)

(509) 豆天蛾 *Clanis bilineata tsingtauica* Mell

(510) 绒星天蛾 *Dolbina tancrei* Staudinger

(511) 甘蔗天蛾 *Leucophlebia lineata* Westwood

(512) 青背长喙天蛾 *Macroglossum bombylans* Boisduval

(513) 小豆长喙天蛾 *M. stellatarum* (Linnaeus)

(514) 枣桃六点天蛾 *Marumba gaschkewitschi* Bremer et Grey

(515) 栗六点天蛾 *M. sperchius* Menentries

(516) 鹰翅天蛾 *Oxyambulyx ochracea* (Butler)

(517) 构月天蛾 *Parum colligata* (Walker)

(518) 白环红天蛾 *Pergesa askoldensis* Oberthur

(519) 红天蛾 *P. elpenor lewisi* (Butler)

(520) 霜天蛾 *Psilogramma menephrom* (Cramer)

(521) 紫光盾天蛾 *Phyllosphingia dissimilis sinensis* Jordan

(522) 蓝目天蛾 *Smerinthus planus planus* Walker

(523) 雀纹天蛾 *Theretra japonica* (Orza)

(524) 芋双线天蛾 *T. oldenlandiae* (Fabricius)

96、舟蛾科 Notodontidae

(525) 杨二尾舟蛾 *Cerura menciana* Moore

(526) 杨扇舟蛾 *Clostera anachoreta* (Fabricius)

(527) 栎粉舟蛾 *Fentonia ocypete* Bremer

(528) 栎枝背舟蛾 *Harpyia umbrosa* Staudinger

(529) 榆白边舟蛾 *Nericoides davidi* Oberthur

(530) 杨小舟蛾 *Micromelalopha siversi* (Staudinger)

(531) 栎掌舟蛾 *Phalera assimilis* (Bremer et Grey)

(532) 苹掌舟蛾 *P. flavescens* (Bremer et Grey)

(533) 榆掌舟蛾 *P. takasgoensis* Matsumura

(534) 梨威舟蛾 *Wilemanus bidentatus bidentatus* Wileman

(535) 亚梨威舟蛾 *W. bidentatus ussuriensis* Pungeler

(536) 华北翼舟蛾 *Pfilodon buabeiensis*

(537) 银佩舟蛾 *Perider graese*

(538) 栎蚕舟蛾 *Phalerodonta albibasis* (Chiang)

(539) 槐羽舟蛾 *Pterostoma sinicum* Moore

(540) 黄二星舟蛾 *Rabtala cristata* (Butler)

(541) 苹蚁舟蛾 *Stauropus persimlis* Butler

(542) 核桃美舟蛾 *Uropyia meticulodine* (Oberthur)

97、鹿蛾科 Amatidae

(543) 黑鹿蛾 *Amata ganssuensis* (Grum-Grshimailo)

98、灯蛾科 Arctiidae

(544) 红缘灯蛾 *Amsacta lactinea* (Cramer)

（545）闪光玫灯蛾 *Rhodogastria astreus* Drury

（546）肖浑黄灯蛾 *Rhyparioides amurensis*（Bremer）

（547）奇特坦灯蛾 *Thanatarctia imparilis*（Butler）

（548）黄臀黑污灯蛾 *Spilarctia caesarea*（Goeze）

（549）人纹污灯蛾 *S. subcarnea*（Walker）

（550）星白雪灯蛾 *Spilosoma menthastri*（Esper）

（551）白雪灯蛾 *S. niveus*（Menetries）

（552）美国白蛾 *Hlyphantria cunea* Drury）

99、虎蛾科 Agaristidae

（553）葡萄修虎蛾 *Seudyra subflava* Moore

（554）艳修虎蛾 *S. venusta* Leech

100、夜蛾科 Noctuidae

（555）榆剑纹夜蛾 *Acronicta hercules* Felder

（556）桃剑纹夜蛾 *A. incretata* Hampson

（557）桑剑纹夜蛾 *A. major* Bremer

（558）梨剑纹夜蛾 *A. rumicis* Linnaeus

（559）果剑纹夜蛾 *A. strigosa*（Schiffermuller）

（560）缤夜蛾 *Moma alpium* Osbeck

（561）陌夜蛾 *Trachea atriplicis* Linnaeus

（562）斜纹夜蛾 *Prodenia litura* Fabricius

（563）黄地老虎 *Agrotis segetum* Schiffermuller

（564）大地老虎 *A. tokionis* Butler

（565）小地老虎 *A. ypsilon* Rottemberg

（566）八字地老虎 *Amathes c-nigrum* Linnaeus

（567）褐纹鲁夜蛾 *A. fuscostigma* Bremer

（568）大三角鲁夜蛾 *A. kollari* Lederer

（569）朽木夜蛾 *Axylia putris* Linnaeus

（570）棉铃实夜蛾 *Heliothis armigera* Hubner

（571）苜蓿夜蛾 *Heliothis viriplaca* Hufnagel

（572）宽胫夜蛾 *Melicleptria scutosa* Schiffermuller

（573）翠色狼夜蛾 *Ochropleura praecox* Linnaeus

（574）蚀夜蛾 *Oxytripia orbiculosa* Esper

（575）甘蓝夜蛾 *Mamestra brassicae* Linnaeus

（576）光腹夜蛾 *Mythimna turca* Linnaeus

（577）红棕灰夜蛾 *Polia illoba* Butler

（578）粉缘钻夜蛾 *Earias pudicana* Staudinger

（579）一点钻夜蛾 *E. pudicana pupillana* Staudinger

（580）坑翅夜蛾 *Ilattia octo*（Guenee）

（581）旋皮夜蛾 *Eligma narcissus*（Cramer）

（582）葫芦夜蛾 *Anadevidia peponis* Fabricius

（583）银纹夜蛾 *Argyrrogramma agnata* Staudinger

（584）肖毛翅夜蛾 *Lagoptera juno* Dalman

（585）变色夜蛾 *Enmonodia vespertilio* Fabricius

（586）旋目夜蛾 *Speiredonia retorta* Linnaeus

（587）枯叶夜蛾 *Adris tyannus* Guenee

（588）小造桥虫 *Anomis flava*（Fabricius）

（589）桥夜蛾 *A. mesogona* Walker

（590）超桥夜蛾 *A. fulvida* Guenee

（591）豆卜馍夜蛾 *Bomolocha tristalis* Lederer

（592）壶夜蛾 *Calyptra capucina* Esper

（593）客来夜蛾 *Chrysorithrum amata*（Bremer）

（594）残夜蛾 *Colobochyla salicalis* Schiffermüller

（595）柿梢鹰夜蛾 *Hypocala moorei* Butler

（596）苹梢鹰夜蛾 *H. subsatura* Guene'e

（597）鸟嘴壶夜蛾 *Oraesia excavata* Butler

（598）平嘴壶夜蛾 *O. lata* Butler

（599）点眉夜蛾 *Pangrapta vasava* Butler

（600）石榴巾夜蛾 *Parallelia stuposa*（Fabricius）

101、毒蛾科 Lymantriidae

（601）连茸毒蛾 *Dasychira conjuncta* Wileman

（602）幻带黄毒蛾 *Euproctis varians* Walker

（603）榆黄足毒蛾 *Ivela ochropoda*（Eversmann）

（604）舞毒蛾 *Lymantria dispar*（Linnaeus）

（605）栎毒蛾 *L. mathura* Moore

（606）古毒蛾 *Orgyia antiqua*（Linnaeus）

（607）灰斑古毒蛾 *O. ericae* Germar

（608）角斑古毒蛾 *O. gonostigma*（Linnaeus）

（609）侧柏毒蛾 *Parocneria furva* Leech

（610）黑褐盗毒蛾 *Porthesia atereta* Collenette

（611）戟盗毒蛾 *P. kurosawai* Inoue

（612）盗毒蛾 *P. similes*（Fueszly）

（613）杨雪毒蛾 *Stilpnotia candida* Staudinger

102、弄蝶科 Hesperidae

（614）白斑赭弄蝶 *Ochlodes buddha* Mabille

（615）曲纹稻弄蝶 *Parnara ganga* Evans

103、蛱蝶科 Nymphalidae

（616）柳紫闪蛱蝶 *Apatura ilia* Schiff–Denis

（617）黑脉蛱蝶 *Hestina assimilis* Linnaeus

（618）重环蛱蝶 *Neptis alwina dejeani* Oberthur

（619）白钩蛱蝶 *Polygonia c –plbum hemigera* Butker

（620）黄钩蛱蝶 *P. c–aureum* Linnaeus

（621）大红蛱蝶 *Vanessa indica* Linnaeus

104、眼蝶科 Satyridae

（622）蛇眼蝶 *Minois dryas*

（623）白带眼蝶 *Satyrus hermione*

（624）豆眼蝶 *Lasiommata deidamia*

（625）珍眼蝶 *Coenongmpha amavylhis*

105、灰蝶科 Lycaenidae

（626）琉璃灰蝶 *Celastrina argiolus* Linnaeus

（627）艳灰蝶 *Favonius jesoensis* Matsumura

（628）彩灰蝶 *Hysudra selira* Moore

106、凤蝶科 Papilionidae

(629) 丝带凤蝶 *Scricenus lalamon*

(630) 黄凤蝶 *Papilio machaon*

(631) 花椒凤蝶 *P. xuthus*

107、粉蝶科 Pieridae

(632) 宽边小粉蝶 *Eurema hecabe* Linnaeus

(633) 小黄粉蝶 *E. blcnda*

(634) 黄粉蝶 *Colias hyale*

(635) 多点粉蝶 *Pieris camidia*

(636) 山楂粉蝶 *Aporia crataegi* Linnaeus

(十三) 双翅目 Diptera

108、瘿蚊科 Syrphidae

(637) 食蚜瘿蚊 *Aphidoletes aphidimyza* Rondani

(638) 柳干瘿蚊 *Dasineura saliciperda* (Dufour)

(639) 日本柳枝瘿蚊 *Lygocecis yanagi* Shinji

109、食虫虻科 Asilidae

(640) 虎斑食虫虻 *Astochia virgatipes*

(641) 白头小食虫虻 *Philonicus albiceps*

(642) 大食虫虻 *Promachus yesonicus*

110、长吻虻科 Bombyliidae

(643) 大长吻虻 *Bombylius major* Linnaeus

111、食蚜蝇科 Syrphidae

(644) 狭带食蚜蝇 *Betasyrphus serarius* (Wiedemann)

(645) 黑带食蚜蝇 *Episyrphus belteata* (De Geer)

(646) 短刺刺腿食蚜蝇 *Ischiodon scutellaris* Fabricius

(647) 黄盾壮食蚜蝇 *Ischyrosyrphus glakcia* (Linnaeus)

(648) 月斑鼓额食蚜蝇 *Lasiopticus selenilica* (Meigen)

(649) 羽芒宽盾食蚜蝇 *Megaspis zonata* Fabricius

(650) 大灰食蚜蝇 *Metasyrphus corollae* (Fabricius)

(651) 梯斑黑食蚜蝇 *Melgnostoma scalare*

(652) 四条小食蚜蝇 *Paragus quadrifasciatus*

(653) 短翅细腰食蚜蝇 *Sphaer ophoria*

112、花蝇科 Anthomyiidae

(654) 种 蝇 *Hylemyia platura* (Meigen)

(655) 灰地种蝇 *Delia platura* (Meigen)

113、麻蝇科 Sarcophagidae

(656) 线纹折麻蝇 *Blaesoxipha lineata* Fallen

(657) 赤松毛虫麻蝇 *Parasarcophaga harpax*

114、寄蝇科 Tachnidae

(658) 蚕饰腹寄蝇 *Blepharipa zebina* (Walker)

(659) 簇毛刺蛾寄蝇 *Chaetexorista microchaeta* Chao

(660) 长鬃刺蛾寄蝇 *C. setosa* Chao

(661) 粘虫缺须寄蝇 *Cuphocera varia* Fabricius

(662) 条纹追寄蝇 *Exorista fasciata* Fallen

(663) 日本追寄蝇 *E. japonica* Townsend

(664) 白霜膝芒寄蝇 *Gonia vacua* Meigen

(665) 灰色等腿寄蝇 *Isomera cinerascens* Rondani

(666) 稻苞虫赛寄蝇 *Pseudoperichaeta nigrolineata* Walker

(667) 灿烂温寄蝇 *Winthemia venusta* Meigen

（十四）膜翅目 Hymenoptera

115、叶蜂科 Tenthredinidae

（668）梨实蜂 *Hoplocampa pyricola* Rohwer

116、树蜂科 Siricidae

（669）黑足树蜂 *Sirex juvencus impennalis* Kirby

（670）新渡户树蜂 *S. nitobei* Matsumura

（671）黑顶树蜂 *Tremex aplcalis* Matsumura

（672）烟角树蜂 *T. fusicornis*（Fabricius）

（673）泰加大树蜂 *Urocerus gigas taiganus* Benson

117、姬蜂科 Ichneumonidae

（674）黑足凹眼姬蜂 *Casinaria nigripes* Gravenhorst

（675）满点黑瘤姬蜂 *Coccygomimus aethiops*（Curtis）

（676）白环黑瘤姬蜂 *C. alboannalats*（Uchida）

（677）刺蛾紫姬蜂 *Chlorocryptus purpuratus* Smith

（678）紫窄痣姬蜂 *Dictyonotus purpurascens*（Smith）

（679）桑蟥聚瘤姬蜂 *Iseropus*（Gregopimpla）*kuwana*（Viereck）

（680）松毛虫埃姬蜂 *Itoplectis alternans spectabilis*（Matsumura）

（681）梢蛾壕姬蜂 *Lycorina spilonotae* Chao

（682）松毛虫黑点瘤姬蜂 *Xanthopimpla pedator* Krieger

（683）广黑点瘤姬蜂 *X. punctata* Fabricius

118、茧蜂科 Braconidae

（684）二尾舟蛾绒茧蜂 *Apanteles akamotoi* Watanabe

（685）毒蛾绒茧蜂 *A. femoratus*

（686）松毛虫脊茧蜂 *Aleiedes dendrolimi*（Matsumura）

（687）网皱革腹茧蜂 *Ascogaster recticulatus* Watanabe

（688）褐带卷蛾茧蜂 *Bracon adoxophyesi* Minamikawa

（689）斑痣悬茧蜂 *Meteorus pulchricornis* Wesmael

（690）微黄悬茧蜂 *M. ictericus*（Nees）

（691）黄愈腹茧蜂 *Phanaerotoma flava* Ashmead

119、瘿蜂科 Cynipidae

（692）栎棉瘿蜂 *Andricus quercusamuli* Linnaeus

（693）栗瘿蜂 *Dryocosmus kuriphilus* Yasumatsu

120、小蜂科 Chalcididae

（694）次生大腿小蜂 *Brachymeria secundaria*（Ruschka）

（695）广大腿小蜂 *B. obscurata*（Walker）

121、长尾小蜂科 Torymidae

（696）日本肿痣长尾小蜂 *Megastigmus nipponicus* Kamijo

（697）葛氏长尾小蜂 *Torymus gernii* Walker

（698）中华长尾小蜂 *T. sinensis* Kamijo

122、广肩小蜂科 Eurymidae

（699）国槐种子小蜂 *Bruchophogus ononis*（Mayr）

（700）刺槐种子小蜂 *B. philorobiniae* Liao

（701）刺槐广肩小蜂 *Eurytoma monemae*

Ruschka

（702）黄连木种子小蜂 *E. plotnikovi* Nikolskaya

（703）双刺广肩小蜂 *E. setigera*（Mayr）

123、金小蜂科 Pteromalidae

（704）松毛虫白角金小蜂 *Amblymerus tabatae Ishii*

（705）松毛虫宽缘金小蜂 *Pachyneuron nawai* Ashmaed

124、蚜小蜂科 Aphelinidae

（706）苹果绵蚜蚜小蜂 *Aphelinus mali*（Haldeman）

（707）赖食软蚧蚜小蜂 *Coccophagus lycimnia*（Walker）

125、跳小蜂科 Encyrtidae

（708）长喙刷盾跳小蜂 *Cheiloneurus clariger* Thomson

（709）双带巨角跳小蜂 *Comperiella bifasciata* Howard

（710）蜡蚧花翅跳小蜂 *Microterys speciosus* Ishii

（711）卵跳小蜂 *Ooencyrtus* sp.

（712）赤松毛虫卵跳小蜂 *O.* sp.

126、旋小蜂科 Eupelmidae

（713）舞毒蛾平腹小蜂 *Anastatus japonicus* Ashmead

（714）栗瘿旋小蜂 *Eupemus urozonus* Dalman

127、姬小蜂科 Eulophidae

（715）周氏啮小蜂 *Chouioia cunea* Yang.

128、赤眼蜂科 Trichogrammatidae

（716）舟蛾赤眼蜂 *Trichogiamma closterae* Pang et Chen

（717）拟澳洲赤眼蜂 *T. cunfusum* Viggiani

（718）松毛虫赤眼蜂 *T. dendrolimi* Matsumura

（719）稻螟赤眼蜂 *T. japonicum* Ashmead

（720）玉米螟赤眼蜂 *T. ostriniae* Pang et Chen

129、缘腹卵蜂科 Scelionidae

（721）杨扇舟蛾黑卵蜂 *Telenomus closterae* Chen

（722）松毛虫黑卵蜂 *T. dendrolimusi* Chui

（723）蝽象黑卵蜂 *T. mitsukurii* Ashmead

130、肿腿蜂科 Bethylidae

（724）管氏肿腿蜂 *Scleroderma guani* Xiao et Wu

131、青蜂科 Chrysididae

（725）上海青蜂 *Chrysis shanghaiensis* Smith

132、泥蜂科 Sphecidae

（726）红足沙泥蜂 *Ammophila atripes atripes* Smith

（727）多沙泥蜂骚扰亚种 *A. sabusosa infesta* Smith

（728）赛氏沙泥蜂 *A. sickmanni sickmanni* Kohl

（729）日本蓝泥蜂 *Chalybion japonicum* Gribodo

（730）齿爪泥蜂蒙古亚种 *Podalonia affinis ulanbaatorensis* Tsuneki

（731）壮足唇叶泥蜂困惑亚种 *Palmodes occitanicus perplexus* Smith

（732）暗缘锯齿泥蜂 *Prionyx subfuscatus* Dahlbom

133、胡蜂科 Vespidae

（733）黄边胡蜂 *Vespa crabro* Linnaeus

（734）日环胡蜂 *V. mandarinia japonica*

Radoszakowski

(735) 德国黄胡蜂 *Vespula germanica* (Fabricius)

(736) 常见黄胡蜂 *V. vulgaris* (Linnaeus)

134、马蜂科 Polistidae

(737) 约马蜂 *Polistes jakahamae* Radoszkowski

135、木蜂科 Xylocopidae

(738) 黄胸木蜂 *Xylocopa appendiculata* Smith

136、熊蜂科 Bombycidae

(739) 熊蜂 *Bombus ignitus*

137、蜜蜂科 Apidae

(740) 蜜蜂 *Apis cerana* Fabricius

四、鱼类

共记鱼类1纲、5目、10科、37种。

(一) 鳗鲡目 Anguilliformes

1、鳗鲡科 Anguillidae

(1) 鳗鲡 *Anguilla japonica* Tem.et Schl.

(二) 鲤形目 Cypriniformes

2、鲤科 Cyprinidae

(2) 鲤 Cyprinus caripio Linaeus

(3) 鲫 *Carassius auratus auratus* (Linaeus)

(4) 翘嘴红鲌 *Erythroculter ilishaeformes* (Bleeker)

(5) 蒙古红鲌 *E. mongolicus* (Basilewsky)

(6) 麦穗鱼 *Pseudorasbora parva* (Temminck et Schlegel)

(7) 长麦穗鱼 P. elongata

(8) 棒花鱼 *Abbottina rivularis* (Basilewsky)

(9) 小口棒花鱼 A. guentheri

(10) 草鱼 *Ctenopharyngdon idellus* (Cuvier et Valenciennes)

(11) 白鲦 *Hemiculter leuciscul*us (Basilewsky)

(12) 中华鳑鲏 *Rhodeus sinensis* Günther

(13) 兴凯刺鳑鲏 *Acanthorhodeus chankaensis* Dyb.

(14) 鳙 *Aristichthys nobilis* (Richardson)

(15) 鲢 *Hypophthalmichthys molitrix* Cuver

(16) 鳡 *Elopichthys bambusa* (Rich)

(17) 鳊 *Parabramis pekinensis* (Basil)

(18) 红鳍鲌 *Culter erythropterus* Basil

(19) 三角鲂 *Megalobrama terminalis* (Richardson)

(20) 团头鲂 *M. amblycephala* (Richardson)

(21) 赤眼鳟 *Squaliobarbus curriculus* (Richardson)

(22) 马口鱼 *Opsariichthys bidens* Gunther

(23) 银鲴 *Xenocypris argentea* Gunther

(24) 细鳞斜颌鲴 *X. microlepis* Blkr

(25) 唇鱼骨 *Hemibarbus labeo* (Pallas)

(26) 花鱼骨 *H. maculatus* Blkr.

3、鳅 科 Cobitidae

(27) 泥鳅 *Misgurnus anguillicaudatus* (Cantor)

(28) 中华花鳅 *Cobitis sinensis* Sauvage

(29) 大鳞副泥鳅 *Paramisgurnus dabryanus* Sauv.

(三) 鲇形目 Siluriformes

4、鲇科 Siluridae

(30) 鲇 *Silurus asotus* Linnaeus

5、鲿科 Bagridae

(31) 黄颡鱼 *Pelteobagrus fulvidraco* (Richardson)

(32) 光泽黄颡鱼 *P. nitidus* (Sauv.et

Dab.）

（四）合鳃目 Symbranchiformes

6、合鳃鱼科 Symbanchidae

（33）黄鳝 *Monopterus albus*（Zuiew）

（五）鲈形目 Perciformes

7、鮨科 Serranidae

（34）鳜 *Siniperca chuatsi*（Basil）

8、刺鳅科 Mastacembelidae

（35）刺鳅 *Mastacembelus aculeatus*（Basil）

9、鳢科 Channidae

（36）乌 *Ophiocephalus argus* Cantor

10、鰕虎鱼科 Gobiidae

（37）子陵栉鰕虎鱼 *Ctenogobius giurinus*（Rutter）

五、两栖类

共记两栖类动物1纲、1目、3科、7种。

（一）无尾目 Anura

1、蟾蜍科 Bufonidae

（1）中华大蟾蜍 *Bufo bufo gargarizans* Cantor

（2）花背蟾蜍 *B. raddei* Strauch

2、蛙科 Ranidae

（3）黑斑蛙 *Pelophylax nigromaculata*（Hallowell）

（4）金线蛙 *P. plancyi*（Lataste）

（5）泽蛙 *Euphlycyis limnocharis*（Boie）

（6）镇海林蛙 *Rana zhenhaiensis*

3、姬蛙科 Microhylidae

（7）北方狭口蛙 *Kaloula borealis*（Barbour）

六、爬行类

共记爬行类1纲、3目、4科、9种。

（一）龟鳖目 Testudoformes

1、鳖 科 Trionychidae

（1）中华鳖 *Trionyx sinensis*（Wiegmann）

（二）蜥蜴目 Lacertifromes

2、壁虎科 Gekkonidae

（2）无蹼壁虎 *Gekko swinhonis* Guenther

3、蜥蜴科 Lacertidae

（3）山地麻蜥 *Eremias brenchleyi* Guenther

（4）丽斑麻蜥 *E. argus* Peters

（三）蛇目 Serpentiformes

4、游蛇科 Colubridae

（5）虎斑游蛇 *Natrix tigrina*（Berthold）

（6）黄脊游蛇 *Coluber spinalis*（Peters）

（7）白条锦蛇 *E. dione*（Pallas）

（8）团花锦蛇 *E. davidi*（Sauvage）

（9）王锦蛇 *E. carinata*

七、鸟类

共记鸟类1纲、15目、39科、154种。

（一）䴙䴘目 Podicipediformes

1、䴙䴘科 Podicipedidae

（1）小䴙䴘 *Tachybaptus ruficollis*（Pallas）留

（2）黑颈䴙䴘 *Podiceps nigricollis*（Hablizl）冬 ⊙ Δ

（3）凤头䴙䴘 *P. cristatus* 冬⊙

（二）鹳形目 Ciconiiformes

小䴙䴘

2、鹭科 Ardeidae

(4) 夜鹭 *Nycticorax nycticoyax* 夏Δ

(5) 苍鹭 *Ardea cinerea* (Linnaeus) 夏 Δ

(6) 绿鹭 *Butorides striatus* Schrench 夏 ⊙Δ

(7) 池鹭 *Ardeola bacchus* (Bonaparte) 夏

(8) 中白鹭 *Egretta intermedia* (Wagler) 夏⊙Δ

(9) 白鹭 *E. garzetta* (Linnaeus) 夏 Δ ★

(10) 黄斑苇鳽 *Ixobrychus sinensis* (Gmelin) 夏 ◎ ⊙

(11) 紫背苇鳽 *I. eurhythmus* (Swinhoe) 夏 ⊙

(12) 栗苇鳽 *I. cinnamomeus* (Gmelin) 夏 Δ

(13) 大麻鳽 *Botaurus stellaris* (Linnaeus) 旅⊙

3、鹳科 Ciconiidae

(14) 白鹳 *Ciconia ciconia* (Linnaeus) 旅 Ⅰ

(三) 雁形目 Anseriformes

4、鸭科 Anatidae

(15) 豆雁 *Anser fabalis* Swinhoe 冬 ⊙

(16) 大天鹅 *Cygnus cygnus* (Linnaeus) 冬⊙Ⅱ

(17) 赤麻鸭 *Tadorna ferruginea* (Pallas) 冬 ⊙

(18) 绿翅鸭 *Anas crecca* Linnaeus 冬 ⊙ ★

(19) 绿头鸭 *A. platyrhynchos* Linnaeus 旅 ⊙

(20) 斑嘴鸭 *A. poecilorhyncha* Forster 旅

(21) 鸳鸯 *Aix galericulata* (Linnaeus) 旅 Ⅱ

鸳 鸯

(四) 隼形目 Falconiformes

5、鹰科 Accipitridae

(22) 鸢 *Milvus korschun* (J.E.Gray) 留 Ⅱ ★

(23) 苍鹰 *Accipiter gentilis* (Menzbier) 旅 Ⅱ ★

(24) 雀鹰 *A. nisus* (Tickell) 旅 Ⅱ ★

(25) 松雀鹰 *A. virgatur* Tamminck et Schlegel 旅 ⊙ Ⅱ ★

(26) 普通鵟 *Buteo buteo* Hume 旅 Ⅱ ★

6/隼科 Falconidae

(27) 红脚隼 *Falco vespertinus* Radde 夏 Ⅱ ★

(28) 红隼 *F. tinnunculus* Mcclelland 留 Ⅱ ★

(五) 鸡形目 Galliformes

7、雉科 Phasianidae

(29) 石鸡 *Alectoris chukar* (Swinhoe) 留 Δ

(30) 鹌鹑 *Coturnix coturnx* Temminck 留 ⊙

(31) 雉鸡 *Phasianus colchicus* Gmelin 留 Δ

(六) 鹤形目 Gruiformes

8、鹤科 Gruidae

(32) 灰鹤 *Grus grus* Share 冬 ⊙ Ⅱ ★

9、秧鸡科 Rallidae

(33) 董鸡 *Gallicrex cinerea* (Gmelin) 夏 ⊙ Δ

(34) 骨顶鸡 *Fulica atra* Linnaeus 留

10、鸨科 Otidae

(35) 大鸨 *Otis tarda* Linnaeus 冬 Ⅰ ★

(七) 鸻形目 Charadriiformes

11、鸻科 Charadriidae

(36) 金斑鸻 *Pluvialis dominica* (Muller) 夏 ◎ ⊙

(37) 金眶鸻 *Charadrius dubius* Scopoli 夏 ◎

(38) 环颈鸻 *C. alexandrinus* Linnaeus 夏

(39) 剑鸻 *C. hiaticula* 夏

(40) 长嘴剑鸻 *C. placidus* 夏

12、鹬科 Scolopacidae

(41) 泽鹬 *T. stagnatilis* (Bechstein) 旅 ◎ ⊙

(42) 白腰草鹬 *T. ochropus* (Linnaeus) 旅 ⊙

(43) 针尾沙锥 *Capella stenura* (Bonaparte) 旅 ◎

(44) 大沙锥 *C. megala* (Swinhoe) 旅 ◎ ⊙

白腰草鹬

(45) 扇尾沙锥 *C. gallinago* (Linnaeus) 旅 ⊙

13、燕鸻科 Glareolidae

(46) 普通燕鸻 *Glareola maldivarum* Forster 夏 ◎ ⊙

(八) 鸽形目 Columbiformes

14、鸠鸽科 Columbidae

(47) 岩鸽 *Columba rupestris* Pallas 冬

(48) 山斑鸠 *Streptopelia orientalis* (Latham) 留

山斑鸠

(49) 珠颈斑鸠 *S. chinensis* (Scopoli) 留

(50) 火斑鸠 *Oenopopelia tranquebarica* Temminck 夏

(九) 鹃形目 Cuculiformes

15、杜鹃科 Cuculidae

(51) 四声杜鹃 *Cuculus micropterus* Gould 夏 Δ

(52) 大杜鹃 *C. canorus* Linnaeus 夏 ⊙

(53) 小杜鹃 *C. poliocephalus* 夏 Δ ⊙

(54) 鹰鹃 *C. sparverioides* 夏 Δ

(十) 鸮形目 Strigiformes

16、鸱鸮科 Strigidae

(55) 红角鸮 *Otus scops* (Sharpe) 夏 Ⅱ ★

(56) 领角鸮 *O. bakkamoena* Reichenow

留 Ⅱ ★

(57) 雕鸮 *Bubo bubo* Reichenow 留 Ⅱ ★

(58) 斑头鸺鹠 *Glaucidium* cuculoides (Blyth) 留 Ⅱ ★

(59) 鹰鸮 *Ninox scutulata* Buturlin 夏 Ⅱ ★

(60) 纵纹腹小鸮 *Athene noctua* Swinhoe 留 Ⅱ ★

(61) 长耳鸮 *Asio otus* (Linnaeus) 冬 ⊙ Ⅱ★

(十一) 夜鹰目 Caprimulgiformes

17、夜鹰科 Caprimulgidae

(62) 普通夜鹰 *Caprimulgus indicus* Temminck et Schlegel 夏 ⊙ Δ

(十二) 雨燕目 Apodiformes

18、雨燕科 Apodidae

(63) 楼燕 *Apus apus* (Swinhoe) 夏

(64) 白腰雨燕 *A. pacificus* (Latham) 夏 ◎ ⊙

(十三) 佛法僧目 Coraciiformes

19、翠鸟科 Alcedinidae

(65) 普通翠鸟 *Alcedo atthis* Gmelin 留

(66) 蓝翡翠 *Halcyon pileata* (Boddae'rt) 夏

20、佛法僧科 Coraciidae

(67) 三宝鸟 *Eurystomus orientalis* Sharpe 夏 ⊙ Δ

21、戴胜科 Upupidae

(68) 戴胜 *Upupa epops* Lunnberg 留

(十四) 䴕形目 Piciformes

22、啄木鸟科 Picidae

(69) 蚁䴕 *Jynx torquilla* Hesse 旅 Δ

(70) 灰头啄木鸟 *Picus canus* Reichenow 留

(71) 大斑啄木鸟 *Dendrocopus major* (Malherbe) 留

(72) 星头啄木鸟 *D. canicapillus* (Swinhoe) 留 Δ

(73) 棕腹啄木鸟 *D. hyperythrus* 旅 Δ

(十五) 雀形目 Passeriformes

23、百灵科 Alaudidae

(74) 短趾百灵 *Calandrella cheleensis* (Swinhoe) 夏

(75) 凤头百灵 *Galerida cristata* (Swinhoe) 留 Δ

(76) 云雀 *Alauda arvensis* Swinhoe 冬

(77) 小云雀 *A. gulgula* Hartert 留

24、燕科 Hirundinidae

(78) 家燕 *Hirundo rustica* Scopoli 夏 ◎ ⊙

(79) 金腰燕 *H. daurica* Temminck et Schlegel 夏 ⊙

25、鹡鸰科 Motacillidae

(80) 树鹨 *Anthus hodgsoni* Uchidaet Kuroda 旅 ⊙

(81) 红喉鹨 *A. cervinus* (Pallas) 旅 ⊙

(82) 田鹨 *A. novaeseelandiae* Vieillot 旅 ⊙

(83) 山鹡鸰 *Dendronanthus* (Gmelin) 夏 ⊙

山鹡鸰

（84）白鹡鸰 *Motacilla alba* Swinhoe 旅 ◎ ⊙

（85）灰鹡鸰 *M. cinerea*（Brehm）旅 ◎

（86）黄鹡鸰 *M. flava*（Stresemann）旅 ◎ ⊙

26、山椒鸟科 Campephagidae

（87）暗灰鹃鵙 *Coracina melaschistos*（Hodgson）旅

（88）灰山椒鸟 *Pericrocotus divaricatus*（Raffles） 旅 ⊙

27、鹎 科 Pycnonotidae

（89） 白 头 鹎 *Pycnonotus sinensis*（Gmelin） 留

28、伯劳科 Laniidae

（90）红尾伯劳 *Lanius cristatus* Linnaeus 夏 ⊙

（91）虎纹伯劳 *L. tigrinus* Drapiez 夏 ⊙

（92）牛头伯劳 *L. bucephalus* Temminck et Schlegel 夏

牛头伯劳

（93）灰伯劳 *L. excubitor* Linnaeus 冬

29、黄鹂科 Oriolidae

（94）黑枕黄鹂 *Oriolus chinensis* Sharpe 夏 ⊙ Δ

30、卷尾科 Dicruridae

（95）黑卷尾 *Dicrurus macrocercus* Swinhoe 夏

（96）发冠卷尾 *D. hottentottus*（Cabanis et Heine）夏

31、椋鸟科 Sturnidae

（97）灰椋鸟 *Sturnus cineraceus* Temminck 留

32、鸦科 Corvidae

（98）灰喜鹊 *Cyanopica cyana* Hartert 留

（99）喜鹊 *Pica pica* Gould 留

（100）红嘴山鸦 *Pyrrhocorax pyrrhocorax* Swinhoe 留

（101）秃鼻乌鸦 *Corvus frugilegus* Gould 留 ⊙

（102）寒鸦 *C. monedula*（Pallas）留 ⊙

（103）大嘴乌鸦 *C. macrorhynchos* Swinhoe 留

（104）白颈鸦 *C. torquatus* Lesson 留

33、鹪鹩科 Troglodytidae

（105） 鹪 鹩 *Troglodytes troglodytes* Richmond 夏

34、岩鹨科 Prunellidae

（106）棕眉山岩鹨 *Prunella montanella*（Pallas）冬

35、鹟 科 Muscicapidae

Ⅰ、鸫亚科 Turdinae

（107）蓝歌鸲 *Luscinia cyane*（Pallas）旅 ⊙

（108）红胁蓝尾鸲 *Tarsiger cyanurus*（Pallas） 旅 ⊙

（109）北红尾鸲 *Phoenicurus auroreus*（Pallas） 留 ⊙

（110） 蓝 矶 鸫 *Monticola solitaria*（Muller） 夏

（111） 虎 斑 地 鸫 *Zoothera dauma*

(Holandre) 旅 ⊙

(112) 灰背鸫 *Turdus hortulorum* Sciater 旅 ⊙

(113) 白腹鸫 *T. pallidus* Gmelin 旅 ⊙

(114) 斑鸫 *T. naumanni* Temminck 旅 ⊙

Ⅱ、画眉亚科 Timaliinae

(115) 棕头鸭雀 *Paradoxornis webbianus* G.R.Gray 留

Ⅲ、莺亚科 Sylviinae

(116) 短翅树莺 *Cettia diphone* Campbell 旅

(117) 小蝗莺 *Locustella certhiola* David et Qustalet 旅

(118) 矛斑蝗莺 *L. lanceolata* (Temminck) 旅 ⊙

(119) 大苇莺 *Acrocephalus arundianceus* Temminck 夏 ◎ ⊙

(120) 稻田苇莺 *A. agricola* (Jerdon) 旅

(121) 黄眉柳莺 *Phylloscopus inornatus* (Blyth) 旅 ⊙

(122) 褐柳莺 *P. fuscatus* (Blyth) 旅

(123) 黄腰柳莺 *P. proregulus* (Pallas) 旅

(124) 极北柳莺 *P. borealis* (Blasius) 旅 ◎ ⊙

(125) 暗绿柳莺 *P. trochiloides* Swihoe 旅

(126) 戴菊 *Regulus regulus* Blakiston 冬

Ⅳ、鹟亚科 Muscicapinae

(127) 白眉〔姬〕鹟 *Ficedula zanthopygia* (Hay) 夏⊙

(128) 乌鹟 *Muscicapa sibirica* Gmelin 旅 ⊙

(129) 北灰鹟 *M. latirostris* Raffles 旅 ⊙

(130) 寿带〔鸟〕*Terpsiphone paradisi* (Gould) 夏 Δ

36、山雀科 Paridae

(131) 大山雀 *Parus major* Thayer et Bangs 留

(132) 沼泽山雀 *P. palustris* Bianchi 留

37、绣眼鸟科 Zosteropidae

(133) 红胁绣眼鸟 *Zosterops erythropleurus* Swihoe 旅

(134) 暗绿绣眼鸟 *Z. japonica* Swihoe 夏 Δ

38、文鸟科 Ploceidae

(135)〔树〕麻雀 *Passer montanus* Stejneger 留

(136) 山麻雀 *P. rutilans* (Temminck) 留 ⊙

39、雀科 Fringillidae

(137) 燕雀 *Fringilla montifringilla* Linnaeus 留 ⊙

(138) 金翅〔雀〕*Carduelis sinica* (Hartert) 留

(139) 黄雀 *C. spinus* (Linnaeus) 冬 ⊙ Δ

(140) 普通朱雀 *Carpodacus erythrinus* (Blyth) 旅 ⊙ Δ

(141) 红交嘴雀 *Loxia curvirostra* Ridgway 旅 ⊙

(142) 长尾雀 *Uragus sibiricus* Buturlin 旅

(143) 黑头蜡嘴雀 *Eophona personata* Hartert 冬

(144) 黑尾蜡嘴雀 *E. migratoria* Hartert 冬 ⊙

(145) 锡嘴雀 *Coccothraustes coc-*

三道眉草鹀

cothraustes Linnaeus 冬 ⊙

(146) 栗鹀 *Emberiza rutila* Pallas 旅

(147) 黄胸鹀 *E. aureola* Pallas 旅 ⊙

(148) 黄喉鹀 *E. elegans* Sushkin 冬 ⊙

(149) 灰头鹀 *E. spodocephala* Pallas 冬⊙

(150) 田鹀 *E. rustica* Pallas 冬 ⊙

(151) 三道眉草鹀 *E. cioides* Moore 留

(152) 小鹀 *E. pusilla* Pallas 冬 ⊙

(153) 黄眉鹀 *E. chrysophrys* Pallas 旅

(154) 铁爪鹀 *Calcarius lapponicus* Linnaeus 冬 ⊙

八、兽类

共记兽类1纲、5目、10科、16种。

(一) 食虫目 Insectivora

1、猬科 Erinaceidae

(1) 刺猬 *Erinaceus europaeus* Swinhoe

(二) 翼手目 Chiroptera

2、蝙蝠科 Vespertilionidae

(2) 普通伏翼 *Pipistrellus abramus* Temminck

(三) 食肉目 Carnivora

3、犬科 Canidae

(3) 狼 *Canis lupus* Linnaeus Δ ★

(4) 狐 *Vulpes vulpes* Linnaeus Δ ★

4、鼬科 Mustelidae

(5) 黄鼬 *Mustela sibirica* Pallas Δ ★

(6) 狗獾 *Meles meles* Linnaeus Δ

5、灵猫科 Viverridae

(7) 花面狸 *Paguma larvata* Hamilton-Smith Δ ★

6、猫科 Felidae

(8) 豹猫 *Felis bengalensis* Kerr Δ ★

(四) 兔形目 Lagomorpha

7、兔科 Leporidae

(9) 草兔 *Lepus capensis* Linnaeus

(五) 啮齿目 Rodentia

8、仓鼠科 Cricetidae

(10) 大仓鼠 *C. tritonde* Winton

9、鼠科 Muridae

(11) 黑线姬鼠 *Apodemus agrarius* Pallas

(12) 大林姬鼠 *A. peninsulae* Temminck

(13) 褐家鼠 *Rattus norvegicus* Berkenhout

(14) 社鼠 *R. confucianus* Milne-Edwards

(15) 小家鼠 *Mus musculus* Linnaeus

10、松鼠科 Sciuridae

(16) 岩松鼠 *Sciurotamias* davidianus

说明：

①Ⅰ为国家一级重点保护野生动物

②Ⅱ为国家二级重点保护野生动物

③Δ为山东省重点保护野生动物

④⊙为中日协定保护鸟类

⑤◎为中澳协定保护鸟类

⑥★为《濒危野生动植物种国际贸易公约》中动物

第五章

风景名胜

徂徕山与泰山并称姊妹山，为泰山世界地质公园八大地质遗迹园区之一。峡谷、奇峰、峭壁、奇石、潭瀑、溪泉、洞穴等地学旅游资源类型齐全，特色显著，具有雄、险、奇、秀、幽、奥、旷等七种自然景观特色，是天然的地学博物馆，同时也是国家AAA级景区、国家森林公园、山东省自然保护区。“徂徕夕照”与“泰山日出”等奇观同称为泰山八景。

徂徕山被大汶河及其支流自东、北、西三面围绕，汉刘会《邹山记》载“犹有美松”。境内有山峰99座，林木茂密，高低错落，起伏如蟒。山峦峻拔嵯峨，沟谷纵横幽深，溪流遍布沟壑，松竹相映，山水交融。自然风光奇丽秀美，有“徂徕夕照”、“雨后彩虹”、“太平云海”、“徂徕雾凇”四大奇观。自然景观多集中分布在深沟峡谷内，峭壁林立，巨石垒垒，清泉迭瀑，奇松挺拔多姿，怪石惟妙惟肖，构成多种组合景观。春花、夏溪、秋果、雪凇，景色四季纷呈。

境内古迹众多，自然景观与人文景观融为一体，交相辉映。今存寺庙道观5座、碑碣70余块、摩崖刻石100余处、古树名木1000余株。景点命名多来自传说或神话，一石一树皆有来历，众多民间故事为山峰深谷涌泉增光添彩。唐代诗人李白等竹溪六逸、宋代学者徂徕先生石介、金代文豪党怀英等古人在此或隐居修身，或讲学著书，或游赏吟咏，留下众多诗文和题刻。

清聂剑光《泰山道里记》、唐仲冕《岱览》等古籍推著“秋千架”、“贵人峰”、“独秀峰”等处山岳景致。进入21世纪后，随着自驾游、自助游、泰山周边游等新型旅游方式的兴起，龙湾、濯龙湾等亲水主题的景观倍受游客青睐。

徂徕石峰

第一节　大寺景区

大寺景区位于徂徕山西部，是徂徕山林场场部所在地。因团山下古寺四禅寺被当地居民称为“大寺”，故名大寺景区。总面积17.27平方千米，有山峰9座、山沟4条、岩石5处、岩洞3个、石桥1座、庙宇2座、水库1座、碑1通。景区内遗迹众多，清《泰安县志》等古籍皆有记载。1938年1月1日，中共山东省委在大寺举行徂徕山抗日武装起义，建立八路军山东人民抗日游击队第四支队，打响山东抗日武装起义第一枪，创建徂徕山抗日根据地。徂徕山抗日武装起义纪念碑是红色旅游的标志性景点之一。

一、山峰

望　山　位于徂徕山西园门南450米处。传古时一外乡人乞讨至泉头时，遇暴雨三天三夜，四周一片汪洋，无奈爬到此山上避难。在山顶向北、西望去各发现一个村庄，便称为北望村和西望村，此山便被称为望山。后来，北望、西望的村民不断往南、往东搬迁繁衍，又形成东南望村和西南望村。

寨　山　位于徂徕山西园门北梁子400米处。据传西汉王莽时，樊崇率赤眉军曾在此安营扎寨。王莽派大将廉丹前来围剿，赤眉军大胜，廉丹战死。今寨山顶西还保存南北向古城墙遗址，长200多米。

孤　山　山形突兀孤立，故名孤山。位于四禅寺南2千米处。远看此山形似一尊安详大佛。站在山顶西望汶河，宛如一条玉带南北延伸。山上奇石众多，尤以骆驼石最为出名，故又名骆驼山。因顶圆且平，远望像一个巨大的石磨，又名金磨山。相传古时山下涝坡村有一王姓老人，所养一头驴天天晚上都跑到孤山围着转三圈。一南方人到这里寻宝，再三嘱咐老头说不要管这头驴。这头驴转到第99天时，老头忍不住把驴杀了。南方人回来后，埋怨老头说：“再等一天，驴就能把山里面的金磨子拉出来。”老人后悔莫及。这座山周围村里的人都听到金磨子转动的声音，一直响了三天三夜，此后再没了动静。

葫芦山　又名牛心山、转山子，山峰呈圆锥形，因远看形似葫芦而得名。传说有仙人在葫芦庵种了一棵葫芦，葫芦秧子沿山上的一条白筋（石英带），越过徂徕村、双山口、旧寺十几里路到此山上，借龙湾水之灵气，开花结果，结出宝葫芦。宝葫芦被仙人取走后，这座山就变成葫芦模样。此山陡而不险，南面坡脚即为龙湾水库，主干公路从二者中间穿过，北面山凹处为青云寺。山上刺槐林遍布，春末夏初，绿树白花，蝶飞蜂舞，清香扑鼻，令人陶醉。

车辙山（麒麟奔跑）

车辙山（麒麟奔跑）车辙山为骆驼峰下一孤立

石堆，中有一沟，形似古时独木轮车所碾。北面险峻，古今无人登攀。相传此为泰山奶奶与其哥哥黄飞虎争夺泰山神主，两路大军从徂徕山去泰山时所碾下的车辙，故名车辙山。南面山坡由多块形状大小各异的岩石组成，陡峭险奇，远看恰似奔跑的麒麟，而麒麟正是泰山奶奶的坐骑。

双　山　位于西团山以东，距林场主干路以北60米，由两个距离很近的山峰组成，故名双山。形似泰山南天门以西的望月台，又恰好与望月台遥遥相对。从山北面遥看，山体形似姐妹二人，故当地人也称姐妹山。

透明峰　原名锥子山，与玲珑山遥遥相望。该山独立挺拔，四周悬崖峭壁犹如民间纳鞋底的锥子一般。因山顶两块巨石并列形成一缝隙，远看似中间透明，故名透明峰。传说，碧霞元君荡秋千去泰山时由此缝隙穿过。

长　岭　位于窑场工队东南1.5千米。从黄姑墩向东至恶石山，全长1.5千米。因坡缓岭长而取名长岭。长岭原是明末清初远近闻名的大集。主要经营牛羊、车把、碾柱格子、山筐等货物。南边山阳、茅茨、黄石崖、西柱等处村民都来赶集。随着时代变迁，原来几百户的山庄只剩下七八户人家。

秋千架　又名秋千峰、角山。秋千架在中军帐西南3千米处。其形状独特，是徂徕山标志性景点。密林深处两峰对峙，酷似两根石柱，高30多米，相距数十米，险峻陡峭，直插云霄。清《泰安县志》记载：“两峰并峙，三石悬立，曰‘秋千峰’”。由于东北向断裂的强烈切割，形成构造节理密集带，岩石被切割成许多薄板状，经过长期风化剥蚀、水流冲蚀，以及重力崩塌作用，垮落下来的岩块被流水搬走或流落到山坡上，最后形成状若秋千的两个奇异小山峰，故名秋千架。

相传碧霞元君为老百姓救苦救难，自幼在徂徕山上采药，在山顶遇到一位老婆婆，对她说：“你是仙女下凡，这（徂徕）山都被你压下去了三尺，你看这顶都平了（主峰太平顶），这里不是你的地方。你赶快向西北走四十里，泰山才是你的家。姜子牙正在那里封神，你去晚了就当不上泰山之主了”。碧霞元君心领神会，便从这里一个秋千荡到泰山，先埋下一只绣鞋，作为标志，将泰山变成所辖地盘。在秋千架西北方向的透明石，中间有一条石缝，是碧霞元君飞身穿过的地方。碧霞元君占泰山后，便将徂徕山当成了行宫。

骆驼峰　车辙山西有一岩石，酷似一仰望天空的骆驼头。该峰与西山相连组成骆驼峰，形态惟妙惟肖。

骆驼峰

二、沟壑

沧浪沟 团山沟、春阳坡沟、东山沟汇成的水流，流经大寺前折向西流。因沟窄且多巨石，水在石上激出飞浪涡流，故名沧浪沟。沧浪沟建有3座小型水库用以灌溉。沧浪沟中原有一巨石，名“晒缨台”，屹立沟中，高约6米，石顶平阔，面积近80平方米。传说西汉王莽摄政时，赤眉军移镇徂徕山。王莽派出大将王匡、廉丹前来征剿，赤眉军大获全胜，凯旋回归徂徕山营地，在沧浪沟擦洗刀枪上血迹，在此石上晾晒缨枪，故称此石“晒缨台”。1976年，泉头村民取石砌坝，蓄沧浪沟之水，晒缨台被毁三分之二，所余部分南北长约7米，东西约4米。

狼猫沟 位于大寺检查站北400米处，上端连接团山，沟深树密，石洞颇多。由于水源丰富，草木茂盛，遮天蔽日，即使夏天也难见天日，阴森怕人。原来徂徕山中野狼、野猫很多，某年大旱，水源断绝，唯独此沟有水，野狼、野猫都到此饮水，成为野狼、野猫的栖息地，人不敢进，故人称狼猫沟

秋千峪（春阳坡沟、活石头沟） 位于春阳坡东，沟自秋千架开始。全长约1.7千米。传说泰山碧霞元君荡秋千时，两根石柱之上另有一根是横的石柱。有一天，徂徕山神的女儿也想学泰山奶奶通过秋千落到泰山上去。这时，有一个满头银发的老婆婆劝她缘分不到，不要荡秋千，山神女儿不信，结果刚上去，横着的石柱断成许多石块从山顶滚落。山神的女儿回头再看那婆婆早已不见，原来她就是泰山奶奶。滚下的石头滚出一条大沟，堆满落石，人们便取名活石头沟。由于地质构造特殊，此沟经常发生泥石流等地质灾害。

三、主要景点

仙人棚、仙人桥 位于东寨山峰下，也称仙人洞，洞深4米，宽5米，高2米。相传八仙之一的吕洞宾曾在此洞修炼。洞北不远处有一个长约2米的小石桥，一头连着石头，一头靠山崖上，即为仙人桥。传说只有心诚的人才能过去，若是心术不正之人就会跌落桥下，粉身碎骨。

天棚石屋 位于大寺景区张兰工队东约1千米处，安山峪沟底部，也称天马石屋。石屋从一边看像一个巨大的蘑菇，临沟而立，其下有一大洞，洞深6米，宽5.5米，高2米。传说碧霞元君所骑天马曾在这里居住，渴了就顺沟去大泉喝水。抗日战争时期，中共泰安县委曾在此石屋内隐蔽办公，犹存石桌和石凳。

老虎窝 传说洞中原有一只猛虎，常到太平顶马场捕食马匹。一天晚上，老虎去偷马时被天马截住，虎马展开一场大战，斗了几天几夜，老虎不敌天马，退回老虎窝。天马守在外面，老虎无法出来，双方僵持数日。天马有草有水，老虎却无法觅食饮水，最后饿死在洞里。

尤徕门 徂徕山国家森林公园西园门，建于1992年。高9米，宽15米，由三根支柱托起门楣。门楣上方北侧为径高2米，宽2.5米的中国林学会会徽，代表保护和培育森林生态环境，南侧为“徂徕山国家森林公园”园名。因徂徕山也被称为“尤徕山”，故称“尤徕门”。

徂徕山抗日武装起义纪念碑 1938年1月1日，中共山东省委在大寺举行徂徕山抗日武装起义，建立八路军山东人民抗日游击队第四支队，创建徂徕山抗日根据地。1987年，山东省人民政府投资60万元建立徂徕山抗日武装起义纪念碑。1988年1月1日，中共山东省委在此隆重纪念徂徕山抗日武装起义50周年，并举行纪念碑揭幕仪式。纪念碑高

23米，用石573块，取武装起来参加抗日之意。碑前有台阶5段，代表抗日战争的五个阶段：开始、防御、对持、反攻、胜利；台阶50级，代表徂徕山抗日武装起义50周年。徐向前元帅题写碑名，参加起义的书法家武中奇题写碑文。

槐花岭　位于龙湾水库经太平顶至光华寺景区旅游主干公路两侧。每年“五一”前后，山岭、山坡上万亩刺槐花竞相开放，漫山遍野、花香袭人。由于山上山下温差较大，槐花花期长达一月之久，形成“玉树琼花春来雪，蝶飞蜂舞山飘香”的壮美景观。养蜂者纷纷前来放蜂采蜜，所酿“徂徕槐花蜜”品质纯，营养价值高。

春阳坡　位于东团山正南林场主干路下的一个自然村落，原名春马窝。此处冬暖夏凉，冬天草依然茂盛，果树众多，是当地人的重要收入来源。古时有马场，据传山后姬家庄一个姓黄的在马场放马，三九天山里冰雪封山后，便来到这里放马，丰茂的水草把马养得又肥又壮，故名春马窝。又由于该坡阳光允足，又名春阳坡。

铜盆镜子、梳妆台　位于秋千架东南方东杏峪西北坡上。铜盆镜子是一块光滑细腻的大石板，光滑细致，黄白色，像一面大铜镜，敲击能发出铜铁之声。梳妆台在铜盆镜子西北200米，是一块高3米、宽2米直立的石台，石面光滑洁白，像镶边的梳妆台。传说碧霞元君在徂徕山时先在此处洗脸、梳头、对镜妆扮，然后就坐在秋千架上荡秋千。

棋盘石　位于双山大拐弯林场主干路下东南60米处，为一长约5米、宽3米的平滑巨石。因石面横道、竖道纵横好像棋盘而得名。传说山后邓家庄有张姓人，乐善好施、一心向道，遇见两位仙人在此石上下棋，饮了仙人所赠之金丹茶而入睡。等醒后发现担子和绳子都没有了，两个老汉也不见了。回家以后，连孩子都去世多年了，才发现自己已得道成仙。

汶河玉带　汶水自东、北、西三边围绕徂徕山。站在秋千架下，西望汶河像一条玉带镶嵌在徂徕山腰间，蜿蜒曲折，流向天际，北望泰山似海市蜃楼。

四禅寺　当地居民俗称大寺，传说初建时有四个和尚而得名，也有人将“四禅”解释为佛法的一种境界。创建于北齐河清二年（563），清乾隆三十四年（1769）因大雨而毁。寺内原有大殿3间，殿内塑有十八罗汉。殿前有东西配房，前有正门。此处是徂徕山抗日武装起义的旧址。1942年日寇抢占寺院，房室被废。1977年被公布为省级重点文物保护单位。现四禅寺为1996年由徂徕山林场重建。

青云寺　修建年代不详。位于转山子以北山凹。该寺四面环山，绿树成荫，曲径通幽，溪水潺潺，景色秀丽。

第二节　中军帐景区

中军帐景区位于徂徕山腹部，以中军帐为中心，面积11.46平方千米。森林茂密，沟深谷奥，景点集中，为徂徕山奥区之一。森林、沟谷、奇峰、异石、溪泉等置身于苍山环抱之中，历史人文景观丰富，传说趣闻众多。本景区有岩石5处、崖洞2个、山泉2眼、山峰1座、殿堂1座、名树9株。游览本景区，可领略徂徕之松的雄秀，体验“万叠青松千涧月，一曲流水四围山”及“徂徕山大佛”的壮观。

一、山峰

望岳峰　原名中军帐北顶，山顶建有望岳亭，主要用于防火瞭望。立于亭中，北眺泰山，俯瞰徂徕，但见汶水玉带、奇峰峻秀、参差林立、云雾缭绕、虚幻飘渺，令人心旷神怡。

二、沟壑

中军帐沟　东起上池西山，西至鹰愁涧全长约2千米。其中至中军帐入口东300米有泉1眼，泉水甘冽，常年不断。2005年~2007年在中军帐下修筑中军帐水库，建有塘坝、拦水坝4座，沟内古树参天，奇石众多。

三、主要景点

中军帐　因春秋时期，吴王伐齐鲁，率中军在此驻扎而得名。史载：公元前487年，吴筑邗城（今江苏扬州）于江北，又开邗沟，联结江淮，通粮运兵，大败齐于艾陵（今山东泰安东北）。西汉末年樊崇领导的农民起义赤眉军曾在此安营扎寨。行至此处，可观赏古松奇树，寺庙道观，还可由此南行登太平顶，西行赏秋千架诸景。

中军帐水库

升仙泉　神影泉　分别位于大佛岩左右下端。升仙泉泉水清凉甘甜，富含营养物质，常饮能延年益寿。神影泉，据清《泰安县志》原名坞旺泉，泉水较深，专为浇菜所用。水中林石倒影，波光粼粼。后人在泉上刻有“神影泉”。《中军帐重修三清殿创新吕祖阁灵官殿碑记》载：“泉分左右，东则清澈，一泓煮茗则沁人心脾，左则出

徂徕山大佛（弥勒岩）

而带浊。虽非比流觞曲水而导而引之，灌园尤便”。

徂徕山大佛（弥勒岩）　又名大佛岩、中军大佛，位于中军帐北面山体岩壁。约50米见方，头、肩、肚、腿明显，酷似一大肚弥勒佛，大腹便便，笑容可掬，端坐云端，俯看众生。

修仙洞　中军帐院中有一地洞，后为道士存放东西所用。

观月洞　位于观岳路上部右侧。三块岩石组成一洞，上部岩石达10米，洞口高约2米，面向西南，蔚为壮观。人云：“皓月当空照，洞前银满地。”

蘑菇石　沿观岳路登至山脊，有一巨石高约4~5米，状如蘑菇，惟妙惟肖，浑然天成，鬼斧神工，令人叹为观止。

神影泉

金鱼石　金鱼石位于中军帐公路入口北。一块巨石，一劈为二，断面平滑，面积5平方米左右，中有鱼形痕迹，长约1.8米，一半直立，一半平仰于地。清《泰安县志》记载："自中军帐东二里为金鱼石，中有鱼形若隐若显，相传一夕风雨，石劈化龙去，半踣于地，两石鱼迹宛在。"直立石面上的题字是"金如石"，落款是"虎林山人许应元至"。许应元为明代知州。古代"如"与"鱼"同音，其意思又指鱼形金如意。这一痕迹被当地百姓称为"躺不满"，意思是看着很短，但人躺进去不如它长。传说游人若能躺一躺，能带来好运。

金鱼石

龙　床　望岳峰顶一石梁，长约15米，宽4米，西高东低，恰似一床平铺于此。传说乾隆下江南，路过中军帐时曾登望岳峰，感慨之余卧此休息，故名龙床。

古御道　中军帐西至主干公路有一古盘道，长约550米。传说宋朝皇帝及乾隆来中军帐时，均走此道，故称古御道。古朴的旧石台阶盘道穿于松、刺槐密林之间，伴着谷中流水，给人以神清气爽之感。

招军石　位于中军帐西。两块巨石高8米，傲然直立、相抵相依。其中，西侧石块下面的支点极小，但久历风吹震动而不倒，甚为奇特壮观。清《泰安县志》记载："中军帐西有招军石。"传说，此巨石为吴王中军在此招兵买马、传递军情的地方，且周围多石臼。一幼松掩映的石壁上有清代泰安知县汪汝弼咏中军帐五律诗刻，年久风雨剥蚀，字迹难辨，只认出开头有"仙山楼台面一寺，踞当中鼓吹松涛"两句。此石又名"瞭君石"，据传宋元年间，帝师石介厌恶官场黑暗，辞官后隐居徂徕山。后皇帝临幸徂徕山念及恩师，意欲探望，因奸人从中作梗，二人终未能相见。皇帝回銮，石介在此观望。

迎君枫　位于古御道入口中军帐前沟河底。流水之中，有五角枫树1棵，高约10米，生长旺盛。清风徐来，枫叶迎风招展，似载歌载舞，欢迎游客。树姿优美，深秋之时，枫叶红遍，秋风红叶更是别样景致。

如日中天　古御道下部，路旁有松树7株，高达15米，生长茂盛，树干通达，给人以直插云霄之感，象征社稷江山，如日中天。

三清殿　位于中军帐院内。为道教建筑，共三间，殿内供奉三清。三清殿与蓬莱观、吕祖阁最初建于清康熙年间，后均遭破坏。1995年重建三清殿，殿前立有康熙年间所立《新修蓬莱观三清殿记》、嘉庆年间所立《修醮祝寿碑》和《徂徕山重修中军帐正殿记》等碑碣。其址北依悬崖，南临深谷，

三清殿

丹壁凌空，松涛云飞。清人在此题联："万叠青松千涧月，一曲流水四周山"。

护驾松　位于古御道中部山梁拐弯处。树冠似芭蕉扇，呈遮风挡雨蔽日状，因位于御道旁，故名护驾松。

迎驾松　位于护驾松之上，御道两旁各有一松，俯首弯腰，恭迎游客。因位于御道左右，故称迎驾松。

玉枝柏　位于招军石以东古御道旁。一孤立桧柏，高10米，胸径0.5米。相传乾隆皇帝御临中军帐在此休息，为观招军石，下御旨而栽此柏，为表示此树珍贵，借"御旨"之音而取名"玉枝柏"。

第三节　太平顶景区

太平顶景区位于徂徕山国家森林公园中心地带，太平顶为徂徕山主峰，海拔1027.8米。太平顶景区面积16.47平方千米，为徂徕山最高景区，景观奇特。自然景观以地貌景观及森林景观为主体，山势挺拔，沟深谷奥，山峦叠嶂，奇峰对峙，花木扶疏。人文景观传说较多，自然风光秀丽多姿。有景点45个，其中岩石17处、山峰5座、崖洞5个、树木4株、盆地3个、山沟1条、山泉2眼、山崖1处。景点主题以"升官路"沿线的官途境界和"情人崖"海誓山盟为特色。

一、山峰

花果山　又称猴王封赏，位于开心石路左侧。山峰极尽花果山之意象，群猴静卧、千姿百态、调皮可爱。它们像是在倾听猴王的训话和封赏，而猴王的侍卫则神态庄重，严阵以待，随时保护猴王的安全。

太平顶　为徂徕山最高峰，为200平方米左右一平地。历尽险峻崎岖道路到达峰顶之后，大有舒展太平之感，故名。相传是泰山奶奶将峰顶坐下去三尺所形成。在此可俯看徂徕山全貌，有"会当凌绝顶，一览众山小"之感。古时建有祭祀徂徕山神的"感应侯祠"，今建有泰安电视转播台。

虎头山　位于太平顶东南。因峰下有一虎头石而得名。该山挺拔险峻，多奇石。

太平顶

二、沟壑

通天沟　由太平顶西劈通往太平顶的一条大沟。地势险峻，下不见底，深奥莫测，向上直通山顶。陡峭异常，无从攀登，恰似到了天尽头，故名通天沟。

情人谷　立于太平顶之上，俯视情人谷两岸，对对立石，似情人拥抱。情人石、情人桥、情人崖于侧山峰之上。谷底巨石耸入云天，顺谷远眺，层峦叠嶂，沃野万顷。

情人桥

三、主要景点

栖云坪　又名侯家宅、十亩大地。因早年侯家三兄弟为躲避战乱，在此养牛，开荒种地筑屋侯宅而得名。山中盆地，开阔平坦，水源充足，植被茂盛。

开心路　因开心石而得名。长约500米，地势平缓，两侧风景幽美，山风习习，景色怡人，令游客至此心情舒畅。左侧远望，可见花果山，又称猴王封赏。山上岩石如群猴千姿百态，调皮可爱。

开心门　位于开心路两边的两棵松树，左右对称形成一门，像一对夫妻并立两旁，同心诚意，欢欢喜喜，欢迎游客的到来。

舒心路　十亩大地至太平顶步游道的起步段，长260米，坡度较大，平稳上升，没有下坡路，象征游客发达向上，心气旺盛。两边生长辽东桤，郁郁葱葱，生长茂密。树叶像舒展的心形，故名舒心路。辽东桤又名赤杨，含有诚心诚意欢迎大家到来之意。

藏金泉　又名滴答泉子，位于太平西壁下部。泉水从上部石缝中渗出，常年滴答不断，故名滴答泉子。泉水清凉甘甜，长饮可美容养颜。传说崖下底部泉边的小窝处，能沉淀金子。有一南方人每年偷偷来取一次，来时住到山下一王财主家里。等到年纪大了，行动不便将此事告诉了王财主。王财主嫌窝太小，藏金太少，就将石窝挖掘成了坑，结果再也藏不住金子了。

天　钟　太平顶西壁石崖中部金鱼形的石上方，天然形成一大钟，正好是八点十分，让人赞叹不已。

紫霞栈道　原名封官路，长约400米，曲折起伏，坎坷不平，有时还要从石洞中穿过，象征着人生冷暖、事态万千。

拜官树　原名官财树，当地俗语称：“朝里有人好做官，官财树下好乘凉”。此处可以观赏到北面山峰上形态各异的奇石，任由游客发挥想象，自行命名。有松鼠吃子、猎犬睡

花果山

步游路

卧、乌龟探海、乌龟下蛋、天狗望月、蛇口吞月、沙漠卧驼、群仙聚会、双蛤斗气等。

开心石　位于开心路前端。此石形状从各个角度观看，都像紧紧贴在一起的两颗心。有人说为迎接游客的到来，那是男人在用心温暖女伴的同时，还心甘情愿地付出一小半为游人铺路，因此叫开心石。此石象征夫妻恩爱，据说游客在这里摸一摸这块石头，将会爱情永久，开心一生。

太平西劈　位于主峰太平顶西部。当地百姓形象的叫它太平顶西劈。数丈山崖像斧劈刀削一般，集险、幽、奥、奇、秀于一体，吸引着大批游客到此观光游玩。

官财石　原名封官石，形象逼真成棺状，也叫“黄金入柜”，取其谐音称“官财石”。

美人松　位于官财石下的两株松树，也称姊妹松。树姿婆娑，形态优美，由此得名。

猕猴戏美人　美人松旁的松树上，缠有几十米长的野生猕猴桃，向着美人松方向缠绕，似猕猴对美人仰慕眺望，是徂徕山特有景观，人称“猕猴戏美人”。

升官台　为升官路起点。在此观望，山峦起伏，错落有致，层次分明。由太平顶俯看，沟壑纵横，林木葱茏，就像一只伏卧的凤凰，加上耳边百鸟歌唱，大有百鸟朝凤之感；而周围的山脊则像条条巨龙。二景相连恰似群龙戏凤。

升官路　此路段长约800米。升官路上有紫霞洞，传说游客能看到紫霞景观者，必是大富大贵，官运亨通。

仙人洞　相传唐代隐士王希夷隐居的地方。王希夷，唐代隐士、国子监博士，在其96岁时被前来泰山封禅的唐玄宗接见，号称“王野人”。

紫霞洞　位于太平顶西。洞前有山泉，生长芦苇，景观奇特。下午落日之时，太阳正好照进洞口，遇到雨过天晴的特殊天气，受洞前小气候的影响，水汽折射阳光，在洞前形成一片彩虹，远看就像从洞中射出的彩霞。因此得名紫霞洞。相传唐代隐士王希夷

太平西劈

曾在此修炼，并留下“徂徕山下是吾家，吸露嘘风卧紫霞，几百年来无个事，朝朝坐对老松花”的诗句。

练功台　离紫霞洞不远的一处石梁，平滑整齐，当地人俗称“石光梁”。面积有十几平方米，相传是王希夷练功的地方。

仙人脚印　相传唐代隐士王希夷功成名就之时手开平石（练功台），脚踏竖石（野人洞），升天而去，只留脚印清晰可见。

仙人脚印

赤眉遗迹　原名杀人盆。位于教场北梁，是赤眉军违反军规者被斩首的地方，设在教练场边上，可以起到杀一儆百的作用。赤眉军军规严整，凡有赤眉军活动的地方，常常都有杀人盆。西汉后期王莽篡权以后，百姓民不聊生，苦不堪言，樊崇领导赤眉军在山东莒县起义，由几百人很快发展到数万人，并以泰山为根据地，抗击官军。赤眉堡犹存寨墙遗址。

教场与教顶　教场位于太平顶东南。峰峦突起，奇石众多，三面悬崖峭壁，景色壮观迷人。地势平坦，松林茂密，不见天日，是西汉末年赤眉军操练军队的地方。教场以上的尖子山叫教顶，传说是赤眉军驻军时的旗杆窝。

虎啸太平　位于教场顶的三块巨石，像三只老虎面向太平顶长啸。此处奇石众多，形态各异，又称群雄争霸。

青云栈道　也称“步步高升”。攀登主峰太平顶的一段陡峭盘道。长260米，陡峭险峻，被游客比拟为泰山的十八盘、华山的登顶一条道。但景色迷人，一步一重天，不仅是考验和锻炼人们意志的地方，而且预示只要艰苦攀登，就能“平步青云”，到达光辉的顶点。

青云洞　位于青云栈道中，洞分上下二层，洞内凉风习习，十分惬意。通过上层，可看到青天白云，景观优美。穿过青云洞，便即将到达顶点，象征功成名就。

情人桥　太平顶至情人崖之间的小桥，连接情人洞与情人崖。

情人石　位于情人崖下。天然形成的一对石头，对面相望，恰似一对情人，恩爱相依。

证盟崖　又叫情人崖。位于太平顶南山峰的悬崖。传说有对情人从此坠崖殉情。

幽幽洞　太平顶至证盟崖之间的石洞。相传古时多有钟情男女到此幽会，互诉衷肠。

清心台　过青云洞即是清心台，景色怡

情人石

人，心胸开阔，清心自然。寓意成为高官以后，要心清如水，眼明如镜。此处可以看到太平顶的峭壁奇观，虎头山的雄伟壮丽，还可以看到“飞来石”、“圣人车”、“弥勒探海”等奇观。

警示石　位于步步高升路上的一块悬空石。危石高悬，似在提醒为官者：高处风光无限，但也不胜其寒，务必小心谨慎，做清官、办实事、顺民意。

清风洞　此洞与明目石相邻，深奥莫测，可与下边的洞相连。从洞中吹出的风清凉、自然，是清风洞的由来之一。另一层意思是两袖清风做一个好官。

双龟探海　位于虎头山西坡垭口处。两岩石伸出山崖之外，恰似两只乌龟面对云海

双龟探海

下伸头颈，搜寻食物。

虎头石　位于虎头山东坡悬崖之上，有一巨石突现崖外，形似老虎的头颅，惟妙惟肖，巧夺天工。

石敢当　位于虎头石下部。巨石孤立，高达20米，突出于山坡下部松林之中，给人以顶天立地之感。传说石敢当是由元古时期女娲补天时所漏的一块石头变化而来。

圣人车　位于清心台东部山脊之上，紧靠方形岩石生长着两株松树，远远望去，恰似两匹马拉着一辆车沿脊而行，如孔子周游列国所乘的马车一般，故名圣人车。

马　场　地势开阔，四周山峰、沟谷平缓，土壤肥沃，林茂草丰，是天然的屯兵、卧马之地。相传，春秋时期吴王伐齐鲁，此

石敢当

圣人车

飞来石

处为是驯马场，与中军帐遥相呼应，便于调遣指挥。后被西汉末期樊崇领导的赤眉军所用。

布袋和尚　虎头山东部山梁之上，有一岩石，上部恰似一和尚后脑，且耳廓分明，下部臃肿、肥硕，恰似背一布袋作逃跑状，犹如布袋和尚。

布袋和尚

飞来石　位于虎头山南部山崖之上，孤立于山颠，突兀险峻，疑为天外来客。

神立石　位于太平顶南端山崖，峭壁而立，鬼斧神工，不可思议。

长寿泉　位于太平顶景区驻地马场院西部，泉水清亮纯净，富含营养矿物质，常饮能延年益寿，为景区生活用水主要来源。

第四节　徂徕景区

又称十八连潭景区，位于徂徕山国家森林公园西北部，总面积12.22平方千米。景区面积大，山峰、沟谷多，景点分散。有景点32处，其中岩石12处、山峰6座、山沟2条、山坡3处、水湾4处、岩洞1个、庙堂2座、垭口1个、山泉1眼。人文景观以徂徕书院（作书坊）遗址为代表。自然景观则以龙湾西峪，即十八连潭为特色。十八连潭原名龙湾西峪，位于徂徕林区西部，上部起源于中军帐前沟，下部之水流入徂徕镇四里河，全长约5.6千米，将全部景点贯穿于一线，构成西游记传说故事，景色优美，引人入胜。

一、山峰

龟寿山　位于龙湾西山坡，因神态各异的山石形似乌龟而得名。传说孙悟空从东海龙宫归来出湾时，乌龟遭受惊吓纷纷爬上岸床而形成。

双尖山　位于龙湾东北的山峰。双峰相

攒石崮

依，谷峰鲜明，山势陡峭，植被茂盛，高耸入云，蔚为壮观。

和尚头　花坡旁有一小山，样子很像和尚的头顶，故名“和尚头”。传说和尚头是为泰山奶奶养花种药的和尚所化。

大小油漆山　位于地疃西南，一大一小两座山，山势雄奇，山高沟深，黑滑陡峭，油漆一般，令人望而生畏，知难却步。

玲珑山　位于徂徕村境内。因秀拔玲珑而得名，原名“崆崆山”。

龙　头　龙湾东侧一小山峰，状似龙头，连接背后山脊形成一条巨龙。

攒石崮　位于作书坊左前方，由孤立岩石攒起一山峰，陡峭险峻，拔地通天。上部坚挺，油光滑亮，下部巨石相依，攒挤举托。峰后（北）又一数十米高的岩山，形成一“石婆婆”，形象逼真，与主峰攒石崮高低相依，构成一大观赏景点。

二、沟壑

龙湾沟　即十八连潭。位于濯龙湾西南约3千米，原名龙湾西峪、龙湾大沟。整沟长约3千米，汇集上池西坡各支沟与中军帐前沟之水，常年流水不断，形成十八连潭景观。

佛爷涧上游由于地势抬升，河流下切较为严重，在2千米左右的水平距离内，河流落差200余米，形成较大的流水冲蚀力。两岸陡峻挺拔，树木葱蓊。此涧岩石垂直裂隙发育形成众多的陡坎，落差3米以上的陡坎有10余处。丰水季节，形成极其壮观的瀑布群。每一陡坎下面，均在流水的冲蚀作用下形成一个小水潭，流水飞撞石穴的声音、溅

玲珑山

起水流的回落声，不绝于耳。瀑行壁间，层层跌落，轰然有声。幽谷飞泉，如一条银线，串缀形状各异的瀑下石潭，号称“十八连潭”。上段地势平缓开阔，中段地势陡峭，下段谷宽底平。

由于地质发育的关系，造就山涧中众多的泉眼，常年涌流。因此，“十八连潭”终年有积水，野生螃蟹、小虾、小鱼随处可见，芦苇、花草、苔藓等水生植物在沟涧中生长茂盛，野生葡萄、爬山虎等藤本植物在陡峭裸岩壁上、乔木之间纵横交织，形成“紫藤抱石”、“古藤缠树”的奇观。

地疃沟　起源于望岳峰北侧下至龙湾沟口，全长约1.5千米。

徂徕村山沟　源于玲珑山（又名崆崆山），流经崆崆山大罗圈、小罗圈、徂徕村注入刘家栏水库，下泄牟汶河。沿沟自然村较多，名泉数眼，上有攒石崮、野人洞。右侧是作书坊、竹溪庵，全长约6.8千米。

马家裕沟　源于青石胡同西山，流经马家峪，注入马家峪水库。西泻牟汶河，全长1.6千米。桥沟温泉度假区坐落于此沟口。

佛　谷　从唐僧帽下谷底至玉潭飞瀑，岩挂绝壁、银帘飞瀑、玉带连潭、峰回路转、柳暗花明，堪称佛家修身养性之地。好奇之人在谷口岩石刻有“佛谷”二字。

三、主要景点

龙　湾　龙湾是徂徕山北门第一奇景。龙湾飞瀑陡坎有十余米，因上游山泉众多，瀑流常年不断。丰水季节，形成的瀑布尤为壮观。飞瀑轰鸣，状如银龙跃入幽深潭水。山石上有刻字“飞水叠瀑”，瀑壁山石美如雕琢，山形与四周迥然不同。奇树参差，花草各异。潭北巨石平洁，可容数百人。溪流欢歌，湾溪山涧中有野生赤鳞鱼、小虾、螃蟹等水生动物，是难得的餐中珍品、野味佳肴。

佛爷冠和观音拜佛　位于十八连潭入口处南面山腰上。一巨石高近30米，形状如僧冠而得名。其周围树丛稠密，极为醒目。北面300米左右的山坡上，一组奇石堆砌，最上面人形石如观音坐莲台，面向佛爷冠，成参拜状，其下有石如侍童。

观景台　位于佛爷涧南2千米。其下为马头岭，是龙湾西峪徒步登山到达中军帐的必经之路。此处海拔近600米，为一山腰突出巨石平台。巨石面积约6平方米，东西向一石缝把巨石一分为二。此处观景视野开阔。往东北可观牙沟崖、梅豆峪、挂仙撅子、油漆山子、马头岭、白龙山等胜景；西南可看望岳亭、佛谷、十八连潭、攒石崮等景观。

望岳亭　位于观景台西南方约2千米，海拔750米，是徂徕镇到中军帐一路的最高

龙　湾

点，南行直下200米是中军帐。其东面一山脊渐起而成，亭西为百丈山崖，林深草密，难以上下。在此西北望可以见泰山全貌，天气晴朗时，出南天门及天街均目力能及，历历在目。东南望可见徂徕山最高点太平顶，电视转播塔卓然直刺蓝天，周围群山峻岭蜿蜒起伏，沟壑分明，浓淡相宜。山间公路曲折前行不知尽头。其余诸景亦美不胜收。

十八连潭　原名龙湾西峪、龙湾大沟，由上池西坡各支沟之水汇集中军帐前沟流入此峪，常年流水不断。受徂徕山多次间歇抬升和水流冲击的影响，形成若干水潭，由溪流瀑布相连，形成十八连潭景象。上段地势平缓开阔，流域面积大，水源充足；中段地势陡峭，树藤缠绕，枝繁叶茂；下部谷宽底平，奇石遍布。整沟长约3千米，两侧山峰挺拔峻峭，植被茂盛，劲松挺拔、绿树黄花相伴，清风徐来，鸟语花香；谷中峭壁流水、潭瀑相连，一步一景，让人流连忘返。

龙眼泉（琴泉）　位于濯龙湾南侧道路旁，为典型的裂隙泉。泉水常年喷涌，“叮咚”作响，悦耳动听，犹如抚琴，故名“琴泉”。来此的游人无不驻足倾听这天籁之声，细细品味甘洌清纯的泉水。据专家考证，琴泉从一北向倾斜45度的石缝中自上而下流出，石缝很窄，泉水向下流出时，空气上涌发声。这在自然界中较为少见，被誉为徂徕山第一奇泉。传说原来在龙头的左右两侧，各有一泉，为巨龙的左右两眼。右眼泉一股清流，常年涌水不断，并发出琴声般的响声，所以也有人称其为“琴泉清音”。有好奇者在泉边刻有“清泉”字样。左眼泉水已干枯，只有在雨季才可流出一点红色的“血水”。传说是孙悟空从东海归来出龙湾时，不小心用金箍棒捅瞎。

定海神针

定海神针　位于悟空拜师前上方与之相对，一巨长形条石插入山中，露出半截又一巨石压于其上，欲试神针之威力。又似乌龟驮石，伸颈负重，步履艰难，令人叹为观止。

十八连潭

大象石　位于十八连潭下部西侧山坡上。多块巨石组成一头耳、鼻分明的大象。卧于群山密林之中，相传为西天如来佛为搜寻唐僧所骑。

小象石　位于十八连潭沟下部转弯处的西山梁上。松林深处由裸露岩石组成一头面向山顶爬行的大象。传说是在搜寻大象石，故称小象石。

佛　脚　大象石上山颠之处，由六块巨石组成一脚掌形景观，五趾分明，掌面游人观之可笑。观其山峰，似一佛侧仰，衣冠不整，伸腿露脚。相传为西天如来佛从大象石上仰面跌下所形成。

悟空拜师　原名狼猫石，从大象石向南约100米处，远观似一大灰狼蹲坐，其头又若猫威严挺立。近看又似一灵猴踞于石上，面向唐僧帽作揖朝拜，形态逼真，栩栩如生，形成悟空拜师之景观。

唐僧帽　原名僧冠帽，此石立于山巅，四周苍松掩映，林木茂盛，只有此石突兀挺立，不管从哪个角度看去，都如佛教传说中圣僧的冠戴一般。当地群众认为是《西游记》中唐僧的帽子，故名“唐僧帽”。传说唐僧为躲避妖怪仓皇脱逃而丢弃于此。

唐僧帽

唐僧酣睡　佛谷入口有一岩石，恰似一人侧卧而睡，四大皆空，长眠不醒。传说唐僧误入缠绵谷，为逃避美女的纠缠，逃跑时僧帽、袈裟均被刮落，无脸见人，只好选择隐蔽处背对世人侧卧装睡，无法叫醒。

缠绵谷　十八连潭上部西侧约100米内，石块、绝壁、树上树下全被粗壮的爬山虎缠绕得密密麻麻，如同人间恋情缠缠绵绵，爱得你死我活。相传此地本是蛇精的隐居之地，唐僧找寻悟空到此，被蛇精所缠，仓皇逃跑，落裟去冠。

龙腾绝壁　在缠绵谷十米之高的绝壁之处，粗壮的爬山虎缠绕其上，主蔓如龙身，侧枝若龙爪。若即若离，呈腾空驾云之势，古称龙腾绝壁。

花　坡　位于上池南山阳坡，地势开阔平缓。相传是泰山奶奶养花种药的地方，因此取名叫“花坡”。

上池、下池　传说是泰山奶奶在花坡养花时浇花用的水池。早年有和尚在花坡为泰山奶奶养花，当泰山奶奶来赏花时，听说水源不足，便顺手一指，在花坡附近，形成了上下两个水池，以满足浇花之用。

夹牛石　传说泰山奶奶在花坡养花种药，经常有人们放牧的牛来吃花啃药。为了防止花坡的花、药被牛糟蹋，泰山老奶奶便抖一抖袖袍，飞出两块石头，落在路上，如果牛到花坡就会被夹住，所以被称为“夹牛石”。

上庵寺　古时自下池起建有上庵寺、中庵寺、下庵寺（今王庄林区驻地）三座寺庙。下池间为上庵寺，创建年代不祥，今上庵寺已荡然无存，旧址上只留有几个石鼓。民间有“冲了上庵寺，淹了中庵寺，留下下庵寺”之说。

唐僧酣睡

玉潭飞瀑

玉潭飞瀑　十八连潭上部谷底一悬崖，高10多米，水流直下，四季飞瀑，山谷回响，瀑下成潭。周围绿树青山，绝壁悬崖，景色十分壮观。

南天门　位于中军帐东峰脊垭口，与泰山南天门齐名。其下为南天门沟，直立陡峭，沟内林木茂盛，植被丰富，空气清新，环境幽静，如同世外桃源。

天鹅蛋　葫芦庵瞭望台东南一圆形巨石，通体光滑，形似一巨型鹅蛋。此石立于峭壁之上，地势奇峻，若低头下望，则有“欲坠不坠寒人胆”之感。

二人吃酒　位于地疃东北方。树荫下两块巨石相对，形似二人在此饮酒小憩，中间一石似石桌，两石各有一突起，并各朝一方，犹如猜拳行令一般，又像酒醉之后发生争执，形神兼备。

拔剑石　位于“二人吃酒”北面。有一巨石，石自中间裂开，石中心处有立剑状一石槽，石为底座。传说为有人将剑从石上拔走，只留下底座。

徂徕书院　又称讲书堂、作书房（坊）、竹溪庵、讲易堂。位于徂徕山北面徂徕村境内长春岭下。宋初著名学者石介所筑，并在此讲学。宋宝元六年（973），石介在家服丧期间，在此创建“徂徕书院”，人称“徂徕先生”。徂徕书院旁有门人姜潜别墅曰“读易堂”，石介在蜀曾寄姜潜诗曰：“连云栈外四千里，‘读易堂’中一卷书”。石介卒后，宋代大文豪欧阳修曾撰《徂徕先生墓志铭》曰：“徂徕先生自闲居徂徕后，常以德术教授及在太学，益以师道自居，门人弟子从者甚众，太学之兴自先生始”。

金代党怀英在此读书，著《竹溪集》，并留有篆书“竹溪”和隶书“竹溪庵”石刻。今仅存遗迹及残碑数块。

在遗址西梁的不同位置，用不同字体刻有“竹溪”“徕徕千秋”“作书房”“夕照奇观”“竹溪庵”“讲易处”等题字。抗日战争时期，中共泰安县委曾在此办公。今刻有“泰安县委遗址”。在作书房遗址后紧刻两行“登徂徕山许应元，嘉靖十二年二月刻”。

走神洞　玲珑山上有“崆崆洞”。又称野人洞。相传道教祖师太上老君在此修炼得道成仙，故得名。唐开元年间，王希夷隐

元宝石

此，唐玄宗封泰山时，王希夷已90余岁，玄宗“与语甚悦，拜国子博士，听还山”。其洞上依峭壁，下临绝壑，周围山石嶙峋，洞口向南，顶为巨石挤压而成，极峻险，洞深不见尽头。洞内分上下两道，上道可以从山上穿出；下道极深，尚无人到底。抗日战争时期，徂徕村于秀泉（女）曾在此救助抗日的领导人，去世后将其骨灰存留洞岩，并刻“革命老人于秀泉之墓”以示纪念。洞口刻有“走神洞”字样。

秀泉亭　位于崍崍山中。1978年为纪念革命老人于秀泉而建。于秀泉，徂徕村人，幼年家贫，当童养媳。1938年3月加入中国共产党，任村妇救会长。中共泰安县委在此办公时，她自告奋勇当情报员，多次为县委递送情报，遇有危险情况，即将情报吞入腹中。在严酷形势下，夜以继日为抗日队伍筹措军粮，补洗军衣，给伤病员喂汤喂药，对抗日人员常常留宿留饭，被人们称为“战士之家”。1978年8月，于秀泉病逝，其骨灰葬于抗日战争时期中共泰安县委办公地点——崍崍山洞中。同年，政府拨出专款，在她当年站岗放哨的山岗上修建此亭，以示纪念。2011年重修。

第五节　濯龙湾景区

濯龙湾景区位于徂徕山国家森林公园东北部，总面积6.18平方千米，以濯龙湾大峡谷影响最大，民间传说流传甚广，多因赤眉军活动遗迹和龙王的神话传说而命名。有景点32处，其中山峰10座、湾瀑5处、山沟4条、岩石4处、庙宇2座、岩洞1个、道路1条、盆地1个、山崖1座、水库1座。

一、山峰

鹁鸽楼山　因在山的中部有一石崖，上有许多下倾斜的石凹，能够遮风挡雨。曾有野鹁鸽在此居住繁衍，故称为鹁鸽楼山。

吼狮峰　亦名鹰鸽嘴。因山头的东部生长松树，山的西部是裸岩峭壁。站在“舒坦”望去，远处一山峰高耸，其西部的裸岩恰似一只雄狮面向西方，怒吼山间，东部的松林又恰似雄狮的鬃毛。裸岩、松林整体远望，犹如雄狮仰天长啸，故名吼狮峰。单看卧狮的下颚，有一峭立石块，因上部逐渐变细变尖，还有一弯钩形状，酷似老鹰或鸽子嘴部的弯钩形状，所以又称鹰鸽嘴。

王婆寨山　相传古时有一老婆婆嫁于王姓村民，在此居住，建有山寨，人们都称其为王婆寨。王婆乐善好施，令人称道，人们为纪念她，便称此山为王婆寨山。

观浴峰　原名挂线撅子山。山势陡峭，其顶部有一石柱，高约10米。相传王婆在家纺线时，便在此石柱上挂线纺织，便称为挂

濯龙湾

线撅子山。又传说上庵寺的和尚在此山偷看龙王的女儿在香水湾洗澡，故名观浴峰。

卧虎山　原名转鸽崖山，位于梯子峪山脊西南方。山峰的南面上部为一陡崖。据传，因鸽子在空中飞翔时飞到此处无法直接飞过此山峰，必须转向才能飞过，故名“转鸽崖”。若从歇凉石西望，该山峰恰如伏卧的老虎，正在窥视南面的青龙，形象逼真，故称为卧虎山。卧虎山与青龙沟二景相连，形成“卧虎藏龙”之景。

瞭军楼峰　与天宝寨遥遥相对。山势陡峭，因西汉时赤眉军曾在该山西侧的舒坦（地名）一带驻扎，并用此山峰瞭望军情，故称瞭军楼。

观音楼峰　和瞭军楼南北相望。传说大慈大悲的观世音菩萨为解救这里的劳苦百姓，曾落脚此山施法救人，故此得名。仔细观望峰顶崖石，神态慈祥，真似观音一般。

天宝寨山　位于峡谷沟口，龙盘路依此山势走向延伸。该山地势优越，易守难攻，为兵家安营扎寨必据之地。站在此山向东望去，整个化马湾乡都尽收眼底。相传赤眉军曾在山顶上修筑寨墙备战。山上仍有石臼等驻军遗迹。

旋风窝　位于观音楼偏东南，四周悬崖峭壁，难以攀登。相传此山顶部曾有一窝马蜂世代繁衍不计其数，能助康王破兵布阵，人称“神蜂”。

二、沟壑

梯子峪　为石屋河下游分支的大沟，长约1.4千米，沟口100米处的东南面是一垂直高约100米，宽约80米的悬崖峭壁。因其直立险峻，且石壁上有许多横竖石缝，状如梯子，故取名梯子峪，此沟为梯子峪沟。

藏龙沟　原名青龙沟、龙头沟。位于歇凉石西南方。山沟内有一条山脊，蜿蜒起伏，远远望去犹如一条青龙游曳摆尾从天而降。山脊前端一山头，位于两侧高峰之间，形似龙头，大有冲出沟口，抢扎老龙潭之势，又如沟内藏一巨龙，因此得名。

濯龙湾大峡谷　大峡谷内水景资源丰富，有二十一曲十四潭之称。连潭飞瀑、迸珠溅玉、奇石遍布，故事传说生动有趣。峡谷全长4千米，沿谷上行，曲曲折折，峰回路转，移步换景，最终可直达太平顶。两侧山峰悬崖垂直高度可达130余米，谷内流水清澈，四季不断。游客到此，无不感叹：“连潭、叠瀑、嶂谷，峰回路转，柳暗花明。险、幽、奥、奇、俊、秀，北方山水，江南风光”。

三、主要景点

世外桃源　位于濯龙湾沟下，黄土岭工队之上，双泉村境内。40株百年以上板栗树，古朴苍劲、枝繁叶茂、硕果累累。进山公路从林中奇石间穿过，伴有谷中潺潺流水，使人不觉走进世外桃源。

龙泉水库　位于濯龙湾大峡谷的沟口，是双泉村民修建的拦水坝，坝身长15米，水深10米。终年水流不断，水溢坝而出，形成飞瀑，壮观无比。取龙湾之水，双泉人所建之意，称龙泉水库。

龙泉水库

牛心石 原名悬空石，位于老龙潭东面的山崖上。此石硕大无比，半空高悬，状如牛心，突出在陡峭的山崖上，大有掉入老龙潭之势。有人称老龙潭也叫锅湾，以备煮牛心，敬王母。

龙盘路 为游览濯龙湾大峡谷的必经之路。多年来村民上山打柴、放牧、游玩，开辟出来的小盘路。山路蜿蜒，盘于山腰，引人前行。缘此进谷，两侧美景关不住，各类图画扑面来。在树林中行走，清风徐来，鸟语花香，让人顿时心旷神怡。

龙王庙 由龙泉水库沿盘路而行，不足200米松林深处沟崖上有一小庙，为附近村民祈求风调雨顺而修建，始建年代不详。“破四旧”时损坏，后由当地村民自发捐款重建。

感恩柏 位于二龙湾西崖。一株侧柏生于峭壁岩石之中，令人不可思议，叹为观止，人称感恩柏。传说早年西庄一郑姓孝子因母亲病重，多方求医，医治无效。夜间一龙女托梦说取龙湾之水能治其病。该孝子未等天明，不顾路远坡陡，披星戴月，连忙取来龙湾之水，医好母病。他知恩图报，为感谢龙女救命之恩，背家乡之土，在龙湾山崖之处栽柏树一百棵，以求“辈辈平安”，感恩柏为其仅存。

银龙湾 位于濯龙湾东，水泉村南。银龙湾瀑布落差近40米，倾斜几近垂直，水流量大湍急，瀑面开阔，极为壮观。下紧接三个突起，独成一溪三瀑、三瀑三潭紧相连的美景。

银龙湾瀑布以上东侧，有一天然平台，面积1200多平方米。于平台之上，可远望东北田园平畴，近观四周山水美景。情侣松、洗手盆、洗脚盆、二人吃酒、迎客松、碧霞元君金莲印等著名景点均在平台附近。

海豹石 位于三龙湾东北方向30米处的山崖上，一长形巨石直立而起，从西方望去，犹如一只海豹站立望天，形神兼备，栩栩如生，遂取名海豹石。

老龙潭 传说老龙潭为老龙王的住所。潭内因年久砂石沉淀，面积已不是很大，潭水清澈见底。其南面是一巨形石阶，石上经年流水不断，飞瀑回响。

歇凉石 沿老龙潭西侧盘路前行20米，有一平坦石梁，面积约80平方米。人们到此都会驻足休息、聊天、纳凉，观景抒情，因此取名歇凉石。

龙　门 藏龙沟沟口左右两侧巨岩直立，状若门口，且因沟内藏有一龙，故称“龙门”。右壁之上形成“歇凉石”。左壁由五层巨石叠压而成，上有三块大石，远远望去犹如一只爬行的乌龟，探头西望，正对龙头，俗称“乌龟望龙石”。又因左壁较薄，形似照壁，也有人称此壁为“影壁墙”。

舒　坦 位于龙门前谷底，地势平坦，面积开阔。人们依山进谷，险峻难行，难免气喘吁吁，腿软体乏，至此后，突然地势平缓，行走自如，游客顿觉身轻气缓无比舒

银龙湾

服，故而称“舒坦”。相传，赤眉军曾以此为营驻扎、操练，周围山坡上仍有寨门、寨墙和古时舂米的石臼。

一龙湾　相传是老龙王的大女儿之住所，湾长8米，宽6米，深4米，两侧石壁陡峭，险峻莫测，只有南面陡崖上开凿的石阶可以通过，水流注入湾内，哗哗作响，湾内山天倒映，树影摇曳，瀑播涟漪，碧波荡漾，有如仙境一般。

二龙湾　相传是老龙王的二女儿之住所，此湾长8米，宽5米，深3米。此处地势稍开阔平坦，湾水清澈见底，圆滑石块布满湾底，游人伸手可及。

三龙湾　相传是老龙王的三女儿之住所，湾长10米，宽6米，深2米。三龙湾是龙盘路的必经之路。因湾边有几块大石，地势平坦，游人至此后都会在此停留，纳凉休息，观赏美景。

天狗望月　位于旋蜂山西方的山梁上，两块巨石，棱角分明搭叠而起。上边的方形石块，形似狗头，下方的长石状若狗身，远远望去犹如一狗蹲坐，仰望东南，翘首企盼月亮的出现，故名“天狗望月”。

香水湾　又名响水湾。此湾是龙湾大峡谷上部的一处深湾，宽10米，长6米，深1.6米左右。湾南面是一石瀑，整石高达10米，常年流水不断，雨季时流水飞溅，落入湾中，响声不绝。此乃濯龙湾上部水源，传说是龙王一家洗浴的水潭，带有龙女玉体之气，水质自然清香，人称香水湾。也是香水河的源头之水。

石屋河　石屋河是龙泉水库西北方向的一条大河，上通上、下池，长约1.7千米。因河的下部一边有一石棚，古时曾有人在此居住生活，故称石屋河。

康王殿　据传南宋开国皇帝宋高宗赵构（封号康王），曾在此山驻扎军队。此山头东南北三方山势陡峭，西方为绵延的山脉，易守难攻，且背阴向阳。康王在此修殿居住，故名康王殿。遗址无存。

土地庙　位于康王殿东南方向的庙岭上，始建年代不详。此庙现供奉山神、土地、河神三位神仙，逢年过节到此上香烧纸的人络绎不绝。庙前两株柏树，树龄300年。由于地势平缓，平时人们行至此处会休息纳凉，也是周边村民孩子玩耍之所。

狼和尚洞　位于康王殿东南方向山坡上部。传说是岩石滚落搭叠而成，一巨石为顶，洞口宽2米，高约1.5米，洞口朝向东南，弯身进入后方可起身。洞的走向为西上方，须攀爬而上。洞内伸手不见五指，须带照明设备方可前进。听老人们说，因深且无光，人们总是害怕洞内有“狼和尚”（当地传说中的怪兽）而不敢深入，无人能探到洞底。

第六节　锦罗景区

锦罗景区位于徂徕山国家森林公园东北部，总面积9.63平方千米。以自然景观为主，尤以山泉著名。有景点42个，其中岩石15处、山沟13条、山峰4座、山泉3眼、平地3处、岩洞2个、水库1座、竹园1处，以自然沟谷、岩石命名居多。绝大部分均有传说。

一、山峰

轿　顶　位于主峰太平顶东南约1.5千米，在大寺至光化寺主干公路东侧200米处。周围时常云雾缭绕，景色奇丽，使人疑为天上人间，恍如仙境之感。往西南俯瞰，羊栏沟尽收眼底，松树、刺槐等乔灌木郁郁葱葱，实为旅游休闲之胜地。相传碧霞元君当年回归故里时，曾停轿于此，故此得名。

黑　山　为卧尧正北1千米处的一座山峰。在卧尧周围山峰中，黑山孤峰突出，尤其壮美。相传尧帝访贤时遇一奇人黑公，以为后继得人，欲禅让于黑公，无奈黑公坚决不允，尧帝无奈，只得为黑公在此筑一高楼，即“黑公”山峰，俗称黑山。

青石顶　位于恶峪沟上部，神仙屋子沟和大恶峪沟的交汇处。东边为陡峭的悬崖，只有北、南可容行人通过。青石顶四面松柏泛绿，遮天蔽日，东可眺望徂徕之云海日出，西可望主峰太平顶之壮丽景观。相传吕洞宾打败鳄鱼精之后，为防其再出来作恶，遂派青鱼精镇守于鳄鱼头前。天长日久，青鱼化为青石，故名“青石顶”。

寨　顶　位于老君堂东北约500米处。远远望去，此峰突出于其他山峰，周围青松

轿　顶

环绕，云雾如带。据传，黄巢起义军残部在撤往泰山途中，经过此地并设立营寨，抵抗官军追袭。

二、沟壑

雁翎沟　位于主干公路南，与卧尧相对。主沟内支沟遍布，形似大雁的羽毛。相传一个贫穷的放羊娃王小，得到一神仙所赐雁翎，从此衣食无忧，但被狠心的继母发觉，坏其灵气，化为山沟于此，故得名“雁翎沟”。

恶　峪　位于馍馍石北500米处。东西走向，两侧山势陡峭，怪石嶙峋，松树郁郁葱葱，山风吹来，松涛阵阵，景色十分美丽。相传一条作恶多端的鳄鱼为阻止吕洞宾解救徂徕山百姓，在此与吕洞宾展开了一场大战，战败后化为一条山沟，即为“恶峪”。

柿子峪　位于恶峪北500米处。与恶峪平行走向。沟内支沟纵横，南坡雄伟陡峭，置身其上，如入云端；北面山势较缓。沟两旁为松、柏所覆盖。相传尧帝访贤路过此地，见此地百姓生活贫苦，遂向玉帝启奏，取来柿苗，令百姓栽植以解饥馑，故名“柿子峪”。

官庄峪　位于卧尧正北300米处。为一东南、西北向山沟。当年尧帝出行于此，手下百官多来请示汇报，为方便食宿，尧帝在此盖多所馆所，以待百官，并兼在此议事。由于馆所规模较大，如一村落，故名“官庄”。

刘龙沟　位于寨顶东北。其山势陡峭，沟谷处多平坦，留有梯田遗迹。相传龙王小太子因恋慕徂徕山村姑王芳而下凡于此。化名刘龙，男耕女织，在此安家落户，后王芳日渐衰老，而刘龙风采依旧。王芳不堪年老色衰而自杀身亡，刘龙则誓不返东海，在此陪伴已亡妻子，后仙逝于此。

茄　沟　位于刘龙沟东约1千米处。南北走向。土地平坦、肥沃，适宜种植各种作物和林木。相传，神农氏于此发现野茄，并推广到四面八方，故名“茄沟”。

篱笆沟　位于王庄至锦罗林区公路东侧。东西走向。沟壑纵横，森林茂密，主要树种有松、刺槐、板栗等。相传，有个叫王鳌的道士在此修炼，因领会错误，竟头脚倒置在此修炼，被人耻笑为“力巴”（方言“外行”的意思），故而得名。今当地百姓取其谐音，讹为“篱笆沟”。

程家沟　位于王庄至锦罗公路东侧，检查站南300米处。东西走向。因化马湾乡西庄一程姓人家世居于此，故名程家沟。

碾盘沟　碾盘沟位于程家沟南1千米处。东西走向。据传，有一孙姓人家在此居住，世代以打碾盘为生，今存有多处旧碾盘。

埋人沟　位于碾盘沟南300米。东西走向。据传，很久以前一外乡人逃荒要饭至此，饥寒交迫，绝望之下在此上吊而死，因不知其出身来历，当地居民就地将其草草掩埋此沟内，故名埋人沟。

大斜沟　位于埋人沟南500米处。沟下部为东西走向，方向较正；上部偏向东北，转而偏向东南，沟的方向很不正，故人称大斜沟。

青铜峪　位于老虎窝东南近1千米。东北西南走向。据传，英俊潇洒的青铜王子爱上了下凡人间的九仙女。但他们的爱情遭到国王夫妇和玉帝娘娘的百般阻挠。为了爱情，他们私奔来到此山沟，借助人迹罕至、丛林茂盛的有利条件，在此结合，繁衍后代，故名青铜峪。

锦罗沟　金罗沟是王庄到锦罗南横岭的一条大山沟。沟内长年流水不断，盛产鱼、虾、蟹及杂果野菜等。汇集篱笆沟、程家沟、松罗沟、东金罗沟、埋人沟、肖家沟、滴水岩沟等水系的水流，是下游彩山水库的主要水源之一。

三、主要景点

饮马泉　位于轿顶东南1千米，主干公路南侧50米处。泉池长宽各3米，深1.5米。泉水夏时清冽，冬季温暖适人，经年不竭。相传，西汉王莽篡政建立“新朝”，人民不胜其苦，赤眉起义爆发，曾驻军中军帐，大军常在此饮马，故名“饮马泉”。

卧龙泉　位于主干公路北侧，卧尧工队驻地西南约40米处。东西长2米，南北宽1.5米，深2.5米。泉水甘冽，富含多种矿物质，常年水位不变。据传东汉末年，为避战乱，诸葛亮幼年曾随父亲迁居至此，看中此地乃一风水宝地，遂定居，四年后离开。因传说此泉为诸葛亮所挖，故名“卧龙泉”。

卧　尧　位于轿顶东2千米，主干公路以北。其四周群山环抱，地势平坦，土壤肥沃。传说尧帝治水访贤到此，累极而卧休息数日，故名“卧尧”。

钓鱼台　位于卧尧工队东侧。石质形态独特，传说姜太公钓鱼——愿者上钩，就发生在这里，因此名钓鱼石。它形象逼真，巧夺天工，像一个巨型的天然山石盆景，给人以赏心悦目之感。

钓鱼台

神仙屋子　位于卧尧东北1千米。又名圣泉宫、王母行宫。其南面地势平坦，东西北三面山势陡峭，奇峰秀丽，沟壑纵横。相传山阳有一户人家为感念王母娘娘救命之恩而建。后为王母娘娘驻跸之处，王母娘娘常

饮马泉

鸭子石

在此召集各路神仙大会。据传此处有神泉，存有王母行宫、圣泉宫、神仙屋子等遗迹。

馍馍石　位于闸栏水库北500米，卧尧工队至草茨村大路西侧。巨石呈馍馍形，高5米多，直径3米多。相传古时候，有一年此地大旱，百姓饿死者甚多，在泰山“吕祖洞”修行的吕洞宾为救一方生灵，特赐予此方百姓一神馍以救饥荒。后来神馍就化为“馍馍石”。

香炉石　位于柿子峪北300米处的山坡上。形似香炉。据传尧帝为救百姓于饥馑，在此设香炉焚香祷告玉帝，启奏玉帝降“神树”柿苗救济百姓。祷毕，留香炉于此，故名“香炉石”。

鸭子石　位于王母行宫西北300米处。因形似鸭子而得名。相传王母娘娘驻跸王母行宫时，召来天上神鸭，下蛋以补御用，后来神鸭化为石头，即为鸭子石。

老君堂　位于闸栏门水库正东约1.5千米处。老君堂沟南地势平坦，土壤肥沃。据传太上老君的八卦炉被孙悟空打破后，太上老君选择此处继续炼丹。定居七载，炼成仙丹后升天而去，此地故名“老君堂”。

弯刀石　位于寨顶北500米处的山脊上。高5米多，呈弯刀状指向南方，形象逼真。据传天神欲使山西恶霸马天成破财而将其元宝输送至此。后来因穷孩子王鑫与山西一马姓女子结婚而在此发现元宝。不料王鑫父亲发觉后，欲将元宝霸为己有，被天神用宝刀所杀，宝刀也从此化为弯刀石，以警世人。

沧浪石　位于寨顶东北约1千米，高约12米，长宽各10米左右。相传观音菩萨为拯救华夏大众，解决人多地少的矛盾，要把当时齐鲁之地的沧海变为桑田，经过与海神斗法，使海神口服心服，使沧浪变为桑田。海神临退时，留下沧浪石标志。说以此石为证，如果此地人心变坏，便仍让桑田变回沧海。

滴水岩　位于寨顶东南800米处。岩高10余米，长30余米。岩下终年滴水不断，故名滴水岩。

锅　沿　位于王庄至锦罗林区公路东侧金罗沟内。因形似大锅，故名“锅沿”。相传，徂徕山神因怜悯一张姓放羊娃，赐予他一口宝锅，放上什么，锅里就出什么，拿也拿不完。后为一财主夺取，放金放银，贪得无厌，致使宝锅失灵，废置于此，便是“锅沿”。

金砖湾　位于锅沿南侧。砖形，和普通建筑用砖大小相仿。相传山后有一王财主，天天盼发财，找一风水先生，测到此处有一金砖，遂挖去，结果财发了，洪水也至，遂丧命。在挖出金砖的地方留下一遗迹，即金砖湾。

王鳌洞　位于王庄至锦罗林区东侧篱笆沟内，距公路50米。洞口高2米，深4米。因一个名叫王鳌的道士在此山洞练“道”功而得名。

神龟石　位于检查站正北80米的山脊上。形似乌龟，神态可掬。

神龟石

天　书　位于王庄至锦罗林区公路西侧。为一片高约100米、长约150米的美丽石纹。相传是玉帝为褒奖徂徕山民降下的敕旨。

老虎窝　位于检查站以北山脊上，检查站东北方向1千米处。相传此处有两只大老虎及三只小老虎，使周围村民深受其害。后来人们救了一只小老虎的性命，以德报怨，大小老虎很受感动，遂弃此而去，只留老虎窝，再无虎患。

竹　园　位于锦罗林区驻地东300米处，占地0.5公顷。1956年，徂徕山林场建场时人工栽植，由于管理细致，生长越来越壮，面积不断扩大，成为金罗林区的一大景观。

呛水台　位于青铜峪南500米，当地俗称“石光梁”。相传青铜王子和九仙女相爱，私奔到青铜峪后，为玉帝所发现。玉帝先后派天兵天将用火烧、雷劈、下冰雹等措施，企图除掉二人以解心头之恨，但青铜王子和九仙女在奇人异仙的帮助下，一次次死里逃生。后来二人搬到峪南居住，玉帝又派龙王发水企图淹死他们。危机时刻，山神从傲来国搬来巨石挡住洪水，即为呛水台。

骆驼石　在呛水台东南1千米处山脊上的一个鞍部地形，形似骆驼。相传青铜王子和九仙女纯洁的爱情感动了天上的大力仙，他偷偷下凡，帮助夫妇二人屡脱劫难，平时为二人偷偷驮运生活必需品。有一次又累又乏，一觉睡去，化为石头，即为骆驼石。

东大泉　位于骆驼石正东1千米处。井水无论旱涝终年不竭，且水量极为丰富。因泉位于锦罗林区之东，故名东大泉。今垒砌成井状。

石　鹅　位于东大泉东北300米处。石长5米，宽4米，高3米，呈鹅状，故名石鹅。据传为太上老君所养的一只鹅，见到凡界景色优美，下凡于此，老君招之不去，遂化为石鹅，常驻凡间。

苇　滩　位于东大泉东南约700米处。苇滩长约15米，宽约10米，里面有一涝滩，无论旱涝，水终年不干，滋润芦苇，生长茂盛。尤其在天气干旱之年，芦苇青青，值得一观。

石　鹅

第七节　光华寺景区

光华寺景区位于徂徕山国家森林公园东端，面积19.04平方千米。以光化寺为中心，自然景观奇特，佛教文化景观丰富，具有典型山地佛教文化特征。有景点20个，以光化寺、般若波罗密经刻石为主要景点。据碑文记载，光化寺始传于北魏，继于隋世，历唐、宋、元、明之朝，屡兴屡废，时盛时衰，阅日月岁时之久，曾是佛教盛地。自光化寺开始，游人进入以寺庙、古文化等为主的人文景观观赏阶段，既可休憩，又可静观寺庙文化。

一、山峰

佛憩山　位于光化寺西300米。其周围树种为柏、栗、松。因相传佛祖曾在此休息，故得名。

杨树山子　位于光化寺东800米。其周围树种为刺槐、松、柏。旧时因山周全为杨树，遮天蔽日，高耸入云，故名杨树山子。

映佛山　又称映佛岩、迎福山。位于光化寺东800米。因山岩似众佛诵经，故名映佛山。山巅有映佛岩，壁高丈余，上刻有“冠军、将军，王子椿”，下方宽若平台，刻有波罗蜜经。

映佛山

据清代部分学者考证，梁父山是徂徕山东峰，即当代村民所称映佛山。《史记》记载，古代“封泰山禅梁父者七十二家”。秦始皇、汉武帝、东汉光武帝、宋真宗封禅泰山时，都到梁父山举行了降禅仪式。《大戴礼记·保傅》：“以封泰山而禅梁父，朝诸侯而一天下。”《泰山述记》则称：“自秦汉以后侈谈封禅者无以泰山梁父山并称”。站在山前的杨庄水库大坝上向北眺望，梁父山和两埠山夹谷相对，好像徂徕山的两座门楼。

梁父山山势峻拔，荆棘丛生，登山非常困难，因此古时诗人多用梁父山象征壮志难酬或者世路艰辛，孔子的《邱陵歌》和张衡的《四愁诗》，是其中较早的作品。在民间传说中，梁父山是“众鬼之府”，逝者的鬼魂在这里聚集。《梁父吟》是梁父山地区的古代民歌，传说它是葬歌，音调悲切凄苦。这与梁父山是“众鬼之府”的传说是吻合的。据《琴操》记载：“曾子耕太山之下，天雨雪冻，旬月不得归，思其父母，作《梁山歌》”。这是关于《梁父吟》最早的记载。后世的诗人经常以《梁父吟》为题进行创作，其中著名的有曹植、李白、张耒、叶适、杨维桢等。使用“梁父”作为诗歌形象的文学家更多，比如孔子、蔡邕、张衡等。

梁父山顶峰的映佛岩上，还有著名的北齐摩崖石刻《般若波罗蜜经》，经主为王子椿，所刻经文与泰山经石峪《金刚经》书风非常接近，多数学者推断二者同是北齐名僧安道壹所书。

周猛山　位于映佛山正东2千米。周围巨石林立，植被丰茂，以松树居多。因周猛洞居山峰下而得名。

松　山　位于映佛山东北2千米。因周围松树遮天蔽日而得名。

黑　山　位于光化寺东南1千米。因此山密生松柏，郁郁葱葱，进内不见天日，远看漆黑一片，故名黑山。

扇子崖　位于光化寺东3千米。松、柏茂密。因山形如扇，故名扇子崖。

炮楼顶　位于光化寺北5千米，峰北邻锦罗景区。其周围树种为松、栎。

1938年抗日烽火烧遍徂徕山区，日寇为围剿抗日游击队，在徂徕山周围强迫民工挖封锁沟，企图把游击队员饿死在徂徕山上。抗日游击队为反击日寇，在此峰上建起一座简易哨楼，称炮楼顶，以观察日寇动向，防止敌人偷袭。

二、沟壑

大河沟　大河沟北南走向，北起炮楼顶，途经宝塔庵、戏台石、老通沟、光华寺林区驻地西、后寺庄，流入杨庄水库，总长6千米。因沟宽而阔，当地百姓俗称大河。

东　沟　东沟北南走向，北起西北晌，途经茶山口、大娄工队、人造板厂东，沿公路蜿蜒而下，与大河沟交汇，长3千米。沟旁生长松、刺、板栗、杨等多种树木。因此沟在光化寺东，故名东沟。

三、主要景点

光化寺　元《重修光化寺碑记》记载，光化寺始建于北魏，至隋朝而有光化之名。唐有天下近三百年，衣钵相传，宗派不泯，继以五代之乱，寺从而废。赵宋开国，迨及大中祥符七年（1007），复赐号崇庆。曾是佛教圣地，与当时灵岩寺相为甲乙。

光化寺依山傍水，坐落于山之坳区，周围群山起伏，似群龙舞动，被称为宝地。鼎盛时寺内僧人99人，因佛祖曾居于本寺，人们前来求神拜佛，因拜佛灵验而名声大噪。有众多神话故事相传于世。

光化寺

寺院仅存光化寺正殿——大雄宝殿，四壁上有壁画20余幅，据说与岱庙《泰山神启跸回銮图》壁画出自同一画师之手，虽历经沧桑，画中山水人物仍清晰可见，是为瑰宝。殿内供有佛祖释迦牟尼、十八罗汉，神情庄严，令人顿生肃穆之情。大雄宝殿两侧各有一偏殿，左为观音菩萨怀抱净瓶，面带笑容，右为送子娘娘。寺院门口有寓意为“风、调、雨、顺”的四大天王把门，各持宝物，为百姓播洒甘露，至今寺庙仍香火不断。

1938年1月1日，中共山东省委在大寺发动徂徕山抗日武装起义。不数日，莱芜、新泰、泗水、宁阳等地抗日武装纷纷携带长矛、大刀、火枪、土炮会师于此。

在光化寺的东北方向和西北方向各有一庵（遗址），与光化寺庙宝殿成正三角形，其中东北方向的称大悲庵，西北方向的称姑姑庵。

大悲庵（圆瓦崖）　位于光化寺东北约200米的山坳中，仅存残垣断壁。相传此庵始建于魏，庵主体为石砌楼房，上下两层，楼长8米，宽5米，分三间，占地10余亩，偏房众多，错落有致，隐于树林之中，清雅幽静。大悲庵鼎盛时期约有60余人。乾隆四十四年（1779）的碑文记载：当时此处丛林茂密，古树参天，人能从树上缠绕的藤萝直达庵门。庵前有巨石，风水先生称之为龙头，后面的山是龙身，巨石两侧各有一泉，是大悲庵用水的水源，无论冬夏，从未干涸。

三义柏

佛爷松　光化寺西南侧有古松，高8米，生长1300多年。其树干三人不能环抱，虬枝盘旋，干脉相通，枝繁叶茂，遮地近1亩，整个树冠似双龙腾空，飞舞盘旋，躯干盘曲而生机勃勃。

传说光化寺戒律森严，听到敲钟就开始吃饭，敲梆则是喂狗。全寺本来有99个和尚，可是吃饭的时候却有100人。方丈和众僧都迷惑不解，为了查出此人，方丈心生一计。第二天将钟声和梆声对调，让和尚们听到梆声就开始吃饭。等敲钟喂狗时，一个不认识的和尚匆匆赶来，方丈就要赶走他。这个和尚大呼上当，非常生气，腾空而起，并扔下一棵松树说，等这棵松树长到能够遮荫一亩的时候，我再回来。说罢在光化寺东南踩出两座山，然后驾云直奔东海而去。方丈和众僧恍然大悟，这个和尚原来是真佛，急

“三笑处”石刻

忙跪拜施礼。从此就有了“光化寺的和尚多一个”和“佛爷松”的传说。

“三笑处”石刻　位于光华寺景区大悲庵遗址下，距光化寺500米。石刻高2米，宽1.5米，字属行楷，字高40厘米，宽25厘米，题刻者及刻字年代不详。

三义柏　在佛爷松北面有一棵千年古柏，树高20米，主干径粗1.8米，其上分为三枝，径粗皆60厘米以上，形似义字，故名三义柏。该柏冠形酷似蘑菇云，从特定方向看形似一只腾空的鸵鸟。

据传古柏栽于唐永贞元年（805）。当时，光化寺附近有一个村庄，住着三户异姓人家。一个叫钱义，是钱庄老板；一个叫李信，是丝绸店老板；一个叫吴仁是个屠户。由于三家是邻居，李信和吴仁把钱都存入了钱义的钱庄。时间一长，钱义看到钱庄里白花花的银子，起了贪财之心，收敛钱庄里所有钱财，不知去向。李信和吴仁非常气愤，多次到钱家讨钱，却看到钱家一家老小生活得非常凄苦，最后连饭都吃不上。吴仁和李信都是嘴硬心软之人，见钱义家如此，起了怜悯之心，不约而同的往钱家送米送油，钱家一家老小都非常感动。钱义拿着银子在外

面吃喝玩乐一番，却得了一场大病，钱也花光了，就又硬着头皮回到家里。钱母一见儿子就痛骂一顿，把事情原委说了一遍。钱义听后对自己的行为痛心疾首，于是脱了上衣，背上木棍来到李、吴二家，泪流满面地跪在地上，负荆请罪。李、吴两家见他这样真心悔改，便原谅了他，当即摆酒结为异姓兄弟，从此三家互帮互助，亲如一家。三家和好后，为做纪念，共植一棵柏树。柏树长出后，分为三枝，中间一枝最高，两侧枝较低，似有兄长之分，而且品相各异，当地民众传说是由于他们三家是异姓的缘故。

“山高月小”石刻　位于光华寺景区大悲庵遗址下。石刻高1.4米，宽1米，行楷字体，年代不详。

大般若经石刻　位于光化寺南百余米处，为北齐石刻，长2.5米，宽2米，共89个字。石刻八分书，文多剥蚀，仅存“曰空有无”十余字，隐隐可辨。后书“冠军将军、梁父县令王子椿”等字。东侧书“武平元年，中正胡宾”。据考证，全国此类石刻共四处，其中包括泰山经石峪、邹县四山摩崖石刻。今由新泰市文化局建石亭保护。

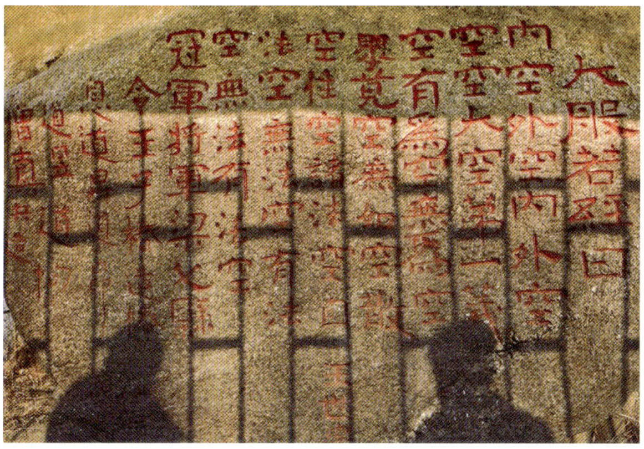

大般若经石刻

波罗蜜经石刻　位于光化寺东1千米映佛山之巅，为北齐石刻，高5.5米。石刻书“般若波罗蜜经冠军将军梁父县令王子椿”

波罗蜜经石刻

十七字，下层书般若波罗蜜经，前半尚可读，后多残缺，末书“武平元年僧齐大众造”又其尾复有“维那会游”四字，即《泰山道里记》所谓有四字类押状不可识者。据考，此与前刻为同时所造，字大小不齐，盖因石为之，大者径九寸许，小者五寸许，古拙可爱，近拓流传颇广。联合国科教文组织及日本、印度等国的佛教组织曾多次来考察。

周猛洞　位于光化寺东南4千米，距映佛山正东3千米宁沟峪东坡，海拔314米。洞口周围巨石林立，洞口朝西南，后因洞口巨石断裂，洞口半阴半阳，洞深数据不详，据传与松山洞和康王殿相连。传说古代此洞由村民周猛长期居住，故曰周猛洞。

松山洞　位于光化寺东北2.5千米，在映

佛山东北2千米。因洞在松山的山坳里，故名松山洞。

第八节　隐仙观景区

隐仙观景区位于主峰太平顶东南，徂徕山南麓的礤石峪中，是《泰山志·徂徕山》记述的七大传统景区之一。群峰争奇，松柏流黛，古代文人有“苍黄变丛树，殿阁出峥嵘。仰面孤峰插，回头嶂叠更”的赞语。清《泰安县志》载，此地“群峰簇列，一曲水环，丛阴竹树掩映辋川之图，查霭烟云断桃园之渡，徂徕山第一奥区也”。又载“礤石峪有隐仙观，明道士于蚖虚辟此居之，蝉蜕完真”。

景区东至年家峪，南至女智崮，西至乳山，被称为“徂徕第一奥区”。主要景点有贵人峰、女智崮、炼丹炉、升仙台、陈抟酣睡处、礤石陂、隐仙观、六逸堂、六逸亭遗址、天平前寨遗址、隔尘桥（又名迎仙桥）、千年古藤、姊妹银杏、姊妹松等。礤石峪中的溪水，即为唐代的竹溪，是李白、孔巢父等“竹溪六逸”隐居的地方。抗日战争期间，隐仙观景区曾经是徂徕山起义部队营地。

一、山峰

女智崮　位于礤石峪南1.5千米。此山独立成峰，是礤石峪的门户。原林木茂密，现已为裸峰。山顶有石臼遗迹。

相传南唐时期刘金定在此占山为王，劫富济贫，行侠仗义，官兵多次攻打不下，谋士出策用围困法，认定山上无水，不出三日便可不攻自破。山上缺水，女眷们想出一计，淋湿衣服等挂于山顶，官兵看到后，觉得山上必有泉水，用以饮用和洗涤，用围困法无效便撤兵，此后便叫女织崮（也称女智崮）。山顶尤存旗杆窝子、大小观景台等。

又一说为传说赤眉军进入徂徕山时，女眷们便住在女智崮下，既为生活方便，还能为义军通风报信。官军围剿起义军时，女眷们无处躲藏，便跑到山上。因为山势易守难攻，官军不敢上山，将整座山团团围住，企图困死山上的起义军家眷。女眷们便用山石中积存的雨水浸湿衣服，假装洗衣晾衣。官军发现后，以为山上粮食充足，还有水源，只好主动撤走。为纪念女人们的智慧，人们就把这座山叫做“女智崮”。

贵人峰　位于隐仙观正北，太平顶东南。贵人峰犹如擎天一柱，危峰兀立，拔地通天，犹如刀削斧劈，传说是徂徕山定山之针，俗称“挂山橛”，与独秀峰、秋千架齐名，是徂徕山三大奇峰之一。《岱览》称贵人峰“有秉圭执璧之容，秀骨天成，诸峰若为环卫，犹如泰山丈人峰”。意为贵人峰直指青天，比泰山扇子崖还要挺拔险峻。峰顶有一处天然平台，仅一丈见方，攀崖登顶的游客大多不敢站立。传说道士于蚖虚升仙以

贵人峰

后，弟子在贵人峰上为他建造了衣冠冢。古人评论，泰山有丈人峰，徂徕有贵人峰，非徂徕与泰山攀比欲举案齐眉，实乃天造地设之造化。

天平前寨　位于隐仙观北3千米。大石门沟两侧各自独立成峰，两山顶平坦如场，面积各有50余平方米，既是寨顶又似入沟之岗哨，两寨周围多松树，尽显神秘天险。

鸡冠峰　鸡冠峰位于隐仙观西2.5千米。峰顶一巨石，外形远看酷似鸡冠，故名鸡冠石。此峰得名鸡冠石峰。峰腰一巨裸岩叫小普陀岩，此峰周围以松柏树种为主，风景这边独好。

二、沟壑

礤石峪　长约3.5千米。北南走向，北起分别于小普陀岩、贵人峰，流水注入黄花岭水库。此沟流经隐仙观景区、礤石峪林区驻地、魏家沟村、黄花岭村。沟两侧森林茂密，植被良好，自然景观宜人。

三、主要景点

隐仙观　位于礤石峪西北1千米。最初为巢父庙，明代道士于蚝虚改建，称隐仙观。东西两侧溪水潺潺，前沿山涧，后倚断崖，松摩飞檐，云挂兽背。游人入观，有乱石可渡，有断桥可通。据清《泰安县志》记载，隐仙观为明万历年间道士于蚝虚所创建，于为汶上人，年八十羽化，又称蝉蜕真人，隐仙之名由此而来，故名“隐仙观”。整个古建筑群除玉皇阁、月门和隔尘桥保存完好外，其它都已经颓塌，部分建筑为礤石峪林区重修，多数建筑尚能看到基址。

隐仙观整个建筑群落依山就势，结构布局自然巧妙，主要建筑有吕祖殿、三清殿、玉皇阁等。整个道观坐北朝南，布局得当，错落有致。东侧有玉皇阁，面阔进深各一间，分上下两层，上层木架结构、单檐前出

隐仙观玉皇阁

厦硬山顶；下层条石砌墙，圆窗窗棂，石门楣阴刻正书“金阙云宫”。阁下平地上还有一对姊妹银杏，据说栽于唐朝，树龄已经有一千多年。西侧为吕祖殿，面阔三间，石基砖墙，硬山前出厦。三清殿，为面阔三间硬山式。吕祖殿供奉八仙之一的吕洞宾。吕祖殿西一箭之地，为三清殿。三清殿内塑有玉清（天始元尊）、上清（灵宝天尊）、太清（道德天尊）的神像。据赵国麟《游徂徕山记》记载，东侧石崖上的建筑大多是道士生活起居的地方。西侧建筑依地形而建，自下而上，依次是隔尘桥、六逸亭、遥瞻门、吕祖殿、六逸堂、月门。六逸堂奉祀“竹溪六逸”。六逸堂后有月门，匾额上书有“筱洞天”。在遥瞻门左下，有道士营造的地道“昆仑洞”，直通观中炼师的卧室。清代，

观前建有六逸亭，亭子虽已不复存在，但是还能看到遗址上的题刻。六逸亭前有一株古藤，传说观中道士曾经以藤作桥，来去渡溪。明代万历年间，于蚖虚在隐仙观修道。

观内有清康熙五十三年《蓬莱派重修碑记》及嘉庆十六年《重修楼阁殿宇碑》等碑碣四通。石壁之上“竹溪”“云路”“激湍”“壁立千仞”笔题刻举目可见，具有较高的艺术价值。

殿前还有山神庙、昆仑洞等诸多景点。

玉皇阁　分为上下两层，各两间，高7米，下层为人工方石构建，气势宏伟。位于原三清殿正南20米，保存有四大天王古壁画。下层为“金阙云宫”，内塑有“福、禄、寿”三神，替玉皇大帝掌管人的生命、官政和财运。阁门题有楹联：昊天上帝；三光者日月星；三才者天地人。

三清殿　位于隐仙观东邻。房屋三间，为1998年重建，是典型的四梁八柱风格。内塑有三清神像，像高3米，端坐己位，红光满面，栩栩如生。玉清（元始天尊）为三清首席，位居正中；左首是上清（灵宝天尊），居住禹余天上清仙境；右首太清（道德天尊），又称太上老君，即老子。两侧为青龙、白虎，虎目圆睁，带械把门。

六逸堂　六逸堂于吕祖殿西。依地势而建，前为木制棂格，整个建筑为四梁八柱挑梁式，是李白、孔巢父、韩准、裴政、张叔明、陶沔6人居住的地方，堂内有诗仙李白塑像。后门槛上刻有“筱洞天”三字，传说洞口有竹林，虽然只看到一点天，但居住如同天堂。

唐开元二十四年（736年），李白与文人孔巢父、张叔明、韩准、陶沔、裴政等隐居于此，号称“竹溪六逸”，并建有“六逸堂”。明代有《竹溪六逸图》题诗曰：“徂徕之山竹满溪，溪中流水清漪漪。昔人已往不可见，至今陈迹犹依稀”。留有李白《送孔巢父、韩准、裴政还山诗》二首。

1938年1月1日，中共山东省委发动徂徕山抗日武装起义。八路军山东抗日游击队第四支队曾作为营地。

吕祖殿　位于玉皇阁西60米。房屋3间，后倚巨石，前拥古柏，立于悬壁之上，与“壁立千仞”遥遥相对。殿内供奉八仙之一的吕洞宾，右墙壁绘有八仙图。

灵官庙　位于玉皇阁后，三清殿前，也称“王灵观”。后题有楹联：铁面无私，不惧吉人善事；金鞭有眼，专打乱臣贼子。

石　刻　仙阁灵府　光绪辛巳年，程介以、武恭□题。

翠柏胜景　同治甲戌年，朝□题。

翠柏森严　光绪辛巳年四月徒游。主持王重来等题。

壁立千仞　□□戊寅三月，南城王又

六逸堂

熺题。

泓沸泉　咸丰六年立。

升仙台　太守颜希深题。

六逸亭石刻

六逸亭　住持史乐青处，乾隆戊申岱东赵氏创修。

礤　石　位于隐仙观景区东南。为一块光滑平整的巨石，坡度面积一亩有余，每逢雨季可形成瀑布，景色壮观。

炼丹炉　位于隐仙观东面岭上。陈抟酣睡处的北面，有一处巨石支成的天然石屋，仅屋顶一块巨石就重达近百吨。形状自然，上题“炼丹炉”三字，落款：康熙癸巳年，赵国麟。据传，此为明代万历年间开山祖师于蚯虚炼丹的地方。石屋有天然石洞、石门、石床、石枕、石鼎、石灶等，造化天

炼丹炉

成，似是专为道士炼丹所备。

希夷酣睡处　又名陈抟酣睡处。隐仙观东侧岭上有一块巨石，传说五代隐士陈抟到徂徕山拜访吕洞宾，曾经在此石上面呼呼大睡。陈抟一觉足足睡了一百多天，醒来后发现邀请他的吕洞宾已经外出云游，便不辞而别，回华山去了。陈抟又名希夷，字图南，民间称其为陈抟老祖，乃五代宋初著名道士，其书法极精妙。陈抟一生云游四海，许多名胜之地留有他的墨宝。隐居武当山，后来移居华山达四十年之久，道教传说他最后升仙而去。他研究《易经》《老子》自成一家，曾刻“无极图”于华山。他总结的内丹道法，成为宋以后道教修持方法的主流，古人评“遇天人之际”，开创一代学风。五代后唐（约公元930）时曾来徂徕山礤石峪。

古栎群　位于隐仙观东侧山坡之上，共有11株。树龄约150年，树高12米左右，胸径均1米左右。栎树是中国华北地区特有的暖温带落叶阔叶林的典型代表，形成了独特的森林生态系统，具有重要的保护价值。其中有名的有4株，其一称绝壁峥嵘，生于一巨大裸岩之上，尽显沧桑；其二称龙凤呈祥，年代久远，外形酷似一龙一凤；其三称顽石育栎，此树生于一巨大孤石之上，尽显巨石的宽容和栎树的顽强；其四卧栎傲雪，此树高大茂盛，卧于乱石，挺于山坡，坚韧不拔。

习书房　位于姊妹松下，清代文渊阁大学士赵国麟曾在此读书。已倒塌。有透明碑1通，立于吕祖阁东侧。

赵国麟（1673—1750），字仁圃，号拙庵。泰安东关人。原籍浙江上虞，家世儒家。清康熙四十七年（1708），兴复泰安书院，在明儒宋焘之青岩居故址开设学馆，名“青岩义社”。康熙丙戌（1709年）进士，曾任福建巡抚、安徽巡抚，官至刑部尚书、礼

夫妻银杏

部尚书。乾隆四年（1739），拜文渊阁大学士。后因言事被贬职，返还故里，讲学于泰山青岩学院。为泰山五贤之一，一生潜心治学，博征古今，四方来学者常数百人。著有《文统类编》《小园杂记》《大学困知录》等。道光九年（1829），被奉入五贤祠。

昆仑洞　位于隐仙观下，迎仙桥北20米。洞深15米，洞口刻有“昆仑洞”三字，

昆仑洞

题刻时间不详。

石　刻　“竹溪”、“活浚”、“壁立千仞”、“云路”、“桃源深处”、“玄圃”、“湍激”、“泓沸泉”。位于隐仙观南、隔尘桥东北方，其中“桃源深处”为赵国麟亲笔题刻，其余石刻年代不详。

姊妹银杏　位于玉皇阁下50米。树高38米，冠幅12米×14米，根径145米。此银杏为雌性，因一株分两干，人们称为姊妹银杏。两杈胸径分别为98厘米、102厘米。刚劲挺拔，苍劲有力，枝繁叶茂，果实累累。距今有1000余年。

隔尘桥（迎仙桥）　位于隐仙观前。西临姊妹松，东为千年紫藤，是通往升仙台的必经之路。

隔尘桥（迎仙桥）

千年紫藤　位于隐仙观隔尘桥下，藤干长30余米，藤冠6米×6米，茎粗37厘米，藤下溪水川流，藤枝穿山跨涧，四处逶迤，古藤死而新藤生，藤缠树，树绕藤，藤树相依，终生不渝，藤萝花开，满树挂满翡翠，更有古槲伴枯，银杏摩天，皆与松相媲美。藤下有诗刻：“千里松篁野径开，一溪流水碧千台。山樽共醉徂徕上，何用杨妃七宝杯。”

姊妹松　位于迎仙桥以上60米处。树高22米，冠幅各为6米×6米，6米×7米，胸径分

升仙台

别为39厘米，40厘米。因两树并列生长，相互依偎，略显大小，故称姊妹松。

升仙台　位于隐仙观对面山梁之上。面积30平方米，海拔340米。台中有一石缝长10余米，并长有柏树5株，树龄200余年，相传为于蚖虚升仙之处，故称“升仙台”。周围松柏茂密，景致宜人。平台后的巨石上，有清乾隆年间泰安知府颜希深题刻的“升仙台”三个大字。

第九节　二圣宫景区

二圣宫景区（庙子景区）位于徂徕山国家森林公园中段阳坡，北靠景区主峰——太平顶，南临泰楼公路，面积9.46平方千米。景点大多与隐居文化有关，自然景观秀丽，人文景观众多，远眺碧绿青翠，郁郁葱葱，近观沟内溪水潺潺，林内百鸟啼鸣。

一、山峰

独秀峰（又名三棱崮）　位于二圣宫南约1.5千米处。此峰与隐仙观奥区的女智崮、攒石崮总称三崮。独秀峰山势险峻，直插云天。明代萧协中在《独秀峰》诗中描述：“迥出断烟撑日月，高标清汉插阑干。亭亭每作芙蓉态，挺挺时将柱笏看。”峰顶有九龙宫遗址，中部有玉皇庙遗址，下部有徂徕山感应侯祠遗址，祭祀徂徕山神。清朝泰安知州张肇昌诗曰：“朝晖斜映树头红，六逸堂间淡淡风。石面散凉驱犊晚，溪心含影乱

独秀峰

霞空。鲁戈难返长天外，雷剑应悬落照中。愿策玉鞭登独秀，赋诗回首五云东”。抗战期间独秀峰曾是抗击日寇的战场，许多革命烈士在此血洒疆场。独秀峰南约200米有古代战场遗迹水寨子，占地约3亩，残留有寨墙。寨内有石老太太、石老头，传说是祈神求雨的灵验之处。

独秀峰虽然海拔只有500多米，但攀登非常困难，自山阳庄登山，今已无路可寻，登顶需要一小时以上。自上官庄有牧羊小道登山，大约半小时可以登顶。独秀峰相对高度约60多米，如无向导，很难发现登顶的古道。遗址上残存几块石碑和大量砖瓦等建筑构件。独秀峰半山的巨石上面，刻有“独秀峰”三字，据清《泰安县志》记载，为李白亲笔所书。在独秀峰左下方有金大定十年（1170）石震题刻：“徂徕居士石震过独秀峰，览太白遗刻有感，题识于后。婿党怀英偕行”，文字大都漫漶难识。

婆婆顶　位于张庄工队西，曼多罗沟中间。整座山峰巨石突兀，挺拔险峻，光滑如削，奇妙无比，吸引攀岩爱好者前来探险。此峰周围树种繁多，茂密森严。从张庄工队南侧观看此峰酷似一尊观音菩萨打坐诵经，高约百米，背南面北，双手合十，头顶莲花，盘座在山顶。

乳　山　位于二圣宫北200米。其山阳坡有玉皇阁、二圣堂、三清殿等遗址，峰下百米处有“竹溪佳境”石刻，并有裸露山石，其表面高凹突起，形似竹节。其山峰所处地理位置独特，形似女人乳房，故名乳山。

黄崖顶　位于张庄沟中部沟西侧。山峰挺拔，林木翠绿，峰上奇石、奇境众多，如将军石、骆驼石、卧虎石、夫妻教子石、卧佛等，登之有一览众山小的感觉。因黄崖石口村位于此山下，因此得名黄崖顶。

大寨顶　位于羊栏沟中段西坡。山峰险峻，石壁陡峭，奇石众多。传说为古代屯兵的中军大寨，称大寨顶，尚有寨门、寨墙、旗杆窝等遗迹可寻。峰顶周围松林茂密，视野开阔，景色怡人。

赤眉堡　位于羊栏沟内。山峰独立，周围悬崖峭壁环绕，地势险要，只有山峰北侧有一条险道可达峰顶。峰顶平整开阔，传说是赤眉军的堡垒，今峰顶尚存有栅栏窝、旗杆窝、断壁残瓦等。与大寨顶相距600米，遥相呼应。

北鸡庙子　位于羊栏沟尽头。山峰高耸，林木茂盛，传说古时山中常有蜈蚣精作怪，人们在北山顶修建了供奉雄鸡的庙宇，从此蜈蚣精再没有作怪，保住了一方平安，故称北鸡庙子。

牛角根　位于北鸡庙子西段。状如牛角，其角高度60米直插云天，传说是神牛在此修炼时犄角变化而成。

二、沟壑

羊栏沟　位于徂徕山之阳庙子景区境内，源于轿顶、北鸡庙子，全长约4千米。

沟内森林植被繁茂，水流潺潺，清澈见底，神话传说、人文自然景观众多，堪称人间仙境。沟下部西坡有“滑光梁”高约50米，宽约30米，因常年流水冲刷明亮光滑而得名，雨季形成瀑布则蔚为壮观。沟底有“凉泉”历年不枯，甘甜清凉。中部沟底有巨石横跨东西，长约60米，宽约30米，高约50米，名羊栏坝。羊拦泉水经此石形成瀑布。羊拦泉位于沟中上部，水质纯正清洌甘甜，饮之则强身健体延年益寿，被当地人视为神泉。羊拦沟上部分为两条大沟，向东北方向延伸的仍称“羊拦沟”，向西北方向的称为“石门沟”。

羊拦沟内有“盐店门子”，为古代贩私盐处，现为野鸽、蝙蝠的生息繁衍之地。“滴哒泉子”不受干旱雨季影响，终年滴滴哒哒水流如一。若贴耳泉边的巨石上，则听到巨石之内轰轰的水流声，甚为神奇。“倒退三步”意为每前行一步，则会往后退三步，可见山崖之险峻。此处也即羊拦沟的源头，上为轿顶。

石门沟　系羊拦沟一支流，全长1.5千米。两边山崖高耸数百米，陡峭险峻。石门位于沟东崖，是由一高约10米，宽4米，光滑平整淡绿色石块镶嵌在石壁上而形成，传说中内居一神仙，藏有瑰宝，只有找到生长万年的蒿才能打开石门，获取珍宝。陈善洞位于石门以北500米沟东山峰半腰处，洞口宽1米，高2米，深5米，是抗日英雄陈善负伤后的藏身之处。在石门之上的独立山峰上，有赤眉堡，原栅栏窝、旗杆窝、杀人盆犹存，是传说中赤眉军堡垒的遗迹。石门沟的尽头一陡峻山崖横切东西即为北鸡庙子山崖，由西端攀登而过南天门可达太平顶。

张庄沟　位于徂徕山之阳、二圣宫景区东北，因从古至今沟内居住有张氏家族而得名。源于雁岭沟、水平庵，全长约5千米，沟底宽30~50米，沟内植被繁多，林木茂盛，水流石上，清风拂面，云雾缠腰，冬暖夏凉。沟下端有巨石长约10米，宽约5米，横卧道中，此石即为“石炕”，是传说中朱元璋当年励志卧榻之处。石炕北侧有一山涧，深达20余米，不仅形成美丽壮观的飞流瀑布，而且是山前唯一的赤鳞鱼繁衍地。沟中部道旁有天然巨石与山体浑然成一体，花岗岩中间有一道石英自然造化形成的天然行草“山”字，苍劲有力，令人感叹。沟两旁山峰之上有自然形成的骆驼石、将军石、教子石、嬉乐石等奇石。张庄位于沟的中上部，为古代张员外住处，早已衰败。近前有一山泉称“张庄泉”，深约2米，泉水常年保持1米左右，旱涝如一，甘洌纯正。

张庄沟之上为雁岭沟，其西坡怀抱之中是有名的水平庵遗址（古炼神庵），仅存宫殿残迹，有篆字“清风观”“明月堂”“昭阳门”“玩峰亭”等石刻十余处；丈壁石刻一处，刻字上千；山泉一处，水与地平不溢不流，终年如此。

三、主要景点

二圣宫　位于林区东北约1千米，道观遗址，创建年代不详。碑文记载，二圣宫在唐朝已为道教胜迹，元朝达到鼎盛时期，因供奉孔子、老子而得名。存有二圣堂、三清殿、玉皇阁、九母堂等遗迹10余处，历代文人骚客留有很多墨宝。有“竹溪佳境”“演

二圣宫遗址

易斋”“观涛”“盘龙”“卧虎”“迎仙”“云路”等石刻、诗文20余处。唐代名士李白、裴政、韩准、陶沔、孔巢父、张叔明曾在此隐居，号称“竹溪六逸”。元代鹿森、许衡曾隐居于此。清代赵国麟曾游览二圣宫，并有游记留存。

三清殿　位于二圣宫的中部，创建年代不详。座北朝南，房屋3间，面积长9米×宽5米，独成一院，院门台级高悬，气势恢宏，因殿内供奉上清、玉清、太清，因此而得名。残迹犹存。

玉皇阁　位于二圣宫西侧二圣堂之下，因上层供奉玉皇大帝而得名。北南座向，高3.3米，面积11.5米×7.5米，由长100厘米、宽43厘米、高34厘米的长条巨石垒砌而成，系平项建筑。原计划二层式结构，后因故只筑底层，系练功之用。其建筑工艺精巧，气势宏伟。残迹犹存，创建年代不详。

二圣堂　古称二圣宫，位于玉皇阁之上，二层式建筑，均用长100厘米、宽43厘米、高34厘米的长条巨石垒砌而成，面积8.2米×5.8米×6米，与玉皇阁前后对应，错落有致。堂内供奉老子、孔子，其塑像巧夺天工栩栩如生。残迹犹存，创建年代不详。唐开元年间有诗仙李白、孔巢父、裴政、韩准、陶沔、张叔明曾在此酣歌狂饮，兴诗作赋，号称“竹溪六逸”。

九母堂（王母殿）　位于三清殿西侧，玉皇阁以东，创建年代不详。有房屋三间，瓦屋式建筑，堂内供奉泰山老母、梨山圣母、送子娘娘等九母，故得名九母堂，今存遗迹。

石刻六处　位于二圣宫前，沟西侧山坡之上。“观涛”二字由金代石震题，大德十年，泰安州儒学教授题并真书。“盘龙”“卧虎”“云路”“迎仙”“日新池”等石刻题写人与年代不详。

水平庵　位于张庄沟最北端山顶处，即元代炼神庵遗址。占地约16亩，有清风观、三清殿、密真堂、昭阳门等遗址，并有古篆

观　涛

字石刻等十余处，具有很高的欣赏价值和文化价值；此处视野开阔，背风向阳，登之山高气爽，心旷神怡。

毛姑石刻　据清人聂鈫《泰山道里记》记载，毛姑为元朝初年泰安州人，在毛老谷筑毛姑庵斋居，修持三十余年。人称其为毛仙姑。此诗为毛姑临化时所留。诗云：

浑处修持三十年，
是非海里了真缘，
今日撇下皮囊去，
颇赛虚空永自然。

毛姑湾　毛姑湾由毛姑泉水汇集而成，位于庙子景区东南约100米处。一块巨石下有清泉汩汩流出，水质清纯，常年不枯，当地人视为圣水。传说古时毛姑常饮此水，终于修炼成仙，羽化而去。距泉西南60米处有毛姑羽化成仙诗刻。

田园记　位于二圣宫玉皇阁东北约100米处。系二圣宫宅旁土地四致文书，题刻年代不详。石刻长1.5米，宽1米，约200字。

贫乐岩　位于二圣宫三清殿东50米稍北处，题刻年代不详。文曰：贫乐岩（篆勒岩石）。

竹溪佳境　位于乳山下。一裸露巨石，表面高凹突起，形似竹节，其上题刻“竹溪

贫乐岩

竹溪佳境

佳境”。高1.54米，宽0.35米。

逍遥诗　位于三清殿东20米处，石刻长66厘米，宽37厘米。七言诗共56字。诗文为“白云堆里道人家，木食草衣度岁华。药圃丹炉闲活计，青桐黄卷恬生崖。纷纷翠袅风前柳，习习香飘雨后花，不挂市朝名与利，且赢高枕卧烟霞。”相传由李白所写。

演易斋　演易斋，篆勒于贫乐岩左山下。

祈　泉　位于二圣宫东段响水河西侧一巨石下，石上刻有“祈泉”二字。当取水时必须祈祷则水而流之，故名祈泉。

炼神庵石刻　水平庵房后。摩崖高2.16米，通长约5米，共4方，内容为《复兴葛氏岩炼神庵记》，为蒙元时期石刻。

羊拦大泉　位于羊拦中部沟底。乱石拥簇而堆积成山洞，泉水自洞内喷薄而出，汇聚成溪，常年奔流不息，从未干枯。此泉水水质清洌甘甜，富含多种微量元素及矿物质，极具开发利用价值。

罗汉洞　位于羊拦大泉西侧石壁上。高约4米，宽约15米，进深2米。奇石层层叠

叠，形状独特，恰似五百罗汉。

盐店门子　位于羊拦泉东北山腰。四周林木茂密，非常隐秘。传说是古代盐贩运藏私盐的地方，今为野鸽子、蝙蝠的繁衍生息乐园。

羊拦洞　位于羊拦沟赤眉堡前山坡。高2~3米，宽2.4米，进深7米。传说是古代神羊与牧羊仙女的居住地，因她们常常救济穷人而备受崇拜，羊拦沟也因此而得名。

陈善洞　位于羊拦沟赤眉堡后沟。高1米，宽1.9米，进深5.1米。四周林木覆盖，前有巨石遮挡，非常隐蔽。抗日英雄陈善负伤后曾在此藏身数月，仅靠一瓦罐黄豆艰难度日，伤愈后重返抗日战场。

朝阳洞　位于独秀峰山脚下，徂徕山感应侯祠西。高4米，宽2.1米，进深8米，传说是感应侯祠的道人修炼之地。

第十节　十六峪景区

十六峪景区位于徂徕山国家森林公园主峰太平顶之阳，相距7.5千米，面积9.33平方千米。有庙宇遗址3座、主要山峰8座、沟壑4条、奇石11块、山洞2个、水库2座、石刻1通。山峰陡峭如削，道路蜿蜒通幽，库水碧波荡漾，森林茂密参天，适宜旅游、休闲、度假、消暑、探险等活动。

一、山峰

荞麦峰（二荞麦峰、三荞麦峰）　位于虹湾沟东，为东北、西南走向的连续的三个山脊。山上主要树种有松树、刺槐、板栗。怪石林立，其中大荞麦峰陡劈如切，三峰似乔麦果实，故称荞麦峰。

大碾子山　位于十六峪景区偏东北，距景区驻地2.5千米。周围松涛阵阵，凉风习习，四周眺望茫茫林海，百鸟啼鸣，山花烂漫，气味芬芳。其周围两座山峰簇拥着一“碾盘”，主峰似碾砣，故称大碾子山。

锯连山　位于太平顶西北1.5千米，主要树种有松树、枰柳。此处山高路险，林海茫茫，层峦叠嶂，形似锯齿，故称锯连山。

阴天涧　位于主峰太平顶南1.5千米，呈东南西北走向。其东侧为阴天涧峰，主要树种有松树、枰柳。此涧高9米，悬崖峭壁林立，有一种阴森森的感觉，只有中午时分才可见到一点儿阳光，中午一过就有阴天的感觉，故称阴天涧。

转山子　位于景区东北1千米。山形如锥，主要树种为松树。松林茂密，遮天蔽日。因登太平顶必绕过此山，故称转山子。

大寨山　位于太平顶西北，与之遥相呼应，登其顶可览徂徕山全貌。山上裸岩甚多，怪石形似骷髅，沟深山陡，山鹰盘旋，白云悠悠，山风呼啸，人迹罕至，可称人间绝境。因此处有易守难攻的寨子，因此叫大寨山。

二、沟壑

花园沟　花园沟东北西南走向，东北起于太平顶西侧，流经马棚沟、虹湾注入黄石崖水库，全长9千米，系徂徕山最长的河流之一。其由海拔一千米跌至一百多米，落差之大，弯曲之多，距离之长，为徂徕山之罕见。沟两侧石壁耸立，树木茂盛，植被纷杂，溪水潺潺，潭瀑连连，拾级而上，为消夏避暑之佳境。因沟两侧山花遍地，气味芬芳，因此而得名花园沟。

虎头石沟　虎头石沟东北西南走向。东北起虎头石山，途经喀吧石屋、阴天涧注入黄石崖水库，全长2千米，沟底平坦，沟两侧松林森森，一望无际，花草气味芳香，品种繁多。因此沟发源于虎头石山，故名虎头石沟。

大寨沟　大寨沟东北西南走向，东北起太平顶西侧，途经滴答泉子、石脚花子、盘路、白石头，最后注入黄石崖水库，全长3.5千米。沟两侧悬崖峭壁，怪石林立，野生动物繁多，植物资源丰富，是徂徕山植物宝库。树木郁郁葱葱，植被五颜六色，具有原始森林风韵。因此沟在大寨山前面流出，故得名大寨沟。

三、主要景点

十六峪　位于徂徕山主峰太平顶南3千米，后楼阳坡坐北向南，前依马棚河，相距500米。仅有寺庙9间，占地1.5亩，建筑年代不详，仅有遗迹。因太平顶前位第十六个峪，故称十六峪。

大　庵　古称聚泉庵，距太平顶西南3.5千米，距十六峪1.5千米。自此处向南眺望视野开阔，地势平坦，是男耕女织农家生活之乐园。距庙门稍东南30米处，东西横卧一巨石，高2.4米，长4.7米，呈东西走向，上刻有“屏风石”三字，字体苍劲有力，气势恢弘。庵内有房舍3间，自房后门进入祠堂，举行祭祀仪式。遗迹尚存，建筑年代不详。

武圣堂　遗址位于十六峪景区小土龙沟沟口下50米，剑劈石东北30米左右。相传很早以前饥民造反遭官军围剿，被关二爷相救。人们修建庙堂，祭祀关二爷，称之“武圣堂”。黄石崖村（行政村）内一自然村仍然被习惯称为武圣堂小队。

大安河　大安河南北走向，北起尾沟下端，途经大小黑峪沟、水帘洞、虹湾河注入黄石崖水库，全长2.5千米。沟两侧树木枝繁叶茂，花香鸟语。沟底奇石众多，形态罕见，是旅游、观光之胜地。沟中部两侧如天工神斧雕凿，彩石如画，栩栩如生，系徂徕山国家地质公园之中心。因此河从大安流出，故称大安河。

剑劈石　位于黄石崖景区十五林班一小班内，大鱼池沟口接近沟底处。石长12米，宽9.3米，中缝1.2米，传说该石为山上修炼的神童一剑劈开，因此得名剑劈石。

平面花花石　位于黄石崖景区土龙沟工队西50米处。整个石块没在沟底流水之中，花纹黑白相间，由于流水对光线的折射，更显得色彩斑斓，更增加了几分色彩，是观光游玩的好去处。因石头平面如镜，花纹绚丽，故得名平面花花石。

瞭儿石　瞭儿石位于十一林班七小班内，土龙沟工队至十六峪工队路边。该石外形似一块巨大的“水晶石”，高5.2米，宽5.57米。传说有一位老太太因盼望在山上修炼的儿子归来，经常在此石上站立瞭望，故

大庵前门遗址

名“瞭儿石”。

牛郎织女石　位于十五林班一小班内。长4.3米，宽3.5米，厚1.2米，中间有一白筋在沟底平整摆放。纹路形状像天河两侧的牛郎和织女，隔河相望，故名牛郎织女石。

水帘洞　位于大黑峪水库下30米，九林班一小班内。洞深3.2米，有4条山沟的水汇集此处，自上而下流入水库，常年不干，形成水帘子，故取名水帘洞。

白石头　位于黄石崖景区大安河上100米，后楼林片的对面。此石高约7米，高大屹立在沟底，整体看去像是“球”，上半顶是白色的，故得名白石头。

和尚石　位于十林班八小班内，和尚峪主峰，海拔633米。远望去就像和尚面向西方念经，与花园沟形成一独特自然景观，故名和尚石。

屏风石　位于聚泉庵门口。其位置和形状如同聚泉庵的一块屏风。石头高2.4米，长4.7米，石质为花岗岩，呈东西走向，上刻有“屏风石”三个大字。其中“屏”字高73厘米，宽60厘米；“风”字高65厘米，宽65厘米；“石”字高57厘米，宽58厘米。

三盘磨　位于锯连山下。在深山腹地，有三块巨石重叠，高5.5米，犹如农家石磨，故取名三盘磨。

阎王鼻子　位于花园沟上、六林班一小班内。因其远远望去，形似阎王鼻子而得名。

石脚花子　位于大寨沟与三盘磨沟汇集处，在三林班八小班内，海拔580米。为60个人工开凿的凹陷印迹，因其大小似成年人脚印，故命名石脚花子。

喀吧石屋　位于虎头石沟内，此洞为一巨石斜盖而成，面积30平方米，洞前较为平坦。因巨石形似当地人俗称的“喀吧”（河蚌），故取名喀吧石屋。

屏风石

第六章 文物古迹

四禅寺

徂徕山是泰山姊妹山，为泰山文化组成部分。桥沟遗址西接大汶口文化发掘地，岳石文化与龙山文化相承接。境内有遗址20余处，出土文物自西周历春秋至汉魏传承于世，均具有较高的考古价值。由于自然风景幽美，历代文人隐居著作，僧道多建筑寺观于此，留下众多古迹，供后人游览瞻仰。

第一节　藏　品

一、铜器

春秋鲁侯三足铜鼎　1982年10月在岱岳区化马湾乡燕语城遗址出土。为一级文物藏品。铜鼎2件：一件通高26厘米，口径28.3厘米，腹深14厘米，耳高6.5厘米，足高11厘米；另一件通高26厘米，口径28.5厘米。二鼎造型纹饰相同，平沿方唇，直口，腹呈半球形，三足呈蹄状，其中两足残。口沿下部饰一周窃曲纹，窃曲纹下饰一道凸弦纹，鼎的底部有烟炱，是件实用器，两鼎腹内铸有相同的铭文15字：“鲁侯乍（作）姬□朕（媵）其鼎万年眉寿永宝用”，为鲁侯女儿出嫁时的陪嫁器物。

春秋鲁侯铜簠　1982年10月在岱岳区化马湾乡燕语城遗址出土。为一级文物藏品。铜簠2件，底盖成套，底与盖的形制、大小、纹饰相同。通高18厘米，长方形，口径29×23.5厘米，底盖均有方圈足，四周中间有缺。腹两侧各有一对兽环钮，盖沿四周中间各有一小钮，扣合时以纳底。盖底的口沿下一周饰窃曲纹，腹部一周饰象纹，盖、底的方圈足饰窃曲纹，底饰窃曲纹。盖上部无纹饰，盖、底内各有相同的铭文15字：“鲁侯乍（作）姬□朕（媵）其簠万年眉寿永宝用”，为鲁侯女儿出嫁时的陪嫁器物。

西周饕餮纹铜爵　1946年在徂徕山黄花岭出土。为二级文物藏品。铜爵高20厘米，

春秋鲁侯三足铜鼎铭文拓片

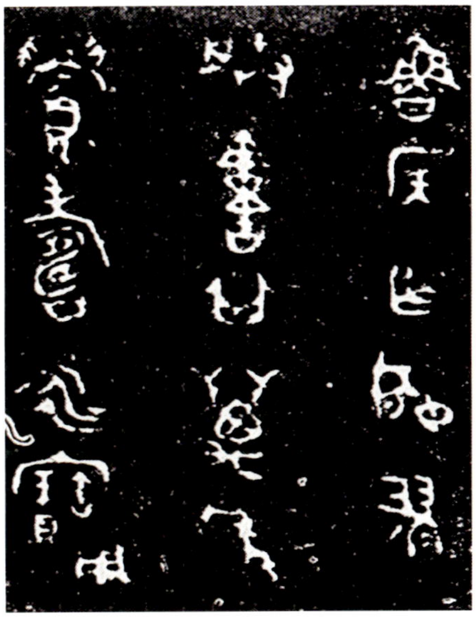

春秋鲁侯铜簠铭文拓片

足高8厘米，腹部饰饕餮纹，柄饰夔龙首，靠近柄的腹部有铭文，流部残。

周夔纹盨　1946年徂徕黄花岭出土，为二级文物藏品。高13厘米。腹底有铭文："乘父士杉其□作其皇考伯明父宝簋其万年眉寿永宝用"。

西周饕餮纹铜壶　1982年10月在岱岳区化马湾乡燕语城遗址出土，为二级文物藏品。铜壶壶呈扁形，高26厘米，宽19厘米，厚10厘米。口稍侈，呈抹角长方形，长11厘米，宽7厘米。颈微缩，腹为扁圆形，椭圆底，底径12×7厘米。颈部两侧各附兽鼻一个，腹下部中间附一鼻，颈部饰桃形叶纹，肩部饰攀首夔纹，腹部饰连续夔纹。

西周饕餮纹铜壶

春秋铜盘　1946年于徂徕山黄花岭出土，为二级文物藏品。铜盘高11厘米，口径36.3厘米。折沿方唇，盘深4.5厘米；盘心内凹，平底，饰三兽形足；腹两侧连接口沿各竖扳耳一只。

二、石器

魏石佛像　1983年11月，徂徕山东南麓光化寺出土，共计8件。

保存完好的为背屏式一铺三尊像，二级文物藏品。滑石质，通高60厘米，宽37厘米，素面舟形背光。正面三尊像高浮雕，中间主尊立，身像高37厘米，头部残，后有浅浮雕双重莲办纹头光。长颈，内着僧祇支，外着褒衣博带袈裟，衣裙下摆略外侈，服饰显厚重。手残，从迹象看应施无畏与愿印，跣足立于莲台之上。左胁侍高27厘米，面目模糊，头后有双重莲办纹头光。长颈，佩项圈，溜肩，肩饰二圆形物。袒胸，下着裙，披帛自双肩垂下至两膝交叉后上卷，绕小臂而过沿体侧下垂，裙摆略外侈。双手捧净瓶，跣足立于莲实之上。右胁侍头残，双手于胸前持莲蕾，余同左胁侍。整尊造像布局合理，雕技娴熟，线条流畅，精制工整。背面题记4行，铭文："□□□和三年四月壬寅朔八日己酉清信女佛弟子羊银光造像一躯所愿从心"。铭文首行前三字缺，年代不明。查证为东魏兴和三年（541）。

羊银光造像

同时出土的另7件佛像均为单体，三级文物藏品。其中5件为滑石质、1件石灰岩质、1件陶质。菩萨头像1：戴宝冠、面目丰腴、隆鼻、大耳、弯眉细目，神态安详，似有所思。菩萨头像2：戴花冠、宝缯外张垂肩、面目清秀、细颈。佩项圈，双肩有圆形饰物。菩萨头像3：陶质、戴冠、面目清秀、额上头发作覆莲办纹。头像经火焚烧呈桔红色。佛身躯像1：头部残失，胸部肌肉圆健凸起，着褒衣博带袈裟，内着长裙。左手贴上前腹，右手施无畏印，跣足立于台座之上，服饰厚重。衣褶边缘剖面呈三角形。佛身躯像2：头部残失，余同一铺三尊像主尊。菩萨身躯像：头部残缺，裸上身，下着长裙，腹前结带。左手握蛇，蛇沿体侧下垂，右手握拳置胸前。佛首像：石灰岩材质，面目漫漶。以上单体佛像从造型、材质、雕刻技法、艺术风格与背屏式一铺三尊像相同，应为同一时期作品。

第二节　古遗址

桥沟遗址　位于岱岳区徂徕镇桥沟村南，汶河东畔。面积4万平方米，距地表1米为文化层，厚30~50厘米，内含大量灰褐陶片。能看出器形的有夹砂灰陶子母口器盖，灰褐陶鬼脸鼎足，夹砂灰陶罐，为龙山文化并含有岳石文化的遗址。

西西住文化遗址　位于岱岳区房村镇西西住村西北，其北紧靠牟汶河。新石器时代至商周时代遗址。县级文物保护单位。

遗址面积2.4公顷，耕土层下即文化层，文化层堆积厚约1~2米。20世纪70年代，当地群众进行农田基本建设时，在距离地面10米深处发现新石器时代石斧、商周时代陶豆柄、瓦块等。

1989年，泰安市郊区人民政府公布为县级文物遗址。1996年6月，岱岳区人民政府公布为第二批县级文物保护单位。

邹家庄遗址　位于岱岳区房村镇邹家庄村东南约3千米处。新石器时代—宋辽金时期遗址。遗址南北长30米，东西宽55米，面积约1650平方米。地表散布有新石器—宋辽金时期的陶片、瓷片，地下文化堆积不详。遗址东北地势略高于周围，原有关帝庙，始建于宋代，“文化大革命”中被毁，残存台基高约2米，底围长5米，黄土瓦砾堆筑，周围有陶片等遗物暴露。

燕语城遗址　又称“古城”“怨女城”，位于徂徕山东北麓岱岳区化马湾乡城前村北。商周至汉代遗址。市级文物保护单位。

清乾隆二十五年（1760）《泰安府志》载：“古城，县东四十里，俗名怨女城，又名燕语城，未详所自。”民国《重修泰安县志》亦记载：“燕语城，县东六十里，俗名怨女城。”当地相传，春秋时期此处为康王封地，康王懂鸟语，常与燕子言语，以至城里有不少人也能说几句“燕语”，因故称此城堡为“燕语城”。

燕语城与孟姜女故事有所关联。《续山东考古录》卷二十七《杂考·泰安县》载：“怨女城，一作燕语城，县东六十里，其地

燕语城遗址

甚似古庙址，当即贞女祠也。”此女既“贞”且“怨”，非杞梁妻即孟姜女莫属。《魏书·地形志》载，泰山郡所领梁父县，有古迹“贞女山祠”。有专家认为，此地即是孟姜女“贞女山祠”之所在。

遗址南面靠近彩山水库，北靠泰新公路，东300米处为城子河，东南依徂徕山东北麓山丘，西北500米许有源出徂徕山的淘河，自南向北流入牟汶河。遗址为高出地面约10米的土层高台地，大致为长方形，南北长约300米、东西宽约240米，遗址面积7.2公顷。文化层堆积厚4.5米。

遗址区残存高土台5个。地面遗物有汉代的布纹瓦，陶豆、盆、罐的残口沿，饰粗绳纹的直口大瓮，小筒瓦，青瓷残豆柄，太阳纹砖等。土台剖面可以看到灰坑、红烧土遗迹。遗址东侧剖面上可见到夯土层，每层10厘米，内含少量灰陶片。

1982年10月，在燕语城遗址的东断层曾暴露一古墓，经鉴定为春秋竖穴土坑墓。墓内一棺一椁，底部铺一层白膏泥，出土随葬品有两鼎、两簠、一壶，为春秋鲁侯青铜器，属国家级文物藏品。

招军石

2002年在燕语城遗址发现用砖砌成的汉代水井一眼。

燕语城遗址于1956年泰安县进行文物普查时发现。1957年7月4日，泰安县人民委员会公布为第一批应保护文物古迹。1979年12月，泰安县革命委员会公布为第一批县级文物保护单位。1994年2月，泰安市人民政府公布为第一批市级文物保护单位，并于2007年6月14日对其保护范围和建设控制地带进行界定：“保护范围以古井和四个土山头为基点，东至彩山路东40米，西至泰安十八中学东墙西40米，南至京沪高速公路南40米，北至泰化公路北40米。保护范围四周向外延伸46米为建设控制地带”。

茅茨东村遗址 位于岱岳区良庄镇茅茨东村东北1.6千米处。商至汉代城址。2010年公布为第三批市级文物保护单位。遗址长宽各300米，面积约9万平方米，文化层堆积约0.5平方米。遗址上有一高约6米土台，土台东西长48米，南北宽39米，面积约1872平方米，散布有较多的陶片、砖块等遗物。采集有商周时期夹砂褐陶素面鬲足、罐、绳纹鬲足、绳纹鬲口、罐口等。遗址保护较好。

中军帐遗址 位于岱岳区徂徕镇徂徕山主峰太平顶西北约3千米处，春秋时遗址。1996年公布为第二批区级文物保护单位。相传吴王夫差伐齐时，设中军于此。

民国《重修泰安县志·舆地志山水·徂徕》载：“中军帐，以地处徂徕适中也。前有地洞深暗，西为招军石，旁有坞旺泉，下为大峪，水西流入雁愁涧。北五里为玲珑山，有野人洞，相传唐王希夷常隐此。自中军帐东二里为金鱼石，中有鱼形，若隐若

现，相传一夕风雨，石劈化龙去，半蹿于地，两石鱼痕宛在。东五里为长春岭，宋石介卜筑其下，多从游者，世谓之徂徕书院，今遗址独称读书堂。旁有姜潜别墅，号曰'读易堂'，介在蜀寄诗曰：'连云栈外四千里，读易堂中一帙书。'北为天平后寨，此寨去中军帐不远，皆樊崇聚兵处，有演武场，柱窝遗迹尚存"。

清康熙二十年（1681）徂徕山道士韩太章于中军帐建蓬莱观，内设草殿、吕祖阁，各塑神像，一时香火兴盛。清嘉庆十三年（1808）、咸丰元年（1851）重修，时人推为徂徕胜区。道光初年，道士刘教山募资重修，将蓬莱阁易草为瓦，并更名为三清殿。继而乡绅程润又聚族人捐资重修葺，广西庆远府知府程灿策撰《重修蓬莱观记》碑记始末。后又增建吕祖阁、灵宫殿、蓬莱观等，均圮，仅存房基。

1995年在原房基上恢复重建三清殿，共3间，殿内供奉三清。占地约550平方米。房基前有古松3株，树杆巨大，树冠蔽日，虬枝长伸，似大鹏展翅欲飞，相传曾为吴王夫差遮雨护驾，而被封侯。东有升仙泉，西有坞旺泉，并有招军石及石臼等。其址北依陡峰，南临深壑，丹壁凌空，松涛云飞。清人在此题联刻曰："万叠青松千涧月，一曲流水四围山。"

三清殿前及院内西部遗存有清康熙年间《新修蓬莱观、三清殿记》碑、《修醮祝寿》碑，嘉庆年间《徂徕山重修中军帐正殿记》碑，道光年间蒋大庆《重修中军幛三清殿记》碑，咸丰年间程灿策《重修蓬莱观记》碑及《新修蓬莱观三清殿记》等碑碣8通。

中军帐东南约500米的山崖上有一立一卧两块巨石，名为"金鱼石"。上有明嘉靖十二年（1533）泰安知州许应元题"金如石"、举人封尚章题"金鱼石"。其旁又有巨石高耸，其状如巨剑之柄，古人附会当年仙人持剑劈石取金鱼，留其剑柄为记。

中军帐西有长春岭，岭下有徂徕书院遗址。宋初学者石介在此筑室讲学，称讲书堂，又称徂徕书院。其旁有读易堂，石介门人姜潜，随石介在此学《易经》。石介在蜀时曾寄姜潜诗。其北为天平后寨，即樊崇聚兵之地，赤眉军演武场、柱窝等遗迹尚存。

中军帐之北为玲珑山，因山势挺拔玲珑而名，又称崆崆山。其上有野人洞，又称走神洞。唐开元年间王希夷隐此。唐玄宗封泰山时，王氏已96岁。玄宗"与语甚悦，拜国子博士，听还山。"其洞上依峭壁，下临绝壑，周围山石嶙峋。洞口南向，顶为巨石挤压而成，极险峻。抗日战争期间，中共泰安县委和抗日民主政府领导人曾居住于此。

1996年6月，泰安市郊区人民政府公布为第二批县级文物保护单位。

演武厅遗址　位于岱岳区良庄镇演武厅村委北50米处。东周至汉代聚落址。1996年公布为第二批区级文物保护单位。遗址东西宽170米，南北长200米，面积3.4万平方米，文化层堆积厚约1米。采集有春秋时期的豆柄、豆盘口沿、钵口沿、泥质灰陶豆把足，战国时期泥质灰陶豆把、小口宽肩绳纹罐口沿和汉代太阳纹残砖等。据村民介绍，1953~1955年进行农田基本建设时，在遗址东侧曾出土铜镞、铁耙。遗址现为农田。

乡城遗址　位于岱岳区房村镇乡城北村西南200米处。汉代城址。1996年公布为第二批区级文物保护单位。遗址呈方形，面积约5万平方米，文化层规程厚约0.5米。西北部残存汉代墙垣一段，高约1米，宽约4米，长约100米，俗称城角。其断面上暴露有红烧土块、绳纹陶片。采集遗物有泥质灰陶绳纹缸残片、素面盆口沿等。

阳关城遗址 位于岱岳区房村镇南阳关村正北。汉代城址。1996年公布为第二批区级文物保护单位。民国《重修泰安县志》载："阳关城，在县东南六十里。今治南阳关村是也。"遗址东西长250米，南北宽240米，面积6万平方米，文化层堆积厚约2米，地势坑洼不平，采集遗物有汉代绳纹陶片、太阳纹残砖等。遗址上大部分为农田。

太平顶赤眉军起义遗址 位于徂徕山太平顶。汉代遗址。遗址海拔1009米，面积约1050平方米。王莽天凤五年（18）赤眉军于山东莒县起义，后在徂徕山建天平寨，分为前寨和后寨。天平前寨较平畅，垒石为台，基址犹存。后寨距前寨不远，存有残房基二十余间，高0.5~1米。为樊崇聚兵处，有演武场、柱窝、跑马场以及石臼等遗迹。

鲁里遗址 位于岱岳区房村镇鲁里村。汉至隋代聚落遗址。遗址面积2万平方米，文化层堆积厚约1米。采集遗物有汉代夹砂灰陶绳纹罐口沿、泥质灰陶素面仓底、隋代青瓷小口高颈口沿、青瓷假圈足碗残片等。

梁父城遗址 为西晋南城侯羊祜食邑，故又称羊祜城，位于新泰市天宝镇古城村。晋代遗址。1981年发现。1994年3月18日，被泰安市人民政府公布为第一批市级文物保护单位。

清道光年间《泰安县志》载："县东南九十里即晋南城羊祜封邑。今复城内有寺，曰大觉寺；城西有村，曰羊舍；再西，曰羊祜厅。"

城址范围北依徂徕山，南临柴汶河，东至城东村，西至羊舍村（今新泰市天宝镇），城垣遗址大部分已夷为平地，仅北边城垣残存，东西长约500米，高1~4米，西端高约1米。夯土层清晰可见，厚约14厘米，夯层内夹杂有陶器残片。中间一段不见夯层，填土大量含沙，似填塞的门道。东端高约3米，夯土层不清，被大量取土，几乎夷为平地，城垣由此折向南。城垣遗址地面陶器残片随处可见。收集的瓦当多为灰陶卷云纹，弧形砖正面和侧面饰相套的菱形图案。从发现的砖、瓦标本看，属汉代器物的特征。据村中老人回忆，早年城垣遗址还很高，也较完整。当地民间流传着"羊祜坐古城，惩恶扬善，除暴安民"的故事。

城垣以北尚有护城河遗迹，已逐渐被夷为耕地。

城垣以南原有高土台，面积300平方米，虽经村民常年取土仍高出四周1.5米左右，可能为当时宫室等大型建筑的遗址。其地面之上散见到大量陶片，主要

梁父城墙遗迹及出土的冶铁炉渣、铜箭头

作书坊遗址

遗址附近遗存有玉皇阁，建于清代康熙三十三年（1694）三月。坐北朝南，为上下两层，每层3间，共有房屋六间，每间长6.3米，宽3.7米，高6米，墙厚0.98米。下层3间，墙体为块石垒砌，中间券门上方有方形石刻额题："玉皇上帝。康熙三十三年三月二十一日立，会首程秉进。"上层3间为青砖石条砌成，上覆青瓦，为砖瓦、木、石结构。玉皇阁的顶部现已坍落。另外还有房基6间，每间长6米，宽3.3米，墙基厚62厘米，房壁残高1.1~1.5米，石头垒成，院落规整。属清代建筑遗存。作书房遗址处有元、明、清、民国石碑10余块，其中残碑1块，为"大明正德十三年二月"立。《重修玉皇楼记碑》较完整，为"嘉庆三年正月二十六"立。《重修碑》为"民国九年癸申端月上浣"立。《重修作书坊栽树记碑》为"民国二十二年岁次癸酉桐月上浣"立。

作书房之南还有天平后寨，即樊崇聚兵之地，存有演武场、柱窝等遗迹。

在作书房东南，玲珑山西面有走神洞（又称野人洞）。1938~1939年，为中共泰安县委办公地址。洞口处有著名抗日女干部于秀泉墓，以及1978年7月7日建立的墓碑、秀泉亭。于秀泉（1890–1978），女，岱岳区徂徕镇徂徕村人。1937年参加革命。1938年3月加入中国共产党，任村妇女救国会会长。其家被人们称为"战士之家"。1939年中秋节，日伪军对徂徕山根据地发起进攻。她将消息迅速报告中共泰安县委。县委预先准备，与日伪军激战一天，无一伤亡。新中国

遗物有灰陶罐、豆等；瓦当饰卷云纹、乳钉，弧形砖饰复菱纹；铜镞多枚；铁镞为三角锥形体、六棱关、短铤。

作书坊 位于徂徕山秋千峰西北、徂徕村东南方向3千米处。宋金书院遗址。2003年公布为第三批区级文物保护单位。

古称竹溪庵，遗址南北长50米，东西宽30米，占地1500平方米。作书坊建在高于地面1.5米平台上，坐北朝南，建筑面积716平方米，仅存残房室和四面墙体。由于此处山坞峻秀，地势奇伟，怪石兀立，自隋唐以来，历代名流隐士不断至此隐居著书立说，故名作书坊。

作书房遗址北崖有金党怀英篆书石刻"竹溪"。西北为党怀英读书处，额为隶书"竹溪庵"，党怀英曾在此著《竹溪集》三十卷。在作书房遗址旁的山崖巨石上面，有清人许应元登徂徕山题刻"嘉靖十二年（1533）到"。在作书房遗址西山崖上有摩崖刻石"徂徕千秋"、"作书房"、"夕照奇观"、"走神洞"、"讲易处"、"法云寺"、"崆孔山庄"7处。

成立后，她积极带领群众参加社会主义建设，经常对青少年进行革命传统教育。1978年8月病逝后，人们为她建墓立碑并修建“秀泉亭”。2003年8月，泰安市岱岳区人民政府将作书坊遗址公布为第三批县级文物保护单位。

灵阳宫遗址 位于岱岳区房村镇北滕村。元代寺庙遗址。1996年公布为第二批区级文物保护单位。民国《重修泰安县志》载：“灵阳宫，在大汶口南滕村，北距泰城六十三里，久废，有元代至元二年（1265）碑。”元至正二十六年（1633）重建观宇，总计一百余楹。清代渐废，后毁。遗址面积约6000平方米，大部分被村庄占压。仅存元代“重修灵阳宫碑”1通，八棱状石柱7根、龟趺1个。

毛姑庵遗址 位于岱岳区良庄镇高胡庄以北、徂徕山西南部的乳山西北毛老谷中，又称毛媪谷，俗称毛姑湾，元代遗址。今为徂徕山林场庙子林区。

清唐仲冕《岱览》载：“毛姑庵，旧在徂徕山之阳乳山西二里，今其地称毛老谷。”清聂剑光《泰山道里记》载：“徂徕山太平顶……自来泉飞流。自乳山西二里，旧有毛姑庵，元初州人毛仙姑居之，修持三十余载，临化留颂。泰定军节度时宥为纪石于墓，遂称其地为毛老谷。”

遗址在毛老谷上部，占地约6千平方米。遗址处巨石上有元代人时宥《“毛老姑化而留颂曰”诗刻》，字幅横宽98厘米，竖高85厘米，共7列，60字。

遗址东南80米、毛姑刻石东北40米有毛姑湾，由泉和湾组成，一块巨石下清泉汩汩流出，水质清纯，常年不涸，当地人视为圣水。传说毛老姑常饮此水，终于修炼成仙，羽化而去。

无盐庙遗址 位于岱岳区徂徕镇北上庄村东北无盐山山顶。清代寺庙遗址。创建年代不详，清代重修。坐北朝南，总占地面积643平方米。“文化大革命”期间均毁圮。今存石砌墙基、柱础及列碑。

第三节 古墓葬

和圣墓 又称为柳下惠墓，位于柴汶河北岸天宝镇郭家庄。墓呈方形，占地400平方米，四周石基高3米。春秋时代古墓葬。县级文物保护单位。

和圣，即春秋名臣柳下惠。柳下惠（生卒年不详），姓展，名获，字禽，又字季，春秋时鲁国大夫，曾为士师（掌管刑狱的官）。因食采柳下（今新泰市宫里镇西柳村），遂姓柳氏，谥号惠，称柳下惠。柳下惠辅佐鲁君，法不避贵，虽直道三黜，却不肯背离祖国。他博文达理，外和内介，以善

和圣墓

和圣墓牌坊

于讲究礼节著称于世。孟子把他和伯夷、伊尹、孔子并提，称赞他是“圣之和者也”（《孟子·万章下》），“和圣”也就成了柳下惠的美称。《荀子·大略》还记载了柳下惠“坐怀不乱”的故事，于是后人将其誉为作风正派、品德高尚的男子。柳下惠死后，葬在故里柳下村北，柴汶河北岸。

和圣墓在先秦时便闻名于世，历代对其墓妥为保护，多有修葺之举，至清代，墓犹高如山陵，俗称“王坟”。清代嘉庆年间，山东按察使孙星衍篆书“柳下委垄”，泰安知县蒋因培刻石立于墓前。道光年间，泰安知县徐宗干又整顿祭田。光绪年间，著名学者毛澂出知泰安，见和圣墓“因山河改道，遂遂毅冲啮”，“享堂祭田，均已废失”，于光绪二十八年（1902），捐银千两，委派泰安士绅钱奉祥、杨玉成督工修建，“经始于壬寅（1902）十月，竣工于癸卯（1903）三月”（《毛公德政碑》）。工竣，毛澂题“和圣墓”，碑高3米，立于墓前。时人誉之“崇柳下之名祠，万家顶礼；识时务即为俊杰，洒来热血一腔”，并于此立《泰安知县毛老父台德政碑》，纪其修墓惠政。和圣墓自毛公重修后百年间，凄风苦雨，战乱频仍，渐趋衰飒破败。“文化大革命”期间，毛澂亲书墓碑不知去向，封土凹陷。1978年2月，新泰县革命委员会公布为县级文物保护单位。1992年，台湾中国统一联盟主席——毛澂重孙毛铸伦，到和圣墓前拜谒。见墓仅存遗址，深以为憾。返台后，遂与父亲毛登沂捐助美金万元，赞助修复和圣墓。新泰市政府及天宝镇群众踊跃捐助支持，历时一年，修复完成。墓以料石砌之，并于墓前建牌坊碑亭各1座。牌坊巍峨壮观，古朴典雅，额题“和气弥纶”，正面镌刻毛登沂先生撰联：“当年止一行作吏耳，乃去思永怀，丰碑无恙，百年陌巷续讴歌；于今已四海为家矣，幸文物重光，丘垄尽复，亿载圣哲延道统”。石亭中有《毛公德政碑》等。后山东泰山染料股份有限公司（新泰市染料化工厂）投资1600万元，对和圣墓南、位于柴汶河南岸宫里镇西柳村的和圣故里进行修葺，建立“和圣园”，有和圣故里坊、和圣像、和圣湖、碧霞元君庙、和圣礼祠等主要景观，并建有度假别墅、水上餐厅等游乐服务设施。为国家AA级旅游景点。每年农历正月十五日在和圣园内举办大型元宵灯会，三月十五日举办和圣庙会。

茅茨墓群　位于岱岳区良庄镇茅茨西村西。汉代墓葬，2010年公布为第五批区级文物保护单位。

墓群于1988年修泰良公路时发现，南北长约380米，东西宽70米，面积2万多平方米。土坑墓为长方形竖穴式，石椁墓用长石垒砌，均长约2米，宽约0.8米。出土遗物有战国时期浅盘高柄灰陶豆、小口鼓腹灰陶罐和汉代灰陶罐等。地表之上多为农田，散见汉代太阳纹残砖。

凤凰村墓群 位于岱岳区良庄镇凤凰村委正北约2.5千米处凤凰台。汉代古墓葬。2010年公布为第五批区级文物保护单位。墓群南北长约300米，东西宽约200米，公布面积6万平方米。在墓群周围断崖处，残存石墓室2座和雕刻精美的墓石板。

石介墓 位于岱岳区徂徕镇桥沟村南300米处。北宋时代墓葬。

该墓坐落于桥沟村南的石家墓林中。清乾隆二十五年（1760）《泰安府志·古迹》载："石守道故里，徂徕山西北桥沟村，石姓其后裔也。"原墓林占地近80亩（旧时号称20大亩地，1大亩约合3.85亩）。墓林中曾有古柏千株，浓荫蔽日。墓林前有明万历年间御史宋焘所立宋太子中允徂徕石先生神道碑。石介墓前立明代学者吴希孔书"宋故太子中允石介之墓"碑。碑侧嵌苏轼《哭石徂徕先生》碣及刘概《哭守道先生》诗碣。碑后为石介墓。石介墓为圆形，封土高1.7米，砖砌墙保护。石家墓林中原有石介撰《石氏先茔墓表碑》、欧阳修撰书《徂徕先生墓志铭》。墓林在"文化大革命"中平毁，碑碣散佚。原立于墓前之刘概诗碣，收藏于泰安市档案馆。

石介墓于1956年泰安县进行文物普查时发现。1957年7月4日，泰安县人民委员会公布为第一批应保护的文物古迹。"文化大革命"期间曾把石介墓的坟头推平，但未挖开。此后，石介墓址已无标记。20世纪70年代末，在平整土地时，曾在石家林中挖开坟墓数座。墓室均呈圆形，直径约三米，深度约两米，底有防护层。墓室上部为高约1.5米的半圆形发券顶盖，大砖砌垒，顶部用大平砖收口，距地表约50厘米，木棺已烂，墓主无据可考。挖出陶灯座、陶瓦、陶罐等器物，俱已散佚。此后，石家墓林区域改建为农田。1996年公布为第二批区级文物保护单位。石介墓及石家墓林区域，今地表之上仍为粮田。

时珍墓 位于新泰市天宝镇时家庄时氏祖茔地，北靠时家庄村，南临柴汶河。元代墓葬。县级文物保护单位。

至1973年时，时珍墓封土仍高约2~3米，墓前有石牌坊和龟趺螭首碑多座。神道两旁，列有石人、石羊、石虎、石马。墓区内石坊神道碑巍峨，林木深秀，古柏蔚然。"文化大革命"后期，墓区被夷为平地。墓碑幸存，高2.63米，宽1.08米，方形抹角，龟趺座，篆额："泰定军节度使左副元帅时侯神道碑"，为元皇庆二年（1313）立，碑文阴刻隶书。

时珍（1182–1252），字国宝，新泰市天宝镇时家庄人，元初名将。时珍生活的时代，适逢金国衰败，蒙元兴起的大动乱时期。由于蒙古屡屡入侵，金廷仓皇南迁，山东陷入一片混乱。当时新泰一带，金朝所任"郡县守令皆望风遁去，老幼震骇，无所请命"（《泰安县志·时珍传》）。再加连年兵

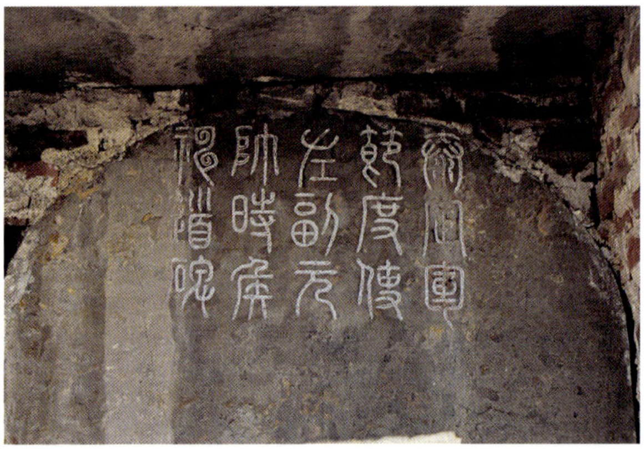

时侯神道碑额

时家庄时氏祠堂

祸，百姓不能耕作，饿殍遍地，致使“盗起东海”（今山东郯城一带），屡犯汶水泰山之间。甚至“猎人为食”（《时珍墓志铭》），给百姓带来无穷灾难。时珍组织家乡一带的青壮年踞守天宝寨，维持一方治安。时珍“集创痍之民，勉之以垦田畴，完室庐，朝抚幕煦，曲尽其道”，“闾里相庆，而有更生之望”（《时珍墓志铭》）使“一方帖然”（《时珍传》）。

蒙古成吉思汗二十年（1225），元兵南下。蒙古大将严实镇守在东平州，时珍率领部众归附严实，被授予昭勇大将军、泰定军节度使、兖州营内观察使、元帅左监军。是

大悲庵遗址

年，时珍率领部队参与对红袄军李全的战争，攻下益都，被授予镇国上将军，右副元帅，镇守兖州。当时，兖州东南一带，林莽千里，为盗贼的巢穴，但由于时珍在兖州镇守，无一人敢于犯境。时珍“名位虽重，家人未尝废耕织，其自奉养，但如布衣时”（《时珍墓志铭》），深得百姓称颂。窝阔台五年（1233）改封左副元帅，陇西郡开国候，食邑千户。窝阔台十年（1238），时珍致仕还乡。

1978年2月，时珍墓被新泰县革命委员会公布为第一批县级文物保护单位。

第四节　古建筑

境内古代建筑以寺庙、道观等宗教建筑居多。从建筑遗迹考证，历史悠久可以上溯到南北朝时期，至宋、元进入繁荣阶段。建筑风格为北方传统风格，历史上几经毁损。抗日战争时期，部分古建筑遭侵华日军破坏。民居多为明代后期至清代建筑，保存良好，大部分尚在居住使用。

一、寺庙建筑

大悲庵　位于光化寺东北约200米的山坳中。仅存残垣断壁。相传此庵始建于魏，庵主体为石砌楼房，上下2层，楼长8米，宽5米，分3间，占地近7000平方米，偏房众多，错落有致，隐于树林之中，显得格外清雅幽静。乾隆四十四年（1779）的碑文记载：当时此处丛林茂密，古树参天，人能从树上缠绕的藤萝直达庵门，庵前有巨石，风水先生说这是龙头，后面的山是龙身。巨石两侧各有一泉，是大悲庵的用水水源，无论冬夏，从未干涸。

二圣宫　为道观遗址。位于徂徕山林场庙子林区，金代建筑。元朝达到鼎盛时期，因供奉孔子、老子而得名。市级重点文物保护单位。

二圣宫又名二圣堂，占地面积1100平方米，为发券石块建筑。二层式结构，均用长1米、宽0.43米、高0.34米的长龙巨石垒砌而成。孔子座西，老子座东。宫殿底层里面东西各有密室两间，并设有南北两门。存有二圣堂、三清殿、玉皇阁、九母堂等遗迹十余处。

二圣宫附近有摩崖题刻17处。二圣宫正北方向，有“竹溪”摩崖题刻，每字高40厘米，宽30厘米，据传为金代安升卿题“竹溪佳境”四字。二圣宫东25米有“贫乐岩”摩崖题刻，字高40厘米，宽24厘米，无落款。东有“祈泉”题刻，为清康熙年间所书。附近还有“演易斋”“观涛”“日新池”“云路”“卧虎”“田园记”“七言律诗”“独秀峰”“隐真洞”“后土神位”“盘龙”“迎仙”“毛姑羽化诗”“竹溪佳境”等摩崖题刻，统称二圣宫摩崖题刻。

水平庵　位于张庄沟最北端山顶处，为古炼神庵遗址，创建年代不详，重建于蒙古国时期。有清风观、三清殿、密真堂、昭阳门等遗址，并有古篆字石刻等十几处，具有很高的欣赏价值和文化价值；此处视野开阔，背风向阳，登临之山高气爽，心旷神怡。

光化寺　光化寺规模颇大，结构完整，有大雄宝殿和两厢配殿。大雄宝殿为正殿,结构壮观，瑰丽严整，身宽五间，进深四间，八架椽，单檐九脊顶。殿内四壁有元代壁画,甚精美,但已驳蚀。壁画多取材于民间传说,人物的身份、容貌、姿态、装束、佩饰、气质无一雷同。画的色彩浓淡适宜,体现了注重写实和细部描绘的手法。大雄宝殿外，有四天王殿、钟鼓二楼、山门及两楹护法、左右禅院、廊厩墙垣等。前檐走廊一间，檐头简洁疏朗，在驼峰、角背、蜀柱以及梁枋规制方面，保留宋金手法，是研究宋金时代建筑向元代发展变化的重要实物资料。

寺东南一里为墓塔林，已毁。寺内有古松、古柏各一株,树龄均在千年以上。柏名“三义柏”，一本三株，轩邈竞上，笔立堆翠。古松称“蔽寺松”，亦叫“佛爷松”，松极茂，状似丹凤展翅，冠盖一亩余地。松旁有山泉流过，淙淙竟日，清人沈桂清有诗《徂徕光华寺》赞曰“僧卧峰巅阁，鹤巢松顶云”。

四禅寺　位于徂徕山西，房村镇黑石埠村北团山下，距泰安城区22.5公里。《泰安县志》记载：“古四禅寺，在徂徕山之阳团山下。北齐河清二年（563年）创建，金、

光化寺大般若经石亭

四禅寺内景

元重修。清乾隆三十四年（1769年）秋大雨，山水横溢，寺基无存。”此后禅寺重修。禅寺正门内有大殿3间，殿内有十八罗汉，殿前有东西配房。1942年徂徕山日寇强占寺院，房室被废，存有遗迹。1995年再次重修，基本恢复原貌。

隐仙观　位于礤石峪西北1千米。创建于明代。县级文物保护单位。

隐仙观东西两侧溪水潺潺，前沿山涧，后倚断崖，松摩飞檐，云挂兽背。游人入观，有乱石可渡，有断桥可通。据《泰安县志》记载，隐仙观为明万历年间道士于蚚虚所创建，于为汶上人，年八十羽化，又称蝉蜕真人，隐仙之名由此而来，故名“隐仙观”。

隐仙观整个建筑群落依山就势，结构布局自然巧妙，主要建筑有吕祖殿、三清殿、玉皇阁等。吕祖殿供奉八仙之一的吕洞宾。吕祖殿西一箭之地，便见三清殿，三清殿内塑有玉清（天始元尊）、上清（灵宝天尊）、太清（道德天尊）的神像。天始元尊为三清首席，位居正中当仁不让，左首是灵宝天尊，居住禹余天上清仙境，右首是道德天尊，又叫太上老君，即老子。

殿前有山神庙、昆仑洞等诸多景点。

隐仙观坐北面南，依山势叠筑而成。前为玉皇阁，分上下两层，单檐硬山式，上层为木结构前廊式；下层有石砌门，额刻“金阙云宫”，门前有银杏双挺。后为三清殿，殿阔3间，硬山式，原祀太清、玉清、上清神像。院西侧前有吕祖殿3间，硬山式，檐下施前廊；后为六逸堂，原祀古“竹溪六逸”，匾额“筱洞天”，传说竹溪六逸（唐李白、孔巢父、韩准、裴政、陶沔、张叔明并称“竹溪六逸”）经常

隐仙观玉皇楼

竹溪六逸图

饮宴酣歌于此，故建堂以祀。此处原来还有灵官庙、山神庙、六逸亭、迎仙桥等，均已毁圮。

1986年被新泰市政府公布为县级文物保护单位，对六逸堂、吕祖殿、三清殿、玉皇阁等明清建筑进行了修缮，修复树立清代碑刻10余通。古升仙台、炼丹炉等名胜亦相继被发现，并予妥善保护。

大觉寺　位于新泰市天宝镇古城村（羊祜城旧址），建于金大定三年（1163），已毁。

中军帐三清殿　三清殿位于中军帐院内，为道教建筑，共三间，殿内供奉三清，三清殿与蓬莱观、吕祖阁最初建于清康熙年间，后均遭破坏。今存三清殿为1995年重建，殿前立有康熙年间所立《新修蓬莱观三清殿记》以及嘉庆年间所立《修醮祝寿碑》和《徂徕山重修中军帐正殿记》等碑碣。

青云寺　位于转山子以北山凹。仅存遗址。该寺四面环山，绿树成荫，曲径通幽，细水潺潺。从寺后山坡公路上俯首望去，景色秀丽。

法云禅寺　位于徂徕山西南麓他山下，金大定二年（1162）僧福灯建，有敕碟碑。

卧云庵　距太平顶西南3.5千米，距十六峪1.5千米。自此处向南眺望视野开阔，地势平坦，是男耕女织农家生活之乐园，距庙门稍东南30米处，东西横卧一巨石，高2.4米，长4.7米，黑色花岗岩，成东西走向，上刻有“屏风石”三字，字体苍劲有力，气势恢弘，庵内建有房舍3间，自房后门进入祠堂，举行祭祀仪式，遗迹尚存，建筑年代不详。

竹溪庵　在徂徕山西北麓，与作书坊相邻。金党怀英读书处，有元大德间残碑，坝存残基。

玉帝阁　位于山西北麓，即金竹溪庵改建，清康熙间重修。玉帝阁前20米处为碧霞殿，2000年重修。其前左右两侧各建有配殿，为十王殿，均面阔4间，长12米，进深3.2米，高3.8米，为抬梁式木构，硬山灰瓦顶建筑。

感应侯祠　位于徂徕山太平顶，徂徕山之阳，祀徂徕山神，金明昌元年（1190）封护国感应侯。已毁。附近有王野人诗刻和明朝聂贞题名石刻。

北望村三官庙　位于岱岳区租徕镇北望

村。清代建筑。仅存正殿1座，当地称南庙。坐北朝南，长11米，宽8米，建筑面积88平方米。砖木结构，灰色筒瓦屋面，硬山顶，明柱4根，石鼓作础。东西山墙镶嵌光绪年间碑刻2通，在“文化大革命”中被毁。

山阳北村大庙　位于岱岳区良庄镇山阳北村。又称三官庙，清代建筑。2010年公布为区级文物保护单位。坐北朝南，原建筑规模较大，三进院落，有正殿、西大殿、东配殿、关王殿、前后殿等。仅存正殿、关王殿，硬山式砖木结构布瓦顶建筑。正殿面阔三间进深二间，占地面积78平方米。正脊角施“二龙戏珠”图案，斗拱下在石质额坊和平板枋，枋上刻莲花、梅花和牡丹花卉图案。四梁八柱，其中明柱四根，雕梁画栋，前后各有一门二窗。关王殿占地26.84平方米，西墙上镶嵌明代嘉靖葵巳年（1533）碑刻1方，门前有古柏1株，虬姿苍然。民国《重修泰安县志》载：三官庙在唐代重修碑，清光绪四年（1878）重修。

朱家庄村七圣堂　位于岱岳区房村镇朱家庄村委大院内。清代建筑。仅存七圣堂东配殿，坐东朝西，东西长4.3米，南北宽5.2米，高约5米，建筑面积22平方米。砖石木结构，灰瓦硬山顶，一门二窗，有后窗。殿内原供奉七位神灵，分别观音、关公、文昌公、赵公明、药王爷、马王爷、二郎神，“文化大革命”时期被毁。尚存清乾隆二十一年（1756）住持僧今禄所立庙产碑1通。

二、村寨

天宝寨　位于徂徕山东南天宝庄。天宝庄建于隋开皇十一年（591），因有大山作天然屏障，自古风、雹等自然灾害稀少，故名“天保”，因筑有寨墙，又称“天保寨”，后改名“天宝”。传说唐末农民起义军领袖黄巢带兵经过天保寨，当地百姓曾赠送煎饼给他。另传，谭姓最早来这里定居，当时天下瘟疫盛行，唯独谭家没有感染，认为是上天保佑，所以取名“天保”。使用“天保寨”地名较早的典籍是元代王恽的《玉堂嘉话》，书中记述南宋和金对峙时期，党怀英与满公和尚在天保寨交往的轶事。当地群众至今使用“天宝寨”这一地名。新中国建立后，社会安定，加之阻碍交通，寨墙被全部拆除。

天宝寨的原有城镇格局保存比较完好，未被破坏。天宝寨东至清真寺以东，南至水湾，西至244省道，北至四坡公路。寨内南北干道呈十字形交叉，宽4米，连接南北寨门和东西寨门。当地至今使用的地名中，仍然有“西门”、“南门”等，这些地名就是原寨门所在的位置。

北望同心寨　位于岱岳区徂徕镇北望村北望山上。据专家考证，山寨历史可追溯到北魏、金、元时期。清末，为躲避战乱防御捻军进行了重修。古山寨面积约4.6万平方米，从山顶到半山腰修筑有5道环形状同心圆分布的寨墙。寨墙最高的约2米，最矮的0.5米，全石结构，地表之上墙体多数坍塌。山顶崖石高约10米，宽3米，镌刻“同心寨”

天宝寨

三个楷书大字，清咸丰十一年（1861）立。

三、民居

东埠前刘家绣楼　位于岱岳区徂徕镇东埠前村。清代嘉庆年间建筑。绣楼坐北朝南，东西长4.9米，南北宽7.3米，面积36平方米。上下二层，砖石木结构，硬山顶。上层东、西、南三面各有1窗，有13级楼梯能往上层，楼上木地板，下层后墙有1窗，墙体嵌砖雕图案。

大延东李氏祠堂　位于岱岳区良庄镇大延东村。明代建筑。祠堂坐北朝南，今存大殿3间，东西长10米，南北宽6米，建筑面积60平方米。砖石木结构，八柱四梁，硬山顶。梁残存彩绘。尚存清乾隆“重修祠堂碑记”、民国家谱碑、地契碑3通，残碑6块。

西西住李氏祠堂　位于岱岳区良庄镇西西住村。清代建筑。2010年公布为第五批区级文物保护单位。李氏祠堂为李氏宗祠，清康熙四十八年（1709）创建。今存祠堂3间，坐北朝南，东西长9米，南北宽6米，建筑面积54平方米，砖石木结构，灰瓦硬山顶，一门二直棂窗，后窗2个，前廊厦，廊宽1.2米，木质明柱2根，柱础石2个。祠堂墙壁上绘有精美壁画，尚存谱碑数通。

侯宣洛村侯氏祠堂　位于岱岳区良庄镇侯宣洛村。清代晚期建筑。侯家祠堂原规模不详，祠堂坐北朝南，面阔三间，进深一间，长9米，宽4米，占地面积36平方米。砖石木结构，小灰瓦硬山顶，高屋脊，一门二直棂窗，建有檐厦，门上方木刻“侯氏家孝”匾额，正面砖雕“福禄”、“祯祥”文字。

良庄南村古楼　位于岱岳区良庄镇良庄南村。清代建筑。今存东楼，坐北朝南，建筑面积19平方米。上下2层，砖石木结构，高屋脊，楼下青砖铺地，后墙有一圆形窗，楼内西侧有楼梯通二楼。二楼前后有方形窗各一个。

陈宣洛陈家古宅　位于岱岳区房村镇陈宣洛村。清代建筑。今存北屋1栋，面积33平方米。坐北朝南，面阔三间，进深一间，一门二窗，门楣有木刻文字，上为“芝兰盈室”，下为“松竹芑茂”。后墙有直棂木窗1个。砖木结构，灰瓦硬山顶，垂脊有装饰翘起。

房村周氏古宅　位于岱岳区房村镇房村村内。清代建筑。正房3间及东配房1间，面积42平方米。正房坐北朝南，面阔三间，进深一间，灰瓦硬山顶，砖石木结构，东西配房1间，灰瓦硬山顶。

鲁里古宅　位于岱岳区房村镇鲁里村内。清代晚期建筑。古宅为农家院落，坐东朝西，尚存堂屋，砖木结构，东西长6.5米，南北宽5米，土坯院墙。

第七章

石　刻

徂徕山石刻历史久远，数量众多。时代最早者为东魏，北齐、唐、宋、金、蒙元、明、清及民国均有石刻留存，以清代石刻数量居多。初步查得徂徕山石刻180余处（内含佚刻31处，加※号标识）。以载体而言，有碑、摩崖、墓塔、经幢、匾额等；以内容而言，有释道碑记、诗文题刻、诏敕文牒、墓志塔铭等；以书体而言，有楷、行、草、隶、篆等体。其中，北齐刻经、唐代李白“独秀峯”（传）、金代党怀英“竹谿”、蒙古国时期“炼神庵记牒”“贫乐岩”等石刻，都具有较高的历史价值或艺术价值。历代大量的寺观祠庙碑记，虽非出自名家之手，但对于研究地方宗教与民间信仰，仍具有十分重要的价值。本章著录127处，部分残毁石刻、摩崖题刻情况附表于后。

第一节 金以前石刻

本节收录金以前石刻12处（含佚刻4处）。主要有光化寺大般若经刻、映佛岩经刻、石氏先茔墓表、刘概《哭守道先生诗》碑、苏轼《遥寄守道先生》诗碑等。

羊银光造佛像记 造像系背屏式一铺三尊像，滑石质，通高60厘米，宽37厘米，素面舟形背光。正面三尊像高浮雕，中间主尊立，头部残，后有浅浮雕双重莲瓣纹，头光。长颈，内着僧祇支，外着褒衣博带袈裟，手残（从迹象看应施无畏与愿印），跣足立于莲台之上。造像雕技娴熟，线条流畅。背面题记4行，“□□□〔大魏兴〕和三年四月壬寅朔八日己酉，清信女佛弟子羊银光造像一躯，所愿从心。”兴和为东魏年号，三年当公元541年。1983年出土于光化寺。藏新泰市博物馆。

光化寺大般若经刻 位于徂徕山南麓光化寺北门外东侧巨石上，刻石为路边巨大自然砾石，当地称“将军石”。北齐武平元年（570）刊刻。石高192厘米，正面横长240厘米，侧面横长120厘米。正面刻北齐梁父县令王子椿于武平元年（570）隶书《大般若经》（即后秦鸠摩罗什译本《摩诃般若波罗蜜经》）“十八空”89字，字径12×12~15×15厘米。经文末署：“冠军将军梁父县令王子椿造，椿息道升、道昂、道昱、道恂，僧真共造。”侧面直书2行题年款，共8字：“武平元年中正胡宾”，字径同上。1992年，徂徕山摩崖石刻（光化寺大般若经刻、映佛岩经刻）被省政府公布为山东省第二批重点文物保护单位。1997年修建石亭予以保护。此刻历代金石书多有著录。《山左金石志》：“徂徕山大般若经摩崖：无年月，八分书。崖高六尺四寸，广四尺四寸。在泰安县徂徕

光化寺大般若经刻

山光化寺东南里许巨石上。右刻经文八行，行六字，径七寸，后王子椿等题名五行。别有‘王世贵’三字刻于经文第六行下。字多剥蚀。”《岱览》云：“北齐大般若经石刻，右刻八分书，文多剥蚀，仅存‘曰空有无’十馀字，隐隐可辨，后书冠军将军梁父县令王子椿。余犹有数‘道’字及‘僧真造’诸字。”民国赵新儒《泰山小史注》云：“徂徕山有北齐武平元年冠军将军梁甫令王子椿书佛经及佛号，与泰山石经峪《金刚经》字体相似。石经峪无题名，聂剑光据以为王子椿一人书。明华亭孙克宏《古今石刻碑帖目》以其笔法与邹县北齐韦子深刻经相似，以石经峪字疑亦为韦氏作，纷为聚讼。然石经峪字，为六朝人作无疑也。”

刻文：大般若经曰：内空、外空、内外空、空空、大空、第一义空、有为空、无为空、毕竟空、无始空、散空、性空、诸法空、自（下有王世贵三小字）相空、无法空、有法空、无法有法空。

冠军将军、梁父县令王子椿造，椿息道升、道昂、道昱、道惝，僧真共造。

映佛岩经刻　位于徂徕山光化寺东面的映佛岩上。刻石高755厘米，宽500厘米。文字分上中下三段，共131字。上层竖刻“般若波罗蜜经主冠军将军梁父县令王子椿”计2行18字，隶书，其中“子椿”2字并列；中层刻“武平元年僧斋大众造，维那慧游普禧”计3行15字，亦隶书；下层石面较大，高140厘米，宽340厘米，未加磨砻，刻经文14行，行7字，凡98字，字径12~26厘米。经文系选自梁扶南国三藏僧迦婆罗所译《文殊师利所说般若波罗蜜经》。字体以隶为主，兼具草情篆韵，字体雄沉朴茂，遒劲有力，与泰山经石峪刻经、邹县峄山刻石齐名，是研究书法艺术的宝贵资料。《山左金石志》：“徂徕山佛经摩崖：武平元年刻，八分书。崖高四尺六寸，广一丈馀。在泰安县徂徕山大悲庵东南二里映佛岩下。右刻经文文殊师利云云，凡十四行，行七字，径六寸，即邹县尖山所刻，此多辩十五字，然仍非全文也。另一行题‘般若波罗蜜经主’七字，径一尺馀。又一行题‘冠军将军梁父县令王子椿’十一字，似与前行相接，‘子椿’二字分注姓下，限于石之故。又四行，字径五寸馀，首行只存‘普禧’二字，次‘武平元年’四字，次‘僧齐大众造’五字，次‘维那慧游’四字，笔法俱同经文，当是一时所刻也。”《岱览》：“映佛岩，在圆瓦崖东南三里，壁高丈馀，勒隶书‘般若波罗密经，冠军将军梁父县令王子椿’十七字，下方宽平若台，勒经文，字径尺及七八寸不等，盖因石为之。……北齐般若波罗蜜经石刻，文可识者：‘文殊师利曰佛言世尊何故名般若波罗密佛言般若波罗密无□无□无□无名无相非□□无皈依无洲□无□无福无□无口如凡界无古今□亦无（缺三十二字）普忆武平元年僧斋大众

映佛岩经刻

造。’后有四字，类押状，不可识。”

刻文：文殊师利白佛言：“世尊，何故名般若波罗蜜？”佛言：“般若波若蜜无边无际，无名无相，非思量，无归依，无洲渚，无犯无福，无晦无明，如法界，无有分齐，亦无限数，是名般若波罗蜜，亦名菩萨摩诃萨。行处非行，非不行处，悉入一乘，名非行处。何以故？无念无作故。”

佛号摩崖　《山左金石志》：“徂徕山佛号摩崖：武平元年刻，八分书。崖高四尺四寸，广六尺二寸。在泰安县徂徕山《大般若经》东面。右刻佛号四行，字径七八寸，凡佛字右笔下垂甚长，后题‘中正胡宾’及‘武平元年’二行，字径五寸。”《岱览》云：“佛号石刻，右刻八分书，在《般若经石刻》东面，其‘弥勒佛、阿弥陀佛、观世音菩萨、大空王佛’，字尚完好。后有‘中正胡宾、武平元年’八字。武平改元，北齐后主纬之天统六年，庚寅岁也。”佛名题刻模糊不清。

李氏□娘造象记※　佚。摩刻于唐景龙年间（707—709）。民国刘声木《续补寰宇访碑录》卷十一：“徂徕山李氏□娘造象：正书，左行，摩崖，景□□□。在《般若波罗蜜经》第□行‘故’字下段，小字，磨泐。拓手多失。”

□智诲造象记※　佚。摩刻于唐景龙年间(707—709)。民国刘声木《续补寰宇访碑录》卷十一：“徂徕山□智诲造象：正书，摩崖景龙□□。在《般若波罗蜜经》第□行‘菩’字、第□行‘入’字二字中，阙下段，小字磨泐。拓手多失。山东泰安。”

“独秀峯”摩崖　位于徂徕三岭崮东崖。刻石通高65厘米，宽19厘米，字作楷书，兼有隶意，潇洒秀美。据《岱览》载，其旁有金大定十年（1170）石震刻石：“徂徕居士石震，过独秀峯览太白遗刻，有感题于后，婿党怀英偕行。”党怀英为李白叔祖李阳冰一派籀篆传人，其定此题为“太白遗刻”，当有依据。由于年久漫漶，清人著录中多云石刻已“佚”或“磨灭”。如孙星衍《泰山石刻记》云：“‘独秀峯’三大字，《泰山小史》：古人刻峰名于石上。相传李太白书。在徂徕三岭崮北，佚。”又道光《泰安县志·金石》云：“‘独秀峯’三大字，在徂徕山阳三岭崮绝岩，旧传李白书。今磨灭。”1999年新泰市博物馆人员重新访获此石刻。

“独秀峯”拓片

光化寺尊胜经咒幢※　佚。宋天圣九年（1031）立。《金石汇目分编》卷十之一（泰安府）：“宋光化寺尊胜经咒幢：□书。天圣九年。见唐剑泉本。”

石氏先茔墓表※　《岱览》：“右《石氏先茔记》，石介撰，士建中真书，孔彦辅篆额，康定二年八月立墓前，墓在汶河南岸。案《徂徕先生集》中有《拜扫堂记》云：‘石高五尺，广二尺三寸，厚一尺，列辞二千三百六十八字。’今堂已圮，碑文多缺。其始祖以下三十二坟皆有石碣，亦仅有存者矣。《金石文跋尾》云：‘欧阳公撰介墓表称父丙官至太常博士，而此表云仕至太子中舍，与欧表异。欧表介有子师讷，此云介生彭哥、川哥、徕哥，盖各举其小字，未审谁为师讷也。’孙明复寄范天章书云：‘今有大名府魏县校书郎士建中、南京留守推官石介，二人者，其能知舜禹文武周公孔子之道者也；非止知之，又能揭而行之者也。执事若上言于天子，次言于执政，必能恢张舜禹周公孔子之道，以左右执事，教育国子，丕变于今之世矣。’建中学行，与介齐名，当亦奇士而学于明复者，仕至兵部员外郎，史不为立传，后世无述焉。验其书法，亦自不俗。”原碑久佚，碑文据陈植锷点校本《徂徕石先生文集》附录一《佚文》移录（中华书局1984年版，第250–255页）。

碑文：石氏之先，出于卫康叔之后。康叔，文王之子，周公之母弟。然则石姬姓矣。案《本纪》云：“卫静伯生公叔，公叔生显伯，显伯孙挚生何为石氏。”《春秋左氏传》：“隐三年有石碏，碏子厚，庄十二年有石祁子，成二年有石稷，襄十七年、十九年有石买，二十七年、二十八年有石恶，襄二十八年、哀十七年有石圃，哀十三年有石曼姑，哀十五年有石乞，十七年有石魋。《礼记·檀弓》注有石骀仲，庄八年又有齐小臣石之纷如，十九年又有周士石速，僖三十年又有郑大夫石甲父，文十七年有石楚，成十年有石首，襄十一年、十三年有大宰石㚟，昭三十二年周又有石张，定十四年又有天子之士石尚，定十年又有宋卿石彄。六国时有石奢，尝相楚国。汉有万石君父子，晋有石苞、石统、石乔、石崇、石朴，又有石监。唐有石抱忠，则天朝为天官侍郎。石雄为将，石演芳著忠义。”

□□六世祖自沧州乐陵县迁焉，今为兖州人也。吾祖初迁而南，得邑曰乾封（后改奉符），乡曰梁父，里曰云亭，村曰商王。负泰山，挟徂徕，有二大山之镇，且汶水注其后，经其西，遂筑居焉。“仁者乐山，智者乐水”，吾祖其近仁智者欤！吾祖之初来，既鲜兄弟，亦无族姻。有田百亩，专以农为业。久之，始生高祖逵，高祖乃生曾祖七人，石氏于是遂蕃。长曾祖性严毅，善于治家，每晨起，令诸子弟毕，先趋田亩，群子弟无敢后者，故石氏富于粟。且当五代兵寇之时，中原用武，诸祖又皆敏有材力，习战尚勇，骑射格斗，豪于乡里。赵将军者，巨盗也，众数千人，张旗鸣鼓，攻掠郡县，其锋甚盛。尝过吾里中，不敢为寇，遣使乞具一饭，诸祖诺之。行人更其辞，贼愤，乃来战，遂阵于南门之外。我不素备，犹杀贼数百人。方战时，遇力疲则憩于门内，苏而后战，贼势已削，将引去未得，尚酣战。三曾祖鞋系断，投门，门内有奸，闭门不纳，遂败。是以长曾祖、七曾祖、大祖父、二祖父、四祖父、七祖父，皆没于阵。三曾祖善战，既败，贼入门升堂阶，又斩贼副（□□□□花头），乃攀堂檐而□□出里馀，息于栗林西数十步，渴，就沟水饮，眼皆血出，滴水上，苦战如此，然竟免。

呜呼！石氏之迁，其当唐季乎！战之岁在晋开运三年也。后五年，慕容氏反兖州，即□□〔周太〕祖广顺四年也。贼□□二年，石氏乃分。曾祖第六房无嗣，与第五房合为一院，凡六院。后第四房嗣亦绝，为五院。今第一院分六院，第二院分三院，第五院分四院，第七院分二院，□〔凡〕十六院；然皆出于七曾祖，□叙其略。

第一院曾祖讳路坚，娶颜张单氏，生大祖父、二祖父。大祖父娶秦氏，无子，女二人，长适西王张氏，次适南颜张丁让。二祖父娶侯村郑氏，生长伯父明，二伯父□。长伯父娶阳关朱氏，无嗣，一女适刘聚，湘、筠其甥也（伯父□□□乡里□通传）。二伯父娶淳于桑氏，生六男，曰用、曰诚、曰元吉、曰政、曰峰、曰宣；三女，长适旧县陈隐，次适下村张氏，次适下村赵氏。用二男，曰峦、曰福，一女适聂氏。福生圭，峦

生先。福哥（陈植锷按：疑有阙文）先生大眼。诚一男曰渫；三女，适寇氏、郝氏、韩氏。渫生翁儿。元吉一男，曰涧，一女适夏氏。涧生王儿。政一男，曰简；二女，适周氏、李氏。简生□□。□□三男，曰友谅、曰友直、曰友□；三女，皆适张氏。宣三男，曰全、曰师恭、曰师让；二女，长适富氏，次在室。

第二院曾祖讳路钊，娶刘氏，生四祖父洪，十一祖父瑰，一女适李氏。□□□□〔四祖父娶〕□□□□□□□□□□〔生五〕伯父□。五伯父娶李氏，二男，曰坦、曰荣，一女适□氏。坦生师睦、师和、师厚，一女适晏氏。师睦生课儿。荣生师哲、师敏（四祖父尝为桑令公厅头，故乡人呼牵笼）。十一祖父娶西张戴氏，生四伯父勺；二女，适刘氏、张氏。四伯父娶神氏，生宽。宽生修己、黑牛，一女适成氏。修己生杨七。

第三院曾祖讳路宾，娶乾封黄氏，生九祖父文杲、十四祖父〔□〕。九祖父娶屈沟□氏，生八叔父谦；二女适耿氏、葛氏。八叔父娶下村马氏，一男曰亨，二女适丁氏、刘九皋。十四祖父无子。

第四院曾祖讳路岩，娶赵氏，事安太师、赵侍中、慕容相公、索太保，天福七年补御前子弟，九年补猎务，□□三年补中□猎射务都头，乾祐三年、广顺三年为讨击副。无嗣，一女适戚澄。

第五院曾祖讳路真，娶柏子赵氏，生十二祖父钦，一女适太子中舍刘阅。十二祖父娶南王王氏，生我烈考及仲父□□、仲父扆、季父居化，二女适西朱刘氏、百子赵氏。我曾祖笃勤农，乐田野，终身不游市郭，然喜衣冠，尝嘱我烈考于乡先生，愿授以经，因语“□□□□□□□□□□乡□□儒名吾家，吾老死足矣。”烈考果登第，列东宫官，如其志（先是乡人以曾祖行呼吾家）。祖父乡里称长者，乡人乏必贷之，果知其不能偿，即取券焚之。善处乡党，恂恂然无竞。今吾院视他院稍益，二祖之德也。

我烈考讳丙，娶郭夫人、马夫人、刘夫人、杨夫人，后刘夫人专三家《春秋》学，大中祥符五年，真宗章圣皇祖御前擢第，仕至太子中舍，生我兄□□及介、企、会、合与吾姊，吾姊适举子孙周。吾兄生师愚、师通、师勖、师晦、师默；女三人，长适进士姜潜，次适进士高枢，三在室。介生彭哥、川哥、徕哥；女□人，俱幼。企生师廉；女三人，俱未嫁。会与合未娶。师愚生鼎孙，女一人，方四岁。二仲父娶颜谢段氏，生屺、怀玉、怀德；女一人，适举子郭师颜。屺二女。怀玉生师格、师贤，一女。怀德生师果、师毅、师□、伯惜，二女。三叔娶阳关薛氏，女二人，长适申村姜文，次适进士卢淑。姜甥鉴、镯、锡、社哥；女二人，一适士孙廓，一在室。二婿擅文，□甥宿学，不为无后。四叔父娶申村姜氏、□高唐氏，生佥；女二人，长适王氏，次适任氏。

第六院曾祖讳□，娶杨氏，无嗣；女二人，长适西张鞠□，次适大吴刘□。

第七院曾祖讳□，娶戚氏，生八祖父文密、十祖父文秀，十三祖父，女二人，长适石固王氏，次适颜谢商氏。八祖父娶□氏，生五伯父遂、九叔父庆、十二叔父、十三叔父、十四叔父。五伯父娶乾封寇氏，生□□□□，四女，适王氏、杨氏、马氏、杜氏。九叔父娶大吴吴氏，生士元。十二叔父娶刘氏，二女，适张氏、王氏。

高祖之五女，长适颜张许氏，次适乾封张氏，次适上高郭氏，次适侯村□氏，次适□□翁氏。

石氏始祖一人，高祖一人，曾祖七人，王父十人，诸考十四人，吾辈二十一人。自我而下，诜诜未见其止也。若作厥室，始祖基之，高祖堂之，曾祖构之，王父□之，诸考落成之，吾辈歌于下，饮食于下，于于如也。然不敢怠逸，谨保堂构而已。吾诸子若孙，既材而孝，其必能大石氏，基斯厚矣，堂斯峻矣，构斯崇矣，石氏斯传万世矣。

呜呼！石氏食此田百有五十年矣，葬此地九十有年矣。自始祖至圭八世，能不失故田，能奉祭祀。今举曾王父而降为三十二圹，用康定二年辛巳八月丁丑八日甲申归于大茔，以附始祖、高祖、曾祖，岁时则与十六院大合祭焉。《诗》曰“孝子不匮”，又曰“无忝尔祖”。《语》曰“死，葬之以礼，祭之以礼。”石氏子孙其庶几矣乎!

茔域南北长四百八尺，东西广三百六十尺，合一十七亩，大□一百三十株，槲树一千七百五十株，合一千八百八十株。石氏子孙贤也，茔阙固焉，宅兆安焉，树植茂焉，祭祀时焉；苟不肖也，何所不至，戒哉!

寨山前刻石 位于徂徕之阳寨山之上(新泰天宝镇寨山前村西北500米处)。镌刻于北宋熙宁元年（1068)。石高约1米，宽约2米，阴刻楷书5行36字，“治平三年三月廿七日，维那头刘廰字名□创立社□。又于熙宁元年三月十九日交□了当。”“维那头”系佛众结社的社头之名，据此可推断石刻中之“社”乃是指民社。该刻石为研究徂徕山东南麓同时期乡约、结社等民间社会组织提供了实物资料。

刘概《哭守道先生诗》碑 碑高46厘米，宽58厘米，文11行，字为楷书。此碑原立在石介墓前。民国《石氏林碑》中记载：“石氏祖林位于徂徕山之右，桥沟、北望两庄之间，……现有之圹地计大地二十亩余，

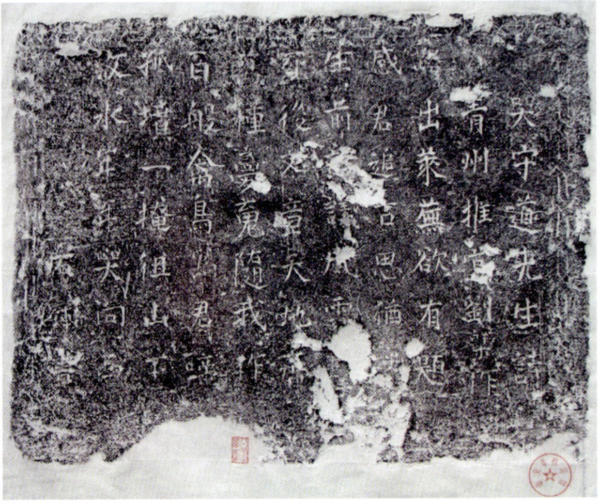

刘概《哭守道先生诗》碑拓片

（石）丙、（石）介祖及诸院祖均葬于此。欧阳文忠公（修）撰有介祖墓志铭，苏轼、刘概二公撰碑于祭扫堂中，神道碑在北望村之北首，林有柏树千余株。”（按：碑佚，据《徂徕石氏族谱》引录)。1990年，此碑被泰安市档案馆征集收藏。诗碑作者刘概，字孟节，宋青州寿光（今山东寿光县）人。举进士及第，任青州推官。

诗文：哭守道先生诗

青州推官刘概作

路出莱芜欲有题，感君追古思犹迷。
生前谤议风雷击，死后文章天地齐。
万种梦魂随我作，百般禽鸟为君啼。
孤坟一掩徂山下，汶水年年哭向西。

石□书立

苏轼《遥祭守道先生》诗碑 宋元祐八年（1093）立。碑高46厘米，宽56厘米。楷书。原立于徂徕桥沟村石家林。“文革”平坟时佚失，1990年7月重新访得，存岱岳区文化局。

诗文：遥祭守道先生

翰林学士苏轼撰

先生魂气归于天，先生形魄入黄泉。
堂堂世上文章主，幽幽地下埋今古。

直饶泰山高万丈，争及徂徕三赤土。
元祐八年石方等立

第二节　金元石刻

本节收录金元石刻37处（含佚刻23处）。主要有“竹谿”篆刻、四禅寺敕牒碑、炼神庵摩崖、王野人诗刻等。

赵善达禅师碑※　佚。《金石汇目分编》卷十之一（泰安府）：“金光化寺赵善达禅师碑：正书。文云：天眷二年（1139），世阅五十九。末云：壬申孟夏五日。考为大安四年。”按：大安无四年，似于金天德四年（1152）立。

“竹谿”篆刻　勒作书坊附近岩壁上。二字皆篆书，未署名，传金代党怀英书。《金石汇目分编》卷十之一（泰安府）：“金‘竹溪’二字：党怀英篆书，无年月。徂徕山攒石崮北崖。”一说蒙古国时高翿书。清段松苓《山左碑目》卷一《泰安县·待访》：“元‘竹谿’二字，高翿书，在徂徕山西北攒石崮北崖。”

党怀英“竹谿”篆刻（左）鹿善森诗刻（右）

六逸堂碑※　佚。《金石汇目分编》卷十之一（泰安府）：“金徂徕山六逸堂碑：《天下金石志》党怀英撰并书。泰安州。”约立石于金大定年间。

四禅寺敕牒碑　在四禅寺。金大定二年（1162）立。碑高93厘米，宽86厘米，厚20厘米。碑体完整，上部文字清晰，下部文字漫漶。《岱览》：“右碑，高二尺七寸，广二尺四寸。作二层，上层敕牒有礼部衔二列，一真书，字径二寸，一行书微小；敕牒三列，行书，字径二寸，惟‘奉敕’字独大。‘泰安军’一段及年月下姓名皆真书，字径五分。其用印处有三，印径二寸，篆文曰‘尚书礼部之印’。后三衔字径一寸五分，末行字阔二寸四分，甚扁。下层记文三十行，行十一字，字径五分，皆真书。碑立寺中，今与寺俱佚矣。此从旧拓本录之。”碑未佚，犹在寺中。上层碑文谨按牒文原式著录，以见当时牒文格式。

碑文：（上层）

尚书礼部牒

泰安军奉符县天封寺僧法润、东平府普照寺受业僧普汶、太平镇

庆成院受业僧义政，状告见住本□□□□□□□四禅庵。本庵房

屋系伍拾间已上自来别无名额，依奉

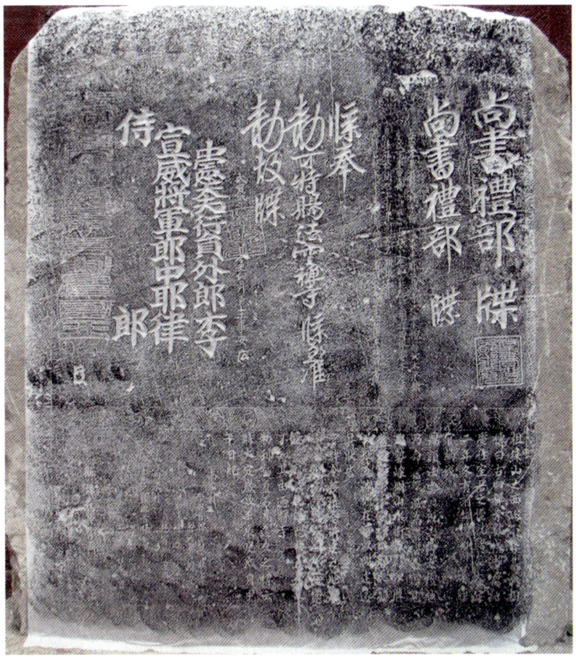

四禅寺敕牒碑

上畔，已经本军中资库纳讫，合有钱数，乞立寺额，须至给赐者

牒奉

敕可，特赐“法云禅寺”，牒至准

敕，故牒。

大定贰年贰月□日，令史向升昇（押），主事安（押）。

中宪大夫、行员外郎李（无押）。

宣威将军郎中耶律（无押）。

侍郎、正奉大夫、礼部尚书、兼翰林学士、承旨知制诰、修国史王（押）。

（下层）徂徕山之西峪有寺基□，相传曰古四禅寺。数代老宿结庵作室居之，仅就绪矣。大定二年冬，有前住持法润等，经官纳钱，赐额“法云”。润既法□光檀越，乃命福灯□为□□□，窃见□势峻侧，山水冲注，难以修盖，□□□□□□□□□□故址瓦砾犹在，因以兴建，遂具状告官，许令移徙今所建之地，□□□□□□□□□□□□□□□□□□恐后□□□不知其由，迺将寺敕刊勒贞石，为远久之传云。时大定岁次壬辰庚戌月甲午日纪。

南王村：维那首韩□、耿法林、蒋法莹、韩友、韩適、蒋存、杨宥、皇明常。

西朱村：维那首张明宽、高法元、毕政、王琮、张清、任成、窗仙。

劝缘住持沙门福灯立石。

西王村木匠王真、石匠王永模刊。

石震题名 位于徂徕三岭崮东崖，“独秀峯”摩崖左侧下方。长125厘米，宽35厘米，楷书。文字已漫漶不清，仅有“秀”“峯”“览”等字可识。《岱览》：“右真书，勒独秀峯北崖。庚寅，盖大定十年（1170）也。”

题刻：徂徕居士石震过独秀峯，览太白遗刻有感，题识于后。婿党怀英偕行，庚寅长至日。

宝岩庵僧福深等题名※ 佚。题刻于金大定十二年（1172）。宝岩庵所在不详。清缪荃孙《艺风堂金石文字目》：“宝岩庵僧福深等题名：正书，大定十二年三月十八日，在泰安东南九十里徂徕山。”

重修法云寺碑※ 佚。金大定十六年（1176）立。《岱览》：“右碑，亦分上下二层，上层刻敕牒，与四禅寺牒文皆同，惟牒文见住本下‘军奉符县羊栏村’七字未损，及‘拾贰月’与四禅寺牒云‘二月’者稍异耳。此碑高四尺四寸，广二尺五寸，上层字较彼碑差小，下层记文二十八行，行四十五字，字径五分，并真书。在寺中殿前，南向。”按：上层敕牒与四禅寺牒文相同，兹不重录。

碑文：重修法云禅寺之记

徂徕山南羊栏村有四禅寺废基，石佛断碑尚存，创建于北齐河清二年。今有僧福灯者，兖州曲阜人也，俗姓屈氏，爰从妙龄，慕善出家，为童行。时云游济南，投开元寺普贤院。安居日久，礼僧赐紫真教大师善慧为门人，受业披剃。厥后，出入起居，事师之礼，□罔不循。一日语福灯曰：“人能宏道，非道宏人。佛道至妙，苟非我辈，孰能阐扬？汝其念之，当择有缘之地，以回胜事。”他日，福灯飞锡北来，故照此所有大因缘，与僧法润等，结庵上峪。或迎送约束，或求化僧储，往来维行斯地。观其四禅古迹，未尝不恻然动怀。屡见檀越高年硕德，具说修建之意，翕然喜从。有西朱村《华严经》藏主张明宽、南王村韩法圆，俱受五戒，自后酒肉荤腥，特不濡唇。二公同志，悦清净、慕山林，凡百正己，惠贫放物，仁义兼行，为里人所重。举事推诚，住持僧福灯坚请明宽等为□首，虽义不获，已

退省毕抑，不惟不敢自擅，亦叹独力不暇给也。遂专见众村耆艾，说其修建缘事，靡不允合。即约同陪入山，临四禅古基之次，彷徨周览。少顷，灯公谓诸公曰："此废败之地，不可荐修寺宇，当别卜善地而兴创之。"佥曰："然。"于是去古基北数百步间，选地数亩，形势爽垲，宜建佛宫之地。当年二月差收谷，且辟荒榛，起磐石，修□址，人皆不惮服勤之劳。新□既成，遂乃鸠工集役，遴选材木，以经以营。富者输财，贫者效力，修成法堂、方丈、僧房各五楹八椽，寝堂三楹八椽。栋宇雄壮，檐殿高揭，窗牖疏明。经始于大定辛卯仲春，庆成于丙申孟秋。其笆瓦材木，阶砌石局，工师日食之费，约用钱伍千余贯。蒙檀越厚助，俾衣钵有资。既而堂宇功毕。灯公与众纠首共□，幸遇昭代，圣□复起，□大定之初，天下鸿宁，释教大兴。□□□住庵僧润公等，与善知识数□□大发□意，裒集钱叁百贯，依奉上畔，经本军军资库纳讫钱数，乞示寺额，伏蒙朝廷特赐"法云禅寺"。噫！寺之名额尚矣，堂殿、佛像、廊庑次焉。若不刻于石，永怀废毁之忧，命莘夫以纪岁月，垂诸不朽。梵刹之侧，诸山环拱，屹然而起者，东曰他山，西曰谷积山也。蔚然而秀者，南曰独山也。潺潺乎泻于两峰之间者，方丈之后溪也。三门之前，泠然清浚，注焉而不盈，酌焉而不竭者，白莲泉也。其余林木溪壑尤美，不可胜言。异日，老宿大德，若闻而知之，接袂连驭，自他方而来，栖迟于此间也。愚虽颛蒙，窃闻法云禅寺檀越四远，乡村繁阜，风俗协和，礼义相睦，纯质而厚，简约而廉。贫居豪室，慕善之心，□皆有之。每当春冬农隙之时，或于精蓝，或就私第，举莲社，广斋供，延僧流，赞诵梵音，讲究贝书，瞻礼圣像，□兴□□□□□勤，是知佛教不可思议。住持僧福灯，自天德二年、贞元元年，两次经本军陈□□乞存留余□公据二本，带请到绕三山栏地土□□□□□南至谷积山□□□□□□西至□山高家崮，□□□□□□□□□□□□□内据称，除出石栅阔磴砣□焦砂岭外，合输□□□。至大定八年，又经本县告状，出给公据，令福灯毁坼翻移，□□□□屋宇材木砖瓦一□修建施行，是为可书。自度肤浅，故不敢述文，姑摭其实以志之。大定丙申仲秋晦日，故济州司录孙张莘夫谨记。田茂刊。

劝缘住持福灯立石。

智公山主塔记※　佚。金大定二十九年（1189）立。《金石汇目分编》卷十之一（泰安府）："金光化寺智公山主塔记：正书。大定二十九年四月二十八日。"

"竹溪佳境"题刻　勒二圣宫附近岩壁上。摩崖高154厘米，宽35厘米。《岱览》："金安升卿勒'竹溪佳境'于岩，字径尺。"清《泰山志》："安升卿题字（正书，在徂徕西南麓乳山下）。右刻'竹溪佳境'四大字，每径一尺。"

"竹溪佳境"题刻

安升卿题名※　佚。题刻于金明昌三年（1192）。《岱览》："右真书，勒屏风岩石上。安升卿，金泰安人，自号三溪逸人。

题刻：岱下安升卿，与徂阳王赓、姜孝

仪游徂徕，探古迹。溪谷碌碌，松柏森森。得冠军石经于佛谷，访竹溪六逸于乳山。遂登绝顶，拜感应侯祠，憩于紫霞洞；次临紫滟池、白鹤湾，过徂徕书院，至竹溪庵小饮，跻北岩而望岱宗，心游天外也。明昌壬子孟夏记。”

孔端肃题名※　佚。题刻于金明昌三年（1192）。《岱览》：“右行书，勒野人洞壁。”孔端肃，金曲阜人，孔子后裔。

题刻：明昌三年秋，孔端肃自阙里之徂徕，访石君德润山斋，游览名胜，历万松岭，登绝巅，礼神祠。北下林壑更幽，一山岣嵝特异，名曰‘玲珑岩’，古洞深敞，传唐王希夷尝栖此，书之以识遗迹云。”

日公首座塔记※　佚。金明昌六年（1195）立，附刻于大安元年（1209）。《金石汇目分编》卷十之一（泰安府）：“金光化寺日公首座塔记：正书。明昌乙卯六年春十一日。附刻因公山主塔记。大安己巳。”

陈氏墓碣※　佚。金大安元年（1209）立。清缪荃孙《艺风堂金石文字目》卷十五：“陈氏墓碣：正书。大安元年己巳十二月初十日。在泰安光化寺。”

重修普净禅院碑※　佚。蒙古太祖二十一年（1226）立。普净禅院院址不详。《金石汇目分编》卷十之一（泰安府）：“元天保寨重修普净禅院碑：时日新撰，李居敬行书并篆额。丙戌是太祖二十一年。”

重修光化寺碑※　佚。蒙古定宗元年（1246）立。碑通高200厘米，宽92厘米。碑额篆“重修光化禅寺之记”4行8字，字径13厘米。碑阳文20行，凡854字。字径2.6厘米，隶书。《山左金石志》：“光化寺碑：定宗元年四月立，八分书，篆额。碑高六尺一寸五分，广二尺四寸五分。在泰安县徂徕山光化寺内。右碑额题‘重修光化禅寺之记’四行，字径四寸。文及题衔凡二十行，字径一寸。高翿撰、书丹并篆额。碑无时代，惟云岁次丙午四月六日记，案丙午为元定宗即位之年，其时未有年号，故但纪干支也。”《岱览》云：“右碑连额高六尺，广二尺八寸，额篆仝题，八字四行，字径四寸。文二十行，行五十字，字径八分，八分书。在寺内壁间，东南向。考《元史·地理志》，兖州金改泰定军，元初复为兖州。节度使之官，元初已易。此碑时宥犹仍金制，自是蒙古草创之时。丙午为定宗即位之元年，其时尚未建国号、年号，故但书甲子也。”《艺风堂金石文字目》卷十五：“重修光化寺碑：……碑阴山场地亩善迹题名。正书，额篆书。”《重修泰安县志》卷十四《艺文志·金石》：“重修光化禅寺碑：高诩记，高翿八分书并篆额。在徂徕山东南麓，嵌壁，东南向。碑无时代、年号，但云岁次丙午四月六日记。旧志以是碑为大德十年所立。案碑称时宥立石，其官为承袭泰定军节度使。考《元史·地理志》：兖州金改泰定军，元初复为兖州，不应至大德十年复称泰定；且节度使之官元时已易，然则泰定军节度使者，尚是金代之职。丙午则元定宗即位之元年，其时未有年号、国号，故但纪干支也。”

碑文：重修光化禅寺之记

宣差东平路万户总管府掌书记益津高翿书丹并篆额

徂徕光化寺者，其来远矣。始创基于后魏，至隋朝而有光化之名。唐有天下三百余年，衣钵相传，宗派不泯。继以五代之乱，寺从而废。赵宋开国，迨及祥符七年，复赐号“崇庆”，而与明孔山之灵岩相为甲乙。无何，贞祐之变，殿宇堂庑尽为灰烬，靡有孑遗。呜呼！名山胜概，福田善境，何难成

易坏也如此。盖废者兴之本，盛者衰之因，此物理之常，自然之道也。我左副元帅、前泰定军节度使时侯，当纷拏之际，卜寨天保，以忠诚义气，力戡大难，保完老幼。事甫底定，又以凶荒饿馑为先备之计，务劝课农桑，使民力本，积劳累功，衣食粗足。时侯意谓，向时大兵之下，我一方生齿不冒矢石，不入汤火，不转沟壑，岂非吾乡中有善人大君子，素积德行，有以感之者邪！不然，何皇天眷佑如此之重也。若不革心惕虑，力行忠信诚悫，焉能应之。眷我光化名刹，真种福香火之宫，不得具眼目人，殆难劝善宏教。遂敦请晖公长老住持，载振瀚音。行缘未尽，以老退堂。方法嗣高弟味公重继祖镫，公以谦退避，游沂水，久而不还。时侯虚法席，使为善者老士庶无所归依，复遣人致书远迎。公不能拒，振锡而来，遂夷荒铲秽，支倾起废，意在兴崇。袭爵节度使时侯政暇之日，命仆来访方丈。参礼之余，四顾寺基，周览形势，又见作新法堂。僧众谨严，顾谓仆曰："大人元帅节使致仕，休闲堂下，受戒经营此地，无一日暂忘金碧之像，力犹未到，尚冀年登，民有余力，以为后图。大人之心与味公之心一也。"又语仆曰："父有德，子不述，非孝也；人有善，外不称，非忠也。敢屈雅意，序其行事，可乎？"仆恭诺承命，谨采摭始终之迹，刻诸琬琰，用劝来者。大矣哉！如来之教，遍满三千大千世界，乃散在一切诸有含生之类。如来闵念众生，皆有本来之性。为阎浮州中有大点巨奸六贼，往来纵恣，诳诞众生，造诸妄缘乱想，使迷执不归。如来是故喻之以善恶，明之以因果。恐未悟，复诱以天堂，晓以地狱，为善必升，为恶必堕，谆谆切切，唯恐一物之失。乃至劫火焚烧，非法雨无以息业风；苦海沉溺，非慈航不能济骇浪。噫嘻！非如来大慈悲功德不可思议，尚谁能极于此力乎！其无生之理，唯了心见性者得之。仆以固陋无学，安敢以胸臆妄论之矣。岁次丙午夏四月有六日，前进士益津高诩记。

武略将军、都巡检段钦，军民副弹压、提控薛裒，武略将军、总领军民都弹压夏进，详议官郑居常，宣武将军、兵马都总领、兖州观察判官时遇，镇国上将军、承袭泰定军节度使时宥立石。楚太刊。

二圣观田园记　田园记石刻有两处，一刻于蒙古丙午年（1246）元月，一刻于蒙古己未年（1259）三月。己未年石刻长150厘米，宽100厘米，约200字。一处崖石崩落，一处漫漶不清，皆无法著录原文。《重修泰安县志》卷十四《艺文志·金石》："二圣观田园记：记略谓：致仕时侯以本观道众不能安集，乃与其袭爵男宥定议，将自己青石泺祖业地尽行施与。致仕时侯寿终，宥遵遗命行之。后以侯父子功德宏普，不宜泯晦，刊石示远。时袭爵者宥男权也。署己未年三月，无年号。按之《元史》，时为宪宗九年。"

王天定题识　"磐溪。徂阳□□旷□有贵人峰、清风顶、石室、桃花峪诸奇，双流交会，大书曰'磐溪'□绝观□。时□□己酉五月，王天定识。"己酉即蒙古海迷失后元年（1249）。《岱览》："右并真书，勒礤石峪壁间，今残缺。旧以己酉为至大二年，当是定宗崩后之次年也。"清《泰山志》："磐溪二题字并跋：王天定正书，在徂徕礤石峪。定宗己酉五月。"

"许鲁斋读书处"题刻※　佚。《岱览》："右并真书，勒乳山下。"《金石汇目分编》卷十之一（泰安府）："元许鲁斋读书处题字：王天定正书，己酉夏五月。是定宗皇后称制元年。”己酉即蒙古海迷失后元年(1249)。

题刻：许鲁斋读书处。岁己酉夏五，泰山后学王天定谨识。

晖公禅师塔志※　《金石汇目分编》卷十之一（泰安府）：“元光化寺晖公禅师塔志：沙门福汴述并八分书。篆额。岁舍上章淹茂十月，是定宗皇后称制二年庚戌也。”清缪荃孙《艺风堂金石文字目》卷十五：“晖公禅师塔铭：福□述并分书，额篆书。岁舍上章淹茂冬十月。在山东泰安光化寺。”按：其年即蒙古海迷失后二年（1250）。释福汴，元龙兴寺僧。泰安布山大云寺（在肥城安驾庄镇小龙岗石村）有其所撰《泰安州奉符县第六乡埠上保布金山大云禅院通慧大德全公律师行状碑》。

毛姑留诵摩崖　在庙子林区南毛老姑庵遗址之上。文中“乙卯”即蒙古宪宗五年(1255)。据《岱览》载：“乳山西二里，旧有毛姑庵。元初，毛女冠居此修持，既化，时宥为表其墓，因称其地为毛媪谷，曰毛老谷误也。”时宥，泰安天宝（今新泰天宝镇）人，泰定军节度使时珍之子，袭爵。

刻文：乙卯年十一月十九日，毛老姑化而留诵曰：混处修持三十年，是非海里了真缘。如今撇下皮囊去，拍塞虚空亦自然。前泰定军节度使征行千户时宥纪石。

二圣宫诗刻　位于三清殿东，勒二圣宫附近岩壁上。摩崖高66厘米，宽44厘米。诗未署名，世传鹿善森所作。鹿善森，字茂之，金元之际人，以儒入道，隐居徂徕山贫乐岩。

诗刻：白云堆里道人家，木食草衣度岁华。菜圃丹炉闲活计，青桐黄卷恬生涯。纷纷翠袅风前柳，习习香飘雨后花。不挂市朝名与利，且赢高枕卧烟霞。

二圣宫诗刻

二圣堂碑※　《岱览》：“右碑，连额高六尺，广二尺八寸，额篆‘贫乐岩二圣堂之记’，字径三寸。文二十四行，行五十五字，字径九分，八分书。勒岩前，南向。《泰山金石考》云：‘孔元措在蒙古太宗时袭封。丙午乃定宗贵由元年，诸志皆云大德十年，误。’”《重修泰安县志》卷十四《艺文志·金石》：“二圣宫碑：高诩撰，高翿八分书，孔元措篆额。在徂徕山阳二圣宫西偏。案《元史·太宗本纪》：孔元措在太宗五年袭封衍圣公。碑署年曰丙午，乃定宗元年。旧志及《泰山图志》作大德十年，误。是年七月并有《二圣观山场田园记》刊石，田园为时宥所施已业地一段及诸人所施地土，又山里一段土。”

碑文：贫乐岩二圣堂碑记

宣圣五十一世孙袭封衍圣公孔元措篆额

宣差东平路万户总管府掌书记益津高翿书丹

盖闻大道混冥，老氏□以启其□，异端□□，孔子□以行其说，乃立言垂训，广大悉备，包含万类，一以贯之，为无穷不朽之教，永作成法。大矣哉！非二圣人者出，其

孰能兴之。故老氏以《道德〔经〕》□□□□有三：究元气之祖者，则曰“有物浑成，先天地生，寂兮寥兮，独立而不□，□行而不殆，可以□天下母。”又曰：“道生一、一生二、二生三、三□□□□焉。”□□□之术者，则曰：“道常无为而无不为，□□□□守万物将自化。”又曰：“我无为而民自化，我无事而民自当，我好静而民自正，我无欲而民自□。”立修身之旨者，则曰：“明道若昧进□□□为道日损，知足不辱，知止不殆。”戒以刚强，守之柔弱，此道德发用之余蕴，而元妙之大，无有□□，□万世无老氏道几于息矣。夫孔子之道，尧、舜、禹、汤、文、武、周公之道也，故祖述宪章，发明盛德，大业流风，善政美化，嘉泽至□□美□试□□□□□□□于六经之中，灿然靡所不载。是知孔子之德，为人伦之标准，作王道之纪纲。用之久治，□之□□，诚百王不易之道，世□□□□□□□□道，天地也，日月也，无得而名焉。呜呼！三代而下，乱国相继，正道不行，是犹天地不能无否，忽泰则□；日月不能无晦，忽开则明。圣人之道□□□□□□□则亨。故老子之教塞于周秦，而见于汉之文景，崇于两晋，盛于有唐。孔子之道厄于□□，□□于大汉，又昏于魏晋，久息于宋、齐、梁、陈、隋，□□□唐则大振。吾二圣人之教，俱伸于此时，一谥帝号，一册王爵，天下万世之公论定焉。愚故曰：为无穷不朽之教者，此其效欤！厥后游圣人之门，宗□其道者，世有其人，今我鹿公先生近之矣。公北幽襄溪人，善森其名，茂之其字也。素业儒书，尤深于《易》，仆□向日从事环庆，得识眉宇。兵乱之后，垂十五余载，今□复与公相会。公语仆曰：“善森先师同里铁李真人，师事□□□□子郭凤仙几三十年，得诀了悟。真人未尝读书，经史之言，问无不知。或□□□时数处应请。一日，善森与二三友人，讲《易》于刘氏宅，真人忽至□谓众人曰：‘大易神变不测，岂庸俗能探赜幽□乎！’□□元旨一坐倾听，从来未之闻也。复谓善森曰：‘以尔学道，若不屏聪蔽明、黜华□□，□□□于今之世矣。’因感悟斯言，它日断发毁形，敬□师前叩头请教，乃锡旨训曰：‘戒之戒之，道以德为本，德以孝为基，尔终亲□□□□。’善森□□母以寿终老，虽屡涉艰险，常惕□□，不忘初□。岁在癸巳，来寓钜平，后改踰徂徕，不悔入道之晚，务在力行。”语既，仆服膺此言，以□其事公□□□指语默动静，无非道也。公□□孔子□□□□老氏之教，又谓昔者孔子适周，问礼于老氏，以尊先进，因立二像于一堂，□□□□并坐□□友徒□□□瞻礼，可谓不负所学，而知所□□□。尝读后汉文，见孔文举幼谒李膺之言而曰：“先君孔子，与君之先人李老君，同□□义而相师友，融与□累世通家焉。”□于□□又知孔、老以圣接圣，同时行教，其名虽殊，理则一也。此公之作堂本意，岂私也哉！泰定军节度使时侯父子，崇信教□□□下□德望□若公之志行，宜其见重。仆忝与公有旧，因拜圣容，礼成而后，不能无言。谨取公始终出入之义，及公□□行迹□□之言，以序而□之，用刻贞珉，□之久远。休哉！风化之行，使为儒为道者皆敦朴忠信之人，公之力也。其尊师重道，护持名教，为牧民司事之本者，又见时侯贤父子之功德宏大，默膺荫佑，谅不浅矣。前进士益津高诩记。

岁次丙午夏四月庚申朔四日癸亥，镇国上将军左副元帅前泰定军节度使兼兖州管内观察使陇西郡开国侯食邑一千户致仕时珍、袭爵男时宥立石。

香绳岩田园记残碑 是三段残碑。第一段残碑佚，仅存14字，隶书。第二、三段残碑原在二圣宫，后存徂徕林场庙子林区院内。三段残碑系同一碑石。碑石年号已残。残石中之“时侯”，当指时珍，而“陇西郡”“(食）邑一千户致（仕)”之衔，也与时珍职衔相合，故当为蒙古国时之碑。

第一段残碑：香绳岩田园记

凡□人所在草（下残）乎内匆（下残）

第二段残碑：（上残）子云大儒圣（上残）难厉其德庶而孜（上残）门燮式贪警愚（上残）诠妙用内传先生（上残）祀几千若此先生行（上残）肆狂斐敬承范模徂徕山

（以下楷书小字）（上残）从而文之□小人之交不过乎势力

第三段残碑：（上残）卣又为之铭刻之于石传之不朽使后（上残）夫崇观耳时侯运成美之心

（上残）夏四月初

陇西郡（下残）邑一千户致（下残）

炼神庵摩崖 镌刻于蒙古国时期。摩崖高216厘米，通长约500厘米，共分四方，是蒙古国时期的炼神庵刻石。刻石分为记（第一方）、牒（第二方）及题名（第三、第四方）。据摩崖所记，此地名葛氏岩炼神庵，当时庵主为丁公志年（又作志杲），其少拜丘处机门人范志敦为师，为全真第四代传人。蒙古太祖二十年（1225）居徂徕。此前炼神庵

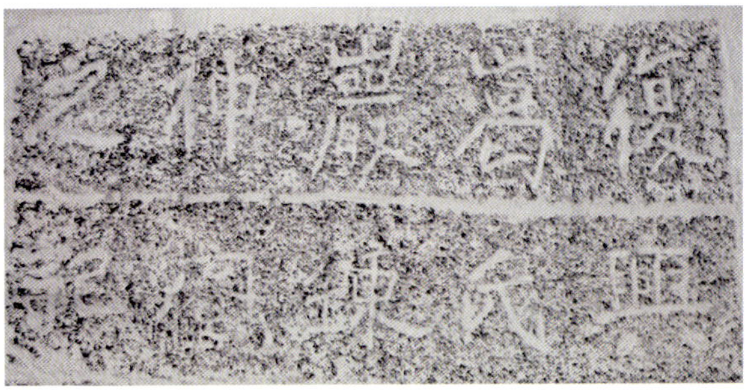

“复兴葛氏岩炼神庵之记”题额拓片

毁于金末兵乱，丁氏致力复兴，历经十余年缔构，“殿堂室馆、庖厨园圃，咸有伦序”，成为全真在泰山地区的传播中心之一。时人撰《复兴葛氏岩炼神庵记》，刻石于岩。炼神庵牒中除记述赐予丁氏紫服师号之外，还节录蒙古皇帝圣旨、后妃懿旨、太子令旨共8件，这些诏旨绝大部分不见于史籍著录，如所录成吉思汗予“丘神仙门下出家师德名号”圣旨，孛罗真皇后、唆鲁古唐妃懿旨，昔列门、和晳两太子令旨。摩崖旨文的发现，对考察蒙古汗廷与全真道的关系，提供了珍秘史料，摩崖所记史实，对于了解蒙古国时期全真道在泰山的传播具有重要价值。兹录第一、第二方碑文及第三、第四方题名如下。

第一方：（额）复兴葛氏岩炼神庵之记

复兴葛氏岩炼神庵之记　贫乐岩邓志时□

窃以乘轩跃马，侈奢过于侠豪；穴处林居，清適畅乎隐逸。□氏□□□人，相传昔葛仙公尝游居于此也。考诸仙传，仙公姓葛氏讳玄字□先，琅琊人。家世簪组，幼能自立，好学，性明敏，博通古今，群经子史，靡不□览。时执事者欲辟为掾，仙公卒辞之。乃衣道家服，入赤城山修道，復周旋于王屋、括苍等诸名山，五芝服尽，超世登真，神化莫测。凡至人所□即□故事。后人企慕，世相传不为妄矣。然此泉清土肥，林木蓊苍，□峦□□，所以修真养浩之士，徜徉于此者继有诸。因目其所居，以炼神庵为号。被河朔兵乱，兹所屋宇，悉遭焚毁，久经荒废，无人住持。岁在乙酉，修真道士丁公来此，结茅居之。公讳志杲，世居下邑，童幼出家，礼益都□□□真常子范君为师，盖有道之士也。公严事谨敬，密得其传，又其□人德□行□，居民遂化服而来之时，□相劝诱兴复。故其平窪展隘，禅坏劥新。

前后数年，殿堂圣像、庖厨园圃，咸有伦序。厥工告成，泰定军节度使时侯父子崇德尊贤，护持教门，嘉其胜事毕矣，虑久而泯晦，因命工刻石，以纪始末。公引及门人几百数，葺营三观，曰通道、神佑、灵阳，各有碑载公之行跡。彼兴建之次第洎诸方助缘之善知，既已详备，今不復云。

岁舍庚子二月初吉日记。

镇国上将军、左副元帅、泰定军节度使兼兖州管内观察使、陇西郡开国侯、食邑一千户致仕时珍、袭爵男宥、孙栋同纪石。徂徕杨德义刊。

第二方：皇帝圣旨里恩赐　文牒

成吉思皇帝圣旨节文：丘神仙门下出家师德名号，应合与底，你便与文字者。又钦奉哈罕皇帝圣旨节文：告天道人每拣择者，你底言语不信底人，你识者。近奉贵由皇帝圣旨：只依着已先圣旨行者。大躰例里告天者。

照得甲辰年十月初八日，钦奉皇帝圣旨，令长春宫李真人作普天大醮，仍普度戒箓师德名号等事。又奉断事大官人文字节该：照依已先应有底圣旨行者。己酉年八月廿五日，续奉孛罗真皇后懿旨：道与掌教李真人者，你已先皇帝圣旨，天下应有底出家善人高上师德都教你识来，我教将去底冠服给与底，大师每根底但文字里头合加与名号底，都你识者。唆鲁古唐妃懿旨节该：如今只依成吉思皇帝底、哈罕皇帝底圣旨行者。昔列门太子令旨节该：已先前圣旨，咱每子子孙孙，怎敢别了，只依已先圣旨里□者。和皙太子令旨：这掌教大宗师李真人，依只已先圣旨，但是真人先生每都教识者。

除钦依外，今据东平府路道录司保到泰安州徂徕山炼神庵住持道士丁志年精进道业，德行素著，依奉圣懿旨，恩赐师号，金襕紫服一套，仍仰每日诵经告天，祝延圣寿万安者。所有恩例文牒，须至给付者。奉圣懿旨可授和光大师。依准圣懿旨，故牒。

庚戌年十二月□日牒。

镇国上将军、左副元帅、泰定军节度使兼兖州管内观察使、陇西郡开国侯、食邑一千户致仕时珍、袭爵男宥、孙栋同立石。

第三方：全真观庵道众下□

炼神庵　傅志善　□志□　胡志章　刘志永庵主　滕村灵阳观　宁志平安闲子知观　张志林□□子知观　杨志安　胡志安　徐志成　□志通　□□□　蔡志和　□志冲　王志益等张志玉　□□炼神庵圣旨□□□□□□□　郭志熙　徐志远　□玉昌　□□□□福□　王志□　□进章　文□□　王和童亭亭山神佑观卫志坚无欲子　丁志□　张有童　余志川　东向通道观　□□□　郑志□曲志□　符来童　西朱玄真庵　郭志□（下残）　通真庵　曾志元　安阳子　□志□

炼神庵牒文摩崖

郭志元　秦志□□□子　□□□　徐志□　东平府积善坊保真庵　丁守清　平守和　郭守柱　王守清　□□童

第四方：

滕村修真庵　刘守真张守明烟霞散人　李守纯　吴守存　孙守□　刘善童　李□童　崔村闻善庵　崔守和元真散人　吉守宽云霞散人　西朱修真庵　段守□　长清县玉峰庵　王守妙　□□□　东向葆和庵　姜守□　□守元

干缘人朱德辉

石匠　张全　张林　郑贵

重修上清观摩崖　在炼神庵北一石上。右为六字篆书大刻“重修上清之观”，左为“赐紫昭惠大师”等道士题名8行。篆书右侧有题款1行，为“东平府须城县人信世昌题额”。信世昌，字云父（甫），东平须城（今东平县）人。其父信亨祚，为严实属下之五翼军统领。世昌少从学于元好问，历官须城令、五翼管民官、太常丞等。文天祥被俘北上时，世昌奉元将张弘范之命，为文氏伴送官。徂徕山为五翼军驻防之地，故信世昌与徂徕关系甚密，因此同山中道观多所往来。

刻文：重修上清之观

赐紫昭惠大师卫志坚

圣懿旨恩赐师号□□□□□

端静大师傅志善

圣懿旨恩赐师金襕紫服□□□

圆明大师□志□

赐紫冲和大师张志□

赐紫洪□大师□志坚

（上残）□□大师□志通

东平府须城县人信世昌题额

贫乐岩铭※　佚。《岱览》：“右中统元年七月杜仁杰撰，严忠范真书，勒岩上，文多缺损。”《重修泰安县志》卷十四《艺文志·金石》：“贫乐岩铭：杜仁杰撰，严忠范书。在徂徕西南麓，漫漶。”严忠范，东平大行台严实第四子，中统二年（1261）代其兄忠济任东平路行军万户管民长官。善书，岱顶《天门铭》即其所书。

“贫乐岩”摩崖题刻　勒二圣宫附近岩壁上。篆书。《金石汇目分编》卷十之一（泰安府）：“元贫乐岩三字：鹿森篆书，无年月。”

“演易斋”摩崖题刻　勒二圣宫附近岩壁上。篆书。《岱览》：“篆勒贫乐岩左山下，皆失名。”《金石汇目分编》卷十之一（泰安府）：“元‘演易斋’三字：许鲁斋篆书，无年月。徂徕山贫乐岩北。”

杜仁杰题名※　佚。《岱览》：“右真书，勒白鹤湾东崖。”清《泰山志》：“杜仁杰题名（正书，在徂徕山白鹤湾）中统元年七月”。

题刻：长清杜仁杰，与严忠范游徂徕，观水于白鹤湾，松崖临壑，高深难量，□□鹤回翔□□，时中统元年七月也。

鹿善森诗刻　在竹溪庵附近石壁。中统二年（1261）镌。文渐漫漶。“栖玄子鹿老先生”即鹿善森，襄溪道人，岁癸巳（1233）寓泰安，后于徂徕乳山下作二圣堂。

诗刻：徂徕山栖玄子鹿老先生题：道既不行隐即宜，也须择地可栖迟。苍岩翠谷依松竹，绿树澄潭玩鹤龟。适志乐天情自足，安贫任分更何疑？竹溪却愧六君子，复恨余今生异时。　　中统二年

性禅师塔铭※　佚。元至元十三年（1276）立。《金石汇目分编》卷十之一（泰安府）：“元光化寺性禅师塔铭：正书。有额。至元十三年正月初九日。”

时震观涛题刻※　佚。《岱览》：“右真书，勒坞旺泉石壁。”清《泰山志》：“观涛

二字并题名（时震正书，在徂徕之阴中军嶂），大德四年十一月。”

题刻：观涛。大德四年岁在庚子仲冬之初，泰安州儒学教授时震题并书。

竹溪庵碑※ 佚。《岱览》：“右碑，文与额及碑阴并真书，漫漶过半，在今玉帝阁旁。”清《泰山志》：“右刻在徂徕西北，旧为竹溪庵，今为玉帝阁，残碑犹存，碑与阴及题额皆正书，甚剥落难辨。”《重修泰安县志》卷十四《艺文志·金石》：“竹溪庵碑：时震撰，刘绂书。大德四年，勒徂徕西北麓。初为竹溪庵，后为玉帝阁。碑剥落不可辨。”元大德四年（1300）立，“文革”中推倒砸断。

碑文：竹溪庵记

泰安州儒学教授时震撰，泰安州儒学教授刘绂书

竹溪旧为名区也尚矣。粤自隋唐迄宋，贤士大夫欣慕歌咏之作，所以志其盛者，不为不备。及乎名姓刻列于碑阴，世失其旧，剥落而不存者多。金□□党公一时修举，犹多□灭，不能完复，可胜叹哉！其兴废之由，固有关必无□□不可数计，亦由夫宏继者，或非其人，安措失宜，张而复弛，卒无成效者有耳。比得庵主□道源□□□李之高弟，李公尝以宾道□重其能，道源洎进徒刘进童，踵成其事。二师皆性行修洁，志务勤苦，己不□□难强人，深为远迩敬信，故当初弊，难祈更兴。□积数年间，虽未能复还旧基，而殿廊斋舍，抑次第而合时完矣。其不坠徂徕芳游者，夫岂偶然哉！越大德戊戌岁□□，刘公学而爱敬之，由上考，来为奉符尹。公久于国政，克勤吏职，受任伊始，量时敷治，境内赖安一时。行旅过此，追忆是庵，为移时之留。因□二师辅□□军居此，晨夕起奉香火，凡耗灭无一不复焉。即其所恢拓书社，振起文明，为此境镇（缺七字）且告以成败之由，毅然为之倡首，从而助之者，皆不悼□□。刘公喜而和之，愈靡已焉。□□匠会，未阅月，工已告厥成矣。而□于是择吉日，会乡老，升堂共治成之。二师既感其诚，不吝有所乐施者众，苟非刻石以志，将毋以助施□。遂征文于仆，任□□职，义难固辞，乃总其始末，并编次助施姓名，庸纪是岁月云。

大德四年十月己卯日。

义公禅师塔铭※ 佚。元至治三年（1323）立。清缪荃孙《艺风堂金石文字目》卷十六：“义公禅师塔铭：沙门德林撰并正书，篆额。至治三年十一月日。在山东泰安光化寺。碑阴门人题名，正书。”

宽公山主塔铭※ 佚。元至治三年（1323）立。清缪荃孙《艺风堂金石文字目》卷十六：“宽公山主塔铭：正书，额篆书，至治癸亥年丁巳月丁卯日，在山东泰安光化寺。碑阴弟子题名，正书。”

圆公监寺铭※ 佚。元泰定元年（1324）立。《金石汇目分编》卷十之一（泰安府）：“元光化寺圆公监寺铭：请主德林撰并正书。篆额。泰定元年暮春。”

王野人诗刻※ 《岱览》引《泰山金石考》云：“感应祠故址，巨石屹立，隐隐有字形，为苔藓所蔽，刮涤斑垢，行书甚古致，殆王希夷笔也。至正下十七字，楷书差小。径蹊危绝，游人罕有至者，故不显。”按：王希夷为唐代徂徕隐士，此刻题款为至正二十五年（1365），当为元代人补刻。

诗刻：徂徕山下是吾家，吸露嘘风卧紫霞。几百年来无个事，朝朝坐对老松花。

翠满竹溪云满山，晨钟暮鼓叠烟鬟。天光一线开丹嶂，独坐松篁杳霭间。

王野人笔。至正二十五年八月十四日，留题感应侯祠。

第三节　明代石刻

本节收录明代石刻12处（含佚刻2处）。主要有许应元金鱼石题刻、徂徕先生神道碑等。

聂贞题名※　“永乐十五年仲冬，徂阴聂贞览。”《岱览》：“右真书，勒诗刻旁。”聂贞（一作聂祯），明泰安州人。永乐十六年（1418）戊戌科进士（《明清进士题名碑录》）。历官工部员外郎。刻石已佚。

广公塔铭　明成化九年（1473）立。系光化寺僧广公之墓塔。原立光化寺南墓塔林，后残毁，移存寺院之松下。

刻文：广公和尚之塔

徂徕山前光化禅寺有□下院，普净寺住持圆寂广公和尚觉灵，□见造塔，功诚胜事。

徒弟定满、定原、定恕、定余、定住、定顺。

法姪定昇、定会、定安。

法孙福庆、福宝、福全、福名、福□、福宗。

广公塔铭

本州石作□笔魏□。

大明成化九年岁次癸巳三月酉辰初十日庚子。

重修旧寺观音堂碑　在青云寺山门之右。明弘治十六年（1503）立。碑高166厘米，宽83厘米，厚18厘米。额题“（上残）旧寺（上残）堂记”。碑体残缺，碑阳文字清晰，碑阴文字漫漶。《岱览》云：“西五里为北顶，亦有仁祠，明弘治间僧文原重建，州人徐鉴记之。”所记即此碑。碑末题名中有“成鉴号无瑕”，其人见于肥城陶山明正德十年《幽栖寺重修大殿碑》中，款称“泰安州僧无瑕撰”（《岱览》卷三十二）。

碑文：重修旧寺观音堂记

泰安州治之东南四十五□（下残）水，众派之源，根盘百里，作镇一方，望之□□□□古刹旧寺观音堂一座。四面山环水遶，如嶿障列之，其间苍松桧柏，绿树澄潭，诚为神仙可居之处。迨若□十六洞天、七十二福地也。其堂经历年久，梁柱朽烂，堂宇倒塌，惟余基址尚存。适丁弘治庚申岁，本寺长老成宽素有戒行，历练老成，发心修盖，遍告本州。南望等庄善信檀越乡老滕昭等各捐己财，或施梁、柱、砖等料，起工于弘治十四年二月三日，落成于弘治十六年十月二十八日。殿堂三间，妆塑佛像，观音、元觉、菩萨具备，金碧错落，彩色绚耀，焕然一新。自是往来，士庶登临观之者，无不起其畏敬之诚而举手加额焉。自是以来率领缁黄朝参暮礼，讽诵灵文，焚修香火。上以祝延圣寿于□亿斯年，下以普福臣民于悠久而无穷也。姑为之记。

开山重修第一代长老文原号车堂，文顺号遗风。

徒弟：

成玘，徒弟佛月号东明，徒弟法会、法敏。

成宽号大量，徒弟佛准、佛继、佛天。

成山，徒弟佛能、佛贵。

成鉴号无瑕，徒弟佛敬、佛汞。

成表、成通，徒弟佛云无碍、佛赞、佛来，法环、法达。

顺徒弟：成玉，佛昇、佛曾、佛堂。

（上残）□□十月二十八日同郡致仕官竹溪隐翁徐鉴撰书并篆额。

镌字匠陈安。

重修法云寺碑　在岱岳区房村镇小寺。明弘治十七年（1504）立。额题“重修法云禅寺”。碑阴为题名。小寺古称法云寺，金大定十一年（1171）僧福灯建，金廷赐额“法云禅寺”。

碑文：重修法云禅寺之□

泰安州治东南五十里许，□□□□□隐法云寺□□□。山西接汶泮，东依大寨，北靠大山，南至□山，西至孤山，□□□□，如列□□。□□□□，□环水绕，杂树茂盛，障蔽寺门。有涧溪之水□□□石□□奇□□□思者也。诚为幽隐之处，宜乎释家之所居也。在昔佛殿□□□□□□子□古□□□□远。幸有本寺长老悟景成化四年重修□□□□□□□□□□□□□□□□□□□□□□□□□□于□□弟舟宁，其人素有戒行，儒释道典糜不同，□受本寺□□□□□□□□□□□□古殿，□告多方善信，檀越羊关庞樵、南望滕昭等各□□□□□□□□□□弘□十七年九月，起盖佛殿伽蓝堂廊坊□□装塑佛罗汉，焕然一新，□□方之人□□无虞，乐昇平之世，自兹率领本寺□□，上祝延□□□亿斯年，下以□福黎庶于悠久无疆也。特将岁月同施主姓名列之于石□，□□而弗忘也。是为记。

徐鉴撰书。

柔公塔铭　在作书坊附近。明正德七年（1512）立。仅可辨“正德七年三月初七吉日赐万寿戒坛法卷，圆寂本师柔公之塔”等字，以下小字不清。

攒石嵖题记　在攒石嵖南壁。刻于明正德八年（1513）。楷书。此石历代志乘均未著录。其地又有刻石二方，一题“独秀峰”，一题“天下一峰”，观其字体刻工（独字系简体），似近人为之。

刻文：正德八年三月初一日

谷山寺僧成章

石匠李庭先夏成

许应元金鱼石题刻　“金如石。虎林山人许应元至。”行书，刻金鱼石上。此石由立卧两石组成。立石中部嵌有黑砂石，状类鱼，其旁题勒“金鱼石”3字，未署名。卧石中部镌有鱼形凹痕。又《岱览》载一“真书，勒金鱼石上”，文云：“金鱼石。泰山封尚章、张虎有徂徕之游，至中军帐，忽雷雨大作，东□□峭崖□□欹卧□□两石，鱼痕如一，赤黄莹然，意者石□化龙去，题曰‘金鱼石’，聊以纪异云尔。时嘉靖十二年六月三日也。□□许应元□□。”未见。清《泰山志》：“金鱼石三题字并记（封尚章正书，在徂徕中军帐）。嘉靖十三年六月。”

许应元题名　在作书坊石壁，楷书。许应元（1506—1565），字子春，明浙江钱塘（今杭州）人。嘉靖十一年（1532）进士，知泰安，廉白自持，累官至广西布政使。有《陭堂摘藁》。

题刻：登徂徕，许应元嘉靖十三年二月到。

重修三清摩崖　在隐仙观附近。镌刻于明万历二年（1574）。额刻“重修三清”。凡6行，可辨33字，不可辨4字，“山东兖州府宁阳县东庄集刘宽、张氏、徐斐然，道人于蚖虚、□□道士□□。万历二年三月仝立。”清《泰山志》：“于蚖虚，汶上道士也。万历间，辟室礤石峪之隐仙观，栖神玄默，寿至八旬。”

徂徕先生神道碑※　碑高320厘米。楷书。明万历三十七年（1609）立。原在徂徕桥沟村石家林，西南向。“文革”平坟时佚失。宋焘（1572—1614），字岱倪，号绎田，又号青岩，明泰安人。万历进士，任御史，因直谏贬平定州判官。有《泰山纪事》等。为泰山五贤之一。吴希孔，明泰安生员。

碑文：宋太子中允徂徕石先生神道

上款：赐进士出身山西太原府平定州判官前翰林院庶吉士浙江道监察御史泰山后学宋焘。

下款：明万历己酉阳复月吉旦，郡后学吴希孔书。

重修玉虚宫碑　在徂徕镇东北三里无盐山玉虚宫。碑残高80厘米，宽66厘米。额题“重修碑记”。碑体完整，文字清晰。《岱览》卷二二：“又北为无盐山，汶水迳其西北，俗呼无影山。”碑末题“岁在丙寅孟春吉旦”，年号已残，其下题名有“崔家庄礼部儒官王楠兰芝”名，考王楠为明末宁夏巡抚王楫之兄（见《王櫝墓志》），则其碑之“丙寅”，当为明天启六年（1626）。碑阴刻题名。又宫墟之北有石洞，摩题行书“紫龙洞”，摩刻年代不详。

碑文：（上残）修玉虚宫记

（上残）□闻□山古秀岩也，祖起泰岳，脉延徂徕，□□之玄戒真气夭（下残）（上残）□心印明秀之奇，据为安乐之窝，服□揖神，養就擎天架海手段（下残）（上残）降服一十八国；恐喝宇内，传响三千余禩。更有四圣，曰子孙，曰□□（下残）（上残）同气，共坐一堂，显圣著灵，挥奇标异，始春秋而历汉唐，由大宋而迄□（下残）（上残）会，士女纷纷穰穰，不一万人，真此方之福□也。世代迁延，威明微电（下残）（上残）□荒迭见，人乱于下，寇盗丛生，道众逃散矣，香火歇灭矣。墙垣渐□倾（下残）（上残）无光，闻者恻然，见者嗟然，亦付之无柰何也。有道人高复峪，苦志（下残）（上残）□精神感召，捐金施财者云合而来，效力助工者接踵而至，不二（下残）（上残）重新山门、道房，赫然再振。簷牙高揭，昭竹苞松茂之美，金碧□（下残）（上残）子告虔之功也。福近乡村，咸赖其福庥，八方善信，谁不快□□（下残）（上残）为文，予不辞老朽，敢吐拙谬，织字以扬其美云。

（上残）岁□丙寅孟春吉旦，岱下庠生吴忠岳沐手谨撰，商河县高守（下残）。

（上残）崔家庄礼部儒官王楠兰芝、（下残）、南宁吴兴、陆怀宝、高（下残）。

（上残）道众高复峪，江（下残）。

（以下碑阴题名，从略）

重修下庵寺碑　在王庄林区。明崇祯四年（1631）立。碑高69厘米，宽63厘米。碑体完整，文字漫漶，立石时间“崇祯肆年贰月十九日立”清晰可辨。

第四节　清代石刻

本节收录清代石刻55处（含佚刻2处）。主要有徂徕山礤石峪赡田碑、徂徕礤石峪重修楼阁殿宇碑、徂徕重修中军帐三清殿碑、汪汝弼游徂徕中军幛诗刻、徐宗干诗碑、泰安知县毛澄等堂谕碑等。

新建蓬莱观三清碑　在中军帐。清康熙二十年（1681）立。碑高210厘米，宽61.5厘米，厚15.5厘米。碑阴额题“创修蓬莱观碑记”。碑体完整，文字清晰。撰者丁体仁，清泰安人，贡生，顺治三年（1646）任藁城

训导，升萧县知县。嘉庆《萧县志》卷八《职官表》：“(顺治）十一年：丁体仁，山东泰安人。贡生。”

碑文：新建蓬莱观三清碑记

王□□□□□云：天宝君者，则大洞之尊神。天宝丈人，则天宝君之祖炁也。丈人是混洞太无元高上玉虚之炁，后至龙汉元年，化生天宝君。灵宝君者，则洞玄之尊神。灵宝丈人，则灵宝君之祖炁也。丈人是赤混太无元玄上紫虚之炁，后至龙汉开图，化生灵宝君。神宝君者，则洞神之尊神。神宝丈人，则神宝君之祖炁也。丈人是冥寂玄通元无上清虚之炁，后至赤明元年，化生神宝君。此三号，虽年殊号异，本同一也。出乎太空之先，隐乎空洞之中，无光无像，无形无名，无色无绪，无音无声。导运御世，开辟玄通。运推数极，三炁开光。气清高澄，积阳成天。气结凝滓，积滞成地。天地奠位，日月著明，人民品物，并受生成矣。经云：有始也者，有未始有始也者，有未始有夫未始有始也者。有有也者，有无也者，有未始有无也者，有未始有夫未始有无也者。孰□□□，孰□维是。惟我三清□□□先天地而生，生而无始。后天地而存，存而无终。自本自根，生□□物，何其洋洋而□□也哉。

本州郡南六十里许有徂徕山，其周围之形势□□也。峯峦□□，太岱之脉，而峙为名山。往昔名杰多卜居于此，以藉形胜而托处焉。中有最奇一峯为中军帐，春秋时吴王曾营兵于□，因而名焉。适有羽士，姓韩，名太章，字养拙，仙丰道骨，逈超凡尘。初修于终南山，一国偶游至此，坐而叹曰：真仙境也。遂动念而栖□焉。时有契友三四□□□殿□□三清于上，焚修□余，又恐不能永远垂世也，继而募化十方善信。工始于康熙癸丑岁癸亥月，迄甲寅辛未月。殿宇□□焉，复□三清尊像，□悬诸真锦绣□，垩雘金碧，焕然一新。开光之日，奔走如市，目覩心恭，悉生寅畏。善者固善，不善者亦因之向善。未必非化导人心之一□□□□神□□□应也，山川之效灵也。非羽士至诚感通，何如此□且易也。羽士以十方之功德不容泯没，砻石为碑，□□为记。□年七旬有余，愧不能为文，谨陈俚□□□为之记，以垂不朽云。

原任江南徐州萧县知县丁体仁沐手撰。

泰安州正堂又加一级邹文郁。

泰安州道正司贾本真。

师魏守道、路圆守、晋道昌，众道兄张太松、孔和中、郭一守、崔一纯、幺一阳、刘法真、李一芳、赵一权、□一灿、史通太、沈通秀、沈通连、梁通蓬、孔通山，□清□、郝玄□、朱尚安、孙通照、王通真、张德志、庞正来、李正荣。

旹皇清康熙二十年月日，住持道士韩太章率徒于清林、张清德。

石匠人名：殷子明、王成广、陈□□、曹可教、王志瑞、阚应府、孙奇、商贵臣。

□匠：刘太、李文选。

木匠：宿孟□、翟志□。

泥水匠：张文。

画匠人：孔奇山、李化成。

(以下碑阴）蓬莱观后跋

观以蓬莱名，志随初愿也。随初愿者何志？羽士之诚能格神感人，故能随其初愿也。羽士为谁？盖即前序所述，韩姓，名太章，字養拙者也。羽士始修于终南，继而遨游名山，至我岱下，登泰山绝巅，晚望徂徕夕照，因思宋孙、石两先生隐居其中，阐明理学，□□竹溪六逸之遗风，犹有存焉者乎。遂自北南游，历□阴、涉汶渡，深入幽径，追先贤遗踪。杖履逍遥之际，适至一峪，面面皆山，中独平坦可庐，心甚爱之。韩即思曰：若于此营三清殿，晨昏习静，供奉香火，不异蓬莱仙境。但不知地何名、主何氏？徘徊流览，虔诚默□，冀神有灵阴来相之。踌躇之顷，俄有牧叟斗笠□蓑，鹤发古貌，驱犊而来，韩遂拱问。叟答曰：地名中军帐，相传春秋时吴王同□〔伍〕员伐齐、鲁，营兵于此。上有望军石、擂鼓石、杵粟舂、吴王台遗址在焉；西有泉，号吴王泉，水甘而洁。韩闻之大喜，复问地主何人。叟又答曰：系古博旧县程氏之山场也。韩欲问其详，叟驱犊不对，倏然不见。韩亦出山问道于途，竟投旧县之里，及入问时，适遇四人话槐阴下。有须半皓者二，有须微

创修蓬莱观碑记

苍者一，皆和平乐易，有古君子风。其一英采焕发，磊落不□群。韩视之知非流俗者比，敬叩姓名，方知为程氏乔梓也。其长，廪膳生员，讳用临，字六明；其次，生员，讳用节，字六行；又次，讳用渐，字六宁；其英采磊落者，即六行之长公，廪膳生员，讳正傅，字洛宗。韩且惊且喜，且道其来历始末，一时兄弟父子咸欣然曰：此寒族素愿也，今高士至，愿施其地以为善者偈。韩稽首称谢，于是复归至山。踰月构草殿于上，供三清尊像。苦心积虑，春秋一衲，或盛暑严冬，终日不食，而其志愈坚。远近闻之，知其为至诚异人，而观者接踵矣，余何容赘。及告成之日，名其观曰蓬莱，□其随初愿也。嗟乎！昔为用武之场，今为作福之地，岂非韩之诚，有以格神而感人哉？使非然者，何以默祝而牧叟至，何以入里而地主遇，且远近善信者不介而孚也。故知皆韩之诚有□感之也？所愧者，丁先生序之于前，余何敢赘之于后。不过□处余所闻见者，约略述之，以志神人相感之不爽□。

徂徕居士□□□。

创修三官殿碑 在聚泉庵。清康熙二十年（1681）立。仅可辨“康熙二十年创修三官殿庙主程□（下残）”等字，已用作门砧石。

卧云庵记残碑 在卧云庵大殿前。断踣为四，楷书。清康熙二十二年（1683）立。撰者“定峯居士”，为吕源号。吕源，字原水，清莱芜人。顺治十一年（1654）拔贡，尝隐徂徕，有《悔过录》《日鉴录》等书。高沙卧云者不悉何人，《泰山道里记》：“西十里为悬珠山，康熙间高沙卧云者居此，因立卧云庵。”碑阴额题“史阁遗风”。有题名，漫漶不清。

碑文：（上残）仑发源，绵亘数万里而结为泰岱，自泰岱而东北，曲（上残）太

白、巢父之达人所以于是而观化，明复、守道之哲士（上残）□落其襟怀而有不□然来思者哉。故其鉴观于九龙捧（上残）异得有志之士而与之共兹土。廼高沙卧云，冲年志道，□应其求所以始□（下残）其号，继乃为之奠其居，且不轻为之奠也，必诚之于武□崧岳。邯郸、东光、交河诸□矣，而后奠□□□□及□创修殿宇，则为之审其向、正其位。有窝中起□□中窝倒杖行龙在此坡之句，迨今仙阙告竣，宛如天造，圣像俨然，恍似生成。回想二十年□□□□□若合符节。呜乎！先生之孜孜于诱进，卧云之志以鼓舞一世之志者，可不谓诚与。而□卧□□□仙容之闲闲，念天语之谆谆，抑思有以慰我先生乎？降龙伏虎之有序也，经雷□火之□□□□阴爕阳之不忒也。如是可以慰我先生乎？曰：未也。有百练不磨之心，无千年不朽之身，□□□□先生所言生死利害，尽须摒弃方克入道，可知所指长生不在年岁，且其书中每每以忠孝净明□□□□峥云明正是一切不贪着，一切不障蔽。卧云登独秀峰，饮紫源池，澄虑先心，勘破此关，则独□□□□然无累将天下。后世诵涝山者曰长春子，诵华山者曰希夷子，诵徂徕者必曰卧云子。而清□□□□吟不且见赠于先生耶？余亦将敛吾气，守吾神，从事于山阿兮，祇聆黄庭之云云。

夹谷后学定峯居士吕（下残）。

嬴城后学庠生李维（下残）。

知泰安州事知州陞户部员外郎（下残）。

恩荫官生候选通政司经历司经（下残）。

康熙贰拾贰年丁巳月乙酉日，住持道人晋道昌，暨徒郭一守、崔一纯、幺一阳、刘法真、赵一权、李一芳、井一□、（下残）。

□□□□□□□□□□等督工善（下残）。

镌字石匠：林士成，刘部，侯明登。

泥水匠：刘复明，李美。

木匠：□（下残）。

修醮祝寿碑 在中军帐。清康熙二十八年（1689）立。由两块碑组成，一块高210厘米、宽56.5厘米、厚15.5厘米，一块高210厘米、宽61厘米、厚15.5厘米。碑体完整，文字漫漶。

第一方碑：修醮祝寿碑记

岱阳汶遶，其山徂徕，此为一方大福也。其地名中军帐，先人遗迹□□，不胜枚举。其观蓬莱，□若□□。山后各庄悉发诚，邀集胜社，每二月十五日谆请羽流建醮祝寿，数年来而虔若初，恐失诚迹，刻石以记云耳。

(以下题名29，从略)

刻字匠人宗习然。

(以下题名29，从略)

住持道人任通乐，徒弟赵智旺。

旹康熙二十八年二月十五日穀旦立。

东羊楼庄观音堂道人李□□。

(第二方碑题名257，从略)

重修三清吕祖大殿碑 存隐仙观院内。清康熙四十四年（1705）立。碑高130厘米，宽58厘米，厚11厘米。已断为截。

碑文：重修三清吕祖大殿序

州治东南徂徕山有礤石峪，此地崇山峻岭，□□〔茂林〕修竹，清流曲曲，旋遶左右，诚一方名胜，灵秀之区也。峪内有三清吕祖大殿，其由来旧矣。经壬□□，大雨非常，庙宇倾颓。住持道人解通儒心焉戚之，恨无力可以自□，忽有西晋泽州高平县人王□□讳欲兴者，同众往游其间，遂慨然而为修葺之举。又募化本地善信，各捐赀财。金碧辉煌，焕然一新，□匝月而告成焉。盖非通儒无以动乐善之人，而非欲兴亦无以致善事之成也。于是勒之于石，以志□朽云尔。

（以下题名142，从略）

住持道人解通儒，刘智本、夏智清、李毓鸾、安毓鹤。

石匠：陈明伦、陈有文。

旹康熙十四年岁次乙酉仲东吉旦（下残）。

徂徕山礤石峪赡田碑 存隐仙观院内。清康熙五十三年（1714）立。碑高170厘米，宽72厘米，厚13厘米。《岱览》：“国朝·徂徕礤石峪赡田碑：右赵国麟撰书，康熙五十三年，勒隐仙观前，杂篆、隶、真三体。”《重修泰安县志》卷十四《艺文志·金石》：“徂徕山礤石峪赡田碑记：康熙甲午，赵国麟撰书。记称：钱塘吴公岸青（柽）摄泰安州篆，为路羽士契买天宝寨朱德珍三十亩。路羽化后，其徒解通儒绍其绪，有黠徒冒称路弟子，欲驱逐解通儒。适石门张禹玉（其逢）为州佐，廉得其情，白于刺史张公（五福），而解复安。”

碑文：徂徕山礤石峪赡田碑记

赐同进士出身、候补内阁中书、泰山赵国麟撰并书

山川灵异之区，造物者因特钟之，以畀幽人逸士，俾之栖托偃仰，登眺啸傲，以领其奥，突超旷□，趣于炪浓艳之外，而躬膺民社，强有力者不得过而问焉。然非有大力者为之保护而安全之，则彼幽人逸士亦徒流连企慕、蒿目窃叹，终莫能一日安身其间，□为山林风□主。而灵异之区，且将荒寒寂历，鞠为樵夫牧竖之场，而无以自见其可。是造物虽悋其境于膺民社者，而不之轻与，实未尝不深赖其力之有以扶植于不替，而后山川□惜之，□得□长留于宇宙之间。独是有力者，绳之不绝于时。而或性情不属，鼓雅乐于齐门，不可□妙；性情属，其或政务未遑，簿书鞅掌，先其大者急志，后其缓志小者，亦不可奈何。一旦幸有其人创其始矣，而莫之或继兴者，未几而废者接踵。兰亭已矣，梓泽丘墟，庐山草堂，醉翁山水，赤壁风月，其无主人也久矣。然则山川匪灵，唯人则灵。莫为之表，虽美弗彰；莫为之后，虽盛弗传。□需般而相遇，兹诚□偶然也。

徂来山礤石峪在贵人峰下，蜂窠岭西，珎珠坊东，清风顶北。四山如臼，中隐奥区，草树丛蒨，丘壑秀丽。学博孔璧六先生有句云：“茅屋微霜凋落木，清宵明月满寒溪。”盖实录也。以峪在徂徕，为青山所掩，又去州治百里，而遥遊者罕到，故唐宋以来，名不著载籍中。考开山岁，事始于前明。于仙师蝉蜕尸解，屡示异迹，固有以见其地之灵矣。数传而至全真路羽士。路为汶

徂徕山礤石峪赡田碑局部

上大司马公裔，逃纷嗜寂，蒲团面壁四十余年，弟子二三辈，春采薇蕨，秋拾橡栗，人无知者。康熙甲子，州司马钱塘吴公岸青闻而造焉。心见针芥，有关尹之契。后摄州篆，遂捐俸契买天宝寨朱怀琮地三十亩，开除徭税，永为香火之供。广文邓公复同绅士资耕力、置农器、修庐舍，既合既完，渐臻美备。后数载，吴公迁济上刺史去，路亦示化。高足解通儒克绍前绪，躬耕炼炁，食吴公之德者二十余年。岁癸巳，有□徒利峪中产，谬称为路弟子，欲殴解而据为己有。控于州，适石门张公禹玉来佐州事，廉得其情，白于州刺史张公，解得复安。于是向相助绅士，咸请予为文志诸石，以为永鉴。

予尝遊其地，爱其泉石之美，乐而忘返。既来山川之有主，又美两公之才猷经济，恢恢乎游刃有余。故得以从容精密，旁及于山林之趣、方外之事，而性情结契，前后同揆，大有古人之风，故乐为书之。且吾因是而更有奢望于张公也。岱旧有志，阙略弗整，识者羞之。又岱趾有泉名白鹤，悬崖垂练，潆洄邑城，人文蔚起。后为忌者所塞，科名遂歇，见于《一统志》及《太山纪事》者甚详。斯二者，一则文献所关，一则人才所系，立言立功皆不朽之盛事，政治之先务也。张公甫下车，睹学宫倾颓，慨然以修复为己任，可谓知为政之要矣。则二事之举不于我公是望，而谁望乎？且吴公尝欲修岱志、开白鹤，有志焉未逮焉。知彼造物者非留其事以待□公乎。夫二事较学宫固差缓，较徂徕则甚急，公今以名教风化为务，而寸尺足以济之。既先其急者又不遗其缓者，则二事在缓急之间者，必将次第以就举，是吾之望虽奢而非过也。□呼！造物之志不可违，不朽之事不可失，有为之人不易得，可为之机不易逢。吾又焉能无奢望于张公乎哉。

按峪名出土人，字作礤，或作磜□也，皆无考。今取其声义相近者，易为礤。并附志于此云。康熙甲午正月晦日记。

诰授奉直大夫知泰安州事加三级张五福，泰安州儒学署学正事加一级王玢，泰安州儒学邓国球、臧嘉。

敕授承德郎同知泰安州事加一级张奇逢，敕授登仕郎泰安州吏目加一级赵纶，泰安州吏目汪汇，泰安州巡（下残）。

泰安州助资绅士青阳知县王枢，武举人萧若木，贡监生张鉴，贡生高基，廪生李九德，庠生梁国瑄、刘太江（下残）。

（以下碑阴）

蓬莱派

圆通智毓用，始青重蜜眞，丹提赴蓬莱，宝鼎炼成金。

路圆守，徒李通舜、臧通玄、李通尧、解通儒。

善人：安相乾、梁□志、于德海、尹志刚、李文英、李文隆、曹玉、刘海、张文富、周林、□名、董应豹、董应栾、董应和、冯君山、李文明、李永□、李永福、李永贵、赵党、赵相、赵爽、王好才、季起运、（上残）、芦奉□、尹广、尹志强、尹志书、王杰、芦奉兆。

石匠：张瑞、韩春亨、朱成悦。

计开地亩：天保庄买朱□珍地三十亩、宅一所、草房四间、杂色树株，又买李春旺地二十亩、宅一所、草房二间，原天保寨有地四段共八亩，峪口地卅亩。

住持道人：许智恭、解智寿、夏智清，张毓珩、□毓□，徒□用□。

旹康熙五十三年四月十五日立。

“玉皇上帝”题记 嵌置作书坊玉皇阁门楣之上。

刻文：康熙五十五年三月二十一日立

会首程秉进

领袖善人翟奇

创始道人孙清童

暨徒李一山

暨孙刘阳真

重修观音堂碑 在青云寺。清康熙五十五年（1716）立。碑高175厘米，宽73厘米，厚16厘米。额题“万古流芳”。碑体基本完整，文字较清晰但有残缺，碑阴为题名。

碑文：（上残）观音堂碑记

（上残）之阳有汶水，汶水之侧有徂□。□徕岩岩，鲁邦所瞻，汶水汤汤，愈□弥长，诚东□（上残）观也。徂徕之中，有古寺曰旧寺，□乃历代久远，而破□颓垣，无复□者，既已化为（上残）坵墟矣。僧普禄登其地、觀其刑、观其势，□莫然□美，欲求其髣髴□东土之禅宗（上残）域之灵秀。由是虔心忽生，募化四方，风尘鞅掌而不辞其劳，备历艰辛而不愠其（上残）灵在上，感之即通，而四方之人民莫不以此为□，惜忻□跃，各输所有。于是殿宇（上残）庙貌辉煌，金身创塑，焕然以新，不数月而工告成，废者斯举，坠者兴□，复前日之观（上残）□人力之所为，寔赖神圣之显应也，是以敬修□语以志不朽□。

观音菩萨，各庄善会管，普存施银二两。

文殊、眼光，（下残）郑兴、郑实管□。

普贤，南望庄蒋朝赞□。

送生，北望店吴相克、朱万库，大领合庄等管。

子孙，徐家庄宋成管。

班疹，南望店蒋万重管。

韦驮，南望店陈运旺管。

（上残）熏沐拜撰。

塑□□：□文炳、何全仁、魏明贞。

泥水匠：□朝用、蒋考、朱美生、张玘旺、孙玘凤、蒋仲祥。

石匠：仝进、仝福刊。

镌字匠：仝福，后请□字匠：张□、刘儒是。

木匠：李进才、于贵。

先日修功随行朱秉。

四禅寺□□公长老徒弟，（上残）沙□，□马寺（下残）弟沙旺，大云寺福（下残）同随、同□，法云寺觉公（下残），徒弟同珍徒（下残），同□徒沙保，同贵徒弟（下残），同□，度公长老（下残）同□徒弟□尚、□□，慧公长老（下残），普观、普恒、普愿，徒侄同随。

旹大清康熙伍拾伍年岁次丙申仲冬上旬十月（下残）日吉立。

开山重修观音堂僧普禄徒同玉、同深。

（以下碑阴题名389，从略）

徂徕山重修古刹光华禅寺碑 在光化寺。清乾隆九年（1744）立。碑通高155厘米，宽68厘米。额题“万古□传”，碑阴额题“宗派碑记”。碑体完整，碑阳文字清晰，碑阴文字漫漶。

碑文：徂徕山重修古刹光华禅寺碑记

闻之三代而上，惟恐好名；三代而下，惟恐不好名。若是乎好名难矣，而况功德显著而韬光自晦，不求立名者哉？而自然禅师则不然。甲子岁，予以避喧，谒禅师号无云者于徂徕山东麓光化寺中，师即自然之弟子也。余览其庙宇，至东院，见有如来佛殿，庙貌辉煌，井井有条，题方云康熙二十一年月日立，至今六十馀年矣。因欲观碑文所叙述，无云师曰："无之，盖吾师因寺古有是殿，岁久倾圮，目覩心伤，募化重修之。爰与德庆师戮力同心，而功以成，时有劝勒石者，吾师云：吾尽吾心耳，奚以碑为故。予至今未敢擅勒诸石也。"曰："呜呼！此其所以堪勒诸石也欤！昔晋杜预贤者也，犹□登岘山而勒功于二石，一置山顶，一投汉渊，名之难忘如是。夫今师愿自忘其名，兹乃所以令人不可忘欤？且不欲立碑，师之净心也；必欲立碑，汝之孝心也。并行不悖，其何伤乎？"无云师曰："然。"遂志于石，俾余为文记之。顾迩来无云师修二佛阁已六载，又未有刻石，则真其师之弟子也。余感忘名之难，而谓□顺师当特□，德庆师当附书，而于无云师，亦欲勒其志千佛阁于石也。既承命，又执笔以竢。

乙卯科举人拣选知县莱芜康无逸顿首拜撰。

杨庄、张文海、天保寨庄、南寺□庄、南□庄。

善人：刘先进、朱朗、赵可印、于要还、刘自强。

管尊善人城里庄王门庄氏子王立刚。

彭家庄善人王敬雍正六年施前寺庄宅基一分、草房二间、坡下地十亩，并无钱粮。

石匠：唐贵禄、董洪汝。

皇清乾隆玖年岁次甲子六月贰拾陆吉日。

东峪庄张绅沐手书，监院僧圆文立。

(以下碑阴)

临济正宗

边联：北斗七星养水影碧拾四，□育罗汉燃灯照破壹千。

□□清净，□德圆明，真如性海，寂照普通，心源广续，本觉昌隆，能仁圣果，常演宽洪，性传法印，证悟会融，监持戒定，永继祖宗。

德庆

徒：明海、圆长、明江、圆满、圆清、圆宝

徒孙：真贵、真桂、真茂、真山、明有、明乐、明柱、明轮

曾孙：如□、真宗、真祥

德顺

徒：圆广、圆文、圆□

徒孙：明僧、明碧、明悟、明镜、明旺、明兴、明如、明□、明玉、明□、明法、明林

重孙：真修、真本、真月、真随、真□、真存

曾孙：如平、如□

(以下题名104，从略)

"桃源深处"摩崖题刻 在礤石峪隐仙观附近。楷书。摩崖高135厘米，宽26厘米。落款"青岜"即清人赵国麟。《岱览》："隐仙观题勒文曰：徂徕第一、桃源深处，赵国麟并真书。""徂徕第一"已佚。

"桃源深处"摩崖题刻

“竹溪”题刻

“竹溪”题刻 在礤石峪隐仙观附近。草书。高54厘米，宽90厘米。落款“青嵓”即赵国麟。又有一楷书摩崖，高34厘米，宽77厘米（见第312页图）。

“炼丹炉”题刻 在礤石峪炉丹炉石屋之上。楷书。《岱览》：“石屋题勒文曰：炼丹炉，赵国麟真书。”

“炼丹炉”题刻

“昇仙台”题刻 在隐仙观西南桃花峪南峰顶。清乾隆年间泰安知府颜希深题刻。

游徂徕山记碑※ 佚。清乾隆二十四年（1759）立。《岱览》：“右成城撰，真书，乾隆二十四年十月，勒隔尘桥北。”成城，字卫宗，浙江仁和人。尝与泰安知府颜希深修纂《泰安府志》，又撰有《泰山胜概志》。

侯家宅五圣堂碑 在太平顶下栖云坪。清乾隆二十七年（1762）立。碑高80厘米，宽46厘米。

碑文：（额）万古流芳

侯家宅五圣堂碑记。

里人孙廷璧撰并书。

乾隆贰拾柒年三月二十四日。

创建迎仙桥碑 存隐仙观院内。清乾隆三十五年（1770）立。

碑文：创建迎仙桥碑序

迎仙桥（大字）

咏迎仙桥七律

升仙台下迎仙桥，修葺便行免步超。

乌鹊高飞银汉渡，虹霓横跨碧天霄。

泽环曲涧随风舞，梁设古溪任水浇。

溱洧施恩歌子产，浩滔灾后诵唐尧。

武均古杨张永垚题

古梁父欧阳元孔撰

岱下梁元春书

住持姬永信、徒□□张始齐、刘始玉、刘始□、孙始贵、张始端、王始取。

大清乾隆三十五年岁次庚寅十月廿九日。

“昇仙台”题刻

重修星主殿叙碑 在寺基工队院内。清乾隆三十五年（1770）立。碑高113厘米，宽55厘米，厚13.5厘米。额题“流芳百代”。旁联：民敬星灵昭百代 山明水秀垂千秋。碑体完整，文字清晰。

碑文：重修星主殿叙

从来莫为之前虽美弗彰，莫为之后虽盛弗传，是山中地名曰团瓢，建有星主殿。星主者，北极、东极、西极是也。其殿虽系草成，想尔时庙貌、神像必焕然一新，是有为之前者矣。以后相继补葺者，不可备述。延至于今，庙貌不整，神像不完，□会及合庄目靓心伤，各出己资，愿为之于后焉。爰是鸠工庀材，不数日而告厥告功。行见庙貌之严整，神像之辉煌，不且先后济美也哉。爰勒石以志不朽云。

增生王执中撰书。

北斗尊：张士奇，戚志德，史恺，陈守官，史悦，吴怀义，杨得贵。

东斗尊：王俊山，子文、章，王浴山，子廉、信，侄忠。

西斗尊：李正己，子朋。

住持赵美斯。

乾隆三十五年岁次庚寅初夏榖旦立。

重修大悲庵大悲菩萨碑 在大悲庵。清乾隆四十四年（1779）立。碑通高175厘米，宽78厘米。碑体完整，文字清晰。

碑文：重修大悲庵大悲菩萨碑记

大悲庵者，泰安府名胜之区也。左青峯，右古刹，前临涧溪，后绕徂徕，落花流水，洵哉别有天地矣。然福地洞天，非凡庸之所栖；名山胜境，实仙□之所居。斯庵之建，由来已久，而巍然于后者，则大悲菩萨宝宇也。伏念菩萨，厥号大悲，惟克自悲，始暇悲世。道岸先登，永离苦海于尘寰；慧剑自持，不牵凡情于人间。竟则成乎至正，□则转乎无上，非自悲能如是哉？然□视同仁者，菩提心也。是以脱火宅以慈云，耀昏夜以宝炬。演法宁止三车，渡人欲遍万方。盖其所悲者广，斯其所拯者宏，以如是无量功德，称曰大悲，固恒享馨香于不替，永俎豆于万年也。前此庄严象尊，动人钦仰者，几历年所，顾迩来风飘雨洒，金容无光，莲座尘封。感怀牧竖，伤心路人，是诚吾人所靓之而心恻者也。使创之□昔，嗣而□者不乏；垂之至今，踵而增者无闻。人性皆善，岂菩萨悲人，人反不为菩萨悲耶？邑人和君讳亮者，一乡望人，好善乐义，有古人风。首□然以重修为己任，邀二三同志募化四方善信，尚忧用度不足，因破产以成善举。功兴于夏，告竣于秋，金碧辉煌，焕然一新。和君之功德诚伟矣！是不可无文以纪之，以倡厥后，顾愚謭陋，素不可文，以嘱之者□不可辞，故不得已而聊为之记。

重修大悲庵大悲菩萨碑

(以下题名303，从略)

鲁家庄廪生虞世勗撰文。

马家庄居士马志亮书丹。

天保寨石匠孟大学。

营里庄施车善人下千。

岳家庄岳宗阳。

天保寨：王世永，王夫兴，同兴店，得盛号。

怀林庄：□全，方贵左，永朱。

开山和尚圆功、圆成，暨徒明睿、明光、明道、明柱、明常，徒孙真传、真圣、真全、真宽、真存、真义，徒曾孙如荣、如常、如兴、如普、如玘、如成，玄孙性复、性乐、性惠、兴吉，云孙海□、海成。

乾隆四十四年十一月十二日吉旦立。

重修大悲庵碑 在大悲庵。碑仅存两块下部残片，文字清晰。立碑时间已残，但尚存"住持僧人园成、园功"等名，与《重修大悲庵大悲菩萨碑记》中所记相同，当亦立石于清乾隆间。

碑文：(上残）闻能无所闻□无身可也，能无所不闻□千万亿（上残）□故散而为千万亿身，聚而为八万四千母。陀罗，(上残）□一发而头为之动，拔一毛而身为之变，□则发（上残）乱之矣。吾燕坐寂□心念凝□湛□如大明镜，（上残）千目之运□未可得见，而理则具矣。彼佛菩萨(上残）独疑于大悲乎？徂徕东麓有大悲庵，山境□丽，（上残）尊虔诚焚修，四方居民凡有疾病苦难诸事，有（上残）栽，文殊、普贤并列左右，子孙、送生诸菩萨皆次（上残）兴造山门、云梯，不日告成，则其制之壮丽整严，（上残）勒之金石以垂不朽云。

(上残）门周氏，□成张氏，于门□□，毛门□氏，王门王氏，宋门虞氏。

住持僧人园成、园功，徒弟明山、明万、明祥、明光、明道、明瑞，徒孙真福、真贤、真圣仝立。

(以下题名163，从略)

修建白衣阁记碑 在光化寺。碑残，仅存下部，残高110厘米，残宽60厘米，文字清晰。立碑年代已残，碑中述僧某"偕师兄明道、师弟明柱"，按清乾隆四十四年大悲庵碑"有徒明睿、明光、明道、明柱、明常"名，可推知此碑之"癸卯"，应为乾隆四十八年（1783)。

碑文：（上残）□□□非（下残）思之(下残）□□□中人也□□（下残）（上残）弃却尘凡，来□穷山中，偕师兄明道、师弟明柱，典师坚志苦修、艰辛備尝，迩来三十有余年，□（下残）（上残）身□任山中之重，砌垣墙、盖山门、修别院，种种功业不可殚述，然犹未及修白衣（下残）（上残）诸傅君学诗以决其志，迨其继募诸陈门苗氏以勷厥成，此阁得修于大殿□（下残）（上残）□其状貌，洵徂徕一大观也。自阁成之日，倾动远迩，咸颂大师之功，谓菩萨（下残）（上残）□独盛其功也。如此非菩萨不能动大师之诚，非大师岂能成菩萨之□（下残）（上残）庙貌辉煌，阁规壮丽，登其堂，花木缤纷，幽静宜人，五陵桃源不是过也。非大（下残）（上残）记。

宁邑居士许勷沐手书，徂阳庠生梁潼拜撰。

庙主：刘先举、梁廷樾。

管主：范仕、张洪殡。

官生：王得用、傅学诗、张汝宾、(下残)

监生：于选、卢勇、万登翰、（下残)。

庠生：王光辉、滑昇、焦生平、(下残)。

(上残) □次癸卯桐月穀旦。

石匠：鞠本为 (下残)。

“建修遊览”记碑　存隐仙观院内。清乾隆五十年 (1785) 立。碑高32厘米，宽68厘米。碑文中涉及的贾仰超、赵浣等人，《泰安县志》中有传。赵浣，字诗村，泰安谷家庄人。以岁贡选朝城训导，助修文庙大成殿与岱麓书院。贾仰超，号岱岩，泰安角峪人。好为义举，尝修角峪广济桥。

碑文：大清乾隆五十年岁次乙巳立。

赵润身会同山后绅士商贾并主持道人建修遊览寄迹之所。

贾仰超字景山，钦诰授昭武大夫、云麾使、正四品都司府。

赵浣字诗村，钦恩科壬申岁进士、历任朝城县训导。

武生贾基盘、武生赵松符、监生冶清相、监生李良佐、武生杨廷霖、监生贾乐书、监生刘慎三、文生刘廷光、监生李焕章、监生刘允升、吉盛典、光裕典、吉顺典、信义店、全兴店、永全店、太盛店、德顺店、安□义、国李常伯如、监生常连如、武庠李盛甫。

书吏刘志孔。

主持姬永信，徒史相、史乐、史瑞，徒孙青云。

“建修遊览”记碑

赵氏创修六逸亭题刻　存隐仙观院内。清乾隆五十二年 (1787) 立。高78厘米，宽170厘米。

赵氏创修六逸亭题刻

题刻：乾隆戊申岱东赵氏创修

六逸亭 (三字横列)

住持史乐青云

礤石峪赎回地产记碑　存隐仙观院内。立碑年号已残，但文中有住持道人青云之名，参照创修六逸亭碑，其人主观在清乾隆、嘉庆之际，则此碑石当在清乾隆、嘉庆时期。

碑文：泰安郡南徂徕山礤石峪，峰峦叠翠，树木参差，咸称名胜之区。康熙五十三年有国麟赵大人碑记，清楚地界，整□田产，买天宝寨□□十五亩，至今典压无存。有□□□□□□同西□□君学山等来遊□□，言及情由，愿各输己财□地赎出，以为香火之资。青云道人□□□□事，恐后复蹈前辙，故刻□以志之。

庠生□□□□，延东□□□书。

首事：安□臣□千，吕子□

□千，段学□□千，万□源□千，张□川□千。

□□□、□竹川、□彭年、□□照、卢云登、□□□，六名共钱四十千。

□桂林五千，李□堂二十五千。

同事：程荣先、白汉博、吴□□、尹富禄。

住持道人□青云，师弟常青兰，徒孙重宽、□重□，侄安重□。

(上残）月六日立。

石工：李德臣、段清河。

重修玉皇楼碑 存作书坊遗址。清嘉庆三年（1798）立。碑刻重修玉皇楼100余名捐施者题名及钱数，从略。

聚泉庵记残碑 在聚泉庵。清嘉庆四年(1799）立。高144厘米。文字可辨者除纪年外，尚有“周岱岩撰”及道士谭复详、高复贞、郑复平、郭复盛、李复魁、赵复义、于复成等题名。已嵌置墙内。

大暗间崔氏题记摩崖 系放牛人崔氏题记，后有清顺治二年（1645）及嘉庆九年(1804）之系年。传有崔牧牛到此，居大石棚中，后子孙蕃衍，渐成墟落。

徂徕礤石峪重修楼阁殿宇碑 存隐仙观院内。清嘉庆十六年（1811）立。碑高168厘米，宽70厘米，厚16厘米。《重修泰安县志》卷十四《艺文志·金石》：“徂徕礤石峪重修楼阁殿宇碑记：嘉庆辛未，蒋大庆撰并书。在礤石峪三清殿前。”蒋大庆，《重修泰安县志》中有传：“蒋大庆，字福安，清泰安人。嘉庆举人。滨州训导。致仕后，设教梁父义塾，启迪后学，乡里称为醇儒。”

碑文：徂徕礤石峪重修楼阁殿宇碑记

泰山为五岳长，徂徕则其伏几也。周回百有馀里，磅礴欝积，气脉沉雄，故春秋而下名贤大儒往往出其间。今虽去古人之世远矣，而世所称和圣故里、羊祜城、石中允墓诸遗迹，皆足以光史乘而劝来学，其仅一邱一壑足供蜡屐之流连已哉。岁辛未夏，礤石峪孤掌道士张始明以重新楼阁殿宇告蒇事问记于余，余忆曩从唐陶山夫子探徂徕之胜，留礤石峪凡三日，每言此地人材锺毓之奇，輙慨然为之起舞。今陶山成进士，膺池州牧，余犹鹿鹿居牖下，复何敢搦管贻山灵羞，然有不能不言者，徂徕大都艳称六逸，夫六逸隐君子也。吾辈居是乡，逢太平盛世，与李白、孔巢父诸人遭天宝之乱者，迥不相侔。啸傲烟霞，怡情诗酒，诚为今日之所不愿。至若柳下为百世师，尚矣。他如羊

徂徕礤石峪重修楼阁殿宇碑

叔子轻裘缓带，名重岘山，其勋业不可谓不大。石守道崇正辟邪，阐明经学，为周、程、张、朱导厥开源，其道德不可谓不深。即金之党学士亦以文学显，元之时大将军亦有捍卫功，及国朝赵相国又尝读书于此，为发名成业之所。自始居是土者闻风兴起，砥砺奋发，以步乡先君子之后尘，讵不易易。且礤石峪未必即竹溪实地，彼峪中人犹知推重六逸，举千载以上流寓之人，尸祝于不朽，况柳下诸先贤庐邑在望，茔墓仍存，生平行事，饫人耳目。后人之感，□更当何如也？书此以俟居是乡之读书有志者。若夫刻绘山水，铺张神祠，沾沾为道家扬波助□，余则未遑云。

庚申恩科举人邑后学蒋大庆沐手敬撰并书。

（以下题名54，从略）

住持道人张始明，徒彭青海、杨青桂，徒侄王青远、王青润，孙安□□，曾孙王蜜朋。

泥工尹明士，石工张存性，画工张心传。

嘉庆十六年岁次辛未季夏之吉。

（以下碑阴题名315，从略）

汪汝弼游徂徕中军幛诗刻 在中军帐附近石壁。摩刻于清嘉庆二十年（1815）。汪汝弼，号梦岩，河南夏邑人。嘉庆间任泰安知县。

诗刻：群山环两面，一寺踞当中。鼓吹松涛壮，风云石恒雄。遥峰如倚剑，曲漳似垂虹。暂作登坛想，摩崖试勒功。

嘉庆乙亥三月游中军幛作

夏邑汪汝弼

汪汝弼游徂徕中军幛诗刻

夏邑梦岩太史此作，无一字不典雅，无一字不稳切。陆鲁望所谓游目佳境，不□刊置他处，此为才子之最也。爰召工泐之崖，以稔来游者。虞山蒋因培记。

徂徕重修中军帐三清殿碑 在中军帐。清嘉庆二十三年（1818）立。共由三块碑组成，三块碑同高、同宽，高126厘米，宽54.5厘米。三碑碑体完整，文字清晰。

碑文：徂徕重修中军帐三清殿碑记

往余访羊叔子故里，谒石中允墓，至徂徕者数矣。其前麓有唐六逸之竹溪，元许鲁斋之演易亭；东麓则有武平间梁父令王子椿之书石、故赵相国之赡田碑；西麓则有金党怀英之著书处，游览殆遍，而独未至中军

徂徕重修中军帐三清殿碑

帐。越二十年，文学刘子英读书于此，遂与同年王厚堂、明经王运昌昆仲往游焉。至则山势宏敞，规模廓大，背皆叠石成峰，如列屏状，突兀层起，凝青□翠，绝人攀跻，一帧天然图画也。前横以长溪，群山拱向，左右作环抱势，形家每艷称之。碑载为程氏别墅，而韩養拙即其地以修真，草创三清殿。殿前两松，古盖苍苍，偃蹇如棚阴，浓蔽天日，疑为数百年物，惜殿将圮，无下榻地。子英向余曰："養拙之七世弟子刘教山，□情古貌，有道炁，拟重新之，将募资于近山乡人士，异日能为记巅末乎？"余可之。迨嘉庆丙子岁，其殿易茅而瓦，制更阔，增以书斋数楹。工告竣，子英来索记，且言乡人自古博运千觔之石五，不终日呼邪而至，似有神助，知为人心踊跃云。噫！余不谙道家言，何能为役，惟念中军帐，《志》称中军山，盖地当徂徕之中极幽邃处，故取象中军也。但无隐居子之入山秘深者，著名于兹耳。鲁颂云"徂徕之松"，惟此地仅有六株，虽未必即当年所植，而要之观此尚可证经文之实，亦未尝不益动谢东山之游屐也。况前有州牧许应元以志其奇迹，近有太史汪梦岩以赋其景趣，倘復有就斋而来学者□读其中，功名追羊太傅，道德步石守道，自当与组□□□□□□□为中军帐一邱一壑作烟霞主人哉，是为记。

庚申恩科举人、邑人蒋大庆谨撰文。

郡庠生刘廸后端书。

知泰安府事知府百岁捐银拾两，泰安分县陈学山捐银肆两，原任泰安县知县鲁藹吉捐银捌两，泰安县右厅吕希圣捐银贰两。

(以下题名743，从略)

住持刘教山，徒张永泉、刘永水、钟永贵、李永长徒乔元凤、张永良、刘永柱、任永让，孙尚元富、赵元昌，曾孙王明斋。

木匠张汉三。

泥水孙忠。

油画鲁克虔。

石工李兴有。

皇清嘉庆贰拾三年岁次戊寅四月之吉立。

"壁立千仞"题刻　在礤石峪隐仙观附近。落款"戊寅三月南城王又熺"，按：道光《重修礤石峪碑记》有王又熺题名，此一"戊寅"当为清嘉庆二十三年（1818）。

"壁立千仞"题刻

徐宗干诗碑※　碑原立于徂徕桥沟村石家林，"文革"平坟时佚失。徐宗干，字伯桢，号树人，清江南通州（今江苏南通）人。嘉庆进士，道光初任泰安知县，官至福建巡抚。有《斯未信斋文稿》。

诗文：直道遭三黜，依然柳下风。

奸臣能验墓，难剖寸心忠。

题名碑　存隐仙观院内。清道光十四年（1834）立。碑高158厘米，宽67厘米，厚16厘米。碑文930余题名，从略。

重修礤石峪碑 存隐仙观院内。清道光二十一年（1841）立。碑高115厘米，宽52厘米。

碑文：重修礤石峪碑记

礤石峪，徂徕第一观也，自前明道士于蚘虚羽化登仙，其名尤著。嗣后赵相国广其田产，路羽化增其庐舍。其为士君子遊览之场，已及两朝矣。甲午春，义行杨盛九、生员王又嬉、监员王绳斋曾倡众修之，而又迫于凶年，功半輙止，洎乎辛丑，而风雨之摧残更甚矣。住持梁重格、王重泰目觏心恻，与来遊君子共谋重修，而闻者亦愿捐资财。于是玉皇楼，三清殿，吕祖阁与山神、灵宫二庙，迎仙桥，庐舍等，一时俱举。令前之倾颓者，焕然聿新，真义举也。是岁，余设帐于兹，目击其事，爰志之，以为将来好施者劝。

府学生员郑圜桥撰，武梦雷书。

(以下题名44，从略)

住持杨重友、梁重格、王重泰，徒耿密东、李密孝、陈密贵、张密寿。

重修礤石峪碑

木工侯学如，石工张文富，瓦工贾登庸。

皇清道光贰拾壹年岁次辛丑八月中澣穀旦立。

重修旧寺碑 在青云寺。清道光二十二年（1842）立。碑高120厘米，宽63厘米，厚12厘米。额题“永垂奕世”。碑体完整，文字清晰。碑文撰者弭瑞符，清泰安人。道光丁亥府学生。

重修旧寺碑拓片

碑文：尝闻徂徕有七十二观，其中胜地名区不可胜数。然观其形势之结聚，碧山之峭立，树木丛盛、云雾飞腾，诚未有□（下残）者也。夫地因人而显，人因地而彰，今有旧寺，创立不知何始，重修几次，四壁环绕，左右泉流，树林阴□（下残）上下，遊者登览而神怡，未尝不叹曰：盖天钟秀，于是可为天下之一大观也。然日久年远无□（下残）任其倾覆，其地虽美，将芜没于空山矣。幸有僧人法名丁考，性好勤俭，积蓄数年，不远（下残）缘布，惟于临庄以推领袖，率同众人各捐己财，扶助砖瓦、石灰，遂使正殿焕然一新，无处而不□（下残）焉。其徒孙时深眷念，不忍湮没其功，故欲立碑碣以志之。

岁进士弭瑞符撰文，于可恭书。

心祭、心仲，徒孙安旺、安长立石。

南望庄领袖：蒋士成，滕洪玉，于在翰，蒋文，马正旺。

南望东庄领袖：陈钦，李希文，刘存惠，刘德，陈华，陈曰河。

老泉头、刘家庄领袖：于在富。

□工于修立。

木工蒋士忠。

瓦工王兰。

石工苏稳、赵允成刊。

皇清道光二十二年岁次壬寅花月穀旦。

重修蓬莱观碑 在中军帐。清咸丰元年(1851)立。共由两块碑组成，两块碑同高、同宽、同厚，高208厘米，宽60.5厘米，厚16.5厘米。碑体完整，碑阳文字清晰，碑阴文字漫漶。

碑文：重修蓬莱观碑记

中军帐在徂徕深处，峯迴溪横，四围作环抱之势，故俗称名焉。叠□层嶂之中，礌砢崎岖，车骑所不能到。大石有舂凹数十处，或明季避兵者所为，所传吴王曾驻军于此，可不辨而知其为诬也。其地为吾先世畜牧牛羊、栽培树木之场。康熙癸丑，韩道士太章乞于七世祖六行翁暨叔祖六明翁、六羽翁，诛锄榛芜，创建三清殿，为习静奉香火之所，易名曰蓬莱观，盖百八十年于此矣。山深地僻，饶橡□柴薪之产，居于斯者，粗能自给，故其观历久不废。道光初年刘道士教山募赀重修，规模益加宽敞，神室易草为瓦，自刘道士始也。迨今复就倾圮，族叔润普公恐其芜废，并先人施地之意亦遂淹没而不传也，乃劝族人捐赀重葺，桥沟程氏附焉。欹者植之，圮者整之，规模皆复旧观。是举也，劝捐督工润普公一人任其劳，然非矜山场为我家旧地，遂豪财乐施，如俗所称庙主云尔也。松涛石□□□悦人，倘使渐为草莽芜秽之区，恐致贻羞山灵，而不忘先祖之心，亦寓于是云尔。故为纪其愿，□于石

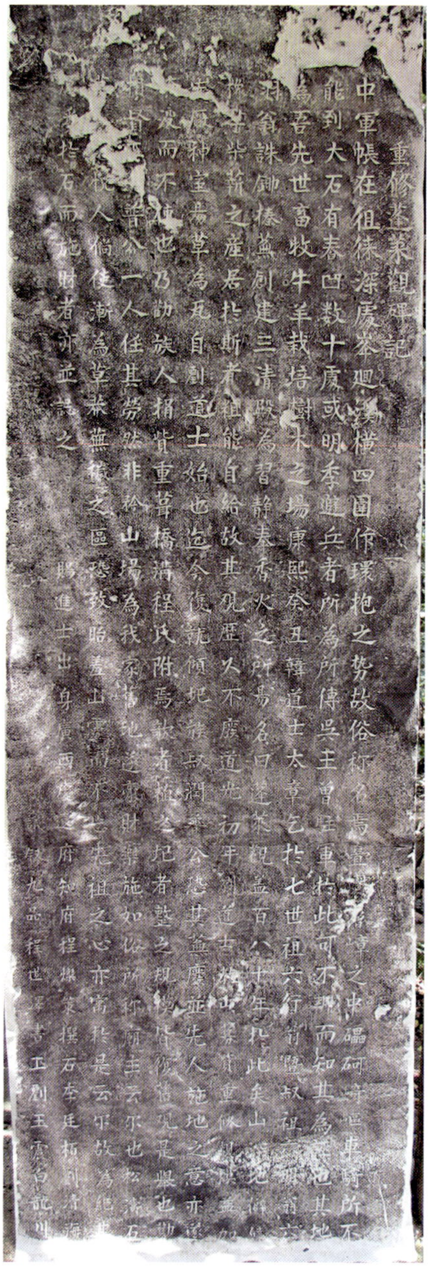

重修蓬莱观碑拓之一

而施财者亦並誌之。

赐进士出身广西庆远府知府程灿策撰。

议叙九品程世泽书。

石工：李廷栢，刘清海，刘玉震，白龙川。

(以下题名73，从略)

住持刘永主，暨徒薛元德、孔元智、国元仁、房元有、刘元来、刘元孔，徒孙刘明节，孙明绪。

皇清咸丰元年岁次四月吉立。

(以下题名1255，从略)

创修六逸亭及重修迎仙桥、渡仙桥碑　存隐仙观院内。清咸丰四年（1854）立。碑高115厘米，宽55厘米。额题“永垂不朽”。碑文主要题刻捐资创修、重修者姓名及钱数，主要捐助者为程西山，其人名灿策，泰安旧县人，道光进士，官至广西庆远知府。

碑文：创修六逸亭及重修迎仙桥、渡仙桥碑志

壬辰进士程酉山捐银拾两，耆宾李德正六百，邑廪生武传厚题。

(以下题名173，从略)

石工：田兴祥、张文富。

助工人：戚玉山、孙学义、张清元。

(以下题名4，从略)

主持王重太，徒侄李密孝，暨徒王密瀛、赵密泾、王密涵、刘密湘。

咸丰四年岁在甲寅五月初吉日立。

老君堂摩崖　镌于土岭老君堂遗址旁石上。摩崖高120厘米，宽63厘米。清咸丰十年（1860）镌刻。楷书，凡9行。

刻文：徂徕山乔峪菴重修老君堂，原是邓家庄收□之处，立字存正。

(以下小字题名6行漫漶不清)

大清咸丰十年六月立。

老君堂摩崖

老君堂残碑　存土岭老君堂遗址。共四块。第一块碑残高17厘米，宽19厘米；存字“老”“大清国”。第二块碑残高18厘米，宽10厘米；存字“张迪、张萌”。第三块碑残高19厘米，宽18厘米；存字“张永□、张永亭、张永言、张永信”。第四块碑残高24厘米，宽22厘米；存字“初八日重修”。

创修竹溪书屋碑　原在二圣宫，后存徂徕林场庙子林区院内。清同治二年（1863）立。撰者李培硕，字若谷，清泰安延东人。咸丰辛亥举人，选馆陶训导。《重修泰安县志》卷八有传。碑文中涉及的卢运常、冯清宇等人，均为清末泰安著名文士。卢运常，字彝卿，楼德南泉人，道光甲辰遂举于乡，后屡困礼闱，至同治时选恩县教谕。冯清宇，字栋臣，楼德人，同治癸酉拔贡，以直隶州州判用，入山东机器局，有《香雪斋诗集》行世。

碑文：创修竹溪书屋碑记

二圣宫者，唐贤胜迹，元代遗踪。前山

插石笋一尖，后面围屏风□（下残）藏道院浮□迭翠，飞□轩窗，真尤崃之名区，诚竹溪之佳境也。然（下残）架茅屋，仅有数椽，研朱者无以做鹿洞之风，踏青者每致叹蜗居（下残）。院颇睽孤，有菟裘孝廉卢运常字彝卿、廪生冯清宇字栋臣、隽洛（下残）字化远、封家庄乡饮介宾封乐山字海川数公者，与鹤龄王炼师（下残）。十一年□□陈诸公，从道院西北隅修一别墅，卢公、冯公筑北堂（下残）房三楹，又协修董厨一座，藩垣两面。封公于道院东偏筑堂屋四（下残）垂业筑堂屋两楹。此数处者，衡宇相望、磴道相接，乱世则以为桃（下残），则以为柳阴之书堂。异日有志青云者，或肄业于此或著述于□，（下残）巢父，演易则继踵于鲁斋。吾于将来有厚望焉。

辛亥科举人李培硕拜撰。

邑庠生王运昌沐手敬□。

住持王密松立石（下残）。

皇清同治二年岁次癸亥且月中澣（下残）。

玉帝宫建醮碑 存作书坊遗址。清同治九年（1870）立。

碑文：古来人之道莫重于礼，礼之经莫重于祭，醮亦祭事也。郊特牲曰祭，有祀焉，有报焉，有由辟焉。亦惟祈福报德，用以弭灾之意。颜张地方邓家庄好善，诸君子每岁正月初九日建醮于玉帝宫，迄今已四春矣。其所以祈报于天而弭灾者，不可谓不笃善举也。予故嘉其事而书之于石，以为后起劝。文庠张曾源撰。石工梁元起。

（以下题名45，从略）

住持道人：国元仁。

同治九年岁次庚午正月初十日敬立。

重修礤石峪玉皇楼记碑 存隐仙观院内。清同治九年（1870）立。碑高128厘米，宽57厘米。

碑文：礤石峪旧有玉皇楼，杰构□海，□□□止雨收，烟霞澄鲜，登□□览之，顷万象森列，人以为比之齐云、落□〔迦〕不是过也。但□年久远，栋折□□□□，登探者以为□遵之。六逸堂为唐贤托迹之所，自前年毁于风雨，修葺未能完善，来遊者益复憾焉。岁庚午，重泰王羽士目睹心忧，恐其久而废也，爰邀癖山水之诸君子以倡于前，并四方好□施之士以继于后，共输赀为重修之举。工既竣，属余为文，勒诸石以述其巅末，且志盛事于不朽云。岁贡生武传厚撰文。优廪生安思善书丹。

（以下题名140，从略）

石工张培兴，木工马景华，瓦工梁玉福。

住持王重泰，徒侄黄密秀，徒刘密湘、王密瀛、王密涵、赵密泾，孙李真平、王真

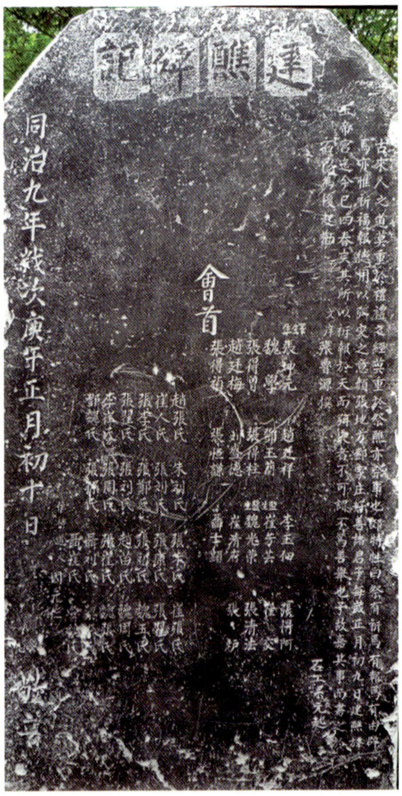

玉帝宫建醮碑

修、□真岭、张真林，曾孙□（下残）。

皇清同治九年八月上浣吉日榖旦敬立。

王密松墓碑　原在二圣宫，后存徂徕林场庙子林区院内。清同治十年（1871）立。

碑文：王炼师讳密（下残）也。□□清高不（下残）世俗，遂□（下残）□于此，后以石楼庄诸君子□（下残）去之后，树木损（下残）□庙院倾圮（下残）器具荡然无存，诸善事目触心伤，（下残）丰二年公请王炼（下残），师旋归。于（下残），师来此亦为太息。于是力加整顿，备□（下残）猪山二圣宫之（下残）大观也，不（下残）无树，遂遍养树株，又于圮者修之，（下残）于此者□曷可胜数。（下残）□则犹是□（下残）历数年而道院齐整，历数年而树（下残）。殿宇亦为之一新（下残），十馀年间（下残）□之内外已灿然可观矣。余非嘉其（下残）以示来许云尔。

皇清羽化（下残）师讳密松（下残）字鹤（下残）之墓。

邑庠生张体正□（下残）拜（下残）。

郡庠生刘经堂□（下残）敬（下残）。

徒张真果、□（下残）丹廷、曾孙郝提□、范提顺（下残）。

（上残）俗家长子王鸿德、次子王鸿平、（下残）□应负、应殿、应和、应元。

大清同治拾年岁（下残）吉辰敬□（下残）。

修留云仙馆碑　在寺基工队院内。清同治十一年（1872）立。碑高152厘米，宽60厘米，厚13厘米。碑阳额题“大清同治十一年岁次壬申□□中浣榖旦”，碑阴额题“乐输姓氏”。碑体完整，文字清晰。

碑文：□修留云仙馆碑记

（题名396，从略）

住持孙密敖，徒靳真魁，徒侄韩真义、陈真清、高玉林。

石工张振刚。

瓦工高际端。

张文富刻字。

（以下题名从略）

（以下碑阴，题名203，从略）

“翠柏胜境”题刻　在礤石峪隐仙观附近。“同治甲戌朝阳题”，同治甲戌为清同治十三年（1874）。

创修山神堂碑　在聚泉庵遗址。清光绪四年（1878）立。碑高135厘米，宽56厘米。

碑文：（额）千古不朽

大清光绪四年岁次戊寅暑月中浣吉辰

创修山神堂

运碑人：郑振杭，侯炤泗，宋玉德，张恒省，侯安、侯安卜，李文俊。

住持：朱和全，徒侯教来、□教□、夏教平、郑教华，徒孙刘永江、刘永柱、王永福、李永序、庄永河、蔡永堂仝立。

蔡本源墓碑　在聚泉庵西部。清光绪四年（1878）立。碑高12.8米，宽49.5米。

碑文：（额）勿替引之

大清光绪四年岁次戊寅暑月中浣吉辰

大炼师法印本源蔡真人之墓

奉祀徒朱和全，门外徒董即贵，徒孙□教来、□教□、夏教平、郑教华、□教盛，小徒孙刘永柱、刘永江、王永福、李永序、庄永河、蔡永堂敬立。

路圆守墓碑　存隐仙观院内。清光绪七年（1881）立。碑残高62厘米，宽47厘米，厚12厘米。

碑文：顺治十六年（下残）。

羽化先师路公讳圆（下残）。

光绪七年（下残）。

“仙闾灵府”题刻　在礤石峪隐仙观附近。“光绪辛巳武恭□程介以题”，光绪辛

“仙阁灵府”题刻

巳为清光绪七年（1881）。

重修光化寺碑 在光化寺。清光绪十年（1884）立。共由四块碑组成。四碑碑体完整，碑阳碑阴均刻文字，文字清晰，刻重修光化寺经过及捐施者姓名及钱数。

碑文（第一方碑阳）：重修光化寺碑记

盖闻宝界三千，曾被慈云普护；珍台八万，咸教法雨均霑。供弥天之珠树，园号祇洹；施布地之银衣，国名舍卫。洎佛书取自西方，因释教传于东土；数十朝禅关林立，千百载佛刹日增。尤胜者争为选佛之场，下此者不失栖真之处。徂徕光化寺者，肇始传于魏都，继构显于隋世。历唐宋元明之朝，屡兴屡废；阅日月岁时之久，时盛时衰。皈依者多曾结因于活佛，焚修者众或证果于金仙。溯经营于伊始，已历多年。论景致于来兹，信称胜地。然而隆污无常，升沉有数，探奇恍与竹溪竞爽，历劫复共梓泽邱墟。是以禅基未续，灵迹将湮，此善男信女所同伤，释子沙弥所共悼也。惜兹善果，结此福因。幸有贵修禅师者卓锡于兹，募缘于外，借檀越力，兴土木工。兰楣桂栋，摧残变以艭丹；藻棁雕题，倾圮化为金碧。巍巍宝殿，偕莲座以俱新；璨璨琳宫，对佛山而并峙。飞峯头之香雪，居然花散维摩；舞门外之长松，依旧风清罗汉。龙天护法，郁晓旭之云霞；狮象宣音，应下方之钟鼓。虬藏壑底，再聆梵音；鸽下晴空，还看瓶刹。智灯回照，显色相于已倾；慧日高悬，镇禅林而永固。俾大众胥仰佛光，共乐光天之下；愿群生咸归圣化，同游化日之中。用摛斑管，述旧拓之规模；爰勒贞珉，标新修之岁月。

优廪贡生安思善撰文，郡廪膳生梁步鸿书丹。

（以下题名1500，从略）

（碑阴题名1368，从略）

住持：僧海亮，徒侄寂和字贵珍、寂科，孙照全、照昇，曾孙普礼、普喜、普聚、普正，元孙通春、通信、通才。

石工：周元生。

木工：苏亦盛、孙献武。

画工：刘绍清、白庆友。

瓦工：高纪端。

重修光化寺碑

大清光绪十年岁次阏逢涒滩夷则月榖旦吉立。

礤石峪王炼师墓志 存隐仙观院内。清光绪十四年（1888）立。

碑文：礤石峪王炼师墓志

后学邢可平字履坦，监生武恭臣字懿卿，郡庠傅寅亭字同轩撰并书。

炼师王姓，讳重泰字舒亭，青远王炼师字亮如之徒。本邑员外郜人也，少失怙，惟母是依。其修真于隐仙观也，盖自垂髫而已然矣。读书仅数年，即晓文义，比长多材，能尚勤俭。以故殿堂、楼阁、山门、道院、书房无不渐次重新，尽归巩固。而其尤足志者，六逸堂之西山，下临浚谷，山水冲激，几至倾圮，刱修六逸亭以固之。玉皇楼高出云表，而下无阶墀，亦刱修之。树林阴翳，山居之观也。而峪之东山童焉，于是亲率徒众栽柏树若干株，且于峪之隙地亦皆垒石覆蒉栽之，以补其阙，共计三千一百馀之数者。虽非非常之功，而事皆刱新，较之因循苟且不自树立者，其相去为何如哉。后之人遊于亭，升其阶，徘徊东山而荫暍樾下，功将必有所归矣。使凡住持是观者，皆如炼师之所为，则峪中之光景，不将终古常新乎。余恐后人不知肇造之维艰、整顿之不易，故谨志之。非敢过奖，侈陈其功也。特不没其功，以为后之住持劝云。其徒密澄材能勤俭，有师风焉，炼师有知，岂不含笑于地下也哉。

师：生于嘉庆乙□正月二十□日吉时，羽化于光绪十四年六月十一日酉时。

买天宝寨：场一段计地二分六毛，长十四步，南□□九步、北□□□步□□尺；西坡地壹亩伍分肆厘叁毛；地玖分四厘五毛，长八十七步一尺，南（下缺若干字）、北（下缺若干字）尺四寸。

长徒王密瀛、三徒周密澄、次徒赵密泾、四徒贾密涛，孙王真修、徐真岩，侄孙张真林，孙□鲍真苞，曾孙李丹禄仝立石。

大清光绪十四年岁次戊子九月初二日。

重修青云寺碑 在青云寺。清光绪二十年（1894）立。碑高162厘米，宽65厘米，厚15厘米。额题“万古流芳”。碑体完整，文字清晰。

碑文：且中国之有佛，始于汉，炽于唐，极盛于元，迨至有明，爰及我朝，未尝熄也。徂徕西麓旧有青云寺，群峯回抱，汶水环流，瞻林木之苍翠，听禽鸟之飞鸣，洵为徂徕之胜景也。且殿阁整肃，山门广大，尤足以壮观瞻而妥神明。但历年久远，殿宇倾圮，金碧脱落，此际正赖修补之维殷，□兴之有人也。戒僧圆和视为急务，不容缓图，但内无积馀，亦惟束手，是无集腋无以成裘也。因请近乡父老公议价，卖死亡树株，兴工修葺，不日而告成焉。由是气象辉煌，焕然一新。噫！是举也，虽系重修之力，实同创建之难！事竣欲勒石为记，问及余，余嘉其勤劳，慕其虔诚，可为善继善述也。故为之序，以志其□□□。

俊贡刘象仪撰，介宾陈松轩书。

（以下题名16，从略）

木工：周明魁。

石工：王旭□、于□□。

瓦工：周□坤。

住持：圆和，师弟圆贵，徒永松，徒侄永起，徒侄永林，孙固兴，侄孙固有立石。

大清光绪二十年岁次甲□暑月上浣榖旦。

重修四禅寺碑 在四禅寺。清光绪二十六年（1900）立。碑高128厘米，宽59厘米，厚18厘米。额题“万古流芳”。碑体完整，

重修四禅寺碑

文字清晰。

碑文：四禅寺碑记

《易》曰：圣人以神道设教而天下服矣。神之为道，所以警觉众人而保障一方也。徂徕西麓有四禅寺一座，创建有年，风雨催坏，产业雕零，有佛重自咸丰六年进寺，拜安全足下为徒，目覩心伤，虽邀请近乡善士各捐资财，将佛爷殿修补，并韦陀殿、山门、葺墙、禅堂。佛重费力艰辛，衣食俭约，三次俱以重修如故。庙貌整齐，庶无倾覆之患矣。告成后欲勒石为记，嘱余为文，余未能文也，□述其事而为之序。

俊贡刘象仪撰。

居士于文科书。

(以下题名10，从略)

北至团山顶，南至横山顶，冬至有松山，西至风岭口，下莲花盆，东至石门。

住持僧人长老佛重，长徒圆真、次徒圆信，徒侄圆振仝立。

皇清光绪贰拾陆年后八月上浣敬立。

师祖心清碑　在四禅寺。清光绪二十六年（1900）立。碑高107厘米，宽54厘米，厚15厘米。碑体完整，文字清晰。记寺僧心清一系谱系。

碑文：皇清光绪贰拾陆年岁次庚子后八月上浣敬立。

师祖心清，肥邑魏氏。

长师伯安立，南望陈氏。

次师伯安荣，南望刘氏。

三师伯安惠，北子张氏；弟子佛义，西南望滕氏。

师父安全，阳关冯氏；弟子佛重，东南望陈氏，弟子圆真陈氏、圆信杜氏。

四禅寺下院：南留广福寺、安全庄安泉寺。

住持僧人佛重敬立。

师祖心清碑

重修青云寺碑 在青云寺。清光绪三十一年（1905）立。碑高153厘米，宽69厘米，厚16厘米。额题“重修碑记”。碑体完整，文字清晰。

碑文：徂徕山旧寺观音堂由来已久，不知创自何代，自前明弘治一三年重修碑碣，迄我朝康熙五十五年，有孙家疃郑印及兴彬等来游于此，见夫院宇荒凉，殿楹摧残，心焉伤之。适因眼疾之灾，触其好善乐施之心，于是不辞庙主之嫌，同捐赀财，庀材重修，增扩旧基，装塑神像。不数月而鸠工告竣，庙貌以之而巍莪，香火因之而益盛。较之从前，颇有可观矣。然世无百年不变之运，亦无历久不弊之器。自康熙以迄光绪甲辰，历有年所，其间虽屡经修补，然至今亦间有残缺矣。且夫修造之事，创始难为力，重修易为功。于天即倾颓之时而修葺之，日费少而成功多。于是后裔以先人曾为庙主，复约会乡绅公同酌议，计卖枯柏数株，召工修饬，内外殿壁复焕然一新。然今日此举，既不等诸乐善好施，又非自谓后先济美，亦不过叙而述之，踵而修之，一则先人之功不至掩没，一则院壁之间复状观瞻。勒诸贞珉，以志不朽云尔。是为记。

监生郑兆瑞撰文。

廪生张树诚校阅。

文童郑若亭书丹。

首事人：介宾郑兰从，耆宾郑玉夏，郑玉新，郑玉顺，监生郑兰范，懿行翟化仁，郑兰斋，监生郑传统，郑继立，聂尚仕，李元林，陈永兴，介宾翟继栢，刘安禄，张敬远。

石工刘锡禄。

住持圆贵，徒侄永松，徒永林，徒孙固兴、故有。

大清光绪三一年岁次甲辰严月上浣毂旦。

泰安知县毛澄等堂谕碑 存隐仙观院内。清光绪三十二年（1906）立。碑高126厘米，宽55厘米，厚15厘米。毛澂，字蜀云，清四川仁寿人。光绪六年（1880）进士。光绪间三次出任泰安知县，政迹卓著。有《稚澥诗集》。

碑文：光绪卅年九月初三日，毛县尊讳澄批梁真常呈：该庙坐落下汶西，本县每次亲来，皆下汶西地保在彼迺候，可证此地树株提欵应归下汶西，□即遵照。十月十一日，毛前天批武玉巽等呈：查礤石峪原系下汶西地方所辖，本县累次□礤石峪，见汶西地保，亦曾询此地何属，皆称系属下汶西，众口皆同，何得平空妄扳，实属荒谬。特饬。毛前天又批朱某等呈：无理妄争，荒谬

泰安知县毛澄等堂谕碑

已极。十月廿八日，毛前天又批武某呈：查礤石峪应归下汶西，本县每遇因公至彼，歷有见闻，毫无含混，前已迭次批□，何得复行妄渎。况天保寨系大地方，何至必须侵蚀他地方乃能兴学。特饬。十一月初八日，毛前天又批武玉巽等呈：前已批明，何得复行妄渎，荒谬胡涂已极。不准。卅一年三月十二日，李县尊名玉楷批武玉巽等呈：查此案屡经毛前令亲谊询明，礤石峪原系下汶西地方所辖，一再批示在案，何得仍复以学堂为名，饬词图翻，实属荒谬。不准，并饬。卅一年三月廿八日，李县尊堂判梁真常批：着该地保传谕武玉巽等仍遵毛令办法，将礤石峪庙产交下汶西地方力理，总以庙在何处，庙地、庙树即归何处经管为一定办法，不□钱粮飞往何处，倘该生等敢不遵照办理，准梁真常随时禀究。此系一县通行办法，不得听天保寨一处独违成式也。

光绪三十二年九月重阳，遵堂谕同众立碑以息争端，以垂永久。

第五节　民国石刻

本节收录民国石刻11处。主要有重修四禅寺碑、“勿忘国耻”碑、重修作书坊碑等。

宅地碑　在中军帐。1915年立。碑高53厘米，宽112厘米，厚11.5厘米。碑体基本完整，文字清晰。文中“李公”即泰安县知事李汝谦。

碑文：蓬莱观之地，在紫岩池中者，由上庄张荣等建醮会之所施也。虽有碑碣，记载未详，兼之咸丰以后，住持懦弱，被人侵渔，而此地几乎泯矣。自民国初年，道人董至芳清规苦守，承师祖之贻，不忍坐视。于是李公案下呈明，遂即饬差丈清，共三段大地，壹亩叁分三厘一毫五丝。庶几斯地不泯，而道人藉之以供香资，即施之者愈令闻孔彰，未必非神之默佑也。道人恐代湮年遥，仍蹈故辙，故即事之始末并庙中界至与乡下茔产、宅基，□诸贞珉，以垂不朽。

知事人：

前清

旧县武举陈希魁，旧县庠生程培钧，许家庄介宾王□兰，上庄增生张鹤年，许家庄翟承恩，许家庄张敬凤，旧县监生程金伦，城里陈连云。

郑家庄子□地大地壹亩零三厘三毫，北边长科三十二步二尺，南边长科三十一步二尺，西横十八步三尺四寸，东横十九步三尺六寸。又东头南北大地五分八毫三系，中长科四十步，南横八步一尺，北横七步正。

郑家庄子宅基大地七分二厘零九丝，西边长科二十四步，东边长科三十步零三尺，北横十五步，南横十五步零三尺，又南横一步。

师范讲习所毕业程树魁敬书。

住持：董兰亭，潘至文，郑至来，侯立

宅地碑

贞，于立盈，朱立祥。

石工刘鸿文。

中华民国四年岁在乙卯嘉平月立。

(以下碑阴)

为和解事，□董至芳控张希盛一案，今因蒙传未□，是以□等调处，着张希盛收□种庙地，如数退交董至芳手了事，并道笞和好，均愿罢讼，各□争执。如有反悔，惟□等是问，□此公乞。仁宪恩准，□□公感厚法。

蓬莱观四至：东至东□岭芍药峪，西至三瞪眼北崖核桃榜顶，北至马头岭，南至□岭子□坡北梁子。

道光年间碑已有文，但因人毁坏，故又记之。

重修六逸殿、玉皇楼碑　存作书坊遗址。1920年立。

碑文：环此皆崇山峻峯，树林阴翳。形势之胜，钟毓之灵，甲于徂徕，故古今遊人争趋之。旧有六逸殿、玉皇楼踞其中央，年久颓废，几乎倾圮。邓、许绅董酌议修葺，各庄按贫富出资，无不乐输，遂举监工人登山开办，不数旬而工告竣，焕然一新。住持梁宗心不忍泯没二庄之劳费，特立碑以志之。

山阴居士张永亮撰。

师范毕业程树魁书。

(以下题名45，从略)

监工人：魏河培、聂克兴。泥工刘家明，石工刘鸿文。

四至：西至小龙口，东至攒石沟，南至南沟底，北至龙抽道。

中军帐住持董至芳，邓家庄住持张宗庆。张清松、张盛山、仇长森。

民国九年岁次庚申端月上浣立。

中军幛重修三清殿创修吕祖阁灵官殿碑

在中军帐。1920年立。共由三块碑组成。碑阳边联：万叠青松千涧月　一曲流水四围山。三碑碑体完整，文字清晰。撰者梁步鸿，泰安县天宝镇汶西（属新泰）人。

碑文（第二方碑阳，居中）：中军幛重修三清殿创修吕祖阁灵官殿碑记

徂徕山名刹林立，自光华寺、礤石峪而外，端推中军幛为名胜。盖见其丹壁凌霄，溶溶云气；苍松蔽日，谡谡涛声。而且泉分左右，东则澄澈一泓，煮茗则清人诗脾，右则出而带浊，虽非比流觞曲水，而导而引之，灌园尤便。又有金鱼之石腾则化龙，芍药峪则丰艳可爱，所以往来骚人，足以赏心悦目，诚徂徕之奥区也。中有三清殿三楹，重修已历百年。柱已穿，而金蜂留蜜；栈已缺，而紫燕添巢。如不兴坠举废，必致栋折榱崩。兰亭已矣，梓泽坵墟，殊可惜也。故地方领袖善士欲重新之，并添修吕祖阁一楹、灵官殿一座。诸善士量力输资，共襄义举，兼道人董至芳苦心壹志，不辞驰驱之

中军幛重修三清殿创修吕祖阁灵官殿碑

劳，既种无量之德，应登有缘之板。泐之贞珉，永垂不朽。

(第一方碑阳，居右)

中华民国玖年岁次庚申梅月中浣榖旦。

清贡士梁步鸿撰文。

师范生程金殿敬书。

(以下第三方碑阳、碑阴、第二方碑阳、第一方碑阳题名470，从略)

石工：刘鸿文。

住持：董至芳、郑至来，徒侄朱立祥，徒孙朱宗立。

庙忠经制卷箱一套。

重修青云寺碑 在青云寺。1923年立。由三块碑组成，第一块碑高106厘米、宽52厘米、厚15厘米，第二块碑高106厘米、宽61厘米、厚15厘米，第三块碑高105厘米、宽53厘米、厚15厘米，碑阴额题“完善同归”。碑阴边联：芳徽永传堪媲汶河长流水大勋恒立克傲徂徕不老松。三碑碑体完整，文字清晰。

重修青云寺碑

碑文（第一方碑阳）：徂徕西麓旧有青云寺一座，不知创自何时，近村善士累加修筑，诚以其庶人赖以护庇一方，籍以壮观。然历久年远，难免残缺之弊，若不重修，何以表前人之功烈，无以启后人之善继也。今有住持僧人永林等弗忍坐视，虔意修葺，但财乏工钜，独力难成，因请近村乡耆公同商议，乐捐资财，兴工修造，不数月而诸殿辉煌，神像装饰俱皆焕然一新焉。事竣嘱余为文，余才薄学浅，略述己见，以志永垂不朽云尔。

师范毕业生周安斌敬撰。

师范毕业生于涟池校阅。

师范毕业生于可复校阅。

师范毕业生周思传敬书。

领袖：职员陈万瑞，监生刘绍金，监生于方瀛，监生陈兆广，监生于方魁，监生于方洛。

(以下第二方、第三方碑阳题名162，从略)

住持僧人永林，徒侄戒僧固旺，徒固法，侄孙绪亮、戒僧绪仙、绪明仝立碣。

中华民国拾贰年岁次癸亥阳月下浣榖旦。

(以下碑阴题名261，从略)

木工于方科系南望庄，石工刘鸿运系旧县庄，瓦工聂尚亮系桥沟庄，画工张连升系北集坡庄。

堂判碑 在青云寺大殿前。碑阳刻于清光绪三十年（1904），碑阴刻于1923年。高71厘米，宽40厘米，厚11厘米。额题“堂判碑记”。是碑所记乃清末关于寺产之纷争。碑中之“李玉堦”，应为李于锴。李于锴，甘肃武威人，清光绪三十年前后任泰安知县，有政声。

碑阳文字：因自光绪叁拾年，经泰安县知事李玉墀堂断志，堂判柏板拟郑兰范等由，和尚自费自修，如有余钱，即入共存。是和尚并无自私自主之处，所有郑姓新立之碑，妄称庙主，实则新旧碑文，并无郑姓独自官理之说，应不准。在观音堂立碑结案。

碑阴文字：重修青云寺四至碑记

东至长岭顶，西至团山顶，南至牛心山，北至望景石。

中华民国拾贰年岁次癸亥阳月下浣。

重修四禅寺碑 在四禅寺。1924年立。碑高173厘米，宽70厘米，厚18厘米。额题“重修碑记”。碑体完整，文字清晰。

碑文：（边联）周降灵影佛道钟于西域汉梦金人圣教流乎中国

考泰安志书并清相国赵国麟先生《遊徂徕记》，徂徕之西入山数里，丛林森郁。殿宇廊舍望之如人冠巾帻者，盖四禅寺也。内有牒碑，为古名刹，创自金大定间，设备整饬，众僧济济。不独附近安上、南留、西遥、佛婆庄各邨寺僧胥为□寺所分布，即泰山红门宫及远方。僧之凡为曹洞一派所传者，莫不多于此出焉。乾隆年，寺没于水，北迁斯址，重行建设，规模则远不逮昔矣。复经岁久，代易时移，中间虽未之重修，而日月侵削、风雨蚀食，将不复荒墟于榛莽之区者几希。住持僧圆真力其田亩，节其衣食，迩年稍有赢余，慨然兴重修之志，遂邀请东西两南望、黑石埠、老泉头、刘家庄、乡庄各长于方瀛、陈兆广、陈万瑞、于方魁、刘□登等共为赞勷。先整佛爷、韦驮殿，次及山门、禅房，佛像、绘画。凡一载，而百度更新，共需款三千余缗，均为寺出，未假外募。甲子夏，事蒇工成，索序于余，余念寺基千峯屏蔽于后，九陌棊布于前，大汶河、沧浪沟列如带，兹更廓而新之，骚人学士览眺衹徊，固增胜迹，而山川之灵閟、佛法之广大，亦必因之，世传无替矣。是为志。

山东交涉科员滕锡九撰，文童陈万举、居士陈佐曾书。

住持僧人圆真，弟子：永（长、戒僧）常，永（次）江、永（三、戒僧）贵、永（四）水；徒侄永春；徒孙□臣；四禅、青云寺祖长佛镇，字清阔。敬立。

石工：马广存。送角子石一块：王润。

木工：于方科。

重修四禅寺碑

瓦工：尚金节、李兴山。

画工：陈万吉。

北至团山顶，南至横山峪，冬至有松山，西北至大簸箕掌，西至风岭口。凡在寺地兴种，不许押卖。

中华民国拾叁年岁次甲子暑月上浣毂旦。

“勿忘国耻”碑 存隐仙观院内。1938年立。碑高80厘米，宽42厘米，厚13厘米。鲍峄山，抗战时任国民党所属山东省第十二特派员区保安第四团团长，后任吴化文部独立第五旅少将旅长。

碑文：倭寇之侵略促成国民之团结焉，深望后人接踵而□，勿忘斯举，即可谓勿忘国耻云尔。泰安县第六区区长、国民政府军事委员会别动总队游击第五纵队司令部参议李□云撰文。国民政府军事委员会总队游击第五纵队第五梯队司令、山东省第十二特派员区保安第四团团长鲍峄山书丹。

（以下题名52，从略）

木匠李文炳，瓦匠白汝源，铁笔杨□冉。

住持道人：梁真常、王真宽、张丹臣、罗丹忠、范丹议、王丹岗。

中华民国二十七年八月中秋公立。

重修作书坊栽树碑 存作书坊遗址。1933年立。

碑文：重修作书房栽树碑记

且夫邑之徂徕山作书房，于清国光绪年，有张君盛思、翟君荣佐屡次栽培树株、重修殿宇，暂修木匾以志之，今刻于石欲垂永久，甚盛事也。及民国十六年，有张君敬聘、刘君雨田、翟君承恩，继前人之志，述昔人之事，倡领众善重修殿宇、栽植柏树，悬匾额、立碑记以志永久也。自去年以来，翟承恩在此教授，尽心竭力整顿一切，垣墉屋宇较前大有可观矣。今春又与邓家庄张君盛一、赵君岑川劝募各峪，邻村善人君子凯然乐捐，买植松柏、杨柳、花木四百余株，又将西之□□去颓墙败栋而增新之。庶役之遊竹溪而观风景者，不致崎岖之苦，可见继述之功，皆前人□□□□也。浼予为文，予属同事畧知始末，故不辞而志之，并将捐资姓名勒之琐珉，以垂不朽（下残）。

古博后学程培钧□文，程煜彬□书。

（以下题名126，从略）

石工刘树荣，木工傅钦范。

中华民国二十二年岁次癸酉桐日上浣吉立。

重修作书坊碑 存作书坊遗址。1927年立。碑文记重修作书坊经过，碑阴刻捐资者姓名及钱数。

碑文：重修作书坊碑记

徂徕西北麓山行二三里，望之蔚然而深秀者，作书坊也。考诸县史，在唐为六逸栖迟寓所，名曰竹溪菴，□□改称玉帝阁，世□□呼之为作书坊。盖以宋之石守道、姜潜，金之党怀英于此著书后，儒家步其尘，负□而来，讲学者接□云集，名之曰作书坊，有由来矣。此地泉甘土肥，草木丛茂。东跨石□，峭壁秀拔。西临竹溪，碧水曲环，徂徕名胜之区首推其擘。□其先贤遗迹，建有玉皇楼一所、六逸殿三楹，其间旁有□□数楹，位如辐凑，形同天然。但历久未修，风雨摧残，殿宇倾圮，树木枯折。邓、许两庄好善义士目睹心恻，不忍袖手，慨然兴修，共为义举。于是敬劝父老捐赀，以襄善事。坏者修之，倾者补之，树之缺者植之，神像之浸绽者装饰之。鸠工庀材，逾月告竣，金碧交辉，焕然一新，庶足以壮观瞻而肃神明矣。所有捐赀诸君姓名，勒之琐珉，以志永垂不朽云。

栽植柏树四百株。

陆军步兵少校书记官张程云沐手撰书。

中华民国十六年岁次丁卯清和月下浣毂旦。

（以下碑阴题名161，从略）

石工刘鸿文，泥工李兆宣，木工王九韶、刘盛才。

住持道人朱宗立暨徒梁承严敬立。

重修六逸堂听雨轩碑 存隐仙观院内。民国时立。碑高80厘米，宽42厘米，厚11厘米。

碑文：重修六逸堂听雨轩碑记

礤石峪为徂徕第一名胜，县志累著，自古称之。阔自熙朝赵相国国麟先生助赡田、广殿宇，尤有观焉。迄于民初，二百馀年，虽屡经修补，难御长期之摧残，以致玉皇楼、三清殿、吕祖阁、小书斋若圻墟，然道人静修、慧海商诸附近士绅，欲募修之。佥曰：当此教育促进之际，募校款建校舍，各地皆然，虽有心者亦势难及此。道人于是节衣缩食，尽其所积，未募分文，不数月而楼、殿、阁、斋坚修焕然。当斯时也，六逸堂听雨轩尚且翼然，不料十数年来，风雨剥蚀，坍塌尤甚。适值倭寇猖乱，侵及华中，各地人士群相蜂起，组织抗日团体，而我邑爱国志士，遂受中央及省府委令组起抗敌部队，统属乡勇二千馀众，转战邹、泗、新、莱诸邑之间。时维仲夏，在汶新公路暴敌猖獗，迫杀秋禾，始奉命调回汶南一带，屡与搏击。敌退，来此训练士卒，诸同志见堂轩之坍塌，视之如伤，乃谋诸见义勇为之六四大队中队长李君子安，与不辞劳怨之大官庄庄长刘君传良，以及附近各村善士，咸乐捐资料、助工力，以草易瓦，增其高阔，一阅月而告厥成，虽曰重修，胜剏作也。斯举也，固由地方人士之好善、住持之信感，足见人群好合亦由（按：文似未完，便原碑即如此）。

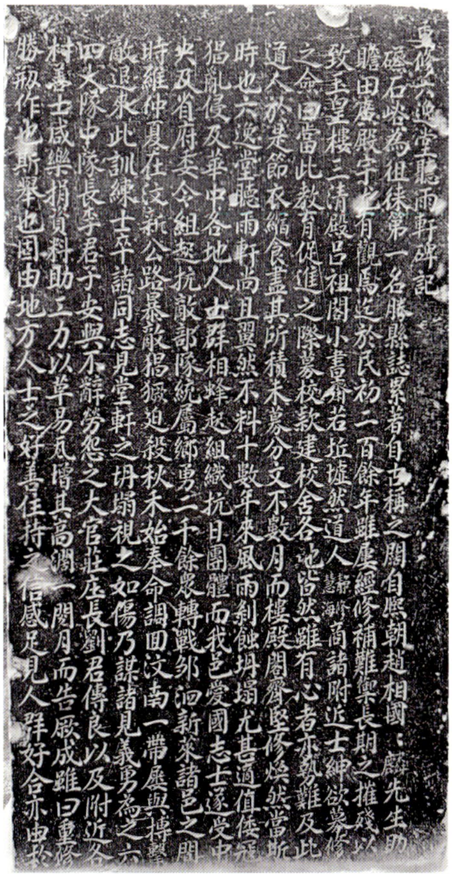

重修六逸堂听雨轩碑

王炼师真宽字慧海墓碑志 存隐仙观院内。1949年立。

碑文：王炼师真宽字慧海，西羊舍王兴美之孙，王炼师密涵之子也。十二岁皈依隐仙观，拜周炼师月峰为师。尚俭朴，助其师兄梁炼师真常理稼穑，农隙时诲诸弟子学经卷、习乐器，携经柜立坛设醮于四方者，可谓极盛一时欤。其高足万丹屾等提倡为炼师立碑，咸乐为助诚善举也。生于光绪五年六月十二日巳时，现年七十□一岁，康健犹昔。

世弟梁書堂沐手拜撰并书。

（大字）王炼师真宽字慧海墓碑志。

世弟李文照，徒侄万昆泉。

弟子：万丹河、任丹琴、万丹岫、张丹、钟丹首、张丹亭、万丹岭、焦丹敏、李丹杨、夏丹梅、褚丹运。

徒侄：朱丹峪、罗丹忠、安丹桂、李丹昆、陈丹增、李丹萐、万丹礼、刘丹存、李丹聚。

徒孙：武体章、李体亨、万体厚、贾体增、王体连、时体幹、赵体埜、尹体安、张体富、刘体兴顿首。

中华民国三十八年岁次己丑桂月上旬敬立。

徂徕山部分碑刻情况表

表 7–1

碑 刻	位 置	描 述
题名碑	中军帐	立碑年代残毁。碑高 152 厘米，宽 60.5 厘米，厚 16.5 厘米。碑体完整，碑阳无字，碑阴题名文字漫漶。
题名残碑	光化寺	立碑年代残毁。碑仅存两块残片，上部残片高 68 厘米、宽 68 厘米，下部残片高 85 厘米、宽 68 厘米。碑刻题名及捐钱数目，文字清晰。
残 碑	大悲庵	立碑年代残毁。碑仅存两块残片，一块残高 29 厘米、残宽 44 厘米，一块残高 32 厘米、残宽 30 厘米，文字漫漶。
题名残碑	大悲庵	立碑年代残毁。碑仅存两块残片，一块残高 16 厘米、残宽 17 厘米，一块残高 30 厘米、残宽 34 厘米。碑刻题名及捐钱数目，文字清晰。
残 碑	大悲庵	立碑年代残毁。碑仅存底部，上部缺失严重，残存文字清晰。
重修残碑	大悲庵	立碑年代残毁。碑仅存两块残片，一块残高 14 厘米、残宽 21 厘米，一块残高 22 厘米、残宽 27 厘米。文字漫漶。
残 碑	大悲庵	立碑年代残毁。碑残高 42 厘米，残宽 40 厘米。碑仅存右上部分，文字漫漶。
题名碑	徂徕三岭崮南崖下偏东	立碑年代残毁。碑下部已残，残长 112 厘米，宽 65 厘米，楷书。列羊舍庄、时家庄、天保庄善人各若干名。
题名碑	寺基工队院内	立碑年代残毁。碑残高 158 厘米，宽 66 厘米，厚 9 厘米。碑体较完整，文字较清晰。
题名残碑	寺基工队团瓢处	立碑年代残毁。碑残高 48 厘米，残宽 48 厘米，厚 14 厘米。碑仅存一块残片，文字清晰。
残 碑	寺基工队附近团瓢遗址	立碑年代残毁。碑残高 58 厘米，残宽 57 厘米，厚 14 厘米。碑仅存一块残片，文字较清晰。
重修殿楼副碑四方助资善人题名	隐仙观	立碑年代残毁。碑高 105 厘米，宽 68 厘米，厚 15 厘米，碑文刻重修殿楼副碑四方助资善人及捐钱数目，文字清晰。天保寨业儒张坦书。
题名残碑	卧云庵南楼附近	立碑年代残毁。

徂徕山部分摩崖、石刻情况表

表 7–2

摩崖、石刻	位 置	书 体	描 述
平步青云	青云寺前山石	楷 书	无年代及书者姓名。
徂徕第一池	徂徕牛角山三皇庙遗址旁	楷 书	石高 220 厘米，宽 31 厘米，其处原有涌泉，汇为方池。无年代及书者姓名。
金阙云宫	隐仙观石庙之额	楷 书	高 18 厘米，宽 88 厘米。无年代及书者姓名。
玄 圃		—	高 76 厘米，宽 20 厘米。无年代及书者姓名。
崑崙洞	礤石峪隐仙观附近	—	无年代及书者姓名。
激 湍		—	
雲 路	礤石峪隐仙观附近	—	高 84 厘米，宽 32 厘米。无年代及书者姓名。
希夷睡处	隐仙观炼丹炉南	双钩楷书	—
礤 石	礤石峪绝壁	—	—
隐真洞	二圣宫附近岩壁上	楷 书	无年代及书者姓名。
观 涛			
日新池			
卧 虎			
迎 仙			
雲 路	二圣宫附近岩壁上	楷 书	高 66 厘米，宽 94 厘米。无年代及书者姓名。
盤 龙	二圣宫附近岩壁上	楷 书	高 60 厘米，宽 105 厘米。无年代及书者姓名。
屏风石	聚泉庵门口	—	摩崖高 240 厘米，长 470 厘米，为黑色花岗岩。“屏”字高 73 厘米，宽 60 厘米；“风”字高 65 厘米，宽 65 厘米；“石”字高 57 厘米，宽 58 厘米。
康王殿摩崖	康王殿山巅坝堰间	—	摩崖框高 95 厘米，宽 57 厘米，字距 7~8 厘米。其文漫漶，不可识读，依稀可辨仅数字。
白云岩	炼神庵遗址附近	篆 书	—
穉川谷			
玩亭峰			
密真堂			
昭阳门	炼神庵遗址附近	楷 书	—

“翠柏森严”石刻

“云路”石刻

“卧虎”石刻

“竹溪”石刻

“激湍”石刻

“观涛”石刻

第八章
宗　教

光化寺

自古名山大川多有佛道庙观。徂徕山有美松秀柏、幽壑深谷、龙潭流泉，是僧侣道士修行所向往之地。道家宫观当以二圣宫、隐仙观最为著名。佛教寺庙首推光化寺、四禅寺。旧称徂徕有七十二观寺，光化寺全盛时号称有僧人99人。据各寺重修碑文所载，捐助者许多来自徂徕山区之外，足见影响之广、历时之久、香火之盛。

徂徕山由于风景幽深秀美，是道教在泰山一带的弘教基地。据传灵宝派祖师三国吴人葛玄曾游于徂徕东南邃谷。后唐长兴年间，传名道陈抟也曾隐徂徕。金元之际，全真教兴起，丘处机门下全真道第四代弟子丁志年弘道徂徕，兴复徂徕葛氏岩下炼神庵。元代，二圣宫和毛姑庵名重一时。明代，随着社会条件的改变及宗教政策的紧缩，徂徕山道教隐而不显。清代以蓬莱教派创立为标志，徂徕山道教的发展达到高峰。

佛教在徂徕山区的传播始于魏晋，盛在隋唐。晋代以后，邻近徂徕山的泰山第一望族——羊氏家族深受佛教影响，崇佛释教，注经讲佛。其中，羊氏女子出家为尼，传经受道，弘扬佛法，对佛教的发展起到了促进作用。至宋代，佛道儒有相融趋势，佛教逐渐走向低潮。元初泰定军节度使、左副元帅、陇西郡开国侯时珍家族重道礼佛，重修光化寺等庙宇，尽复旧观。至清代，随着民间泰山碧霞元君信仰盛行，佛教则日渐衰微。

1938年后，日本侵略军占领泰安，众多寺庙宫观或毁于战火，或直接被日军破坏。

徂徕山区伊斯兰教主要集中在回族居民聚居区域。境内回族最早在明初由山西洪洞等地迁入到新泰天宝，伊斯兰教随之进入，建立天宝清真寺。后在清代从长清、德州、章丘等地也有部分回民陆续定居徂徕山区周围乡镇。虽然长期与其他民族共同居住数百年，但仍然保持独特的民族宗教特色。

基督教仅有卫理公会、中华基督教圣公会在境内散播。清同治十二年（1874）卫理公会传入，光绪二十四年（1898）良庄镇茅茨牧区成为山东教区中心教区所辖6牧区之一。清宣统二年（1910）7月，该教会教士勾结“奉教奸民”程锡殿及士绅姬茂才等，“私立合同借约”，侵占徂徕山大庵峪之道院、树株、山田。泰安籍议员朱承恩（良庄镇石楼村人）闻讯，向省谘议局提出议案，要求制止。经局公决后呈请于抚院。十月十四日，山东巡抚孙宝琦批示后予以制止。中华基督教圣公会亦称安甘教会，19世纪70~80年代传入徂徕山区，至1920年徂徕镇崔家庄分堂有教徒350余人，为泰安主教区所辖。1916年11月26日，设在泰安的英国基督教圣公会利用各地分堂招募华工1000人，其中仅徂徕崔家庄即招募34人。12月初，所招华工由威海乘船抵法国白郎城后，编入英法联军华工军团，参加第一次世界大战，承担挖战壕、修工事、运弹药等战地勤务。至1919年秋，华工陆续返回泰安。

第一节　道　教

道教是中华民族固有的传统宗教，约形成于东汉中后期，以“道”为最高信仰，相信人经过一定修炼后可以长生不老，成为神仙。道教尊老子为教主，以《道德经》为主要宗教经典。道教思想在中国传统文化中以“杂而多端”著称，与之相应，它在发展过程中产生了众多的宗派，各宗派致力于弘道深山幽林，徂徕山遂成为道教在泰山一带的弘教基地。

一、沿革

早期道教在徂徕山行迹不显。据传灵宝派祖师三国吴人葛玄即曾游于徂徕东南邃谷，世称其地“葛氏岩”。东晋建武元年（317）前后，葛玄从孙葛洪修道徂徕，徂徕山“稺川谷”、“葛家坊”，传皆得名于葛洪。后唐长兴年间，传名道陈抟曾隐徂徕，礤石峪附近传有陈抟酣睡处遗迹，并有“希夷睡处”双钩楷书刻石。

金元之际，北方三大新道派兴起，其中全真道发端于山东胶东地区。金大定九年（1169）十月，全真道第一任掌教王重阳带领丘、刘、谭、马四大弟子北上传道，留守山东的全真高道则以胶东半岛为中心，向山东其他地区传教。蒙古太祖二十年（1225），丘处机门下全真道第四代弟子丁志年弘道徂徕，兴复徂徕葛氏岩下炼神庵，炼神庵遂成为全真道在徂徕一带的弘道祖庭。有元一代，徂徕山道教的发展主要以炼神庵为中心。同期，二圣宫和毛姑庵亦为当时著名道观。二圣宫位于乳山之下，襄溪（今湖北襄阳）道人鹿善森创，供祀老子和孔子。毛姑庵位于乳山西北，毛姑在此修行三十余年，临化留颂有“如今脱下皮囊日，拍塞虚空永自然”之语，前泰定军节度使、征行千户时宥刊石于其墓前，后世遂称其地为毛老谷。

明万历初年，汶上道士于蚖虚修真徂徕山礤石峪，创建隐仙观，是观成为清代徂徕山道教的弘道中心。

经过明代的韬光养晦，清代徂徕山道教的发展达到高峰。这一时期，徂徕山道教以全真道为主，其发展体现在两个方面：一、全真岔派的传入。清康熙十二年（1673），全真岔派之一龙门派传入徂徕山蓬莱观，并迅速发展，先后传至二圣宫、卧云庵、聚泉庵、玉帝宫等宫观。二、全真岔派的创立。康熙年间，全真岔派吕祖蓬莱派在徂徕山隐仙观创立，路圆守为该派第一代弟子，之后，吕祖蓬莱派发展迅速，高道大德不但在本地弘道，而且还于雍正年间远迈东北传道。

概而言之，早期道教在徂徕山行迹不显。蒙古太祖二十年（1225），全真道传入徂徕山，之后直至民国时期，全真道都是徂徕山道教的主流。全真道在徂徕山发展的最突出特点体现在全真岔派之一吕祖蓬莱派的创建上。吕祖蓬莱派在徂徕山隐仙观创建后，由于若干原因，除祖庭之外，并未在泰山及周边产生很大影响，而清雍正年间高道大德远迈东北的传教，则奠定了东北道教的主流。

二、宫观

宫观，是道士修行、供奉祭祀神灵、做斋醮祈禳等宗教活动的必备场所。宫最初指家居的房屋，观则指门两边供眺望的有一定高度的楼台式建筑。宫观合用，并专指道士修行的场所，始见于汉武帝时期。汉武帝喜好神仙之术，遂听方士之言，广建宫观以候仙人。隋唐时期，随着皇室对道教的崇奉，道教宫观遍及全国。直至宋代，道教宫观的形制并未发生显著改变。金元之际全真道兴起后，对宫观制度加以改革，建立了十方丛林与子孙庙。史料显示，徂徕山道教宫观主要为子孙庙。

炼神庵　在徂徕山葛仙岩下，创建无考，毁于金贞祐之兵。蒙古太祖二十年（1225），全真道第四代弟子古阳子丁志年在泰安军节度使时氏父子的支持下，历经十余年，复兴炼神庵。之后，炼神庵成为全真道在徂徕一带的弘道祖庭，先后发展了通道观、神佑宫、灵阳观等下院。

炼神庵旁石刻

竹溪庵　位于徂徕山西北麓，西临竹溪，碧水曲环，堪称徂徕胜区之首。金代党怀英因应举不得意，遂筑竹溪庵为赋诗著书之所。今庵岩壁仍存党氏书“竹溪”二字。元大德四年（1300）十月，竹溪庵主□道源及其徒刘进童重整庵宇，但未复庵宇旧基，仅落成殿廊斋舍，后得奉符尹刘公捐助，庵终告成。元皇庆二年（1313）前后，僧众于徂徕山竹溪庵故址建法云寺，后寺于明嘉靖三年（1524）迁建于许家庄，寺宇遂废。康熙年间，全真龙门派第十代弟子孙清童携徒于竹溪庵故址创玉帝宫，供奉玉皇大帝，徂徕一带信众多来集。嘉庆三年（1798），玉帝宫住持翟合才与曹庄、许家庄等二十余庄信众重修玉帝宫。同治年间，道士国元仁住持玉帝宫，时邓家庄信众屡于玉帝圣诞日建醮祈福。光绪年间，乡民张盛思、翟荣君多次栽培树木并重修殿宇。1920年，邓家庄、许家庄信众重修六逸楼、玉皇楼，住持梁宗心立碑记之。1927年，邓家庄、许家庄善信“坏者修之，倾者补之，树之缺者植之，神像之浸绽者装饰之”，再次重修六逸楼和玉皇楼。1932年，翟承恩整顿庙宇，至1933年春又与许家庄善信募集资金，植松柏、杨柳、花木等四百余株，并重新西墙。

二圣宫　又名二圣堂，位于徂徕西北麓。唐天宝间，李白、孔巢父、韩准、裴政、陶沔、张叔明隐于此地，号“竹溪六逸”，二圣宫即六逸旧迹。元初泰安军节度使时氏父子资助道士鹿善森建，宫因供奉孔子、老子而得名。蒙古宪宗九年（1259）三月，泰定军节度使时珍以徂徕二圣观道众不能安集，遂将其青石泺祖业地尽行施与。珍卒，其子宥遵遗命行之，道人刊石纪其盛德。清同治二年（1863），鉴于二圣宫毁坏严重，菟裘孝廉卢运常、廪生冯清宇、封家庄乡饮介宾封乐山等与住持王密松重修二圣宫。后全真龙门派传入二圣宫，道人田太江联合众善士重修二圣宫，并增修九母堂、三清殿、玉帝阁及群仙楼等殿宇。

隐仙观　位于徂徕山贵人峰下礤石峪，汶上道士于蚖虚至迟创于万历二年（1574）。于氏仙去后，隐仙观成为吕祖蓬莱派的弘道祖庭。康熙十二年（1673），全真道士路圆守修真于此，蒲团面壁四十余年，人无知者。至康熙二十三年（1684），泰安同知吴

礤石峪石刻

桎闻其名，捐俸契买天宝寨民田三十亩，永为香火之供。路羽化后，其徒解通儒嗣主隐仙观，后有刁徒谎称圆守弟子，意欲据隐仙观财产为己有。康熙四十四年（1705），事控于州，同知张奇逢查明真相，禀于知州，道宇复安。泰安进士、候补内阁中书赵国麟应士绅之请，为撰《徂徕山礤石峪赡田碑记》。乾隆五十二年（1713），朝城县训导赵涜创修六逸亭，住持史乐率徒刻石以记。嘉庆十六年（1811），孤掌道士张始明募缘重修隐仙观楼阁殿宇。道光十四年（1834），杨盛九、生员王又熺、监员王绳斋倡众维修隐仙观，恰逢凶年，未完而绰。道光二十一年（1841），住持梁重格、王重泰募资重修玉皇楼、三清殿、吕祖阁、山神庙、灵官庙、迎仙桥等，殿宇焕然一新。咸丰四年（1854），泰安一带善信集资重修迎仙桥、渡仙桥。同治七年（1868），隐仙观六逸堂毁于风雨。同治九年（1870），住持王重泰募资重修。

蓬莱观　位于徂徕山中军帐。康熙十三年（1674）全真龙门派道士韩太章募得程氏山场，草创三清殿，供祀三清尊神。蓬莱观创建后，在徂徕一带影响很大，信徒众多，每年二月二十五日到观建醮祈福，此举持续数年。约康熙二十八年（1689），观易为吕祖蓬莱派住持。嘉庆二十一年（1816），韩太章第八代弟子蓬莱观住持刘教山率徒与“乡人自古博运千觔之石”，修理三清殿，并增书斋数楹。道光初年，刘教山再次募资扩建蓬莱观，并将神室易草为瓦。咸丰年间，蓬莱观龙门派道士刘永主住持蓬莱观，是时程氏后人程润普恐观宇荒废，遂自担庙主，募化族人及周边善士重修殿宇。咸丰之后道观没落，道光年间上庄张荣等建醮会所施紫岩池庙产被侵，至1915年，住持道人董至芳不忍坐视，控张希盛于官获胜，并立宅地碑以详记观之四至。1920年，蓬莱观与泰山、徂徕一带佛寺道观联系密切，是年，徂徕一带善士重修蓬莱观，并新建吕祖阁一楹、灵官殿一座，置办经卷箱一套，旧县三官庙、礤石峪隐仙观、王母池、大寺、青云寺等佛寺道观前来助缘。

聚泉庵　位于徂徕山西三里药山，俗称大庵，创建无考，一直为全真龙门派住持。康熙二十年（1684）创建三官庙。光绪四年（1878）住持朱和全率徒创山神堂。

卧云庵　位于徂徕山西十里悬珠山，创建无考，康熙间有号高沙卧云者居此，因立卧云庵，祀吕仙，后庵圮。

三、道派

在中国传统文化中，道教以“杂而多端”著称，其道派亦是如此。最早的道教派别是东汉顺帝（126~144）时的五斗米道，灵帝建宁、熹平之际（168~177），出现了道教的另一道派——太平道。至东晋南北朝，道教又分化出了上清、灵宝、楼观等派别。南宋与金对峙时期，北方兴起了全真道、真大道、太一道等三大道派；南方则出现了天心派、神霄派、清微派、东华派、净明道等诸多符箓道派。在道教发展史上，伴随着外部社会环境及条件的转变，道教派别也此起彼伏，表现为一些道教宗派衰亡了，另一些宗派又兴盛了。甚至在某种条件下，若干小宗派联合成一个大宗派；在另一种条件下，一个大宗派又分化为若干小宗派。这种宗派兴衰分合的现象，伴随道教发展的始终。徂徕山道教其宗派可考者主要有全真龙门派及吕祖蓬莱派。

龙门派　全真支派之一，约创于明代，尊全真道第五代掌教丘处机为祖师，尊丘处机弟子赵道坚为创派宗师。康熙年间，龙门

派传入徂徕山。之后，该派在徂徕山迅速发展，传道范围广泛，主要分布在玉帝宫、二圣宫、蓬莱观、聚泉庵、卧云庵等处。

康熙十二年（1673），龙门派第九代弟子韩太章云游至徂徕山中军帐，喜此胜地，遂募旧县程氏山场，草创三清殿，创建蓬莱观，至1920年，龙门派在蓬莱观共传十五代。之后，蓬莱观成为龙门派在徂徕一带的传教中心，全真龙门派则以蓬莱观为中心向四周传教。至迟在康熙二十年（1681），蓬莱观道士修道卧云庵，时至1927年，卧云庵住持仍为蓬莱观徒众。至迟康熙五十五（1716）年，蓬莱观龙门派弟子传道玉帝宫（竹溪庵），直至同治九年（1870），玉帝宫仍由龙门派道士住持。

龙门派传入二圣宫的具体时间不详，自龙门派第九代弟子田太江始，该派在二圣宫共传三代。

尽管龙门派传入聚泉庵的时间无考，但该派在聚泉庵发展迅速，度徒众多，至光绪四年（1878），共传五代。

徂徕山各宫观龙门派道众名录

宫　观	道　　人
蓬莱观	韩太章　于清林　张清德　刘教山　张永泉　刘永水　钟永贵　李永长　张永良　刘永柱　任永让　刘永主　尚元富　薛元德　孔元智　国元仁　房元有　刘元来　刘元孔　赵元昌　乔元凤　王明斋　刘明节　孙明绪　董至芳　潘至文　郑至来　侯立贞　于立盈　朱立祥　朱宗立
卧云庵	晋道昌　郭一守　崔一纯　幺一阳　赵一权　李一芳　井一□　刘法真
玉帝宫（竹溪庵）	孙清童　李一山　刘阳真　翟合才　国元仁　梁宗心　朱宗立　梁承严
聚泉庵	□复成　□复明　孙复会　李复魁　郭复盛　谭复详　□复遂　高复贞　郑复平　蒋本立　李本忠　蔡本源　欧阳本顺　周本来　朱本玉　沈本然　□本才　朱和全　侯教来　□教□　夏教平　□教盛　郑教华　刘永江　刘永柱　王永福　李永序　庄永河　蔡永□　□永堂
二圣宫	田太江　王清高　田清云　张清霞　李清白　密一李　密一道

吕祖蓬莱派　本派是创始于徂徕山的全真支派，创派时间至迟为康熙十二年（1673）。是年，蓬莱派第一代弟子路圆守修真于徂徕山礤石峪隐仙观。之后，路氏弟子兵分几路以隐仙观为中心四处传教，一路在徂徕山一带传教，并先后于康熙二十八年（1689）前后传入蓬莱观，于嘉庆二十三年（1818）传入三皇庙；另一路则往徂徕山以外传教，并约于嘉庆五年（1800）传入吉林玄天岭。

徂徕山各宫观吕祖蓬莱派道众名录

宫　观	道　　人
二圣宫	王密松　张真果　□丹廷　郝提□　范提顺
隐仙观	路圆守　鲜通儒　李通舜　戚通玄　李通尧　刘智本　许智恭　鲜智寿　夏智清　李毓鸾　张毓珩　□毓□　安毓鹤　□用□　姬永信　张始明　史　相　史　乐　史　瑞　孙青云　彭青海　杨青桂　王青远　王青润　安□□　王蜜朋　杨重友　梁重格　王重泰　耿密东　李密孝　陈密贵　张密寿　李密孝　王密瀛　周密澄　赵密泾　贾密涛　王密涵　刘密湘　王真修　徐真岩　张真林　鲍真苞　梁真常　王真宽　李丹禄　张丹臣　罗丹忠　范丹议　王丹岗　万丹河　任丹琴　万丹屾　张丹□　钟丹首　张丹亭　万丹岭　焦丹敏　李丹杨　夏丹梅　褚丹运　朱丹峪　罗丹忠　安丹桂　李丹昆　陈丹增　李丹羣　万丹礼　刘丹存　李丹聚　武体章　李体亨　万体厚　贾体增　王体连　时体幹　赵体辇　尹体安　张体富　刘体兴
三皇庙	孙青珍　杨重安　孙密敖　靳真魁　韩真义　陈真清

四、高道

丁志年　讳志杲，道号古阳子。丁氏自幼清高不群，慨然弃俗，于青州万寿宫出家，礼丘处机门下真常子范志敦为师，学为全真。蒙古太祖二十年（1225），丁志年离开万寿宫，西行弘道徂徕，在泰安州节度使时氏父子的支持下，兴复葛氏岩下炼神庵。海迷失后二年（1250），经东平府路道录司申奏全真掌教，请得圣旨，赐金襕紫服，并授和光大师之号。丁志年遂成为全真道在徂徕一地的开山祖师，他除重建炼神庵外，另携徒兴建通道观、神佑宫、灵阳观等全真宫观。丁志年度徒数百，较为著名的有卫志坚、宁志平、傅志善、胡志章、刘志永等。

鹿善森　襄溪（今湖北襄阳）人，字茂之，号栖玄子。素业儒，尤精于《易》，母以寿终老后，弃儒从道，师郭凤仙门下铁李真人。蒙古太宗五年（1233年），鹿善森"来寓钜平，后改（部）徂徕，不悔入道之晚，务在力行"，立孔子、老子像于一堂，在泰定军节度使时珍资助下建二圣宫。

善森由儒入道，故其修道徂徕后，与泰安一带名士交往频繁，杜仁杰即曾为其撰《贫乐岩铭》。此外，善森凭借其儒学素养，多为同道撰写碑记，如其曾为全真道士孟浩然等撰《会仙观记》。

善森善作诗，留诗两首：

道既不行隐即宜，也须择地可栖迟。苍岩翠谷依松竹，绿树澄潭玩鹤龟。适志乐天情自足，安贫任分更何疑。竹溪却愧六君子，复恨予今生异时。

白云堆里道人家，木食草衣度岁华。菜圃丹炉闲活计，青桐黄卷恬生涯。纷纷翠袅风前柳，习习飘香雨后花。不挂市朝名与利，且赢高枕卧烟霞。

于蚚虚　祖籍汶上，至迟于明万历二年（1574）在徂徕山礤石峪下创建隐仙观。蚚虚寿八十仙去，羽化之日屡示神迹。隐仙观

附近石壁有万历初年于蚖虚庙摩崖题记。

王密松　乡贯不详，有二子王鸿德、王鸿平，后弃家修道，学为全真，为吕祖蓬莱派第九代弟子。清咸丰二年（1852），王密松在众善士的邀请下重建二圣宫，历数年而道院整齐，遍植树木，殿宇也焕然一新。

韩太章　字养拙，乡籍无考，初修道终南山，后遨游名山。康熙十二年（1673）至徂徕山旧县程氏山场，喜此地形势，萌营观之念，后募程氏，程氏以地相施，韩遂“踰月构草殿于上，供三清尊像”。是观修建历时一年，开光之日，“观者接踵”。之后，韩太章在蓬莱观潜心度徒，弘扬全真道法，“春秋一衲，或盛暑严冬终日不食”，日渐道行高深，成为徂徕著名高道。

王重泰　约生于嘉庆十年（1805）至嘉庆二十年（1815）年，字舒亭，本邑员外郚人，自幼与母亲相依为命。垂髫即修真隐仙观，师王青远。道光二十一年（1841）始，王重泰担任隐仙观住持。道光二十一年（1841），募资重修隐仙观玉皇楼、三清殿、吕祖阁、山神庙、灵官庙及迎仙桥等。道光二十八年（1848），在礤石峪东山栽柏树2626株。咸丰四年（1854），由于常年山水冲激，致使六逸堂之西山几至倾圮，遂创修六逸亭坚固之，继而率众重修迎仙桥及渡仙桥。同治九年（1870），又率众重修玉皇楼、六逸堂。光绪十四年（1888），王重泰羽化仙去，其一生道行高深，度徒甚众，其度化的徒弟有稽可查者主要有：王密瀛、赵密泾、王密涵、刘密湘、周密澄、贾密涛等。

王真宽　字慧海，生于光绪五年（1879）六月十二日，本邑西羊舍王兴美之孙，隐仙观道士王密涵之子。十二岁皈依隐仙观，拜周月峰为师。真宽尚俭朴，农忙时协助住持梁真常理稼穑，农闲时则教诲诸弟子学经卷、习乐器，率徒携经柜立坛设醮于四方。

真宽道行高深，度徒众多，其徒可考者有：万丹河、任丹琴、万丹岫、张丹峣、钟丹首、张丹亭、万丹岭、焦丹敏、李丹杨、夏丹梅、褚丹运。

第二节　佛　教

佛教自西汉末年传入中国，至十六国和东晋时期在山东快速发展，泰山周围成为山东地区佛教中心。南北朝时期，佛教在山东地区全面兴盛，泰安地区的佛教传播路径南下至东平，东进由徂徕山区扩展到新泰周边地区。位于徂徕山区的光化寺和映佛岩摩崖刻经标志着佛教在此地的广泛传播。

一、沿革

徂徕山区寺院以北魏时期光化寺为始，佛教自唐后多为禅宗。

南北朝时期，佛教在泰山与徂徕山区兴起，信徒众多，寺院经济发达。北魏时期，佛教僧众在徂徕山东南麓修建光华禅寺，徂徕山区寺庙由此而始。光化寺曾挖掘出东魏兴和三年（541）四月清信女羊银光造佛像。

北齐河清二年（563），崇佛众僧在徂徕山西北麓兴建四禅寺，后在其近处修建法云寺（人称小寺）。北齐武平元年（570），梁父县令王子椿分别刻《文殊般若经》、佛名于徂徕山映佛岩、将军石等处，为后世书家所推崇。据民国刘声木《续补寰宇访碑录》卷十一记载：景龙□年（707~709），信士□知海、信女李氏□娘等于徂徕山映佛岩造像，并题记于北齐《般若波罗蜜经》字隙之中。光化寺和映佛岩所刻般若经，是佛教在徂徕山区繁荣昌盛的见证。

到唐代由于道教崛起，佛教禅院多深藏

于深谷幽壑之中。唐朝中叶以后，佛教吸收儒家的性善论和道家任远自然的人生态度，完成了中国化的历程，创造了完全中国化的佛教宗派——禅宗。唐贞元年间（785~805），高僧怀晖驻锡光化寺，四方禅子纷纷前来请问，光化寺盛极一时，成为泰山之南的丛林名刹，至明清两朝，乡人相继增修，形成规模。徂徕山有赵州庵遗址，碑载有赵州禅师足迹留存。而据后唐惠通禅师《赵州真际禅师行状》、北宋道原《景德传灯录》卷十《赵州东院从谂禅师》等史篇记载：唐会昌五年（845）乙丑七月，唐武宗敕并省天下佛寺。高僧从谂因会昌法难，隐迹徂徕山，草衣木食，修行愈峻。解禁后出山，天下僧俗仰慕，尊之为古佛，可见徂徕山区是禅宗传播较早的地区之一。

至宋金时期，徂徕山区僧人、民众苦于战乱，为求生寄托，民众崇佛结社蔚成风气，纷纷出资兴建、重修佛教寺庙。如徂阳寨山（今新泰市天宝镇寨山前村）有本年结社题记："治平三年三月廿七日，维那头刘厅字名□创立社□。又于熙宁元年（1068）三月十九交□了当"。宋大中祥符七年（1014）三月，宋廷颁牒于徂徕光化寺，赐额"崇庆寺"。金大定二年（1162）冬，泰安军奉符县天封寺僧法润等，经官纳钱获赐额"法云寺"，欲兴复徂徕西麓四禅寺，因见旧址山水冲注，乃移徙旁地。大定十二年并立《四禅寺牒记碑》。四禅寺建立后，又于附近建一支寺，亦以敕牒中之"法云"为额（后世因称其寺为"小寺"，而称原四禅寺为"大寺"，而"法云"之号亦渐专属小寺）。敕牒碑石亦复制立于寺中。金大定三年（1163），徂徕僧众在羊祜城（今新泰市天宝镇古城村）羊氏故址建大觉寺，并立玄敕牒碑。金大定十六年（1176），僧福灯于徂徕山建法云寺，修成法堂、方丈、僧房、寝堂等，栋宇雄壮，经始于大定十一年（1171），历时5年而成，金廷赐额"法云禅寺"。此寺与四禅寺同属一系，前者称"大寺"，此则称"小寺"。金代，高僧善达（天眷时）、智公（大定时）、日公（明昌时）先后驻锡光化寺，禅名颇著。

至元代，在佛教各派中仍以禅宗最为繁荣。蒙古定宗元年（1246），徂徕光化寺殿宇堂庑于贞祐之变中尽为灰烬。当时徂徕山区为天保人时珍掌控，官居镇国上将军、左副元帅、泰定军节度使兼兖州管内观察使。时珍及其子时宥先后延请僧晖公、昧公师弟来驻光化，支倾起废，重建寺宇。同年四月，高翿为撰记碑。元皇庆二年（1313）前后，僧众于徂徕山竹溪庵故址建法云寺。明正德时僧柔公驻此，僧宇颇盛。后于明嘉靖三年（1524）迁建于许家庄，亦名许庄寺，至清康熙时作书坊已易为道士住持。

明清以后，由于道教及泰山碧霞元君等民间信仰兴盛，佛教渐渐没落，但仍有信徒不时募化修建寺庙。明弘治十六年（1503），僧成宽"发心修盖"徂徕山南麓青云寺。明弘治十七年（1504），法云禅寺（即小寺）年久颓败，住持悟景于成化四年（1468）重修。后其弟子舟宁等又募化"起盖佛殿、伽蓝堂、廊房"，"装塑佛罗汉像"。康熙五十五年（1716）孙家疃村信士郑印等重修，道光二十二年、光绪二十年、光绪三十年皆有信众重修。光绪间泰安知县李于锴并出判保护寺产。为徂徕古刹之一。清康熙五十五年（1716）十月，僧普禄重修徂徕旧寺（青云寺），不数月而成。清乾隆三十四年（1769），七月，徂徕裂泉横流，冲毁北齐古刹四禅寺，后于故址复建。清乾隆四十四年（1779），乡众重修徂徕大悲庵。清乾隆四十

八年（1783）三月，徂徕光化寺僧于寺中建白衣阁。清道光二十二年（1842）三月，徂徕僧丁考等重修旧寺（青云寺）。清光绪十年（1884）七月，徂徕光化寺僧海亮（贵修）募资重修寺宇，助工者凡三千馀众。至是工成，勒石寺中。清光绪二十年（1894），徂徕僧圆和重修青云寺。寺原称“旧寺”，至是碑记始称“青云寺”。清光绪二十六年（1900），徂徕四禅寺（大寺）因“创建有年，风雨摧坏，产业凋零”，至是僧佛邀集近乡善士，将佛殿及韦驮殿、山门、禅堂等俱行重修。八月立碑记之。同年十二月，信众郑兰从等捐资重修徂徕青云寺。此时因寺产事，郑氏与寺僧发生争执，后由泰安知县李于锴予以判决结案，并于寺中立碑公示。

民国时期，由于长期处于战乱，寺庙多数败落。抗日战争爆发后，徂徕山区成为抗日斗争前线，寺庙多数毁于日军炮火。

二、寺庙

光化寺　光化寺庙依山傍水，坐落于山之坳区，左右双峰如抱，前有诸山如翠屏遥列，后有兰谷山泉流入寺院。周围群山起伏，似群龙舞动。鼎盛时寺内有僧人99人。

原庙宇占地50亩，山门、配殿及大雄宝殿鳞次耸立，仅存庙宇10间。蒙古定宗元年（1246），泰定军节度使、左副元帅、陇西郡开国侯时珍重修寺宇，尽复旧观。民国《重修泰安县志·舆地志建置·坛庙祠宇》载：“元初，副元帅泰定军节度使时侯再清（请）晖公长老住持寺，于是复起，有高诩碑记。”高诩所撰碑，犹存寺内。清代乾隆、光绪间乡人相继增修。寺院仅存大雄宝殿，为光化寺正殿。大雄宝殿为硬山前廊式，气象宏丽。殿内四壁绘有清代《西游记》二十余幅壁画，据说与岱庙的壁画出自同一画师之手，虽历经沧桑，画中山水人物仍清晰可见。

寺院西南有古柏、古松各一株，树龄均在千年以上。松树南边为原粮站仓库，在松树南边的仓库北墙附近，散放着13个和尚墓塔部件，其中有莲花座6个、长石鼓形的塔身7个，上刻有和尚名号，其中可识者有：“和公禅师之塔”“智公山主之塔”“岁次丙午三月一日立”等。寺院北门路东有巨石，名将军石，上刻《大般若经》，为北齐武平元年（570）所刻。寺东南二里路西有墓塔林遗址，为光化寺历代高僧埋骨之所，现存残塔石数十块，均为元明遗物。墓塔林东是梁父山映佛岩，耸峙陡险。其巅有巨石，石壁上刻隶书《般若波罗蜜经》。光化寺及塔林遗址处，存清乾隆、光绪年间重修碑等石刻十多通。其中可辨识者分别为：“重修碑记。咸丰二十□年”；“重修山神、灵官二庙记碑。道光二十一年岁次壬丑八月中浣”；“四禅寺碑记。光绪二十六年后八月上浣”等等。

四禅寺　位于徂徕山西南麓团山之阳，岱岳区房村镇黑石埠村北，徂徕山林场办公

光化寺壁画局部

机构驻地。南北朝时期北齐建筑遗址，又为抗日战争时期革命遗址。1987年被评为省级重点文物保护单位。

四禅寺也称大寺，创建于北齐河清二年（563）。清乾隆二十五年（1760）《泰安府志》载："四禅寺，在徂徕山西麓，距城四十五里。"因传寺由四位僧人筹建，故名四禅寺，也有人将"四禅"解释为佛法的一种境界。后屡有重修，清乾隆三十四年（1769）大雨，东山裂泉横流，山洪暴发冲毁寺院，后又进行较大规模复修。民国《重修泰安县志·舆地志建置》载："四禅寺，在徂徕西麓团山下，距县四十五里。北齐河清二年建。金、元重修；清乾隆己丑年，山雨坏决，复修建"。延至民国时，仍续有重修。

民国时期腾锡九碑文记载："徂徕之西入山数里，丛林森郁。殿宇廊舍望之如人冠巾帻者，盖四禅寺也。内有牒碑，为古名刹，创自金大定间，设备整饬，众僧济济。不独附近安上、南留、西遥、佛婆庄各郫寺僧胥为□寺所分布"，足见寺域广大。又载："即红门宫及远方僧之凡为曹洞一派所传者，莫不多于此出焉"，足见影响之广。据碑刻记载，至1931年，其庙产仍"北至团山顶，南至横山峪，东至有松山，西北至大簸箕掌，西至风岭口。凡在寺地兴种，不许押卖"。其重修于清光绪年间的下院有南留广福寺、安全庄安泉寺。

大寺遗址面积500平方米，为一进院落，建有山门、正殿和东西配殿各3间。山门长8.5米，宽4.1米，高5.7米，门内左右分塑哼哈二将。正殿为大雄宝殿，长10.2米，宽8.9米，高7.2米，内塑佛祖释迦牟尼金身及两个弟子迦迪迦和迦诺迦伐蹉。西殿长7米，宽3.8米，高5.8米，塑观音菩萨，左手拿净瓶，右手持杨柳枝，表示佛祖的恩惠遍及人间。东殿长7.0米，宽3.8米，高5.8米，供奉碧霞元君（后续供奉）。院内尚存金代碑刻1通、清代碑刻3通、民国碑刻1通和1996年10月立《重修四禅寺碑记》。大寺山门外存石碑5通。

1938年1月1日，中共山东省委在大寺举行了著名的徂徕山抗日武装起义，创建徂徕

四禅寺壁画

山抗日根据地。起义部队驻扎在大寺。1942年，日本侵略军“扫荡”徂徕山，曾强占寺院，寺内建筑物受到破坏。

新中国成立后，大寺旧址曾为徂徕山林场场部所在地。1957年7月4日，泰安县人民委员会公布为第一批应保护文物古迹。“文化大革命”期间寺内石碑等文物曾遭到破坏。1977年12月23日，山东省革命委员会公布为省级文物保护单位。泰安市及郊区人民政府在大寺山门前边建立了重点文物保护标志碑。1996年，当地政府部门又对四禅寺进行全面复修。

大悲庵　位于徂徕山东南麓圆瓦崖，创建无考，清乾隆四十四年（1779）乡众重修徂徕大悲庵。先由僧人园成、园功（年代不详）率徒重葺之，主祀观音，“文殊、普贤并列左右，子孙、送生诸菩萨皆次□（列）”，又“兴造山门、云梯，不日告成”，园成等被尊为“开山和尚”（《重修大悲庵记》）。后为风雨所摧，善士和亮等聚四方善信，输资重修。“功兴于夏，告竣于秋，金碧辉煌，焕然一新”。十一月，僧众立碑记之（清冀世勗《重修大悲庵大悲菩萨碑记》）。此后，大悲庵数经民间香社集资重修，清末渐废。遗址犹存大殿墙壁及碑石7通（多已残），有摩崖大书曰“三笑处”、“山高月小”。

大觉寺　金大定三年（1163）徂徕僧众在羊祜城（今新泰市天宝镇古城村）羊氏故址建大觉寺，并立敕牒碑。寺内有银杏树两株，高大挺拔。后寺院毁于战乱，古树也被砍伐。

青云寺　又名旧寺，为徂徕古刹之一。位于岱岳区房村镇黑石埠村转山子以北山凹。仅存遗址，据传为明弘治十六年（1503）僧成宽“发心修盖”。康熙五十五年（1716）十月，僧普禄与孙家疃村信士郑印等重修。道光二十二年（1842）、光绪二十年（1894）、光绪三十年（1904）皆由信众多次重修。光绪间泰安知县李于锴并出判保护寺产。据清康熙五十五年（1716）重修所立碑文记载：重修后，四禅寺、大云寺、法云寺等寺长者、主持曾至为贺。至1922年，其庙产“东至长岭顶，西至团山顶，南至牛心山，北至望景石。”

法云禅寺　位于徂徕山西峪，山民相传为古四禅寺。经数代僧人结庵作室已初具规模。金大定二年冬，住持法润等，经官纳钱，赐额“法云”。后因地势峻侧，山水冲注，难以修盖，僧人福灯移徙至此。因古四禅寺被当地称为大寺，故又称法云禅寺又称小寺。据敕碟碑文记载，时有房屋15间。明成化、弘治年间重修。

赵州庵　位于徂徕山南麓演马岭上，新泰市天宝镇内。创建无考，旧称“徂徕七十二观寺之首”。今存吕仙阁，祀吕祖。《岱览》云：“东二里为演马岭，广可驰骑。下有飞湍，东别谷出焉，西南流五里，与西别

赵州庵遗址

谷合，南注小汶。岭上旧有赵州庵。”在徂徕历代人物中，与“赵州”一名有关者，惟赵州禅师从谂一人。因此可以推断赵州庵与赵州禅师有一定内在联系。再对证史料中关于从谂“避地岨崍”的记录，可以推断出，此处或即是从谂避迹山中的一处遗迹。

三、僧人

境内寺庙唐以后多为禅宗，禅宗法脉为临济派，以“智慧清静，道德圆明，真如性海，寂照普通，心源广续，本觉昌隆，能仁圣果，常演宽洪，性传法印，证悟会融，监持戒定，永继祖宗”48字传承。著名僧人有怀晖、法润、福灯等。

怀晖（753—815） 唐代名僧。同安（今厦门）人，俗姓谢，禅宗南派大师马祖道一弟子，后住徂徕山中，迁灵岩寺，苦于不得静修，乃隐于中条山深处结茅.学人蹑踵而往，如影附形。元和二年（807），诏入章敬寺上院。元和十年（815）卒，年六十二。谥大宣教禅师。

从谂（778—897） 俗称赵州和尚，幼年出家，后得法于南泉普愿禅师，为禅宗六祖惠能之后的第四代传人。唐大中间从谂禅师行脚至赵州，受信众敦请驻锡观音院，弘法传禅，僧俗共仰，为丛林模范，人称“赵州古佛”。唐昭宗乾宁四年（897）圆寂，寿120岁，敕谥真际大师。传曾避地于徂徕山南演马岭上赵州庵，或即因从谂而得名。

福灯 金僧，曲阜人，俗姓展。少年出家，拜善慧为师，精研经、律、论三藏，博通大、小二乘，严持净戒，苦修梵行。大定二年（1162），建徂徕山法云寺，学众萃集，门风严峻，人称“法云大师”。

法润 金代奉符县天封寺主持，其生活时代与僧福灯同时期。金大定《重修法云寺碑》记载：他与福灯“结庵上峪。或迎送约束，或求化僧储，往来维行斯地。观其四禅古迹，未尝不恻然动怀”，于是一同募化重修法云寺。

徂徕山部分寺庙僧人名录

寺庙	僧人
光化寺	赵善达禅师 晖公禅师 性禅师 义公禅师 宽公山主 圆公监寺 广公和尚 无云禅师 德庆 明海 圆长 明江 圆满 圆清 圆宝 真贵 真桂 真茂 真山 明有 明乐 明柱 明轮 如□ 真宗 真祥 德顺 圆广 圆文 圆□ 明僧 明碧 明悟 明镜 明旺 明兴 明如 明□ 明玉 明□ 明法 明林 真修 真本 真月 真随 真□ 真存 如平 如□ 明睿 明光 明道 明柱 明常 明道 明柱 德然 海亮 寂和 寂□ 照全 照昇 普礼 普喜 普聚 普正 通春 通信 通才
四禅寺	福灯 佛重 圆真 圆信 圆振 心清 安立 安荣 安惠 佛义 安全 永（长、戒僧）常 永（次）江、永（三、戒僧）贵永 （四）水 永春 佛镇
青云寺	永林 固旺 固法 绪亮 绪仙、绪明
大悲庵	圆功 圆成 明睿 明光 明道 明柱 明常 真传 真圣 真全 真宽 真存真义 如荣 如常 如兴 如普 如玘 如成 性复 性乐 性惠 兴吉 海□海成 园成 园功 明山 明万 明祥 明光 明道 明瑞 真福 真贤 真圣

第三节　伊斯兰教

伊斯兰教随回民徙居繁衍而推广传播，其信徒称为穆斯林。徂徕山区穆斯林属格的目派，又称遵古派或者老教。主要集中在回族居民聚居区域，岱岳区为化马湾乡望饭岭及邻近县域的4个回民村，新泰市为天宝镇天宝村、河西村。境内穆斯林为明代由大都和山西洪洞等地回族迁入，其中最早天宝镇为谷姓人家，之后回族各姓氏陆续从外地迁来，于明崇祯年间到达天宝，主要分布在天宝村与河西村，共有回族居民近1600人，其中天宝村1200余人，河西村近300人。穆斯林主要从事种植业、牛羊养殖与屠宰、皮毛加工、运输、饮食服务等行业。

一、天宝村清真寺

清真寺为阿拉伯文中“叩拜之处”，亦称礼拜寺、真教寺，清朝以后统称清真寺，是穆斯林举行宗教活动的中心场所。

天宝村清真寺位于新泰市天宝镇，始建于明末明崇祯年间，与穆斯林迁入同时创建。2012年有阿訇1人，海里凡1人，乡老会成员7人。

清代中期，由天宝村高、左二姓两位乡

2006年清真寺落成典礼

天宝村清真寺

老倡议，发动穆斯林捐款修建清真寺前殿。清末，李姓穆斯林捐款修建后窑殿。1987年，乡老高光谟和穆斯林米凤禄、李永勤带领全村穆斯林捐款，修整大殿和讲堂，新建大门和配房，总建筑面积400平方米。2006年，天宝镇党委、政府发动各单位捐款，投资16万元在原址重建礼拜大殿，为钢筋混凝土结构，按照阿拉伯风格进行装修，具有浓重的民族特色。2011年，新泰市民族宗教局和天宝镇政府共同筹集资金，并发动各界捐款，投资20多万元重建北讲堂。

二、望饭岭清真寺

位于岱岳区化马湾乡望饭岭（亦名忘饭岭）。建于明朝，清光绪年间重修。建筑特点是中国宫殿形式与阿拉伯建筑风格相结合。

望饭岭地理位置重要，清代修建九省驿道经过此处。清乾隆皇帝下江南由此路过，对望饭岭清真寺的建筑风格发生兴趣，曾进寺观瞻歇息。临行钦赐双龙镶边“万岁牌匾”一面，成为镇寺之宝（毁于“文化大革命”中）。并在寺门前右侧立下界碑，上书“西至城府（泰安）八十里，东至县城（新泰）八十五里。乾隆二十九年三月”。碑碣仍存。

清光绪年间，山东籍回族著名爱国将领

石界碑

左宝贵陪同光绪皇帝出巡，路过此寺时，亦曾下马驻足，进寺观瞻，更衣参拜。临别时钦赐“御旗”两面，由寺珍藏，毁于“文化大革命”中。

清末至民国年间，民变蜂起，土匪肆虐。附近回、汉族妇女逃进清真寺避难，被土匪围困。该寺阿訇李继安急中生智，率领众乡老列队守候在寺门，悬起“万岁匾”，树立“御旗杆”，镇威壮势，多次逃过大难。抗日战争暴发后，清真寺为日军所焚，穆斯林纷纷逃往他乡。新中国建立后，由望饭岭清真寺和跨县而居的四个回民村集资重建，后在“文化大革命”中被破坏。1999年11月17日，复又重建。有礼殿四间，南北讲经堂五间，淋浴室两间，大门楼一间，寺门前有古槐1棵，粗壮高大，三抱莫合，枝叶茂盛，绿荫宜人。

望饭岭清真寺

第九章
徂徕山抗日武装起义

1938年1月1日，在中共山东省委书记黎玉和宣传部部长林浩、红军干部洪涛、赵杰等领导下，“中华民族解放先锋队”部分队员、平津和济南的流亡学生及泰安的“民众抗日自卫团”等，在徂徕山的大寺举行武装起义，成立八路军山东抗日游击队第四支队。此次起义，首义即谋全局，在山东第一次鲜明的打出中国共产党领导的八路军的旗号，起到了示范全省的作用，为在鲁中南山区开展敌后游击战争积累了宝贵经验。此次起义是抗日战争时期山东影响最大的一次起义。徂徕山抗日武装起义具有重要的历史地位，在民族危亡的紧急关头，中国共产党领导和组织人民英勇抗战的壮举，鼓舞了人民的斗志，打击了日伪的嚣张气焰，同时在战斗中壮大了党的力量，培养了大批干部，创建和发展了山东抗日根据地，为抗日战争和解放战争的胜利作出了重大贡献。

第一节　起义历程

一、组织准备

1937年“七七”事变后，日本侵略军发动了全面侵华战争，华北诸省相继沦陷，中华民族处于深重的危难之中。1937年8月，中共中央在陕北洛川召开政治局扩大会议，通过了《关于目前形势与党的任务的决定》和《抗日救国十大纲领》。指出：在敌人后方放手发动群众，开展独立自主的游击战争，配合正面战场，开辟敌后战场，建立抗日根据地。根据中共中央的指示，中共山东省委（以下简称省委）立即作出在全省各地区发动抗日武装起义的部署，并决定直接领导徂徕山抗日武装起义。作为省委领导和发动全省抗日游击战争战略计划的重要组成部分，省委决定在徂徕山发动抗日武装起义是由徂徕山特定的条件所决定的。徂徕山具有重要的战略地位，在此开展游击战争，进可以扼制津浦铁路，控制泰（安）新（泰）、泰（安）莱（芜）、新（泰）汶（口）等公路，威胁泰安和济南，退可以与新（泰）蒙（阴）、淄（川）博（山）、章（丘）莱（芜）等山区连成一片，以广大鲁中山区为依托，战略回旋余地大，同时徂徕山地处鲁中，作为省委的指挥位置，便于与其它战略游击区保持交通联络，而重要的基础条件，是这一带有较好的党的工作基础。

1925年，泰安就有了党的活动。1926年春，建立了中共泰安第一个支部，并逐渐将工作扩展到新泰、莱芜、曲阜等地，泰安、新泰、莱芜均曾先后建有中共县委，而泰安则曾是省委设在鲁南地区的中心县委。虽然由于国民党反动派的血腥镇压和叛徒的破坏，这一地区的党组织屡遭挫折，处于十分艰险困难的境地，但是广大党员前仆后继，百折不挠，坚持了斗争。1936年，山东党组织与中央取得了联系，建立起新的山东省委。至抗战爆发前，这一带仍保存下了二百余名党员，在当时全省党员总数仅有近千名的情况下，这是一支相当可观的力量。而且经过地方党组织长期领导的工人、农民、学生开展的多种形式以至武装暴动等斗争，使党在广大知识分子和工农群众中具有了广泛的影响和深厚的基础。1937年8月，失掉联系的中共党员鲁宝琪到济南找到省委，省委书记黎玉指定他为泰安临时县委负责人，指示他回泰安联络失散的党员，广泛开展抗日宣传，以各种名义组织群众性救亡团体，为发动武装斗争作准备。9月，失散关系的中共党员、泰安县民众教育馆馆长马馥塘发起成立“泰安县民众抗日总动员委员会”，推举老教育家范明枢任主任，社会各界知名人士江海涛、李镜铭任副主任，积极开展宣传抗战、募捐支援前线等活动。马馥塘在“动委会”名义下，发起成立“泰安县人民抗敌自卫团”，号召一切不愿当亡国奴的人们参加自卫团，由马馥塘任团长。当时位于泰安城南的篦子店有一个民众教育实验区，在这里任教的于一川、孙镜秋都是共产党员且建立起党支部，因此，自卫团以泰城民众教育馆和篦子店学校为基点，泰安县大部分共产党员和抗日积极分子踊跃参加，报名者很快发展到300余人。

1937年10月中旬，省委鉴于日军兵临黄河北岸，济南形势紧张陷入混乱状态，决定加快全省抗日武装起义的进程，遂将机关迁到泰安，准备以泰安地区党的工作为基础，直接领导发动抗日武装起义。随后，省“民先”队部和一批平津流亡学生陆续迁至泰安。省委迁到泰安后，省委代表参加了中共泰安临时县委在城南篦子店召开的会议，在会上传达了中央七八通电和省委关于发动组织游击队的计划。会议根据省委指示，决定以“山东人民抗敌自卫团”的名义发动武装起义，并以津浦铁路为界，分东西两个区展开活动。省委决定直接领导铁路以东地区的武装起义，并把起义地点确定在泰城东南的徂徕山。

10月22日，中央派来的红军干部赵杰、韩明柱、程绪润及10余名流亡学生到达泰安后，省委立即召开紧急会议。会上，黎玉分析了山东的形势，确定发动武装起义的时机，应选择在国民党韩复榘部队开始撤退或已溃散，而日本侵略军未到或已到达而立足未稳之际。省委采取的准备措施，一是除派韩明柱去寿光县外，对干部进行了划区分工。派程绪润、刘居英去莱芜；赵杰、程照轩、侯德才去徂徕山前一带发动群众，筹集枪支，组织武装。二是加强各地党组织的建设，整顿恢复各县党组织。正式建立泰安县委，夏辅仁任书记；莱芜县委由秦云川任书记；新泰在孙汉卿主持下成立新泰县工委，董琰任书记。各县党组织恢复健全后，根据省委指示，开展抗日武装起义的发动准备工作。他们四处联络发展党员，广泛发动群众，加紧组织抗日武装。泰安县的党员分赴10余个区、村开展工作。赵杰等3人到山阳后，组成六区区委，宣传发动群众，在封家庄发展封振武等3人入党，建立封家庄党支部。在程照轩的帮助下，赵杰争取原国民党六区区长程子源（程鹏）的支持，在山阳、封家庄一带发动了近百人的抗日武装。其他如赵笃生、马馥塘在泰安城，于一川在篦子店，燕遇明在颜张，张烈在山口，朱玉干在北望村，赵桓在李家庄，倪冠英在角峪，分别发展党员，筹集枪支，组织了部分人枪。莱芜县委在刘居英、程绪润帮助下，联络党员发展组织，开展上层人物统战工作。党员划片分工，以秦云川、黄仲华、刘夏峰、刘子正、毕指南、孙启明等为骨干，分若干区、点发动组织了100余人的抗日武装。新泰县工委与原县委的领导骨干王宪廷、王德一、王迫悟等，按照分工，在7个区、村，分别发动联络人员，也组织了100余人的抗日队伍。此外，泗水的共产党员周蓝田、管戈、曹宇光等，在泗水县分头开展活动，组织了一批抗日游击队。宁阳东庄一带爱国知识分子朱冀阶在中共党员周蓝田等配合下，也组织了一支抗日队伍。经过省委和各县党组织两个多月的努力，泰安地区党的力量得

到较大发展，广大群众抗战热情空前高涨，各地的抗日武装纷纷组织起来。来山东的红军干部洪涛，也奉省委之命从鲁西北来到泰安，举行抗日武装起义的条件基本成熟。

二、誓师起义

12月24日，日军渡过黄河，27日占领山东省会济南，并轰炸泰安城。国民党军队和官吏富豪仓皇南逃，局势骤然紧张。于日军渡黄河的当天，省委机关从泰城转移到篦子店村。27日，省委召开紧急会议，黎玉、洪涛和省委宣传部长林浩等10人参加会议。这次会议决定在日军占领泰城时举行起义。会后，参加起义人员积极赶制起义用的旗帜、大印等。由武中奇和韩豁、赵新、唐克、蒋平、傅生、范琳等6位女同志做了一面长方形队旗。右上角为斧头、镰刀，中间由武中奇书写“游击”两个大字，番号是“八路军山东人民抗日游击队第四支队”。武中奇用一块长方形砚台用小篆体镌刻关防“八路军山东抗日游击队第四支队之关防”。黎玉又在城东南东夏村召开有省委和延安来的干部以及泰安县委和平津流亡学生负责人参加的起义工作会议，对发动起义作紧急部署，要求各县委于日军占领县城时拉出武装，待命集中。并派张北华、程重远等立即去泰西发动领导泰西起义，以策应徂徕山起义。30日，省委机关撤离篦子店村，一部分由洪涛、林浩率领先上徂徕山，接应各路起义队伍；另一部分由黎玉、景晓村带领去山阳村，联络赵杰发动的队伍。同时，泰安县委通知各地武装到徂徕山集合。

徂徕山起义部队使用的部分武器

日军占领济南后分路南侵。12月31日，泰安城沦陷。1938年1月1日，省委毅然举起抗日救国大旗，率领泰安县发动的大部分武装和平津流亡学生、爱国士兵共160余人，在徂徕山大寺誓师起义，成立了“八路军山东人民抗日游击队第四支队”。洪涛任司令员，黎玉任政治委员，赵杰任副司令员，林浩任政治部主任，马馥塘任经理部主任。起义队伍暂编为两个中队，省委机关、泰安县委、

“八路军山东人民抗日游击队第四支队”队旗

印　章

泰安人民抗敌自卫团成员和青年学生编为第一中队，赵杰、程照轩、冯平、封振武发动的队伍编为第二中队。

徂徕山誓师后，各县根据省委通知，先后拉起队伍奔向徂徕山。莱芜县委在日军占领莱芜城后，集合60余人、50余支枪，于1月7日奔向徂徕山，被编为第三中队。新泰县工委集合50余人、40余支枪，于1月5日、7日、9日，由董琰、单洪、周星夫等带领，分批到达徂徕山，大部编入一中队。进步知识分子朱蓂阶等人在宁阳东庄一带发动23人，于1月24日拉上徂徕山，编入第二中队。林浩、武中奇、朱玉干等人还争取收编部分国民党溃兵，编为第四中队。期间，大汶口游击队的余琳、李大同（左宏奇）等30余人分批上山参加起义部队，大部编为一中队。在不到一个月的时间里，四支队发展到400余人。四支队建立后，建立政治工作制度，各中队成立党支部，设立指导员，排成立党小组，班设政治战士，加强了部队政治教育和军事训练，以迅速提高部队的政治素质和军事素质，准备尽快投入打击日本侵略者的战斗。

三、发展壮大

经过短期训练后，省委决定部队下山到新泰一带农村，发动群众，以求发展壮大。1月中旬，部队下山，沿泰安的茅茨、良庄向新泰进发。部队一路密切联系群众，在群众中开展多种形式的抗日宣传活动，得到人民群众的拥护。行进途中，得知敌人要从大汶口去新泰，为了打击敌人，锻炼部队，四支队决定伏击敌人。26日，赵杰率一部在徂徕山南的寺岭村设伏，对日军进行了首次作战，打击了敌人的嚣张气焰。战斗中，班长杨桂芳（莱芜人）牺牲，他是四支队第一名烈士。寺岭战斗打响了四支队打击日军的第一枪，扩大了共产党和八路军的影响。2月初，四支队到达新泰境内刘杜镇一带，泗水的共产党员周蓝田、管戈率领在丑村一带发动的80余人和曹宇光等率领在泗水柘沟发动的20余人加入四支队，编为第五中队。四支队与国民党临沂专员张里元建立了统战关系，商定联合攻打新泰城。决定由张部攻城，四支队打援。2月18日，四支队派封振武率一部精干武装，埋伏于泰（安）新（泰）公路上的四槐树村附近，用地雷炸毁敌军车两辆，炸死炸伤日军数十人，军官一名。四支队取得重大胜利，而张里元部却未按计划行动。2月下旬，省委在新泰刘杜镇召开扩大会议。会议总结抗战以来全省的工作，决定由黎玉去延安向党中央汇报山东抗日斗争情况，请求中央派干部来山东，由林浩代理省委书记和四支队政委。会议还决定，四支队兵分两路活动，以扩大影响，发展力量。北路由一、三、四中队组成，为第一大队，由洪涛、林浩率领北上莱芜、淄川一带；南路由二、五中队组成，为第二大队，由赵杰、程照轩等率领，南下费县、蒙阴。另派鲁宝琪回泰安组建泰安独立营。在分兵活动的过程中，四支队得到迅速的发展和壮大。

黎　玉

北路一大队于3月初向北进发，经莱芜于4月初进入淄川境内的马棚、磁窑坞一带，与廖容标、姚仲明率领的黑铁山起义部队——山东人民抗日救国军第五军会师。一大队北进一个多月的时间里，数次收编民间抗日武装，其中较大的有四部分。在莱芜、新泰边界的天井峪，一大队击溃了阻挠其前进的顽固派和进步的部队，收编其一部，编为第六中队。进入莱芜境内后，于八里沟处决了县维持会长张启林。在红埠岭村，将张寿民、徐杰三在莱芜常庄、苗山发动的武装编为第十中队。在马棚，博山工委委员张敬焘与博山民团的爱国人士徐化鲁，带他们组织的二三百人的武装加入四支队，后编为四支队教导队。共产党员汪洋、张岗与省委取得联系，带他们在临沂、兰陵、莒县发动的400余人加入四支队。至此，一大队发展到2000余人。

林 浩

南路二大队经蒙阴、费县到了蒙山万寿宫。原泰安六区区长程子源率其区队100余人参加四支队，编为八中队。二大队在蒙山活动月余，接到省委要求开回莱芜的通知，立即回师北上。在北上途中，又扩编3个中队；省委派王一平到宁阳东庄一带帮助朱蓂阶发动的80余人，与早些时候参加四支队的20余人编为第七中队；单洪、韩顾三、李春之、曹礼琴等在新泰张庄、曹家庄、蒲家庄、孔家庄等村发动的武装编为第九中队；王迫悟、刘其人等在新泰城区周围组织的队伍编为第十一中队；同时，四支队司令部派董琰、边裕鲲去新蒙边界的黄庄，将刘子升、陈明达、杨荆石等拉起的武装编为第十二中队。二大队辖7个中队，近2000人。鲁宝琪回泰安后，与因当时未接到通知没能上徂徕山的洒海秋、张烈、张瑞轩等取得联系，分别联络了一些泰安县抗敌自卫团的成员，在泰安北部的麻塔村集合数十人，编为泰安（东）独立营。在两个多月的时间里，四支队发展到12个中队、1个教导队、1个独立营，共计4000余人。

四槐树战斗遗址

四、莱芜反“摩擦”

在四支队分路活动的过程中，国民党反共顽固派秦启荣，在莱芜地区蓄意制造“摩擦”，经常进攻四支队，破坏抗日活动。四支队从团结抗战的愿望出发，进行了反“摩擦”斗争。

四支队一大队北进莱芜地区后，中共莱芜县委为给四支队扩大武装，募集给养，成立了“八路军四支队驻莱办事处”。国民党“复兴社”山东头目、反共顽固派秦启荣第五纵队回到鲁中，以抗日为名，大肆扩充实力，收编游杂武装，消极抗战，积极反共，破坏抗日民族统一战线。秦启荣委派的莱芜县长谭远村、保安大队长景肇令，拼凑了县政府武装，按照秦启荣的授意，极力排斥限制四支队在莱芜的活动。一大队为避免发生“摩擦”，绕过莱芜北上淄川地区活动。一大队北去后，谭远村更得寸进尺，屡屡挑起事端，甚至派兵尾追北去部队，驱逐四支队后方机关，扣押四支队经理部主任马馥塘等。根据省委指示，四支队以抗战大局为重，数度忍让，通过地方上层人士作中间人谈判未果。4月上旬，省委和四支队北上部队到淄川马棚与第五军会合后，省委即在淄川之磁窑坞召开“临时扩大会议”，决定四支队番号改为“山东人民抗日联军独立第一师”，廖容标、姚仲明率领的第五军改为第二师。还决定立即通知二大队，约定会师莱芜城，反击顽固派。南路部队先期到达莱芜坡草洼一带，再次通过地方绅士与谭远村谈判，谭仍置民族大义于不顾，顽固坚持与四支队为敌。28日黎明，赵杰率二大队乘其不备，一枪未发，轻取莱城，谭、景以下300余人全部就擒。29日，北路部队到达莱芜城。四支队全军会师，力量空前壮大，在莱芜城东关广场召开了盛大的庆祝会，正式改了番号。洪涛任师长，林浩任政委，赵杰任副师长，孙陶林任政治部主任。一、三、四、六、十、十二中队编为一团，程绪润任团长，刘居英任政委，杨纯任政治处主任；二、五、七、八、九、十一中队编为二团，赵杰兼团长，程照轩任政委，程鹏任副团长，刘其人任政治处主任；汪洋等所率部队编为三团，汪洋任团长，张岗任政委，崔介任参谋长。另设教导大队，徐化鲁任大队长。

洪　涛

独立一师占领莱芜城后，秦启荣从鲁南等地纠集数千人的顽固武装直扑莱芜。独立一师为顾全大局避免“摩擦”，主动撤出莱芜城，先后在寨里、鲁西一带驻防。在此期间，独立一师曾多次派工作人员与秦谈判，并请泰安、莱芜知名人士范明枢、亓养斋等出面调停，以求团结抗战，秦仍坚持反共立场，不断向独立一师驻地袭击骚扰。独立一师忍无可忍，于5月初在方下至莱芜城一线向进逼挑衅的秦启荣部进行自卫还击，取得了反“摩擦”斗争的胜利，后主动退出莱芜。

1938年12月，中共中央决定成立八路军山东纵队，统一指挥党领导的山东抗日武装力量，四支队编为八路军山东纵队第四支队。1940年3月泰山区7县联合办事处在莱芜县常庄西沟崖村召开代表大会，成立泰山区行政专员公署，为鲁中地区第一个地区级政权机构，标志着泰山区抗日根据地正式建成。

至此，徂徕山起义之示范全省、发动群众、成立武装、创建根据地的历史使命已顺利达成。1941年8月，四支队兼泰山军分区主力编建山纵第四旅，四支队番号撤销。

第二节　主要抗日战斗

东良庄保卫战　1938年1月28日，日本侵略军驻大汶口日军头目滨野率100余人进犯泰安县东良庄。村民推选老师赵清溪（赵一川）统一指挥，组织青壮年村民，封闭寨门，武装自卫。东良庄有7个寨门，并有寨门楼子。村民依托围墙，以土炮、猎枪、大刀、长矛等抵抗日军，毙日军10余人。后日军炮轰西门，强攻入寨，杀害村民64人，烧毁房屋650余间、树木1230株、牲畜家禽81头（只），被抢牲畜家禽145头（只）、农具80件、粮食9吨，制造“东良庄血案”。血案发生后，赵清溪带领本村80余名村民奔赴徂徕山参加八路军山东人民抗日游击队第四支队。

徂徕山战斗　1939年9月26日，日军400余人对徂徕山进行“扫荡”。四支队第一大队三中队与敌转战于作书坊、黑石埠、葫芦山等地，毙敌70余人，缴获敌枪支、子弹等一批。

袭击茅茨据点　1940年4月13日，泰安县大队赵声余率10余人袭击茅茨日伪军据点，毙伪军小队长和日兵2人，缴获机枪1挺、小炮1门。是年8月，军分区授予赵声余“徂徕山战斗英雄”称号。

新庄伏击战　1940年9月，日伪军“扫荡”徂徕山，泰安县独立营在新庄刘家林设伏，毙伤敌5人，缴机枪1挺。日军撤至孙家疃村，杀死村民2人并烧毁民房和庙宇，进行报复。

茅茨战斗　八路军山东纵队第一旅二团一营，为拔除日伪茅茨据点，于1941年4月16日17时起发起战斗，午夜结束，毙日军9人，俘敌3人，伪军除中队长被俘外全部反正。共收缴步枪18支、轻机枪1挺、掷弹筒1具、迫击炮1门。首创区内争取伪军1个中队反正的战例。

中军帐战斗　1941年冬，泰安县独立营炸毁旧县大桥，诱日军至徂徕山中军帐、罗圈崖等地，展开激战，毙伤敌8人，缴获枪10余支。

徂徕山突围战　1942年7月1日，日伪军集中5000余兵力“蚕食”徂徕山地区，环山于郑家王庄、邓家庄、上庄、北望、新庄子、高家庄子、楼子、寺河、王家庄、土门、劝礼、望藩岭、化马湾、东峪、严家庄、天宝寨、大官庄、涝波、山阳、茅茨、东良庄、东南望、房村等地安据点30余处，地势高处均修建炮楼、碉堡，挖封锁沟，筑封锁墙80千米，修公路110千米。日伪军反复“清剿”，烧毁村庄，将2000余居民驱赶出境，制造“无人区”，并派出大批特务，威逼中共党员自首，企图将徂徕山区全部伪化。首由南麓进攻，继从东、西、北三面分进合击，山区外围30多个村庄被敌占领。中共泰安县委、县政府、县独立营转移至莲花山西部。8月29日凌晨，敌跟踪包围莲花山西部肖庄、蒲洼一带。泰安县独立营和八路军四旅十二团一个连与敌激战，除主力连突围外，独立营被打散，中共泰安县委代理书记张子云等40余人牺牲，县委秘书张振中等40余人被俘。

1944年至1945年8月攻势作战　1944年10月，泰南军分区统一指挥泰安、新泰两县独立营、军分区基干营和武工队，围攻伪军万金山部长期占据之徂徕山东南麓四大灵沙、东西峪、天宝等地，歼其一部，缴获部分武器弹药，迫万部主力四处躲藏。同月，泰安县独立营于响城岭袭击伪军1个中队，毙俘伪军7人，缴获步枪3支。又结合开展政治攻势围困北望据点，36名伪军投降。12月14日，泰南军分区第9团一部攻克新泰西部羊流店伪据点，俘伪军100余人。之后，发动群众破袭泰（安）新（泰）公路，摧毁公路沿线所有据点和碉堡，打通徂徕山与莲花山区联系。

第三节　烈士褒扬

一、纪念建筑物

徂徕山抗日武装起义遗址——四禅寺　徂徕山抗日武装起义遗址位于山东省泰安市岱岳区房村镇黑石埠村北团山下的四禅寺。四禅寺（当地称作大寺）位于泰山东南徂徕山麓。北齐河清二年（563）创建，金、元重修。清乾隆三十四年（1769）被暴雨冲毁，寺基无存。后又重建。1938年1月1日，中共山东省委组织发动泰安、新泰、莱芜、泗水等地群众和平津沦陷区的流亡学生等160余名抗日志士，携带50支各式枪支和长矛、大刀等原始武器，聚集在徂徕山西麓的大寺，举行起义誓师大会。徂徕山抗日武装起义遗址是省级文物保护单位、山东省爱国主义教育基地、泰安市爱国主义教育基地。

徂徕山革命遗址碑

徂徕山抗日武装起义纪念碑　徂徕山抗日武装起义纪念碑位于山东省泰安市岱岳区房村镇黑石埠村马头山上。1987年，由山东省人民政府在纪念徂徕山抗日武装起义50周年之际，投资60万元在遗址上修建而成。碑高23米，其中碑身高18米，底座高5米，共用573块泰山花岗岩石砌成，取武装起来参加抗日之意。碑前台阶共5段、50级，其中台阶的5段代表抗日战争的五个阶段（开始、防御、对持、反攻、胜利），50个台阶代表徂徕山抗日武装起义50周年。纪念碑正面镌刻中国人民解放军元帅徐向前题写的“徂徕山抗日武装起义纪念碑”12个镏金大字；背面刻有当年参加徂徕山武装起义的老战士、全国著名书法家武中奇撰书的769字碑文。碑文全文如下：“一九三七年七七事变后，日本军国主义者疯狂发动了全面侵华战争，中华民族陷入深重危难，亿万同胞处于水深火热之中。中共山东省委根据中央到敌后独立自主地开展游击战，创建抗日根据地的指示，迅速率领机关干部和济南市一部分党员，分批先后由济南迁到泰安，和中央派来的红军干部、省民先队、平津流亡学生组成一支抗日救亡队伍，在泰安地下党的全力配合下，分赴泰安、莱芜、新泰、泗水、宁阳等地，深入农村城镇，发动群众，开展抗日宣传，控诉日寇侵略暴行，激发并组织广大人民群众，投入抗日救亡斗争。同年11月，省委在泰安篦子店召开省委紧急扩大会议，充分研究了当时的形势和条件，毅然决定武装起义，并对起义的组织准备工作做了周密的安排。一九三八年一月一日，省委率领共产党员、民先队员及爱国志士约200人，集聚徂徕山大寺，宣布成立八路军山东抗日游

击第四支队，任命洪涛为支队长，黎玉为政委。数日后，莱芜、新泰、泗水、宁阳等地抗日武装省委党的领导下，纷纷携带长矛、大刀、火枪、土炮，会师于徂徕山光华寺，汇集成一支英雄的抗日武装，举起了山东敌后武装抗日的义旗。四支队成立伊始，即重视党的领导和政治思想工作，宣布三大纪律八项注意，苦练杀敌本领，发动人民群众机智地捕捉战机。初战寺岭，大振军威，再伏四槐树，痛击日寇，继又进占莱芜，攻入博山。连续的胜利大大鼓舞了人民斗志，有力地打击了日伪的嚣张气焰。同时，还在战斗中壮大了党的力量，培养了大批干部，创建和发展了山东抗日根据地，为抗日战争和解放战争的胜利作出了重大贡献。徂徕山起义军民抗击侵略者的革命英雄主义精神垂范后来。爰立此碑，以铭永志。武中奇书。”这篇碑文成了著名的字帖，并有单行本发行。徂徕山抗日武装起义纪念碑属省级保护单位、市级爱国主义教育基地。

二、纪念活动

中共山东省委举行徂徕山抗日武装起义五十周年纪念活动　1988年1月1日，山东省委、省政府在泰安举行隆重的纪念活动，以告慰先辈，策励后来，继承和发扬徂徕山起义的革命传统，振兴中华，富民兴鲁。出席大会的有参加过徂徕山起义的部分人员，有省委、省顾委、省人大常委会、省政府、省政协的主要领导和曾担任过山东省委书记的部分领导，济南军区、省军区和驻泰部队的领导，泰安市党政领导，民主党派人士，市直机关干部、驻泰部队指战员1500余人。

上午九时，纪念大会开始，全体人员起立。怀着崇敬的心情向徂徕山抗日武装起义壮烈牺牲的烈士默哀。会议上240名手持鲜花的少先队员满怀对革命老前辈的敬仰心情

徂徕山抗日武装起义五十周年纪念大会

向大会献词。会议由省委常委、组织部部长张全景主持。会上，省委书记梁步庭，徂徕山抗日武装起义的负责人林浩、赵杰，济南军区政委宋清渭，泰安市委书记宋法棠先后讲话。对徂徕山抗日武装起义的历史功绩和现实教育意义作了进一步的肯定和阐述。徂徕山起义军民的爱国主义和革命英雄主义精神彪炳青史，垂范后人，为建设富饶民主文明的社会主义现代化国家而奋斗。下午三时，在徂徕山抗日武装起义纪念碑前，参加纪念活动的各级领导和当年参加武装起义人员代表300多人，参加了纪念碑揭幕仪式。高达23米的纪念碑坐落在起义旧址附近的马头山上。人们沿着五十级盘道来到纪念碑前，肃立默哀。揭幕仪式由泰安市市长崔建文主持。山东省委书记梁步庭、中国人民解放军政治学院原院长林浩为纪念碑揭幕。省委常委、组织部长张全景，副省长马忠臣，泰安市委副书记周兴礼、副市长曲进贤为纪念碑献了花篮。纪念活动中还举办了徂徕山起义文史展览和书画展览。

2日上午，山东省委原书记苏毅然，副书记、代省长姜春云和当年武装起义的负责人赵杰为展览剪彩。展室设在岱庙遥参亭。文史展览陈列了124张照片、图版及历史文物。书画展览展出了中央、省、市、自治

省委书记梁步庭（中）、徂徕山抗日武装起义的领导人林浩（右）、赵杰（左）在徂徕山出席纪念活动。

区、大军区领导同志和来自全国的书画界名流为祝贺这次纪念活动题赠的259幅书画。2日下午，省委邀请参加过徂徕山起义和在省外工作的老战士及泰安市负责人在御座宾馆举行座谈会。2日晚上，大会安排专场文艺晚会，代表们观赏了具有浓郁地方特色的戏曲、文艺节目。老战士们自动组织起来登台演唱，合唱了四支队队歌。

1月3日上午，前来参加纪念大会的当年参加起义的老战士在泰安市委领导的陪同下，前往烈士陵园瞻仰洪涛烈士墓，并向洪涛烈士敬献花圈。

纪念活动期间，老战士们走访了曾经战斗过、工作过的地方。泰安市妇女界代表、泰安大中专学生代表特邀当年参加徂徕山起义的赵杰等人进行座谈，请他们讲述五十年前徂徕山抗日武装起义那雄壮的一幕。

中共泰安市委举行徂徕山抗日武装起义70周年纪念活动　2007年12月26日上午，泰安市委在泰山会议中心召开“纪念徂徕山抗日武装起义70周年”座谈会。出席会议的有徂徕山起义老战士、第四军医大学原副校长张一民，济南军区原政委、上将宋清渭，北京八路军山东抗日根据地研究会副会长黎小弟（黎玉之子），中共山东省委常委、宣传部部长李群，山东省军区副司令员、少将尚书国，省文明办专职副主任王红勇，省委党史研究室副主任常连霆，中共泰安市委书记、市人大常委会主任耿文清，中共泰安市委常委、宣传部部长邹斌芳，中共泰安市委常委、军分区政委徐思礼，中共泰安市委常委、组织部部长李琥，泰安市政府副市长闫新建等。泰安市及有关市（地）部门、单位的主要负责人，泰安市各县（市、区）党史办负责人，驻泰部队官兵代表、青年代表等60余人参加会议。会上，与会人员观看了电视文献片《徂徕丰碑》（第一集），张一民、宋清渭、黎小弟、李群先后讲话，青年代表发言。耿文清主持会议并讲话。老战士、老领导，结合亲身经历，从不同侧面讲述了徂徕山起义的过程、历史地位和重要意义。李群代表省委、省政府作了重要讲话，追溯了徂徕山起义及四支队建立的丰功伟绩，阐述了徂徕山抗日武装起义的历史地位和重要意义，提出了“热爱祖国、不畏强暴、忠诚于党、矢志为民、英勇奋斗、顽强拼搏、不怕牺牲、敢于胜利”的徂徕山抗日武装起义精神，要求全省广大干部职工，在徂徕山精神的鼓舞下，高举旗帜，团结奋斗，促进山东经济和社会各项事业又好又快发展。耿文清向老战士、老领导简要汇报了泰安各项事业发展情况。

三、纪念作品

《徂徕山上红旗飘》　中国人民解放军济南部队政治部编。220页，收有《烽火燃烧在徂徕山上》（封振武）、《上徂徕山》

（程惠林）等回忆文章。山东人民出版社1958年出版。

《徂徕烽火》　泰安地区出版局编。山东革命斗争回忆录丛书。济南：山东人民出版社1981年12月出版。589页，32开本，40万字。全书选收回忆泰安地区革命斗争的文章40篇。记叙泰安地区军民在中国共产党领导下，在土地革命战争、抗日战争和解放战争中英勇奋斗的史实，包括徂徕山起义、泰西起义、莱芜战役等。

《徂徕山起义》　亓维章编。中共泰安市委党史资料征集研究委员会编印，1985年6月出版。383页，32开本。全书分概述、历史资料、回忆录、访问考证、信件、歌谣等6部分。采用大量的历史资料和起义组织、领导等亲历者的回忆文章，以及大量的调查考证资料，较为全面系统地再现了1938年1月1日中共山东省委领导的徂徕山抗日武装起义及其前后的史实和英雄们的光辉业绩。卷首印有黎玉、林浩、赵杰等当时起义领导人的题词以及部分珍贵的起义文物照片。

《徂徕山抗日武装起义纪念碑碑文》　武中奇撰书。中共山东省委纪念徂徕山抗日武装起义50周年筹备组1988年1月编印，54页，16开本。本书是徂徕山抗日武装起义纪念碑碑文缩印本。碑文系当年参加起义的战士、全国著名书法家武中奇撰书，共769字。碑文真实记述了武装起义的概况，歌颂了起义战士在中共山东省委领导下，认真贯彻党中央的战略决策，坚持党的领导，坚持统一战线，坚持群众路线，不怕困难，勇于牺牲的革命英雄气概。

《徂徕山抗日武装起义五十周年纪念册》　中共山东省委纪念徂徕山抗日武装起义50周年活动领导小组编。山东省出版总社泰安分社1988年12月出版。70页，12开本。

《徂徕山抗日歌谣》　李伯涛选编。泰安市新闻出版局1993年5月出版，124页，32开本。全书分歌唱共产党、拥军参战、歌唱胜利、控诉伪顽翻身求解放、生产自救歌五部分，以民歌、歌谣的形式生动地反映了抗日战争年代徂徕山区人民群众的忧愤和胜利的欢悦。

《爱国主义教育连环画　风雨徂徕山》　泰安市委宣传部、市文学艺术界联合会编。泰安市教育局1994年出版发行。共142页。

《徂徕山抗日歌谣》　张纯岭整理。北京：海洋出版社1996年11月出版，303页，32开本。全书分日寇进中原、徂徕山起义、徂徕山蚕食、军民反扫荡四辑，收集整理各种抗日歌谣170余首。

《徂徕山起义》　中共泰安市委党史征集研究办公室编。济南：黄河出版社1997年12月出版。456页，大32开本，26万字。本书是为纪念徂徕山抗日武装起义60周年而编。主要分概述、历史文献、回忆录、起义领导人物介绍以及梁步庭、宋清渭、林浩等领导人的纪念讲话和研究成果，较为全面系统地介绍徂徕山起义队伍发展壮大和开辟山

《徂徕山起义》封面

东敌后抗日根据地的历史过程。

《徂徕山起义》（专题片） 2000年拍摄。徂徕山是山东省爱国主义教育基地之一，该片以文献纪录片的方式，完整讲述徂徕山起义的背景、经过以及意义。该片时长15分钟，获得山东省广播电视学会一等奖。

《红旗插上徂徕山》 石锡波编著。北京：中共党史出版社2005年6月第1版。山东革命文化丛书。142页，32开本，8.4万字。

《徂徕山抗日武装起义纪实》 石锡波著。北京：中共党史出版社2005年7月出版发行。山东革命文化丛书。记述1938年山东泰安徂徕山抗日武装起义的情况。

《徂徕丰碑——纪念徂徕山抗日武装起义70周年》（电视专题片） 2007年由泰安市委党史办与市委组织部电教中心联合拍摄。该片分勇赴国难、烽火燎原、光耀千秋3集，每集约30分钟，在泰安市电视台全集播出。该片通过老战士回忆、党史学者评述、历史资料展示等形式，以丰富的历史资料和生动的历史故事，系统反映徂徕山起义的历史全貌。

《子弟兵的足迹——纪念徂徕山抗日武装起义七十周年》 泰安市委党史资料征集研究办公室编。中国文史出版社2007年12月出版。该书分泰山、泰西两卷。《泰山区子弟兵》卷70万字，主要反映徂徕山抗日武装起义和山东纵队第四支队的建立和发展壮大史；《泰西区子弟兵》卷55万字，主要反映泰西抗日武装起义和山东纵队第六支队的建立和发展壮大的光辉业绩。

《山东抗日第一枪——徂徕山战役》 由泰安市档案局策划摄制。2013年4月27日正式开拍，摄制采用录制档案史料和采访口述的方式进行，先后录制两天完成。该片被选入由山东广播电视台和山东省档案局联合主办的大型文献纪录片《山东往事》，节目于2013年5月16日晚8时40分在山东电视台公共频道播出，时长22分10秒，真实再现1938年徂徕山抗日武装起义历史。山东电视台同时将节目上传到齐鲁网——山东网络台《山东往事》专栏。

第十章
旅　游

徂徕山旅游资源丰富，森林覆盖率87.8%。森林公园内群峰叠翠，奇石林立，山内沟深溪长，梯次明显，自古以“雄、奇、灵、险、秀”而名扬四海，为中国历史文化名山之一。今有寺、庵、庙宇等历史遗迹20余处，名胜古迹20余处，石刻179处。20世纪90年代，徂徕山林场先后修缮、重建了寺庙、宫、观。公园内规划建设了太平顶、中军帐、龙湾、濯龙湾等景区景点和贯穿东西的山间公路。1992年9月，徂徕山被林业部批准为国家森林公园，1993年10月正式开园。同年，成立徂徕山管理委员会，与泰安市徂徕山林场实行一个机构两块牌子，具体管理徂徕山国家森林公园的开发建设。1997年，成立徂徕山旅游开发办公室。1999年，市委、市政府作出《关于加快发展旅游业的决定》，按照“营造大泰山，开拓大市场，发展大旅游，构筑大产业”的总体思路，将徂徕山景区作为构筑大泰山旅游圈的重点，纳入全市旅游发展重要工作日程。2000年，市林业局与泰安师专地理旅游系、徂徕山林场共同编制了《徂徕山旅游开发总体规划》。2001年，成立徂徕山森林公园门票管理处，2005年，市政府成立旅游规划领导小组，同年1月《徂徕山旅游开发总体规划》通过专家评审，2月，中科院地理科学与资源研究所旅游规划中心、同和时代旅游发展研究院共同完成了徂徕山旅游规划修编任务，4月，徂徕山龙湾地质公园被省国土厅批准为省级地质公园。同年12月，市政府第十一次常务会议研究通过了总体规划和详细规划。2006年6月，《徂徕山旅游开发总体规划》经市政府批准实施。同年，徂徕山、陶山、莲花山3个地质遗迹景区被第二届联合国教科文组织世界地质公园评审委员会评为泰山世界地质公园（外围园区）。2006年10月，徂徕山被山东省旅游局批准为AAA级旅游景区，旅游服务设施正逐步完善。2012年接待游客38.47万人，旅游收入1122.61万元。

第一节 旅游资源

一、徂徕山国家森林公园

徂徕山总面积173平方千米，森林覆盖率87.8%。既有北方粗犷雄浑壮观，又有江南优雅妩媚的秀丽，被人们誉为“江北小庐山”。此处景观具有沟曲谷幽、清泉潺潺、林森草茂，鸟鸣虫唱的自然生态和远离尘嚣、恬淡闲适的隐逸文化。景区内峰峦叠嶂，沟谷幽深，潭瀑相连，高等植物1110种，动物1090种。千百年来，山中僧人建寺诵经、道家炼丹修仙、高士避世隐逸、学者著书讲学，留下了众多历史遗存和佳话传说。梁父山是古代帝王禅地之所，“大般若

龙湾景色

经”、“般若波罗蜜经”刻石世所罕见，“六逸堂”讲述着李白等“竹溪六逸”饮酒唱歌的故事，“希夷睡处”定格下陈抟老祖的身影，“龙潭”、“濯龙湾”流淌着龙王的传说，长春岭下徂徕书院（又名“讲学堂”）留有石介讲学的踪迹，“作书坊”注释着党怀英的学识，大寺遗址飘扬着山东人民抗日武装起义的旗帜。20世纪90年代开始，徂徕山森林公园先后修缮、重建了寺庙、宫、观，规划建设了太平顶、中军帐、龙湾、濯龙湾等景区景点和贯穿东西的山间公路。每年5月份的“百里飘香”槐花节和7、8月份的自驾游休闲消夏活动，都吸引了大量的游客前来观光游览、休闲度假、科考探险。自然景观共有大小山峰99座，其中主峰太平顶海拔1027.8米。主要沟谷15条。1992年9月，被林业部批准为国家森林公园，1993年10月正式开园。1995年4~8月，徂徕山林场投资10万元，修建光化寺庙宇；1996年4~12月，投资10万元，重建了四禅寺庙宇；2000年，投资30万元，先后修复了玉皇楼、礤石峪隐仙观、三清殿、六逸堂、吕祖殿等景点，新塑了李白像。2006年，徂徕山等3个地质遗迹景区被第二届联合国教科文组织世界地质公园评审委员会评为泰山世界地质公园（外围园区）。徂徕山森林公园旅游资源，大致分为自然和人文两大类。

自然旅游资源　内容丰富，类型多样。具体分布有地质景观、地貌景观、水文景观、植被景观和天象景观等五种。

地质景观。徂徕山地区的地质演化历史十分漫长和复杂。山体的形成也有一个漫长而复杂的演变过程，它经受了泰山运动、加里东运动、华里西运动、燕山运动和喜马拉雅运动等五次大地壳运动的强烈变革，经历了地壳发展历史太古代、元古代、古生代、中生代和新生代等五个主要阶段的改造，几度沉浮，几经沧桑。因而徂徕山的地质内涵极其深广，保存了众多重要的地质遗迹，分布有许多很有价值的地质景观。如晚太古代早期形成的泰山岩群的地层遗迹，晚太古代和早元古代形成的英云闪长岩、石英闪长岩和二长花岗岩等侵入岩的岩石遗迹，揉皱和韧性剪切带等构造遗迹。

地貌景观。在新构造运动的影响下，徂徕山的侵蚀切割作用十分普遍和强烈，重力崩塌作用非常显著，不仅发育有各种侵蚀地貌类型，而且还形成很多小型或微型非常奇特的地貌景观，境内共形成99座大小山峰和15条主要沟谷，给徂徕山增添了许多奇观异景。如贵人峰、独秀峰、攒石崮、锥子山等奇峰地貌；濯龙湾沟、龙湾沟、梯子峪、大寨沟等峡谷和嶂谷及悬崖峭壁地貌；二圣宫的骆驼石及龟兔石和竹溪石、攒石崮的神女石、中军帐的秋千架和金鱼石以及天然大佛和招军石、龙湾沟的悟空石和唐僧帽、太平顶周围的虎头石和情侣石及念经石、梯子峪的鹰嘴石等奇石地貌；空崆山的石海和濯龙湾沟及龙湾沟的石河、礤石峪的炼丹炉和太平顶的紫霞洞及空崆山的野人洞、太平顶周围和梯子峪的重力滑坡等重力崩塌地貌。

水文景观。徂徕山的大小断裂比较多，岩石的垂直节理十分发育，在新构造运动的影响下，沟谷纵横，河溪发育，潭瀑层叠，山泉密布。如龙湾沟的十八连潭、濯龙湾沟的迭瀑、礤石峪和二圣宫的飞瀑、中军帐的升仙泉和坞旺泉、二圣宫的羊拦泉和毛姑泉以及桥沟的温泉等众多的水文景观。

植被景观。徂徕山是山东省面积最大的国家森林公园之一，也是山东省最大的生态型森林公园，共有林地1.73万公顷，拥有丰富的森林资源，有维管植物144科、531属、948种，森林覆盖率87.8%。森林茂密，青山绿水，空气清鲜，四季成景，生态环境十分优美。

天象景观。徂徕夕照、徂徕蜃景、徂徕雪景，构成徂徕八大奇观的主体，此外，徂徕的云海、雪凇和雾凇，十分诱人。

人文旅游资源　徂徕山有着悠久的文化历史。早在2500年前，《诗经·鲁颂》中就有“徂徕之松，新甫之柏”的诗句。在2000多年的发展历史中，徂徕山迎来送往了许多文人墨客、学者隐士，留下很多人文历史遗迹。相传吴王伐齐曾在中军帐驻军扎营。老子和孔子也曾在此会面谈话，建有二圣宫。唐代大诗人李白曾在徂徕山隐居。徂徕山是道教和佛教的圣地，碑刻和摩崖刻石甚多，尤以北齐“大般若经”和“波罗蜜经”闻名。1938年1月，徂徕山成为山东人民抗日武装起义的革命圣地。1977年12月，徂徕山起义遗址被省革委会定为省级重点文物保护单位，列为山东省青少年爱国主义教育基地。1987年12月，建成徐向前元帅题写的“抗日武装起义纪念碑”。至2012年，徂徕山现有寺、庵、庙宇等历史遗迹20余处，名胜古迹20余处，石刻179处。其中有二圣宫、三清殿、大觉禅寺、蓬莱观、大悲庵等宗教遗址；徂徕书院、竹溪庵、大寺抗日武装起义纪念碑、赤眉军起义等文化遗址；四禅寺、光化寺、隐仙观、中军帐、龙王庙等宗教建筑；以及四禅寺的金代碑刻和光化寺北齐（大般若波罗蜜经）等碑碣石刻；唐诗仙李白曾隐居竹溪六逸、石介所建的徂徕书院等人文活动遗址。

二、太平顶园区

地质概况　园区出露地质体，基本上为早前寒武纪的侵入岩。早前寒武纪形成的变质表壳岩系泰山岩群。

地层。主要是晚太古代早期（距今28~30亿年）形成的变质表壳岩系泰山岩群。由于受多期岩浆侵入活动和构造变形的作用，

太平顶之夏

常被众多早前寒武纪花岗岩质侵入岩大量侵吞和重重包围，变得十分支离破碎，多呈透镜状、扁豆状等孤立残余包体产出。在园区西南边缘黄石崖石榴峪沟中和其两侧，出露有很多泰山岩群的残余包体，并和望府山变质侵入岩的残余包体混合产出，该处泰山岩群残余包体，组成一片片彩色斑斓十分美丽而壮观的花纹图案，不仅有巨大的科学研究价值，而且有很高的观赏价值，既是极其主要的地质遗迹，又是非常珍贵的地学旅游景点。此外，在大寺以东进山公路旁，有泰山岩群残余包体出露，其基本情况与黄石崖泰山岩群残余包体类似，但其出露和规模远比黄石崖差。

侵入岩。园区内几乎全被早前寒武纪形成的侵入岩所占据。主要有望府山期英云闪长质的变质侵入岩、中天门期石英闪长岩和傲徕山期二长花岗岩等三期侵入岩，其中望府山期的变质侵入岩仅分布在园区的西南边缘。

晚太古代早期形成的望府山期英云闪长岩：因受后期变形、变质作用的改造，其侵入岩的原貌全非，变成为似层状的变质侵入岩，即条带状角闪斜长片麻岩和条带状黑云斜长片麻岩。后来又遭受多期岩浆侵入的侵吞改造，也常呈残余包体状出现。如刘龙寺、西黑峪、黄石崖和大寺东等地，傲徕山期二长花岗岩中的残余包体，庙子中天门期石英闪长岩中的残余包体。

龙湾地质公园

早元古代早期形成的中天门期石英闪长岩：园区内的太平顶和中军帐周围，石英闪长岩均呈残余包体状产出在傲徕山期二长花岗岩中，残余包体的形态有长条状、扁豆状、透镜状和团块状，大小不一，均呈北西向分布。中天门期石英闪长岩形成后曾被后来的傲徕山期二长花岗岩所侵吞和改造，为划定中天门期侵入岩和傲徕山期侵入岩的先后关系，提供了有力的证据。

早元古代晚期形成的傲徕山期二长花岗岩：呈岩基状北西向产出，是徂徕山分布最广的一种侵入岩，也是园区内最主要的地质体，在太平顶、马场、中军帐以及龙湾沟和濯龙湾沟两侧均有大面积出露。该二长花岗岩，中细粒结构，具弱片麻状构造，垂直和水平两种节理都十分发育。

构造。园区的构造以断裂为主，有北西向、北东向和北东东向三组断裂，它们多以节理密集带的形式出现，直接控制着沟谷的形成与分布，控制着太平顶南面陡崖和峭壁。目前所能观察到的是园区边缘泰山岩群残余包体和望府山期变质侵入岩残余包体中发育的各种小型揉皱。

地貌概况　区内侵蚀切割作用强烈，侵蚀地貌特别发育，地形起伏大，地势差异明显，群峰突起，沟谷纵横，山势陡峭，沟深谷幽。

地貌类型。侵蚀构造中山地貌，分布在主峰太平顶周围，海拔高度900~1100米，切割深度为500~800米，组成山体的岩性主要是傲徕山期二长花岗岩。这里地势最高，

抬升幅度最大，侵蚀切割最强，因而峰高谷深，地形陡峻，“V”字型谷和绝壁陡崖及重力崩塌作用特别发育；侵蚀构造低山地貌，分布在主峰太平顶的外缘，如中军帐、地坛、花园、梯子峪和濯龙湾一带，海拔高度在500~800米，切割深度100~500米，组成山体的岩性主要是傲徕山期二长花岗岩和中天门期石英闪长岩。侵蚀切割作用较主峰一带稍弱，但地形仍然十分陡峻，深沟峡谷、尖顶山头、锯齿状山脊、绝壁陡崖随时可见。

地貌景观。在新构造运动影响下，园区内还发育有很多小型或微型的非常奇特的地貌景观。如太平顶南坡的百丈崖，龙湾沟、濯龙湾沟、梯子峪、花园沟的嶂谷、峡谷和峭壁，太平顶周围、龙湾沟、濯龙湾沟、梯子峪和中军帐的各种各样奇石，濯龙湾沟和龙湾沟的连潭迭瀑，濯龙湾和龙湾的石河与石海，梯子峪和花园沟的重力滑坡等等。

三、龙湾地质公园

徂徕山龙湾地质公园，位于泰山东南30千米，地处风光秀丽的徂徕山北部，是徂徕山国家森林公园的一部分。徂徕山龙湾地质公园规划范围西至春阳坡，东至富山，南至太平顶，北至石家岭，总面积约12平方千米。

徂徕山自古以“雄、奇、灵、险、秀”而名扬四海，为中国历史文化名山之一，其谷幽壑深，壁立千仞，高大峻拔，融幽深、险峻、秀美于一身，加上不绝于耳的松涛声、鸟鸣声、潺潺溪水声，构成了山、石、林、水、文的自然盆景景观。

徂徕山龙湾地质公园是一处典型地层剖面及花岗岩地貌形态为背景，以当地独特的自然风光、民俗文化为底蕴的休闲度假风景区。徂徕山特有的气候和地理条件养育了众多动植物资源。

园区内地质遗迹极为丰富，集泰山、蒙山、沂山等地质景观为一体，形成千姿百态的奇峰异石，是地学科普、观光旅游、休闲娱乐的好去处。徂徕山龙湾地质公园划分为6个景观旅游区域：即岩群剖面景区，山水库景区，溪生态村景区，平顶及马场景区，下池龙湾景区，然松林景区。山峰有9座：即鹁鸽楼山、狮峰、婆寨山、浴峰、虎山、军楼峰、音楼峰、宝寨山、风窝，沟壑有3条：即梯子峪、龙沟、龙湾大峡谷，主要景点有20余处：即世外桃源、龙泉水库、龙盘路、龙王庙、感恩柏、一龙湾、二龙湾、三龙湾、海豹石、老龙潭、歇凉石、龙门、舒坦、天狗望月、香水湾、牛心石、石屋河、康王殿、土地庙、狼和尚洞、石屋河。2005年4月，徂徕山龙湾地质公园被省国土厅批准为省级地质公园。

第二节　景点命名

2005年7月，徂徕山林场成立以组长徐锦儒，副组长陈树秋、郭廷松等13人组成的景点命名工作领导小组。景点命名的范围为公园内未曾命名的山峰、沟壑、奇石、古树、山洞、道路及其他自然、人文景观等(已经命名或传统性命名的进一步规范、核准、确定完善资料)。命名的原则是体现文脉的连续性、故事性、系统性、概括性。工作领导小组经过实地考察，走访调查，收集资料、拍摄照片，编写景点故事和解说词等项工作，并召开专家论证会征求社会各界意见，办理相关手续。命名工作至当年10月底基本结束。按照旅游线路和景点的分布先后顺序共搜集整理资料19类，命名景点207处。以岩石、山峰、山沟、树木、岩洞五类为主，占全部景点的72.5%。其中，岩石58处，占全部景点的28%；山峰36处，占17.4%；山沟26处，占12.6%；树木16处，占7.7%；岩洞14处，占6.8%。按照《泰安市旅游景点命名方案》规定的命名范围和原则，对老景点采用传统名称170处，占全部景点的82.1%；对与旅游环境、传说及形象不符的景点进行个别整改17处，占全部景点的8.2%；新命名的景点重点集中在新开发景区（太平顶、十八连潭等），做到新编故事和传说相符20处，占全部景点的9.7%。在全部命名的207处景点中，老虎窝、炮楼顶、望山、孤山、长岭、太平顶、中军帐、徂徕山抗日武装起义纪念碑8处在《山东省地名录》中已经定名。沧浪沟、晒缨台、寨山、十亩大地、紫霞洞、升仙泉、坞旺泉、修仙洞、三清殿、招军石、四禅寺、葫芦山（转山）、青云寺、秋千架、金鱼石、花坡、徂徕书院、玲珑山、走神洞、独秀峰、天宝寨山、濯龙湾22处景点在历史文献中有明确记载。同年11月，市政府成立徂徕山旅游开发建设领导小组，市委常委、副市长白玉翠任组长，有关部门负责人为成员。同月，泰安市旅游景点命名活动启动仪式在徂徕山中军帐举行。市

濯龙湾

人大、市政府、市政协领导及景点命名专家学者14人参加了活动启动仪式。

龙湾石坪

第三节　旅游规划

一、市政府旅游资源综合开发规划

1990年6月，市政府编制《泰安市综合国土规划》，对旅游资源开发与布局作出综合开发规划。区域景区规划：徂徕山森林公园，以森林为优势，逐步修复映佛山石刻、光化寺、中军帐及抗日战争根据地等古迹、遗址，建成融古文化遗存观光与现代森林旅游（森林浴、野营等）于一体的森林公园，既可作为泰山、泰城的辅助旅游区，又可作为职工的休养、

疗养地。1997年3月，市政府编制完成《泰安市城市总体规划·泰安旅游规划》。5月，市政府邀请17位全国著名规划专家教授进行论证，7月，经市十二届人大常委会第三十次会议审议通过。1998年11月，经省政府批复实施。规划指导思想：依托泰安丰富的资源，以泰山、泰城为核心，以徂徕山、大汶口、大津口为内圈层等，形成“吃、住、行、游、购、娱”为一体、内外衔接、联系方便的旅游网络。围绕“泰山”进行开发建设，突出一个重点（以泰山世界自然与文化遗产及泰城为主的自然与文化旅游区）、兼顾二片（东南以徂徕山为主的自然生态保护与旅游观光区等）。规划年限：1996~2010年。总体规划内容：旅游规划总体框架、旅游景区、景点开发与建设、旅游人口现状与预测、旅游服务设施规划与建设、旅游交通设施规划建设与旅游线路组织、旅游接待与配套设施建设。规划范围：徂徕山作为人工育林森林公园风景区，开展森林浴、骑马、野营、狩猎等专项旅游活动。

2000年，市林业局与泰安师专地理旅游系、徂徕山林场共同编制《徂徕山旅游开发总体规划》。2001年10月，市政府委托北京交通大学旅游发展与规划研究中心编制《泰安市旅游发展总体规划》。“十五”规划中提出了把旅游业作为泰安市国民经济的重要支柱产业和新的经济增长点。泰安市委、市政府按照“营造大泰山，开拓大市场，发展大旅游，构筑大产业”的总体思路，将徂徕山景区作为构筑大泰山旅游圈的重点，纳入全市旅游发展重要工作日程。经过广泛筛选、考察，最终确定由中科院地理科学与资源研究所旅游规划中心（甲级资质）和同和时代旅游发展研究院（乙级资质）共同承担徂徕山旅游规划修编任务。成立由市政府副市长白玉翠任组长，市政府副秘书长刘科学、市林业局局长宗德峰任副组长，市旅游局、市规划局、市建设局、泰山管委会、徂徕山林场等部门单位为成员的9人旅游规划领导小组。2002年，《徂徕山旅游开发总体规划》完成征求意见稿，2005年1月15日和6月13日，总体规划和详细规划一次通过专家评审。同年12月9日，市政府第十一次常务会议研究通过了两个规划。规划期限为2005~2020年，分为近期（2005~2009年）、中期（2010~2014年）、远期（2015~2020年）。

二、徂徕山旅游开发规划

修建规划　规划确定了徂徕山旅游发展的目标原则及旅游产品布局等。在此基础上，分别作了大寺景区、太平顶景区、龙湾沟景区、濯龙湾景区的修建性详细规划和光华寺景区、礤石峪景区、二圣宫景区及桥沟温泉的控制性详细规划。本着以促进资源的存续与增长为出发点，以提高经济、社会和生态效益为落脚点，通讨对资源的科学利用，形成“以林兴旅、以旅兴林”的良性发展格局，将徂徕山融入全市“营造大泰山，开拓大市场，发展大旅游，构筑大产业”的战略布局中。

规划将旅游发展定位为“围绕一个中心，实现两个增长，扮演三个角色，形成四大产业”，即：围绕“辅佐泰山，提升泰安，建设精品目的地”的中心；抓住建设“绿色山东”、山东半岛城市群崛起、环济南休闲，实现自然和人文资源增长，经济、社会和生态效益增长；建设“生态涵养地、自然观光地、休闲度假地”三体合一的旅游区；形成以林业为基础、农业为补充、旅游为主线、地产为延伸的产业发展格局。

按照生态优先的可持续发展理念，规划

注重生态理念，坚持可持续发展战略原则，把“生态涵养地”的角色做好、做足；文化为魂的特色理念，保护自然与文化遗产，体现景区的自然与文化特色，实现自然和人文资源增长，经济、社会和生态效益的增长；核心带动的整体发展理念，充分发挥核心区的景源优势与内在联系，塑造出景区的特色形象，增加景区综合实力；地方性理念，尊重地方自然气候、历史文化、乡土文化与生活、建筑材料与风格等；和谐发展理念，经济效益、社会效益和环境效益三者兼顾的原则。

大寺综合服务区　该区域为徂徕山景区主服务中心，同时即是景区管理机构驻地。大寺区域主要建设徂徕山景区管理区、生活区、景区门区、“徂徕文化长廊”等。其中“徂徕文化长廊”集中展示徂徕山区域从远古至近代、再到现代的历史发展历程，既是体现徂徕山文脉的“博物馆”，又是游客了解徂徕山的“窗口”。

太平顶观光游憩区　该区是徂徕山休闲观光功能核心区。主要围绕太平顶，以拓展训练、速降滑道、徒步穿越、森林浴场等休闲康体活动形成一个天然的动感空间。结合旅游项目的开展，将马场作为景区的次服务中心，建设相关接待服务设施；在马场建设太平山庄，作为高级度假区；迎合自驾车旅游的兴起，在上池建设功能比较齐备的“汽车营地”，与下池的拓展训练基地互为补充，提供野营宿地、汽车旅馆等自助游服务。

两沟生态旅游区　主要是濯龙湾和龙湾这两条沟。该区域山体、岩石、沟涧、植被等自然景观突出，并且有难得的水体景观，是徂徕山区域内不可多得的生态富集地。区域旅游开发以游道为主体、以山水为主题、以观猴赏鹿为特色，开展融入自然、体验生态、科普教育为内容的生态旅游活动。

宗教文化旅游区　徂徕山有丰厚的历史文化底蕴，尤其是隐居文化和封禅文化，具有较好的市场吸引力，是开展宗教文化旅游的良好载体。光华寺、二圣宫和礤石峪是徂徕山人文景观集中区，集合了佛、儒、道三教文化，依托这三个区域的人文氛围和文化积淀，建设、修复包括光化禅院、徂徕书院等为载体的主题度假设施和文化养生项目，体现徂徕山隐居文化特色，同时也使徂徕山文脉得以延续和丰富。梁父山是帝王祭地之处，与泰山祭天不可分割，在梁父山上建设禅地台、图腾林，在山下建设华夏园，使之成为泰山文脉的有机组成，弘扬中华文明的窗口。

桥沟温泉度假区　桥沟温泉是徂徕山作为休闲度假目的地优良的资源依托。应充分利用好桥沟的温泉资源，把马家峪的磨山口水库所在山谷以及周边区域作为徂徕山度假地的重要功能区。该区以中等收入以上家庭型、伙伴型和会议型游客为主要目标市场，建设温泉花园、度假村、会议中心和休闲运动等项目设施，在徂徕山外围形成一个具有康体、会议、娱乐功能的高档度假区。

泰良路路口区　泰良路进入景区的入口区无论从指示性、形象展示性还是引导性都不足；泰良路级别较低，仅为双向双车道；景区道路宽约10米，两者直接正交，缺少缓冲空间；交会处为民房所包围，入口狭窄，缺乏引导性；除树立一块指示牌外，缺乏其他标识，导入性差；由交会处至大寺景区的道路长约4千米，两侧地形平坦，主要为农田，缺乏对游客的引导作用，容易影响游客的心理感受。规划建立一个由环岛、广场、标识、景观大道等组成的游客导入系统，同时它又是一个展现“风雅徂徕”特色主题的形象系统，共同形成徂徕山景区的入口形象区，结合入口标识设置广场，为游客留出足够的心理空间，并为游客提供临时停车及活动的空间；在泰良路南北向距离路口200米处，分别设置标识牌，为游客提供指示；在道路交会处设置标识，并设置环岛，引导泰良路车流进入景区。

控制规划　梁父山、光化寺—礤石峪—二圣宫一带为宗教文化旅游区。

梁父山　从09公路开辟通道至梁父山北侧，入口处开辟林下停车场。通道两侧树立秦汉风格的石人、石马等，营造庄严肃穆气氛。沿山势建石阶至山顶（宽约6米，长约150米）。在沿登山石阶两侧树立中国56个民族的图腾石柱，为“中华图腾林”。按照“天圆地方”原则，在梁父山山顶建设三层“禅地台”。中央放置五色岩石，象征五色土。在台四周分别开辟五小块土地，种植五谷。在“禅地台”外墙，通过石刻形式，记录历代帝王封禅盛典，雕刻自夏商周以来中华历朝版图，以及诸如“犯我强汉者，虽远必诛之”等帝王豪言。在梁父山南侧，利用现有小水库建设“华夏园”园林。园林占地6.4公顷，寓意960万平方千米国土面积。按照中国现版图和地形比例，筑土为原，聚沙为漠，掘地为海，挖渠为川，植木为林，立石为界，形成中国版图缩微景观，供山顶“禅地台”俯瞰和祭祀而用。人行系统与车行系统相对独立，沿南部的溪流建立步行系统，将光化寺、禅院和梁父山的景点联系起来，形成完善的步行交通系统。在光化寺入口、光化禅院均设置停车场，在华夏园的入口处设置林下生态停车场。

光化寺　将光化寺东侧广场改造为停车场，面积1200平方米，车位40个。在路北建设景区管理机构，建筑面积600平方米。为保护光化寺中的三义柏等古树名木以及壁画等文化遗存，挖掘光化寺佛教价值，迁出占用寺庙房屋的粮所和紧临光化寺的干果批发市场，按照精品化原则，对光化寺予以重建或扩建，形成两重院落，建筑面积1400平方米。对大悲庵、姑姑庵等古庙遗址划定范围，立碑说明，予以保护，不再重建。建亭保护“大般若经”石刻。建设光化禅院：关停、拆迁人造板场，在该区域建设光化禅院。光化禅院占地6公顷，建筑面积3000平方米，为佛教园林建筑，以“禅”文化主题，集文化交流、佛教养生、经典收藏、高端接待等功能为一体。按照精品化原则建设，可设置藏经阁、禅房、佛茶社、佛音阁、养生园等功能设施。光化禅院为面向高端市场的“禅”文化主题接待设施。其吸引力，除了在建筑艺术等“硬件”上能经得起时间检验，还要在“软件”上提高内涵，例如，要有高品位的“禅”文化载体收藏，有浓厚的“禅”文化接待氛围，有丰富的“禅”文化交流活动。

梁父山

礤石峪 重修及保护部分古建筑，现在修复的隐仙观、三清殿、玉皇阁等建筑，外观内容都比较粗糙。规划予以拆除，按照精品化原则重建，形成本区的主要旅游景点。道教古建筑重建按照传统的道教宫观的建筑规制，坐北朝南，中路宫观前建影壁，然后按中轴线分设山门、幡杆、钟鼓楼、灵官殿、玉皇殿、四御殿、三清殿以及吕祖阁、六逸堂等。由于泰山及岱庙已经有大宫观，因此徂徕山的道教宫观修复应遵循“小（体量）、精（致）、灵（验）”的原则。建筑材料为石木，供奉神仙应为木雕、泥塑或铜铁塑造。建筑和神像宁缺毋滥，严禁粗糙复制。对于其他仅留遗迹但无修复必要的古建筑，原则上不予重建。遗迹周围可种植草皮，突出古建残迹，并立牌铭记。礤石峪北部有“贵人峰”，风水俱佳，规划在此修建家祠，供奉碧霞元君和石敢当，其中石敢当在山下，碧霞元君在山上。建筑形式为小式建筑，可采用农家院落，古朴自然，体现其故居含义，以与泰山岱顶碧霞元君祠的大式建筑和肃穆氛围形成差异。在停车场附近的山前，利用现有建筑，建设小型接待服务设施，建筑面积400平方米。保护重要文物、古树名木和重要景观林。对于礤石峪区域的历代石刻、古藤、古松等登记注册，划定保护范围。

二圣宫 对于二圣宫、六逸堂等古建遗址，划定区域予以保护，原则上不予重建，但要通过绿化等方式突出遗址景观，作好介绍说明。对于区域内重要石刻，划定区域予以保护。重造“竹溪佳景”。由于林区道路建设，原本意义上的“竹溪佳景”景观已基本消失，为保持吸引力，可采用变通方式，在该区域大面积种植竹林，尤其是溪流和水面周边，是竹林建设重点，从而以此“竹溪”代替旧“竹溪”，保障“竹溪佳景”吸引力能够持续。建设徂徕山书院。二圣宫有比较好的儒教文化和隐居文化背景，在庙子林场驻地建设“徂徕书院”。书院借用该区域丰富的水资源，以江南园林为主体建筑风格，并与二圣宫遗址、“竹溪佳景”建游道连接。由讲学、藏书和供礼三部分建筑组成，设置文昌阁、礼圣殿、藏书楼、讲书堂、茶社（餐厅）、书房（卧室）等功能设施。书院占地面积1.27公顷，建筑面积2500平方米。书院确定为四个功能：即高端接待、藏书、开展文化交流活动、面向青少年，开展“国学”教育。书院要成为山东省收藏“国学”经典最丰富的地方。书院可采用“私塾”形式，利用泰安市的专家资源，面向泰安、济南及周边地区青少年，在周末和假期举办儒家传统课程教育，例如“四书五经”等，争取形成“徂徕山国学学校”的教育品牌。建设门区。在徂徕书院与林场道路结合处建设景区大门，利用原有建筑改造为管理用房。在徂徕书院北部建设集中停车场，占地面积660平方米，提供22车位。景区内部主要通过步行交通，并沿水库周围形成滨水环形步行道。修建石磴道连接二圣宫、六逸堂等遗址。

第四节 旅游线路

根据徂徕山主要旅游景点、景区的性质与分布，形成一条综合性主游线、两条生态游线和一条人文游线的旅游线路组合。

综合性主游线 串连徂徕山主要景区景点的综合性旅游线路：即大寺景区—中军帐—上、下池—十亩大地（五福园）—太平顶、虎头山—徂徕老街—梯子峪—濯龙湾沟—卧尧—光化寺—礤石峪—二圣宫。远期

从卧尧—二圣宫—礤石峪—光华寺。

两条生态游线　主要为游览两沟生态旅游区。生态游览线：即龙湾沟—太平顶—濯龙湾沟；濯龙湾沟—太平顶—梯子峪。

一条人文游线　串连人文景区景点：即大寺景区—（五福园）—太平顶—徂徕老街—光化寺—礤石峪—二圣宫。远期自徂徕老街—二圣宫—礤石峪—光化寺。

第五节　旅游交通

一、公路

徂徕山景区交通便利，景区周边道路主要有：徂徕山西侧有泰安到良庄、天宝、楼德的公路和京沪铁路、104国道、京台高速公路；北侧有泰安至新泰、京沪高速铁路；东侧有244省道，并与京沪高速公路、泰莱一级公路相交；南侧有泰莱铁路及泰安至新汶、方城、平邑、徐州的公路。

园区内有一条贯穿东西的主干公路，自西大门（抗日武装起义纪念碑）途径大寺景区、龙湾水库、秋千架、中军帐、上池、马场、太平顶、轿顶、卧尧、赵州庵至光化寺（东大门）出公园，全长32千米。其中，西大门至马场段（17.52千米）2004年4月开始硬化，当年12月竣工，路基宽7米，为林区二级公路，从西南望至太平顶，共计17.52千米，投资1250万元；马场至光化寺段为土石路面。另外有礤石峪隐仙观景区至主干公路（赵州庵处）的土石路，此路段长约5千米；王庄林区至锦罗林区的生产路段，长约5千米。徂徕镇、化马湾乡分别有通往龙湾沟和濯龙湾沟的乡镇公路；天宝镇、良庄镇有通二圣宫、礤石峪的乡镇公路。2012年12月，对贯穿徂徕山东西的主干公路进行延长、拓宽及加固（全长36.3千米，宽8米），年底完工5.57千米，投资875万元。

旅游主干公路　1978~1980年，修建大寺至光化寺主干路37千米。2004年，徂徕山林场投资1250万元，加宽硬化泰良路至马场路面17.52千米，为国家3级公路。途径风门口、纪念碑、徂徕山林场场部、森林公园门口、检查站、龙湾水库、青云寺、窑场工队、春阳坡、秋千架、黄土岭、暗涧、中军帐、上池、花坡、重峦叠嶂、推磨山、十亩大地、马场、太平顶等，对沿途各景点的开发起到了作用。

旅游专用车道　旅游快速通道是徂徕山至泰城南部高新技术开发区的直达通道，起点由徂徕山风景区进山口与泰楼路的交叉点西南旺村，向西到达高新区10号公路，有大桥1座，小桥1座。全长8.35千米，宽12米，

自驾游徂徕山

设计为二级公路。总投资9500万元。其中牟汶河大桥是泰安市最长的箱梁结构大桥，全长786米，投资2500万元，距徂徕山景区进山口1千米。徂徕山旅游快速通道是（泰安市）中长期规划中“一三九九”主干线网中泰安绕城的主要组成部分，2009年6月建成通车。将拉近泰山与徂徕山的距离，带动高新区项目建设，为徂徕山旅游项目的开发建设创造良好的条件。

徂徕山旅游环山公路

1970~2010年徂徕山林（景）区旅游道路情况表

表10-1

林（景）区	起　点	终　点	修建时间（年）	长度（千米）	宽度（米）	投资（万元）
大寺景区	检查站	张　栏	1989	4.0	6	22.06
大寺景区	张　栏	天棚石屋	1994	1.2	6	9.60
徂徕林区	马家峪	郑家庄	1970	3.3	7	12.22
徂徕林区	龙　湾	珂珞山	1989	2.5	6	14.36
徂徕林区	空城峪	龙　湾	1991	1.2	6	8.40
徂徕林区	土　岭	平　头	1987	3.0	6	22.10
徂徕林区	上　池	下　池	1985	1.6	6	8.50
徂徕林区	上　池	花　坡	1995	1.4	6	6.20
徂徕林区	金鱼池	中军帐	1983	1.0	7	5.50
锦罗林区	林　区	滴水岩	1983	2.4	6	
锦罗林区	横　岭	大斜沟	1984	1.0	6	
锦罗林区	林　区	东锦罗	1983	0.5	6	
锦罗林区	林　区	逍遥沟	1982	0.7	6	

续表

林（景）区	起　点	终　点	修建时间（年）	长度（千米）	宽度（米）	投资（万元）
锦罗林区	横　岭	东大泉	2010	2.4	6	
光化寺景区	林　区	黑峪后	1982	3.5	6	
光化寺景区	查山口	回车点	1983	2.4	6	
光化寺景区	里　峪	里峪沟口	1993	0.9	6	
光化寺景区	北瓜场路口	北瓜场	1978	0.6	6	
光化寺景区	向　阳	宁沟峪	1994	1.5	6	
礤石峪景区	林　区	上　场	1971	1.2	6	
礤石峪景区	上　场	刘家尧	1994	2.0	6	
礤石峪景区	寺　吉	赵州庵	1989	2.3	6	
礤石峪景区	拐子沟	五道沟	1985	1.3	6	
礤石峪景区	黄姑敦口	皇姑敦	1988	1.7	6	
礤石峪景区	年家峪学校	大石门沟	1995	2.0	6	
庙子林区	庙　子	张　庄	1979	2.5	6	
庙子林区	庙　子	羊　栏	1994	2.5	6	
黄石崖林区	林　区	土龙沟	1971	2.0	6	
黄石崖林区	土龙沟	石榴峪	1988	1.4	6	
太平顶景区	马　场	太平顶	1979	1.5	6	
太平顶景区	马　场	石棚沟	1995	21.0	6	
太平顶景区	种子园	风门口	1980	2.0	6	
太平顶景区	侯家宅	茶叶顶子	1988	1.0	6	

二、步游路

2004年6月，徂徕山林场抽调32名职工历时63天，投工5820个，挖（填）土（石）方2910立方米，砌石方880立方米，砌石台阶1220级，铺设槐木台阶1300级，岩石开挖台阶300级，安装防护栏1000米，修枝1500株，完成自十亩大地至太平顶至虎头山4.8千米的步游道开发建设。整条步游道途经十亩大地、舒心路、开心路、开心石、花果山、开心门、太平顶西劈、滴答泉（藏金泉）、天钟、通天沟、官财路、官财树、官财石、美人松、猕猴戏美人、升官路、升官台、紫霞洞、练功台、野人脚印、野人洞、教场与教顶、杀人盆、呼啸太平、步步高升路、青云洞、清心台、警示石、清风洞、太平顶、情人涯、情人洞、情人桥、情人石、虎头山、双龟探海、虎头石、石敢当、布袋和尚、飞来石、神立石、圣人车、马场、长寿泉等景点。2005年8~9月，徂徕山林场组织20余名职工、出工1200个、修建中军帐沟至望岳亭、中军帐牌坊至金鱼石1330米的步游道开发建设，开挖土石方1600立方米，砌石600立方米，修复台阶147级，铺设台阶910级，清挖水池两处，放养鲤鱼500尾，增设16米和19米的云步桥各1处，秋千3处，石桌凳10套、修复古碾一盘，整条步游道途经砥柱中流、如日中天、迎驾松、护驾松、皇恩浩荡、御驾亲临、昭君石、儿孙满堂、神影泉、中军帐、升仙泉、迎客松、古龙松、古凤松、普度众生、中军大佛、隐情洞、观岳（月）洞、遮天蔽日、龙床、望岳峰。

步游路

2007年1月，架设照明线路1.5千米，铺设台阶2.5千米，架步游桥5座、总投资260万元。路经19个景点：天宝峰、龙湾水库、龙王庙、一龙湾、二龙湾、三龙湾、锅湾、老龙湾、藏龙沟、卧虎山、观音峰、嘹军峰、影壁墙、龙门、卧狮峰、天狗望月、香水湾、观浴峰、龙女湖。2008年，在濯龙湾景区建设步游路2.5千米，铺设台阶1000余级，架设弓桥1座，总投资1000万元。

步游路

第六节 推介宣传

1992年9月，徂徕山被批准为国家森林公园以后，宣传形式采取了多样化，既用宣传标语，又利用电视、广播、报纸媒体进行宣传，还利用举办庙会、新闻发布会、文艺节目等形式宣传。2004年9月，河南卫视拍摄《难忘徂徕行》专题片，并在河南卫视频道连续播出。12月份，济南电视台拍摄《千峰竞秀—徂徕山》专题片，并在济南电视台自驾游栏目中多次播出。2005年4月下旬，参加了“相约春天——山东2005年森林之旅”推介会。6月，承包济南市8家户外俱乐部相约徂徕山的联谊活动，济南电视台《轻松自驾游》栏目做了全程报道。9月27日世界旅游日，在泰安市火车站广场发放徂徕山国家森林公园宣传材料6000份。

2006年3月29日，参加“2006年山东省森林公园推介会”，向旅行社发放宣传材料500余份。4月23日，举办“首届徂徕山健行大赛”活动。4月下旬，到泰城、济南、聊城、成都等地进行景区推介。同年，礤石峪景区网站开通。2007年4月初，在潍坊参加由省林业局主办的“森林公园旅游推介会”。4月19日，迎接“春满泰安”山东新闻媒体旅游采风活动，来自省内11个地市的30多位记者采访森林公园。7月上旬，参加省旅游局召开的旅游规划座谈会。9月11日，承办“泰山武术杯”2007年新泰安三山两湖全国山地户外挑战赛徂徕山赛程。9月，在市旅游局举办的泰安景区集中推介会上，与参会旅行社逐一接触洽谈，散发宣传材料2000余份。

2011年5月，中国旅游报、旅游世界杂志、山东电视台、大众日报社等8家媒体到徂徕山公园采风

2009年，为进一步提高知名度，尽早打响徂徕山旅游品牌，主动参加各类宣传推介活动。先后承办、参加“2009山东省森林公园推介会”、“好客山东”、“山东人游泰安”等一系列集中宣传活动，2011年5月13日，邀请山东电视台体育频道“旅游天下”栏目、泰安电视台新闻综合频道、《中国旅游报》《大众日报》《齐鲁晚报》《旅游世界杂志》等8家媒体及泰安市摄影家协会部分摄影家到公园采风。6月14日，邀请泰安市旅游局、泰安市旅游协会，组织全市“十强二十优”旅行社负责人，在徂徕山举行旅游推介洽谈会，并与多家旅行社签订了合作协议。2012年4月13~15日，参加在青岛举办的中国国内旅游交易会，发放宣传材料6000份，与41家旅行社签订了合作协议。

第七节 旅游收入

徂徕山旅游资源处于半开发状态，旅游设施还不完善，未达到形成产品的要求，尚未进入山东省主流旅游产品序列。2000~2003年，徂徕山正常年份接待人数在8.9万人左右，门票收入12~13万元。按照门票20元价格计算，每年购买门票进山的人只有6000余人。从人数上看，仅相当于泰山接待量的6%左右；从门票收入上看，仅为泰山的0.2%。2005年共接待游客7.2万人，旅游收入31.67万元。2012年共接待游客13万人，旅游收入达到110万元，分别比2005年增加5.8万人、78.33万元。

2005~2012年徂徕山国家森林公园游客人数及收入情况表

表10-2

年　度	人数（万人）	收入（万元）
2005	7.20	31.67
其中：五一	2.50	4.12
十一	2.07	13.85
2006	11.67	72.93
其中：五一	4.25	26.24
十一	2.29	18.57
2007	12.63	75.99
其中：五一	5.01	30.29
十一	1.81	14.19
2008	11.84	72.96
其中：五一	1.67	14.83
十一	1.80	14.75
2009	11.72	71.55
其中：五一	1.76	15.00
十一	1.96	15.75
2010	11.96	74.76
其中：五一	1.80	15.68
十一	1.85	15.56
2011	12.00	100.00
其中：五一	3.23	30.00

续表

年 度	人数（万人）	收入（万元）
十一	4.50	60.00
2012	13.00	110.00
其中：五一	3.26	35.00
十一	5.00	70.00

第八节 服务设施

徂徕山北部旅游休闲服务场所

一、娱乐休闲设施

徂徕山滑雪场　2008年5月，由徂徕山滑雪有限公司投资建设。12月29日，一期工程建成并正式投入运营，总投资8000余万元，占地面积10万平方米。设初、中、高级雪道3条，拖牵索道2条。2009年，新建高山观光缆车1条，高山雪道1条。2010年，为保护雪场生态环境，防止水土流失，引进种植了美国进口高羊茅草，扩建东北餐厅1座，农家乐茅草屋餐厅2座。现已成为集运动、旅游休闲为一体的度假胜地。2012年，引进德国进口钢制管式滑道1条，又称“时空隧道”。滑道全长899米、落差120米，最高坡度11度，平均坡度7度，最高时速每小时达38千米，索道、滑道的投入使用，填补了滑雪场夏季项目的空白。至2012年，累计接待游客6万人次，上缴税金16万元。

泰山温泉城　2009年10月，由山东泰山温泉旅游开发有限公司投资建设，2012年5月建成，6月正式开业。总投资50亿元，占地面积90.67公顷。建筑面积90万平方米，为集温泉养生、休闲度假、商务会议、康体娱乐和生态旅游等多功能于一体的国家AAAA级旅游景区。

温泉水属优质天然高硫高纳的硅氟复合型医疗热矿水，富含氟、溴、钠、硫、碘、锶、锂、偏硼酸、偏硅酸、磷酸等30多种对人体有益的微量元素和矿物质，“氟、偏硅酸”符合并达到国家命名标准，水质优于国家最新饮用矿泉水和热泉水的标准，具有医疗和保健作用。泰山温泉城温泉出水温度50℃左右，最大出水量每天3800立方米，有山地温泉养生区、室内游泳馆、SPA水疗馆、海浪池、通天瀑布池、洞府鱼疗池、七彩儿童池等动感温泉区，及一系列康体休闲娱乐设施和保健按摩项目，并配套有岱岳禅汤、独尊神汤、人参泉、玫瑰泉等60多个功能各异的特色温泉泡池，每天最大接待量可达1万人次。至2012年，共接待20万人次。

徂徕山主峰服务馆所

泰山温泉城设有行政套房、豪华套房、高级客房、标准间200间，远观松林万亩，静享雅致温馨、心幽境远。

餐饮中心以宫廷菜、粤菜、鲁菜、泰安土家菜为主，打造泰山温泉养生美食文化。设有宴会大厅、豪华包间、温泉自助餐厅等，可同时容纳1000多人就餐。会议中心设有大、中、小会议室13处，可同时为2000人提供会议服务。

2012年徂徕山森林公园旅游饭店情况表

表10–3　　单位：平方米

名　称	位　置	营业时间	占地面积	建筑面积
栖云坪山庄	太平顶景区	2011	500	150
大寺山庄	大寺林区	1997	1775	400
中军帐饭店	徂徕林区	1997	1000	200
乐福山庄	光化寺林区	2002	810	560
徂徕山度假村	光化寺林区	2002	3300	475
鑫泉山庄	礤石峪林区	2001	1536	434
贵人山庄	礤石峪林区	2001	1117	713
聚泉山庄	礤石峪林区	2001	524	462
桃花源大酒店	礤石峪林区	2002	660	220
龙湾饭店	王庄林区	2006	2600	200

二、水电

水　1956年3月，徂徕山林场建立以来，各林（景）区没有配套给水工程，灌溉用水则依靠自然降水和塘坝、水库蓄水。20世纪90年代初，开始修建引泉水工程，至1994年全部完工，共铺设引水管线65千米。

电　20世纪90年代，徂徕山林场开始在所辖10个营林区、24个工队、12个瞭望台、

78个护林点架设低压电线路，至2012年全部通电，共架低压电线路5千米。大寺皇姑墩，徂徕中军帐、葫芦庵，王庄康王殿，庙子奇家庄子5个瞭望台以及大寺窑厂、张栏，徂徕老军堂、土岭、平头，王庄柳峪，锦罗卧尧，礤石峪刘家窑，太平顶风门子，庙子张庄、杨栏、猪窝12个工队，统一配置了太阳能电源，共安装太阳能电源12个。

三、通信

2001年，联通公司在徂徕山设立基站1处。2004年，移动公司和联通公司分别在大寺皇崮墩、中军帐北顶、太平顶转播塔设立通讯联络基站3处。另外，为增加信号强度，移动公司在锦罗林区西山建设基站1处。2006年，移动公司在徂徕山设立基站1处。另外，徂徕山各林区、工队、瞭望台、护林点都配有对讲机，共计72部，无线通信畅通。至2012年移动、联通通讯信号已基本覆盖整个徂徕山景区，各林（景）区驻地及个别景点都设有固定电话线路。

第九节　土特名产

板　栗　又名明栗，是山东板栗中的优良品种，泰山、徂徕山区为泰安板栗的主要产区。明清两代，被定为“贡品”，有“泰山甘栗”之称。徂徕山板栗，果实大而均匀，壳薄，内衣皮易剥，色泽光亮，肉质细，水分少，糯性大，香甜可口，营养丰富，干板栗含碳水化合物达77%、淀粉65%、蛋白质7%~9%，鲜板栗维生素C丰富，并有钾、镁、铁、锌、锰等矿物质元素，其中钾的含量比苹果高4倍，是很好的营养强身滋补品，生食、煮食、炒食均适宜，尤以炒食最佳。“泰山糖炒栗子”为传统名吃。

百年板栗园

板栗还有着较高的药用价值。据《本草纲目》记载，栗子有治金疮折伤之良效。将新鲜栗肉捣碎成泥，敷于跌打、扎、炸等伤处，有止痛止血、吸出脓毒及异物等作用，常食还具有补肝、健脾、益胃等功效。1994年，泰安产板栗荣获全国林业名优特新产品博览会银奖。1997年，在国家工商局注册“东岳板栗”商标。2000年，泰安市岱岳区被命名为“山东省经济林名特优板栗之乡”称号。2002年，梁父山板栗被省鉴定为“无公害农产品”，年家峪野生板栗获得了有机认证。2012年，徂徕山板栗种植面积306.67公顷，化马湾乡板栗种植面积220公顷，天宝镇梁父山板栗种植面积达到1000公顷。

核　桃　距今已有上千年栽培历史，以“鸡爪绵”核桃为优。徂徕山核桃适应性强，果型椭圆，表面光滑，个大均匀，皮薄肉厚，每100克核桃仁含优质脂肪63~70克、蛋白质14.6~19克、碳水化合物5.4~10克、磷280毫克、钙85毫克、铁2.6毫克、钾3毫克、维生素A0.36毫克、维生素$B_1$0.26毫克、维生素$B_2$0.15毫克、烟酸1毫克、核黄素0.11毫克、尼克酸1毫克、硫胺素0.17毫克，并含有丰富的卵磷脂和少量的硒、锰、铬矿物质和维生素E、维生素K等。

核桃仁具有药用价值，《本草纲目》中记载“补气养血、润燥化痰、益命门、利三焦，温肺润肠，治虚寒喘咳，腰脚重疼，心腹疝痛，血痢肠风，散肿毒，……”。青核桃具有止痛作用。中医验方中，核桃青皮叫青龙衣，可用于治疗皮肤瘙痒及痛等病症，核桃青皮泡酒，可用于治胃气痛，胃神经痛，急、慢性胃痛。民间用青核桃泡酒治疗胃痛、痛经、癌症痛等。

核桃是食疗佳品。无论是配药用，还是单独生吃、水煮、作糖蘸、烧菜，都有补血养气、补肾填精、止咳平喘、润燥通便等良好功效。将核桃加适量盐水煮，喝水吃渣可治肾虚腰痛、遗精、阳萎、健忘、耳鸣、尿频等症。核桃与薏仁、栗子等同煮作粥吃，能治尿频、遗精、大便溏泻、五更泻等病症。核桃与芝麻、莲子同做糖蘸，能补心健脑，还能治盗汗。生吃核桃与桂圆肉、山楂，能改善心脏功能。核桃还广泛用于治疗神经衰弱、高血压、冠心病、肺气肿、胃痛等症。2012年，徂徕山种植面积100公顷。

樱　桃　号称“北方鲜果第一枝”，为古代宫廷贡品。樱桃王树地处新泰市天宝镇戚家峪，是泰安市发现最古老的樱桃树。经专家鉴定确认，果树植于唐代，树龄在千年以上，为中华樱桃的原产地。该树至今仍然生命力旺盛，年产樱桃千斤，人称“樱桃王树”。

徂徕山大樱桃

樱桃不仅色泽好看，而且甜酸适口，令人百食不厌。樱桃含铁量高，每100克鲜果中含蛋白质1.2克，糖分8克，磷3.1克，铁5.9克，维生素A、维生素B、维生素C以及钙、磷等营养成分含量也很丰富，并含有多种微量元素，对软化血管、抵抗衰老、减少癌症病患具有良好的效果。《滇南本草》上记载“樱桃治一切虚症，能大补元气，滋润皮肤”。中医认为樱桃能补中益气，对营养不良、贫血、脱水等各种机能低下病症有疗效。徂徕山种植分布在礤石峪林区、光华寺林区、王庄林区、徂徕林区、黄石崖林区，面积3.33公顷，化马湾乡种植面积706.67公顷，良庄镇种植面积100公顷。

20世纪80年代末，新泰市天宝镇年家峪樱桃沟培植了正宗中华樱桃，引进矮化樱桃龙冠、乌克兰大樱桃、艳红等8个系列，包括红灯、斯坦勒、先锋等30多个品种。1998年，天宝镇被中国农学会特产经济委员会命名为“中国樱桃第一镇”。“年家峪”牌樱桃被评为山东省名牌农产品，2002年获得“2001年中国国际农业博览会”优质产品奖。同年获得山东省农业厅无公害农产品认证，天宝樱桃被山东省鉴定为“无公害农产品”。2009年获得有机转换产品认证，2011年获得绿色食品认证。2012年天宝镇樱桃种植面积达到3333.33公顷，其中盛果面积192.33公顷。

樱桃不但是果中珍品，樱桃花比桃花繁盛，樱桃树浓荫蔽日，具有较高的观赏性和生态价值。经过20多年的发展，年家峪樱桃沟果农开始在冬暖大棚内培育樱桃，把樱桃鲜果周期从一个月延长到四个月。每年二至六月，樱桃自山下开始，随海拔升高而次第

山　楂

成熟。吸引了较多来自省内外的游客，观赏樱桃花海，体验樱桃采摘，感受农家生活，游览自然风光。年接待游客达10万人。

山　楂　徂徕山山楂种植在海拔800米以下，具有结果早，产量高，适应性强，果实个大，呈圆形或扁圆形，色泽红艳，风味佳，耐贮存。每百克山楂果实中，含钙85毫克、维生素C89毫克，还含有丰富的铁、磷、蛋白质、脂肪以及红色素、果胶等。鲜食酸甜可口，亦可加工成山楂糕、山楂汁、山楂罐头等。果实入药，主治饮食积滞、胸腹痞满、疝气、血淤经闭等症。山民常以山楂叶代茶饮，对治疗头痛眩晕，降低胆固醇、血压，防治冠心病等有良效。山楂内的黄酮类化合物牡荆素，是一种抗癌作用较强的药物，山楂提取物对癌细胞体内生长、增殖和浸润转移均有一定的抑制作用。2012年，种植面积4公顷。

葡萄　葡萄有上千年的栽培历史，不仅味美可口，而且营养价值很高。徂徕山葡萄有野生品种和人工培植两大类。野生品种有泰山水晶葡萄、泰山马奶子葡萄、泰山山葡萄、泰山野葡萄、泰山毛葡萄等，位于北纬35°52′~36°28′、东经116°50′~117°29′，总面积160公顷。人工培植品种有赤霞珠、霞多丽、美乐、威代尔、烟73等，主要集中在泰山南麓盛世仁和庄园等4个种植基地。成熟的浆果中含糖量高达10%~30%，以葡萄糖为主，可被人体直接吸收。还含有矿物质钙、钾、磷、铁以及多种维生素，多种人体必需氨基酸。受特殊的气候、土壤、水质等自然条件影响，徂徕山葡萄鲜食适口性较差，适合酿造葡萄酒和精深加工。

中国历代医药典籍对葡萄的药用均有论述。中医认为，葡萄味甘微酸、性平，具有补肝肾、益气血、开胃生津、利小便之功效。明清时期，泰山葡萄酒酿制较盛，尤以泰山南麓葡萄酒最为著名。清康熙朝翰林院检讨徐轨《泰安使院中讌集分赋》、乾隆朝知县陈樽《梁父吟》、道光朝文渊阁大学士彭蕴章《题江弢叔〈立马雪中看岳色图〉》等诗词作品都对泰山南麓葡萄酒有过描述。现代医学研究表明，葡萄还具有防癌、抗癌的作用。2012年后，泰山南麓葡萄酒产业在岱岳政府扶持下得到快速发展，其酒原料采用人工栽培葡萄，经破碎、发酵、过滤、陈酿等工序精酿而成。泰山南麓干红葡萄酒酒体呈深宝石红色、果香浓郁、滋味舒顺醇厚、酒体丰满；泰山南麓干白葡萄酒酒体呈浅麦秆色、澄清透明、果香浓郁、细腻雅致、口味柔顺爽口，风格典型独特。

黄石崖蓝莓　蓝莓为杜鹃花科植物果实，由于果实呈蓝色，俗称“蓝莓”。蓝莓果实平均重量0.5~2.5克，最大重量5克，果实色泽美丽、悦目、蓝色并被一层白色果粉，果肉细腻，种子极小，可食率为100%，具清淡芳香，甜酸适口。蓝莓果实除供鲜食外还有极强的药用价值及营养保健功能，国际粮农组织将其列为人类五大健康食品之一。2006年4月，由方泰旭瑞农业科技开发有限公司开发种植。因黄石崖地处良庄镇黄石崖村东南小山子东沟，背风向阳，紧挨碧波荡漾的黄石崖水库，周围风景秀丽，无任何污染，得风得水，昼夜温差大，适宜蓝莓生长。黄石崖蓝莓口感好，糖分含量高，尤其是花青素含量平均为4.62毫克/克。由于蓝莓果实中含有丰富的营养成分，高锌、高钙、高铁、高铜、高维生素的营养保健果品。它不仅具有良好的营养保健作用，还具有防止脑神经老化、强心、抗癌、软化血管、增强人机体免疫等功能。蓝莓能够延缓记忆力衰退和预防心脏病的发生，因此被人们视为超级水果。多吃蓝莓或喝蓝莓汁有助预防结肠癌的发生。研究发现，蓝莓能起到这种作用是因为在蓝莓和其他水果中含有一种叫紫檀芪的自然化合物，有助于阻止癌症前期对身体造成损害。2012年被国家定为“有机蓝莓”生产基地，并通过GZCC中鉴有机认证，注册了“泰山黄石崖”商标，获“有机蓝莓证书”。黄石崖蓝莓园区种植面积达86.67公顷，产量1.45吨。

蓝　莓

良庄西瓜　良庄西瓜主要种植在北部丘陵，全部为红沙瓤，具有“甜、沙、脆、爽”等特点。20世纪90年代起，良庄镇党委政府开始实施“南菜北果”种植结构调整，在北部丘陵发展西瓜大棚，种植无籽西瓜，形成良庄镇北部地区群众的支柱产业，并建立了瓜果市场，远销全国各地。2012年，种植面积333.33公顷。

良庄大棚西瓜

“泰山珍珠”西红柿　又名小洋枣。20世纪50年代，房村镇家家户户有种植西红柿的传统。90年代初，房村镇党委、政府引导生产要素向优势产业聚集，提升农业规模效益和产业竞争力，走一镇一品农业产业化经营之路。引进新技术，培育和发展了具有市场规模和特色农业的“泰山珍珠”牌西红柿。该品种既是蔬菜又是水果，不仅色泽艳丽、形态优美，而且味道适口、营养丰富，除了含有番茄的所有营养成分之外，其维生素含量是普通番茄的1.7倍。

1994年注册成立泰山红西红柿专业批发市场；2000年，在国家工商局和商标局注册

了“泰山珍珠”牌商标；2002年被山东省农业厅认定为“无公害农产品”；2003年通过国家无公害农产品认证；同年被山东省农业厅命名为“全省无公害农产品专营市场”；2004年12月，被中国绿色食品发展中心认定为绿色食品A级产品；同年被省农业厅定为第二批“省农业厅农产品批发市场信息网信息采集点”；2006年被农业部定为“定点农产品产地批发市场”；同年被评为山东省名牌农产品。是继寿光之后的山东西红柿集散中心，也是山东省最大的西红柿专业批发市场。产品销往东北三省、内蒙、北京、上海等20多个省市，远销俄罗斯、日本、韩国等国家。在上海、无锡、吉林、长春、西安等城市，建立了西红柿直销点，是济南银座商城、泰安宾馆饭店、超市配送蔬菜的直供单位。该镇组成200余辆车的运输队伍，实施物流配送，供应北京、广州等大型超市，并与国内外各大网站实行了联网，市场年交易量达42万吨。

经过20多年的发展，已成为山东省最大的西红柿生产基地，享有“番茄之乡”美誉。2012年，全镇种植“泰山珍珠”牌西红柿的农户达到1.48万户，占全镇总户数的75%；种植面积2333.33公顷，其中保护地栽培达96%以上，有冬暖式大棚1.5万个，年产西红柿30万吨；产值8.59亿元，占农业总收入的81%，成为农民收入的重要支撑。随着“泰山珍珠”牌西红柿的品牌效应，辐射带动了大汶口、马庄、满庄、徂徕、良庄等周边乡镇西红柿种植。同时，还推动了新泰市楼德、天宝、禹村，宁阳县华丰、东庄、磁窑镇的西红柿生产。

花 生 主要分布在泰安市岱岳区的徂徕镇、化马湾乡、良庄镇、新泰市天宝镇。良庄镇生产的花生分为两大品种：即大花生、小花生，俗名“大白沙、小白沙”。因良庄镇位于徂徕山前，地形从南到北分为三级分布：北部为山地，中部为丘陵，南部为汶河冲积平原。中北部地区多为沙土地，适应种植花生，因此良庄花生有着悠久的种植历史，且种植面积大，出油率高，口味纯正，香醇可口，在历史上久负盛名，远销大江南北。制品主要有良庄花生油，山阳花生油，良庄香脆花生等。现在，花生依然是中北部地区群众喜欢的重要经济作物。2012年，徂徕镇种植面积356.33公顷，化马湾乡种植面积746.67公顷，良庄镇种植面积1933.33公顷，新泰市天宝镇种植面积1600公顷。

石楼菠菜 良庄镇南部为汶河冲积平原，土地肥沃，利于蔬菜种植，从历史上人们就长于种菜。菠菜茎叶柔软滑嫩，味美色鲜，含有丰富的维生素C，胡萝卜素，蛋白质以及铁、钙、磷等矿物质。对人体有清洁皮肤、抗衰老之功效，糖尿病人经常食用菠菜有利于血糖保持稳定，适宜高血压、便秘、坏血病患者、皮肤粗糙者、过敏者食用，还能促进人体新陈代谢，增进身体健康。石楼菠菜曾在明清两朝作为贡品。石楼村位于良庄镇东南部，柴汶河北岸，因其位

石楼菠菜

于汶河冲积平原，土地异常肥沃。近百年来，石楼人家家种菠菜，人人吃菠菜，年年卖菠菜。菠菜是石楼人一宝，方圆百里，久负盛名。石楼菠菜清香浓郁，醇厚绵长，口感甚佳，尤其是用菠菜制作的菠菜饼，可谓人间一大美食。2012年，种植面积2000公顷。

蜂　蜜　蜂蜜是一种营养丰富的天然滋养食品。据分析：蜂蜜中含有与人体血清浓度相近的多种无机盐和维生素、铁、钙、铜、锰、钾、磷等多种有机酸和有益人体健康的微量元素，以及果糖、葡萄糖、淀粉酶、氧化酶、还原酶等，具有滋养、润燥、解毒之功效。蜂蜜中含葡萄糖和果糖，约占65%~80%；蔗糖极少，不超过8%；水分16%~25%；糊精和非糖物质、矿物质、有机酸等含量在5%左右。此外，还含有少量的酵素、芳香物质和维生素等。蜜源植物品种不同，蜂蜜的成分也不一样。蜂蜜对有些慢性病还有一定的疗效。常服蜂蜜对于心脏病、高血压、肺病、眼病、肝脏病、痢疾、便秘、贫血、神经系统疾病、胃和十二指肠溃疡病等都有良好的辅助医疗作用。外用还可以治疗烫伤、滋润皮肤和防治冻伤。

徂徕山主要产两种蜜，即春季槐花蜜和夏秋季的杂花蜜，尤以槐花蜜为最佳，清香

礤石峪林区茶园

甘甜，香气四溢。杂花蜜药用价值高，养蜂户主要以个体为主，分季节到徂徕山放养。2012年平均产量10吨。

大官庄茶叶　又名鱼林茶。因大官庄地处徂徕山礤石峪一带，茶园四面环山，气候温和，水源充足，土壤呈微酸性，山中多云雾，自然条件适合绿茶栽培。1968年，贯彻农业部北方农业会议精神，为解决北方茶叶紧张，实行南茶北引，由原新泰县天宝供销社引种安徽黄山云雾茶种成功。1971年，首批生产的茶叶送山东省化验鉴定，发现与南方茶叶有明显不同，大官庄生产的茶叶叶质嫩厚、汤清明亮、香气浓郁、经久耐泡，营养丰富。常饮能怡神醒脑，明目清火，消食除腻，杀菌解毒，具有一般茶叶所没有的减肥、降压等疗效。1975年，在青岛召开的山东省茶叶品尝会上，大官庄茶被评为一等茶。因生长季节无虫害无污染，所以属于天然绿色产品。注册商标有“大官庄茶”“茗海”青芽等品牌，属茶中极品，销往全国各地。2012年，大官庄茶园面积133.33公顷。“茗海”牌雪青芽被山东省鉴定为“无公害农产品”，并获得了有机认证。

泰山红毛山羊　“泰山”红毛山羊，是一种主要活动在徂徕山山区的浑身红棕色羊毛的山羊品种，因其生长地和毛色而得名。属活泼型小反刍动物，系当地传统品种自然杂交，选育而来。喜居山区，品性勇敢，善于登高，觅食能力强，主要以百草、各种灌木枝叶、作物秸秆、林果、藤蔓、农副产品等为食料来源，常年饮用山间溪水，群居，纯自然成长，生长周期一般在8个月左右，体重30千克。肌纤维细，硬度小，肉质细嫩、鲜美，膻味极小，口味纯正，可用其制作羊肉汤、羊肉煲、焖羊肉、啤酒山羊肉、红烧羊肉、羊肉水饺、羊肉火锅等美食，

泰安青青农场·徂徕山红毛山羊

可谓“羊肉中的极品”。岱岳区青青农场饲养的红毛山羊，与其他羊肉相比，含有更丰富的蛋白质、钾、维生素B_1等营养成份，且胆固醇含量低。常食有益于补虚劳、去寒冷、温补气血、益肾气、开胃健脾等，诸多益处使其成为百姓餐桌的滋补首选佳品。2012年，岱岳区存栏量达5万只。

黄鲴鱼 又名黄姑。属于稀有鱼种，肉鲜嫩清香，产于化马湾乡境内的彩山水库，体形长而侧扁，腹部圆，在肛门前有一不明显的腹棱，体长约20厘米左右，体重300克。头呈圆锥形，颇小。吻圆钝，口下位，成一横裂，下颌有较发达的软骨质的薄边缘，眼位于头侧近吻端。下咽齿3行，侧扁而长。鳞片中等大，侧线鳞63~68，背鳍III7，最后一根不分枝鳍条为光滑的硬刺。臀鳍III9~11体背部黑灰色，腹部及体侧下半部银白色，在鳃盖的后缘有一浅黄色的斑条，尾鳍呈显著的黄色。生活于江河、湖泊等宽阔的水域中，常栖于中下层，产卵期4~6月，捕鱼期8~9月。1980年引进养殖，年平均产量4000千克。该鱼营养价值较为丰富，每100克黄姑鱼含能量137卡路里，蛋白质18.4毫克，脂肪79毫克，胆固醇166毫克。药用价值为鲤科动物黄尾蜜鲴肉。性味甘、温、无毒。“白煮汁饮，止胃寒泄泻”。多食令人发热作渴，2012年产量达到7500千克。

何首乌 为蓼科植物何首乌的块根。削去两端，洗净，切片，晒干或微烘，称生首乌；若与黑豆煮汁拌蒸，晒后变为黑色，称制首乌。多生于山坡石缝或土壤肥沃的湿润地带及树下。株高1~2米，蔓茎纤细，绿色或紫色。单叶对生，叶片戟形或三角状心形，先端渐尖，有长柄。伞状花序呈黄绿色，5瓣。5~6月为花期，8~9月为果期。块根球形，外皮黄褐色，沉重如石。根块入药，其药性苦、甘、涩，微温。具有养血、益肝、固精益肾、强筋健骨、乌须黑发等疗效，其性不寒不燥，为滋补良药。

丹 参 多生长在徂徕山海拔150米以上土质较好、温潮地带。为唇形科植物丹参的干燥根及根茎。性苦，微寒，归心、肝经。主治祛瘀止痛，活血通经，清心除烦。用于治疗月经不调，经闭痛经，症瘕积聚，胸腹刺痛，热痹疼痛，疮疡肿痛，心烦不眠，肝脾肿大，心绞痛等症。

黄 精 又名老虎姜、鸡头参。属百合科多年生草本植物。根据原植物和药材性状的差异，黄精可分为姜形黄精、鸡头黄精和大黄精三种。姜形黄精的原植物多花黄精，鸡头黄精的原植物为黄精，而大黄精（又名碟形黄精）的原植物为滇黄精，三者中以姜形黄精质量最佳。生于阴坡的石壁、杂草丛中和树下。茎长而较柔弱，叶通常5枚轮生，线状披针形，先端卷曲。夏季开花，花白色、钟状、下垂。徂徕山既有野生也有人工种植。浆果球形，熟时黑色。黄精以根茎入药。具有补气养阴，健脾，润肺，益肾功能。用于治疗脾胃虚弱，体倦乏力，口干食少，肺虚燥咳，精血不足，内热消渴等症。

元 胡 又名延胡索、延胡、玄胡。

为罂粟科植物延胡索和齿瓣延胡索的块茎。多年生草本，高10~20厘米。块茎扁球状，直径0.5~2.5厘米，黄色。茎基部具1鳞片，鳞片和下部叶腋内常生小块茎；茎生叶具长柄，2回三出全裂，末回裂片披针形或卵状披针形。总状花序顶生，疏生3~10花，苞片卵形或狭卵形，全缘或下部具齿；萼片小，早落；花冠红紫色，上花瓣长约2厘米，边沿具锯或波状小齿，顶端微凹，具短尖，距圆筒形，稍长于瓣片，蜜腺体贯穿距长的二分之一，内花瓣暗紫色，雄蕊束披针形；子房线形，花柱细，柱头近圆形，具8乳突。蒴果线形，种子1列。花期4月，果期4~5月。徂徕山各林区均有分布，药用价值很高。元胡味辛、苦，性温，具有活血散瘀，利气止痛的功效，用于治疗全身各部气滞血瘀之痛，痛经，经闭，症瘕，产后瘀阻，跌扑损伤，疝气作痛等症。

第十节 管理机构

1993年，成立徂徕山管理委员会，与泰安市徂徕山林场实行一个机构两块牌子，具体管理徂徕山国家森林公园的开发建设。下设森林公园办公室，设主任1名。同年，设立大寺售票处、检查站，配备工作人员3人；设立光华寺售、检票处，配备工作人员5人；设立礤石峪售、检票处，配备工作人员2人；设立锦罗售、检票处，配备工作人员2人。1995年，成立徂徕山森林公园管理站，设站长、副站长各1名。1997年，成立徂徕山旅游开发办公室，设主任1名。2001年，成立徂徕山森林公园门票管理处，设处长、副处长各1名，工作人员4人。2002年，售、检票分离。至2012年，徂徕山共有管理人员108人，其中旅游管理人员23人。

天宝镇茶园

第十一章

林场管理

1949年，山东省林业厅成立徂徕山封山育林委员会，开始封山育林和造林工作。1950年建立光华寺苗圃。1956年正式成立国营泰安专署徂徕山林场，级别为正县级事业单位，辖6个造林工作站。同年成立工会组织。1958年林场划归泰安县管辖。1959年选举产生林场总支委员会。1960年成立团总支委员会组织。1962年，林场收归省林业厅领导。至1965年造林基本结束，转入营林阶段。通过造林绿化，营造防护林带，构成了防护屏障，风沙灾害基本得到控制。1970年，徂徕山林场改为山东省建设兵团第三师十四团一营、二营。1974年，林场移交泰安地区，改名泰安地区徂徕山林场。1981年成立泰安地区林场委员会。同年成立森林保护站开展病虫害防治工作。1984年，林场定为县级事业单位，隶属地区林业局领导。

1985年改为泰安市徂徕山林场，辖8个营林区。有职工524人。1992年，经林业部批准，建立国家级徂徕山森林公园，成立徂徕山管理委员会，与徂徕山林场实行一个机构两块牌子。同年，林场制订“打开山门，引进农民进山承包”政策，对林场边缘宜林荒山进行承包造林。1999年，成立徂徕山森林防火指挥部，各林区成立防火领导小组，并与驻地乡镇、村成立了徂徕山联防分会。2004年，林场事业单位经费由差额改为全额财政拨款事业单位。至2012年林场共有干部职工391人。其中，管理人员123人，专业技术人员65人，工勤人员203人。

第一节 机构沿革

一、中共组织机构

1956年3月，徂徕山林场（简称林场或场部）建立后，7个造林站的党组织关系隶属驻地村党组织。其中，光华寺、场部造林站党组织关系隶属新泰县黄花岭乡，王庄造林站党组织关系隶属泰安县荏家庄乡王庄村，徂徕造林站党组织关系隶属泰安县上庄乡徂徕村，王家院造林站党组织关系隶属泰安县汶口镇王家院村，山阳造林站党组织关系隶属泰安县茅茨乡山阳村，南旺造林站党组织关系隶属泰安县北望乡黑石埠村。

1959年，经中共泰安县委批准，由31名党员选举产生了中共徂徕山林场总支委员会。选出总支书记1名、副书记1名、委员3名，隶属泰安县委领导。7个造林站分别成立党支部，选出6名支部书记、1名副书记主持支部工作。1966年12月，林场共有党员55名。1970年10月至1974年11月，林场改为山东省生产建设兵团第三师十四团一营、二营，原担任林场党组织领导职务的2名负责人，分别任一营、二营副教导员。1974年12月，中共泰安地委决定，建立泰安地区徂徕山林场党的核心小组，副组长2名，其中1名主持工作，成员4名。1981年，经中共泰安地委批准，成立中共徂徕山林场委员会，设副书记3名、党委委员3名。林场共有党员128名。1982年，林场共有基层党支部11个，即：机关党支部、大寺、徂徕、王庄、光华寺、礤石峪、庙子、黄石崖、王家院、西旺营林区党支部、纤维板厂党支部。1983年新增党委副书记1名。1984年5月，设书记1名、副书记2名、党委委员2名。1987年新增林工商公司党支部。1991年撤销西旺林区党支部。1992年，中共徂徕山林场委员会班子调整，设书记1人、副书记1人、纪委书记1人、委员3人。1994年新增西旺林区基层党支部、林海实业公司党支部、建筑安装工程公司党支部、南关纤维板厂党支部。林场共有党支部15个。

1995年1月，经中共泰安市委批准，选举产生了中共徂徕山林场委员会，设书记1名、副书记1名、纪委书记1名、委员6名。新增太平顶景区党支部、离退休干部党支部、林海贸易公司党支部，林场共有党员130人。1997年新增锦罗林区党支部，林场实有党支部19个。1998年撤销林海贸易公司党支部、林海实业公司党支部、建筑安装公司党支部。全场共有基层党支部16个。2004年10月，撤销纤维板厂党支部。2006年12月，成立消防队党支部，2010年，撤销人造板厂党支部。2012年，林场党委有副书记1名、纪委书记1名、委员6名。共有党支部15个，即：大寺、徂徕、王庄、锦罗、光华寺、礤石峪、庙子、黄石崖、太平顶、西旺林区、王家院林区，场机关、驻泰办事处、消防队、老干部。共有党员213名。

1957~2012年中共泰安市徂徕山林场组织机构负责人情况表

表11-1

职　务	姓　名	任　职　时　间
党总支书记	滕守礼	1957.11~1972.12
党的核心小组组长	杨东亮	1977.5~1978.12
党委书记	刘传谦	1984.5~1994.11
	丁承河	1994.11~2003.10
	边炳梓	2003.10~2011.4
	张军峰	2011.4~2011.8
党总支副书记	刘寿年	1958.3~1962.3
	周　全	1962.3~1972.12
党的核心小组副组长	周　全	1974.12~1979.10
	杜经芝	1974.12~1976.12
	滕任芝	1976.12~1981.7
	商学斌	1979.10~1981.7

续表

职务	姓名	任职时间
党委副书记	商学斌	1981.7~1984.5
	滕任芝	1981.7~1984.5
	杨远鸣	1981.7~1984.5
	孙立彦	1984.5~1988.8
	谢松森	1983.4~1992.3
	丁承河	1992.3~1994.11
	李红卫	2000.4~2008.1
	朱传森	1995.8~2000.4
	边炳梓	1998.6~2003.10 2011.4~
	仲伟元	2004.5~2012.8
	陈树秋	2008.12~2011.1
纪委书记	谢松森	1984.5~1992.3
	李红卫	1992.3~2005.7
	王树国	2005.7~2011.4
	郑成龙	2011.4~

二、群众团体

工　会　1956年成立。1982年2月召开第一届职工代表大会，选举职工代表24人，职工工会代表57人，工会会员代表13人，列席代表20人。总结表彰先进集体9个，先进个人33名。1984年2月召开第二届职工代表大会，选举职工代表29名，职工工会双重代表44名，工会代表21名，列席代表12名。总结表彰先进集体13个，先进个人45名。1988年5月召开第三届职工代表大会，选举职工代表58人，特邀代表49人。总结表彰先进集体76个，先进工作者82名，其中记大功19名。大会通过了《徂徕山林场“十五”期间社会主义精神文明建设意见》。至2012年，无变化。每届职代会的任务是总结工作情况，选举职代会代表，安排部署工作任务。

共青团　1960年成立团总支委员会，7个造林站分别建立了团支部。1966年4月，团总支由政工组代管。1970年6月，徂徕山林场改为山东省生产建设兵团第三师十四团，下设一营、二营团总支。1989年4月，经共青团泰安市委批准，将共青团徂徕山林场总支委员会改为共青团徂徕山林场委员会，1989年8月，共青团徂徕山林场委员会成立，设书记1人、副书记2人。下设13个团支部。同月，召开了共青团徂徕山林场第一次团员大会。1993年5月召开第二次团员大会，对团领导班子成员进行调整，设书记

1人、副书记1人、委员5人。1996年10月，召开第三次团员大会，选举产生团委委员13名。至2012年无变化。

三、管理机构

1949年，山东省林业厅成立徂徕山封山育林委员会，开始封山育林和造林绿化工作。1950年在原有基础上充实职工成立徂徕山林场，建立光化寺苗圃。1956年3月，经山东省人民委员会批准，正式成立国营泰安专署徂徕山林场，场部设在礤石峪。有场长1人，副场长1人，行政干事1人，人事干事1人，会计1人，现金、出纳、保管1人，技术干部2人。下设礤石峪、光华寺、山阳、王庄、徂徕、西旺6个造林站。1958年4月，经泰安专署批准，将国营泰安专署徂徕山林场划归泰安县人民委员会领导，场名改为泰安县徂徕山林场。同年，新建南旺（大寺）造林站，7个造林站改为林业站。1960年泰安县改为泰安市（县级），场名改为泰安市徂徕山林场。1961年3月，场部由礤石峪迁址大寺办公，场部下设3个办公室（场长办公室、行政办公室、生产办公室）。全场共有正式职工72人。其中，行政干部24人，技术干部13人，工人35人。

1963年1月，山东省国营徂徕山林场总场全体职工

1962年5月，林场收归山东省林业厅直接领导，场名改为山东省国营徂徕山林场。1970年6月，山东省生产建设兵团组建，11月，经山东省生产建设兵团批准，将徂徕山林场改为中国人民解放军山东生产建设兵团第三师十四团，下设第一、二营。1974年11月，山东省生产建设兵团撤销，林场移交泰安地区革委会，改名为泰安地区徂徕山林场。1980年，成立徂徕山林场保卫处，下设10个保卫科。1984年，经泰安地委批准，徂徕山林场场部定为县级事业单位，编制42人，隶属地区林业局领导。

1985年，泰安地区改为泰安市，场名改为泰安市徂徕山林场，下设大寺、徂徕、王庄、光华寺、礤石峪、庙子、黄石崖、王家院8个营林区，全场共有职工524人。1990年3月，经泰安市委批准，组建泰安市公安局徂徕山林区公安分局，下设大寺、光华寺、庙子、王庄4个派出所，编制50人。同年，徂徕山林场场部下设：办公室、生产科、财务科、多种经营科、纪委、政工科、工会、职教科、公安分局、森保站共计10个科室。全场共有干部职工507人。其中，管理干部30人，技术干部49人，生产工人428人。

1992年9月，经林业部批准，建立国家级徂徕山森林公园。1993年1月，恢复建立西旺林区。12月，成立徂徕山管理委员会，

与泰安市徂徕山林场实行一个机构两块牌子。委员会设森林公园办公室和森林公园管理站，下设大寺、中军帐、太平顶、光华寺、礤石峪、二圣宫6个景区，具体管理徂徕山国家森林公园的开发建设。1994年1月，太平顶营林生产工作队改为太平顶景区，为科级单位。1997年1月，为便于经营管理，将王庄营林区分为两个营林区，锦罗工队升为林区，为科级单位。2000年，场部办事机构共有15个，即：办公室、财务科、生产科、多种经营科、纪委、政工、工会、职教科、森林公园办公室、森林公园管理站、公安分局、林政科、防火办公室、森保站、基建科、老干部办公室。下设大寺、徂徕、王庄、锦罗、光华寺、礤石峪、庙子、黄石崖、王家院、西旺、太平顶11个林景区，31个营林生产工队及人造板厂、林工商、南关板厂、林海贸易公司、汽车修理厂等5个多种经营生产经营单位。共有干部职工451人。2002年5月，经市机构编制委员会办公室批复，同意徂徕山林场成立泰安市徂徕山林场消防队（正科级）。2004年，徂徕山林场事业经费由差额恢复为全额财政拨款事业单位。2011年8月，经市机构编制委员会办公室批复，同意徂徕山林场场部设党政办公室、人事科、财务科、审计科、生产科、林政科、多种经营科、基建科、职工教育科、老干部科、森林病虫害防治检疫站、森林防火办公室、保卫处、森林公园管理办公室、消防一队、消防二队；辖大寺林区、徂徕林区、王庄林区、锦罗林区、光华寺林区、礤石峪林区、庙子林区、黄石崖林区、王家院林区和太平顶景区，均为正科级单位。同时，撤销原泰安市徂徕山林场消防队。2012年，林场共有干部职工391人。其中，管理人员123人，专业技术人员65人（高级职称8人，中级职称24人，初级职称33人），工勤人员203人。

1957~2012年泰安市徂徕山林场管理机构负责人情况表

表11-2

职　务	姓　名	任职时间
场　长	腾守礼	1957.11~1966.
	刘世民	1984.5~1992.3
	丁承河	1992.3~2003.12
	边炳梓	2003.12~
副场长	曹继功	1956.6~1957.8（主持工作）
	商学斌	1979.10~1984.5（主持工作）
	雷宝珠	1956.6~1958.3
	刘寿年	1958.3~1962.3
	周　全	1962.~1966.

续表

职　务	姓　名	任职时间
副场长	武明斋	1962.~1972.12
	杜经芝	1964.~1972.12
	孟传智	1978.12~1979.4
	杨远鸣	1980.10~1990.10
	张项文	1982.3~1983.
	黄元良	1984.5~1992.3
	宋好德	1988.9~1992.3
	陈锡良	1992.3~1995.8
	朱传森	1992.3~2000.4
	边炳梓	1995.8~2003.12
	仲伟元	1996.6~2012.8
	耿顺礼	1998.6~
	李兴广	2000.7~2010.1
	徐锦儒	2005.6~
	郭廷松	2012.11~
	王树国	2011.4~
总工程师	谢明义	1993.12~1998.6
	陈玉泉	2000.7~2002.8
	郭廷松	2004.5~2012.11
	刘传忠	2012.11~
工会主席	房景忠	1982.~1984.
	张项文	1984.5~1992.3
	陈树秋	1995.8~2008.12
	周晓东	2008.12~

第二节　森林管理

一、育苗

1950年，在光华寺建立苗圃。1956年3月，正式成立国营泰安专署徂徕山林场，辖礤石峪、光华寺、山阳、王庄、徂徕、西旺6个造林区，每个造林区平均有0.33~0.67公顷苗圃地，专门繁育松类绿化树种。2001年以来，在王家院林区建立苗木繁育基地，总面积6.67公顷，主要进行容器育苗，并引进部分稀有珍贵树种，建立良种采穗圃等，为泰安地区的荒山绿化造林提供苗木。至2012年平均年出圃各类苗木279.6万株。

二、植树造林

1953年，徂徕山植树造林以前，每年春天风起沙扬、天昏地暗，特别是山前的茅茨、山阳、涝坡等村庄，每年被吞噬大片良田，茅茨、山阳的沙丘高4~5米，有的住户房屋、院落被沙覆盖。1953年12月，山东省林业厅成立徂徕山育林委员会，由徂阳县林业科建立光化寺苗圃和礤石峪林场，并由泰安县和徂阳县分别向徂徕山派驻林业推广员，组织发动当地村民植树造林，至1955年，以公私合营方式造林1333.33公顷。

20 世纪 90 年代末，泰安市直机关工作人员在徂徕山植树造林

1956年正式成立徂徕山林场以来，认真贯彻育苗、造林技术和造林“六项”（适地种树、细致整地、良种壮苗、合理定值、精心栽植、抚育管理）基本措施，实行先封后造，造管并举的方针，根据徂徕山的立地条件、各树种的生物学特性及在不同立地类型的生长表现，本着适地适树原则，优先选用当地优良乡土树种，其次选用通过引种试验在当地表现优良的外地树种。防护林选择适应性强，耐干旱瘠薄、生长快、寿命较长的树种及耐盐碱、抗涝的树种；风景林选择抗污染能力强，具有一定观赏价值和经济价值的树种，至1965年，造林基本结束，转入营林阶段。徂徕山造林绿化后，构成了防风屏障，风沙灾害基本控制，风沙化土地得到改造，农业产量逐年提高，农民的人均收入也不断增加。据调查，以徂徕、良庄、房村为例：农业人均收入分别由1984年的82.7元、56.2元、69.2元提高到1995年的1283.1元、1690.7元、1546.2元。1992年开始进入林种、树种结构调整阶段。经过多年沙丘地改造和农业结构调整，至2000年，徂徕山区农民

大寺林区

人均收入有了明显提高，有30%的农民人均收入2000元，30%的农民人均收入2500元，30%的农民人均收入达到3000元。良庄镇、房村镇北部村庄的沙化田55%得到了改造，已成为中产、稳产田和大面积的瓜果蔬菜基地，良庄镇已成为山东蔬菜第一镇。至2012年森林资源初具规模。有3333.33公顷松林达到成熟龄，1332.7公顷刺槐林更新形成二代林，437.5公顷经济林已大部结果，6819.2公顷森林正在发挥保持水土、涵养水源、防风固沙、调节气候、改善自然生态环境作用。

防护林　大体分四个阶段：第一阶段为1953~1955年，国家派林业推广人员发动当地群众、学生直播造林，主要树种为蒙古栎，播种1333.33公顷，成活率低，加之无人管理，保存下来的寥寥无几，在低山局部植苗营造了部分小片状侧柏、赤松、栎类，至今尚有保存，光华寺、礤石峪林区保存较好。第二阶段为1956~1962年的大面积人工植苗造林。1958年，由山西省调种和采种育苗，主要是在高山一带大面积植苗营造油松纯林，在原植播蒙古栎的地片进行了重新造林。由于坚持了适地适树的原则，严格规划设计、按照不同的立地条件，采用小穴状、鱼鳞状、水平阶综合技术，全面贯彻“造林六项基本措施”，提高了造林成活率，荒山绿化面积达80%。1963年，被国务院评为“全国造林绿化先进单位”。第三阶段为1963~1965年的造林扫尾阶段。主要采用打歼灭战的办法，集中调集人力，完成了庙子、黄石崖、大寺、王庄造林任务大、立地条件差的部分地片。至1965年底，徂徕山基本完成造林绿化任务，形成6666.67公顷的有林地面积。第四阶段为20世纪70年代开始，在海拔700米以下山坡造林、营林。至2012年完成造林98.67公顷、营林1466.67公顷。

经济林　1956年以来，经济林选择产量高、结果早、品质好、寿命长、抗病虫能力强、经济效益高的优良树种。1992年，林场制定“打开山门，引农民进山承包”政策，对林场边缘宜林荒山进行承包造林，规定统一合同内容，承包期限15年。1993年开始，林场党委制定1333.33公顷经济林建设发展目标，对立地条件好的松、刺纯林改建为经济林。边缘宜林荒山以村民承包形式完成经济林造林工作。主要造林树种有板栗、核桃、柿子等，造林地有大寺林区的杏峪、小寺、安山峪；徂徕林区的马家峪、大小岭子、郑家场、竹坡沟；王庄林区的彩山、油寨子、三道沟；黄石崖林区的烧窑洞、五圣堂、小鱼池等。至2002年共完成宜林荒山营造经济林和松刺林改建经济林1062.4公顷，加上原有的经济林230.27公顷，全场经济林总面积1292.67公顷。同年，经济林造林基本结束，管理成为主要工作，按海拔立地条件划分为丰产园、一般园及防护林性质的经济林三类，对经济林实行分类管理。2004年，区划界定经济林面积为437.5公顷，其余界定为防护林面积855.17公顷。

三、林区

大寺林区　位于徂徕山西端，抗日武装起义纪念碑北侧，下设大寺、窑场、张兰、西旺4个工队，9个林班、119个小班。总面积920.5公顷，其中有林地面积718.8公顷，林木蓄积量3万立方米。其中，侧柏11.3公顷，林木蓄积量217立方米；松类388.2公顷，林木蓄积量2.47万立方米；栎类26.1公顷，林木蓄积量758立方米；刺槐230.2公顷，林木蓄积量4344立方米；其他63公顷。

徂徕林区　位于徂徕山北端，泰安市岱岳区徂徕镇驻地南侧，下设地疃、马家峪、上池、老君堂、中军帐5个工队，20个林班、

209个小班。总面积1315.8公顷，其中有林地面积986.6公顷，林木蓄积量4.21万立方米。其中，松类738.6公顷，林木蓄积量3.7万立方米；刺槐134.2公顷，林木蓄积量2620立方米；栎类20.3公顷，林木蓄积量851立方米；毛白杨3.5公顷，林木蓄积量21立方米；其他90公顷。

王庄林区　位于徂徕山东北端，泰安市岱岳区化马湾乡西南侧，下设黄土岭、彩山、油寨子、康王殿4个工队，10个林班、121个小班。总面积745.1公顷，其中有林地面积398.5公顷，林木蓄积量2.51万立方米。其中，松类230.1公顷，林木蓄积量2.26万立方米；栎类20.4公顷，林木蓄积量380立方米；刺槐61.7公顷，林木蓄积量2028立方米；其他86.3公顷，林木蓄积量130立方米。

锦罗林区　位于徂徕山东北端，下设东大泉、东锦罗、滴水岩、卧尧4个工队，11个林班、197个小班。总面积1046.3公顷，其中有林地面积854.5公顷，林木蓄积量6.23万立方米。其中，侧柏34.8公顷，林木蓄积量1742立方米，松类516.5公顷，林木蓄积量4.4万立方米；栎类10.6公顷，林木蓄积量1062立方米；刺槐124.3公顷，林木蓄积量1.48万立方米；其他168.3公顷。

光华寺林区　位于徂徕山东端，紧靠244省道，新泰天宝镇北侧，下设大楼、里峪、向阳3个工队，19个林班、202个小班。总面积1212.6公顷，其中有林地面积1067.4公顷，林木蓄积量6万立方米。其中，侧柏135公顷，林木蓄积量6112立方米；松类495.9公顷，林木蓄积量3.8万立方米；栎类19.3公顷，林木蓄积量1453立方米；刺槐313公顷，林木蓄积量1.39万立方米；黑杨类6.5公顷，林木蓄积量517立方米；其他97.7公顷。

礤石峪林区　位于徂徕山东端，新泰天宝镇西北侧，下设寺吉、上场2个工队，11个林班、151小班。总面积745.5公顷。其中有林地面积557.8公顷，林木蓄积量3.37万立方米。其中，松类207.8公顷，林木蓄积量2.17万立方米；侧柏69.4公顷，林木蓄积量3491立方米；栎类15.5公顷，林木蓄积量758立方米；刺槐140.3公顷，林木蓄积量6230立方米；其他125.2公顷。

庙子林区　位于徂徕山南端，良庄镇东北侧，下设羊栏、张庄、猪窝3个工队，12个林班、141个小班。总面积827.7公顷。其中有林地面积681.7公顷，林木蓄积量3.29万立方米。其中，侧柏22.9公顷，林木蓄积量959立方米；松类297.9公顷，林木蓄积量2.45万立方米；栎类53.1公顷，林木蓄积量

礤石峪林区

2752立方米；刺槐203.8公顷，林木蓄积量4399立方米；其他104公顷。

黄石崖林区 位于徂徕山南端，泰安市岱岳区良庄镇北侧，下设土龙沟、石榴峪2个工队。总面积777.9公顷，其中有林地面积612.6公顷，林木蓄积量3.51万立方米。其中，松类405.2公顷，林木蓄积量2.71万立方米；栎类52.2公顷，林木蓄积量4263立方米；刺槐54.3公顷，林木蓄积量3474立方米；其他100.9公顷，林木蓄积量270立方米。

太平顶景区 位于徂徕山中部，紧靠主峰，下设5个林班、64个小班。总面积374.5公顷，其中有林地面积244.8公顷，林木蓄积量1.76万立方米。其中，松类184.8公顷，林木蓄积量1.47万立方米；刺槐等阔叶林60公顷，林木蓄积量2866立方米。

西旺林区 位于徂徕山西，汶河岸边，行政区划隶属北集坡镇，下设4个林班、38个小班。总面积147.8公顷。主要树种为杨树，林地为河滩地。2005年撤销。

王家院林区 位于徂徕山西南，泰安市岱岳区汶口镇，王家院村西南，汶河岸北，下设神滩、苗圃2个工队、6个林班、37个小班。总面积379.9公顷。主要经营苗圃6.67公顷，经济林23.33公顷及其他护岸林等。

第三节 林政管理

一、机构队伍

1980年成立保卫处。1981~1986年，林场有保卫干部29人、护林员124人。1981年建立光华寺检查站；1984年建立锦罗检查站；1985~1986年，组建大寺、光华寺派出所，同年建立大寺检查站。1988年，护林员减至95人。同年，泰安市公安局徂山林区公安分局成立，辖大寺、王庄、光华寺、庙子派出所。1995~2003年，护林员减至38人，瞭望台人员8人。2003年以前，各检查站配备工作人员1~2名。2004年，徂徕山林场由差额改为全额事业单位后护林员增至115人。同年建立礤石峪赵洲庵检查站，2005年建立黄石崖土龙沟检查站，同年建立庙子检查站。至2012年，徂徕山共有林政管理人员131人。

二、荒山造林承包责任制

1986年，贯彻《中华人民共和国森林法(试行)》，实行“谁造谁有、合造共有”政策，全面推行山林果园承包责任制。同年，泰安市岱岳区化马湾乡政府与王家庄、草茨、双泉、双河、彩山、枣杭、水峪、土山、董庄、洪山等村800余户村民签订承包荒山合同，最长合同期50年；泰安市岱岳区徂徕镇政府与宽甸、徂徕、四河、樱桃、土门等村共计1328户村民，签订承包徂徕山荒山造林合同，总面积达1861.33公顷；新泰市天宝镇政府推广封山育林、植树造林和经营管护，制定了植树造林长远规划，大力开展全民义务植树活动，鼓励林业专业户上山下滩植树造林。1992年，林场制定“打开山门，引农民进山承包”政策，对林场边缘宜林荒山进行承包造林，规定统一合同内容，承包期限15年。1994年，新泰市天宝镇在稳定山权、林权和农村家庭联产承包责任制的基础上，在全镇范围内推行荒山、荒滩、荒路、荒岭、荒地的使用权拍卖，林地“延包”，退耕还林，无息贷款扶持等工作，鼓励群众造林。全镇共有林地承包经营户673户，承包山林989.67公顷，其中67户村民迁入林区居住。通过拍卖、规模承包、返租倒包、租赁等林权制度改革，明晰林业产权，放活生产经营权，调动了群众参与林业生产的积极性。2008年春，在市林业局协调下，徂徕山林场与徂徕镇的徂徕村、房村镇的黑石埠村、东南旺村、西南旺村签订《委托造林协议书》，并在春阳坡、西南园一带荒山荒地造林36.7公顷，栽植黑松、黄栌、火炬树等3.5万株。至2012年，泰安市岱岳区化马湾乡共承包荒山及造林面积190.67公顷；徂徕镇共完成植树304.1万株，其中板栗、核桃、柿子、苹果等干鲜果树49.24万株；新泰市天宝镇共完成植树防护林面积1333.33公顷，经济林面积达到3466.67公顷，其中优质大樱桃面积2333.33公顷、板栗面积666.67公顷、核桃面积133.33公顷、茶叶面积133.33公顷、绿化苗木面积200公顷，其他经济林面积200公顷。

三、森林执法

20世纪70年代，徂徕山林区遭人为盗伐和牲畜对林木的破坏最为严重。据统计，1970~1979年共发生盗伐树木71.77万株，平均每年7万多株。1980年，宣传贯彻《中华人民共和国森林法》，开始健全护林组织，查处毁林案件，盗伐林木案件逐年减少，1980~1989年共发生盗伐树木4.34万株，平均每年0.43万株。1990~2000年共发生盗伐树木1.53万株，平均每年0.1万株。1993年，集中开展打击破坏森林资源和严重危害林区治安犯罪活动，1995年、1996年、1998年，林业公安机关开展严厉打击破坏森林和野生动物资源违法犯罪专项斗争。1998年，林场印发《关于保护森林资源制止毁林开荒乱占林地的通知》。2001年4月，市中级人民法院、检察院、林业局、公安局、监察局联合印发《关于开展严厉打击破坏森林资源违法犯罪活动专项斗争的通知》，2002年8~12月，开展严厉打击破坏森林资源和鸟类资源违法犯罪集中行统一行动，盗伐树木基本得到控制。2001~2007年共发生盗伐林木4531株，平均每年647株。2009年发生林木盗伐案件6起，盗伐林木101株，涉案木材0.93立方米。2011年发生盗伐林木案件7起，涉案木材6.23立方米。2012年发生盗伐林木案件11起，损坏幼树50株，涉案木材0.54立方米。

第四节　森林消防

一、机构队伍

1999年，成立徂徕山森林防火指挥部，各林区成立防火领导小组，并与驻地乡镇、村成立了徂徕山联防分会。2000年，成立防火办公室、建立消防队。对消防队员实行军事化管理。每年开展2~3次实地扑火演练，提高实战技能。2001~2007年，共外援救火77次，其中国有林区火警18次。2004年10月，为解决东西战线长扑火难度大的问题，将消防队分为两队，消防一队驻大寺，消防二队驻人造板厂。2006年3月，在团山雷击火警和2007年4月锦罗林区火警中，消防队第一时间赶赴现场灭火。2008年组建摩托化

清除火灾隐患

机动灭火中队，配备消防员10人。2009年，由市财政局拨款招收全日制消防队员15名。2011年招收30人。至2012年，共有专业消防队员65人。另有从事管理、营林、病虫害防治等人员组成的兼职防火队伍163人。专职消防队员和专职护林员常年坚守护林防火工作岗位；兼职护林防火队员平时从事正常工作，防火季节轮流值班，处于备战状态。防火期内各联防、联护村组建以民兵连为骨干的季节防火队，使徂徕山各类防火队员达到6500余人。在加强防火队伍自身建设，实现自防为主，群防群治的同时，主动争取外援支持，与徂徕山驻军部队签订护林防火联防协定，设有专线电话，定时互通防火情况信息，一旦遇有森林火警，能够迅速得到驻军部队的支援，增强灭火力量。

二、火情瞭望监控

瞭望台　1981~1985年建设防火瞭望台（炮楼顶、太平顶、齐家庄子顶）3座。1991~1999年建设瞭望台（中军帐、礤石峪黄姑墩、大寺黄姑墩、康王殿）4座。2001~2004年建设防火瞭望台（葫芦庵、凤凰台、二夹腚、前寺、水峪）5座。1991~1992年维修改造瞭望台6座。其中，徂徕林区（中军帐顶、葫芦庵）2座；黄石崖林区（二夹腚）1座；王庄林区（康王店）1座；光化寺林区（炮楼顶）1座；大寺林区（黄姑墩）1座。至2012年共有防火瞭望台12座。

火情信息与指挥系统　由通讯、终端及交通工具构成。20世纪80年代，徂徕山林场配备无线对讲机45部。林场全部通讯联络（经太平顶中转台），配备JxD-30型使用2频道，JBD-28型使用4频道。相邻值班基地台通讯联络使用JBD-28型1频道对3频道。单位内部通讯联络，使用JxD-30型1频道、JBD-28型1频道。至2012年无变化。

视频监控　2003年投资87万元，建设防火电视视频监控系统，共铺设光缆24千米，其中高压线3.4千米、低压线2.82千米。共设监控点4个。其中，太平顶2个，监控面积800公顷；炮楼顶1个，监控面积2680公顷；小皇姑墩1个，监控面积333公顷。2008年投资14万元，为13个工队、6个瞭望台安装了太阳能蓄电系统和电视机。2012年投资80万元，分别在大皇姑墩、轿顶、康王店、中军帐安装热成像监控探头4个，监控面积共计1867公顷。

三、防火隔离系统

生物防火隔离带　为徂徕山林区土岭、大寺林区张兰、庙子林区、锦罗林区滴水岩、光华寺林区周孟洞。20世纪70年代规划建设生物防火隔离带总长14.5千米，宽10~20米。选择树种为含水较多的栎类、刺槐、板栗、火炬树等，整地方式为鱼鳞坑或穴状，造林密度为每公顷1110~1665株，栽植点配置以“品”字形或长方形排列。2012年防火隔离

瞭望台

带加宽至50米。

防火道路。1978年规划修建防火道路15千米，路宽5~6米，沥青或沙石结构。建设地点为徂徕林区：珂珞山—龙湾3.1千米、孙家疃东—马家峪3.5千米；王庄林区：王家庄—锦罗1.5千米；黄石崖林区：黄石崖—石榴峪3.3千米；庙子林区：高胡庄—桃花峪梁子1.6千米；太平顶景区：落叶松种子园—风门口2千米。至1990年全部建成。

防火林带　1992~2000年改建松树林发展板栗、核桃、柿子等经济林533.33公顷，形成了纵横交错、含水量高、耐火树种的防火林带。

四、基础设施建设

检查（消防）站　1981年建立光华寺检查站。1984年建立锦罗检查站。1986年建立大寺检查站。2003年以前，各检查站配备工作人员1~2名。2004年建立礤石峪赵洲庵检查站，2005年建立黄石崖土龙沟检查站，同年建立庙子检查站。2006年，建立泰安市消防支队徂徕山消防站。2009年建立栅栏门子检查站。2010年建立光华寺老通沟检查站、查山口检查站。2011年建立戚家峪检查站。至2012年，徂徕山共有检查站10个，工作人员24名。其中，光华寺检查站配备工作人员6名，老通沟检查站配备工作人员2名，查山口检查站配备工作人员2名，锦罗检查站配备工作人员2名，大寺检查站配备工作人员6名，赵州庵检查站配备工作人员2名，土龙沟检查站配备工作人员3名，庙子检查站配备工作人员2名。各检查站建房2间，门杆等检查设备俱全，工作制度完备。

物资储备库　1992年，在林场场部和光华寺林区规划建设防火物资储备库2处，建筑面积共120平方米，砖混结构，起脊平房，钢门钢窗。

扑火机具装备　2008年投资12万元，购置风力灭火机10部、油锯6部、往复式水枪20支、防火专用摩托车10辆。至2012年风力灭火机增至127部、油锯102部、各种灭火水枪326支。

防火巡查

2012年徂徕山林场防火机具储备情况表

表11-3

名　称	单位	数　量
灭火机	部	127
油锯	部	102
串联水泵	组	2
手投式灭火弹	枚	540
桶式水枪	支	150

续表

名　称	单位	数　量
带式水枪	支	100
二号工具	件	200
SLM60灭火弹	发	800
组合工具	套	100
三号工具	件	200
背负式水枪	支	66
消防带	捆	24
消防水泵	台	4
便携式串联水泵	台	9
脉冲式水枪	支	10

五、防火宣传

1993年，市政府印发《泰安市森林防火实施细则》后，每年冬春季节，徂徕山林场派出宣传车到沿山村队、集市进行广播宣传，同时发放张贴传单；在各检查站对游人和进山人员进行登记，发放防火须知；在各进山路口建立宣传牌和标语牌（设置宣传牌30块。其中，场部1块，大寺、庙子、黄石崖、太平顶林区各2块，王庄、锦罗、光华寺、礤石峪林区各4块，徂徕林区5块。宣传牌结构与规格，为岩石结构的5块，高0.9米，宽1.5米；钢板结构的5块，高1米，宽2米；砖混结构的20块，高、宽各2.5米）；利用新闻媒体和电视报道宣传保护森林资源、护林防火的重要性和森林防火知识；公安民警、护林员采取百辆摩托车大宣传活动，插旗挂标，深入到徂徕山周围村队发放张贴传单，利用村广播进行宣传；在黄金周期间利用手机短信进行防火宣传。2004~2007年，公安分局联合各乡镇教委开展了“森林防火小卫士”活动，在良庄镇一中、徂徕镇一中8000余名中小学生中开展活动4次。发动每个中小学生联系10名以上家长、亲戚、朋友在倡议书上签名，中心议题是“保护徂徕山的森林资源、就是保护好自己的美好家园，护林防火，人人有责。”公安民警深入到学校给学生讲课，动员学生作义务宣传员，并做到个人不随便在林边玩火。2010~2012年未发生森林火灾。

第五节　病虫害与防治

一、防治检疫队伍

防治队伍　1981年成立徂徕山林场森林保护站，配备副站长1名（主持工作）、工作人员2名。各林区为单位建立森林病虫害专业防治队伍，共有工作人员14名。贯彻执行《森林病虫害防治条例》，在防治季节开展防治工作，在非防治季节开展防治技术培训，搞好技术储备，每个林区按照《泰安市重大林业有害生物处置办法》的规定设有药剂、药械的储备仓库。至2012年共有专业防治工作人员65名。

检疫队伍 2000年开始，逐步建立完善检疫队伍，至2012年共有专职检疫员5名，兼职检疫员14名。在进山检查站设立检疫检查站3处，每个检查站配备兼职检疫员1名，负责对进出林场的花卉、苗木、木材、种子等进行严格检疫，严格控制森林植物检疫对象和危险性森林病虫害的进入和传出。累计完成产地检疫木材3560立方米，苗木50余万株，种子2000千克。

测报队伍 1981年开始林业有害生物测报工作，在每个林区配备专职测报员1名，每个工队配备兼职虫情测报员1名。作为山东省省级中心测报站，严格按照“预防为主、科学防控，依法治理、促进健康”的方针，开展有害生物的测报工作，建立完善“林场—林区—工队—护林员”四级测报网络，实行全面普查，重点监测、时时监测。按照划片包干制度，将监测责任落实到每个护林员，确保及时发现，及时报告，及时处置。定期对测报员进行培训，提高测报能力和测报水平，不断引进新技术、新方法进行虫情监测，先后应用了松墨天牛引诱剂、佳多虫情测报灯、赤松毛虫性引诱剂等，配备佳多自动测报灯2台，虫情测报灯12台。至2012年林场林区共有专职测报员11名，兼职虫情测报员35名。

二、病虫害

1953年，徂徕山实行人工造林绿化以来，随着林树种类的增加和森林资源面积的不断扩大，病虫害的种类和数量也逐年增多和上升。1963年发生刺槐小皱蝽，面积2000公顷；1967~1968年，发生松针卷叶蛾，面积667公顷；1971~1978年，秋季两次发生赤松毛虫（松林普遍有虫、高山油松林较为严重）；1972年发生青杨枝天牛（杨树幼龄林普遍发生）；1980年，发生松树枯枝病，以黑松最重、赤松次之。1999年发生大面积赤松毛虫；2000~2007年发生赤松毛虫和松阿扁叶蜂；2008年9月，先后在光华寺、王家院、礤石峪、徂徕、大寺、锦罗、王庄、太平顶景区发现美国白蛾疫情，感染林木共计369株。同年，林业有害生物发生面积4783.67公顷，发生率69.7%，监测率99%，测报准确率95%。林业有害生物检疫面积7.33公顷，产地检疫率100%。其中，赤松毛虫发生面积66.67公顷（轻度发生60公顷，中度发生6.67公顷）；松阿扁叶蜂发生面积3133.33公顷（轻度发生666.67公顷，中度发生733.33公顷，重度发生1733.33公顷）；板栗红蜘蛛发生面积533.33公顷（轻度发生400公顷，中度发生133.33公顷）；松墨天牛发生面积400公顷，均为轻发生；双条杉天牛发生面积40公顷，均为轻发生；美国白蛾发生面积11.67公顷，均为轻发生；

森林植物检疫检查站

核桃扁叶甲发生面积66.67公顷，均为重发生。2009年，林业有害生物发生面积4272.07公顷，发生率58.6%。其中，赤松毛虫发生面积623.93公顷（轻度发生514.8公顷，中度发生100.73公顷，重度发生8.4公顷）；松阿扁叶蜂发生面积3581.47公顷（轻度发生625.4公顷，中度发生1109.4公顷，重度发生1818公顷）；核桃扁叶甲发生面积66.67公顷，均为重发生。

三、防治

20世纪70年代，赤松毛虫在徂徕山林区多次暴发成灾，先后进行3次飞机防治，耗费大量人力物力，仍造成133.33公顷的松林成片死亡。为保护森林资源的安全，按照“预防为主、科学防控，依法治理、促进健康”的方针，积极开展“无公害”治理措施，无公害防治率占95%以上。配有担架式喷雾器30部，打孔注药机50部、烟雾机12部，累计防治赤松毛虫6666.67公顷，松阿扁叶蜂3333.33公顷，均取得良好防治效果，通过积极有效治理，基本实现有虫不成灾的目标。

1963年，对出蜇小皱蝽采取“六六六”粉药杀，防治彻底。1971~1980年，先后四次对松毛虫进行飞机化学防治，其中1972年春和1980年春采用滴六合剂10倍液常规飞机防治，效果达98%以上。1981年成立森保站，各营林区和重点工作队设立专职或兼职测报员，及时测报，综合防治，1987年采用绑毒绳方法，达到20年控制赤松毛虫有虫不成灾。2000年采用打孔和喷雾措施，打孔采用18%~20%高渗氧化乐果、1~1.5倍液，喷雾采用菊酯1000~1200倍液，灭幼脲1200~1500倍液，对赤松毛虫的蔓延起到了有效抑制作用。

2001年起，采用生物制剂苦参碱防治松阿扁叶蜂，效果良好。2008年9月，针对美国白蛾发生疫情，林场党委采取科学有效措施进行了防治，每年都制定美国白蛾防控实施方案，与下属单位签订责任书，将责任细化、量化，并落实到个人。2010年，疫情发生面积990.67公顷，主要集中在光华寺、锦罗、礤石峪、庙子、徂徕、王庄、王家院林区，其中光华寺林区最为严重，面积406.47公顷，虫株率达25.5%，危害的树种主要有刺槐、樱桃、椿树、核桃、杨树等。累计防控作业面积1457.33公顷，累计调查监测面积4000公顷。共投入资金19万元，人工2000人次，使用担架式喷雾机l0台，使用生物农药2吨。释放周氏啮小蜂作业面积166.67公顷，地面喷药防治作业面积1400公顷，人工剪除网幕6000多个，捆绑毒绳防治面积133.33公顷。通过对第一代、第二代美国白蛾的积极防治，使发生区由5个林区18个疫点，下降到2012年的1个林区3个疫点，发生面积由36.13公顷下降至4.33公顷，虫株率降至0.01%。实现第二代、第三代防治率100%。至2012年，美国白蛾严重危害得到有效控制，没有出现疫情蔓延和集中连片林木叶片“吃光”现象。

第六节　科研教育

一、科技队伍

20世纪50年代，徂徕山林场有科技人员11人；60年代120人，70年代30人，80年代30人，90年代51人。2012年，共有技术人员65人。其中，高级工程师8人，工程师24人，技术人员33人。

二、职工教育

1988年，徂徕山林场职工参加农广校林果专业中专班学习20人。1998年开始，林场与市农广校联合办学，在林场培训。2000年，

参加党校农业经济管理专业大专班28人；2001~2003年，参加山东农业大学园艺专业教育共计48人，其中本科19人、专科29人。另外10余人参加了其他院校相关的专业学习，取得大专、本科学历证书。2007年，贯彻市政府《泰安市专业技术人员继续教育管理规定》，举办各种形式职工培训班52次，参加人员542人次。其中，生产12次，参加人员122人；森保6次，参加人员80人；财务14次，参加人员120人；防火8次，参加人员140人；旅游8次，参加人员40人；礼仪4次，参加人员40人。每年参加市人事局举办的各类培训班平均人数30~40人，均取得了结业证书。采取“走出去，请进来”的办法，加强科技人员和职工队伍培训工作，受教育人数每年达10余人；聘请有关科研院校专家、教授到林场实地讲课，讲授营林生产、经济林管理、有害生物防治、森林防火及旅游等方面的知识，每年受教育人数达到150人次。至2012年共有96名职工分别取得中专、大专和本科学历。

三、科研成果

1981年起，林场职工开展学术研究。1985年以后，林场与大专院校、科研单位联合完成科研课题10余项，均获得市以上科技进步奖励。专利产品“带木质芽接器”，由专利申请人李超（申请号02311505x）发明。针对芽接的种种优点及现有操作工具的局限性，发明了带木质芽接器。该产品操作方便迅速，集以前使用的修枝剪、嫁接刀于一体，只需两剪即可完成嫁接过程，成活率高，工效也比用一般工具高4~5倍，可应用于各类经济林、苗木、花卉的嫁接、改接。经国家知识产权局批准授权，专利权自2002年8月23日起生效。至2012年，共获市级以上科技进步奖、星火奖、优秀设计奖及论坛奖16项，其中获省级以上奖10项。在市级以上报刊发表论文共计90余篇，其中省级报刊发表50余篇。

1989~2012年泰安市徂徕山林场获市级以上科技成果情况表

表11-4

年度	项目名称	获奖等级	完成人员
1989	干旱瘠薄地刺槐优良无性系选育研究	市科技进步三等奖	郝建栋、田广科、苏西军等
1989	徂徕山森林植物资源调查研究	省林业厅科技进步二等奖	宋光彩、苏西军、朱传森等
1990	栗瘤蜂发生期预测预报及防治实验研究	市科技进步三等奖	宋光彩、郭树嘉、苏西军等
1990	中海拔山地杨树品种选择实验	省林业厅科技进步三等奖	孟兆合、李润刚、陈金旗等
1992	桃蛀螟空间分布型研究	中国生态学会三等奖	陈玉泉等
1992	标志技术在研究小皱蝽成虫种群特征中的应用	山地昆虫学会一等奖	陈玉泉等
1993	山地人工林经营技术效益研究	市科技进步二等奖	朱传森、郭衡、张兴利、张兴广、陈金旗

续表

年度	项目名称	获奖等级	完成人员
1994	湿法中密度纤维板研制	省科技进步三等奖	刘传忠等
1996	板栗良种推广与低产园综合技术开发	市科技进步二等奖	高常兰、仲伟元、武仁庆、陈文华、张久亮
1998	云南黑籽南瓜技术开发	市星火项目三等奖	郑应茂、仲伟元、张秀岭、张兴广、赵星
1998	铁路客车专用纤维板研制	市科技进步三等奖	刘传忠等
2000	国有林场高效营林模式研究	市科技进步二等奖	仲伟元、张兴广、陈玉泉、郑应茂、刘传忠
2001	徂徕山国家森林公园旅游开发总体规划	省林业厅科技进步一等奖	王迎、张兴广等
2001	泰安市徂徕山林场森林资源调查及林业发展总体规划	省林业厅科技进步三等奖	侯宝林、赵建文等
2002	不同整地方法蓄水保土效益的研究	泰安市第七届优秀学术论文二等奖	郑应茂、张兴广、赵星、于心社、赵建文
2003	梨树低产园良种换优技术开发	市科技进步三等奖	张兴广、陈荣、赵建文等
2004	山地板栗幼树双舌接及其管理技术	中华科技学报第九期优秀论文二等奖	赵建文
2007	赤松毛虫防治新技术研究与示范	市科技进步三等奖	刘传忠、张志玲、赵建文等
2008	板栗早熟新品种选育及栽培技术研究	市科技进步三等奖	张兴广、李超、赵建文等
2008	泰安市徂徕山林场森林重点火险区综合治理项目初步设计	省林业厅优秀设计二等奖	仲伟元、韩光荣、张兴广、朱磊等
2008	徂徕山拟建省级自然保护区综合考察报告	省林业厅优秀设计二等奖	刘传忠、宋勇、聂华东等
2009	泰安市徂徕山林场森林经营方案编制规划	省林业厅优秀设计一等奖	仲伟元、赵建文、朱磊等
2009	泰安市徂徕山林场林下中药材基地建设项目规划设计	省林业厅优秀设计二等奖	仲伟元、张兴广、宋勇等
2010	板栗褐缘叶枯病发病规律及综合防治研究	市科技进步二等奖	姜淑霞、仲伟元、刘传忠、李超、马洪兵
2012	板栗早熟新品种光华栗栽培示范	省林业厅科技进步三等奖	张兴广、朱磊、仲崇文、张佑国、朱强
2012	徂徕山林场重点公益林中幼林抚育作业设计	省林业厅优秀设计二等奖	郭廷松、朱磊等

1987~2012年泰安市徂徕山林场高级专业技术人员情况表

表11-5

姓　名	职称名称	获得时间	备　注
董金鼎	副高级工程师	1987.12	去世
刘世民	副高级工程师	1988.5	退休
谢明义	副高级工程师	1988.5	退休
赵玉英	副高级工程师	1993.8	退休
艾明周	副高级工程师	1993.8	退休
黄元良	副高级工程师	1993.12	退休
郑继祥	副高级工程师	1993.12	退休
朱传森	副高级工程师	1993.12	退休
李润刚	副高级工程师	1994.12	退休
王书琦	副高级工程师	1994.12	退休
陈金旗	副高级工程师	1997.11	退休
仲伟元	副高级工程师	1997.11	退休
张久亮	副高级工程师	2000.10	退休
郭廷松	副高级工程师	2002.9	在职
郑应茂	副高级工程师	2002.9	在职
于新社	副高级工程师	2003.9	在职
刘传忠	提高待遇高级工程师	2010.11	在职
赵　涛	副高级工程师	2011.11	在职
宋　勇	副高级工程师	2012.12	在职
李　超	副高级工程师	2012.12	在职
张兴广	工程技术应用研究员	2012.12	在职

第七节　卫生管理

2006年，林场场部印发《关于开展创建卫生安全文明旅游景区的通知》，成立卫生安全文明管理工作领导小组，组长由场长担任，副组长由分管领导担任，有关科室负责人为组员。各下属单位主要负责人对本项工作具体领导指挥和落实。卫生安全文明管理工作检查小组由分管领导任组长，有关科室人员为组员具体负责全场卫生安全文明管理工作的检查和评比，做到奖罚分明。

一、公共卫生

为开展创建卫生安全文明旅游景区活动，使公园管理规范化，林场在总结徂徕山公园卫生安全文明管理工作和学习借鉴外地经验的基础上，制定了管理办法。采取定期组织检查，定期讲评，严格奖惩。各景区对各景点、环境、道路的卫生安全文明工作，具体落实到工作人员、经营业主，划定范围，包片到人，落实责任，不留死角。以卫生工作为重点，每天一小扫，每周一大扫，及时清理纸屑、污物、包装塑料袋等，确保景区整洁卫生。

场部卫生安全文明管理工作领导小组，每周组织一次抽查，每月组织一次大检查。检查结果以分数的形式量化排列，公布全场。平时得分，累计排队，月底讲评，得分前两名的发流动红旗，对倒数两名的提出批评，并对最后一名罚款500元；对寺庙殿堂卫生倒数第一的具体责任人另罚100元，通报全场。全年累计成绩优异的单位，授“卫生安全文明单位”锦旗或奖牌，奖励现金1000~3000元（奖金归景区一把手和分管副职），成绩后两名的取消评选综合工作先进单位资格。场领导小组对各景点做出的处罚采用罚款通知单的形式通知景区和场部财务科，由财务科从景区“一把手”和分管副职的下月工资中扣缴。罚款由“一把手”和分管副职分别承担60%和40%。对寺庙殿堂卫生责任人的处罚，由林场财务科直接扣缴。景区对工作人员、经营业户等具体责任人做出的处罚，同样采用处罚单形式。

“五一”、“十一”黄金周和暑假期间，场卫生安全文明管理工作领导小组增加抽查频次、检查力度。抽查、检查结果一并记入当月成绩。通过监督检查，寺庙殿堂基本做到了屋内塑像无尘土；屋顶、墙角无蜘蛛网；四壁无乱贴乱写乱画；地面干净，无垃圾，无卫生死角；院内无杂草、乱枝、烂叶、污物、纸屑。香纸焚烧有人监护，清理及时，并备有消防工具。垃圾箱（池）摆放整齐合理，垃圾清理及时。

道路路面干净，无乱石、弃（污）物、杂草及毁现象；两旁无包装袋、饮料瓶等废物和其他垃圾。排水沟畅通，土路起拱合理，步游道垃圾清理及时。

庭院及景点环境卫生打扫及时，布置整洁，合理绿化美化，无杂草、弃物，垃圾箱（池）按要求摆放，整齐合理，清理及时（包括旅游沿线的林区、工队驻地）。

厕所每天实行“四个一”（一挖、一扫、一喷药、一清理）管理。便池内无积粪，尿池内无积液，内外地面无污物，无蚊蝇滋生，无蜘蛛网。

饭店工作人员着装干净，餐用桌凳要摆放整齐，餐具干净，地面洁净。厨房内生、熟菜食要分别存放，摆放有序，干净卫生。

二、医疗卫生

1958年组建王庄林区卫生室（2004年撤销），有医生1名。1961年组建礤石峪林区卫生室，有医生1名。1962年组建场部机关卫

生室，有医生1名，随着林场职工的不断增加，卫生室人员最多时达到4人。同年，光华寺林区卫生室组建（1980年人造板厂组建后，光华寺林区卫生室合并到人造板厂），有医生1名。1964年徂徕山林区卫生室组建（1988年撤销），有医生1名。同年组建庙子林区卫生室，有医生1名。1975年组建王家院林区卫生室（1986年撤销），有医生1名，同年组建黄石崖林区卫生室（1987年撤销），有医生1名。1990年，投资4万余元，组建林工商卫生室，有医生2名。1993年，投资30余万元，将卫生室中医和西医分开，完善医疗器械。至2012年林场共有卫生室4所，医生9名。

第八节　商贸服务

林工商公司　1983年，在泰城东关村购置土地0.29公顷，1984年建办公楼2栋，职工宿舍楼1栋。1985年5月，建立泰安市徂徕山林工商公司，并正式对外营业。经营范围主要包括招待所、木材营销等。配备经理1名，副经理2名，会计1名，出纳1名，其他工作人员12名。招待所设中高档房间15套，普通房间30套，可同时接待200余人会议、食宿。2004年撤销。

林海贸易公司　1993年3月，在原林工商公司南关储木场建立，6月份对外营业，经营范围为木材营销和木材加工。配备经理1名、副经理1名、会计1名、现金出纳1名、工作人员5名。2001年撤销。

林海实业公司　1993年建立。在岱岳区徂徕镇孙疃村西购置土地0.2公顷，建临街楼房1栋，建筑面积980平方米，建汽车修理厂房10间。主要经营商店、宾馆、饭店、汽车修理、木材加工、轧钢等。有技术人员8名。1996年被林工商公司兼并。2007年对外租赁。

商业网点　1992~1993年，为发展多种经营，增加经济收入，密切与地方联系，在各林区驻地建立商业网点10个，分别是：大寺林区网点、徂徕林区网点、王庄林区网点、光华寺林区网点、礤石峪林区网点、庙子林区网点、黄石崖林区网点、王家院林区网点、林贸公司网点、西旺林区网点。1999年，因经营管理不善关闭。

第九节　多种经营

一、种植业

农作物　1956年3月，徂徕山林场建场初期，按照“以副养林，林副结合，林粮并举”的方针，在幼林阶段，大面积种植农作物。主要有地瓜、花生、大豆、小豆、绿豆、芝麻、谷子等低秆作物。在林区驻地土质肥沃，水源条件较好的地方种植蔬菜。1964年开始营林阶段，为调整林种、树种结构，由大面积的松林、刺松纯林逐步改造为块状、带状混交林。以改造经济林为主，实行林粮间作，依据海拔高度选择种植作物，在海拔500米以上，利用昼夜温差大，气候凉爽的自然条件，种植越夏西红柿，以补充淡季绿色蔬菜；在海拔500米以下，种植豆类、花生等低秆作物。1992~2007年，种植养殖收入229.9万元。至2007年完成造、营林工作。

大棚种植　1978年改革开放以来，特别是1992年开始，在土质较好，光线充足的地方建设塑料大棚，全场有11个林区建立大棚共计122个，其中大寺林区26个、徂徕林区16个、王庄林区15个、光华寺林区18个、礤石峪林区12个、庙子林区20个、黄石崖林区

3个、王家院林区12个。由于受地理环境、土质、水源条件的限制，加上种植管理不善，绝大部分失去了经济效益，到2000年荡然无存。

引种云南黑籽南瓜　1995年，在130~720米不同海拔高度上种植试验，取得云南黑籽南瓜引种技术的新进展。其植株生长状况随海拔高度不同表现出有规律的变化，即主蔓粗度、长度、节数、子蔓与孙蔓的数目，株结瓜数、单瓜重量、叶片的大小（周长）等均随海拔高度的升高而增加。根据黑籽南瓜特点，分别在光华寺林区、王庄林区的锦罗工队（现锦罗林区）、滴水岩工队、礤石峪林区的寺吉工队赵州庵、黄石崖林区石榴峪工队，种植面积达26.67公顷，平均公顷单产1749千克，解决了北方一定范围内引种云南黑籽南瓜的种植技术问题，满足了当地大棚黄瓜对砧木种子的需求。

中药材种植　1979年开始，从吉林省引种细辛中药苗栽于马场（苗圃地）面积0.13公顷，生长表现良好。同年在场部院内种植天麻，接种麻栎、栓皮栎等栎木类木材，种植面积0.07公顷，因水涝原因菌株死亡。2004年，在徂徕林区上池种植泰山四大名药，四叶参、紫草、黄精、何首乌及黄芪、白花丹参、紫花丹参、百花、桔梗等中草药0.4公顷，均生长正常，开花结果。2008年，在徂徕林区上池种植防风、柴胡、黄精、桔梗、丹参、何首乌、白芷、黄芪，面积0.53公顷，生长良好。2009年，在徂徕林区上池工队，种植何首乌、黄芪、金银花、瓜芦、桔梗、防风、柴胡，因受晚霜危害，保存率极低。

苗木花卉　1950年，徂徕山林场建场以前分别在光华寺、庙子、徂徕、王家院建立苗圃基地，主要培育油松、黑松、古松、侧柏、麻栎、栓皮栎、刺槐、杨树等主要绿化树种，仅供本场造林绿化使用。1956年建场后，在原有苗圃基地的基础上，新增大寺、王庄、礤石峪育苗基地，仍以上述树种育苗为主，至1965年造林任务基本完成。为改变徂徕山林种树种结构，各育苗基地均试验引种其它树种。20世纪90年代末，根据社会商品经济发展，将王家院林区、光华寺林区、王庄林区的育苗种类逐步转向以商品、绿化、观赏等苗木为主。1992~2007年苗木花卉收入26.3万元。2000年，王家院育苗基地被市林业局确定为全市林木良种繁育基地。主要培育树种有：侧柏、黑松、龙柏、杨树、五角枫、法桐、合欢、苦楝、黄杨、百日红、黄芪、红栌、梨树、红枫、桃树、柿树、板栗、核桃等。2012年育苗总面积达8公顷。

苗　圃

二、养殖业

鹿　1971年从东营广北军马场引进梅花鹿，建立光华寺养鹿场，鹿舍9间，建筑面积600平方米。养殖规模达50头，配备饲鹿养人员3名，1988年撤销。1974

年建立大寺养鹿场，鹿舍15间，建筑面积1200平方米。养殖规模达70余头，配备养殖人员5人，至2012年存栏量稳定在30头左右。

牛　1977年建奶牛场1处，建筑面积720平方米，奶牛存栏量46头，1978年12月，奶牛场撤销。1993年以后，林场号召各林区发展养牛业，1995年发展到300余头。随着旅游业发展逐步转向第三产业。

鸡　1992年将原奶牛场改建为养鸡场。饲养肉鸡、蛋鸡共计1万只。1993年，在原大寺鹿场养山鸡、七彩山鸡共计1.4万只，新上孵化设备一套。2000年建立马家峪养鸡场1处。办公室7间，鸡舍10间，建筑总面积540平方米，放养面积2公顷。

鱼　1995年先后在王家院林区、西旺林区建养鱼塘8个，面积2公顷。主要养殖鲶鱼、鲫鱼、草鱼、白莲、鲤鱼和甲鱼。

蜂　徂徕山蜜源植物丰富，地域广阔系天然养蜂场。每年分春秋两季本地放蜂数量达4000余箱，外地放蜂数量达800余箱，年产优质蜜蜂10万千克，同时生产蜂王浆、蜂胶、花粉等。

食用菌　1992年，在庙子林区进行养殖试验，1994年推广到各林区，主要产品有灵芝、平菇，年产量1.5万千克。

三、加工业

20世纪70年代，先后在光华寺、礤石峪、王庄、徂徕等林区建立小型木板加工厂4家。对外加工包装箱、瓦板、电缆滚轮、家具等。90年代后，新上庙子林区、黄石崖林区木材加工厂2家，逐渐转向精细加工，生产高中低档家具、办公设施等。至2007年光华寺、礤石峪、王庄、徂徕4家木材加工厂全部承包给个人经营。

四、生产企业

人造板厂　泰安市徂徕山人造板厂原厂名为泰安市徂徕山林场纤维板厂。1980年由原林业部投资兴建，隶属徂徕山林场管理。为立足林场资源优势，开展木材综合利用，实现以工养林的纤维板生产企业，系独立法人。占地面积4万平方米，建筑面积7100平方米，拥有固定资产700万元，职工96人。年用纤维板原材料1万吨，年产纤维板2000立方米。1991年引进南京林业大学专利技术成果，投资600万元，对原有66型硬质纤维板生产线设备进行技术改造，研制生产高档板材中密度纤维板，填补省内空白。1993年10月竣工投产，年生产能力达到5000立方米。产品销往北京、上海、天津、河北、浙江、江西、湖北、新疆、内蒙等省市，并出口到美国、苏丹、尼日利亚、吉布提、印度、新加坡等。1996年新上木质加工生产线1条，主要生产木质工艺品、木碗、茶具等，1998年停产。同年新上泡花板生产线1条，2001年停产。

纤维板厂　泰安市徂徕山纤维板厂系1993年租赁泰安市南关木器厂纤维板生产线成立的租赁企业。主要生产厚度3厘米纤维板，设计生产能力2000立方米，年创利润62万元，职工由初期60余人发展至最多时126人。1994年产量3500立方米，1995年产量3600立方米，1997年技改后年产量近4000立方米，1998年达到4200立方米。2002年，徂徕山纤维板厂与茌平木业有限公司合作筹建新安木业公司。2003年新安木业公司正式成立，厂址迁至泰安市泰山区省庄开发区。主要生产中密度和高密度纤维板。至2004年5月，徂徕山纤维板厂退出合作协议。

建筑安装工程公司　1993年7月，在原徂徕山林工商公司南关货场基础上组建的。规模为国营四级企业，设经理1名，副经理2名，会计1名，技术员2名。1994年1月，经泰安市计划委员会批准建立，承揽徂徕山林场职工宿舍楼工程，建筑面积3200平方米，总投资110万元。1996年初，该公司撤销并入粉末冶金厂。1997年，粉末冶金厂并入林海实业公司。2007年对外租赁。

1963~2012年泰安市徂徕山林场获市级以上荣誉称号情况表

表11-6

年 度	授予单位	荣誉称号
1963	国务院	荒山造林先锋旗帜
1989	林业部	全国国营林场先进单位
1993	林业部	全国国营林场 100 佳单位
1997	山东省林业厅	山东省国有林场先进单位
1998	山东省人事厅、山东省林业厅	全省林业工作先进单位
2006	山东省绿化委员会、山东省人事厅、山东省林业局	山东省绿化工作先进单位
2007	山东省总工会	山东省富民兴鲁劳动奖状
2007	泰安市委、市政府	市级文明单位
2010	山东省人力资源和社会保障厅、山东省林业厅	全省林业系统先进集体
2011	泰安市人民政府	泰安市森林防火工作先进单位
2012	山东省林业局	“十一五”全省国有林场十大标兵

第十二章

山区居民

化马湾乡草茨村山区民居

第一节　居民分布

1985年12月，新泰市天宝办事处改为天宝镇，泰安市郊区徂徕办事处改为徂徕镇，泰安市郊区茌家庄乡、化马湾乡、王家庄乡、土山河乡合并为化马湾乡。泰安市郊区房村办事处改为房村乡。是年，徂徕山山区居民涉及大汶河南岸、徂徕山周边的新泰市天宝镇，泰安市郊区化马湾乡、良庄办事处、房村乡、徂徕镇5个乡（镇、办事处），总户数7.92万户，总人口30.02万人。1986年12月，良庄办事处改为良庄镇。1995年1月，房村乡改为房村镇。2000年4月，泰安市郊区更名为泰安市岱岳区。2001年2月，天宝镇与大东庄镇合并为天宝镇。2012年，徂徕山山区居民涉及新泰市、岱岳区2县（市、区），自东向西涉及新泰市天宝镇，岱岳区化马湾乡、良庄镇、房村镇、徂徕镇5个乡镇，186个行政村，总面积615.5平方千米，总户数9.31万户，总人口30.84万人。

一、新泰市天宝镇

名称来历　天宝镇因北有徂徕山为屏障，风、冰、雹等灾害自古稀少，民称“天生一块宝地”，故名“天宝”。后为防盗，筑有围墙，又称“天宝寨”。

地理位置　1985年12月，天宝办事处改为天宝镇，同时东庄、杨庄、大西峪3乡划出，设立新泰市大东庄乡。是年末，天宝镇位于新泰市西部，徂徕山以南，柴汶河以北，东邻大东庄乡，南与楼德镇、宫里镇隔柴汶河相望，西接泰安市郊区良庄镇，北与泰安市郊区徂徕镇、化马湾乡毗邻。2001年2月，天宝镇与大东庄镇合并为天宝镇，东邻新泰市羊流镇、果都镇，南与新泰市楼德镇、宫里镇隔柴汶河相望，西接良庄镇，北与徂徕镇、化马湾乡毗邻。至2012年，地理位置未发生变化，地理坐标为北纬35°55′58″~35°58′09″，东经117°18′14″~117°26′22″。镇政府驻天宝村，东距新泰市区50千米，西北距泰安市区45千米。全镇总通车里程120千米，其中省道19千米，县（市、区）乡道路14千米，旅游公路25千米，村村通道路38.65千米。50个行政村全部通公路，通客车率96%。

建置区划　春秋时期，境内归鲁国。战国时期，今古城村所在地归齐国管辖，齐国在此设置梁父邑。秦代先属齐郡，后属济北郡奉高县。汉代设立梁父县，属兖州泰山郡。东汉时梁父县改名为梁甫县。三国时期归魏，属兖州泰山郡，又改为梁父县。南北朝时期，归南朝的宋，后归北朝的北魏，属兖州泰山郡梁父县。北齐属兖州东平郡。隋朝属鲁郡梁父县。隋开皇十一年（591），大宝庄建立。唐朝属东泰州梁父县，后撤销梁父县，并入博城县，博城县后又改名为乾封县。五代十国时期，天宝先后归梁、唐、晋、汉、周等朝管辖。宋朝把博城县改为奉符县，属袭庆府鲁郡。金朝属山东西路泰安州。元朝属东平路泰安州。明朝属济南府泰安州先贤乡。清朝属泰安府泰安县敦厚乡。民国初期属山东省泰安县。1941年1月，泰安县天宝区建立。1945年8月划归泰宁县。1952年改属徂阳县。1956年3月，徂阳县撤销，划归新泰县，设天宝区，下辖6个乡。1958年3月，区改为乡公所。1958年9月，乡公所改为人民公社管理委员会。1967年，改为红旗人民公社。1979年，改为天宝人民公社。1984年4月，撤销天宝人民公社，改为

天宝办事处，辖6个乡。1985年12月，改为天宝镇，同时东庄、杨庄、大西峪3乡划出，设立新泰市大东庄乡。1994年，大东庄乡改为大东庄镇。2001年2月，天宝镇与大东庄镇合并为天宝镇。2012年，天宝镇辖50个行政村，65个自然村。

2012年新泰市天宝镇所辖行政村情况表

表12-1

名称	户数（户）	人口（人）	耕地面积（公顷）	名称	户数（户）	人口（人）	耕地面积（公顷）
天一	412	1737	80.57	颜前	770	2753	207.12
天二	321	1099	78.89	颜后	830	3015	167.64
天三	312	952	71.48	豪山前	460	1474	65.19
天四	380	1449	88.33	寨山前	300	974	30.90
天五	325	1108	76.73	魏家沟	234	742	27.19
天六	181	618	48.47	年家峪	320	1086	34.87
夏坦	546	2122	131.37	槐林	450	1560	109.18
苏家庄	422	1440	121.75	庄庄	615	1868	147.55
北汶西	340	1547	116.40	赵庄	950	2900	151.70
陈汶西	350	1341	98.62	杨庄	940	2778	178.91
杨汶西	193	712	44.29	前寺	533	1608	76.85
南汶西	566	1924	141.23	后寺	584	1740	109.89
郭家庄	272	849	67.06	寨山东	195	583	21.78
时家庄	927	3200	292.73	大东庄	770	2462	217.35
西羊舍	891	2991	284.00	小东庄	160	510	40.84
东羊舍	335	1123	71.53	大西庄	799	2410	154.63
古城	144	504	26.80	小西庄	141	419	43.46
城东	492	2162	154.37	西朴里	930	2979	215.29
彭家庄	495	1861	146.07	河西	145	592	34.47
上官庄	786	2444	180.33	黄道沟	386	1197	174.25
下官庄	310	1131	124.53	大西峪	712	2062	137.68
寇家庄	283	863	80.40	小西峪	162	509	56.35
花拉湾	178	614	50.36	东峪	400	1494	125.65
涝洼	200	619	61.40	高山崖	555	1631	163.99
黄花岭	325	1189	53.91	松棚	570	1807	126.36

人口　面积　1985年，全镇总户数19065户，总人口76077人，其中男性38467人，女性37610人；农业人口74100人，非农业人口1977人。1990年，经第四次人口普查统计，天宝镇总户数13396户，总人口46139人，其中男性23544人，女性22595人；农业人口43938人，非农业人口2201人。大东庄镇总户数9724户，总人口31634人，其中男性16132人，女性15502人；农业人口30094人，非农业人口1540人。2000年，经第五次人口普查统计，天宝镇总户数13184户，总人口45939人，其中男性23236人，女性22703人；农业人口44978人，非农业人口2201人。大东庄镇总户数10000户，总人口31046人，其中男性15522人，女性15524人；农业人口29943人，非农业人口1103人。2001年，天宝镇与大东庄镇合并为天宝镇，东西最大距离11.5千米，南北最大距离14.3千米，总面积158平方千米。2012年末，全镇总户数24956户，总人口80775人，其中男性40819人，女性39956人；农业人口77407人（含镇直部门、单位），非农业人口3368人。汉族79497人，回族1326人。人口出生率9.58‰，死亡率6.3‰，自然增长率3.28‰。全镇总面积未发生变化，其中陆地138.4平方千米，占总面积的87.59%；水域面积19.6平方千米，占总面积的12.41%；可利用土地面积151.8平方千米，占总面积的96.08%；农田面积57.5平方千米，占总面积的36.39%；林地面积73.8平方千米，占总面积的46.71%。人口密度512人/平方千米。

地形　地貌　境内地势北高南低，阶梯状特征明显。北部是徂徕山地，中部是丘陵，南部是柴汶河平原。山地面积65.5平方千米（含水域面积），丘陵面积37.9平方千米（含水域面积），平原面积54.6平方千米（含水域面积）。土壤以棕壤土为主。境内主要山脉有炮楼顶、乳山、松山、梁父山、贵人峰、独秀峰等，最高峰是炮楼顶，位于徂徕山东部，海拔732米；最低点位于西羊舍村，海拔120米。

经济状况　1985年，全镇实现生产总值2798万元，农林牧渔业总产值2100万元，其中农业1585万元、林业54万元、牧业456万元、渔业5万元；实现工业总产值651万元，财政收入20万元；耕地面积6133.33公顷，农民人均纯收入344元。1995年，全镇实现生产总值9020万元，农林牧渔业总产值7198万元，其中农业3011万元、林业324万元、牧业3853万元、渔业10万元；乡镇企业11家，从业人员500人，实现工业总产值1483万元，财政收入90万元；耕地面积3258.67公顷，农民人均纯收入1813元。是年，大东庄镇实现生产总值7750万元，农林牧渔业总产值6426万元，其中农业3291万元、林业190万元、牧业2937万元、渔业8万元；乡镇企业7家，从业人员230人，实现工业总产值940万元，财政收入80万元，农民人均纯收入1704元。1998年5月，天宝镇被中国农学会特产经济专业委员会命名为中国樱桃第一镇。

2005年，全镇固定资产投资1.45亿元，

天宝镇年家峪村樱桃王树（2010年摄）

实现生产总值8.38亿元。内资企业52家，从业人员3363人。个体工商户1241户，从业人员2498人；民营经济营业收入4.96亿元，民营经济增加值1.06亿元；财政收入2533万元，地方税收834万元，居民储蓄余额1.32亿元，农民人均纯收入3490元。2012年，全镇固定资产投资3.26亿元，实现生产总值12.4亿元。内资企业79家，其中工业企业25家，从业人数2160人，外资独资企业1家，实现工业增加值4.96亿元，实交税金390万元。个体工商户1032户，从业人员2524人；私营企业47家，实现增加值1.06亿元，营业收入5.4亿元，实交税金325万元。外资企业出口创汇230万美元，财政收入2649万元，居民储蓄余额3.92亿元，农民人均纯收入9584元。是年，全镇农作物总播种面积740公顷，其中粮食播种面积528.93公顷，粮食总产6.69万吨、油料680吨、蚕茧240吨、蔬菜4.62万吨；肉类总产量9438.5吨、牛奶50吨、禽蛋1493吨；从业人员5.3万人，其中第一产业2.32万人、第二产业1.16万人、第三产业1.82万人，实现社会消费品零售额2.7亿元，集市贸易成交额1.1亿元，果菜成交额3.1亿元，花卉苗木成交额2800万元。

社会事业　1985年，全镇有各级各类学校96所，其中小学50所、中学4所、成人技校1所、幼儿园41所；各类医疗卫生机构61所，其中镇医院1所，村卫生室60所。是年，全镇有敬老院2处，集中供养五保（保吃、保穿、保住、保医、保葬）老人20人，供养标准为每人每年单衣2套、棉衣1套，饮食以细粮为主。1995年，天宝镇有各级各类学校60所，其中小学31所、中学2所、成人技校1所、幼儿园26所；各类医疗卫生机构39所，其中镇医院1所、村卫生室38所。大东庄镇有各级各类学校37所，其中小学19所、中学2所、成人技校1所、幼儿园15所；各类医疗卫生机构22所，其中镇医院1所，村卫生室21所。2001年，天宝镇敬老院和大东庄镇敬老院合并为天宝镇敬老院，搬迁到大东庄镇政府院内，占地面积1.73公顷。

2005年，全镇有教职工419人，各级各类学校49所，其中小学10所，在校学生4503人；中学2所，在校学生1730人；幼儿园36所，在校幼儿680人；成人技术学校1所。达到泰安市市级规范化学校标准的2所，新泰市市级规范化学校标准的11所。各类卫生技术人员174人，医疗卫生机构25所，其中镇卫生院2所，床位40张；村合作医疗定点卫生室23所。是年，天宝镇敬老院被省民政厅评为山东省二级乡镇敬老院。2008年，镇敬老院被省民政厅评为山东省一级五保供养服务机构。2012年，全镇有教职工462人，各级各类学校57所，其中小学10所，在校学生3226人；中学3所，在校学生4158人；幼儿园43所，在校幼儿1754人；成人技术学校1所。各类卫生技术人员186人，医疗卫生机构49所，其中镇卫生院1所，床位60张；村合作医疗定点卫生室40所。全镇有五保老人304人，其中实行集中供养156人。对分散供养的实行联系人、联系户制度，定期对“五保”老人进行看望、走访，定期送粮食、面粉、零花钱等，五保老人供养率90%。是年，全镇有文化站1处、有线电视中心1处、电影放映单位2个，单位图书室15处、村级文化大院50处、农家书屋50家、村级文化信息资源共享服务站50个，村民活动娱乐中心61处、民间故事队13个、舞狮队1个、秧歌队1个，体育运动场17处、篮球场地46个、乒乓球室17处、乒乓球场70多处、门球场1个，行政村全部实现有线电视和互联网宽带网络全覆盖。

二、岱岳区化马湾乡

名称来历　明清在此设驿站，在此换马，驿站西有大水湾，故名换马湾，后演化为化马湾。

地理位置　1985年，化马湾乡位于泰安市郊区东南部，东与莱芜、新泰市毗邻，南与徂徕山林场接壤，西与徂徕镇相接，北与角峪镇相连。至2012年，地理位置未发生变化，地理坐标为北纬36°01′26″~36°08′19″，东经117°20′33″~117°27′41″。乡机关驻北崖村，距泰城29.6千米。泰（安）新（泰）高速、济（南）临（沂）公路、枣（庄）徐（州）公路穿越全乡。

建置区划　1912年，境内属泰安县好义区。1928年属泰安县第五区。抗日战争时属泰安县第三区。1947年属泰安县第八区。1949年属泰安县角峪区。1958年属泰安县荏家庄公社。1959年属泰安县角峪公社。1984年属泰安县角峪办事处。1985年初，角峪办事处分离出荏家庄乡、化马湾乡、王家庄乡、土山河乡4个乡。是年12月，荏家庄乡、化马湾乡、王家庄乡、土山河乡合并为化马湾乡。2012年末，化马湾乡辖31个行政村，96个自然村。

2012年岱岳区化马湾乡所辖行政村情况表

表12-2

名称	户数（户）	人口（人）	耕地面积（公顷）	名称	户数（户）	人口（人）	耕地面积（公顷）
化马湾	449	1484	68.67	草茨	358	1184	46.60
北崖	219	723	46.67	河东	215	712	59.33
想峪	375	1240	120.00	荏庄	372	1229	68.33
石湾	283	934	86.67	洼里	297	982	53.33
东掌	506	1670	122.00	西庄	918	3031	146.67
殷林	338	1117	53.47	贾庄	429	1416	64.00
洪河	580	1916	125.33	城前	193	639	23.33
土山	338	1118	60.47	刘沟	188	622	40.00
南韩	306	1010	73.87	沙沟	500	1652	62.87
水峪	223	736	33.93	长安	713	2356	135.07
枣杭	480	1585	82.40	肖家庄	134	444	20.00
董家庄	430	1419	77.00	周庄	226	746	80.00
新店	112	372	28.00	牛山	119	395	22.00
王家庄	676	2234	104.13	彩山	90	297	3.87
双河	304	1006	43.33	洪山	267	882	11.47
双泉	197	652	24.33				

人口　面积　1985年，全乡总户数9436户，总人口36647人，其中男性18666人，女性17981人；农业人口36252人，非农业人口395人。1990年，经第四次人口普查统计，全乡户数12165户，总人口38250人，其中男性19893人，女性18357人；农业人口37274人，非农业人口976人。2000年，经第五次人口普查统计，全乡总户数11453户，总人口38071人，其中男性19022人，女性19049人；农业人口36452人，非农业人口1619人。2012年末，全乡总户数11206户，总人口38043人，其中男性19494人，女性18549人；农业人口36223人（含乡直部门、单位），非农业人口1820人；汉族37898人，少数民族145人。人口出生率9.25‰，死亡率8.3‰，自然增长率0.95‰。境内东西最大距离9.5千米，南北最大距11.6千米，总面积100.2平方千米，其中陆地96.09平方千米，占总面积的95.9%；水域面积4.11平方千米，占总面积的4.1%。人口密度397人/平方千米。

地形　地貌　境内地形多样，东部是丘陵，南部是山区，西部是平原。山地面积30平方千米，丘陵面积38平方千米，平原面积32平方千米。土壤以棕壤、褐土为主。主要山脉是泰沂山脉，最高峰是南横岭，位于草茨村，海拔856米；最低点位于贾家庄村北洮河，海拔144.3米。

经济状况　1985年，全乡实现生产总值7314.43万元，农林牧渔业总产值5240.46万元，其中农业3668万元、林业1372万元、牧业105.46万元、渔业95万元；乡镇企业3家，从业人员93人，实现工业总产值1835.6万元；财政收入347万元，居民储蓄余额650万元，农民人均纯收入425元。1995年，全乡实现生产总值23165万元，农林牧渔业总产值17651.6万元，其中农业12869万元、林业4005万元、牧业562.6万元、渔业215万元；乡镇企业8家，从业人员310人，实现工业总产值6238.3万元；财政收入640万元，居民储蓄余额1500万元，农民人均纯收入1802元。

2005年，全乡实现生产总值3.911亿元，农林牧渔业总产值24130万元，其中农业15560万元、林业7213万元、牧业690万元、渔业667万元；乡镇企业5家，从业人员140人，实现工业总产值1.5亿元；财政收入750万元，居民储蓄余额1.63亿元，农民人均纯收入5298元。2012年，全乡实现生产总值5.1亿元，农林牧渔总产值2.65亿元，其中农业16291万元、林业8802万元、牧业626万元、渔业781万元；粮油种植面积2333公顷，总产量5万吨；花生种植面积733.33公顷，总产量3515吨；小麦种植面积1133.33公顷，总产量7117吨；樱桃种植面积800公顷，无公害蔬菜种植面积413.33公顷，瓜菜等经济作物种植面积420公顷，桑蚕产量28.8吨。年末生

化马湾乡新店村文化广场一瞥（2009年摄）

猪存栏1.46万头、羊存栏2.21万只、家禽19.3万只、肉牛存栏1349头、奶牛存栏840头、肉类总产量107.6吨、鲜奶1968.8吨、禽蛋53.4吨。民营企业32家，从业人员985人，民营经济增加值0.61亿元，营业收入2.27亿元，其中税金288万元；个体工商户496户，从业人员1730人，工商税收80万元；财政收入501万元，居民储蓄余额3亿元，农民人均纯收入8406元。

社会事业　1985年，全乡有教职工235人，各级各类学校67所，其中小学31所，在校学生3120人；中学5所，在校学生1100人；幼儿园31所，在校幼儿1500人。是年，有各类卫生技术人员86人，医疗卫生机构32所，其中乡医院1所，村卫生室31所。1995年，全乡有教职工297人，各级各类学校63所，其中小学31所，在校学生3204人；中学2所，在校学生1680人；幼儿园30所，在校幼儿1301人。各类卫生技术人员149人，各类医疗卫生机构32所，其中乡医院1所，村卫生室31所。是年，全乡集中供养五保老人32人，分散供养五保对象82人，集中供养标准为每人每年2200元，分散供养标准为每人每年720元。

2005年，全乡有教职工291人，各级各类学校22所，其中小学7所，在校学生2556人；中学2所，在校学生1487人；幼儿园13所，在校幼儿907人。各类卫生技术人员141人，各类医疗卫生机构32所，其中乡医院1所，村卫生室31所。是年，全乡集中供养五保老人28人，分散供养五保对象78人，集中供养标准每人每年2400元，分散供养标准每人每年840元。2012年，全乡有教职工228人，各级各类学校19所，其中小学4所，在校学生3249人；中学2所，在校学生1162人；幼儿园13所，在校幼儿517人，适龄儿童入学率99.6%。达到岱岳区区级规范化标准的中小学9所，达到泰安市市级规范化标准的学校6所。各类卫生技术人员162人，各类医疗卫生机构32所，其中乡医院1所，拥有床位32张；村卫生室31所。是年，全乡有敬老院1处，集中供养五保老人80人，分散供养五保对象26人，集中供养标准为每人每年3200元，分散供养标准为每人每年2200元；综合文化站1处，电影放映单位1个，单位图书室3处，农家书屋31家，配备图书5万余册。

三、岱岳区良庄镇

名称来历　相传良庄汉代建村，因自然条件良好，名良庄。因镇机关驻东良庄（自然村）得名良庄镇。

地理位置　1985年12月，良庄办事处位于泰安市郊区东南部，东与新泰市天宝镇、楼德镇接壤，南连宁阳县东庄乡、华丰镇，西邻房村乡，北靠徂徕山。至2012年，地理位置未发生变化，地理坐标为北纬36°01′31″~36°31′23″，东经117°10′15″~117°27′27″。镇机关驻东良庄，距泰城35千米。泰楼公路纵贯全境。

建置区划　境内历史悠久，紧邻大汶口遗址，新石器时代早期，即有以农业为主的安居村落出现。春秋属鲁国，战国属齐国，清朝属泰安州。1912年属泰安县梁父区，1928年分属泰安县第六、第七区。1941年，

良庄镇北宋蔬菜批发市场（2010年摄）

2012年岱岳区良庄镇所辖行政村情况表

表12-3

名　称	户数（户）	人口（人）	耕地面积（公顷）	名　称	户数（户）	人口（人）	耕地面积（公顷）
八里庄	175	638	64.06	新　庄	122	398	18.79
良庄南	378	1259	107.22	演武厅	382	1201	107.89
南良庄	106	407	27.28	保安庄	142	599	91.87
南官庄	527	1760	230.82	凤　凰	760	2298	305.03
良庄西	720	2688	324.77	旺　泉	240	929	97.57
良庄东	640	2078	371.79	白　庙	520	1654	221.34
良庄北	620	2065	83.09	员外庄	760	2431	301.41
西良庄	1026	4076	542.46	房宣洛	540	1836	138.21
茅茨西	560	1776	126.75	查宣洛	436	1625	130.52
茅茨南	410	1407	203.30	孙宣洛	195	783	50.56
茅茨东	440	1520	134.19	刘宣洛	242	858	38.51
茅茨北	608	1787	180.93	侯宣洛	496	1814	149.98
薛庄北	549	1974	134.36	陈宣洛	592	2190	178.35
薛庄南	358	1421	195.41	石　楼	1156	4201	434.23
黄石崖	258	886	79.53	北　宋	805	2705	213.00
山阳西	652	2163	351.35	南　宋	306	1298	88.63
山阳南	660	2328	175.17	东延东	388	1384	96.85
山阳东	582	2100	299.01	大延东	780	3687	317.15
山阳北	749	2556	93.21	西　庄	572	2510	171.62
高胡庄	226	765	96.67	延　北	198	876	80.67

泰安县第六区改为徂阳区。1950年7月改为泰宁县第八区。1952年9月改为徂阳县第九区。1953年复归泰安县。1955年第九区改为良庄区。1956年2月，徂阳县撤销，良庄区划归泰安县。1957年，分别建茅茨乡、延东乡。1958年，分别组建为徂阳公社、五一公社。1959年1月，徂阳公社、五一公社合并为良庄人民公社。1984年4月，改为良庄办事处。1986年12月改为良庄镇。2012年末，良庄镇辖40个行政村，44个自然村。

人口　面积　1985年，良庄办事处总户数17645户，总人口69206人，其中男性

35987人，女性33219人；农业人口68200人，非农业人口1006人。1990年，经第四次人口普查统计，全镇总户数21897户，总人口71866人，其中男性37370人，女性34496人；农业人口70810人，非农业人口1056人。2000年，经第五次人口普查统计，全镇总户数18452户，总人口68227人，其中男性35478人，女性32749人；农业人口67000人，非农业人口1227人。2012年末，全镇总户数22354户，总人口73755人，其中男性38358人，女性35397人；农业人口70931人，非农业人口2824人；汉族73726人，回族29人。全镇人口出生率8.17‰，死亡率6.6‰，自然增长率1.57‰。境内南起南宋村，北至徂徕山，南北最大距离30千米；东起员外庄村，西至西良庄村，东西最大距离9.9千米。总面积140.9平方千米，人口密度524人/平方千米。

地形　地貌　境内自北向南依次是山地、丘陵、平原，面积分别为44平方千米、46平方千米、45平方千米。土壤主要为棕壤土。主要山脉有葫芦山、三棱崮、梧桐峪、娄里、里黄石崖、狼窝、大庵、长岭等。境内最高峰是梧桐峪顶，位于徂徕山南部，海拔692.2米，最低点位于房宣洛村，海拔108米。

经济状况　1985年，良庄办事处实现生产总值3200万元，农林牧渔业总产值2100万元，其中农业1400万元、林业84万元、牧业501万元、渔业115万元；乡镇企业12家，从业人员350人，实现工业总产值800万元；财政收入130万元，居民储蓄余额1700万元，农民人均纯收入354元。1995年，全镇实现生产总值35400万元，农林牧渔业总产值19980万元，其中农业15260万元、林业140万元、牧业4300万元、渔业280万元；乡镇企业18家，从业人员1600人，实现工业总产值9800万元；财政收入310万元，居民储蓄余额5600万元，农民人均纯收入1760元。

2003年10月，良庄镇被中国国家标准化管理委员会列为全国瓜菜农业标准化示范区。2005年，全镇实现生产总值83500万元，农林牧渔业总产值51800万元，其中农业40310万元、林业800万元、牧业10400万元、渔业290万元；乡镇企业21家，从业人员2000人，实现工业总产值17500万元；财政收入546万元，居民储蓄余额1.89亿元，农民人均纯收入3991元。2007年，2000公顷“泰

良庄镇花卉基地（2012年7月摄）

绿”牌马铃薯被山东省名牌战略推进委员会、山东省农业厅、山东省海洋与渔业厅、山东省林业局评为山东省名牌农产品。

2012年，全镇实现生产总值18.4亿元，农林牧渔业总产值10.6亿元，其中农业81210万元、林业1200万元、牧业2.33亿元、渔业290万元。全镇粮油种植面积5733.33公顷，总产量5万吨；花生种植面积2933.33公顷，总产量6800吨；小麦种植面积3333.33公顷，总产量1.4万吨；桑园面积333.33公顷，桑茧产量240吨；樱桃种植面积2333.33公顷，核桃、板栗种植面积1000公顷，实现销售收入4亿元；无公害蔬菜种植面积1333.33公顷，冬暖式大棚、大中小拱棚3万个，其中冬暖式大棚2500个；果菜批发市场2处，农民专业合作组织12个，林果、蔬菜生产专业村15个；省级龙头市场——良庄镇北宋蔬菜批发市场年交易蔬菜63万吨，交易额12.6亿元。马铃薯、蒜苗、菠菜、西葫芦、西红柿、黄瓜、茄子、韭菜、西瓜9种瓜菜，被国家农业部绿色食品发展中心认证为A级绿色食品。是年，全镇有标准化养牛场3处、标准化养猪场42处、标准化肉鸭厂26处，万只肉鸡场14处，5000只以上蛋鸡场38处；生猪存栏3.34万头，羊存栏4.45万只，家禽存栏50.1万只，肉牛存栏6226头，奶牛存栏3400头，肉类总产量5082吨，鲜奶7335吨，禽蛋5889吨。外资独资企业1家，实现工业总产值3.5

1985~2012年岱岳区良庄镇农民收入消费情况表

表12-4　　单位：元

年度	人均纯收入	生活费支出	食品支出	衣着支出	年度	人均纯收入	生活费支出	食品支出	衣着支出
1985	354	279	161	27	1999	2853	2253	1216	200
1986	402	312	175	30	2000	2960	2338	1262	257
1987	454	352	191	31	2001	3120	2464	1330	271
1988	513	396	208	35	2002	3345	2642	1426	290
1989	576	443	226	40	2003	3618	2858	1543	314
1990	586	462	249	41	2004	3871	3058	1651	336
1991	662	522	345	50	2005	3991	3152	1702	346
1992	754	589	398	83	2006	4376	3457	1866	380
1993	853	667	450	93	2007	4745	3748	2023	412
1994	961	753	660	102	2008	5538	4375	2362	610
1995	1760	1390	750	123	2009	6154	4861	2624	680
1996	2360	1864	1006	165	2010	7218	5702	3079	798
1997	2624	2072	1118	184	2011	8345	6592	3559	922
1998	2784	2199	1187	195	2012	9763	7713	4165	1079

亿元；民营企业147家，从业人员2600人，实现民营经济增值1.06亿元，营业收入5.4亿元，其中税金325万元；个体工商户780户，从业人员1660人，地方财政收入688万元，居民储蓄余额4.31亿元。

社会事业　1985年，良庄办事处有教职工586人，各级各类学校78所，其中小学40所，在校学生8160人；中学7所，在校学生3500人；幼儿园31所，在校幼儿2810人。各类卫生技术人员175人，各类医疗卫生机构41所，其中镇卫生院1所，村卫生室40所。是年，有五保对象83户、143人，有各行政村提供保障供给。1990年，镇政府建起占地面积5711平方米的敬老院1处，第一批入住五保老人19人，占全镇五保对象总人数的13%。1995年，全镇有教职工542人，各级各类学校59所，其中小学28所，在校学生5830人；中学6所，在校学生2870人；幼儿园25所，在校幼儿2340人；各类卫生技术人员182人，各类医疗卫生机构41所，其中镇卫生院1所，村卫生室40所。2001年，镇敬老院被山东省民政厅评为省一级敬老院。

2005年，全镇有教职工516人，各级各类学校32所，其中小学10所，在校学生3662人；中学2所，在校学生1377人；幼儿园20所，在校幼儿1820人。各类卫生技术人员182人，各类医疗卫生机构41所，其中镇卫生院1所，村卫生室40所。2006年，全镇符合五保条件的人员198人，按照2∶4∶3∶1比例，由市、县（市、区）、镇、村配套发放五保资金，标准为每人每年720元。2012年，全镇有教职工423人，各级各类学校36所，其中小学10所，在校学生4497人；中学2所，在校学生2599人；幼儿园23所，在校幼儿1288人，适龄儿童入学率100%。中小学全部达到岱岳区区级规范化学校标准，达到泰安市市级规范化学校的6所，达到省级规范化学校的2所。镇卫生院1所，医生52人，拥有床位40张；村级定点卫生室36所，医生152人。是年，全镇有五保老人202人，其中集中供养44人，供养标准为每人每年2300元；分散供养158人，供养标准为每人每年2200元。

四、岱岳区房村镇

名称来历　房村明立村，为防敌盗故名防村。清朝顺治年间，习惯将“防”改为“房”，得名房村。

地理位置　1985年12月，房村乡位于泰安市郊区东南部，东与良庄办事处为邻，南隔大汶河与宁阳县相望，西与北集坡镇、大汶口镇接壤，北依徂徕山与徂徕镇相连。1995年1月，房村乡改为房村镇。至2012年，地理位置未变，地理坐标为北纬35°57′00″~36°02′46″，东经117°07′15″~117°18′32″。镇机关驻房村，距泰城27.5千米。泰楼路、泰华路贯穿南北，有县级公路20千米，乡镇道路40千米，旅游公路20千米，村村通道路20千米，31个行政村全部通公路，通客车率95%。

建置区划　春秋时期，境内归鲁国，战国时期归齐国，齐国设有珑乡城、阳关城。东周百里王、建梁王都城于此（今王家庄），并建有两处梁父，城东为东梁父，城西为西梁父。梁王指派夏氏兵器匠就城外筑炉百座，打制兵器，后人在此居住取名“炉里”（今鲁里村）。汉朝属钜平县，三国时期归魏，属兖州泰山郡，改为梁父县，先后归东魏、北齐，北齐属兖州东平郡，后又归北周管辖。隋朝属鲁郡梁父县。隋开皇十一年（591），有逃荒人居住，但没有形成村庄。唐朝属东太州梁父县，撤销梁父县后，并入博城县，博城县后来改为乾封县。五代十国时期，归梁、唐、晋、汉、周等。宋朝将博城县改名为奉符县，属袭庆府鲁郡，金朝属山东西路泰安州。元朝属东平路泰安州。明朝属济南府泰安州西住乡，清朝属泰安县西住乡。1912年属泰安县梁父区。

1938年7月改为汶口区。1945年8月改为泰宁县第七区。1950年7月改为泰宁县第八区。1952年4月改为徂阳县第八区。1956年3月改为泰安县西住区。1957年6月改为西住乡。1958年3月改为泰安县乐园人民公社。1959年3月改为泰安县良庄人民公社，6月与良庄分离，改为泰安县西住人民公社。是年12月，又合并为泰安县良庄人民公社。1962年3月改为泰安县西住人民公社。1984年4月改为泰安县郊区房村办事处。1985年12月改为泰安市郊区房村乡。1995年1月改为房村镇。2012年，房村镇辖31个行政村，33个自然村。

人口　面积　1985年，全乡总户数18011户，总人口57721人，其中男性31618人，女性26103人；农业人口52939人，非农业人口4782人。1990年，经第四次人口普查统计，全乡总户数14757户，总人口53757人，其中男性26993人，女性26764人；农业人口48792人，非农业人口4965人。是年，境内南起鲁里村，北至西南望村，西起北腾村村，东至韩家寨村，东西最大距离7千米，南北最大距离15千米，总面积94.73平方千米。2000年，经第五次人口普查统计，全镇总户数15190户，总人口56884人，其中男性29340人，女性27544人；农业人口53921人，非农业人口2963人。2012年来，全镇总户数17337户，总人口58458人，其中男性29863人，女性28595人；农业人口56306人，非农业人口2152人；汉族58458人。人口出生率12‰，死亡率8‰，自然增长率4‰。全镇总面积未发生变化，其中陆地面积80.71平方千米，占总面积的85.2%。人口密度617人/平方千米。

地形　地貌　境内地处徂徕山区，地势北高南低，阶梯状特征明显。北部是山区丘陵、南部是柴汶河平原、西部是牟汶河平原，东部是半丘陵。丘陵面积2.48平方千米，荒山河流面积9.04平方千米。土壤以宗壤为主。主要山脉有村东山、大白菜栏、青云寺、纪念碑西、栏马墙子、马头山、草坡、二郎峪、骆驼山、裴家庄、吴家池、又一村。境内最

良庄镇良一村蔬菜大棚（2012年摄）

2012年岱岳区房村镇所辖行政村情况表

表12–5

名　称	户数（户）	人口（人）	耕地面积（公顷）	名　称	户数（户）	人口（人）	耕地面积（公顷）
房　村	1085	3627	226	良　二	624	2124	180
金　庄	300	1071	59	埠　东	259	816	82
肖　庄	455	1461	79	埠　西	242	866	78
东西住	489	1584	102	朱家庄	808	2758	299
西西住	487	1652	101	韩家寨	510	1734	187
东杨庄	265	975	54	周泉村	540	1755	146
新杨庄	136	503	33	董白塔	355	1119	69
西杨庄	471	1644	110	程白塔	451	1466	95
南腾村	399	1354	95	南阳关	605	2178	153
北滕村	918	3002	116	北阳关	281	996	82
乡城北	630	2101	140	涝坡村	478	1753	131
乡城南	624	2080	152	么山峪	147	477	26
西良甫	956	3343	232	黑石埠	629	2163	130
鲁里村	676	2337	161	西南望	893	2784	264
邹家庄	652	2262	148	东南望	532	1732	146
良　一	720	2589	196				

高峰是栏马墙子，位于徂徕山内，海拔805米；最低点在北滕村，海拔96米。

经济状况　1985年，全乡实现生产总产值2564万元，农林牧渔业总产值2050万元，其中农业1460万元、林业75万元、牧业506万元、渔业9万元，实现工业总产值514万元，财政收入19万元，居民储蓄余额1000万元，农民人均纯收入326元，其中生活费支出240元，占人均纯收入的73.62%。1995年，全镇实现总产值8920万元，农林牧渔业总产值6542万元，其中农业4001万元、林业382万元、牧业2151万元、渔业8万元。是年，全镇有乡镇企业10家，从业人员1000人，实现工业总产值2159万元，财政收入88万元，农民人均纯收入1861元。

2005年，全镇实现生产总产值1.08亿元，农林牧渔业总产值7345万元，其中农业4135万元、林业1574万元、牧业1263万元、渔业373万元。内资企业50家，从业人员3200人；外资企业1家，从业人员1500人；个体工商户650户，从业人员1400人。是年，实现工业总产值3412万元，财政收入2000万元，地税收入800万元，居民储蓄余额5000万元，农民人均收入3965元。2012年，全镇实现生产总值10.9亿元，农林牧渔业总产值7.41亿元，其中农业4.11亿元、林业900万元、牧业1.8亿元、渔业600万元。农作物种植面积4073.33公顷，其中粮食种植面积1066.67公顷，花生种植面积673.33公顷，桑园种植面积1000公顷，大棚蔬菜种植面积2800公顷，其中西红柿种植面积2333.33公顷，黄瓜种植面积266.67公顷；农民专业合作社13个，蔬菜批发市场2个，仔猪市场1个；标准养猪场10个，养鸭场2处，蛋鸡场10处，生猪存栏量8.5万头，羊存栏量2.56万只，家禽3.5万只，牛存栏量1万头。内资企业52家，其中工业18家，从业人员3000人；外资企业1家，从业人员1500人。是年，全镇实现工业总产值3.05亿元，财政收入2200万元，居民储蓄余额1.5亿元，农民人均纯收入9790元。

社会事业　1985年，全乡有教职工512人，各级各类学校34所，其中成人中心学校1所，在校学生125人；小学31所，在校学生4014人；中学1所，在校学生1306人；幼儿园1所，在校幼儿225人。各类医疗机构32所，其中医院1所、卫生室31所。是年，

1985~2012年岱岳区房村镇农民收入消费情况表

表12-6　　单位：元

年度	人均纯收入	生活费支出	食品支出	衣着支出	年度	人均纯收入	生活费支出	食品支出	衣着支出
1985	326	240	120	20	1999	2907	2198	1211	194
1986	385	261	160	24	2000	2958	2215	1240	219
1987	427	298	180	26	2001	3028	2270	1296	245
1988	501	310	220	28	2002	3148	2341	1323	260
1989	576	375	246	37	2003	3350	2542	1379	281
1990	687	396	260	42	2004	3465	2785	1442	316
1991	690	421	310	75	2005	3965	3012	1626	325
1992	720	486	366	87	2006	4124	3110	1710	360
1993	785	525	386	96	2007	4725	3618	1923	410
1994	1289	890	650	110	2008	5473	4070	2150	572
1995	1861	1260	690	117	2009	6130	4251	2365	600
1996	2420	1754	995	130	2010	7201	5307	2871	712
1997	2660	2010	1100	160	2011	8615	6590	3056	900
1998	2824	2166	1120	187	2012	9790	7735	4250	1126

全乡有五保老人25人，由乡政府提供保障供给。1986年，乡政府建敬老院1处，占地面积5815平方米，入住五保老人25人。1987年，镇敬老院有五保老人28人。1988年，敬老院入住五保老人38人。1989年，乡敬老院集中供养五保老人39人，分散供养51人。1991年，全乡实现五保供养统筹，有五保老人96人，其中敬老院集中供养39人。1995年，全镇有教职工485人，各级各类学校54所，其中成人中心学校1所，在校生150人；小学18所，在校学生4376人；中学3所，在校学生1921人；幼儿园32所，在校幼儿2413人。各类医疗机构42所，其中医院1所、卫生室41所。1996年，镇敬老院被省民政厅评为省文明敬老院和省二级敬老院。

2005年，全镇教职工408人，各级各类学校35所，其中成人中心学校1所，在校学生152人；小学10所，在校学生3983人；中学1所，在校学生1208人；幼儿园23所，在校幼儿1536人。各类医疗机构31所，其中医院1所、卫生室30所。2008年，全镇有五保老人112人，其中敬老院74人，镇民政对分散供养的老人实行联系户制度，定期对五保老人进行看望走访，送粮食、面粉、零花钱等。2012年，全镇有教职工312人，各级各类学校35所，其中成人中心校1所，在校学生200人；小学9所，在校学生3853人，中学1所，在校学生1218人；幼儿园24所，在校幼儿1637人，适龄儿童入学率99.6%。有文化站1处，电影放映单位1个；图书室13处，农家书屋45家，共计图书8万余册；卫生院1所，医生45人，拥有床位38张；村级定点卫生室18所，医生36人。是年，全镇有五保老人112人，其中敬老院74人，集中供养标准为每人每年3200元，分散供养标准为每人每年2300元。

五、岱岳区徂徕镇

名称来历　徂徕镇因徂徕山而得名。

地理位置　1985年12月，徂徕办事处改为徂徕镇，位于泰安市郊区东南部，徂徕山中段北麓，大汶河南岸，东与角峪镇、化马湾乡毗连，南与房村乡、良庄办事处接壤，西以汶河为界与北集坡镇隔河相望，北以大汶河为界与邱家店镇、范镇为邻。2012年，地理位置未发生变化，地理坐标为北纬36°27′09″~36°52′21″，东经117°19′20″~117°28′53″。镇政府驻南上庄村，距泰城15.8千米。泰楼路、泰新路穿境而过。

建置　区划　春秋时期，境内归鲁国管辖。战国时期，归齐国。齐在境内（今泰山区旧县村）设博邑。秦代，先属齐郡，后属济北郡，博邑改为博阳县后，属博阳县。汉初，设泰山郡，隶属兖州刺史部，郡治始设博县（今泰山区旧县村），隶属博县。汉武帝元封二年（前109），泰山郡治迁奉高（今岱岳区范镇故县村），隶属奉高县。三国时期归魏。南北朝至北魏，泰山郡治移钜平（今岱岳区大汶口镇），属钜平县。北齐时期，泰山郡改为东平郡，郡治移置博县城，归博县管辖。隋朝开皇初，东平郡废，改设鲁郡，郡治改博县城为博平，隶属博平。隋开皇十六年（596），博平又改称博城。唐武

徂徕镇南上庄村腰鼓队（2010年摄）

德五年（622），博城设东泰州。贞观元年（627），东泰州废，仍属博城。乾封元年（666），博城县更名乾封县，隶属乾封。总章元年（668）复称博城。神龙元年（705），又改称乾封，隶河南道兖州，归属乾封。五代十国时期，先后属梁、唐、晋、汉、周等朝管辖。北宋开宝五年（972），乾封县治所移岱岳镇（今泰安城）。大中祥符元年（1008），乾封县改称奉符县。金天会十四年（1136），奉符县设泰安军，治所奉符。大定二十二年（1182），泰安军改为泰安州，归属山东西路泰安州。元朝初隶属东平路泰安州，后属中书省泰安州。明朝隶属泰安州好义乡。清朝初，沿明朝旧制。雍正十三年（1735），始设泰安县，归泰安县管辖。光绪帝诏令履行自治，泰安县划分十五个区，境内分属好义、晋化、梁父三区。宣统二年（1910），泰安县区划调整，划分为八个乡，境内属好义乡。

民国初期，归属未变。1928年，泰安县改划十个区，境内属第五区，区公所驻渐汶河。1938年，调整区划，徂徕仍属五区，区公所驻地为颜张。1941年，属泰安县旧县区。1948年2月，旧县区公所迁至南上庄村，更名为徂徕区。1950年8月，境内为泰安县第八区，下辖14个乡。1955年9月，数字区改为地名区，第八区改称徂徕区。1958年3月，泰安县撤区并乡，境内分属上庄乡、北望乡。1958年9月，撤销上庄乡、北望乡，成立泰安县徂徕人民公社，下辖5个管理区，34个行政村。1984年6月，徂徕人民公社改为徂徕办事处，下辖1镇、4乡。1985年5月，泰安市郊区成立，徂徕办事处归属泰安市郊区管辖。是年12月，撤销徂徕办事处，成立徂徕镇，下辖5个管理区。2012年，岱岳区徂徕镇下辖5个管理区，34个行政村。

徂徕镇民营企业丽锦制衣有限公司制衣车间（2012年摄）

2012年岱岳区徂徕镇所辖行政村情况表

表12–7

名　称	户数（户）	人口（人）	耕地面积（公顷）	名　称	户数（户）	人口（人）	耕地面积（公顷）
宽　店	267	756	67.67	李家峪	590	1868	138.20
北　望	1105	3630	323.53	南　黄	780	2590	128.13
桥　沟	603	2011	167.33	北　黄	510	1710	93.33
孙家疃	414	1383	82.13	桃　园	390	1192	83.53
郑家庄	212	670	62.00	土　门	468	1397	92.73
曹　庄	365	1189	69.00	水　泉	800	2438	44.60
姬家庄	150	468	40.00	向　阳	260	800	86.67
许家庄	1176	3636	210.40	河　西	240	775	58.93
邓家庄	612	2110	146.67	崔家庄	1000	3413	183.33
徂　徕	530	1615	97.47	石　崖	180	600	48.00
新　庄	450	1430	120.00	兴　隆	170	531	50.67
南上庄	1156	4180	262.40	官　路	186	588	42.33
北上庄	430	1476	98.00	留　送	950	2634	215.67
杜家庄	610	1715	141.07	西埠前	340	1040	74.67
鲁家庄	163	447	48.07	东埠前	470	1468	99.00
寺　河	648	2173	146.67	小埠前	185	592	33.67
下　庄	495	1409	127.07	边　庄	257	851	59.33

人口　面积　1985年12月，徂徕镇总户数15022户，总人口60528人，其中男性30613人，女性29915人；农业人口55932人，非农业人口4596人。是年，境内东西最大距离15千米，南北最大距8.1千米，总面积132.87平方千米。1990年，经第四次人口普查统计，全镇总户数17585户，总人口60849人，其中男性31091人，女性29758人；农业人口59054人，非农业人口1795人。2000年，经第五次人口普查统计，全镇总户数1.82万户，总人口56416人，其中男性28505人，女性27911人；农业人口53763人，非农业人口2653人。2012年末，全镇总户数1.72万户，总人口57367人，其中男性28784人，女性28583人；农业人口54785人，非农业人口2582人；汉族57340人，少数民族27人。人口出生率9.83‰，死亡率8.51‰，自然增长率1.32‰。全镇面积未发生变化，其中陆地

面积121.67平方千米，占总面积的91.57%，水域面积11.2平方千米，占总面积的8.43%。人口密度432人/平方千米。

地形 地貌 境内地处泰沂山区，南靠徂徕山，北依大汶河，中部东部多为丘陵。山地面积44.26平方千米，占总面积的33.31%；丘陵面积44.29平方千米，占总面积的33.34%，平原面积44.32平方千米，占总面积的33.36%。地形以徂徕山最高点成扇形向东部、西部、北部扩展，形成南高北低、东高西低的倾斜地形。土壤以褐土性土、潮褐土、棕壤土为主。境内主要山脉有无影山（海拔200米）、珠山（海拔260米）。境内最高点位于桃园村石门，海拔360米；最低点在桥沟、北望一带，海拔115米。

经济状况 1985年，徂徕镇实现生产总值3500万元，农林牧渔业总产值2300万元，其中农业1600万元、林业96万元、牧业600万元、渔业4万元；乡镇企业15家，从业人员2600人，实现工业总产值1200万元；财政收入400万元，居民储蓄余额4901万元；耕地面积4353.33公顷，农民人均纯收入436元。1995年，全镇实现生产总值7亿元，农林牧渔业总产值2.1亿元，其中农业1.5亿元、林业3000万元、牧业2000万元、渔业1000万元；乡镇企业26家，从业人员3400人，工业总产值4.9亿元；财政收入600万元，居民储蓄余额2780万元，居民人均纯收入1800元。

2005年，全镇实现生产总值7.4亿元，农林牧渔业总产值2.4亿元，其中农业1.6亿元、林业3500万元、牧业2500万元、渔业2000万元；实现工业总产值5.1亿元；财政收入571万元，居民储蓄余额1.6亿元，农民人均纯收入4130元。2012年，全镇实现生产总值23亿元，农林牧渔业总产值6.8亿元，其中农业3亿元、林业2亿元、牧业1.3亿元，渔业5000万元。全镇粮油种植面积5200公顷，总产量5万吨；花生种植面积355.67公顷，总产量117.7吨；小麦种植面积2320公顷，总产量1.7万吨；桑园种植面积86.67公顷，桑蚕产量120吨；樱桃种植面积866.67公顷、核桃种植面积1333.33公顷、板栗种植面积666.67公顷，实现销售收入600万元；无公害蔬菜种植面积533.33公顷，冬暖式大棚及大中小拱棚1.5万个，其中冬暖式大棚4000个；瓜菜等经济作物种植面积1000公顷；果菜批发市场25处，林果、蔬菜生产专业村15个，农民专业合作组织17个；标准化养牛场1处、养猪场6处，年末生猪存栏1.41万头，羊存栏3.78万只，家禽50万只，奶牛存栏5700头；肉类总产量3229吨，鲜奶9420吨，禽蛋2074吨；民营企业62家，从业人员3230人，民营经济总产值15.2亿元，营业收入15.2亿元，其中税金2559万元；个体工商户974户，从业人员3890人，实现工商税1533万元。地方财政收入1478万元，居民储蓄余额5.8亿元，农民人均纯收入9100元。

社会事业 1985年12月，徂徕镇有教职工414人，各级各类学校76所，其中小学34所，在校学生7724人；中学7所，在校学生2723人；幼儿园34所，在校幼儿1547人，农业广播学校1所。卫生技术人员92人，各类医疗卫生机构35所，其中镇医院1所、村卫生室34所。是年，有敬老院5处，入住五保老人54人，供养标准为每人每年粮食250千克、食油5千克，每人每月菜金12元、卫生费6元，衣服、被褥等定期发放。1995年，全镇有教职工373人，各级各类学校41所，其中小学11所，在校学生4359人；中学4所，在校学生2998人；幼儿园24所，在校幼儿1855人；成教中心1所，农业广播学校1所。各类卫生技术人员106人，医疗卫生机构35所，

1985~2012年岱岳区徂徕镇农民收入消费情况表

表12-8　　　　　　　　　　　　　　　　　　　　　　　　　　　　　　　单位：元

年　度	人　均纯收入	生活费支　出	食品支出	衣着支出	年　度	人　均纯收入	生活费支　出	食品支出	衣着支出
1985	436	279	161	27	1999	2853	2253	1216	200
1986	533	351	186	45	2000	2960	2338	1262	257
1987	624	399	192	55	2001	3120	2464	1330	271
1988	960	652	350	103	2002	3345	2642	1426	290
1989	986	684	452	123	2003	3618	2858	1543	314
1990	1230	812	696	156	2004	3871	3058	1651	336
1991	1350	895	704	154	2005	4130	3152	1702	346
1992	1560	997	712	156	2006	4376	3457	1866	380
1993	1700	1094	736	158	2007	4745	3748	2023	412
1994	1775	1285	801	158	2008	5538	4375	2362	610
1995	1800	1390	850	160	2009	6154	4861	2624	680
1996	2360	1864	1006	165	2010	7218	5702	3079	798
1997	2624	2072	1118	184	2011	8345	6592	3559	922
1998	2784	2199	1187	195	2012	9100	7713	4165	1079

其中镇医院1所、村卫生室34所。是年，有敬老院1处，入住五保老人42人。

2005年，全镇有教职工357人，各级各类学校67所，其中小学38所，在校学生3792人；中学3所，在校学生1493人；幼儿园24所，幼儿教师54人，在校幼儿1065人；成教中心1所，农业广播学校1所。卫生技术人员108人，医疗卫生机构35所，其中镇医院1所、村卫生室34所。是年，有老年公寓1处，建筑面积1048平方米；五保对象217人，入住老年公寓的五保老人46人，分散供养171人。2012年，全镇有教职工249人，各级各类学校30所，其中小学12所，在校学生3124人；中学1所，在校学生2052人；幼儿园15所，幼儿教师51人，在校幼儿710人，适龄儿童入学率99.9%；成教中心1所，农业广播学校1所。中小学校全部达到岱岳区区级规范化标准，达到泰安市市级规范化标准的学校5所，省级规范化学校1所。各类医疗卫生机构37所，其中卫生院1所，卫生技术人员83人，拥有床位90张；村级定点卫生室36所，卫生技术人员117人。有文化站1处、电影放映单位1个、单位图书室60处，农家书屋27家、配备图书5万余册。是年，有老年公寓1处，配有健身器材、老年活动室、门球场等设施；有五保老人260人，其中入住老年公寓的五保老人38人，集中供养标准为每人每年2300元；分散供养222人，供养标准为每人每年2200元。

第二节　民间习俗

徂徕山山区居民一向崇尚礼仪、热情好客，礼貌文明，民风古朴淳厚、诚实守信，舍己救人、助人为乐、见义勇为、勤劳俭朴、尊老爱幼、拾金不昧等风尚世代相传。旧社会修桥补路，积德行善，扶贫济困的义举，倍受赞扬。革命战争年代，山区居民不顾个人安危抢救和掩护革命军人、干部，深受社会赞誉。新中国成立后，山区居民的优良传统美德蔚然成风，好人好事层出不穷，受到社会的称赞；封建传统的陋习流弊和坏人坏事则受到谴责和抵制。

一、衣食住行

服饰　清末，徂徕山山区居民服装普遍由“家机布”（粗土布）缝制。男子穿对襟短衣，冬季外套大棉袄；女子穿大襟上衣。绅商塾师夏穿大褂，冬穿长袍，有的外套马褂。男女裤均为裹腰大裆式，有些居民冬穿棉裤衩（只有裤腿）。妇女必须扎腿，以宽布带从脚踝扎到膝下，否则不能出门。男戴帽垫（瓜壳形）、毡帽头、满头抹（套状帽子），女戴两片子帽。居民多穿“山鞋”（鞋面前为勾形，后有“叶根”）或圆口布鞋，小脚妇女喜穿木底鞋。民国期间，教员、学生穿中山服，亦有少数穿西服者；居民衣着无大改变，农事期间喜戴六角形“席夹帽”（草帽）。妇女七八岁即戴耳环，有的还戴戒指、手镯。新中国成立后，男以中山服、国防服为主，女以列宁服为多，服色以灰、蓝、黑为主。男戴带前折沿圆顶帽，女戴围巾。戴首饰者逐渐减少。“文化大革命”期间，基本无人戴首饰。20世纪80年代，服装鞋帽趋向多样化，花色款式变化很大，服式逐渐讲究。短大衣、长大衣、蝙蝠衫、羽绒服、健美服、西服以及各式各样的布鞋、皮鞋、塑料鞋、运动鞋、凉鞋等出现，夏季女装尤为丰富多彩，穿长、穿短、兴肥、兴瘦，姹紫嫣红。中青年女性时兴烫发，戴耳环、头饰、手镯、戒指等。居民服装的种类和款式与城市差不多，只不过在质地（化纤织物多）和做工工艺（名牌产品少）方面有较大差别。乡村中的老年人着装，基本放弃传统手工缝制的对襟袄褂、宽裆裤，更多的选择机制衣服。20世纪90年代起，中国传统的民族服装款式受到男女老少的青睐，如男女“唐装”、各类花样翻新的女士民族装饰图案服装等。年轻人着装追求时尚化、个性化、舒适化、多样化，主要服饰有西服、夹克服、运动装、风衣、羽绒服、休闲服、淑女装、牛仔装、健美服、T恤、裙装、裘皮服、羊毛服装、皮鞋、长筒皮靴等。佩戴首饰者日渐增多，以“三金”（金项链、金耳环、金戒指）居多。在服饰民俗中，传统的某些禁忌仍有所保留，如子女在服“孝”期间，忌穿红色等艳丽服装。

饮食　新中国成立前，官绅富贾常年食白面（小麦面），每餐兼有酒菜肉。中等以下人家以粗粮为主，多为玉米、谷子、高粱等制品为食；逢年过节、招待客人、婚丧喜庆和农忙劳累时方吃白面。贫者则“半年糠菜半年粮”，有“煎饼卷小豆腐（由蔬菜剁碎脱水加豆面蒸成）”、“煎饼卷大葱蘸大酱”等传统吃法。春、夏、秋季以食用露天种植的蔬菜为主，冬季多食用储藏的白菜、萝卜等。20世纪30年代，主食以窝窝头、饼

子较为普遍。新中国成立后，饮食逐步改善，多数用煎饼包“小豆腐”当主食。家庭用餐多由男女分桌，改为全家同桌、男女共餐。70年代前，鱼、肉、蛋类，多是逢节、待客、红白喜事或年长者食用，平日食用甚少。80年代起，白面制品逐渐成为人们的主食，主要有煎饼、面饼、馒头、包子、面条等。煎饼成为丰富生活的食品，其他粗粮制品已很少见到。饭食分主食、菜蔬、稀粥三大类，仍习惯吃煎饼，有“一张煎饼、两棵大葱”、“吃葱卷酱，越吃越壮”的民谚。副食、蔬菜品类繁多，最普遍的是白菜、菠菜、芹菜、豆角、黄瓜、莴苣、马铃薯、茄子、辣椒和瓜类、豆制品类，其中尤喜食白菜、豆腐；干菜有海带、虾皮、蘑菇等。20世纪90年代，农村发展大棚种植蔬菜，居民一年四季都可程度不同的（因家庭经济条件决定）吃上新鲜蔬菜。随着经济的发展和居民收入的增加，居民也能经常进食肉、鱼、禽、蛋类副食。同时，绿色食品、有机蔬菜已成为人们所追求的主副食时尚。20世纪末，居民在主食方面逐渐出现“复旧”现象，小麦面粉追求全麦粉（面粉越白越好、越细越好的观点逐步淡化），传统的小米、玉米、地瓜、荞麦、豆类等粗杂粮越来越受欢迎。食味一般尚咸喜辣，常以葱、蒜、咸菜、酱佐餐，又嗜咸鱼，尤喜白鳞鱼。人们爱喝稀粥的习惯相沿至今。

男性多有吸烟、饮酒、喝茶的嗜好。新中国成立前多为旱烟、散装白酒和粗茶（俗称干烘茶）。新中国成立后，卷烟、瓶装酒、花茶逐渐进入家庭生活。20世纪80年代起，传统名烟、名酒、啤酒、高级茶亦逐渐进入居民家庭。待客菜肴一般为四、六、八偶数菜，忌单数。逢年过节、婚丧寿诞宴宾则根据家庭经济情况设筵席。传统筵席有“八八”席，即主菜八盘八碗，每道主菜带附菜4个（一般为“凉碟”），另加1~2个大件，多以海参、鱼肚、鱼翅、莲子、百合等为大件。“六六”席，主菜计六盘六碗，各带附菜4道，共60道，也可加大件。上述两种酒席均应具干、鲜、甜、咸、荤、素和糕点等品味。“十全席”（四盘、六碗）、“八大碗”，均带4个安酒碟，冬季往往再加火锅。上述各席必具公鸡、鲤鱼、肉类三菜。贫家设席则不拘规格，有八大碗、六大碗或六盘二碗等，俗称“二鼓眼”席。新中国成立后，上述各席渐少，以四、六、八、十等偶数菜肴待客，有的再加大件，且愈以讲求营养和色美、味香、形奇等。器皿多改用瓷具。20世纪90年代，居民待客也很少用散装白酒和散装啤酒，就连平时走亲访友带的礼品也须是价位相当的瓶装酒、奶制品等，牛奶、豆奶等为老年人和青少年常用饮品。居民普遍喜欢喝茶，多数男人爱饮烈性白酒，近年喝啤酒者渐多。妇女饮酒者甚少。

居住　新中国成立前，居民住土墙草屋，简陋狭小，仅可安身。富家讲究方正合局、左右对称、居高向阳，有“四合院”和“三合院”。北屋为主屋（俗称堂屋），其他为配房。大门内有“影壁墙”。北屋门前左方设“香台”。豪门大户建“三进三出”院落，一般有大门、仪门、月台、厅房、门房、内宅、花园、粮仓、柴禾园等。房屋结构讲究四梁八柱五大檩再加大椽，合瓦大脊，石墙砖垛，并在脊檐山墙等处饰以“五禽六兽”，刻有“元亨利贞”、“福禄祯祥”，“富贵寿考”等字的砖刻或陶制品。一般房子都在山墙上立“吉星高照”砖刻，檐角嵌“太公到此”砖刻，冲街的屋墙嵌“泰山石敢当”石（砖）刻。不论贫富家家都单设饭屋和栏圈，讲究“东南饭屋西南栏，饭屋靠近大门边”。大门、屋门均有门砧石。凡无后院墙而紧靠邻居的房屋，后面不能开窗。左邻右舍的主屋，高度要大体持平，尤其处于上首（左方、前方）的房脊不能超高。

新中国成立后，住房条件逐渐改善。20世纪70年代前，居民大多仍是坯墙草房，木棂窗户。80年代，居民大都翻盖新房，多数是砖瓦结构、玻璃门窗，少数富裕户住房为钢筋混凝土结构的楼房和“锁皮厅”。农村逐步实行建房统一规划，新式排房不断出现。20世纪90年代起，居民住房多半脱离了阴暗简陋的破屋老房，多新建“土洋结合”的钢筋混凝土预制件盖顶的前出厦平房和钢筋混凝土结构二层楼房。一些经济发展快的乡村，居民住房走向统一规划、统一建设、城镇化发展的道路。

出行　新中国成立前，居民外出主要靠步行，有驴骡马者，用之代步。妇女多坐独轮车或骑驴。20世纪30年代，出现少量自行车。80年代，自行车基本普及，有的一户拥有多辆。同时，摩托车进入寻常人家。2000年起，居民家庭的摩托车、电动车日益普及。21世纪起，居民家庭的面包车、小轿车等私家车日趋增多。

二、生活用具

家具　新中国成立前，居民中上等家庭习惯在正房内对门墙壁中央放置条山几、八仙桌、椅子（多用太师椅），家具多以栗子红大漆油刷。贫穷之家设单桌、方凳、条凳，多睡土炕。新中国成立后，随着生活水平的提高，家具的质量、数量、品种不断更新。20世纪50~60年代，一般家庭仍以传统家具为主。70年代末，旧式家具逐渐淘汰，大立橱、写字台进入普通人家。20世纪80年代，普通家庭已使用沙发、茶几、菜橱、立橱、躺椅、写字台、组合橱及钢木家具等。

炊饮器具　鏊子、铁锅、铁勺、燎壶、菜刀为家庭必备。新中国成立前一般家庭用土坯垒砌的大炉灶做饭，风箱鼓风，烧柴草。炒菜烧水小火炉多为瓦盆作底糊泥而成。木桶、泥瓦罐、缸、盆为盛水洗涮用具。富裕人家用铜壶、铜勺、铜盆、铁水桶等，穷家多用葫芦勺、瓢等。新中国成立前，一般家庭用南泥茶壶和细瓷茶盅，酒壶多为锡制，穷家很少有茶具、酒具。20世纪50年代，开始使用搪瓷盆、铝勺。60年代，保温瓶广泛使用，铁炉具进入部分家庭。70年代，少数居民家庭开始使用铝制、塑料炊具和液化气炉具。20世纪80年代，不锈钢炊具时兴。

灯具　新中国成立前，多用灯碗燃豆油，富裕家庭用烛台燃蜡烛。新中国成立后，居民普通家庭多用玻璃瓶制做煤油灯。20世纪60~70年代，少部分家庭用电石灯，农村开始用电灯。80年代，农村通电，电灯普及。

取暖器具　新中国成立前，多用火盆取暖。普通家庭用泥瓦火盆，烧碎柴草及谷糠取暖。富裕家庭多用铜铁火盆和铜火炉，烧木炭取暖。用烫壶暖被窝，富家用铜、锡质、粗磁烫壶，穷家不备烫壶。20世纪50年代，一般家庭用火盆取暖。60年代多用无烟煤炭炉取暖。70年代，用有烟囱铁炉（俗称“憋来气”）取暖。20世纪80年代，电褥子进入普通家庭，少数家庭开始安装暖气。

家用电器　20世纪50~60年代，个别家庭始有电子管收音机。20世纪60年代中后期，开始有晶体管收音机。70年代末，部分家庭用上黑白电视机和电风扇。80年代，部分家庭用上彩色电视机、洗衣机、电冰箱等。90年代，少数居民开始使用录音机、留声机。21世纪初，部分家庭使用上空调。

床上用品　新中国成立前，一般家庭夏季炕上铺草席，挂蚊帐。冬季铺草褥子，盖棉被。新中国成立初，床上用品无大改变。20世纪70年代后期，床上用品花色数量逐渐增多。20世纪80年代，尼龙蚊帐、毛毯、毛巾被、绸缎被等较为普及，羽绒被进入少数家庭。

缝纫工具　20世纪60年代以前，衣服、鞋帽、被褥等绝大部分为人工缝制。60年代，缝纫机进入少数家庭。70年代，缝纫机增多。20世纪80年代，缝纫机基本普及。

钟表　新中国成立前，座钟、挂钟只有富裕人家拥有。手表、怀表只有商人、业主、教师等少数人拥有。20世纪70年代，少数职工带上手表。80年代，座钟、挂钟、手表、电子表普及乡镇。20世纪90年代起，随着石英表、电子表的普及，机械手表逐渐减少。

石磨石碾　新中国成立前至20世纪60年代，石磨、石碾为主要的粮食加工工具。70年代初期，随着粉碎机、磨糊机的出现，石碾、石磨逐渐减少。20世纪80年代仅存少量石磨、石碾。

汲水工具　20世纪70年代中期前农村主要用井绳、辘轳汲水。70年代后期大多数家庭用手压机井汲水。20世纪90年代，一些经济发展快的乡村，居民已用上自来水。

三、婚嫁　丧葬

婚嫁　新中国成立前男婚女嫁，本人皆不自主，取决于“父母之命，媒妁之言”。富家子女有的四五岁即由父母包办缔婚，甚至“指腹为婚”。缔婚讲究门当户对，着眼于经济和社会地位。民间有“官配官、员配员、篱笆门子配篱菅”之说。一般男15岁左右、女18岁左右完婚，富家子弟有七八岁即娶妻者，妇女十五六岁就有生育者。婚龄一般是男小女大，民间有“女大三、黄金搬”之说。甚至有女方比男方大8~10岁者。穷家娶妻困难，有的付给女方“身价”（一般是高粱250斤、粗布5匹）。有的以其姐妹嫁与其妻兄弟，互相对换，称为“换亲”。三家转换成亲者，称为“转亲”。其中一家出了问题即会导致这条“婚链”的全部或局部断裂。1950年贯彻《中华人民共和国婚姻法》，婚姻自主，父母对子女的婚事给以指导协助，不能强迫命令，到法定年龄男女自由结婚。20世纪50年代中期以前，结婚家具多由女家陪送。50年代中期起，结婚家具多由男方置办。50年代末~70年代，择偶注重对方的社会政治地位和经济状况，尤其政治条件具有关键意义。20世纪80年代起，开始注重文化条件（如知识、才能、学历等）。一般是女方对男方的要求较高较严（如要求男方高于自己的学历、职位和收入水平等），结婚家具多由男女双方共同置办。同时，旧婚仪式受到进一步冲击，出现了一些新婚仪式。有的新妇在结婚日不用送客，骑自行车去婆家成婚；有的到政府登记结婚后即回家成婚或外出旅游结婚；也有参加机关单位举办的集体婚礼。

旧时汉族婚嫁程序比较繁琐，主要有以下事项：

提亲　主要流行三种方式：一是由熟悉男女双方情况的介绍人主动为其撮合，或是受一方委托为其提亲。二是男女双方自由恋爱，为求名正言顺，托一熟人当形式介绍人。三是由婚姻介绍机构承担提亲职能。经介绍人提亲的男女须约定时间见面。如“见面”后双方都有好感，以后则自行约会，双方互作全面、深入的了解。一般经过一定时期的交往，双方认为满意后，面见父母，征求父母的意见。

订亲　男女双方经交往建立恋爱关系，并经双方父母同意后，由男方邀请熟人主持，将女方父母约到一起举行一场宴会，男方的母亲交给未来的儿媳一份聘礼（数额不一），正式确立姻缘关系。个别地方沿袭传统的“换贴”习俗。

议婚　男女双方商议结婚时间、彩礼、嫁娶议程等。一般由双方家长、婚姻当事人交换意见，有不同意见时由介绍人从中协调，直到达成共识。结婚时间，一般由男女双方协商选定或通过生辰八字“算命术”来确定。

传笺　也称“送柬”。议婚后，先由男方向女方送“求婚笺”，然后女方传回“允婚笺”。男方红笺正面书写“不揣寒微，仰攀高门”或“天地氤氲，愿结秦晋，敬修鸾简，永定婚姻”等语，背面书写“伏以仆之子××现年××岁，未聘”或“某子现年××岁，敬聘阁下某女主司中馈，叨赖玉成，敬求金诺”。女方红笺正面书写“何蒙不弃，愿结良缘”，背面书写“伏以仆之女××现年××岁，未字”或“某女现年××岁，许配阁下某子奉侍箕帚帚，肃具鸾笺，谨遵台命”。传笺后正式缔婚。

送“年命帖”　结婚前一个月，男家向女家送“年命帖”，注明结婚（俗称“过门”）日期、时辰、落轿及冠戴、坐帐方向及伴娘（俗称“送女客”）所忌属相等事项，女家即遵照办理，准备嫁妆等。

结婚　结婚分大娶、小娶两种。大娶是在婚前一日，由男方备两乘花轿，新郎坐轿到女家，当晚把新娘接来举行结婚仪式。在清末，大娶只有豪门富户才能办到，民国初期已不甚时兴。小娶即是送闺女，俗称“送亲”。结婚前一天，由男家送“催妆袄”和“蒙头红”给女方。新娘坐轿，有蓝、红、花儿种，一般用红轿和花轿，富者用“八仙花轿”，穷家用蓝轿，极穷者用小车。女家夤夜为新娘束装，背入轿内，由近人（叔伯兄弟或侄辈等）襄轿，送往男家。新娘出轿后，由女方的送女客和男方的娶女客搀扶新娘徐徐前进在红毡上，称为“蹈毡”。新郎出，拜天地，行三叩礼，称“拜花堂”。新娘入洞房，揭去蒙头红，吃“下轿饭”和“过街面”。然后新娘再更衣束装一次，称为“冠戴”。冠戴后即“坐帐”。坐帐一天，不能大小便，即便酷暑炎热亦须身穿棉衣。是晚，新郎新娘共饮合卺酒（俗称“喝红酒”，又称“交杯酒”）。就寝后，一夜不熄灯，俗称“长命灯”。夜间要有人“听房”，否则门口立上扫帚。

待客　从结婚之日起三日内，男家设宴款待前来贺喜的亲友。

搬送　结婚次日，女家把新娘搬回娘家住一宿，称“搬二日”；第三天再送回男家，称“送三日”。有的三天搬、九天送，称“搬三换九”。新娘由娘家送回后，与新郎同往祖茔祭祀，称“上喜坟”。至半月时，女家将新娘搬回，称“叫对月”，住半月再送回男家，称“送对月”。至此，婚仪始告结束，称为“大礼初成”。

丧葬　丧葬礼仪大致有如下程序：

停灵　病人生命垂危时，将其由卧房移至正庭中临时铺设的床板上，亲人日夜守护，为其送终。在病人弥留之际，由家人为其净面，穿寿衣，目视其离世。病人离世后，晚辈到院中面向西南“叫魂”，意在唤回死者灵魂，亦有讣告族人、邻里之意。随后将死者置于灵床上，摆供品，上香，点长明灯；向死者亲友报丧（有书面讣告和口头报丧两种形式），告知死者姓名和去世、入殓、出殡的时间。

入殓　将亡人尸体移入棺内，称为“入殓”。如系女亡，须经其娘家人验视后始能入殓。

守灵　院内设灵棚，以长子或长孙为首率男孝眷仆跪于灵棚内，女孝眷仆跪于棺周围，称为“守灵”。

吊孝　开吊时，亲友至灵棚祭奠，男孝眷跪叩答谢。

出殡　出殡一般在下午，出殡时，领丧的长子或长孙先摔“老盆”，在棺前引路，其余孝眷按亲等次序随于棺后。从抬棺至下葬，亲友在路旁举行祭奠仪式若干道（次），称为“路祭”。

埋葬　墓穴通常南北向。下葬后，聚土培坟。有宗祠者将亡人牌位送入宗祠。

圆坟　葬后第二天，死者亲属为新坟添土、烧香、烧纸，谓之圆坟。

五七　从死者去世之日起，每七天到坟地举行一次焚香烧纸祭祀的礼仪，一般做到五七（旧俗“五七”不过月）。

百日　死者去世后满百日这天，谓之百日。死者亲属上坟祭祀。

忌日　人死满一周年这天称为忌日。死者亲属上坟祭祀。忌日连做三年。

整个丧仪，大致如此，但因贫富不同，繁简有别，一些细节山前、山后略有差异。此外，不论丧局大小，均有以下规矩：母丧，孝子必须亲往外祖家报丧，称为“跪门”（无子者由丈夫或孙代替）。丧期内孝子必须踏着鞋不能穿上；丧期全家举哀号哭，并一日三次往土地庙“泼汤”；女婿给亡岳父母送“铭旌”（旧俗“七尺幛子八尺旌”）；人死于阴历年三十者，暂时“闭丧”，过正月初二后始能发丧。

新中国建立后，丧仪逐步简化。实行火化后，亡人骨灰装入骨灰盒，经过报丧、祭奠或开追悼会即出殡，有的将骨灰盒埋于地下，有的村建骨灰堂集中存放。21世纪初，个别地方又恢复一些旧俗，如雇用吹鼓手，烧扎财，举行路祭等。

四、喜庆　禁忌

喜庆　生育　婴儿降生，俗称“添喜”。孕妇临产前，女方母亲带红糖、鸡蛋等前去探望，谓之“催生”。婴儿降生后，主人要到亲戚、朋友家中报喜。亲友邻里向产妇母子送鸡蛋、红糖、米、面、婴儿装、玩具等礼品，表示祝贺。在产妇生育第九天或第十二天，主人设宴款待亲友“吃喜面”。婴儿“满月”后，母子（女）回娘家小住一段时间，谓“住满月”。婴儿出生100天，父母给孩子穿百家衣、照百天像。婴儿一周岁时，婆家和娘家人往往还要聚会一次为孩子庆贺，摆放各种象征物品来测试孩子的兴趣，谓“抓生”，并专门给孩子照相留念。

寿诞　一般60岁以上开始为老人做寿，庆贺花甲寿诞。寿诞这天，儿女及亲朋带上礼品（蛋糕、酒、肉、保健品、衣物等）聚集到老人家里，举行丰盛的宴会，以祈老人快乐长寿。一经开寿，最忌中途停止，俗谓“不做断头生日”。父母年满66岁时，出嫁的女儿要为老人买6斤6两猪肉，谓“六十六，吃块肉”。

道喜　男子结婚，亲友送喜钱或物品，有的送贺幛，主家设宴答谢，此习至今盛行。近年来，有的送茶具、餐具或家具等。

送赂　又称添箱。女子结婚，亲友前往庆贺并赠送喜钱或衣物等，主家设宴答谢。近年有的送衣服、家具、生活用具等物。

温居　亦称“温锅”。迁居、新建房宅、分家后，亲友携带礼品前往慰问，主家设宴答谢。此习至今更普遍，有的亲友并赠以家具、生活用具或字画等。

庆典　旧时商号开业，亲友及四邻赠送礼品或贺联等，并欢宴，称为“开张志禧”，俗称“贺号”。今公司、店铺开业，普遍燃放鞭炮，摆放花篮。大型庆典仪式普遍扎置大型充气拱门、空中大型气球群加飘巨幅标语、鸣放礼炮、组织文娱演出、模特队表演、邀请军乐仪仗队表演等。

饯行　俗称“送行”或“发脚”。旧时亲友外迁或远出，携带礼品前往看望，有的还赠以路费（俗称“盘缠”），宾主欢宴，称为饯行。新中国成立后，对参军、升学、招工、调动工作等，亦举行饯行活动。登泰山前亲友前往送行欢宴称“发脚”。

接风　旧时，亲友外出返里，携带礼品前往慰问并欢宴，称为接风。登泰山返回后接风，称为“接顶”。

禁忌　禁忌俗称“忌讳”，旧时民间禁忌颇多，主要有：

大年初一不打水，不放鸡出窝，一天不扫地、不泼水。

正月里不理发，俗谓“正月剃头妨舅舅”。

阴历每月初一、初七、十五不探亲访友。

阴历每月十三日，俗谓“阳公忌”，不能外出，因十三与“失散”谐音。

一般情况下，单日和下午不探望病人。

产妇不出满月不轧碾、不推磨、不打水、不出大门。

借用别人的药锅一般不能送回，须待主人来取；如因故必须送回时，要在药锅内放些粮食。

孕妇、寡妇不能担任新娘的伴娘（俗称“送女客”）。

妇女分娩、家有病人或养蚕，在门帘左上方缀以红布条为标志，忌生人入室。

访亲探友携带礼品忌用单数。

祝寿及婚礼宴席上，忌用白公鸡和母鸡。

父母丧，百日内不理发，三年内不贴红纸对联。

给小孩命名，不能与直系亲属同音同字。

已婚女子不能在娘家过春节，住于娘家时不能与丈夫同宿。

死于异地者，尸体或棺柩不能进入家院。

吃饭时忌敲饭碗，敲饭碗意味着没饭吃。

小孩蜕掉的奶牙忌乱扔，上牙要扔到房顶上，下牙扔到烟囱内。

衣服破了或掉了扣子，忌穿在身上缝补，有“穿着缝，没人疼”的说法。若在身上缝，被缝者口中要衔一根草。

公公不能到儿媳屋里去。

小孩不能捅屋里的燕子窝，有捅了燕子窝要瞎眼的说法。

人到一百岁时只说九十九岁，忌说一百岁。

忌说七十三和八十四岁，这是人生的两个关口，谓“损头年”，有“七十三、八十四阎王不叫自己去”的说法。

长辈的乳名晚辈不能叫。

初一下饺子时，不能拉风箱。饺子破了忌说“破了”，要说“挣了”。

妇女不准在娘家生孩子。

父母死后，子女在服孝期间，忌穿红、绿、黄等色彩鲜艳的服装。

忌吃从窗子递来的食物。

中药渣忌倒在家里，要倒在大门外。

逢年过节，忌打碎东西，若打碎要接着说句“碎碎（岁岁）平安”破解。

五、礼仪称谓

徂徕山区居民一向崇尚礼仪，民风古朴淳厚，热情好客，礼貌文明。

礼仪　古代通行跪拜礼，俗谓磕头礼。凡百姓面见官员及婚丧、拜年、祭祖、敬神等，皆行磕头礼。衙役见官长、仆人见主人、晚辈见长辈，有以右膝半跪侧身请安之俗，谓之“打千”礼。平日亲友会晤、熟人路遇则作揖为礼或拱手致意。妇女面见长辈或客人时，双手拢至右腰，同时稍曲右腿，身躯微下，上身前倾，名曰“万福”礼。1912年，民国政府废止跪拜礼，改行鞠躬礼，但仅行之于官场。民间除“打千”“万福”之礼渐废外，其余依旧。20世纪30年代，公教人员行握手礼。抗日战争时期，区内解放区逢年过节常举行团拜，互致鞠躬礼。新中国成立后，庆典礼式行鞠躬礼，民间开始行握手礼。此外，熟人相遇常招手致意或颔首示意。学生实行举手礼。跪拜礼仅见于少数丧葬仪式。

待客　每逢客至，或迎至门外，或起立出室相迎，以示热情。客人进院或入室，请客先行，让之上座，并奉以烟茶等。敬烟代为点燃，敬茶双手执壶斟至八分。客人询及父母，多起立回答示谢。留客进餐，仍请上坐，或请人作陪，主人陪坐于下。饮宴中热情向客人请酒让菜，以客人畅饮为快。用饭时，主人及陪客不先于客人吃完，更不能擅离席位。饭后用茶。客走回压礼品，亲送门外道旁，行礼话别。上述传统待客礼俗至今相袭。

社会交往　向人发问或有求于人，常先以“请”“劳驾”“借光”等为发语词以示谦恭。受助于人时道声“谢谢”“有劳”“麻烦您了”等。受人感谢时则说“别客气”“没什么”等语。需他人让路高喊“借光”以示人注意，若冒犯他人则说“对不起”，对方一般回答“没关系”。告别时互致“再见”。故知路遇，点头或招手致意。骑车逢亲友，下车趋前致意。道路狭窄或人车拥挤，一般为：行人让车马，人力车让机动车，轻车让重车。尊长、领导递赠物品，双手相接示敬。亲友来访、馈赠，“礼尚往来”，给以回访、回赠。

称谓　分书面称谓和口语称谓。前者用于书信或较严肃的场合，后者讲究内外有别。家族中称谓的书面称谓与口语、对外称谓的对应变化如下。

曾祖父、母：口语称“老老爷”或“老爷爷”“老奶奶”。

祖父、母：称“爷爷”“奶奶”。

父亲：称“爹”或“大大”“爷”，现多称“爸爸”，对外称“家父”“我父亲”。尊称他人之父为“令尊”“您父亲”，回民称“大”。

母亲：称“娘”，现多称“妈”“妈妈”，对外称“家母”“我母亲”。尊称他人之母为“令堂（慈）”“您母亲”。

兄：称“哥”“大哥”“二哥”等。

嫂：称“嫂子”“大嫂”“二嫂”等。

姐姐：称“姐”“姐姐”“大姐”“二姐”等。

弟弟：称“兄弟”，或直呼其名，对外称“舍弟”“我兄弟”。

妹妹：称“妹妹”“大妹妹”“二妹妹”等。幼时可直呼其名。

弟媳：称“兄弟媳妇”“弟妹”或直呼其名。

夫妇间：称“你”，后演为倚托式，如“孩子他爹（娘）”“××（小孩名）他爸（大大）妈（娘）”，近年多直呼其名或姓。对外谦称妻子旧为“贱内”“拙荆”“内子”，今多称“俺那口子”“俺家里”“我对象”“我爱人”等。称他人之妻为“令正”“尊夫人”“贤内助”“您爱人”。

儿子：直呼其名，对外称“犬子”“犬大”，现多称“俺大儿”“俺儿子”等。敬称他人之子为“令郎”“您儿子”等。

女儿：幼时宜呼其名，成年称学名或“大闺女”“二闺女”等。敬称他人之女为“令爱”“您闺女”等。

儿媳：称“他嫂子”“媳妇子”，今多直呼其名。

公公：随夫称呼，但不称“大大”而称“爹”“爷”，对外称“公公”。

婆婆：随夫称呼，对外称“婆婆”。

夫之兄、嫂、弟、姐、妹：随夫称呼，对外称“大伯哥”“大伯嫂”“小叔子”“大姑子”“小姑子”。

同族中称谓　书面称谓前加“族”字，如“族伯祖”“族叔祖”“族伯（叔）”“族兄（弟）”等。口语同家族称谓，一般冠以排行数字，如“大老爷”“二奶奶”“三大爷”“四叔”“五哥”“六弟”等。

亲属间称谓　至亲有的书面称谓与口语相近或相同。如“舅父”（口语称“舅”）、“舅母”（口语称“妗子”）。不同者，如书面称外祖父、母，口语为“老爷”“姥娘”，忌面称“外老爷”。直系姻亲中的长辈、同辈、晚辈皆加“表”字，如“表叔”“表哥”“表侄”，口语也有省去“表”字的。对远亲，书面带“姻”字，如“姻伯”、“姻叔”“姻侄”“姻孙”等；口语一般同直系姻亲。岳父称女婿为“贤婿”“快婿”，自称“眷生”；女婿称岳父为“泰山”“岳丈”，自称“门婿”或“子婿”，口语女婿随妻称呼，但对岳父不称“大大”而称“爷”或称“大爷（叔）”，称岳母有的称“大娘（婶子）”，对外则称“丈母爷”“丈母娘”。非直系近亲中，父之姐妹称“姑”，母之姐妹称“姨”；姑、姨之配偶称“姑夫”“姨夫”。

世交友朋间称谓　书面称谓前加“世”字，如“世兄”“世弟”等。结盟兄弟亲属加“仁”字，如“仁兄”“仁弟”“仁伯”等。今多同于家族称谓。结拜干亲者，同辈称盟兄、盟弟，对外称“干哥”“干弟”，称干同辈之父母为“爹”“娘”，当面忌称“干爹”“干娘”。学生称老师为“师长”“师尊”，自称“门生”“受业”；老师称学生为“贤契”“学棣”，自称“友生”。新中国成立后，学生一般直呼“老师”或冠以姓氏，老师对学生则直呼其名。

社会称谓　对年长者，男称“先生”，女称“太太”，年高者加“老”字，对年长又不明行辈者，常在姓下加一“翁”“老”等字。年纪约等者称“哥”“弟”“姐”“妹”，或在其称谓前面加姓，如“×哥”“×姐”，或称“老兄”“老弟”，自称“愚兄”“愚弟”。新中国成立后，根据年龄大小，多改称“老同志”“老大爷”“老大娘”“同志”等。干部、职工子女对父母的同事，男称“伯”“叔”“大爷”，女称“姨”“姑”；年老者称为“爷爷”“奶奶”。青年工人称老工人为“师傅”。近年，通称陌生工人为“师傅”“老师”者渐至流行。旧时，民众称官员为“老爷”“大人”“长官”，自称“小人”或“下民”。新中国成立后，一般互称“同志”，对担任领导职务者或称职务。

六、传统节日

元旦　公历1月1日，古谓岁首，即“一元复始”之日。据传夏代定夏历正月初一为元旦。至汉代复定元旦为正月初一，历代沿袭。

1912年，中华民国成立，国民政府宣布改用公历纪年，定公历元月1日为元旦。夏历（农历）元旦，则改称春节。后俗称元旦为“阳历年”。是日，机关、学校等挂旗放假示庆。新中国成立后，继续实行。机关事业单位及个人多借此向往来较多的关系单位和亲朋好友寄发贺年卡、电子邮件或信息互致祝贺。居民多数阖家团聚、改善生活。

春节　俗称“大年”，旧俗从“腊八”开始准备过年所需物品，称“办年货”。腊月二十三大扫除，称“扫尘”（或称“除陈”）。年三十贴春联、挂年轴、安神位、请家堂，晚上吃“团圆饭”。除夕之夜，有的通宵不寐，称“守岁”（俗称“熬年”），家人再小酌一次，称“辞岁酒”。夜半子初，祭神、焚香烧纸放鞭炮（称“发码子”）。正月初一黎明前，吃新年第一顿水饺（一般用豆腐馅，取“都福”或“陡富”谐音）。饭后，先向“家堂”叩头、老人拜年，再走邻串户拜年。大人给小孩“压岁钱”。初一晚，送家堂。初五早晨吃水饺，称“五麻日填穷坑”。初二至十四为亲友拜贺期。家家迎客送客，互请“节酒”，并举办民间传统文娱活动。过了正月十五，春节活动始告结束。新中国成立前，富家过年极其奢侈铺张，穷家往往避债到除夕夜始能回家（旧俗除夕不逼债），有的甚至吃不上水饺，因有“富人过年，穷人过关”之说。新中国成立后，春节习俗除祭神等迷信活动大为减少外，余皆盛行，并增加贴年画、演电影、拥军优属、慰问离退休老干部和老职工等活动。“文化大革命”中，“破四旧，立四新”，设立岗卡查缴走亲探友的礼品。“农业学大寨”期间，居民“干到腊月二十九，吃了包子再下手”，春节活动甚为冷落。20世纪80年代，政通人和，物资充足，人民休养生息，春节活动丰富多彩，出现太平盛世景象。80年代中期，除夕之夜全家人聚在一起观看中央电视台“春节晚会”，“守岁”成为一种新的习惯。21世纪初期，由于社会生活所需物质丰富充盈，再无须延续腊月初八以后紧张操办年货的做法；拜年方式更趋向现实化、现代化，团拜、电话拜年、短信拜年、网络拜年等逐步取代传统的拜年方式而成为一种时尚；传统的走街串门拜年基本上局限于对长辈、上级或年长体弱等群体；春节的人际往来送礼也破除只送生活物品的传统，突出时代气息，改送鲜花、工艺品、书籍等。自正月初二至十五，家家户户频繁互相走亲访友习俗，亦有增无减，成为民间最具“人情味”的节俗。

元宵节　农历正月十五，俗称“灯节”。旧俗早吃元宵，晚间饮宴，并制作面灯、纸灯、萝卜灯置于门口、路口、河边及茔墓等处，称为“上灯”。面灯以白面、黄米面或玉米面制作，要制12个或6个，每个灯上有1-12个“鼻”，分别代表各月份。居民习以灯内所出之“露水”来预卜何月雨多、何月雨少。粮食瓮上置一个蛇形灯，称“粮食精”。另制一个香油面灯给全家人照耳朵眼，称“避五毒”。20世纪90年代起，徂徕山仍然流行正月十五晚上“上灯”的习俗，即或用面粉，或用萝卜，或用白菜疙瘩（根）做成灯碗（原本以棉絮拈成芯，施以食用油，现今有的则用小蜡烛取代），先照一遍房舍的角角落落，然后摆置于门口、路口、窗口、河边等处，并延续着元宵节家家户户吃元宵的风俗。

二月二　旧俗谓“二月二，龙抬头”。民间有“打囤”（即用草木灰把宅院围一周）、吃“蝎子爪”和妇女停止纺线一天的习惯。1958年人民公社后，“打囤”已废，吃“蝎子爪”仍盛行（“蝎子爪”为黄豆煮熟晾干，油炒加盐或糖制成）。当地还流行“二月二”理发的习俗，谓之“龙抬头”，可去除晦气、带来吉祥。

寒食　清明　寒食在清明前一日。居民一般把寒食和清明统称清明节。旧俗早饭禁火，吃冷食，门楣插柳枝。清明节期间居民扫墓祭祖。新中国成立后，早饭禁火之俗已废。机关、团体、学校等单位常组织干部群众、学生在清明节期间集体瞻仰烈士陵墓和开展植树活动。

端午节　农历五月初五称“五月端午”“端午节”“端阳节”。早晨吃粽子或鸡蛋，佩带香荷包，并在门楣插桃枝和艾叶，吃糯米做成的各种粽子、煮鸡蛋，或亲戚朋友互相送粽子和鸡蛋，晚上饮宴。给儿童缝制佩带的香荷包（包以朱砂、雄黄、香料等，清香四溢、玲珑可爱）、小红辣椒等仍是民间热衷的做法。20世纪90年代起，端午粽子已打破过去传统做法而花样翻新、吃法多多，如肉粽、山药粽、莲子紫米粽、绿豆鸭蛋粽、百果粽等。此习至今盛行。

六月六　俗称“山神节”。是日在山神庙祭祀，祈祷山神监管山中野兽和坏人，保护人畜和山林。宋真宗因六月六在泰山得“天书”，故称是日为“天贶节”。过去富户雇长工者，是日放假一天，故又称“长工节”。农家有“六月六，拌炒面”之习，是日尝新麦、吃炒面。有些居民还保留喝“茶汤”（即以腊月炒米面煮成糊状饮料，谓能避暑）、设晚宴的习俗。

七月七　俗称“乞巧节”。传为牛郎织女聚会的日子。是日晚，少女在月下穿针（即七根线、七枚针），谁穿得快、穿得多，谁就乞到了灵巧。

中元节　农历七月十五，旧称“鬼节”。旧社会，在城隍庙、土地庙放灯祭孤魂，有的居民举行家祭或扫墓。今山区部分居民仍有此习。

中秋节　农历八月十五，民间称“团圆节”。凡外出者均争取回家过节，在民间是仅次于过年的一个重大节日。节日前半月内，走亲（一般是长辈到晚辈亲戚家）访友，特别是娘家看望已婚女儿。晚间举行家宴，吃月饼和水果并赏月。此习至今盛行。

重阳节　农历九月九日，是日人们有登高之习。20世纪80年代末，国家将此确定为“老人节”后，成为各级领导走访、慰问离退休老干部、老职工、老年人活动的节日。随着“以人为本”“人性化”的倡导，重阳节逐步成为人们敬老爱老、尊重老人表达敬意的节日。

十月一　有祭祖扫墓之俗。居民大多遵循着十月一上坟祭祀故人的风俗习惯。

腊八　农历十二月初八为“腊八”节，是日早上喝腊八粥。因病因事许愿者，是日舍粥还愿。民间有“腊七腊八，冻死叫花”之说，故是日乞丐上门讨饭时，家家均热情施予粥饭。新中国成立后，舍粥之习已废，喝“腊八粥”仍盛行。20世纪90年代起，随着人们生活水平的不断提高，居民多用大米（或小米）、豆类、红枣、莲子、核桃仁、桂圆、花生等熬食“腊八粥”，预祝来年五谷丰登。另外，居民还保留着腊八当日用醋腌制“腊八蒜”的习俗。

小年　农历腊月二十三，也为祀灶日。举行祭灶活动，吃糖瓜、设晚宴，俗称过“小年”。节日主要活动是送“灶王爷”上天，也称“辞灶”。即日摆上糖瓜（意为用糖粘住灶王嘴）、面叶汤（意为用面片贴住灶王嘴）等，烧香叩头，以祈求灶王爷“上天言好事，回宫降吉祥”，然后把旧神像揭

下烧掉，再贴上新的灶神像，新中国成立后，祭灶者渐少，仍保持吃糖瓜习俗。小年打扫家居卫生、迎接春节的习俗依然在原汁原味地保留着。

七、地方节日

天宝镇樱桃节　2010年5月6日，新泰市主办、天宝镇承办的“品中华樱桃，游物华天宝”为主题的首届樱桃节开幕，至6月6日结束。至2012年，共举办樱桃节3届，时间为每年5~6月。其间，还举行名优农产品推介会、樱桃生态农业观光采摘游、樱桃节书画笔会、樱桃节摄影大赛、全省大型交友、文艺表演等活动。同时，挖掘境内旅游资源，建成以旅游路为主线，辐射周边的光华寺、梁父山、隐仙观、贵人峰等诸多旅游景点，扩大“中国樱桃第一镇”（1998年5月，天宝镇被中国农业特产委员会命名为中国樱桃第一镇）的社会知名度和影响力。天宝镇樱桃被古代宫廷指定为贡品，种植栽培有1000多年的历史，主要集中在该镇北部山区，所产樱桃色艳、果大、核小、味甜、肉厚，号称“江北鲜果第一枝”。2012年，天宝镇樱桃种植总面积3333.33公顷，建有樱桃冬暖大棚500多个，拥有红灯、龙冠、乌克兰、美早、岱红等8大系列、30个品种，年产量3万余吨。“年家峪”牌樱桃被评为山东省名牌农产品，并获农业部绿色产品认证，每年上市季节都有四面八方的游客前来观光、采摘，产品畅销全国各地。

无影山庙会　位于岱岳区徂徕镇北约1000米。每年阴历三月三为无影山庙会，会期3天。届时商客云集，搭棚设摊，开展交易，伴以唱戏、杂耍、赛拳、对刀等文体活动。茶棚酒座，遍布山坡。游山赶会的群众熙熙攘攘，日达数万人，盛极一时。“文化大革命”期间庙被拆毁，庙会停办。2011年，徂徕镇杜家庄村村民时立国投资360万元，建成占地面积4500平方米的无盐圣庙。2012年阴历三月三日，无影山庙会恢复，会期由3天改为5天。

2010年5月6日，新泰市天宝镇首届“樱桃节”开幕式

旧县爬桥节　旧县大桥横跨汶河，连接徂徕、邱家店两镇。每年正月十六日，桥两头附近的居民自发汇集到大桥上走一走，祈盼着一年风调雨顺，平平安安。据记载，爬桥节起源于清康熙年间。旧时正月十六日早晨，境内的孙疃、桥沟、北望、宽店、曹庄、郑家庄、姬家庄等村的村民自发来到桥上聚会，从桥南走到桥北，再从桥北走回桥南，为的是把往年的晦气抛进流水，消灾祛病，长命百岁，来年好运。农村实行改革开放之后，爬桥节赋予了祝愿地增产、人长寿等新的内容。届时，邻近村组织高翘队、舞龙队、秧歌队敲锣打鼓，村民齐聚桥头，争相爬桥，尽情欢乐。

石人庙会　岱岳区徂徕镇许家庄村东立有一尊石人雕像。每年正月十六日在石人附近举办庙会，四邻八乡的村民聚此赶庙会。庙会上唱戏、杂耍、马戏、歌舞、小吃，应有尽有。“文化大革命”期间石人被毁，庙会停止。2005年，善男信女捐资重立石人神像，庙会随之恢复。

西庄庙会　此庙位于徂徕山北，玉皇山以南，西临金猪山，东濒桃河。每年正月十六、六月初一为庙会，后发展扩大到白石岑道庙。1940年5月，西庄庙被日本侵略者烧毁，并强令村民将庙拆掉。拆庙前，庙会每年正月十六、六月初一开始，会期4天，有大戏助兴、马戏团玩杂耍、外地娱乐团体等，泰安、新泰、莱芜等地的善男信女坐轿、骑马、步行，从四面八方络绎不绝涌向白石岑赶庙会，祈神求福，消病去灾，每年约有1万余人前来拜神祈祷或从事经商娱乐。2010年，化马湾乡西庄村委和村民刘均科共同投资50余万元，按原来的样式重修大殿及院落。至2012年，每年的正月十六、六月初一的庙会会期延至10余天，从早到晚人来人往，车水马龙，赶会的人群络绎不绝。

2011年2月18日，旧县爬桥节

第十三章

艺　文

礤石峪

徂徕山自然风光秀美，人文历史景观丰富，历代文人、艺术家到徂徕山览胜掠景，游历采风……留下诸多名篇佳作流传于世。

徂徕诗歌自先秦便已出现，《诗经》中所咏“徂徕之松”可视为徂徕诗的滥觞。唐天宝年间“诗仙”李白与文人孔巢父、韩准、裴政、陶沔、张叔明等同隐竹溪，所作《送韩准裴政孔巢父还山》，抒发寄情山水、闲逸自在的超然心境，为徂徕山增添一层神秘浪漫的隐士文化色彩。宋石介在长春岭下创建徂徕书院，后人宗之“徂徕先生”，“学者从之甚众”。金元党怀英、郝经，明代公鼐、萧协中，清代王士禛、孔贞瑄、洪昇、查慎行、沈德潜、魏源，近代易君左等都留下文采斑斓的华章；现当代诗人燕遇明的新体诗作，也为徂徕诗增添新的内容。徂徕山古代散文虽篇帙不多，艺术成就却较为突出。特别是清赵国麟《游徂徕山记》，实为游记文学中之佳作；现代作品《徂徕山漫步》（燕平）为长篇纪实性散文。徂徕山的小说创作，古代作品多为志怪言情之作，散见于《太平广记》《剪灯馀话》《阅微草堂笔记》；现当代开始出现白话长篇小说，如赵和琪创作的抗日题材作品《虎跃徂徕山》（章回体评书）等，在当代文坛产生一定影响。徂徕山民间文学蕴藏丰富，尤其是歌谣、传说故事等，传承久远，数量众多。近年对徂徕民间文学进行多次搜集和整理，先后结集出版有《徂徕山抗日歌谣》《徂徕山民间故事》《徂徕山传奇》等。徂徕山的音乐作品可追溯至春秋时代的《梁山歌》（《梁父吟》），《琴操》载：“《梁山操》者，曾子之所作也……尝耕泰山之下，遭天霖泽，雨雪寒冻，旬月不得归。思其父母，乃作忧思之歌。”但曲调早已无传。当代音乐人谱写多首徂徕山的歌曲，其中1964年创作的女高音独唱《人人都说咱徂徕美》入选《山东三十年歌曲选1949–1979》；近年徂徕山林场职工创作《绿色的心声》《神奇的徂徕山》等曲目。

本章拾撷徂徕山艺文，收录诗词270余首，赋3篇，散文13篇，小说3篇，传说故事9则，歌谣、歌曲8首，书目16种。

第一节　诗　词

鲁颂·閟宫（第八章）

先秦·《诗经》

徂来之松，新甫之柏。
是断是度，是寻是尺。
松桷有舄，路寝孔硕。
新庙奕奕，奚斯所作。
孔曼且硕，万民是若。

徂徕山二首

唐·王希夷

徂徕山下是吾家，吸露嘘风卧紫霞。
几百年来无个事，朝朝坐对老松花。

翠满竹溪云满山，晨钟暮鼓叠烟鬟。
天光一线开丹嶂，独坐松篁杳霭间。

送韩准裴政孔巢父还山

唐·李　白

猎客张兔罝，不能挂龙虎。
所以青云人，高歌在岩户。
韩生信英彦，裴子含清真。

孔侯复秀出，俱与云霞亲。
峻节凌远松，同衾卧盘石。
斧冰嗽寒泉，三子同二屐。
时时或乘兴，往往云无心。
出山揖牧伯，长啸轻衣簪。
昨宵梦里还，云弄竹溪月。
今晨鲁东门，帐饮与君别。
雪崖滑去马，萝径迷归人。
相思若烟草，历乱无冬春。

访竹溪呈孟节兼有怀熙道

宋·石　介

到头泉石是吾家，坐石听泉日已斜。
一片青衫非富贵，千竿绿竹好生涯。
君曾览照头皆雪，我试看书眼亦花。
便好结为山伴侣，教他夔益佐勋华。

送范曙赴天雄李太尉辟命二首

宋·石　介

吾家泰山徂徕间，浓岚泼翠粘衣冠。
君来访我茅屋下，正值山色含春寒。
终日把酒对山坐，几片山色落酒盘。
峰头云好望无倦，篘里酒多倾不干。
临行再拜殷勤别，请我一言披心肝。
吾贫无钱以赠君，门前峨峨横两山。
愿君节似两山高，眼看富贵如鸿毛。

徂徕山斋熟寝，家童报征西府从事田集贤元均、张著作叔文、赵推官庶明书至，开缄读之，因题书后

宋·石　介

满径蓬蒿懒自锄，何人日午叩茅庐。
徂徕山下一枕睡，经略府中三纸书。
兵谋贵胜纵横出，海鸟忘机饮啄余。
唯有淮夷雅宜作，文章兼不让黄初。

村　居

宋·石　介

幽居一亩枕溪稜，阶下杉松缠古藤。
常爱园林深似隐，不嫌门户冷如僧。
麦宜过社犹催种，山近经秋却懒登。
已把壮心闲顿置，少年莫要苦相憎。

读徂徕集

宋·欧阳修

徂徕鲁东山，石子居山阿。
鲁人之所瞻，子与山嵯峨。
今子其死矣，东山谁复过。
精魄已埋没，文章岂能磨。
寿命虽不长，所得固已多。
旧稿偶自录，沧溟之一蠡。
其余谁付与，散失存几何。
存之警后世，古鉴照妖魔。
子生诚多难，忧患靡不罹。
宦学三十年，六经老研摩。
问胡所专心，仁义丘与轲。
扬雄韩愈氏，此外岂知他。
尤勇攻佛老，奋笔如挥戈。
不量敌众寡，胆大身么么。
往年遭母丧，泣血走岷峨。
垢面跣双足，锄犁事田坡。
至今乡里化，孝悌动蚕禾。
昨者来太学，青衫踏朝靴。
陈诗颂圣德，厥声续猗那。
羔雁聘黄晞，晞惊走邻家。
施为可怪骇，世俗安委蛇。
谤口由此起，中之若飞梭。
上赖天子明，不挂网者罗。
忆在太学年，大雪如翻波。
生徒日盈门，饥坐列雁鹅。
弦诵聒邻里，唐虞赓咏歌。
常续最高第，骞游各名科。

岂止学者师，谓宜国之皤。
天寿反仁鄙，谁尸此偏颇。
不知诐诐者，又忍加诋诃。
圣贤要久远，毁誉暂喧哗。
生为举世疾，死也鲁人嗟。
作诗遗鲁社，祠子以为歌。

重读徂徕集

宋·欧阳修

我欲哭石子，夜开徂徕编。
开编未及读，涕泗已涟涟。
勉尽三四章，收泪辄忻欢。
切切[1]善恶戒，丁宁仁义言。
如闻子谈论，疑子立我前。
乃知长在世，谁谓已[2]沉泉。
昔也人事乖，相从常苦艰。
而今每思子，开卷子在颜。
我欲贵子文，刻以金玉联。
金可烁而销，玉可碎非坚。
不若书[3]以纸，六经皆纸传。
但当书百本[4]，传百以为千。
或落于四夷，或藏在[5]深山。
待彼谤焰[6]熄，放此光芒悬。
人生一世中，长短无百年。
无穷在其后，万世在其先。
得长多几何，得短未足怜。
惟彼不可朽，名声文行然。
谗诬不须辩，亦止百年间。
百年后来者，憎爱不相缘。
公议然后出，自然见媸妍。
孔孟困一生，毁逐遭百端。
后世苟不公，至今无圣贤。
所以忠义士，恃此死[7]不难。
当子病方革，谤辞正腾喧。
众从皆欲杀，圣主独保全。
已埋犹不信，仅免斫其棺。
此事古未有，每思辄长叹。
我欲犯众怒，为子记此冤。
下纾冥冥忿，仰叫昭昭天。
书于苍翠石，立彼崔嵬巅。
询求子世家，恨子儿女顽。
经岁不见报，有辞未能铨[8]。
忽开子遗文，使我心已宽。
子道自能久，吾言岂须镌。

注：①切切：一作“昭昭”，一作“昭晰”。

②已：一作“子”。

③书：一作“传”。

④但当书百本：一作“传十以为百”。

⑤在：一作“于”。

⑥焰：一作“艳”。

⑦恃此死：一作“轻死此”。

⑧铨：一作“诠”。

读守道诗

宋·张　耒

仁宗之初公有声，一世儒者闻之惊。
日行古义不顾俗，师事孙子传其经。
扫堂捧杖供贱役，侍师之坐随师行。
质疑问道无敢变，当世始知师与生。
作为文章不徒发，讥切时事排公卿。
俗儒毁誉无所出，乃取过行为讥评。
过於仁义罪固小，矫弊自合违中行。
人皆不及子独过，过者之罪谁为轻。
开编偶诵子诗句，辞气磊落严以清。
吟哦令我不能舍，想见眉宇寒峥嵘。
高风一泯不可见，安得壮士能经营。
惜哉朽骨不可作，徂徕废土知谁耕。

过徂徕山

元·胡祗遹

谪仙乘龙去不还，白云空锁徂徕山。

当年咳唾落岩壑，至今涧草如幽兰。
玉堂金銮不伸肘，醉游万里天风寒。
古风六十配风雅，一唱一叹清肺肝。
传芳再得石守道，正气高压青云端。
庆历一诗无敢作，表章忠正诛妖奸。
兹山自从得二贤，拄天万仞青琅玕。
书生朽骨亿万万，名与秋草随霜残。
乾坤清气我不与，坐长白发凋朱颜。
一言盖世不能辨，自笑生死文字间。
王事有程前路永，西风落日催归鞍。
读书堂基杳何许，濯缨山下溪潺潺。

过 竹 溪

元·王 旭

竹溪徂徕阴，幽邃有佳趣。
当年唐六逸，盘桓此其处。
高情继烟霞，觞咏遗世故。
出处士大节，正要安所遇。
宁为南阳龙，不忆东门兔。
阴阳运否泰，治乱关气数。
乃知贤达心，于世本无预。
溪竹绿益繁，溪流清不污。
归隐谁我同，怀人日空暮。

题竹溪清晓

元·王 旭

溪竹拥苍云，溪流漱寒玉。
中有避世士，岁寒甘幽独。
浩歌风露余，抚此万竿绿。
七贤不可作，六逸谁当续。
荣华易零落，世道多反覆。
抱琴归去来，春风谢华屋。

游光化诗

元·王 旭

山门森万木，俗客到常稀。
藤葛逢僧话，烟霞息世机。
秋声响涧壑，岚气湿裳衣。
懒入尘中去，尘中有是非。

竹溪六逸图

元·同 恕

圜峤方壶未即归，人间风月暂游嬉。
多情却被舒州杓，留与徂徕赋好诗。

题《竹溪六逸图》

元·陈 旅

千亩松篁野径开，一溪流水碧于苔。
山樽共醉徂徕石，何用杨妃七宝杯。

徂 徕 山

元·张三丰

百丈奇峦百树松，松松古干老苍龙。
山间六逸今安在？几度言寻到此峰。

题《竹溪六逸图》

明·丘 濬

徂徕之山竹满溪，溪中流水清漪漪。
昔人已往不可见，至今陈迹犹依稀。
酣饮狂歌者六子，就中最豪孔与李。
为龙为蛇谁预知，白也逃生巢父死。

徂徕夕照

明·丁养浩

徂徕高出众山表，返照夕阳形更奇。
大地影斜知几许，独峰明处得多时。
烟云闪闪浑相射，草树辉辉亦共宜。
薄暮西风送归雁，一天苍碧晚参差。

徂徕夕照

明·戴 经

徂徕犹种鲁人松，落日苍苍万古风。

龙挟云还岩石润，蟾随霞上海天空。
也知虎豹潜林外，自喜芝兰满谷中。
两眼簿书真俗吏，山灵不语笑吴侬。

过花马湾古寺志感

明·公　鼐

徂徕山阴多胜迹，花马古寺当道出。
楼松千尺高入天，林壑漠漠密于烟。
忆昔丙子初来此，是时同游二三子。
携手共问高僧名，禅房一语魂魄清。
余年于时犹未冠，王氏三生皆矫健。
别院留诗青竹深，题名石壁苍苔侵。
数年一病成衰朽，诸生落落咸不偶。
我今来此万感增，人生聚散安足凭。
却望故园沧莽外，双峰隐隐入青冥。

九日徂徕山寺

明·公　鼐

徂徕山色岱宗连，此地曾经李谪仙。
居士竹溪留皓月，大夫松径隔寒烟。
愁中墨点三千界，梦里重阳四十年。
佳节已酣秋欲去，黄花转盼转凄然。

经石徂徕故里见宋绎田侍御新题墓碑作

明·公　鼐

徂徕山尽汶河阴，石室书堂尚可寻。
青史遗文留异代，贞珉新制识同心。
遥瞻乔木风犹劲，欲荐寒泉日已沉。
古墓依然如再睹，居人指点意何深。

咏怀古迹五首（其五）

明·公　鼐

青莲最爱徂崃峰，六逸同居第几重？
不见齐州归羽驾，独留山色削芙蓉。
汶篁暮雨连江渚，秦树秋烟锁岱宗。
从此竹溪成盛事，至今幽谷草茸茸。

题竹溪馆画册为山人叶茂先赋此

明·宋　焘

独爱幽栖胜，翛然俗虑清。
窥书映竹色，欹枕跌溪声。
籁静人踪杳，岩空野雾横。
徂徕有六逸，千载是同盟。

徂　徕　山

明·萧协中

抚地窥源紫，倚竹爱溪碧。
古人善疏狂，六逸不可即。
我景石先生，苦心在研席。
地灵人杰欤，日落诸峰赤。

独　秀　峰

明·萧协中

徂徕山翠郁回盘，望里孤峰秀可餐。
迥出断烟撑日月，高标清汉插阑干。
亭亭每作芙蓉想，挺挺时将拄笏看。
到此游人遍着眼，漫题名姓附岩峦。

石　介

明·萧协中

先生卜筑隐徂徕，独守遗经志不回。
世仰直臣名卓荦，朝推有道气崔嵬。
尊王著有麟经辨，立论常依衮钺裁。
百代忝尝征德泽，清宵明月几徘徊。

徂　徕　松

明·方于鲁

徂徕山色藏玲珑，青葱偃盖摩苍空。
万壑风涛和鸾鹤，千年雷雨垂虬龙。
云霾黯淡樛蟠底，薜苔剥蚀枯鳞死。
愿借神工炼夜霜，紫源池上飞烟水。

徂徕山中行

明·徐明彬

翠壁应千丈，翻诗想巨峰。
冲寒愈净远，落木未蒙茸。
五日岚阴道，十围石畔松。
微明烧汉火，亦带夕阳钟。

望徂徕山

明·徐伯昌

圣贤留往迹，多在齐鲁间。
朝餐不及栉，空翠浣朱颜。
登车揖行客，借问徂徕山。
所隔只襟带，缥缈烟云环。
绵亘非一峰，流水声潺湲。
迢迢望泰岑，神理似相关。
悠然思太古，苍茫莫往返。

徂徕山歌

清·卢　綋

徂徕山巅多奇松，蹲岩踞壁皆虬龙。
苍茫王气馀此钟，左列翠障翼岱宗。
一徕一徂中其冲，往回不见两山重。
俯临众垤亦高峰，仰瞰日观藐如艟。
历代争走泰高封，毕者不及势所从。
瞩尔山阿母悄容，保我松节支寒冬。

竹溪六逸堂

在徂徕山，孔巢父、李白、韩准、裴政、张叔明、陶沔隐居处。

清·卢　綋

岱游偶问竹溪贤，巢父知几独让先。
若使徂徕成老逸，夜郎何自窜青莲。

重过徂徕六逸故居

清·卢　綋

巢父应为此主人，相从五逸尽贤宾。
高风自属山灵忌，未许青松久作邻。

化马湾　并序

清·卢　綋

地距新邑八十里，在徂徕山前。新泰有康王城遗迹尚在。土人云：康王即宋高宗，始封国于此。南渡时，有神人授以泥马，令疾驰去，戒勿饮水，行至此湾，马渴饮，而随化泥水流去矣，故名化马湾。余赴泰安，从此经过，赋诗以识。叹息凡国运之迁，虽神力无如何矣，矧人事哉！

宵征匹马渡间关，骏足灰颓堕此湾。
不是神灵呵护少，官家已失徂徕山。

徂　徕

清·马世俊

山高客自远，客走山仍顾。
屈曲径已回，崟岈峰屡护。
崩沙泉易疏，峭壁日难吐。
当时九九松，曾此宿烟雾。
为问征途人，何年息驱骛？

望徂徕山

清·吴懋谦

东走临淄入望遥，徂徕山色倚岧嶤。
悬崖台殿孤鸿度，曲磴飞流万木凋。
无数帆樯依渡口，有时云雾锁山腰。
一声清磬林端出，疑有霓旌夜夜朝。

徂徕道中

清·赵执端

万叠峰峦里，犹存守道祠。
清风半山竹，遗迹断桥碑。
云与泰山接，泉临汶水湄。
逝将弃尘俗，来此构茅茨。

徂　徕　山

清·张　丹

徂徕长百里，竹溪清渺渺。
跃马三番渡，马渴饮不少。
恐为水气伤，鞭策趋林表。
照涧石森竦，缘滩木夭矫。
长坂临浚流，连岗俯高杪。
上有六隐洞，到今蔽萝茑。
岂无肥遁志，内顾殊未了。
遥想巢父辈，吾欲醉清醥。

徂　徕　山

清·杜　漺

窈窕竹溪藏六逸，李白之友世争知。
如何独问孔巢父，海上投竿我所思。

徂　徕

三章。二章章七句，一章八句。

清·杨继芳

望彼徂徕，白云之上。松柏苍苍，雨露之所养。彼君子兮，瞻言惆怅，我与子同况。

徂徕之下，汶水西流。日月逾迈，我心之忧。彼君子兮，尚犹力尔，前修则罔所忧。

维子之归矣，我心如结。我之念子，于霜于雪。子之勗我，以勤以洁。我与子偕思，庶几古哲。

九月四日送别

九月四日朱斯皇归里送别于徂徕

清·杨继芳

方嫌相见晚，不谓此宵离。
鸿雁疑偕往，黄花忍独知。
秋怀不耐酒，霜叶强题诗。
前路皆山水，深情重别时。

石介筑室处

清·江　闓

伊周伊霍事如何，飞语从来中害多。
怅望徂徕人已往，村农徒指旧岩阿。

徂　徕

清·王士禄

晚步石桥上，南眺徂徕山。
委蛇露苍蔚，修然眉睫间。
馀雪一以映，宛如好女颜。
缅昔孔裴辈，偕弄竹溪月。
啸咏杂渔钓，风流亦清绝。
又闻石先生，读书山之阳。
父老尚能言，遗韵殊洋洋。
兼云此山中，颇复美田畴。
松栝亦以繁，槲栗亦以稠。
余既辞世网，雅思侣猨鹤。
逝将营一椽，于兹永栖讬。
倦言野踟蹰，远烟生漠漠。

徂　徕　山

清·李念慈

徂徕山，在何许。
谪仙人，尝隐处。
六逸贤，一竹渚。
辟不就，孔巢父。
殁已久，吾谁与。
望不见，泪如雨。

辛亥春登泰山绝顶望徂徕诸峰有怀众同门

清·元　玉

晓色霁花曙，岚霏沃岩木。
云高丘陵出，参差头远簇。
禽鸟下飞腾，离群怜影独。

望徂徕有怀石守道先生

清·曹贞吉

驱车徂徕下，乱石纷坡陀。
元气自氤氲，千古无磷磨。
顷惟石守道，读书秋涧阿。
和鸣韩范欧，接迹金銮坡。
四贤一不肖，持论高峨峨。
庆历圣德诗，遂激清流波。
群公方向用，先生终轗轲。
彦国亦伟人，乃有鬼怪诃。
饥乌噤无声，奈彼人国何?

途次口占

清·曹贞吉

轻烟漠漠入徂徕，麦陇愔愔断绣开。
水碧沙明愁乡土，乱流真渡汶河来。

夕气空濛乍结阴，丝丝园柳变春禽。
短衣骑马荒山路，拥鼻谁成梁父吟。

徂徕山下田家

清·王士禛

行行空翠里，明晦更多姿。
碧树通村路，青山向岳祠。
林深鸡犬静，雨足陇苗①滋。
他日龟阴稼，躬耕亦不迟。

注：①苗：一作“亩”。

望徂徕怀古二首

清·王士禛

徂徕林壑美，复爱竹溪清。
应有云霞侣，幽居远世情。
钓竿想巢父，酒态忆长庚。
寂寞空山道，寥寥千载名。

当年石守道，卜筑亦于斯。
时际升平日，人传庆历诗。
子孙留伏腊，水石映茅茨。
直道今谁继，凄然汶水湄。

徂　徕　山

清·王士禛

云阴移徂徕，影覆汶河水。
下有贤人居，清风被田里。
一抔讵能容，千秋今庙祀。

春日访竹溪遗迹二首

清·萧延贺

路入春山眼界新，溪光岫影逗嶙峋。
特来空谷烟霞地，为忆明廷供奉人。
乱石差差曾结宇，疏竿袅袅旧成邻。
只今谩诵榛苓句，涧道盘桓藉草茵。

六逸堂高俯碧溪，名山片石业堪稽。
生花无梦辉齐石，捧日有怀问陇西。
竹掩新晴留药圃，窗鸣旧雨落芹泥。
伊人宛在情何既，两岸春风鸟自啼。

泰山十八景

清·孔贞瑄

其二　徂徕夕照

徂徕佳气郁菁葱，泰岳平临主客雄。
雨过山容清若沐，霞明谷口炯如虹。
埋云定合全身隐，近日翻成半壁红。
迟暮莫须生感慨，桑榆犹自胜方中。

十二　竹溪霜月

泰岳南临东海西，徂徕别谷寄高栖。
谪仙何术能驯鸟，巢父由来善乐饥。
茅屋微霜凋落木，清宵明月满寒溪。
只今绿竹猗猗盛，六逸风流未可齐。

徂徕山歌

清·陈玉堪

朝望徂徕巅，暮过徂徕足。
徂徕晓气云弥漫，徂徕晚色青如沐。
徂徕山下汤汤水，万顷琉璃清且沚。
残霞杂树倒波光，仿佛青山图画里。
往来自笑尝匆匆，未能蜡屐临高峰。
相看不厌犹如此，遥想登临更不同。
登临俯仰知何日，岂独徂徕对相失。
一年三过岱宗傍，天门日观空称说。
惆怅时成数首诗，矫首山灵知未知。
终当高咏秦松下，乘兴徂徕慰所思。

自徂徕历新甫眺望二首

清·陈玉堪

自笑平生僻，逢山兴便高。
酒怀都浩浩，诗句更滔滔。
每惜峰峦过，宁辞鞍马劳。
还思登绝巘，一拟净尘嚣。

积翠何时断，连峰次第生。
樵歌经雨歇，谷鸟逐晴鸣。
过眼野花落，回头岱岳横。
閟宫还在否，松柏尚峥嵘。

徂徕晓日

清·郑　梁

一架笔山英石皱，无边屋壁锦屏开。
细看知是徂徕晓，海日穿云倒射来。

经徂徕山家

清·汪懋麟

漠漠平沙数顷田，采薪种桑自年年。
停车试向山桥坐，忘却门临大道边。

经徂徕山下

清·汪懋麟

徂徕山下一蝉鸣，槐柳周遭涧水清。
不见谭经旧庐舍，临风常忆石先生。

徂徕旅店题壁

清·吴世杰

明发辞岱宗，心魂萦云峤。
停骖徂徕旁，振衣一环眺。
市廛傍清溪，山光纷照耀。
古槐覆阴森，纠轕如青鸟。
垂杨侍溪左，绳床列危磡。
其上可挥弦，其下可把钓。
我来凝双眸，寂历抒长啸。
孤光积澄浑，明霞生窈窕。
山灵实相觇，敦与发其奥。
须臾天风静，假寐历幽峭。
仿佛竹溪逸，听然顾我笑。
猿鹤可同群，何事车鞅掉。
念此自黯伤，夙昔负所好。
逝将与夫子，千古称同调。

望徂徕山怀竹溪六逸

清·唐之凤

望里丹崖未可攀，当年六逸掩柴关。
意中高士千秋恨，马首浮云竟日闲。
往事不堪随逝水，残阳依旧映空山。
黄尘滚滚征鞍去，遥看仙区鹤自还。

望　徂　徕

清·张笃庆

跂彼东岳阳，群山若连鼇。
巃嵸列万仞，背负青天高。
盛气不相下，叠嶂腾色交。
顾独宗泰岱，俯首同儿曹。
徂徕亦名区，自昔称神皋。

我怀六逸辈，玩世如禅逃。
悠悠竹溪侧，绿荫澄秋涛。
空山秘灵扃，幽壑沦潜蛟。
举觞望碧落，薄醉何陶陶。
至今千载下，想望栖云巢。
高风御清流，下土空嘈嘈。

竹　溪

清·洪　昇

竹溪问遗迹，前指徂徕山。
白石何齿齿，清流自潺潺。
斯人不可做，高致谁能攀。
此地经千载，惟闻六逸闲。

徂　徕　山

清·洪　昇

乍觉阴云散，仍看落日低。
群峰争向背，乱水各东西。
胜地思桃峪，高踪想竹溪。
冲泥驱马渡，独自愧栖栖。

竹溪饮台

清·徐　田

其　一

寒山风飒飒，举目尽蒿莱。
酒人归何处，丛篁安在哉？
寂寞荒榛下，矗矗如一台。
宋儒聚生徒，至今亦尘埃。
李白客山东，高迹隐徂徕。
旷矣巢父辈，飘然俱饮才。
六人一朝合，神理为之开。
此时前溪竹，能招白风来。
提壶坐其下，天星化酒杯。
鲸饮竭溟渤，歌啸起风雷。
流传千载后，逸名山崔巍。
转瞬天地变，胜迹已成灰。
草木戴香气，幽香满林隈。
唯有清涧水，东流不肯回。

其　二

蔓草覆饮台，寒鸮鸣枯柳。
酒人今安在，丛篁亦何有？
谪仙隐徂徕，浩歌卧林薮。
举觞不自逸，黄醅招某某。
太白主觞政，天星化为酒。
杯杓聚古欢，兴酣酌大斗。
痛饮需时命，名山亦非偶。
遇此戎马生，长安弃不守。

徂徕夕照

清·林杭学

独秀峰前落照红，千岩飒飒晚来风。
竹溪云径层岚掩，桑海霞楼倒影空。
石涧苍松明灭外，金支翠羽有无中。
两先生去祠堂古，留得灵光照鲁东。

徂徕夕照

清·张肇昌

峦晖斜映树头红，六逸堂间淡淡风。
石面散凉驱犊晚，溪心含影乱霞空。
鲁戈难返长天外，雷剑应悬落照中。
愿策玉鞭登独秀，赋诗回首五云东。

同维士登崇善人玉皇阁（其二）

清·王鸿绪

高台西望抱徂徕，右拥螯山积翠来。
不尽峰峦朝雨后，无边亭障夕烟开。
孤村砧响先秋动，独客乡心见雁哀。
剧有闲愁堪作赋，只今谁嗣仲宣才。

徂　徕

清·潘　耒

徂徕秀欲掩云亭，巧与天门设画屏。

不削峰颜皆瘦拔，非烟壁色知空青。
仙翁避世聊耽酒，处士逃名且授经。
客梦何缘落尘土，竹溪无恙月清泠。

徂　徕　山

清·孙　蕙

齐鲁抱层峦，徂徕独横亘。
绝顶划天青，云生结春暝。
夙闻松柏多，苍苍覆危磴。
六逸昔隐此，酣歌纵幽兴。
明复与守道，传经互考订。
流风今旷邈，樵苏绝人径。
寂寂空翠中，啼鸠自相应。

坐松歌为崔青峙题照

清·孔尚任

徂徕东望松千树，石门移本冒烟雾。
瘠土种松松难长，结庐看松三年住。
园丁无食我出山，松下水流根骨露。
前日寄书山中人，崖断冰寒须拥护。
忽见卷上数株松，恰似石门苍苔路。
松下有人意昂藏，不似东塘泉石痼。
努力须为管葛流，功成乃可独寐寤。

徂　徕

清·程　云

不争岱岳尊，所隔犹尺咫。
面面成一方，百有六十里。
五汶夹之流，不然滔天起。
孙石读书台，岩崿不容趾。
至今竹溪存，千载思高轨。
矧其对衡门，朝夕互青紫。
或言采昌阳，可以延年祀。
饮酒不暇仙，终焉聊复尔。

入兖州境望徂徕山

清·查慎行

青山雅淡如故人，何可经时不相见。
我行久与故人别，转向青山增眷恋。
来从燕赵历齐邦，千里平沙黄一片。
眼前俗物压勃塞，物外心期失葱蒨。
朝来双眼豁然开，已报汶流通鲁甸。
日高螺髻矗诸峰，天远修眉浮半面。
含姿献态各自媚，一老峨峨耸冠弁。
兹山洵属鲁之望，指点儿童悉能辨。
犹传有道石先生，六一垂铭抵佳传。
圣人已远道仅存，此事终应赖狂狷。
景行并作高山仰，恍惚风流觌前彦。
白杨风急不少留，片帆忽过东阿县。

望徂徕山有感作二首

清·徐昂发

徂徕送我行，百里青不散。
谁截蓬莱支，玲珑卓天半。
苍然势西回，高下碧玉瓒。
白云乍涌起，连峰划中断。
绝壁虬枝垂，秀岭飞阁冠。
青饳饭自佳，红泉枕偏粲。
往者孔李辈，携手此幽窜。
远好阮生屐，僻拟嵇公锻。
尘鞅终就羁，山灵怨独旦。
夜郎既长流，河中亦被难。
死所虽不同，长负白石矸。
趣舍乖曩志，千古丘貉观。
怅望南飞鸿，冥冥纵霄汉。

徂徕如故人，不远百里见。
山容宛若笑，依依契阔恋。
想像林壑深，阴晴向背变。
茆茨隐修竹，清泉喷阶面。
概昔石中允，讲学此耕佃。

节概震一时，雄文走雷电。
持此老徂徕，声华千载擅。
胡然縻尺组，兼以直辞炫。
俾免塚墓剖，几成国体玷。
青山今古同，岩峦郁深蒨。
空羡山中云，闲飞自舒卷。

徂徕道士

清·宋　至

我闻居人说，西山有仙翁。
今年一百六，发白颜犹童。
山中自来去，芒屩行如风。
不复留姓字，但号徂徕公。
安得九节杖，扶我登高峰。
从师采芝术，聊步烟霞踪。

徂徕山下田家题壁

清·王　苹

徂徕山冷水粼粼，雪后松间田舍新。
最好耕夫解留客，自言守道是先人。

游徂徕山

清·徐文驹

石介传经处，徂徕万古存。
地归名德重，山倚大儒尊。
翠染晴云色，青分太岳痕。
四贤一不肖，寂寞向谁论。

徂徕山登玉皇阁

清·徐文驹

紫阁偕登第一重，檐前秀色映芙蓉。
玉函漫说仙人迹，金检空传历代踪。
封禅相如遗汉武，天书钦若误真宗。
迄今泰岳千寻上，犹忆秦皇避雨松。

玉楼岂果觅相才，长吉修文去不来。
天上有心开别馆，人间无意筑金台。
千层翠色烟笼树，百里山光绿上苔。
遥忆名贤棲隐处，孤标争诵石徂徕。

村宿书所闻

清·赵执信

寒云收日荒村闭，客子到门犬迎吠。
主人为我扫藜床，炊烟满家灯火细。
入夜凄凄起柝声，为言安卧不须惊。
明朝日出呼鞭辔，官长新来禁早行。
门前西望山重叠，徂徕嵯峨岱宗接。
昔为竹溪逸人居，今是绿林豪客穴。
深秋屡出横官路，赤羽霜铤不知数。
不搜钱帛但争盐，似与行商旧有嫌。
近说军营议追捕，预愁侵扰遍穷檐。
兵盗相寻几时了，从此行人恐难保。
忧心潜诉向皇天，但愿来年春事好。
主人勿言伤我情，故园积旱秋未耕。
而今远客魂营营，已历三冬过半晴。
闻道江南饶雨雪，前途应见麦青青。

泰安马首与黄声远遇用昌黎雪后寄崔二十六丞公韵

清·陈鹏年

忆昨立马望青关，鸣鞭暝指徂徕山。
千岩积素彻霄汉，轮蹄澌冽层冰间。
马首相逢讵相识，剑津参军一开颜。
君昔少年负才气，龙媒躞蹀驰天闲。
胡为皓首困僚佐，天寒漠漠随霜营。
我亦蓬根堕泥滓，帝乡尺五难追攀。
青钱沽酒战块垒，故人重对愁为删。
劲风中夜折万木，声如戈击鸣琊环。
戒心严惊转瑟缩，长弓在壁不敢弯。
明日风飚在何许，人生聚会良独悭。
安得入林拟六逸，杜门僵卧甘冥顽。

崔庄雨听黄鹂

清·陈鹏年

长途畏猛雨，歇马高林间。
茅檐高下居，倚薄徂徕山。
林中有好鸟，交响声绵蛮。
金衣岂不湿，幽意时相关。
所贵在知音，清绝听者闲。
羡彼中林士，双柑欣往还。
我生本岩壑，胡为困尘寰。
早宿登顿劳，逍遥慰加餐。
夜雨兼暗泉，敧枕鸣潺潺。

泰安途中杂诗四首（之二）

清·陈鹏年

徂徕随岳共峥嵘，松竹连山汶水清。
底事东游孔巢父，为寻禹穴不归耕。

徂徕山下见杏花

清·顾嗣立

马头看岱岳，下有白云遮。
忽被风吹去，高枝见杏花。

山行杂感

清·陆奎勋

饭粗酒薄价逾增，不遣征人赋晓行。
却怪徂徕称鲁望，至今惟见虎纵横。
（山寇窃发，行者俱有戒心。）

经徂徕山怀古

清·沈德潜

徂徕势连延，岚岭如走马。
亭云梁父间，兹山实匹亚。
缅怀躬耕人，抱犊卧林野。
作诗纪圣德，衮钺判匪假。
群小谤焰腾，含冤在泉下。
三复明复言，愤激何为者。

望徂徕山

清·沈　虹

徂徕何深深，松色积苍古。
竹溪六逸翁，犹怀孔巢父。

经徂徕山下作

清·纪迈宜

徂徕山色好，雨后更多姿。
岚翠逐时变，林风不断吹。
双流趋汶口，斜日带茅茨。
何处高贤宅，依依系我思。

茅茨道中书怀仍登叠前韵四首

清·纪迈宜

秋杪惊闻落木初，郊原疾苦问何如。
把茅盖屋西风紧，晚豆登场夕照疏。
绿浦烟深鸥影没，碧天云断雁行胪。
黄昏尚未投孤馆，尽瘁非徒畏简书。

清晓霜威峭不胜，树凋石骨露崚嶒。
徂徕虽近游难定，汶水方寒涉未能。
才短尚烦分檄督，岁穰喜遇泰阶升。
衢歌好共安耕凿，屡奏祥麟瑞霭凝。
（时金乡产麟）

蠲租诏下倍欢然，读法原因俗所便。
但愿闾间还素朴，肯惊狱市博才贤。
浓岚到处如新染，淡墨携来只旧编。
报最羁迟君莫笑，斯民犹可措于毡。

由来养性贵无为，排闷何劳借酒瓻。
好景无如山下渡，夕阳一幅画中诗。
空惭名法还须学，敢谓文章自得师。
细读南华秋水解，悠然天外起遐思。

春雨行徂徕道中用吴原博先生韵

清·纪迈宜

一夜春流欲没桥，清晨急响似闻潮。
云迷忽觉峰头露，泥滑翻愁马足遥。
饱渗麦田忻早熟，新苫茆屋惜微漂。
汶河雍盎频惊渡，好趁初晴制短桡。

高子静远邀游徂徕，至团瓢店，觉山色已来亲人，遂赋之

清·纪迈宜

看山荷短钟，野店过团瓢。
晓黛露真面，晴云萦半腰。
峰回添碧霭，路折入青霄。
明日山中宿，应询隔水樵。

饭　北　旺

清·纪迈宜

春田饱宿雨，一路麦青青。
野老篱如旧，孤村骑暂停。
相留情缱绻，欲别语叮咛。
余亦归耕者，红尘昨梦醒。

山阳过高子家

清·纪迈宜

静远胸中别具丘壑，所蓄木根，有如魁星者，如狻猊者，如虬龙者，如海上三峰者，种种瑰奇不一。庭中盆株罗列，与木瓜、海棠诸美植相间，葱菁夺目，如行山阴道上。惜小斋已圮，未建。

高子幽栖处，纷敷花药香。
木根皆宝玩，盆景足徜徉。
檽枣龙蛇状，若榴缨络妆。
徘徊思借宿，急构读书堂。

又

柏数尺耳，而有千仞之势，乃其大父手植。

中庭柏树子，奇绝翠纷纷。
影动竹稍月，根蟠萝径云。
复凋存古干，侧理蹙奇文。
遗泽经三世，滋培又付君。

同高子希程看建徂徕书院地址

清·纪迈宜

难兄选幽胜，卜筑傍名泉。
面势亭泓上，闲窗空翠边。
投书闻古迹，演易嗣前贤。
何日经营就，环池种白莲。

初入山道傍乱石甚奇

清·纪迈宜

共挹前峰秀，应藏隐士巢。
先惊乱石矗，微露远林稍。
当道老熊卧，纵横乳虎咆。
行行陡幽险，学打衲僧包。

二　圣　宫

清·纪迈宜

五峰环抱好，胜地秘瑶宫。
疑与天相近，都无路可通。
窗虚飘翠雨，衣冷御罡风。
危磴相扶下，回看兴不穷。

贫　乐　岩

清·纪迈宜

黄冠聊寄傲，贫乐尚名岩。
旁洞白云吐，远山夕照衔。
碧泉分小杓，黄独带长劚。
只此堪终老，何须觅玉函。

南　泉

清·纪迈宜

共说春游盛，尚馀花惹襟。
萝阴垂作屋，泉响激鸣琴。

偶尔坐盘石，泠然清道心。
谁悬辋川画，一效辋川吟。

山中野花倚笑丛薄间，而剪春罗开尤盛

东皇弄新巧，细细剪春罗。
似出玉奴手，应翻白纻歌。
素英笼弱质，尖瓣簇疏柯。
蛱蝶惊栖定，偏怜金粉多。

演　易　斋

清·纪迈宜

茅斋废已久，石上俨双趺。
旁睨一峰秀，直凌千仞孤。
暗香樵迳引，远霭牧童呼。
去路非迢递，烟光澹欲无。

箪　瓢　洞

清·纪迈宜

闲云何荡漾，古洞自森严。
片石孤撑榻，飞泉高挂帘。
蕨肥餐可续，叶落灶时添。
剧得孔颜乐，非同尺蠖潜。

将到礤石峪渡隔尘桥

清·纪迈宜

暂与天台别，还来访武陵。
乱丛经雨缛，叠岫借云蒸。
徐过看逾好，幽寻得未曾。
世尘真已隔，幸不负红藤。

纯　阳　阁

清·纪迈宜

清都蕴灵异，磴仄出平台。
树暗千株合，山浓四面回。
仙岩半空落，道院下方开。
袖里青蛇客，月明时往来。

道人邀饮其院

清·纪迈宜

威纡历丘壑，窈窕明轩窗。
雨后苍鳞长，风前翠羽双。
中厨笋作脯，仙液玉为缸。
欲唤同游者，临流听石淙。

桃源深处

清·纪迈宜

柴门别启迳，跬步入桃源。
丹颗樱初熟，霞裳叶竞翻。
暂行岚染袂，小饮鸟窥尊。
饭罢看山坐，支颐无一言。

闻　笙　处

清·纪迈宜

何处笙歌沸，游人还未还。
径穷仍有迳，山断复逢山。
树插岩峦里，峦藏竹树间。
夕阳惜欲落，莫放短筇闲。

玉　几　峰

清·纪迈宜

贵人凭玉几，取景亦依稀。
我踏飞湍到，披襟澄夕晖。
四山供俯眺，片石坐忘机。
同侣相呼疾，白云翕欲归。

于仙葬衣冠处

清·纪迈宜

小有最深处，相传葬玉棺。
春不宿草绿，雨过暮峰寒。
南岳孤踪远，东滨一勺宽。
回头五步坐，庐老泪犹残。

贵人峰

清·纪迈宜

群峰推尔贵，孤秀孰能齐。
刿首疑簪笔，端躬如搢圭。
情殷竹溪隐，名亚丈人题。
迤北遥相拱，天门落日低。

炼丹炉

清·纪迈宜

探奇不觉远，扶杖更登危。
石髓无寻处，丹炉如昔时。
庵空云影堕，鼎没藓痕滋。
妻子浑堪弃，谁为董炼师。

希夷酣睡处

清·纪迈宜

华顶黑甜客，何年蓬岛游。
经过爱岩窟，一睡几春秋。
想出后人意，聊铭此地幽。
云霞堪枕藉，魂梦任淹留。

玉帝阁

清·纪迈宜

中丞曾借榻，曲室寄巅峰。
翠滴窗间壁，涛惊涧底松。
鹤巢残月淡，猿窟晓烟浓。
重读当年记，恍如尘外踪。

出山

清·纪迈宜

出山山境窈，翻似入山新。
处处如留客，依依解趁人。
画图随步换，泉石净无尘。
久立忘归路，犹嫌看未真。

观音洞

清·纪迈宜

群峰争起伏，一洞露崰岈。
妙响深林鸟，天香野坞花。
悟应空色相，别尚恋烟霞。
更指来时路，堪怜燕尾叉。

玲珑峪

清·纪迈宜

混沌知谁凿，玲珑望倍佳。
劈皴皆入画，透瘦漫盈怀。
宛转珠同曲，蒙茸藓半埋。
何当频洗剔，移置小茅斋。

舟石 石凡二，曰大舟、小舟。

清·纪迈宜

山穷得舟石，疑欲泛蓬瀛。
远落星槎影，群飞海水声。
艨艟衔尾泊，画舫并斋横。
最爱云帆挂，逍遥万里征。

饭天宝栅

清·纪迈宜

童叟竞相招，扶筇意尚豪。
凌晨过茅屋，隔宿贮香醪。
目已失青峭，魂犹惊翠涛。
殷勤父老语，重到莫辞劳。

重宿高子斋头，闻其兰玉竞谈光华寺、石榴峪之胜

清·纪迈宜

传说光华寺，清流遍玉除。
又闻石榴峪，碎锦布岩居。
七十二峰好，烟萝纷卷舒。
他年买山隐，舍此复焉如。

归至北旺拜徂徕先生墓

清·纪迈宜

北汶渡之北，南山坨向南。
丰碑当古道，墟墓带层岚。
芳杜千秋思，临风勺水甘。
斯人不可作，瞻拜试停骖。

石家村与守道先生裔孙偶话

清·毕霁雯

访道来奉符，前贤总荒杳。
经行徂徕山，如逢石守道。
颓垣三两家，皤然出一老。
自谓不识字，颇能知祖考。
上官索遗书，箧中无寸稿。
相对重欷歔，我亦伤怀抱。
徘徊不忍别，把手如旧好。

七月十五日夜宿羊流店望徂徕山同功千作

清·厉　鹗

圆月出苍莽，凉风生树间。
流光满空际，西照徂徕山。
越客写鞍罢，鲁人炊黍闲。
因之惜清景，露坐话乡关。

徂　徕　山

清·厉　鹗

徂徕初在望，杳霭上朝暾。
山雪中无路，松风下有村。
孤怀六逸往，直节一诗存。
欲去屡回首，遗踪伤客魂。

徂徕怀古三首

清·张锡爵

叔季寡雅操，贿赂乃公行。
我高羊夫子，悬鱼表平生。
缊袍易三公，不顾万乘惊。
遥遥千载后，古墓有余清。
能令顽懦激，岂博廉吏名。
斯人不可作，悲哉伤我情。

击剑非任侠，持竿岂钓名。
六人共肥遁，沉饮希鸿冥。
陶然挽天地，和糟入瓶罂。
遂令竹溪水，活活流芳馨。
精灵倘来觌，为我沽春醽。

坚白任磨涅，仁义任毁憎。
雅颂本吾职，过激祸斯撄。
我读庆历诗，喟然发遐情。
直道谁继者，逝水归东溟。
垢面与跣足，恨不长躬耕。

徂　徕　山

清·桑调元

维南锦幛列崔嵬，苍翠奔飞曙色开。
罗列儿孙朝泰岳，抗衡宾主屹徂徕。
沿溪竹色摇风立，绕岫松声泻雨来。
一自高贤曾卜筑，清名万古动岩隈。

独　秀　山

清·桑调元

天畔孤标耸碧峰，青苍盘郁岁寒松。
徂徕钟秀生原独，鲁甸当秋翠且重。
千点苔痕皴篆籀，一茎烟气袅芙蓉。
桂林亦擅高名在，万里还须遍客踪。

谒石先生祠

清·桑调元

先生刚直今古稀，煌哉庆历圣德诗。
竖儒舌咋更颈缩，崩喉直吐琼琚辞。
谗人气塞恨至骨，便欲发冢施金椎。

岂知正气伸万古，籍甚名字标徂徕。
奇光卓午日照耀，峻望插汉山崔嵬。
我拜名贤百感动，一端偶举超等夷。
孙公昔治春秋学，往从讲堂泰山陲。
有严孔给事就见，傍执杖履遵庭墀。
升降拜起相左右，明扶往谢咸如之。
弟子事师极俨恪，以身昭揭隆古仪。
流传斆学俗一变，鲁人到今口嗟咨。
呜呼炳烺在三义，颇忧叔季生氛霾。
百工技艺志衣食，居肆传习犹知师。
而况章缝挟简策，江河日下能尔为。
短垣身踰莫之恤，旧坊手坏其可噫。
懵不闻风至老死，纵过此祠知为谁。

徂徕歌赠马揭初菼

清·桑调元

宋时石徂徕，从师泰山隈。客来严事奉杖履，往拜扶掖登降遵堂阶。七百年来章邱有马菼，在三之谊同昭回。乾隆癸未二月吉，其夕烈风扬沙灰。泺源讲席我忝主，寝舍岁久柱础潜欹危。划然墙倾栋折值夜半，四天墨黑鸣轰雷。直从噩梦陡惊觉，当胸土石填崔嵬。赖有南邻众义士，廿把畚锸掀尘堆。老躯拨取地窖出，两孙亦幸离沉埋。颓垣压重未易得，颖脱猛曳股脚伤。筋骸麋烂血流碗五六，剜去腐肉奇痛衔酸哀。残命如丝系喘息，奴隶懒惰难差排。菼也抹涕任扶侍，手和汤药夙夜偕。问卜细推吉凶体，延医急蹴东西街。四壁齁齁鼓鼻息，形影迥对青灯陪。三月不遣衣带解，服勤左右无嫌猜。老夫远愧孙明复，菼与守道先后成朋侪。石徂徕，马徂徕，名实相如众共推。千秋风义宁辽哉。子视我孙父视我，皇天虔祝弥千灾。程朱之门亦有叛名教，稂莠杂入禾苗佳。足令若辈忸怩不得活，三纲九法一齐朗揭翳氛霾。菼之二亲眉寿跻耆台，孝哉子骞，人言皆山东罕睹此茂才。我起作歌比诸鼎彝勒，遍告寰瀛思老怀。俾采风者收藏金匮与石室，终古诵说环兰台。

竹溪六逸歌仿工部体

清·杨世熺

太白卓荦人中龙，醉歌睥睨傲王公。
屋梁落月颜色空，青莲云护山万重。
巢父掉首入烟丛，仙骨秀出气如虹。
诗卷长留海岱东，钓竿欲拂珊瑚红。
埋怀村前草葱茏，精灵千秋恨无终。
韩生英彦昌黎宗，不羡识荆爱峦峰。
终南捷径任云封，裴子清真比筠竹。
寒泉斧冰响冲冲，三人何妨二屐同。
叔明韬晦光内融，豹隐南山云雾中。
陶沔联翩接芳踪，不坠五柳旧家风，
忘怀得失乐何穷！

咏竹溪六逸

清·杨世熺

徂徕之松鲁颂传，亦有修竹高参天。
万个丛篁曳朗朗，一溪活水流涓涓。
有唐曾寄隐逸迹，六人同结山水缘。
象协天上遁六爻，数亚竹林晋七贤。
韩准裴政孔巢父，叔明陶沔孰后先。
就中首推李太白，一代诗豪称谪仙。
同向山间弄明月，或从涧下听清泉。
有时酣饮酒数斗，欢然唱和诗百篇。
若将栖迟以终老，永与此君相周旋。
既乃逸者不终逸，或飞或跃各翩翩。
迄今人去已千载，流风余韵犹宛然。
缅想高踪何处是？溪水泠泠竹娟娟。

礤石峪

清·徐德谦

苍黄变丛树，殿阁出峥嵘。

仰面孤峰插，回头嶂叠更。
马登岩径险，人到石梁平。
山犬当关起，喑喑吠履声。

宿隐仙观西堂

清·徐德谦

行李投岩畔，云根迫近床。
四山寒叶响，一枕急流凉。
客思清如许，秋宵永不妨。
鸡声惊晓梦，历历出松篁。

过　徂　徕

清·杨二酉

予家饔山麓，山水有夙缘。
通籍近廿载，行役凡几年。
闽海一槎渡，身似蓬瀛仙。
往来吴与越，形胜靡不前。
已觉江湖浅，况当潞河偏。
今年役济上，池水清且涟。
水源五百四，派出亦涓涓。
汇流成汶泗，下济运为川。
我欲穷河源，东岱瞻诸天。
朝沿浮磬滨，夕陟徂徕巅。
山松不可见，萧寺来茶烟。
六逸去不返，空余溪口泉。

望徂徕山怀古

清·郝允哲

博城朝拄颊，望望徂徕山。
一气微茫外，数峰明灭间。
溪藏钓竿古，竹覆酒杯闲。
遥想风流地，遗踪尚可攀。

宿光华寺

清·成　城

山近失浓翠，精庐返照明。
到门千树合，过涧一僧迎。
水石澄寒色，松风起梵声。
此时尘鞅客，心迹亦双清。

己卯重阳前一日，程蕴山明府邀同颜太守游徂徕山，信宿而归

清·成　城

泰山之下难为山，惟有徂徕崃兀堪追攀。翠微一带东南际，令我隔城遥望开心颜。程侯妙解山水趣，农事方登少机务。开筵峰顶作重阳，郑重前期戒供具。太守风流澹荡人，翩翩五马出郊闉。软舆络绎不知数，莲花幕里来嘉宾。宾朋尽是江南客，我亦生平爱泉石。悠悠泮汶渡行人，斜日一鞭山影碧。山中有寺名光华，横峰侧岭纷相遮。不知泉声活活出何许，但见丹黄照眼秋叶浓于花。明日来过礤石峪，步步看山看不足，谁能脱巾高坐云涛堆，静对西风相与扫尘俗。兹游乘兴为清娱，崎岖历落任人扶。芒鞋到处游仙图，一宿再宿成须臾。我闻徂徕七十有二寺，梵刹荒凉半委弃。又闻竹溪名与唐贤著，六逸高踪无觅处。世间万事浮云驰，红树青山属阿谁。徂徕先生不可作，茫茫俯仰空怀思。掉头一笑趁归路，奚囊懒就登高赋。我将独上泰山缥缈之峰头，阿阁神房千秋万岁住。

望徂徕山

清·顾宗泰

秀出寒空积翠重，此中合自閟灵踪。
宛凌群岫推东鲁，俨接崇峦拱岱宗。
已是停车探雪迳，未能蜡屐叩云封。
终期陟彼寻幽遍，一抚当年百尺松。

徂徕山　崔家庄对面

清·顾宗泰

往年过徂徕，积雪如琼台。今年过徂徕，苍秀真容开。古松叠翠几百树，云中疑有仙人栽。我来可望不可即，仿佛玄鹤招蓬莱。昔者李太白，歌啸摅天才。攀偕六逸此中住，竹溪日醉倾金罍。谪仙一去渺何许，高山寂寞何有哉？今我北去西风催，云峦挂日犹徘徊。何当携筇陟山顶，拱揖泰岱俯视空尘埃。

经行徂徕山下

清·彭启丰

望望云烟连泰岳，行行村落近徂徕。
田间流水声初响，屋后山光翠作堆。
松磴已无残雪映，柳条犹待晓风开。
闲寻守道躬耕处，凭向荒原吊草莱。

宿崔家庄

清·钱　载

泰岱云归晚，徂徕雪积晴。
高原微月照，大路有人行。
屋冷音声远，灯孤意绪生。
兆丰齐与鲁，盈尺几州城。

望　徂　徕

清·乾　隆

徂徕亦云巍，千秋镇齐鲁。
北望比岱宗，拳石如培塿。
马上看山色，云生山四宇。
松年想何若，尽意乃尔许。
六逸怀竹溪，高风迷处所。

望徂徕作

清·乾　隆

徂徕松早似牛山，孟子名言絜矩间。
只有竹溪传六逸，不妨傲士此高闲。

徂徕山下作

清·韦谦恒

我行徂徕下，望见徂徕巅。
微云幕孤岫，遥与泰岱联。
何人此谭道，结茅心悠然。
岩岩凛劲节，讵仅耽林泉。
平生慕高蹈，日暮空流连。
唯闻松涛响，谡谡穿寒烟。

徂　徕　山

清·孙熊兆

驱车汶水阳，矫首望林樾。
浮翠界青冥，微痕袅一发。
风尘亦何为，终当老耕垡。
拟招唐六逸，还弄竹溪月。

竹溪怀古

清·尹乐孔

徂徕山色好，苍秀满林邱。
劲节寒柯耸，澄心碧浪流。
眼中空海岱，天外寄蜉蝣。
六逸草堂在，高风千古留。

徂徕怀古

清·王鸣盛

秀绝徂徕色，遥怜洞壑幽。
竹溪传六逸，诗卷自千秋。
未得从高蹈，空劳赋远游。
茫茫礤石谷，临眺迥含愁。

泰安道中绝句

清·朱　筠

肩舆右面看徂徕，碎石连峰若蚁堆。
齐俗三千祀已旧，松芽无复岭头栽。

花马湾东出浅沟，面前山说是牛头。
何关当日梁邱据，臣主相看泪不收。

五里黄花岭近前[1]，将之新泰却留连。
回头绝顶云中恋，已结名山第一缘。

注：①自花马岭五里至黄花岭，入新泰界。

葛沟道中

清·朱　筠

高柳藏芽皱千纹，朝烟略与缭氤氲。
逾沟客看徂徕雪，触石人愁泰岱云。
赋蹢何妨巾角垫，觇膏已足麦苗分。
简书吾畏清明近，亦欲怀归上陇坟。

徂　徕

清·吴省钦

白云堆几倾，云外是高松。
松影风吹汝，连云青万重。
我求逸民迹，不向竹溪逢。
借问躬耕者，何如守道踪。

送周进士永年

清·桂　馥

下士昧讲授，衮衮多歧途。
气胜角猛兽，身后同枯鱼。
君乃崇实学，群言归扫除。
经术探理窟，百氏如贯珠。
中立障狂澜，心苦道何孤。
寂寞三十载，骑驴京华趋。
一举擢高科，对策匹江都。
声名动日下，君心冲若虚。
脱然返故乡，惟载满船书。
徂徕山色好，独往置田庐。
石室数万卷，愿为后人储。
传之得其人，犹胜儿孙愚。
来者未可知，此心与之俱。
我亦远尘世，懒曳侯门裾。
幸免婚嫁累，将依守道居。
名理共涵濡，疑义相爬梳。
山空岁月闲，可以息微躯。
送君千古心，樽酒空踟蹰。

余识徂徕山，问新甫，土人罕有知者。马上率吟一绝

清·祝德麟

徂徕新甫接龟蒙，履核心偏到此穷。
安得博通桑郭辈，与渠指点乱云中。

徂徕山下怀古

清·祝德麟

六逸高风孰继之，石田躬稼不求知。
钓竿烂漫珊瑚树，诗卷零星庆历词。
岳雨暗飞空翠出，溪烟长绕碧鲜滋。
千秋身后名何用，到手深杯且莫辞。

徂　徕　山

清·秦　瀛

我经徂徕山，长松在山麓。
昔时巢父辈，于此隐岩谷。
六逸传竹溪，溪风荡寒渌。
但见溪云生，不见溪上竹。
幽鸟向人语，雨后山更绿。
春阴连岳祠，吾当访明复。

徂徕山下

清·吴　俊

一径入枫柏，不知溪路深。
林开见崖壑，窈窕徂徕阴。
雨足黍苗长，线溜悬遥岑。
落日一照耀，石发抽瑶簪。
上王在何处，梁父无人吟。

三两见牧竖，百十飞水禽。
乔松不可见，苍雾秋沉沉。

徂徕怀古

清·钟廷瑛

太白昔壮游，高卧徂徕山。
矫矫张孔辈，拂衣此盘桓。
衔杯竹溪月，挥手天门烟。
石隐虽不终，文藻垂千年。
我来汶水北，汶水清且涟。
峨峨对远岫，怅望云中仙。

游徂徕山二首壬寅

清·唐仲冕

嶂叠峰仍断，溪泉出谷幽。
乱云投客屐，积翠引吟眸。
过涧轻尘隔，凭栏薄雾收。
丹黄纷满树，不道是深秋。

一榻依云壑，双扉抱碧林。
却从乡梦断，惊听涧流深。
叶堕风敲户，窗疏月入衾。
游装凌晓发，轻拂薜萝襟。

书石守道诗后

清·李宪乔

河朔气贞刚，江左语清绮。
由来限天堑，南北风如此。
忽忽千载间，幻化何穷已。
高岸为深谷，北人慕南士。
冶冶弄芳泽，举举饰裙屐。
有声必连琐，有情皆旖旎。
不知谁作俑，恐被陈良耻。
我读徂徕诗，中夜为之起。
公言信不错，鲁国一男子。

望徂徕山

清·凌廷堪

郁郁徂徕山，拔地摩苍穹。
翠色永不凋，上有千年松。
屹立泰岱傍，势欲吞群峰。
俨然小国君，不肯作附庸。
昔者四七际，琅邪起樊崇。
赤伏龙门野，此地成盗丛。
何年倔强姿，化为文章雄。
曾传竹溪边，太白留遗踪。
又闻石守道，庆历推钜公。
我来望岩谷，往事皆成空。
贤愚两不知，但见青濛濛。
何时驾云车，绝顶鞭长虹。
唤起山头月，照我太古胸。

郡城送郑明庭归徂徕五首

清·范　埒

廿载羁尘网，一朝返旧林。
纷华违夙愿，散诞遂初心。
汶水寒烟渍，徂徕落照深。
拂衣归去路，万壑树森森。

何事匆匆去，谓缘思故乡。
物情深着眼，世味饱经尝。
画虎终成犬，坚冰始履霜。
竹溪清复浊，濯足意难忘。

邂逅论交易，风尘知己难。
君堪同饮酒，谁与共弹冠。
此夜联床语，来朝对影看。
从今相思梦，又在汶河干。

当别定须别，未别且自亲。
离筵从草草，归马漫駪駪。
习见形容故，重逢面目新。

愿君留顾盼，记此眼中人。

去去君无虑，青山旧有村。
书曾留石室，琴不辱王门。
蔽席却冠盖，残编授子孙。
此生知不愧，莫更访桃源。

游徂徕纪行

清·蒋大庆

过攒标店

渡口阴阴噪乱鸦，沙吞野案水吞沙。
烟炊列肆村如市，树老荒阡叶作花。
数里板桥争渡急，一群牧竖索钱哗。
游山不是千人客，却喜停骖似到家。

过　茅　茨

老槐低碍帽檐欹，偶傍人家过短篱。
谷垛犹堆秋尽后，炊烟半起市收时。
突如戾止人偏讶，无故逢迎事可疑。
山外尘嚣难寄宿，扬鞭不看药王祠。

宿　山　阳

苍茫野树夕阳低，马过闲槽惯作嘶。
月色才笼疏箔上，书声半在小桥西。
客中人喜频添酒，梦里诗多不记题。
戒罢寒妆天未晚，秋风猎猎听鸣鸡。

至隐仙观

白云窝里寺常关，一臼寒溪四面山。
瀑布声从天上落，牧羊人傍树梢还。
丹炉雨剥苔初老，绿槲霜深叶半殷。
此来都空诸色相，峰高不向贵人攀。

至二圣宫

高歌岩户想诗曹，石滑霜枯兴愈豪。
几笏峰阴随径转，一枝藤杖踏云高。
竹溪人去仍留字，演易斋空乱长蒿。
更笑犹龙分上座，能无愧色享牲牢。

礤石峪夜话

何须四大说皆空，手握香瓜听草虫。
月到寒溪乱石白，秋凝老屋一灯红。
林晴叶弄潇潇雨，纸破窗嘶淡淡风。
记得朱樱垂到地，当年曾醉小桥东。

望　徂　徕

清·乐　钧

泰山多儿孙，千里异起伏。
梁甫虽邀遮，全气未收束。
西面出徂徕，崭岩斡地轴。
夕阳明古松，远射征人目。
颇疑太豁露，秀绝无所蓄。
因思石守道，不及孙明复。

望徂徕山怀孙明复

清·陈用光

士励固穷节，先生道在斯。
明经志青紫，汉学亦奚为。
哗世矜章句，藏身任滑稽。
欲回衰敝俗，仰止有余思。

衍　易　斋

清·刘曰梾

贫乐岩头野草春，鲁斋曾与作东邻。
只今片石留芳迹，不见茅庵读易人。

题驿壁二首

清·张　鉴

两轮历碌到嶅阳，初试棉衣觉晚凉。
一夜徂徕山底住，西风吹叶下垂杨。

破窗风叶作离声，七载东华又晓行。
何似樱桃园里竹，结根冉冉得孤生。

泰山道中望徂徕山怀古

清·陈文述

屹屹徂徕山，足与泰山抗。

名山如高人，远引势相让。
吾忆孔巢父，结庐讬青嶂。
六逸踵七贤，天机各清旷。
就中谪仙人，胸襟最豪宕。
至今五言诗，云霞发高唱。
吾忆石守道，生平怀直谅。
庆历圣德颂，褒贬及时相。
邪正辨必严，忠信道可仗。
至今读书堂，遗址尚无恙。
我不见古人，高风讬遐尚。
古人不见我，亦复同惆怅。
云影空徘徊，泉声自凄怆。
日暮青松阴，紫翠非一状。

山阳道上望徂徕山怀竹溪六逸

清·李清濂

远看山已近，行行山还远。
山光非远人，半途人自返。
缅怀昔高人，缥缈隔层巘。
朝出钓海鳌，夕归煮麻饭。
醉饮竹轩清，高眠松榻稳。
箕踞白云间，何知冕与衮。
岂无凌云志，胡为蠖蟠蜿。
日月如水流，谁复防石堰。
寄语世上人，林景返照晚。

游徂徕礤石峪诗并序

清·李清濂

癸卯夏五，予与礼堂、钧衡、万氏兄弟暨吾乡刘树堂为徂徕礤石峪之游。山色如黛，溪声似琴，鸟语宜人，石花印履，横桥古木，根养龙蛇。夹岸苍藤，荫蓄风日。李太白遗踪何处，北登六逸之堂，吕纯阳法像犹存，东接三清之殿。台成一石，道骨升仙，丹想九还，元炉静火。转瞬已成往事，昂头仍是青山。我辈登临，是洞天之第几，禅门顷刻，虽盘古亦何居？摩挲碑上姓名，昔枫宸而今阆苍，收拾眼前画稿，彼北苑而此云林。兴酣一日之佳，诗寄千年之想。谁与我者？后人有焉！

山抹晴岚第几重，入山十里少人踪。
芒鞋误踏溪边鸟，石室才闻午后钟。
树接谷风来骤雨，桥横枯木学苍龙。
浓云穿去衣衫绿，初到昆仑第一峰。

峦为高郭树为墙，尘外萧然六逸堂。
窗临石瀑听秋早，发透松风过枕凉。
世味那知山菜美，茶烟轻飏野花香。
生平不辨棋枰道，夏日闲消一局长。

北望孤峰插翠烟，青莲到此总流连。
云驱泉水流幽地，风驾薜萝滉绿天。
海气涌来凭一石，仙人飞去是何年。
金丹偶作浮邱想，闲坐苍苔思渺然。

天光云影竹溪间，识得姓名拜此山。
今我喜看此山在，曾谁得见昔人还。
苔花字漫寻碑古，藤叶荫深采药闲。
道院归来随意憩，山门斜对夕阳关。

徂徕光华寺

清·沈桂清

未到山中寺，疏钟隔林闻。
逢樵询古道，剔藓读碑文。
僧卧峰巅阁，鹤巢松顶云。
方知清静理，吾意灭尘氛。

徂徕山怀太白先生

清·李　簧

白马落落登徂徕，松势倚天风磴回。
六逸五魂招不得，竹中酒器埋阴台。
其一飞来东海表，旧迹记得长安道。

沉醉赴诏沉香亭，才气睥睨八斗小。
何以锦袍下采矶，江城潦倒鸟乱啼。
早知七宝空悬榻，小谢山青当已栖。
睥空一世世所妒，世路崎岖不知处。
回头溟渤两蹄涔，万事都付此水去。
独有忧国泪不干，直北一空关塞寒。
千官趦趄朝元阁，谁把猪龙看等闲。
一厦再支依郭李，须臾黄沙涛万里。
忘却斯人流夜郎，前此汾阳谁知己。

忆徂徕山寄泰安诸故人二首

清·李　簧

六逸何时去不还，瀑飞空挂竹溪间。
前年骑马汶阳路，尚有松阴留故山。

远峰平远近峰巉，涧石参差绕桧杉。
安得山阴复修禊，依然风磴着春衫。

徂徕山下作再简镜海

清·邓显鹤

岩疆一峰孤，傲不附岱麓。
偪处压所尊，离立邈焉独。
观其奇杰气，到天不少蹙。
譬彼狂狷流，迈往难屈服。
世无夫子圣，宁甘老穷谷。

缅维石先生，于兹结茅屋。
志行山并峻，遂为世指目。
名高怨易丛，身殁祸几续。
何如本师贤，春温饶秋肃。
风开濂洛先，化被齐鲁速。

至今百代士，景行远私淑。
吾友今醇儒，芳踪踵遗躅。
庐墓亦一节，至性孚草木。
丧礼久放失，贤者起编录。
岂惟订遗亡，庶以敦薄俗。
想见汶泗间，龂龂奉明复。

新泰晓行乱山中，时雨初霁，风物尤佳。舆中拈樊榭老人集，即用和丁敬身游梵天讲寺韵（三首选一）

清·斌　良

飒飒天风吹，势欲偃旗纛。
征人野鹤姿，云中看夭矫。
徂徕龟蒙余，峰多名莫考。
大造亦逆旅，悲鸿讬泥爪。
昨晨岱麓经，莫鳌扪翠窅。

徂徕山下

清·李銮宣

郁郁徂徕山，连延叠巘崿。
云亭梁父间，兹势何开拓！
岩欹倒松根，径转露莲萼。
缅怀石先生，深心毫素讬。
注经炳日星，汲古肆坟索。
捷径非终南，立朝励蹇谔。
琅琅庆历诗，斯文不苟作。
先生去千载，山林殊寂寞。
振袂拂晴烟，天高唳孤鹤。

大雨渡汶水至崔庄

清·翁心存

拏空黑蝀挟风雷，又注天瓢万斛来。
雨气沉冥连海岱，云阴倏忽失徂徕。
滔滔清汶西流急，莽莽齐烟北望开。
日暮且投孤馆宿，长吟梁父使人哀。

岱麓诸谷诗六首·岱谷徂徕二

清·魏　源

徂徕在岱阳，为岱宗几案，遥望一石尔，及近则谷口窈然，中有白鹤湾、竹溪之胜。唐李白、孔巢父等所游，号竹溪六逸。宋石介亦隐居其中。山上及水牛洞多六朝摩崖石刻。

倚空生巉崖，十里无寸土。
行行靡所向，山势围成堵。
谷深风冒日，石合翠成坞。
不信风泉过，但谓夜来雨。
山空生远音，壑寒断人语。
无复巢许流，惟见招提宇。
松竹虽寥寥，荒途积今古。
苍苍万石刻，苔与云吞吐。
日暮勿流连，怪石疑豺虎。

望徂徕山

清·柏　葰

梁甫龟蒙未足班，数峰阴秀入云间。
往来应有六君子，缥缈如对三神山。
长松修竹古千尺，败柳残荷今一湾。
欲把钓竿乘鹿蹻，掉头东共海鸥间。

石守道故里

石介隐耕徂徕山，今上王村尚多石姓。

清·柏　葰

徂徕尤以先生著，大笔惟传庆历诗。
底事欧阳歌欲哭，瓣香深夜一灯时。

当年韩范柄元功，投老山阿卅载中。
六一文章曼卿笔，三豪却数杜师雄。

宿光化寺次日游大悲庵　皆徂徕山极幽邃处

清·徐宗干

乱山怪石疑无路，　绀宇琳宫又洞天。
门对夕阳松作盖①，径通流水菜为田②。
悬崖翠锁中军帐③，高阁飞云十丈莲④。
寄语乡民勤守望，　莫分山后与山前⑤。

注：①寺门外古松一株，真徂徕之产千年物也。

②寺内有自然泉两处，灌菜畦并种荷芰。

③山顶最高处也，旁有贵人峰。

④谓大悲庵。

⑤山径幽僻，向称患盗，比岁有秋，访问山人，村尨不吠久矣。协同员弁攀萝扪石，三日而返。

花　生

产徂徕山下，俗名落花生，土人种之。

清·徐宗干

石田无五谷，妇子亦耕耘。
筛土如匀粉，携筐尚带云。

望徂徕山作

清·徐宗干

乘兴眺巽楼，东南青未了。
尤徕独杰出，崔巍插天表。
云气既回环，松容更夭矫。
遥望太平顶，嘉名同不老。
金牛与石门，纷若儿孙绕。
岂不称巨观，卓然雄鲁道。
回首瞻岱宗，便觉兹山小。

叠　前　韵

清·徐宗干

东望徂徕翠嶂开，竹溪隐隐露苍苔。
最宜返照山全紫，一半阴崖雨欲来。

泰山八景　徂徕夕照

清·徐宗干

众山皆雨一山晴，　无限斜阳画不成。
松径鸟归幽壑迥①，竹溪人踏暮云平②。
翠屏四面开青案③，赭石千重染赤城。
回首黄昏归未得，　罡风吹落晚钟声。

注：①至今犹多美松。

②西南有竹溪六逸遗址。

③徂徕为岱案。

宿徂徕山下

清·徐宗干

面目识已真，轩车今始至。
夜雨洒窗来，开门云满地。

偕朱渔潭士僙金悛斋鑑姪攀桂游徂徕竹溪题壁

清·徐宗干

林密云深处，苍茫六逸堂。
入山已昏暮，转路又斜阳。
石润黝如墨，泉飞白似霜。
高人濯足去，猿鸟咏沧浪。

（渔潭素健勇，越悬崖，濯足于涧谷而返。）

徂徕松棚道中望光化寺

清·徐宗干

风送篮舆出远林，山阳[1]缭绕入山阴。
寺门遥指前头是，但见白云黄叶深。

注：①山阳，山麓村名。

光化寺至礤石峪口占

清·徐宗干

两腋冲风一笱舆，深深云气湿衣裾。
仄行树杪天低处，卧听泉声月上初。
车马不惊巢父隐，烟霞莫问武陵渔。
清高更与人间远，未受帝王封禅书。

徂徕松　光化寺前

清·徐宗干

葱茏擢秀最高峰，灵淑由来辅岱宗。
千载芳名标鲁颂，一身傲骨避秦封。
恰当门外堪招鹤，留与人间未化龙。
廊庙而今待梁栋，莫教风雪老三冬。

读石徂徕文集书后

清·徐宗干

泰山大且高，徂徕匪卑小。泰山弟子石守道，经学昌明天初晓。两贤在人间，两山青未了。

梦登徂徕得句，醒而足成之

清·黄恩彤

晚步徂徕巅，遥望鲁门道。
云山青茫茫，月海白浩浩[1]。
长啸倚孤松，惊起危巢鸟。
言寻孔李俦，�溪掇瑶草。

注：①梦中句。

徂　徕　山

清·冯桂芬

徂徕山下路，积翠晓濛濛。
隐逸溪边竹，支离岭上松。
宋儒尊守道，鲁镇话提封。
往事难询问，茫茫樵客踪。

崔家庄早行用柳子厚独钓寒江韵

十七日天晴风大

清·冯桂芬

天高纤翳绝，远灯互明灭。
悄焉生晓寒，徂徕有积雪。

望　徂　徕

清·蒯德模

观山来泰岱，一览已无遗。
独有斯峰秀，同钟大造奇。
突从平地起，不受乱岩欺。
远远松犹见，长留岁暮姿。

徂　徕　山

清·王　轩

群山朝岱宗，端笏随奔走。
危峰独傲睨，亿劫骧龙首。
屹立跃鸿濛，雄观渺附娄。
崒绝飞羽巅，仄通矫狖内。
幽峭万壑币，千蹊入昏黝。
日生绝壁上，雨落苍崖后。
岭云隮崟嵚，涧蜺饮蝴螺。
山人餐玉英，月下闻清臼。
缅怀石先生，异代真吾友。
岂与孔李辈，倾身向杯酒。
吾生亦有涯，立德同不朽。
寂寞明堂图，苍茫大汶口。

石徂徕先生像赞

清·张昭潜

斯文壹脉，绵绵延延。洙泗集尧舜以后，徂徕开程朱之前。以先生而俎豆宫墙，其谁曰不然？

徂　徕

清·沈广舆

徂徕天半削芙蓉，云气西来马上浓。
莫怪到时见雨作，腰间宝剑已成龙。

咏竹溪六逸

清·游金垣

徂徕之松鲁颂传，亦有修竹高参天。
万个丛篁曳朗朗，一溪活水流涓涓。
有唐曾寄隐逸迹，六人同结山水缘。
象协天山遁六爻，数亚竹林晋七贤。
韩准裴政孔巢父，叔明陶沔孰后先。
就中首推李太白，一代诗豪称谪仙。
同向山间弄明月，或从涧下听清泉。
有时酣饮酒数斗，欢然唱和诗百篇。
若将栖迟以终老，永与此君相周旋。
既乃逸者不终逸，或飞或跃各翩翩。
迄今人去已千载，流风馀韵犹宛然。
缅想高踪何处是，溪水冷冷竹娟娟。

游徂徕中军幛

清·汪汝弼

群山环两面，一寺踞当中。
鼓吹松涛壮，风云石恒雄。
遥峰如倚剑，曲漳似垂虹。
暂作登坛想，摩崖试勒功。

崔家庄题壁

清·宝　廷

咫尺徂徕近，匆匆未许攀。
长途难耐暑，小息且偷闲。
有酒须痛醉，对窗多好山。
抗怀思六逸，尘想一时删。

徂徕山题六逸庵壁

清·朱庭珍

寒意逼帘钩，茅庵昼亦幽。
栖迟怀六逸，诗酒各千秋。
山翠隔花落，桐阴如水流。
后人谁继起，孙石许从游。

徂　徕　松

清·张梅亭

千尺霜风覆碧苔，閟宫硕曼此储才。
崇封不羡嬴秦号，曾被周朝雨露来。

光绪丁酉秋游徂徕，夜雨得诗起句，终未能就，今足成之

清·卢衍庆

五更风雨一声钟，惊破游人秋梦重。
推枕揽衣思坐待，好看晓翠泼千峰。

望徂徕山

民国·王亨豫

南山东望心悠悠，天外又招一屏秋。
仙吏试棋松涧响，高人读易石涛流。
青莲腾达竹溪冷，守道退休柘岭遒。
千古名山拱岱岳，百年迟滞客情留。

屋后看徂徕晚照

民国·王亨豫

孤峰何为尽霄峥，伫笑人间蜗角争。
何若短衣看夕照，回头一派乱山青。

徂 徕 山

民国·易君左

谁将画笔染苍茫，一线花青界下方，
远望令人真欲醉，徂徕山色映朝阳。

北齐·徂徕山佛号摩崖

渡边寒鸥（日本）

佛字悬针值万金，朝宜昶日夕宜霖。
徂徕刻石摩天矗，赫奕西来释氏心。

重上徂徕山

张 徵

行李卷磨肿了双肩，
汗珠儿挂满了脸；
忍住疼痛揩一揩汗，
快步踏上徂徕山。

徂徕山啊——革命的摇篮！
徂徕山啊——这永远值得纪念的地方！
我在这里第一次找到了一颗不落的太阳，
在黑暗里摸清了方向。

这里的每一粒石子都曾沾遍了我的足迹，
这里的每一条山沟都曾散播过我粗壮的歌声，
我也曾握紧了武器站立在那高耸云端的山顶，
从黄昏直到黎明……

徂徕山啊，我如今又重新投进了你的怀抱！
激动的心灵在不住地跳跃。
我踏上一层一层新筑的石阶，
在寻找着你过去的面貌。

穿过一片果林又一片果林，
越过一个庄村又一个庄村；
但要寻找的地方反而始终没有找到，
我不禁想询问一下浇地的农民。

浇地的农民忽然握住了我的双手，
两只握紧的手都在激动地发抖，
谁曾想到在这共同战斗过的地方，
又遇到了多年未见的战友！

山上的枫林为我们兴奋得脸儿发红，
山间的流水为我们奏起了愉快的歌声，
老战友抢过了我的行李卷，
拉着我飞快地跑向他的家中。

一走进他那崭新的家庭，
才知道他也是刚刚上山参加劳动，
我不禁又重新握起了他的双手，
他的脸上浮起了会心的笑容。

消息立刻传遍了全村，
屋子里挤满了来探望的人群，
伸过一只手掌又一只手掌，
无数只手掌把我包围在屋子中心。

老大娘把苹果塞到我的手里，
大嫂子把热茶送上我的嘴唇；
我千言万语说不出口，
只呆呆地望着这些离别十年的亲人们。

徂徕山啊，我离开你整整十年！
如今又在这里遇到了这些亲切的伙伴，
我们要重伸出那战斗的手掌，
在这里撑起向社会主义前进的大帆！

（选自《前哨》1958年第2期第15页）

赠徂徕（随咏）

安　思

1961年冬

遥望徂徕山
铁壁横天
当年多少英雄汉
威震泰莱敌胆寒
事迹犹传
往事已成史
山乡巨变
羊肥牛壮仓廪满
绿树成阴花似火
水明柳暗

（选自《安思诗歌选集　1940–2003》.安思著.山东美术出版社,2004年2月第1版.）

徂徕山上植树人

安　思

1962年春

徂徕英名天下传
黑石嶙峋凌霄汉
徂徕山上植树人
如今给它把绿衣穿

植树老人手灵巧
他是年逾花甲的技术员
踏遍荒山人未老
他和徂徕结下了好姻缘

“兵”站设在“中军帐”
他茹苦含辛改造徂徕山
满脸网纹是他植树的年轮
银白的两鬓是他饱经风雪的证见
健壮的身躯犹如苍劲的赤松
他的心啊，似花像火一样红
他为徂徕贡献着全部智慧
他为徂徕整个身心都在劳动
每一块石头都有着他的足印
每一道清泉都照过他的面孔

植树老人不减当年威风
徂徕山的姑娘也是后辈英雄
她们带着树苗能窜山跳涧
她们跨过泉水可攀登绝顶

山上山下如今已遍栽绿树
赤松洋槐已绿满了起伏的山岭
起义英雄假如今天来到徂徕山上
也很难辨认出当年出击的路径

植树人啊！你的劳动将与青山常在
徂徕山啊！你的英名将永远留在后辈心中
后辈们定会学习先辈的榜样
继承徂徕山革命精神和光荣传统

（选自《安思诗歌选集　1940–2003》.安思著.山东美术出版社,2004年2月第1版.）

徂徕山的女儿

燕遇明

深山松涛中露出林业站，
一块红宝石浮在绿海中间，

站里的老技工笑向来客，
把徂徕山女儿的奇迹纵谈。

她们冒着风雨冰雪，
把青松栽满徂徕山，
云雾里有她们的歌唱，
悬崖上有她们的呼喊。

灵慧的姑娘们多勤劳，
受穷的徂徕山呵巧打扮，
群山呵穿起翠绿的衣衫，
峰峦呵绣成高空花园。

一九六一年

（选自《碧叶集》第42页.燕遇明著.山东人民出版社，1962年8月.）

美 松

燕遇明

据《泰山道里记》载，徂徕山出美松。一九六一年秋，重游徂徕山之中军帐，见美松两棵依然健在，欣喜抚视，留连忘返。

一棵，象巨大的绿鸟落下山岗，
层层孔雀尾，铺向谷底的水上，
它在山上还没有站稳，
又展翅欢舞，要腾空翱翔。

一棵，象豪迈的武士手按宝剑，
挺肩侧目，对着暴敌怒望，
霎眼间他会抽出利刃，
把仇人刺伤。

一九六一年

（选自《碧叶集》第45页.燕遇明著.山东人民出版社，1962年8月.）

金鱼石

燕遇明

徂徕山中军帐山岗上，有金鱼石，相传金鱼从此石中飞出，变为美女逃去。

从前有一个年轻的术士，
追寻着一条黄金的鲤鱼，
在山岗上举起宝剑，
朝着一块巨石砍去。

巨石轰然一声变成两半，
一半站着一半倒在草地，
从里边飞出那条闪光的金鱼，
翻跳着逃进深谷的河里。

术士飞快地跳进深谷，
举起宝剑顺着河水扑去，
河里流着透明的绿水，
好像一束微风吹动的柳枝。

术士瞧见一个好看的姑娘，
正坐在绿水旁边洗衣，
他无暇细看那窈窕的身影，
只是盯着水波寻觅。

“你看见一条金鱼过去了吗，
请问你，我的好心的姑娘？”
术士焦急地瞅着绿波深处，
哪有工夫端详那迷人的脸庞。

“先生，金鱼刚才顺着河水游去啦，
再走不远你就会把它追上。”
姑娘伸出柔美的手指，
指一指前边弯曲的河床。

术士头也不回地朝前面冲去，
一直追到那条深谷的远方。

他连个金鱼的影子都没有看见，
这才想起那个可疑的姑娘。

他急忙回来把姑娘寻找，
那金鱼姑娘早已不知去向。
他急着去抢夺财宝，
却丢掉了最好看的姑娘。

一九六一年

（选自《碧叶集》第46~47页.燕遇明著.山东人民出版社，1962年8月.）

一块石头

燕遇明

走下盘旋的山崖，
前面正是归途。
突然看到希奇的珍宝——
伸手捡起一块石头。

亮晶晶的白石呵，
我最熟悉你的性情，
洁白，朴实，坚固，
这是徂徕真面目。

石头勾起往事：
战斗的白天和黑夜，
数不完的久别的战友，
多少激动、欢唱、困苦……

把石头装进衣袋，
辞别青山频回首，
石头虽小呵，
你可是徂徕亲骨肉。

一九六一年

（选自《碧叶集》第48页.燕遇明著.山东人民出版社，1962年8月.）

徂徕山散题

张　岐

泉

山泉，银箭般的山泉，冲过谷壑间的岩石，淙淙地流着，流着。它象一匹匹白绢，配载着徂徕山的战史；它象一支支古琴，弹奏着徂徕山的赞歌……

这山泉边，曾经飘过血腥的膏药旗。鬼子用蟒蛇般的壕沟，盘缠徂徕山区，蚕食徂徕山革命的生机。英雄的徂徕山儿女，高擎起义的火把，穿过刀林，冒着弹雨，在山泉边撒下传单，在山泉边埋下石雷，在山泉边射出一颗颗复仇的子弹……那个时候，山泉呵，染着英雄的鲜血，也漂着英雄的壮歌……

今天，徂徕山人，用劈砍鬼子头颅、保卫山泉的手臂，凿开条条溪道，垒起道道坝基，就利用那当年封锁徂徕山的壕沟，聚起一汪汪库水。

碧莹莹的库水，灌注着徂徕山新的生命。哺育着一洼洼绿秧，喂养着一群群牛羊，滋润着徂徕山的石头和土壤……

徂徕山人愿捧着库水洗脸，愿打来库水烧茶煮饭，也愿欣赏库水上徂徕山峻拔的倒影，和聆听溪泉叙述徂徕山的激变……

路

起伏的峰峦，俨如逶迤的长城，兀立的巉岩，宛若交错的狼齿。徂徕山呵，你高峻，触抚青云，你陡峭，如削立的墙壁。一坡坡沟岭，一道道沟壑，一条条山溪……在你的身上，找不出一块平坦的场地，找不出一点路的痕迹。

可是我看见担草的老汉，放羊的姑娘，护林的民兵，上学的孩子……都迈着轻捷的脚步行走如飞。在他们的脚下，好像巉岩、峭岭、沟壑，到处都是路，都是宽阔平坦的路……

这使我想起一句话：凡是有人迹的地方都有路。

是的，徂徕山本来就有很多路。这里的每一寸土地，每一块石头，每一粒砂子，都印着徂徕山人的脚步。过去，徂徕山人在这里踏下革命的脚步，一个个脚印，踏出一条条革命的路；今天，徂徕山人在这里踏下建设的脚步，一个个脚印，踏出一条条丰衣足食的道路！

扁　担

徂徕山人铁扁担，
一头挑着一座山。……

——徂徕山民歌

徂徕山人的扁担，两端套着锋锐的铁尖，象梭镖，又象宝剑。

这扁担是旗杆，它揭起徂徕山第一面起义的红旗，点燃着第一把抗日的火焰。第一面红旗，第一把火，烧红沂蒙山区，烧红鲁西鲁南，烧红山东的千条河万层山……

铁扁担挑着石雷、抬着土炮，炸翻鬼子的人马，填平“蚕食”的沟堑，劈开“扫荡”的铁网……

铁扁担挑着粮食、抬着担架，穿枪林冒弹雨，千程万里奔走火线……

一腔仇恨，满身怒火，徂徕山人用铁扁担埋葬民族敌人的死魂，拨开漫空的乌云阴霾……

而今，这满注着革命光荣的铁扁担，又树起社会主义的红旗。社会主义的红旗，漫卷着社会主义的春风，春风吹绿了徂徕山的山山岭岭。

瘠瘦的山田变成粮囤，石头窝窝长出金银。

荒秃的山峦翻滚绿浪，青松白杨拦截游云。

石头蛋，铺展出带子般的公路，架起城墙般的库坝，盖起一幢幢装满阳光的新房……

满腔喜情，一身力量，铁扁担挑来了幸福的日月，挑来了徂徕山永恒的新生！

（选自《山东文学》1962年第1期第29页）

徂徕山之歌（三首）

陈显荣

光荣的徂徕山

徂徕山身穿绿军装，
胸佩千万颗光荣的勋章——
这就是英勇的徂徕人，
闪灼着灿烂的金光。

谁从血泊里举起革命的枪，
谁在汗海里乘风破浪，
去问徂徕山吧，
英雄的脚印都留在她的心上。

层层梯田充实了多少粮仓，
绿绿山林蕴藏着多少栋梁，
去随便问哪一个徂徕人吧，
主人翁心里都有蓝图一张。

徂徕少女

红日欲归恋青山，
一群少女荷锄下梯田。
唱呀笑呀到山溪旁，
又洗脸儿又梳发辫。

不搽粉，不抹胭，
发卡上别枝红杜鹃。
徂徕少女多奇怪，
早不打扮晚打扮。

山美水秀人刚健，
徂徕少女胸襟宽，

一心美化徂徕山，
把打扮自己放后边。

映　山　红

进山来，是什么
耀花了我的眼睛？
手搭凉棚棚仔细看，
呵，万绿山中一片映山红！

映山红啊映山红，
徂徕山上春意浓。
层峦叠翠山泉笑，
徂徕像只孔雀开了屏。

哪是映山红？
爬上崖顶才看清：
一群小伙子身穿红背心，
上绣金字：绿化英雄。

（选自《山东文学》1962年第2期第8页）

徂徕山花

马怀忠

徂徕山的野菊花，
朴素，俊秀，坚强。
徂徕山的孩子，
就和这野菊花一样。

出门就同山风赛跑，
天天都和山水打仗。
虽然是少小年纪，
已炼成一身钢铁骨梁。

走山路如走平川，
跨沟溪和飞一样，
看见他们，就看见当年的徂徕山人，
他们的叔叔，伯伯，爹娘……

从父辈那里学来一身武艺，
也接受一种美好的思想。
扛起当年徂徕山上的红旗，
建设自己美好的家乡。

谁能嫌他们个子太矮，
他们能站在徂徕山顶歌唱；
能把那成群洁白的羊儿，
一直赶到五彩云上！

那一张张圆胖发光的大脸，
映射出徂徕山美好的现在，
徂徕山更加幸福的明天，
就挂在那一对对明亮的眼上！

1961年12月

徂徕公社–泰山脚下

（选自《山东文学》1962年第3期第27页）

守山勇士（外一首）

燕遇明

左边是插天的青峰，
右边是摩云的黑山，
走近山村不见村，
只见沟边岭旁冒炊烟。

这里原是山外地主的羊栏，
有一伙穷人在这里砍柴开山，
开块小地象个大黑碗，
开块大地象个锅盖垫。

四二年敌人围山修上封锁沟，
“八路庄”成了制造无人区的重点，
每间房子都烧成黑屋框，
男女老幼都被炮火赶出山。

越过碉堡锄荒地，
冒着枪弹偷进山，
无人区还是有人区，
配合自己队伍展开反封锁的苦战。

从无村变有村，
冲破封锁又把家园重建，
凿平石头盖新屋，
开山垒堰修梯田。

如今穷山变成粮食囤，
荒岭变成了花果园，
缺粮村变成了高产队，
粮食丰收把国家支援。

英雄的徂徕村呵，
你二十多年象一天，
你的心一直向着自己的党，
你的血汗一直流在徂徕山。

散居山沟的村庄呵，
你那容貌是稳重平凡。
你是忠贞不移的守山勇士，
你那威武的两肩齐着高山。

疏疏落落的山屋呵，
你是永远攻不下的散兵线，
枪打不走，火烧不退，
石头缝里的小屋胜似铁筑的大关。

（选自《山东文学》1963年第7期第23页）

忆徂徕村

飞机上寻觅火车里望，
万山丛里找亲娘。
睡梦里见面睡醒了想，
黑夜白天都没忘。

你把心上的东西捧出来，
一点一滴都放到我手上，
你爱抚地站在我身旁，
看着我一口口地都吃上。

你嘴里亲热地讲：
“吃吧，同志，吃了饭再把工作商量。”
你眼里慈祥地望：
“吃吧，孩子，我是你的亲娘！”

姑娘来照应孩子来唱，
处处是亲人的脸庞，
老人来嘱咐青年来望，
母亲的心肠是一样。

把这个数算把那个讲，
千万个战士都记在你心上。
最平凡的人儿你都要夸奖，
象把自己儿女一个个思量……

飞机上寻觅火车里望，
万山丛里找亲娘。
睡梦里见面睡醒了想，
黑夜白天都没忘。

就算白发长满了我的头，
你还是我永不衰老的亲娘。
我要诚心给你当个好儿子，
永远讨你欢喜不要你失望。

（选自《山东文学》1963年第7期第23~24页）

访 徂 徕

沿河大路，
五十里风沙，
不看汶水东流，集市繁荣

急步来到徂徕山下……

满峪青松山泉水，
崖上白雪崖下黄沙，
山高、树旺、地肥，
一望徂徕红旗如画。

青石崖似英雄跨骏马，
红山草象燃烧的火把，
烈士的鲜血染徂徕，
遍山红叶收到家。

三十年前展红旗，
青石寨前把营扎；
哪一匹战马不怒吼，
哪一尊大炮不“说话”！

石为床，云为被，
集兵囤粮保中国，
滚滚青石是子弹，
青松伸枝搭枪架。

几担粮米运上山，
篝火旁饮松果茶，
枪林弹雨烽火中，
徂徕健儿走天下。

前辈的意志后辈的胆，
山前的流水山后的花，
英雄壮志凌霄汉，
锦绣江山美如画。

柴垛倒比山梁长，
碧水淙淙传心话，
徂徕峰遥对玉皇顶，
气壮东岳巍巍峻拔。

上山去，不怕溪水湿鞋袜，
上山去，望徂徕烟雾透红霞，
青苗田中花棉袄，
红旗飘飘处处人家！

（选自《报春集》第159~161页.孔林　阎一强著.山东人民出版社，1964年5月第1版.）

徂　徕　村

山坡上的住户三三五五，
处处都叫徂徕村，
不是这名字格外新颖，
遍山都是徂徕山人。

徂徕人是勇敢的人，
徂徕村是战斗的村，
经历了战火的岁月，
渡过了寒冷和贫困。

多少女人们，
千针万线为战士缝棉做单，
多少男人们，
百里奔走为革命送粮报信。

草棚里住过卫国的战士，
山屋里住过多谋的将军，
和部队一个命脉联手足，
与革命一个意志一条心。

风风雨雨三十年，
赢得云开月朗满山春，
村村都唱公社好，
山山都有花果林。

几代壮志几代人，

革命道路永无尽，
跟着党走阳关路，
雷劈火烧永不分。

先辈开出的登天路，
层层梯田接青云，
山淌铁水水流米，
铸一个金鼎银海徂徕村！

（选自《报春集》第162~163页.孔林　阎一强著.山东人民出版社，1964年5月第1版.）

女石匠赞歌（节选）

燕遇明

——一九七三年春，到徂徕山樱桃园访女石匠队；事壮志奇，感激成句。

报名编队

徂徕女儿敢斗天，
不爱描花爱绣山；
绣个果林满山峪，
绣个层层大寨田。

英姿飞翩翩，
急把险峰攀；
高山大坝亲手创，
万块石料敢承担。

顶住风雪急，
不怕钢钎寒，
今夜成立打石队，
明早去开山。

开山劈石立新功，
妇女能顶“半边天”，
一颗红心装备好，
创个高山粮果大花园！

石场激战

钢钎唱起开山曲，
铁锤敲出万年石。
莫道进军急，
激战争朝夕。

粉红、浅蓝、月白，
徂徕花岗多绚丽；
沉睡亿万年，
今日该醒矣！

莫让清泉空流失，
快到高山大坝去！
铁锤命令你，
新装登阵地。

战士意气攻势急，
壮歌凌云卷红旗。
手上血花洒，
身上石花飞！

（选自《诗集　金桥》第207~209页.山东人民出版社编辑部.山东人民出版社，1978年9月第1版.）

徂徕山女石匠赞

孔庆杰

云层上，红旗扬，
阵阵锤声震山岗。
徂徕山上悬崖处，
一群姑娘打石忙。

铁锤随着汗珠飞，
钢钎穿透万山岗。
徂徕山姑娘学大寨，

誓叫徂徕过“长江”！

铁姑娘，学大寨，
人人心向红太阳。
锤声叮当奏新歌呵，
声声高唱女石匠……

（选自《泰安地区工农兵诗集　泰山晨曲》第69页.泰安地革委出版办公室　文化局编.山东人民出版社，1977年1月第1版.）

登徂徕山

阎学增

1986年7月23日

寻幽访胜到徂徕，驰越峰峦畅我怀。
幽壑云烟遮绿树，遍山松翠赛蓬莱。
昔登泰岱小天下，今上徂徕见九垓。
李白竹溪何处是，扶摇直上雾霾霾。

（选自《一个老八路的诗文人生：阎学增诗词选》.阎学增著.中国人事出版社，2006年1月第1版.）

纪念徂徕山起义五十周年

李子超

（一）

华夏陆沉寇焰遒，百官逃跑碎金瓯；
徂徕燃起熊熊火，抗日救亡争自由。

（二）

鱼水情深忆往年，盘根百丈扎深山；
暴风揭地不摇动，戴雪披霜人马欢。

（三）

敌忾同仇众志坚，无穷力量来延安，
坚持苦斗连八载，风展红旗立泰山。

一九八八年一月一日于泰安

（选自《白驹集　李子超诗选》第331~332页.李子超著.山东文艺出版社，1992年1月第1版.）

重访徂徕镇

陈野苹

半载三同忆徂徕，廿三岁月挂中怀。
新村面目难相识，旧寓依然荫绿槐。

1988年8月18日

（选自《野苹诗选》第272页.作者陈野苹.党建读物出版社，1995年1月第1版.）

登徂徕山①

安廷山

曾凭高崖望徂徕，云霞夕照映入怀。②
自古隐者爱山水，最能寻得仙境开。③
百里山路莫须问，满坡香蘑无人采。④
道旁小花动人心，牛羊声声云中来。
愈是进山不见山，高寒阵阵催我回。

注：①1988年8月26日国家文物局泰安培训中心部分同志去徂徕山游览。

②第一次登游徂徕山，以往多是站在岱顶远望徂徕如春蚕没入云烟之中。

③古有“竹溪六逸”之妙传，李白偕当地文人学士相聚在竹溪饮诗得名。

④大家入山林采了不少蘑菇。

（选自《泰山伴君行》.安廷山著.新华出版社，1999年8月第1版.）

徂徕纪游

马铭初

辛未之秋游徂徕，乘汽车从西麓进山，沿中峰东至光化寺，径直四十里许，逶迤展转达八十里。

徂徕遥矗列长空，幽窈嵚崎傲岱宗。
丽日时浮五汶影，晴岚普照万壑松。
兵戈设堡三军帐，诗酒骋怀六逸踪。
乘兴驱车越险峻，逶迤展转绕青峰。

（选自《岱宗诗刊》第七期）

徂徕行二首

马铭初

一九九五年八月，乘汽车辗转徂徕山道登太平顶。

一、车行松荫道

车行曲径入山深，飒飒松风入耳频。
吞雾吐云飞上下，四周寂寂漫惊心。

二、遥望礤石峪

礤石遗踪何处寻，山南山北气氤氲。
人间处处沧桑变，忆旧能有几多人。

（选自《岱下集》.马铭初著.）

徂徕山起义

尚　一

蚕食鲸吞难再忍，全民奋起事戎行。
士卒五百宁沉海，子弟八千肯渡江。
救国当年歌正义，勒碑今日韵铿锵。
三齐儿女屹然立，真理昭昭胜列强。

（选自《槐荫诗稿》第12页.作者尚一.1996年1月.）

徂徕山起义六十一周年

余　琳

露洗徂徕碧，汶河水倒流。
弹指一甲子，汗水点春秋。

（转引自《最可爱的人新传（一）》第10页.张有志　肖慕华　顾丽兰主编.华业出版社.）

纪念徂徕山起义

宋　英

岁月匆匆忆逝年，义旗高举徂徕山。
岳东多少佳儿女，血雨腥风化大千。

（选自《海岳情结》.宋英著.山东人民出版社，2002年9月第1版.）

徂　徕　山

宋佩华

沧桑六十载，义旗举徂徕。
抗日第一枪，英烈化大千。

（选自《耕池斋诗稿存》.宋佩华著.齐鲁书社，2008年5月.）

徂徕山景

宋佩华

徂徕山景叠嶂重，秀水萦绕古柏松。
碑碣林立墨足迹，摩崖石刻布其中。

（选自《耕池斋诗稿存》.宋佩华著.齐鲁书社，2008年5月.）

徂徕山：民族的高地

于　静

1938年的第一缕朝霞
染红了徂徕山
充血的目光
穿过齐鲁大地凝固的暗夜
大刀　向鬼子们的头上砍去

红旗飘扬的声音
从徂徕山顶　向外传播开来
粗布衫里揣着的　爱国激情
化作密集的子弹　射向敌群

牙齿咬碎　决不咽回肚里
牵着侵略者的鼻子
枪管　拨开高粱棵子
射出　串串仇恨的烈火

一百六十名威武的雄狮
鲜血　浸透了脚下的大山
不屈的豪杰
给后人留下了辉煌的传奇

徂徕山
民族精神的高地
捡起任何一块石头　敲一敲
都会发出冲锋的
号角之声

（选自《油龙吟：文学作品卷》.孙福祥主编.中国矿业大学出版社,2009年9月.）

沁园春·颂徂徕山起义

张灿珅

1988年

泰岱沂蒙，骤起烟云，民怨国忧。叹悠悠华夏，涛涛黄水，乱军党棍，粪土王侯。日寇穷凶，韩兵逃遁，锦绣田园成废邱。山河碎，恨独裁误国，坏我金瓯。　神州，敌忾同仇，数千万操戈英杰遒。会徂徕义举，青驼血战，挥师齐鲁，动地貔貅。杀敌除奸，戍边守土，山纵英名青史留。驱倭贼，建八年勋业，一代风流。

（选自《琴石书屋医馀吟草》.张灿珅著.张增岷编纂.上海中医药大学出版社,2006年7月.）

沁园春·徂徕山

郑应茂

斧头镰刀，猎枪长矛，起义武装。望徂徕山下，红旗飘飘。中央代表，黎玉洪涛，运筹帷幄，威震八方，日寇闻讯无处逃。弹指间，浴血战八年，往事多少。　青山至今未老，革命传统代代永葆。再上徂徕山，山清水秀，累累果实，挂满枝梢，谁人知晓？宏伟蓝图，直奔小康新目标。展未来，风景名胜地，这边独好。

2004年5月28日

水调歌头·魅韵徂徕山

郑应茂

元君故居地，果老驮来山。二圣行宫犹在，六逸醉诗篇。尽染森林茂密，层峦叠嶂崎岖，飞瀑亦流泉。秋千荡碧霞，夕照映山峦。　千年松，嶙峋石，云雾涧。抚今追昔，峥嵘岁月换新颜。观峰探幽休身，欲览风景独秀，惟吾之佳园。齐鲁名胜地，魅韵徂徕山。

2006年3月4日

清平乐·中军帐

郑应茂

春秋战国，史册有评说。吴王伐齐大战捷，中军帐里谋略。　万叠青松山涧，一曲流水围山。千古银杏擎天，百丈弥勒云间。

2006年3月6日

第二节　赋

徂徕之松赋

明·程大约

惟灵山之嵯峨，挺贞松之蹇产。傲沍寒之雪霜，凌排空之崿巘。贯四运以不雕，历千年而长衍。条盘结而益密，枝纷披而弥远。形如鸾凤，势若虬龙。象亭云之霭霭，类偃盖之童童。抽纤茎以森竦，布芳颖之青葱。迎轻飔而发响，俨静夜之丝桐。上有翠实素髓，离离馥馥，偓佺食而养性，永籍名于仙箓。下有青牛紫苓，灵药异兽，採玉策之秘记，延万龄之长寿。然彼苍烟，以代漆书，陋魏台之石墨，超汉室之隃靡。

（录自《岱览》卷三十）

徂徕山赋（并序）

清·杜天培

徂徕，汶水南流所自经也。去泰山东南三十里而近。高不及泰山，而广阔配之；雄伟不如泰山，而奇秀抗之。宇内名山，不在五岳之数者，天台、峨嵋最为杰出，兹徂徕其流亚欤？夫五岳视三公，自泰山视徂徕，殆如萧之于曹，郭之于李，气势相高而不相下，情实相让而不相轧也。登眺之余，因敢摭拾状而赋之词，曰：天作高山，东惟岱宗。肩随眉列，徂徕称雄。方其神化融结，居鲁之分。父乾行而母坤维，兄泰岱而妃清汶。气俯吞乎全齐，体平压乎数郡。苍茫浑厚，而真源莫问。遥睇之厥色正黑，博大绝伦。若铁堆，若云屯。青霓白雾，日月吐吞。仙灵潜其窟宅，阴阳判其晓昏。近瞩之则迭岭沓嶂，锦攒星烂。浑浑依天之石，崭崭藏龙之涧。小峰亦自绕其烟霞，偏岩亦各挟夫雷电。阳陂则冬日含葩，幽崖则六月飞霰。群峦秀而康乐为之欣起，峭壁悬而昌黎为之悲眩。尔其左涧溟、渤，右走崤、函，北拱神京，南以环吾孔宣尼之墓田。龟凫诸巨镇，络绎森列，总斯山之仆从儿孙而已焉。其下则山足裂，万窍鸣，氤氲盛，蒙泉生。皎洁而光侔星宿，湍瀚而响接蓬瀛。澔澔焉，漾漾焉，汇为大川，径行五百里而与黄河乎合并。至乃洞悬乳窦，穴产仙蝠。灵药含滋，秀草芬馥。起银雉，眠瑞鹿。货不贵乎难得而四方走。合抱之木，禽不取夫珍异而千古无。虎豹之蹢，又兹山之所独也。猗欤休哉！霖雨万方，厥绩彰显，而金泥玉检之封弗之及徂徕之上，交不谄乎；梁甫社首，气脉联属，而特立拔起之势不可狎徂徕之下，交不渎乎。有宋君子石守道，人号之为徂徕先生，曰鲁之望也。泰山鲁所瞻，徂徕鲁之望。兹其品目，巍巍乎无以尚也。

（录自《泰山图志》卷七下）

竹溪六逸赋

清·仲澍源

《唐书·李白传》：客任城，与孔巢父、韩准、裴政、张叔明、陶沔居徂徕山，日沈饮，号竹溪六逸。

巉石峰前，徂徕山右；流水一湾，修篁十亩。伊谁小住为佳，如此名区无偶。竹中为屋，张文君秋水寻将；溪上有堂，杜少陵浣花卜久。盼到云廊月地，其境非凡；算来纱帽隐囊，此间定有。

客告予曰：在昔天宝之载，此地有六逸堂焉。四围潋滟，一径筠篁。诛茅深处，班草中央，则怡情泉石，地非啸弄鸾凤；非惠非夷，比七人之高蹈。不衫不履，拟四皓兮昂藏。为爱此君，云影平分千亩；若教问主，风流独冠三唐。胜境栖迟，名流信宿。韩生留英彦之称，裴子有清真之目。巢父掉头而至，兴自堪乘；谪仙握手以从，来真不速。更偕陶沔，尽可流连。复得叔明，何嫌孤独？从此料量十笏，安排竹径三三。只须广构千间，位置竹窗六六。偶向竹阴布席，已多益友之三；倘来竹下敲诗，差少郑郊之一。好比先生五柳，话韵事而长新；恍同处士七松，溯伊人而共仰。

特是地以事而堪传，名以人而足述。使领袖而无闻，恐流芳之莫必。无论系通栗里，遗迹徒湮；氏袭元真，嘉名早佚。而且钓竿诗卷，一时之赠什空吟；卧石漱泉，三子之雅怀谁悉？则虽勾留竹舍，占来清境之无双；终教话到竹林，但羡晋贤之有七。一自济南寄迹，太白停鞭。指竹坡之深郁，来竹屿以周旋。轩冕忘情，便订石盟兰讯；林泉有主，宏开酒地诗天。月对竹檐，三影适符乎莲社；杯倾竹叶，两人差减夫饮仙。从此披陆晃之图，六逸竞传佳话；读方豪之记，竹溪共仰前贤矣。

（录自《赋海大观》卷一二）

第三节 散　文

徂徕先生墓志铭

宋·欧阳修

徂徕先生姓石氏，名介，字守道，兖州奉符人也。徂徕鲁东山，而先生非隐者也。其仕尝位于朝矣，鲁之人不称其官而称其德，以为徂徕鲁之望；先生鲁人之所尊，故因其所居山，以配其有德之称。曰：“徂徕先生”者，鲁人之志也。

先生貌厚而气完，学笃而志大。虽在畎亩，不忘天下之忧。以谓时无不可为，为之无不至；不在其位，则行其言。吾言用，功利施于天下，不必出乎己；吾言不用，虽获祸咎，至死而不悔。其遇事发愤，作为文章，极陈古今治乱成败，以指切当世。贤愚善恶，是是非非，无所讳忌，世俗颇骇其言。由是谤议喧然，而小人尤嫉恶之，相与出力必挤之死。先生安然不惑不变，曰：“吾道固如是。吾勇过孟贲矣！”不幸遇疾以卒。既卒，而奸人有欲以奇祸中伤大臣者，犹指先生以起事，谓其诈死而北走契丹矣，请发棺以验。赖天子仁圣，察其诬，得不发棺，而保全其妻子。

先生世为农家，父讳丙，始以仕进，官至太常博士。先生年二十六，举进士甲科，为郓州观察推官，南京留守推官。御史台辟主簿，未至，以上书论赦罢不召。秩满，迁某军节度掌书记，代其父官于蜀，为嘉州军事判官。丁内、外艰去官。垢面跣足，躬耕徂徕之下，葬其五世未葬者七十丧。服除，召入国子监直讲。是时兵讨元昊久无功，海内重困，天子奋然思欲振起威德，而进退二三大臣，增置谏官御史，所以求治之意甚锐。先生跃然喜曰：“此盛事也！雅颂吾职，其可已乎？”乃作《庆历圣德诗》，以褒贬大臣，分别邪正，累数百言。诗出，泰山孙明复曰：“子祸始于此矣！”明复，先生之师友也。其后所谓奸人作奇祸者，乃诗之所斥也。

先生自闲居徂徕，后官于南京，常以经术教授。及在太学，益以师道自居。门人弟子，从之者甚众。太学之兴，自先生始。其所为文章，曰某集者若干卷，曰某集者若干卷。其斥佛、老、时文，则有《怪说》、《中国论》，曰：“去此三者，然后可以有为。”其戒奸臣宦女，则有《唐鉴》，曰：“吾非为一世监也。”其余喜怒哀乐，必见于文。其辞博辨雄伟，而忧思深远。其为言曰：“学者，学为仁义也。惟忠能忘其身，惟笃于自信者，乃可以力行也。”以是行于己，亦以是教于人。所谓尧、舜、禹、汤、文武、周公、孔子、孟轲、扬雄、韩愈氏者，未尝一日不诵于口。思与天下之士，皆为周孔之徒，以致其君为尧舜之君，民为尧舜之民，亦未尝一日少忘于心。至其违世惊众，人或笑人，则曰“吾非狂痴者也！”是以君子察其行而信其言，推其用心而哀其志。

先生直讲岁余，杜祁公荐之天子，拜太子中允。今丞相韩公又荐之，乃直集贤院。又岁余，始去太学，通判濮州。方待次于徂徕，以庆历五年七月某日，卒于家，享年四十有一。友人庐陵欧阳修哭之以诗，以谓待彼谤焰熄，然后先生之道明矣。

先生既没，妻子冻馁不自胜。今丞相韩公，与河阳富公，分俸买田以活之。后二十

一年，其家始克葬先生于某所。将葬，其子师讷与其门人姜潜、杜默、徐遁等来告曰："谤焰熄矣，可以发先生之光矣，敢请铭！"某曰："吾诗不云乎：'子道自能久'也，何必吾铭？"遁等曰："虽然，鲁人之欲也！"乃为之铭曰：

徂徕之岩岩，与子之德兮，鲁人之所瞻，汶水之汤汤，与子之道兮，逾远而弥长。道之难行兮，孔孟亦云遑遑，一世之屯兮，万世之光！曰吾不有命兮，安在夫桓魋与臧仓。自古圣贤皆然兮，噫子虽毁其何伤？

（选自《古文辞类纂评注　中》.清姚鼐选编；吴孟复，蒋立甫主编.安徽教育出版社，1995年10月.）

徂徕山纪胜

清·孔贞瑄

徂徕居群山之中，祖太岱，昆新甫，金斗、青云、石门、九仙，子孙俨列。尼防、括苍、东蒙、金牛，遥为宾主。双汶络其面背，汇于西南，如带结于禚山。峰峦嵯峨，星体具备，四向开嶂，砂水相缪，龙脉去来，莫可识别。山周百二十里，由巽掠震，入礤石峪，进若卷荷，退若剥蕉，有广石瀑布，跨断山腰，峪之所由名也。殿宇隐松楸之中，溪流藏藤葛之下。风栗霜柿，绿苞赤实，缀若繁星。岩阿逼仄，障于朝山。逾西溪溯流而北，山形始畅，另辟洞天。林木葱郁，溪水淙淙，随处导为鱼沼莲塘。下濑洑行出山外，水冬夏不盈不涸。盖山得斯峪也始幽，峪得斯溪也始秀。已过溪，由山腹趋二圣宫，涧壑嶙峋，不通屐齿，或垒石表其往来之向。跨三岭崮而北，下深峪而西，出二圣之背，如颖脱囊底。宫即乐贫岩，其乳山结体尊严，开局正大。岩溪多竹，罥以藤萝。外有转珠，山当谷口，关栏严密，閟然风回水渟矣。遍访六逸遗址，故老鲜能言之者。相一山之胜，此为弁冕，其为竹溪无疑也。得元时残碣文，剥落不全，大约记夫子、老聃讲道事，土人谓以袁郭二仙名宫者误矣。距太平顶三十里，为徂徕绝巅，双峰颉颃，一平一峭。平可结庐，峭可筑垒。峭非平不大，平非峭不奇，势固有相济而不相轧者乎！其下，紫源池极阔。闻诸羽士，产菖蒲盖九节云。西南十六峪，幽僻绝尘，逾涧绕悬珠，三十余里始达。从太平顶落脉，正对汶水，与东北赵州庵遥相照应。据山之坤艮为两别谷，山阴颜崖邃谷，多前贤题勒，没于苍苔，未辨是六逸笔迹否。嗟夫！探奇索隐，愈深愈曲，遗憾愈多。达者观其大略，取适吾心而已矣。

（录自《泰山纪胜》）

游徂徕山记

清·赵国麟

徂徕列泰山前，犹老人儿，泰山坐而凭之，尚伛其背，若将俯焉，以故藐徂徕者殊众。然松径竹溪，名藉甚典册中，心窃疑其必有异，每欲邀同人游，荏苒几十五年不克遂。康熙癸巳九月，徂徕道者邱师，以木瓜三枚馈，大倍常品，色深黄，幽馥内蕴。问所由产，曰树生礤石峪石罅中，岁可得数十枚。予曰：异哉！因与邱师约。廿二日丙寅，同内兄黄子征野、门人张子汉张、金子与参往游焉。

行三十里，小顿于团瓢。至汶河，沙平水浅，一望无际，隔岸诸峰，翠黛扑人眉宇。渡河数百武，道旁丰碑大书"宋太子中允徂徕石先生神道"。乃太史宋绎田先生所建者。衔书"山西太原平定州判"，此先生劾阉党被黜时也。殆感庆历圣德轶事而题此碑乎？缘山西行数里，一峰崯岈崒嵂，势欲飞坠。邱曰："此攒石崮也，竹溪六逸堂在其下。"又数里，山隈丛树森郁，殿宇廊舍，若人冠巾帻，杂立其中。邱曰："此四禅寺也。"又十馀里至茅茨，薄暮矣。山巅野烧明灭，如云月隐现。邱指山半绀碧相间若树若石者曰："其中为十六峪。"转而东行五六里，至山阳高子静远家。叩门登堂，菊英绕屋，亭轩甚幽。主人篝灯放酒，纵谈徂徕之胜，以二圣宫、礤石峪为最。

廿三日，饭于高子孟兄希程家。高子昆仲具肴榼，以葫芦盛酒，使小奚肩之。出村未半里，东北一峰，郁确上锐，张左右翼。中权奋勇争先，渴骥奔猊，势不可犯。峰前去巅不数咫，殿阁皆露鸱吻，苍松数株，与石色相乱。高子曰："土人名此峰为三岭崮。其东北为礤石峪，其西北为二圣宫，请先从西北入。"予曰："诺。"行二三里，甫入山，道上怪石星罗棋布，支麓起伏，皆作峰峦，回环映带，步移形换。沿溪行里许，西北一山，端严静正，三泉出山趾，汇而为池，清鉴毛发。渡大溪，北望诸山，层峦叠嶂，相争相让，而出其最高者为太平顶。其西为桃花峪，其南为毛老谷。又循小溪而北，两山渐狭，大石障其前，几无所见，下骑步行，从石东转上，忽现一境，青松红树，参差上下，依山为阁，茅屋数椽，丛篁绕之，门前石梁横亘，流水潺湲其上，同人皆惊叹为仙境。渡石梁，至阁下，遥瞻阁上两像并坐，东为老子，西为孔子，此二圣宫所由名也。坐老聃于左，岂惑于史迁问礼之说欤？抑尊神道尚右之说欤？由阁东拾级而上，为三清殿。其下为贫乐岩，为元人鹿茂之隐居处，鹿以儒隐于黄冠。杜仁杰撰铭碑，残剥不可读。由贫乐岩转而北，为演易斋，大刻篆书三字于石。稍南，草堂三楹，为希程读书小斋。启西窗，千岩万壑，奔赴窗下，夕阳绘影，众山皆紫。希程又引穿竹攀崖而上，有大石方广数丈，如岸碛投地。南向为洞，俯而入，中可坐五六人。希程请题洞名，予颜曰"箪瓢"，所以继隐士之志也。希程设酒脯小酌，问礤石峪于道者。道者曰："逾东岭可十馀里，骑不得上。由前山途颇坦，殊远。"因亟命仆同邱师持幞被驱骑出山，期见星而会。

予与征野等各持藜杖，倩山中樵子作向导。登东山，樵子指道中狼迹，大寸许，同人皆有戒心。转而南，忽见一峰，突兀傲岸，迎面而出，即之甚迩，似乘埤相窥者。樵子曰："此三岭崮背面也。"逾岭望之，却在天际。其东岭如人如兽，如列几筵，如陈簠簋，如建幢，如树帜，肖形赋物，不一而足。东行至一岭，石皆蛙形，俯仰向背，跳跃聚散，大小数百头。下岭北行，至风门口，曛黑无所见。忽闻群狼嗥鸣，悲惨激烈，颠发上指，樵子大声疾呼，同人叱咤继之，响震岩壑。过风门口东下，又听犬声四起，与人声、狼声咿哑叫啸，嗷嘈喧豗，山鸣谷应。樵子曰："将至矣。"稍前，人声渐近，道童来迎。予左手拍道童肩，右手扶藜杖，行落叶中，索索有声，屐滑将仆者数。下视涧中，树石查砑，虎豹蹲踞，虬龙怒拏，罗刹变相，倏忽万端，险不可测。将下岭，树中火光熠耀，道人持燎相迎，从树下渡溪到院中，惝恍梦幻，似不从人间来也。炼师解纯一，邹平人，深情古貌，少习黄石家言，设山中蔬果饭客，言开山于仙尸解事，娓娓可听。久之，邱师来，秉烛引同人从屋后缘古藤梯石而上，木瓜竹树丛生石中，石巅倚崖为茅屋，屋东上为纯阳阁，阁东南上又为玉帝阁，阁前砌石为栏。火光中见诸树杪尽出阁下。阁东曲室，解师丹榻

也。予曰："今晚当借蒲团一片地矣。"就寝，梦中犹陟危峰，不得上，数警觉。残月入窗，狼声远来，枕上凄清欲绝。披衣起坐，视窗外月光渐白。

昧爽启户，阅昨夜诸境，恍如隔世事。所寝曲室，在悬崖绝壁之上，古柏之巅，乃知身卧鹤巢猿窟中也。从院中遥望贵人峰，孤秀刺天，上下如削，西剡其首，有同半圭。出门外，西溪流水从大石下引过门左，穿竹根浸灌蔬畦。圃外古树弥望，黄叶半脱，微间丹壁。由圃东上岭，游陈抟酣睡处。侧身而入为门，直身而立为洞，鞠身而登为楼，转身而临为台，耸身而上，直凌其顶为峰。皆大石磊磊，自相倚着，疑有巨灵负而叠之。循岭北半里许，为炼丹炉，石更大于陈抟睡处。渠渠夏屋，深广轩豁，中有天然丹炉。东南诸峰，轩轩霞举，皆具飞升之势。

下岭，到涧中，老树怪石，触目皆东坡蓝本。登南山小普陀岩，正拱贵人峰。下岩过小涧，登西山，山中田父携鸡酒来，助道人供客，同人游兴愈豪。饭后，登纯阳阁，从阁下至贵人峰下，仰视巉削，云端一柱，几欲擎天，定有仙人琼阁，设青精石乳以待，但不能化作猱玃腾身直上耳！转而西，观于仙葬衣冠处。下大小石梁，选大石，倚崖环坐，四望峪中，旷如奥如，兼擅其胜。浮大白，话山中鸡犬桑麻，大类桃源人说避秦事，不复知外间尚有魏晋。同人皆神怡心旷，乐而忘返。解曰："立夏三日，则樱桃熟，赤珠映日，火齐万树，百鸟飞鸣，声中箫管。坐磐石，餐丹砂，吸寒露，沁入心脾。尔时先生肯来游乎？"予曰："来。"解曰："深秋岩壑尽变，枫林霞烘云染，丹朱万状，猩血浸入袍袖，眩目醉心。尔时先生肯来游乎？"予曰："来。"解曰："峪东为光化寺，又东为大悲庵，西北为中军幛，又西为紫源池，皆徂徕幽境也，先生肯遍游乎？"予曰："总俟樱桃红叶时，当办几量屐，踏尽徂徕万壑云耳。"时日已下舂，希程、静远同田父俱去，予与诸子复留山中。晚登西岭，寻来时路，问诸峰名于解师，为作游记张本。

廿五日，辞解师出山，过遥瞻门，渡隔尘桥，行两山间，奇石络绎，令人应接不暇。将出谷口，西偏一山，自巅及趾，如羊数千头，立者、卧者、跪者、触者、啮者、乳者、舐者、负者、奔者、登者、坠者，大者如瓶，小者如羔。予谓征野曰："此君家初平叱馀之石也。"稍南，为女智崮，转西行二三里，至天保庄，遂乘骑经三岭崮前麓，山川映发，标新领异，无一来时旧境。廿六日，别高氏昆仲，一路望徂徕诸峰，如逢故人矣。三十里至汶河南岸，拜徂徕先生墓，观先生所作先茔墓表，为孔彦辅书。先生集中有《拜扫堂记》，云："石高五尺，广二尺三寸，厚一尺，列辞二千三百六十八字。"信然。惜堂已圮，石已泐，字已阙，且始祖以下三十二坟碑，多湮没，存者仅碑额数字而已。予读《徂徕集》，孔孟仁义之言未尝离口，其文嶙峋硉矹，磥砢历落，而浩然之气布濩行间，真具体子舆氏之气象者。夫山之奇，奇以石。泰山岩岩，藏万仞之石，而不以石显；徂徕峨峨，分泰山一支，而遂以石著，此泰山与徂徕之分，即大圣大贤与贤人之分也。低徊不忍去者久之，归而为之记。

（录自《近游草》，泰山丛书本）

游徂徕山记

清·张希杰

徂徕位汶水南，去泰山七十里，如铺几案，山围百六十里，方四十里。山不大高，而千岩万壑，名胜甚多。昔李谪仙、孔巢父等读书其间，称为竹溪六逸，至今有堂志其遗迹。岱下灵芝阁邱道每述其概，予欲游而未果也。癸巳秋，下第来岱，铩锹之馀，情怀冷落。赵师曰："得失数也，何必介怀。胜迹在前，可以扩眼界，拓心胸。我试与尔游徂徕。"乃各觅骑代步。

予假赵王言羸马，使邱道为向导，于九月廿二日，从赵师同黄征埜、金与参，早发青岩。邱道策骞，前行至篦子店宋昭若家早饍。与参初乏骑，步而从，假于宋，得一驴大于犬，蹣躞跨之。行遏赵庄、夏村，至团瓢店。少憩，涉泮河，临汶水。湫潦水落，河流瓜分，惟中流仍湍激也。比竞渡，至深处，予马忽股栗欲仆，名曰水战。急鞭飞渡，衣履尽濡。循山东行至潦坡，日已沉西。过茅次，至山阳，徂徕南通也。星光油地，投高靖远家，入室燃灯，菊英绕座，香气袭人。命酒斟巨，瞿赏之。醉卧花下，凌晨起视，院中多树，树尽系笼，有鸟啾啾鸣其间，曰："此鸟媒也。将以掩取众鸟也。"

策骑入山，谒二圣宫，颜有"演易斋"三字，岩曰"贫乐岩"，皆擘窠大书，表隐士也。岩下出泉，越三岭崮，攒峰刺天，如建幢树帜。抵风门口，路径巉峭，骑不得往。彻而挟杖，伛偻循行，天已薄暮。予扶邱道行败叶中，簌簌有声。至礤石峪，昏黑不辨路径。炼师解通儒，庞眉皓齿，命山僮举火相迎。入道院，倾葫芦仙酿劳之。解师厚以肴簌，佐以枣栗，方津津话山中事，而响声振岩谷，□呼而继至者，则高诸远也。漏下二刻，相引过枯木桥，攀悬崖，上支簾，设榻酣寝，道房五鼓，狼声彻枕。

廿四日，偏游道院旁岩，俯谷跨涧，高下参差，一尘不到，迥非人间。出门望贵人峰，巍然特立，高出群峰表，徂徕主峰也。过玉带溪，溪流潺湲，环绕清漪；至炼丹炉，石洞也，内可容十余人，传为吕仙烧汞处。路转岩际，有天然石屋，内宽外狭，门前有石痕，俯视岩下，巨石欹落，与痕若符，俗指为陈抟酣睡处，石为金星拨倒石，甚荒诞可噱。四围山名曰句芒、祝融、蓐收、玄冥，共此一峪也。气备四时，非仙境耶！至女智崮，山势险峻，未及凌顶，解师言其巅有庙如寨焉，丘壑如林，不能徧历幽奥。方患酒渴，思得中山佳酿，以浇枯肠。适天保庄赵文石携斗酒至，相与斗拇酣呼，备极畅怀。乘兴复贾馀勇陟岩谷，洞似垒石而成者，洞门四达，如楼如阁，环转其中，猝不得出。过普陀岩，礼大士像。渡石海，千态万状，巀嶪嵯岈，不可端倪。夜仍宿于岩际。

廿五日，山民有自称为羊叔子后人者，亦携酒来享客，因重过炼丹炉痛饮。解师具笔，索赵师书三大字于洞上。饮毕，由遥瞻门渡隔尘桥至山腰，列巨石五，如雁行，予曰："此五老石也。"解师即索笔，求题之。又过环桥，近仙桥，至钜任石。四围（周回）山城，峯峦林立，如千军万马，秉□相窥。至叱羊山，自末跻巅，鳞次碎石，如蹲狮卧螭，参差错落。岂黄方平果于此叱羊耶？谢别解师出山，饭天保庄，赵文石杀鸡为黍，纵饮游侣，秉暮回山阳。

廿六日，循旧路归，过石徂徕先生墓，下马展拜，摹读石碣，缅仰梗概，如读先生庆历圣德颂也。此游未（及六逸堂）尽之兴，异日重来，当遍踏千岩也。

归岱乃（但）忆孔贞瑄先生所题六逸堂，句云（长吟而已）："岱岳南临东海西，徂徕别谷寄高棲。谪仙何术能驯鸟，巢父由来善乐饥。茅屋微霜凋落木，清霄明月满寒溪。只今参竹猗猗盛，六逸风流未可齐。"可以补

未游六逸堂之阙矣。又有高翁诗云："清溪曲曲抱山流，万壑千岩一径幽。风过飘香满洞口，雨余积翠遍林丛。闲来常听新莺语，兴到时同麋鹿游。六逸芳名谁得似，赏心今昔自相俦。"亦得山中大概，予因缀录（山中所经历）于记，以志（待）后游云。

（录自《铸雪斋集》）

游徂徕记

清·朱　钟

嘉庆己卯秋八月二十七日，余由泗水过尧山，至娄德。尧山为泗水泰安接壤处，山如玉枕，有帝尧冢，高可一丈五六尺，周围可五六丈，尧山之坞有小水，西迳冢前，冢后土平衍。北有大水，由右会小水，迳冢西南，绕平冈而出。外有泗水诸山作大包罗。冢后则有十五里平冈，蜿蜒由东而西，直起大山，作旁包罗。地虽疑冢，而山之清淑不可多见。北望徂徕，则又"屏风九叠云锦张"矣。游兴既发，遂从娄德问途。土人谓，徂徕之胜，惟光化寺、蔡石谷为最，其他行径莫可通也。

次日，遂由娄德取道天保寨，东北行十里许，至前四庄。又二里，至后四庄。望光化寺后诸山，天开北障，其下土地平旷，傺豆丛积，草舍参差，鸡犬牛豕之属无不蕃畜。桃花源之初桄，殆亦如是。又行三里许，见佛家林，石瓶石炉累累，知禅关不远。舍车而徒，径行里许，见数株红叶拂拂，猩唇点染于秋林茂密中。或以为橡斗，或以为苦楝，近观则柿叶也。数十步，抵山门。回顾来途，苍莽人烟在下界，此身已超尘海。

门前有池，流水潺湲，文鳞游泳，天趣盎然。西有孤松，屈蟠偃盖，青翠欲滴，殆百余年物。意诗所云"徂徕之松"，或土宜然邪？惜山中不多得。

时有老衲名心谊者，引入第三门，至禅堂。积尘在几，似久无人至焉者。堂左有池，源头活水，一鉴天开，不知其所自来。心谊方唤僧雏汲泉煮茗。余至后堂，方塘石溜，漱漱有声。问之，乃知山岩飞瀑，驶下如竹箭，笕入兰若，盘折圆方，直达香积厨，至寺前池中。流山南，会合西涧水，乃出山。山中人云：曩者客至，寺厨设杯盘肴馔，能从水面送入，且可回旋。殆古流觞意欤？

窗外西涧，水声与石相荡激，若秋声，若风雨声，飒飒动人。晚与梵声相倡和，饮微醺，觉睡梦中犹耸清听。平生足迹所至，以此为最。

晓起，与老衲观后院樱桃坞，并寻碑碣，得读殿前东庑碑文，寺创于魏，历年最久。虽后经兵燹，而重建有人，传至今亦自有数存乎其间。寺有地一顷余，耕种荒落，僧众懦而不更事，深为太息。时次晨二十八日也。下山，从前四庄将入蔡石谷，谷名不知何昉。庄西折，经郑家庄，路渐窄。余欲仿灞桥风雪之行，居人以徒步艰，止之。余遂借草笠、藤杖毅然去。

八里抵谷口。谷中石子黝然而黑，巨细错落。行五里，有大石二，豁然中开，俗称山门者是。再行数十步，石堆中几于山深无路。沿缘而上，有栗当道，如拒客状。余不顾，缓步过其前，逾一里许，有石桥卧波流，极澄澈，而林木阴翳，若空山无人。旋听伐木邪许声，亟寻入，则见桥首石碣题"迎仙"字。旁有洞，名昆仑洞，莫测深浅。

再上，入山门，初极狭，仅可容膝。拾级登，渐开朗，有屋三间，题"六逸堂"，有孔巢父、张叔明、李太白、韩准、陶沔、裴政木主，盖居人以竹溪当之矣。堂后有户，通山后，平拓可置十笏房舍，溪水绕其旁，较光化寺流稍细。东有殿宇，又有阁，层累者凡三，耸翠流丹，豁人心目。读其碑，知郡人赵相国国麟曾读书于此。而柳下墓、羊叔子城、石中允守道墓，具在山前。伫立片时，复回顾，见后有贵人峰，一角峥嵘，颇有奇气。

还入道院少憩，有紫绣球盛开，极馥郁，命院徒摘二枝携之，与光化寺僧所遗木瓜，皆佳品也。兹谷住持道人名静远，以农事下山庄，未及晤。遂由故道至天保寨息焉。

夜分独坐，因思连日欲雨未雨，山有薄雾，光化寺、蔡石谷山尚不高，可游览，若徂徕中峰，夙称大庵，升高望远，不宜阴晦。私计晴则登，否则少待。

四更后，披衣起，开门视之，则参伐中天，光华朗润。窃喜来朝必晴。侵晓，发天保寨，出门复西向行。自笑游兴赊，而取道纡。未自娄德直北至大庵，转自天保寨西下望大庵，真所谓溯洄从而溯游从也。行廿五里，抵山阳，山阳故庄名，盖取徂徕之南意。北望，青霭空濛中居人指点以为大庵，道里莫定。遂朝食，徒步出庄阴，约西北行七八里，由小山逾岭，下黄牯谷。有山棚，垒石为屋，采樵为业。烹泉小坐，入谷口。三四里许，有古柏一株，其下可容席四，未及荫暍，迳行七八里至深谷，溪涧水声清越。仰视东偏，则红树在山中，有小隐之意。适有三人突如来，叩之，则云，从石榴谷下，地窄寺荒，毋攀寻；为也，且绕径则抵大庵，力更绵。语颇近情。

旋北行，望隆隆翠屏，时露黄叶，窃意大庵不远。再行三四里，至黑谷，亦属樵采小宇。有老妪指迷，乃得上。又三里许，抵大庵前。迳入，院无余地，墙宇亦荒略不治。有沙弥引客至三官殿楼一眺，西南大汶河水，滉漾如在目前。下楼后，询之创始，不知何代，无碑碣可考。遂匆匆下山，寻前路，水声晚照，两两随入。至山阳庄，回视青霭空濛已如在天半矣。

闻山后院宇中有中军帐名，山之西有九庵，山之南有二圣宫，山之东有大悲庵，近寺团瓢皆僦居。途屈曲，屐齿往往不及，遂自山阳东归焉。

（录自《小方壶斋舆地丛钞》第四帙）

游徂徕山记

清·钱兆鹏

泰山东南三十里，为徂徕山。山于泰山犹旁几然。徂徕一名尤崃，赤眉渠帅樊崇所堡也，故崇自号尤崃三老。《水经注》云：山多松柏，《诗》所谓“徂徕之松”也。孔贞瑄曰：龙脉自泰山傲来，经金牛龙山，蜿蜒东赴，至水音堂，逾汶盘结于此，大、小汶络其面背，山周百六十里。自郡城至山北，蹊径逼窄，游泰山而探徂徕之胜者，则绕山之东西两路云。

己未仲春，登泰山之次日，遽自汶阳使院，改乘辕而北，是年夏杪，始自遂城南旋，复过泰安，遂决意为徂徕之游。

自山南突起者，为三岭崮，一名三台山。北岩曰独秀峰，相传李白题勒。上为九龙宫，中为玉皇庙，其下为感应侯祠，祀徂徕山神，今祠圮松柏犹存。西北里许，崖罂泻水，羊公河出焉，西南流注小汶，西北五里为二圣宫，古称二圣堂，元鹿森隐居处。东南峭石壁立。篆书“贫乐岩”、“演易斋”诸迹。许文正公尝读书于此，颜其室曰鲁斋，遂以为号。堂创于元初，后增建玉皇阁、王母殿、三清殿。稍北石洞方广，国朝大学士郡人赵国麟题名曰箪瓢。又北为乳

山，旧多竹木，溪水绕前而西注，古刻“竹溪佳境”，唐天宝间李白、孔巢父、韩准、裴政、陶沔、张叔明隐此，号竹溪六逸。今二圣宫即六逸堂旧基，而俗误以党氏竹溪当之。乳山之北，响水河出焉，上纳诸谷水，汇此西导，曰日新池，达于毛老谷，过茅茨村南，西入大汶。东北四里为万松岭，下有石屋，甘泉清洌。北十里，双峰颉颃，为徂徕绝顶，亦曰太平顶。由是而西，为紫霞洞，为李源砦，为自来泉，为毛老谷，为悬珠山，为浆池，为药山，为北顶，为广长岭，为团山，为望山，为他山，道路迂远，未及过访。以上属徂徕之阳焉。

自绝巅北二里，为芍药峪，峪东北为紫艳池，产九节菖蒲及玲珑草。水东北流，经天平后砦，东至沙沟河，北折过西庄，又西北入大汶。峪西北二里为花坡，北三里为中军幛，以地处徂徕适中也，康熙间建三清殿，前有地洞深暗。西为招军石，周遭多石舂，旁有呜旺泉，下为大峪水，西流入雁愁涧。北五里为玲珑山，有野人洞，唐处士王希夷隐此。自中军幛东二里，为金鱼石，巨石中有鱼形，若隐若现，相传一夕风雨，石劈，化龙去，半踣于地，两石鱼痕宛在，东五里为长春岭，黄壤秀异，广袤可十里，宋石守道卜筑其下，远近多从游者，世谓之徂徕书院，今遗址犹称为讲书堂。旁有姜潜别墅，守道在蜀寄诗曰：“连云栈外四千里，读易堂中一帙书。”指此。北为天平后砦，去中军幛不远，并樊崇屯兵处，有演武场、柱窝遗迹。由是而东，为龙溪水，为濯龙湾，为四里河，为凤鸣山，为东仙霞坞，为虎穴山，为牛山，为大藏峪。由是而西，为角山，为鞦韆峰，为雁愁涧，为白鹤湾，为攒石崮，又为竹溪庵。竹溪者，金党怀英故居也。为嵝峋山，为吴山沟，为石氏先茔。道路迂远，未及过访，以上属徂徕之阴焉。

夫徂徕如此其大且深，欲按图而周览之，非五昼夜不为功，而但穷一日之力，亦綦难矣。抑尝读赵相国《游记》，推贫乐岩、礤石峪为最胜，今既登贫乐岩矣，而礤石峪则未至。按峪在隐仙观、小普陀间，其道自三岭崮东行六里，过女智崮，又西北行四里，过天平前砦，又东行三里，过清风顶，又北行二里，过隔尘桥，而后达隐仙观，则礤石峪在望焉。石陂广数亩，飞瀑雪浪，势若建瓴，一路古木夹径，曲水环流，相国题为“徂徕第一桃源深处”。于时夕阳返照，羊牛下来，拟欲借宿山家，再作诘旦之游，而为舆人所迫，仓皇就道，岂非大缺陷事欤？然而访六逸之高踪，吊徂徕先生之遗迹，其亦无负斯游也已。

嗟乎！使斯山而生偏壤，固可独自称尊，即介在通都大邑，而挺然特立，俯视一切，几如鹤立鸡群矣。自有岱宗以临之，未免名为所掩耳。人亦有言，附青云而益显，吾不谓然也。

（录自《述古堂文集》卷八）

徂徕揽胜

清·王培荀

徂徕，峰峦嵯峨，週廻百二十里。由蔡石峪进，有广石、瀑布跨断山腰。殿宇隐松楸之中，溪流隐藤葛之下，岩阿逼侧。逾西溪，溯流而北，另辟洞天。林木葱郁，溪则随处导为鱼沼莲池，洑行出山外。过溪，由山腹趋二圣宫，涧壑嶙峋，不通屐齿，或垒石表其往来之向。跨三岭而北，下深峪而西，出二圣之背，如颖脱囊底，即乐贫岩矣。溪间多竹，罥以藤萝，外有转珠山当谷口，风廻水停，一山之胜，此为弁冕，当是竹溪无疑。有元时残碣，剥落不全，大抵记孔子、老子讲道之言。

（选自《乡园忆旧录》卷五）

（转引自《齐鲁山水诗文大观》.张茂华，金敬华主编.山东友谊出版社，2003年1月第1版.）

游徂徕山之二圣宫记

民国·李元山

民国九年，暑月六日，作二圣宫之游，二圣者即孔子老君是也。是日也，俗谓二圣进香大会，红男绿女接踵而来，鄙等感于迷信之害人，故携圣书百本，乘时布道，借此以游。信步登山，进庙门参二圣大殿，殿已圮毁，榛莽荒秽。道人造神位二纸，置于墟址桌上，左曰大成孔子神位，右曰太上老君神位，男女虔心叩首下拜。鄙等遂叹世人之迷信，乘时讲福音救法，彼等鬼已深入，骤难觉悟。旋出庙门，步游山景，快哉是日也。予观夫二圣之状，在徂徕东麓，此地有竹溪佳境、独秀峰、万安泉、日心池，贫乐簷、逍遥棚、六逸斋，此则二圣宫之佳景也。

（选自《兴华》1920年第17卷第36期）

游徂徕山之韩颇寨

民国·王学全

庚申暑月，予于下浣之日，邀同兄姪游于徂徕之韩颇寨。韩颇不知何许人也，或曰明末清初时人，寓居此寨，募兵屯粮，储蓄精锐，以为百里而可王，叹其不遇良时功弗成。予乃摄衣迤逦而上，徘徊其间，见有碎瓦颓垣，荒榛断梗，旗礎矢首，墟址留痕，回忆当时，不觉涕然泪下。何则？其事不载史传，生于中土，人鲜有闻，一世之英雄，而今安在？昔主耶稣生于西历前一九二十年于犹太，迄今二十世纪，名溢中外，穷乡僻壤，妇人孺子，世界各国，无不知耶稣者，虽死犹生。噫！恃人力而称雄一时者，固藐乎小也。

（选自《兴华》1920年第17卷第36期）

徂徕拓经记

常盘大定（日本）

山东的徂徕山，与泰山隔汶河相望，虽海拔不及泰山，但也雄伟峻拔，与泰山同是隽秀之佳境。传唐李白与五位友人联袂同游于徂徕山，日日痛饮、超脱人世，自称竹溪六逸。闻此，后来宋初儒者石守道也慕名而来，定居于此，与对岸的孙明复被称为儒界两大明星。徂徕山便因此而闻名。孙明复被称为泰山先生，石守道即为徂徕先生，二者不论从人物说来，还是从对宋儒的影响说来，果然与山的大小相配。我探寻此地，实想寻竹溪六逸之旧址、石守道之故址，主要想亲睹映佛岩的金刚经石刻。听说此处多土匪隐匿，故人迹稀少，而我自有依靠，便毫不犹豫来到山上，所幸一路未遭不幸，完成调查。此处有光化寺，虽已落魄，但因存有著名石刻，仍可与泰山的灵岩寺相提并论。

光化寺的石刻虽逊于气势磅礴的泰山经石峪，但也是石刻之巨制，经刻可与泰山石刻所媲美，并称天下两大鼻祖也不为过。且石刻有武平元年之年号、将军王子椿之署名，这是泰山石刻所不及之处。泰山金刚经出自何人之笔，是自古以来倍受争议之事。而徂徕山石刻毫无疑问出自王子椿，应称王子椿为石刻经中古今第一人。

我努力将其拓印成拓本，后抵达泰安府的夜里，有拓本店的人带来此石刻的拓本欲售于我，我看过后感到过于完善而产生怀疑，将其与我的拓本一比，果然是赝品。它是比照石刻所拓不假，但又在其基础上进行

了新刻，是覆拓品。后来又有一个拓本店的人来，给我看的也是同一经刻的拓本，但一看便与第一家和我的拓本不同，随机戳穿此为赝品，那人落荒而逃。我由此倍感吃惊，同一东西竟有两种赝品。但若不是自己努力进行拓印，也无法辨别出那是赝品。因此，任何事都要经过自己试验才得以安心。对中国的拓本，不可完全轻易相信。

在从徂徕山到泰安府的途中，探访石徂徕先生的神道碑。

（王雪译自《支那佛教史迹》第13~15页）

徂徕山漫记

张彦青

徂徕山位于泰安之南，群峰平地兀起，周围约五十余里，最高山峰叫太平顶，海拔九百余公尺，大小汶河环抱着它，分流南北，很象一块绿色的宝石，镶嵌在这泰新小平原上。

一九三七年秋，日寇侵华，铁蹄踏到山东，军阀韩复榘率部溃逃，中共山东地下省委在徂徕南山的大寺，举起抗日红旗，揭开了山东人民全面抗战的序幕。由于这具有历史意义的“徂徕山起义”才使得徂徕山三字，日渐响亮起来。

五五年，我初次去大寺时，一位双目失明的老和尚，热情地向我们介绍了当年起义的激昂场面，他告诉我：当年参加起义的老战士们，现在虽都已成了党政军的负责干部，但仍恋恋不忘老区人民，经常来重访旧地。现在泰安地委已在这里建立了起义纪念碑。

抗日时期，因为徂徕山区最先建成了党所领导的抗日根据地，军民们四处狠狠打击敌人，遂引起了敌人的残暴扫荡与报复，山中的小村庄，都被敌人焚毁达数次之多，所有的家庭也多半成了烈属。可是血腥的镇压，又怎能吓倒有觉悟的人民，徂徕山抗日的怒火愈燃愈旺。一九四二年，鬼子变本加厉，在徂徕山制造了骇人听闻的“无人区”，他们在山区的周围挖了深沟，外加电网碉堡，层层封锁，遇到山里人民格杀勿论，这种灭绝人性的法西斯暴行，在当时全国战场上也是绝无仅有的。就是在如此严峻的时刻，山中抗日复仇的枪声连绵不绝……

我访问过模范共产党员陈善，一九四二年，他身带重伤，携长短枪两支，靠几十斤大豆，战斗在徂徕山中，他昼伏夜出，巧妙地与敌人周旋，一直坚持到抗战胜利。我也访问过当年游击队长薛子超同志，这位身经百战、智勇双全的指挥员，在日寇实行“三光”政策时，仍带了战士活动在徂徕山区，与陈善同志联系，相互配合，给敌人以沉重打击，我还曾去过空口山大队，在张大娘家里作客。她是位小脚年迈的革命老妈妈，我们一见面，她就热情地嘘寒问暖，滔滔不绝地讲述过去的那些动人心弦的事迹。我们去山的东南麓高胡庄时，有个名叫梁占元的同志，自愿作我们的向导。这是位小个头、身体显得非常孱弱的老人，从别人口中得知了他为了掩护干部，曾多次遭到鬼子的残酷拷打，几濒死亡，是个坚贞不屈的钢铁汉子。他带领我们去过黄石崖、罗圈崖、光华寺、小寺、阎王鼻子等昔日战斗过的旧地……从他们的身上，使我看到英雄的老区人民所共有的高尚品质。

徂徕山在历史上也是很有名气的，徂徕山原名龙徕山，西汉时的领袖樊崇，曾将此山作为根据地，所以樊崇又自称“龙徕三老”。北山的中军幛，传为赤眉军统帅部驻地，那里三面崇岭环蔽，易守难攻，地势非常险峻，原先建有“道士观”，文革期间被拆毁，现改为林管所，尚存古银杏、松、柏十数株，特别是南面悬崖上的两株千年老松，长枝若虬龙探海，直插涧底，堪称奇观。中军幛左侧有一怪石，上大下小，高达二十余丈，孤竖山巅，俗名报军石，传为昔日义民来山参加赤眉军时的显著目标。山中有一小盆地，地名马场，乃起义军当年养马驯马旧址。太平顶则是义军扎大营和练兵的地方，不过这儿因系顶峰，多为烟云缭绕，又加之苍松绵延，已看不出什么端倪了。

徂徕山自古林壑幽美，所以历代都有文人名士在此隐居，唐代著名诗人李白在天宝年间，与其好友孔巢父、韩准、裴政、张叔明、陶沔等六人，在山中的竹谿结社隐居，他们嗜酒好诗，性耽疏散，标榜高风亮节，在文学史上称作“竹谿六逸”，与魏晋时的“竹林七贤”，共同被誉为我国古代文学史上的佳话。他们在竹谿隐居时，还经常到附近的礤石峪去游泳，礤石峪是徂徕山中风景最佳的，所在景色多姿，美不胜收，东为炼丹炉，西为升仙坛，北为钓鱼台，上为贵人峰。峪中古木参天，奇石林立，鸟语花香，溪水潺潺，因此宋朝时就在贵人峰下修了个“六逸祠”以兹纪念。早年我去时，林场虽然已将祠堂改为食堂，正殿充作了餐厅，可是迎门硕大的供桌上，还存放着李白等六位逸士的木雕牌位，供人们凭吊。游客来此，经过分列路旁的龙虎石，走在架于溪上古意斑剥的迎仙桥，仰望着玉皇阁下白练似的飞瀑，再钻进辗转腾什的老藤树洞，循曲折石阶直抵祠堂正门，在石壁上还依稀能看到历代墨客们的题跋。置身在这幽静超俗的环境里，不觉想起李白答汶上翁的诗句：顾余不及仕，学剑来山来，举鞭访前途，获笑汶上翁……

据说抗战前，礤石峪一带仍为附庸风雅的官僚地主们避暑游玩的胜地，而且在二圣宫竹谿尚设有几处私塾，咿呀读诗书的声音，仍是不绝于耳的。不过解放后二圣宫就仅剩了几间殿堂，在溪口处还有一“竹谿胜境”刻石，已别无其他了。惟礤石峪的林木建筑则保护较好，然而一九七八年我再一次去时，那里的千年古株竟被砍伐殆尽，询之林场负责人，理由是：“树木太老，需要更新重植。”什么更新重植，实际上是滥搞木材，贩运到城市上去发横财！这种破坏名胜古迹的暴殄行为，说来令人发指。关于这事省政府知道后，虽然命令制止，但已造成事实，徒唤奈何而已！今后政府文物主管部门实应注意。

徂徕山自来多松柏，但解放前多半成了荒山秃岭。建国后由于大力推广造林，成绩斐然可观，现在山上马尾松、刺槐、小叶杨俱皆长大成材，到处郁郁葱葱，青翠可喜，因之野生动物得到大量繁殖，一种象珍珠鸡似的红嘴野鸡，随地都能见到，它们以松子为食，所以肉味清香可口，山中人多用套子来捕捉，并到山下集市上出售，在夏天还可以拣到很多成窝的野鸡蛋。近来山里各种鸟雀、狼、獾、狢、狸、狐等野兽更加多了起来，因此捕野兽挖药材，已成为山上人们的一项重要副业收入。

打倒“四人帮”后，徂徕山的广大干部群众发扬徂徕山起义的光荣传统，自力更生，用勤劳的双手，将从前光秃秃的沙岭，变成了花果山，穷山村变成了鱼米乡，粮食产量成倍地增长。前年我去过北山的樱桃园和徂徕两个大队，他们将灌溉条件搞得非常好，每亩粮食产量都在千斤以上，社员们生活也是很富裕的。今天登上山顶眺望，真是山岭间水库塘坝星罗棋布，林深处水渠扬水站纵横交错，在一片墨绿色的森林中，又衬托出

新建的红瓦房山村，气象万千，分外壮丽。

呵！徂徕山，你正在前进！

（选自《山东文学》1982年第7期第67~68页）

徂　徕　行

国庆前夕，一个秋高气爽的日子，我有幸跟随人称“徂徕通”的老张，到徂徕山一游，心中异常兴奋。

汽车在时而昂首冲天、时而急转直下的盘山公路上缓缓行驶，如同一叶小舟在波涛汹涌的绿色海洋中飘动。倚窗眺望，只见面前：山峦起伏，云雾翻滚，林海茫茫。这就是遐迩闻名的徂徕山。此刻，我想到了李白歌颂徂徕的诗句，赤眉军驻马结义的情景，抗日英雄杀敌的场面……1938年1月，由中共山东省委领导同志组织的徂徕山武装起义，组成了“八路军山东人民抗日游击队第四支队”，成为泰山、沂蒙山区抗日的骨干力量。啊，徂徕山，你是历史的见证，祖国的骄傲！

在一个高峻突兀、峭壁嶙峋的山峰前，汽车停了下来，我的思路被打断了。我们走下车，绕过一处林荫，路过一个幽谷，“狼窝洞”三个字展现在我们面前。老张说，这儿曾是徂徕山起义时抗日英雄——被誉为“硬骨头”的共产党员陈善隐藏过的地方。1938年秋，日寇把徂徕山封锁起来，残酷地实行烧光、杀光、抢光的“三光政策”。在一次扫荡中，身负重伤的徂徕山起义英雄陈善被鬼子围困起来。为了不暴露目标，保存革命力量，他便在这个仅能卧居一人的“狼窝洞”里掩藏起来。渴了，夜间爬到近处喝点泉水；饿了，用野菜、草根充饥，顽强地在这儿度过了一个多月的野人生活。其后他又重返杀敌战场。

“是崇高的革命理想和坚定的必胜信念，鼓舞了他的战斗意志。”老张激动地说，“那时节，英雄们想的、做的全是为了一个目标——抗战胜利，建设新中国。徂徕山孕育的无数优秀儿女，就是凭着这种意志，保卫了人民，保卫了徂徕山。”

我听着，听着，一种对徂徕山人民无比崇敬的心情油然而生。啊！英雄的徂徕儿女，你们的精神多么令人钦佩！

老张见我连连发出赞叹声，便风趣地说：“再往前走，保准让你一步一惊叹号。”

汽车穿过一条条绿带，进入了无垠的林海。老张在车内用手比画着：“如今，徂徕山可是变样了。你知道吗？这块昔日兔子不拉屎的地方，现在可成了宝山了。仅徂徕山林场的木材总储量就达三十余万立方米，已成为目前全省最大的林场！”谈话间，车子钻进了果园。这里，苹果飘香，葡萄满架，还有那一片片果实累累的山楂、白梨、板栗、核桃……据果农说，这些果树刚刚进入盛果期，每年可产干鲜果品几十万斤。

登上海拔一千余米的徂徕山主峰——太平顶，但见古树参天，苍郁葱茏，简直像一个原始森林。老张说，这里的土壤厚度大、含水足，自古以来，此处的树木生长格外旺盛。《诗经》中歌颂的“徂徕之松”，很可能就是指此处之松而言。可惜，在日寇扫荡时期，这些树也未幸免，大批古树被砍倒用作安营扎寨的材料。至今，敌人践踏的痕迹还依稀可见。我双手抚摸着一棵又一棵历尽沧桑的古柏，思绪绕缠，感慨万千。忽然，我在一棵古树的枝干上，发现了当年徂徕山起义部队战士用刺刀刻下的“抗日到底”四个字。字虽小，可它是决心，是行动，是召唤，是我们中华民族不屈不挠斗争精神的真实写照！

啊！徂徕山，美丽的山，富饶的山，英雄的山！

（1985年10月10日山东《支部生活》第10期）

（转引自《来自泰山的报告》.韩尚义著.山东画报出版社,2008年3月.）

徂徕游屐

周　郢

予生长岱畎，居南即徂徕之山，幼诵唐李青莲诗，至“云弄竹溪月”、“海色明徂徕”之句，排闼南视，顿有万千芙蓉青奔目底。故于层峦重壑，每生向往。至丙寅（1986）之夏，偕继生李公，买屐办装，同为徂山之游焉。

其游也，初绕徂徕之东趾，至于山阳天宝镇，先访汉梁父城。沿小汶行数里，见田埂中有颓垣断续，高可丈馀。世传汉梁父故城者，即此。登陴遥视，其北，一线青痕，徂峰如画扆；其南，万丝蓝烟，汶流若罗带。忆昔人“日照城廓，汶水徂徕如画”一语，似可移此状其形胜。

自梁父北行一舍，始见徂山之脉。其最南者曰独秀。遥而瞻之，亭亭如曳风芙蓉，兀立天表。明萧协中有“望里孤峰秀可餐”之咏云。传崖间有谪仙三字题勒。蒙大官庄刘翁为指点道路，蹑岩辟荆而上，困惫万端，而山间有红裳樵采者，负薪挥斤，如履坦原，愧人多矣！登巅四寻题刻，茫无所获，怅然久之。夜宿于天宝镇。

翌晨驱车北行，至映佛之山，其为徂徕东南之馀脉。自西沿攀援而上，登顶见巨石喆立，高齐梁父令王子椿氏之刻经在焉。窃观此山与史籍所载梁父山地望颇合，疑或即古之梁父也。自映佛南向而眺，汶畔村坊，依稀可指，而天际有青屿数点，岂龟、蒙之属欤？水库三五，点缀其间，如明镜玉盘，嵌置碧色屏风中。北、西而望，则岭啮山复，叠叠重重，稠黛浓青，不能尽收于双眸间。

下映佛而西入光化，古殿数楹，残败不堪。入其中，幽深处有厉鬼作搏人状，细审之乃壁间青红也。殿外老松二株，蟠枝虬曲，绿鬣舞风，绝胜岱岭之爵五大夫者。“水石澄寒色，松风起梵声。此时尘鞅客，心迹亦双清。”此昔人成卫宗之咏寺句也，其动人之游思如此。

自光化寺沿山循溪而西南行，路约十里，群峰簇列，一曲水环，则志乘所谓“徂徕第一奥区”礤石峪也。峪有隐仙观，傍溪而起室，枕流而漱石。古桥跨涧，名曰“隔尘”。涧中有清相国赵仁圃“桃源深处”题刻，极誉其胜。然此际观宇尽颓，惟断碑卧水，乱草牵衣。曩仁圃相国之游徂徕，尝宿峪中，今天平山（相国葬地）悲风抔土，此犹遗梦影萍踪，白烟凉萝，助人叹息。

向山民询太平顶之里程，曰方二十里。自度日暮可达。然攀跻数时，乃陟一峻阪，以为且至也，及达其巅，方知是峰之上又复有十百险峦也。初行挥汗如雨，尔后汗止，但有颗粒如盐者出，蒙袂辑屦，膝酸足困，头眩目华，行数武而一歇。越岭十馀，困不能出，亦绝无人迹可觅，更瞑烟升矣。正彷徨间，李公忽于山之隙处见禾稼数垄，度必有居家者在，忍疲疾下，果有农子陇亩未归，得商借一榻于其舍焉。

随其北上一峰，鸡鸣犬吠，顿时入耳。茅舍二楹，构于峰隙树桠间。饭后，农家为沏茗闲话。知予等为寻碑而来，乃言所居屋后隐隐有刻字，平明可导一观。惊喜久之。少顷月现东山，长天顿转皎洁。于此环视，缭屋皆山，迭如剪影，尽在墨彩迷离中。极南处寒灯明灭，盖故徂阳县治也。又远峰中

有抛光如流星者，农子告予：此环山路上之汽车前灯也。归卧斗室，听松风来枕，作孤舟嫠妇音，触人愁绪而难寐。乃推枕复出，举目视天心之月，较初时益皦益洁，星辰数百斛，皆掮手可撷。万顷空谷，幽阒黝然，直如王墨之横泼山水。而此际天中一月，山中一我，或可胜张宗子湖心亭之幽乎？

归屋睡稳，醒时已晨曦入窗。未及梳漱，先寻至屋后，果见悬壁间镌摩崖五方，倍极壮观。邻侧又有“白云岩”、“密真堂”、“玩峰亭”、“重修上清之观”诸刻。惜字悉已漫漶，农子为泼水辨读，仅识“泰定军节度使”、“宥”数残字，疑为蒙元初节镇时氏之刻。诚为此行意外之获也！（时缘行迹匆忙，未记清石刻之详细方位，日后再拟探访时，已难追忆所走线路。二十馀年后，始得乡人刘君为导，重至其地，细辨其石，乃知为蒙古国时之炼神庵牒。校中补记于此。）辞农舍行，午时方达太平顶下。遥见其巅万松苍郁。《诗》曰“徂徕之松”，今始见之于此也。北有中军幛，传为春秋艾陵之役吴王驻跸处，存殿宇遗迹。镌联有“万迭青松”、“一曲流水”之语，颇可摹其胜概。

自此西行数里，豁然开朗，数日徂徕中，四望皆山，至是两睫方脱岩色。过攒石崮，薄暮抵大寺，附车而返。途自车窗遥视诸峰，偃拱揖卧，已若相识之故人云。

按徂徕之胜，是游也十未尽其二三，昔赵相国尝谓：“总俟樱桃红叶时，当办几量屐，踏尽徂徕万壑云尔！”予亦抱此虚志，待与山灵更订续游之约。又徂山之行，兼有诗成，为《梁父吟》，为《徂徕玩月歌》。

（1987.4）

（选自《岱砚馀墨》.周郢著.山东友谊出版社,2012年版.）

第四节　小　说

光化寺客

唐·陆　勋

兖州徂徕山寺曰光化，客有习儒业者，坚志栖焉。夏日凉天，因阅壁画于廊庑，忽逢白衣美女，年十五六，姿貌绝异。客询其来，笑而应曰：“家在山前。”客心知山前无是子，亦未疑妖。但心以殊尤，贪其观视，且挑且悦，因诱致于室。交欢结义，情款甚密。白衣曰：“幸不以村野见鄙，誓当永奉恩顾。然今晚须去，复来则可以不别矣。”客因留连，百端遍尽，而终不可。素宝白玉指环，因以遗之，曰：“幸视此，可以速还。”因送行。白衣曰：“恐家人接迎，愿且回去。”客即上寺门楼隐身目送。白衣行计百步许，奄然不见。客乃识其灭处，径寻究。寺前舒平数里，纤木细草，毫发无隐，履历详熟，曾无踪迹。暮将回，草中见百合苗一枝，白花绝伟，客因劚之。根本如拱，瑰异不类常者。及归，乃启其重付，百叠既尽，白玉指环宛在其内。乃惊叹悔恨，恍惚成病，一旬而毙。

（录自《太平广记》卷四一七）

鸾　鸾　传

明·李昌祺

赵鸾鸾字文鵷，东平赵举女也。幼时家人以香屑杂饮食中啖之，长而体香，故又名香儿。有才貌，喜文词，尤精于剪制刺绣之事。父欲以嫁近邻之才子柳颖，而鸾亦深愿事焉。许而未聘。会颖家坐事，日就零替。鸾母悔之，以适缪氏。缪虽富室，而子弟村朴，目不知书。鸾既嫁而郁郁不得志，凡佳辰令节，异卉奇葩，辄对之掩镜悲吟，闭门愁坐。景之接于目，事之感于心，一寓于诗，积而成帙，名曰《破琴藁》。既三月而缪生死，鸾回父母家。次年冬，颖亦丧偶。乃遣人复申前约，而求娶之。举夫妇弗许。颖必欲成其姻。盖闻鸾之贤，而悦鸾之貌也。乃廉得穿珠匠妇王妈妈者，出入赵氏甚熟，且言听计从。重贿妈妈，求劝亲焉；兼使私问于鸾，微观其意。妈妈许诺。往赵氏说之曰："老身久怀一事，屡欲奉告于君，以多故未暇。今适其时，不容更缓，未审公夫妇尊意若何？"举曰："何事？"妈妈曰："贤女孀居服将阕矣。薄闻柳氏复举前盟，公坚执不从，不知成算何向？且始先开口，出自名门。因其家为事贫窘，遂负初意。两下各自缔姻，固已绝望矣。谁想令爱丧夫，颖亦丧妇，殆出前定，似非偶然。况颖学问文才，视昔缪生百倍、不可同年而语。鸾鸾心事，谅必无嫌。更其家温裕，大胜曩时，如颖少年，岂终困者？有婿若此，何忍弃乎？"举闻语慨然而从。妈妈复密劝于鸾曰："颖之慕尔，若大旱之望云霓，今尊君既许，好事即谐。然既遇知音，尔不可无一语，以答其深意；第恐他日相从，悔之迟矣。"鸾甚然之，而难于启口，乃作书附妈妈曰：

妾本良家，幼承慈训，调铅傅粉，深处中闺；执枲治丝，谨循内则。惟知纫针而补缀，未解举案以齐眉！天与荣华，亲怜巧慧，冰为神而玉为骨，蝤如领而手如荑，正及芳年，遴选佳婿，讵期薄命，竟配下流。遂尔辜其出众之才，屈其倾城之貌；敛兹怨悔，寓厥诗词；对月白之宵，遇风清之旦；强与语，强与笑，鸾伴山鸡。触于目，触于心，鹓随野鹜。孰料庸才短折，孱质孤嫠。土木形骸，恶况暂空于眼底；风花情性，幽悰尚郁于尊前。徒怀蔡琰之悲，永抱淑贞之恨，已甘弃置，过辱聘求。盖以伸前时之好言，作后日之佳话，诚愿托身贵族，委质明公。挽桓君之鹿车，吹秦娥之凤管，愿毕志以偕老，冀投身而相从。未侍光仪，先申愚悃，惟高明其谅之！

妈妈还贺曰："可谐矣！请以百金为赏。"颖曰："若余事济，百金岂敢悭惜！"乃出鸾简付颖。颖读而雀跃曰："真所谓窈窕淑女，吾其可不以琴瑟友之乎？"即卜日纳聘，而续其弦焉。御轮之夕，鸾乃私语于颖曰："妾虽孀妇，然尚处子，郎不可不知。"颖愕然曰："何谓也？"鸾云："昔缪生有疾，不能近妇人。虽与为夫妇将四月，而无人道；卒以丧身。然此事独吾母知之，他人不知也。"颖未信。鸾请验之，而果不谬。既归之后，孝敬奉于舅姑，雍和友于娣姒，遇婢仆以恩惠为先，相夫子以勤俭为本。乡邻之贫乏者，则随力相周。亲戚之往还者，则以礼相待。由是内外交誉，称道其贤。暇则与颖玩绎诗骚，吟咏情性，若吴绛仙之容华，曹文姬之藻思，不屑论也。颖中表兄弟，有自都下回者，录得贯学士兰房谑咏六题曰，《云鬟》《檀口》《柳眉》《酥乳》《纤指》《香钩》，凡六首。颖借归与鸾观之，将效其体制，而构思未就。鸾辄先赋曰：

扰扰香云湿未干，鸦翎蝉翼腻光寒；
侧边斜插黄金凤，妆罢夫君带笑看。

右云鬟

弯弯柳叶愁边蹙，湛湛菱花照处颦；
妩媚不烦螺子黛，春山画出自精神。

右柳眉

衔杯微动樱桃颗，咳唾轻飘茉莉香；
曾见白家樊素笑，瓠犀颗颗缀榴房。

右檀口

粉香汗湿瑶琴轸，春逗酥融白凤膏；
浴罢檀郎扪弄处，露华凉沁紫葡萄。

右酥乳

纤纤软玉削春葱，长在香罗翠袖中；
昨日琵琶弦索上，分明满甲染猩红。

右纤指

春云薄薄轻笼笋，晚月绢绢巧露锥；
簇蝶裙长何处见？秋千架上下来时。

右香钩

写以呈颖。颖服其敏妙，为之阁笔。明年至正戊，田丰破东平，颖与鸾相失，莫知所在。已而毛贵复陷东昌，留伪将俞左丞者镇守。俞颇知道理，凡所掠男女，出榜召人，识认给还。颖闻之。意鸾或者在彼，冲冒白刃中，求而未得。正忧窘间，有指女冠院语之曰："盍不于此访求乎？"颖如言去，果见妇女十馀人，累然监系。颖问鸾姓名存殁。一妇人答云："数月前唤去，不在此，盖贤妇人也。可惜！可惜！"颖又问娘子何以悉之？曰："妾亦良家遭虏，与赵氏处者五阅月。其他人家宅眷，皆污辱于寇，辄得放还。独吾与赵氏，及在此数人誓死不辱，故被囚禁。何时复得见天日也？"言讫，泪下如雨。颖亦洒泣，低声语妇云："赵氏，余妻也，不知今在何处？"妇曰："闻有周万户者领去，莫测所之。但临行时，知君必来相觅，留书托我，俾以授君。"即于衣领中取付颖，使急持去，盖恐监者知觉，必遭箠骂。颖开而读之，果妻手笔也。书云：

妾鸾爰从出适，忽值凶徒，颠沛流离，艰难痛苦，残骸馀喘，与死为邻，备历危疑，幸存贞节。皇天后土，实所鉴临！将殒灭微躯，则自经沟渎。将混同末俗，则亵慢纲常。是以毁坏形容，偷存视息。虽落花无主，暂尔随风；而畜犬丧家，终然恋主。怆惶四顾，憔悴半生，肢体苟完，心胆俱丧。每遇穷帘夜雨，古道秋风，但有凝望眼穿，忆归肠断。壁灯半灭，泪尽眼枯。战鼓争喧，魂飞魄散。已分膏涂野草，血染沙泥，宁饲肉于乌鸢！肯委身于狗彘！效投崖之烈女，慕断臂之贞妻，讵意复被播迁！忽闻消耗，知君无恙，赎妾有期。敢遽捐生，遂更忍死。妾即今见在济南，周其姓氏，万户其官。缘系汉人，差若良善。君得书之后，速备金帛来赎，不宜迁延稽缓。恐一时调拨，则转移他处矣。百年伉俪，一旦分张，覆水再收，拳拳盼望，所宜深虑，早致良图，毋俾妾为阳台不归之云也。伏楮凄断！不知所云。

颖得书，则又间关跋涉，达于彼中。万户方拥重兵，赫然声势，未敢轻进。投其邻，而安下焉。越数日，缉知鸾之在也。而无由以通消息。乃日伺于门，见一巫媪，往来频数，意必府中之亲信人也。候媪出，潜随至家，奉银一锭为寿，而以情告焉。媪曰："将军夫人妒忌，所虏妇女皆处于别室，除浣洗衣裳，炊造饮食之外，不容辄出。近亦有给还其亲属者，令妻若在，吾当为玉成。"次日，媪诣第潜问，果得鸾而私报焉。鸾密出一缄，付媪，媪持出以授颖。题曰：《悲笳四拍》。读之流涕。乃就恳媪请于夫人赎鸾。夫人曰："吾无所用，况其夫在，何忍留之？当即遣还。"颖乃奉珍珠耳珰黄金排钗各一事于夫人。夫人即呼鸾使颖领去。于是夫妇相携拜辞而出。其曲亦录于此。

我生之初尚无为，我生之后元运衰。夫与妻兮忽仳离，父与母兮生死安可知！狼烟四起兮沸鼓鼙，锋镝成林兮盛旌旗。人民涂炭兮城郭坏，礼义灭亡兮法度隳。身流落兮天一涯，肠欲绝兮心孔悲！山可平兮河可塞，妾怨苦兮无穷期。

右一拍

蜂蚁屯聚兮豺虎嗥，心毒狠兮体腥臊。烟尘澒洞兮人窜逃，寒沙暴骨兮没蓬蒿。亡家遇乱兮伤吾曹，义重命轻兮如鸿毛。誓捐此生兮期不汙，仰天俯地兮独烦劳。

右二拍

弃贤俊兮逐凶愚，东西转徙兮卒无宁居。贪淫是乐兮杀戮是娱，所在剽掠兮所过为墟。发冢墓兮焚毁室庐，闺门孱弱兮被虏驱。舍生取义兮捐微躯，谁云女妇兮丈夫弗如？

右三拍

行处坐处兮！思念我乡曲。地角天涯兮不见我骨肉！姑亡舅殁兮家倾覆，逃窜苟活兮被驱逐！伉俪离背兮！何时复？幸兹陋躯兮免污辱！谁为义士兮挥金玉？歌行路兮妾身赎！

右四拍

颖鸾既复合，乃相与谋曰：“世方离乱，人不聊生，吾夫妇虽重得团乐，而前途向去，端未可保。莫若远遁于深林大壑中，少避氛埃，以需时泰。”乃隐于徂徕山麓，夫耕于前，妻耘于后，同甘共苦，相敬如宾。冀缺梁鸿庞公王霸亦未可以优劣论也。乡闾远近，颇化其风。一日颖出城负米，遇贼获之曰：“闻公名久矣！当送田将军，任以官职，不患不富贵也。”颖瞠目大骂曰：“斫头贼！吾岂从汝反哉？”贼怒，杀之道上。邻舍奔告鸾。鸾走哭，负其尸以归，亲舐其血，而手殓之，积薪焚颖。焰既炽，鸾亦投火中死焉。见者惊骇！为之竦然！曰：“古称烈妇，何以加之？”火灭，邻里拾其遗骸葬之，伐石表其冢曰：“双节之墓。”君子曰：“节义人之大闲也，士君子讲之熟矣。一旦临利害，遇患难，鲜能允蹈之者。鸾幽女妇乃能乱离卒全节不污。卒之夫死于忠，妻死于义。惟其读书达理，而赋质之良，天理民彝，有不可泯。世之抱琵琶过别船者，闻鸾之风，其真可愧哉！”

（录自《剪灯馀话》卷二）

徂徕巨蟒

清·纪　昀

徂徕山有巨蟒二，形不类蟒，顶有角如牛，赤黑色，望之有光。其身长约三四丈，蜿蜒深涧中。涧广可一亩，长可半里，两山夹之中，一隙仅三尺许。游人登其巅，对隙俯窥，则蟒可见。相传数百年前，颇为人害。有异僧禁制，遂不得出。夫深山大泽，实生龙蛇，似此亦无足怪；独怪其蜷伏数百年，而能不饥渴也。

（录自《阅微草堂笔记》卷二十四《滦阳续录》，附：纪汝佶六则）

第五节　传说故事

徂徕山的来历

传说在很早很早以前，碧霞元君走遍天下，选定泰山定居以后，争强好胜的八仙之一张果老苦思冥想，想出了一条与碧霞元君争高低的妙计。他倒骑着毛驴绕道东海东边，悄悄编织了一幅很大很大的箩筐，使了法术驮起万丈高山，只朝泰山这边走来。毛驴知道张果老的用意，一路精神抖擞，步履如飞，只用了三天两夜便来到了看到泰山的地方。张果老怕碧霞元君看到他们，便令毛驴停下休息，待天黑以后在碧霞元君完全不注意的情况下，再全速前进，争取一夜间到达预定地点。天很快黑下来了，张果老为谨慎起见，改倒骑毛驴为正骑毛驴，抑制不住兴奋的心情，鞭笞毛驴急速飞奔。谁知碧霞元君有每晚站在泰山极顶眺望大好河山、以壮自己胸怀的习惯，张果老的法术瞒不过她的神眼。当她发现一座万丈高山正朝西方神速飞来，并且发现骑毛驴的正是张果老时，她颤栗了一下，急忙从头上拔下金簪，朝毛

驴背上驮着万丈高山的驮筐掷去。张果老平时骑毛驴都是倒着骑，谁知这次为谨慎起见正着骑，反倒出了事。他来到预定地点，从驮筐上卸下万丈高山，心满意足地在山顶上酣然入睡。第四天早晨，旭日东升，晴空万里，张果老一觉醒来，发现他的万丈高山怎么看也不如泰山高，他非常纳闷，在山顶来回踱步，把山顶都踏平了。他仔细看了看来路，方才大梦初醒，原来他的万丈高山都在一夜间漏在了路途中，形成了一道山脉，后来人们称其为徂徕山脉。这座与泰山比高低的山就叫作驮来山，后改为徂徕山。

（整理者：刘宝海）

（选自《泰安市志（1912~1984）》.泰安市泰山区、郊区地方史志编纂委员会编.齐鲁书社1996年版.）

泰山奶奶游徂徕山

泰山奶奶选地方的时候，曾到过徂徕山一次，她发现太平顶周围有一片大荒地，长满各种各样的药材，还有各种花草，共三百多种。泰山奶奶很喜欢这个地方和这些花，就给这个地方取名叫“花坡”。她在泰山长久居住以后，每年五月都要到徂徕山赏花。

她来的时候，让人用小车推着上山，山上就留下了车辙印，这就是“车辙山”的来历。

她认为这些花虽好，但也需好好管理，她就从泰山上领来一个和尚，让他在花坡为她养花养药，所以花坡旁还有个山，样子很像一个和尚的头顶，叫“和尚头”。

和尚就常年在这里为泰山奶奶浇花。第二年，泰山奶奶又来了，和尚就向她提了几个问题，让她老人家想办法：第一，这里水不充足；第二，这里经常有牛来吃花。泰山奶奶根据和尚的要求，在花坡附近点了两个池，一个叫“上池”，一个叫“下池”，两池水供浇花用；在人们进山经常走过的路上，她袍袖一抖，出来了两块石头，叫“夹牛石”，如果牛到这里，就会被夹住。

第三年她又来了，坐在一个地方歇了一会儿，她看到好多老百姓上山拾柴禾，鞋都磨破了，用葛条和荆条缠一缠还继续穿。泰山奶奶觉得很可怜，觉得应该给老百姓办点实事，于是她把头上的簪子拔下一个说：“你变作一个锥子，为老百姓锥鞋。”

这簪子就变了个闪闪发光的锥山。她又让葛条和荆条围着锥山转了一圈，让老百姓补鞋用。

泰山奶奶到了山上，见到了和尚，跟他说：“你的花养得不错，可还没达到我的要求。”

和尚说：“那上水池和下水池的水太大，花受不了，得想个办法既要浇了花，又不能让它涝了。”

泰山奶奶又一甩袍袖，山上就出来个泉子，不管春夏秋冬，天旱天涝，它总是一点一滴地往下淌水浇花。它就是现在的“滴嗒泉子”。

泰山奶奶后来又觉得每年都这样来看花也不大舒服，就对和尚说：“你能不能给我想个办法，让我每年来了能舒舒服服住几天？”

和尚说：“你让底下那些人给你修个观音楼吧！”

泰山奶奶就派和尚化装成一个平常人到底下的村子里叫老百姓给泰山奶奶盖个观音楼。老百姓就献石献料，在花坡上盖了个观音楼。

泰山奶奶觉得老百姓出了力，也应该酬谢酬谢，于是袍袖一甩，花坡上裂了个大缝，缝里有两个瓮，一个叫“米瓮”，一个叫“面瓮”，在这两个瓮里种庄稼，年年都大丰收。老百姓上山来拾柴，吃完了煎饼，用包煎饼的包袱从瓮里包一包米，包一包面，就回家了。

后来，泰山奶奶邀了她身边的男女随从一起来看花。这样呢，上厕所就很不方便，于是泰山奶奶又一舞袍袖，山上出现了三块奇形怪状的石头，叫“三人不见面”。

泰山奶奶在花山采了很多花，想带着回去，可是没法拿。她的一个女随从就对她说：

“你不是带着脸盆、镜子和梳头匣吗？咱把花装在梳头匣里不行吗?”

泰山奶奶说可以。打开梳头匣，里面有把梳子和一个篦子，泰山奶奶把梳子带走了，觉得篦子没什么用，就随手丢下山去了，时间长了，就变成了一块很象篦子的石头。

（选自《山东省志·泰山志》.中华书局1993年版.）

平顶徂徕山

泰山东南的徂徕山，原来比泰山还高一头，为什么现在又矮又平了呢?

传说，很早很早以前，泰山奶奶来到泰山，成了泰山上地位最高的女神。因为她心地善良，老百姓都很敬重她。

不久，张果老也骑着毛驴来到泰山。他一看山上山下，山清水秀，田园村庄，叶绿花红，便想将泰山据为己有。泰山奶奶哪里肯依。张果老胡搅蛮缠，一连几天，在山前山后大吵大闹，声称：如若泰山奶奶不让出泰山，就将泰山推进东海。

此事一传十，十传百，最后传到了天将王灵官那里。王灵官从天上来到泰山，正碰上张果老大耍无赖，他的驴像发了疯一样，乱踢乱啃松柏花草。王灵官气愤不过，用鞭杆在驴腿上轻轻一敲，驴腿立时瘸了。他又大喝一声：“张果老，滚下山去!”那声音好像晴天霹雳，直震得山石到处乱滚。张果老见事不妙，便牵着瘸腿驴子下了山。泰山奶奶也就把王灵官留在身边，成了自己的护驾。

张果老占不了泰山，又受了一顿窝囊气，便骑上他的瘸腿驴上了西天。他把西天边上一座很陡很陡的山搬上驴背，驮到了泰山对面。因为这山是用驴驮来的，那时叫驮来山，就是现在的徂徕山。徂徕山和泰山遥遥相对，比泰山还高出一头，张果老想以此压过泰山。

徂徕山的山洞里，原来就有两大魔王和许许多多的小妖怪。张果老用驴驮山时，连这些妖怪也一块驮来啦。大魔王叫驴头妖，二魔王叫丑八怪，他们天天烧杀掠夺，奸淫妇女，无恶不作。张果老心想：让两大魔王和几千小喽啰把你这位泰山奶奶闹个鸡犬不宁，看你走不走!

泰山前怀有个叫柳家河的小山庄，住着一户姓柳的人家，老两口生了两个闺女，大闺女叫柳青，二闺女叫柳红。姊妹俩年长十七八岁，生得大眼浓眉，细皮薄肉，甭提有多漂亮！老两口疼爱闺女，闺女孝敬老人，一家人过得和和美美的。有一天，驴头妖和丑八怪带领小妖怪闯入柳家，两魔王贼眼一转，小妖怪便一拥而上，把柳家姊妹抢走了。柳老夫妇哭着赶到庄外，追到十几里外的荒坡，哭到深夜，却无法夺回被抢走的女儿。

柳青、柳红被抢走后，柳家夫妇茶不思，饭不想，白黑惦挂着女儿，天天象钢刀搅心。泰山奶奶听说后，立刻让身边的两位童女，打扮得和柳家姊妹一样，驾着云船，

直落徂徕山顶。深夜，两仙女趁众妖熟睡，来到柳家姊妹房中，说明来意，四人便驾起云船飞回了泰山。

姊妹两个一见到父母，一头扑在二老的怀里，悲痛地哭诉着。这时，王灵官赶来，问清大小妖怪的动静。柳家姊妹说这伙妖魔，天天夜里花天酒地，这时还不会起床。王灵官火气冲天，怒视徂徕，只见他提起九节连环鞭，晃了三晃，连环鞭一下子变得又粗又长，向空中一甩，立时狂风尖叫，赶云如飞，只听"轰隆隆"一阵沉雷，一鞭拦腰斩断了徂徕山，扫净了大小妖怪。

从此，徂徕山变成了平顶山，再也不长了。而泰山却越长越高，压过了徂徕山，成了雄峙天东的名山。

（王润身　搜集整理）

（选自《泰山传说》.山东人民出版社，1985年版.）

饮　马　珠

到过徂徕山的人，谁都晓得马场这个地方，这里至今流传着一个"饮马珠"的故事。

传说，一个苦命的孩子，8岁上父母双亡，被迫给一个外号叫坏公的寨主当了马倌。他每天天刚亮就起床，把成群结队的马儿赶到绿如海水的马场，让它们吃肥嫩的鲜草；中午，他又把马儿赶到马场东南的小泉边，让它们喝清冽甘甜的泉水。尽管泉子很小，但从没有枯竭过，而且冬不结冰，夏无孑孓，马儿特别愿喝。

在小马倌的精心照管下，几年工夫，马儿就兴旺起来了，一匹匹活蹦乱跳，膘肥体壮，在这辽阔的大马场上奔驰。

有一天，小马倌见许多马都挤在一起喝水，时常把水弄脏，便拿来铁镢，想把泉子挖大。他挖着挖着，不禁倒吸了口凉气，惊讶地大叫："不好！怎么越挖反倒越干了呢？"小马倌连忙放下铁镢，皱着双眉细察其中的奥妙。只见坑里的土干巴巴的，没有一丝水气。突然，一股细流从草丛中涌出。小马倌纳闷，忙用手去扒，三扒两扒，扒出一个鸡蛋似的白软球，他急忙捧在手里，只见那软球在手心里轻轻地抖动，随着抖动，清凌凌的水顺着指缝流下来。此时，小马倌失望了，这点小东西，怎能供得上几千匹马喝水？可又觉得它好玩，舍不得扔掉，便随手放在瓦罐里。不一会，瓦罐里便满了水，小马倌又把它转放到一个大石臼里。不久，石臼也满了，而且不溢不流。小马倌觉得奇怪，这实在是个好东西。他怕被别人偷去，就找了个僻静的地方，小心翼翼地把它藏了起来。

第二天，小马倌从山寨弄来个大木盆，把它放在木盆里，顿时木盆里又溢满了清水。好几匹马一齐跑来喝水，小马倌欢心地看着、笑着，不禁叹道："这下可帮了我的大忙了。"

可是，这事不知怎么让坏公知道了。他早就听说马场附近有个宝贝，许多人都没有找到，心想，这回一定是它了。坏公为了把宝贝捞到手，换笔巨款，便把小马倌叫到上房，询问那宝贝的来历。小马倌是个正直的人，从来不会说谎，就把实情都告诉了坏公。刚才坏公还嬉皮笑脸的，听了小马倌之言，马上翻脸说道："这东西本来是我有意埋在那里的，你挖出来，破了我家的风水，我要拿你问罪！还不赶快把它还给我?!"

这是自己从几十里外的野地里挖来的，怎么会是他的？小马倌不服气，义正辞严地和坏公辩理，他决心就是拼一死命，也不能把这宝贝交给坏公。

坏公捞宝心切，哪有工夫同小马倌辩理，就唤人七手八脚地把他捆了起来，抢走了宝贝。为了灭口，心狠手毒的坏公，还准备在夜里对小马倌下毒手。

没等坏公他们动手，小马倌就磨断了绳子，破门而出，拔腿往马场跑去。坏公一看坏了大事，忙吆喝家丁赶快追赶。这时，小马倌那匹最心爱的枣红马飞身来到他身边，他翻身上马，一溜烟直奔马场。家丁们赶到马场，不但没有找着小马倌，而且连马群也跑得无影无踪了。

坏公贪恋那笔巨款，也不管家丁们抓到抓不到小马倌，自己就一个人进了泰城，来到一家当铺。他把宝贝倒在一个雪亮的盘子里，让铺里的大伙计察视。大伙计一看便知，这正是失传已久的无价之宝——饮马珠，不禁脱口而出：“啊！好东西，无价宝，无价宝啊！”那伙计告诉坏公，愿收下饮马珠，至于价钱，要等明天掌柜的从济南回来商定。坏公一听是无价宝，便得意洋洋地又把它收起来，在店里住下了。

这天夜里，那饮马珠害得他翻来覆去地睡不着，他一骨碌从床上爬起，又把饮马珠倒在桌上，悠悠悠地逗着它玩。他用手一戳一戳的，嘴里还不停地说着：“无价宝！无价宝！明天我就要成百万富翁了。”就这样，坏公戳来戳去，一不小心，把那宝贝戳破，窜出一股清水，那饮马珠变成了一团薄薄的白皮儿，贴在桌面上不动了。

坏公作了大事，这回更睡不着了，他躺在床上像针扎一样难受。恍惚中，像有谁来找他算账，把个坏公吓得缩作一团，挤在墙角里不敢动了。

随着几声说笑，有人前来敲门，原来是大伙计领着掌柜见他来了。寒暄之后，掌柜的便催坏公拿出宝贝看看。坏公哆哆嗦嗦地端出盘子，哪里还有什么饮马珠，只不过是一层白皮罢了。

掌柜的见后，焦急地质问坏公：“你这个贱种，饮马珠是怎么死的？这是无价之宝啊！”掌柜的把坏公骂了个狗血喷头，把他赶出了店门。

好一个“聪明”的坏公，宝贝丢了，小马倌跑了，自己的马群也不见了，弄了个人财两空，真是罪有应得。

（张传华　搜集整理）

（选自《泰山传说》.山东人民出版社，1985年版.）

走神洞和玲珑山

在徂徕山的中部，独秀峰之东南，竹溪巷上方，有个山洞叫“走神洞”，山洞顶着的小山头叫“玲珑山”。

相传，唐朝人王希夷，一心修道熬神，三番五次到泰山进香许愿，碧霞元君见他心实志坚，答应了他，领他到徂徕山的空空洞里去熬神。

王希夷随同元君来到此洞一看，不高兴地问：“在这洞里熬哪家子的神？”元君哈哈一笑，说：“你在洞里熬烦了，就出来雕剔洞顶上这座小山头，等把这座小山头雕剔成一座玲珑状山头时，差不多神仙也就熬成了！”说完，她一甩袍袖闪出一把明晃晃的剔刀，顺手递给了王希夷，转身走了。

王希夷追出空空洞，两眼直勾勾地望着背面的泰山喊道：“在此熬神，我这不成了山野之人了吗？”从此，他自给自立号，野人。后来干脆用手中的剔刀在洞口门石上雕

刻上了三个字：“野人洞”。

从那开始，王野人就在洞中苦苦熬神，烦了就出洞挥刀雕剔石块，一年三百六十天，出出进进，风霜雨雪，百年三万六千天，进进出出，山青山黄，洞内忍受着饥寒交迫，洞外饱尝着蚊虫啃食，终于那座小山头让他雕剔成一座小巧玲珑的观赏精品了。白天，上山打柴的农夫，人人为这座玲珑山陶醉；夜晚，狼虫虎豹，只只看得如痴似呆。王野人看到这般情景，乐得喜一阵，哭一阵，哭一阵，喜一阵，发了疯一般。

这一年，碧霞元君又来游徂徕山，住在她的行宫“观音楼”里。王野人进宫拜见，并请她去欣赏玲珑山，想让她点化成仙。元君心领神会，应邀而去，一看心旷神怡，万分惊喜。其山玲珑不玲珑，她无法用言语去形容，只见山顶上，一群接一群的飞禽在盘旋，山身外，一群接一群的蜂蝶在起舞，山下边，一群接一群的昆虫在歌唱……

碧霞元君没想到王野人会这样专心修炼，这样不辞劳苦，深深为之感动，决心让他升仙化神。可转念一想，又觉得不妥，还需深思熟虑一番。

碧霞元君回到行宫，往“炕沿石”上一躺，想着王野人修炼这么多年，天复一天，日复一日，除了动刀就是动刀，谁知他升仙化神之后，对天下人灵是恶是善，还得好好地考验他一番才行。于是，她忙起身向着独独山西南面的石家豆腐店和玲珑山上各吹了一口仙气。即刻，王野人顿觉心胸烦闷，神乱如麻，一种想四处游走、散散心神的欲望袭上心头，就手持剔刀为护身武器，沿着徂徕山游走起来。

当他走到石老沟的石家豆腐店门口时，听见店内男女掌柜又吵又闹打起架来，急忙进家相劝。原来石家的豆腐在这一带早有盛名，鲜嫩可口，刀落即开，然而今天做的这个豆腐却坚如盘石，切坏了两把豆腐刀，砍破了一把切菜刀，也没有把豆腐切开。石老埋怨石婆下多了石膏，石婆说下得和往常一样多，二人互不相让，哪能不吵起来！王野人听完了事情的来龙去脉，觉得好笑，便拔出剔刀相助，谁知刀落“当当”作响，火星四射。王野人生性志坚心决，今儿不认这个“硬”，举刀再砍，只把那个豆腐砍成扁扁的也没砍开，深感内疚，忙拱手赔礼道：“兄弟无能，帮忙不成，待我去另请高明，一定相助到底。”

王野人在石家丢面现丑，哪肯罢休，一路紧行快跑去求元君，哪知行宫空无她影，玉女们说她去玲珑山找王野人去了。

王野人回到玲珑山，钻进野人洞，见元君果真在此等候着自己，满心欢喜地请安问好之后，将不幸遭遇一五一十地说了个清楚。元君听了抿嘴笑道：“闲事莫管，只管升你的仙，化你的神罢了。”王野人一听，忙摆手如摇鼓似地说：“升仙化神咱先不忙，我已许愿给人家，如办不到，岂不是自食其言吗？还是求您老人家帮忙相助，解救凡间之苦去吧！”

“哈哈哈哈”，碧霞元君大笑道：“王野人，你已修得正果，马上升仙化神。”王野人仍惦念着石家那块扁扁豆腐。元君说：“那块扁扁豆腐，已让金童付钱买下，你就放心地走你的神去吧！”于是，王野人从野人洞里升仙化神而去。来到太平顶感应侯祠，见其石壁高大宽阔，为作纪念留“野人诗”两首：

“徂徕山下是吾家，吸露嘘风卧紫霞。几百年来无个事，朝朝坐对老松花。”

“翠满竹溪云满山，晨钟暮鼓叠烟鬟。天光一线开丹嶂，独对松篁杳霭间。”

从此，野人洞又更名“走神洞”了。

（讲述者：张传昌　整理者：张传华）

（选自《民间故事集》.泰安市郊区民间文学集成办公室编.1989年版.）

石　门　洞

徂徕山里有一条深沟，叫石门沟，这沟的东面有一绝壁，约有两丈多高，一丈来宽，中间有一道直上直下的缝，这就是传说中的石门，这山里的山峰和石头都是黑色的，唯有这石门是绿色的，格外好看，这石门究竟开不开呢，这里还有一段有趣的故事呢！

传说很早以前，徂徕山前有一孤儿叫张成，7岁死了爹，8岁死了娘。张成无依无靠，住着一间破草屋，靠讨饭过日子，饱一顿饥一顿，饿得他又黑又瘦，个子又矮，因此无人叫他的名字，都叫他张黑子或张矮子。到了16岁，张成就不再讨饭了，上山打柴卖柴度日。

这一天，张成又来到徂徕山里打柴，刚刚到石门的对岸，只听“哗啦”一声，他吃了一惊，抬头一看，只见石门大开，从里面走出一对老夫妻和一个十八九岁的女子。这老夫妻有60来岁的年纪，长得可结实了，走起路来“咯噔咯噔”的，好像两个小伙子。三人出了门，头也不回，直奔山上走去。张成觉得很奇怪，也没有吱声，隔着山沟悄悄地跟在后面。

他三人来到山顶，老汉说：“秀姑，你不可去了，我和你娘去。”秀姑说：“不，爹，我出来一趟不容易，我也去，一来看看风景，二来看看元君奶奶。”老婆婆说：“秀姑，听你爹的话，别去了。你去了，元君奶奶如果看着你好，留在身边，当上侍女，你就永远没机会见我们了。听话吧。”秀姑点点头不吱声了，站在那里等着。

原来这老汉正是石门洞主，他接到御旨，说今天早上碧霞元君下凡选择佳境居住，要各路神仙前去迎接。石门洞主一看时辰将到，就急忙带着老婆上山迎接。

且说碧霞元君带着十多名金童玉女，前呼后拥来到徂徕山里。看到徂徕山景色迷人，山清水秀，山多高水多高，就想在这里居住。来到山下顺着盘路向上走，一直来到徂徕山的顶峰——太平顶。至今太平顶下面这段路还叫盘路，传说碧霞元君亲自走过。

元君到了太平顶，各路神仙早已到齐，都来祝贺。有仙童捧过宝椅，元君向下一坐，这一坐不要紧，整个徂徕山矮下去三尺。元君一看此处不行，就转过太平顶，来到一座山峰前，在这里洗洗脸，梳梳头，打扮完毕，见旁边有一秋千，就坐在秋千上，一下子悠到泰山上。至今徂徕山里还有“梳妆台”、“秋千架”的古迹。

就在碧霞元君这一坐的当儿，秀姑可遭了殃。她站在山顶上，好奇心太强，一心想看看元君什么样。众人一挡，她看不见，就登上一块大蘑菇石，这石头高有一丈多，好似一间屋那么大，她站在上面还是有点看不见，就翘起脚看，没料想元君一坐，整个山下沉三尺，这一下沉，她站立不稳，骨碌碌顺着山沟向下滚去。

再说张成看着这姑娘翘着脚向太平顶上看，他也想上去看个究竟，还没动脚，忽然觉得身子晃了两晃，张成还没闹清是怎么回事，只听“哎呀”一声，秀姑从山上滚了下来。她这一滚带动了一些小石头，小石头碰大石头，连人带石头一齐向山沟里滚来。张

成一看，“不好!”拔腿奔向山沟救人。

张成跑上前，发现秀姑头碰破了，腿也受伤了，夹在两块大石头缝里，连摔带吓已经昏过去了。张成把她扶起来，脱下自己的褂子帮她擦头上的血。过了一会儿，秀姑慢慢醒过来了。张成一看待在这里也不是个办法，反正知道她是从石门洞里出来的，就背起她向石门洞走去。

再说众神仙见元君一去，不欢而散，各自回家。石门洞主来到女儿站的山头上，不见了秀姑，心中着忙，向下一看，见一个小伙子背着秀姑疾走，老两口子连忙追去。

追着追着来到洞口，正好张成也来到洞口，一步门里，一步门外，老两口见秀姑成了血人，又是心疼又是对张成感激，忙请到洞里。张成把秀姑放在床上，洞主连忙拿出自己的宝葫芦，倒出一粒仙丹交给老婆婆，叫她给秀姑调治。

洞主把张成请到待客厅。张成的褂子上都是血，也不能穿了，就光着膀子，他的身上也有好几处血迹。洞主请他坐在椅子上，张成看看自己的身上，又看看铮明瓦亮的椅子，怕弄脏了就没有坐。洞主看透了他的心思，说：“你先到后面去洗洗澡吧!”

张成跟着洞主来到后院，见有一石池，石壁上写着“仙人塘”三个字。这池塘只有一个人那么长，从山上来的水，从塘子的一端流入，从另一端流出，水清见底。张成连忙脱了衣服跳进塘子里，这水不凉不热，很是舒服。他洗完澡向岸上一站，嗬！自己简直不敢相信自己了：个子又高又大，浑身筋长力足，又借着清水照了照脸，又白又胖。他高兴极了，连忙穿衣服，谁知这裤子好似裤衩子，又小又瘦，根本穿不上，可把他急坏了。这时，只见一个仙童托着一身新衣服走来，笑嘻嘻地说：“恩人，老爷叫你换上这身衣服。”张成连忙接过来穿上，毛蓝裤，六色子褂，不大不小正合身，好似是特意给他准备的。穿戴整齐，重新回到待客厅，分宾主而坐。秀姑也红着脸走过来向张成致谢。老婆婆连忙置酒款待。酒席之间，洞主问起了张成的家里情况，他就把自己的不幸遭遇说了一遍。老两口和秀姑都非常同情。

吃罢饭，张成要回家，洞主拿出很多金子银子叫张成拿着，他却什么也不要。洞主全家感到不理解，追问他想要什么。快到洞门了，只见有一盘磨，磨上有很多豆子，张成说：“我家还有一厘多林地，给我把豆子作豆种吧！”洞主一听，忙从屋里扛出一大布袋豆子，足足有一百来斤。张成赶紧说道：“可不要那么多，两把就够了。”打开布袋，他抓了两把就走了。洞主夫妻二人扛着布袋回去了。秀姑送到门口，恋恋不舍，心里有意口难开。张成呢，可没那个心，他是一个穷小子，怎敢想那样的好事呢！两人来到了洞门外，张成说：“你回去吧，我走了。”秀姑说：“你等等，我还有话说。”张成站住脚。秀姑说：“你如果愿意来的时候就来。”“你家的门那么厚，我怎么叫得应？”“不要紧，钥匙就在洞门外。”她指着门外的一棵寨圪针说：“那上面有倒拉钩的那个刺就是钥匙。”说着，她关上石门，把那根寨圪针掰下来，这圪针随风就长，长有一拃多长，她把它伸进石门的一个小洞里，推三推，拉三拉，石门“哗”地一声开了。开了门后又把那圪针放在枝子上重新长住了。秀姑又道：“这是洞门的一棵宝，六百年才长成这把钥匙，因此，俺也就600年才出来一次。”她从头上拔下一只金簪递给张成说：“给你这个作标志，你若想我的时候你就来。”说完红着脸跑进洞里，洞门“哗”地一声关上了。

张成回到家里，把金簪拿出来看了又看，喜得合不拢嘴，心想：看来她真有心嫁我，我得好好种种那点地，攒下点钱，好娶她过门。又从口袋里掏出豆子一看，这豆子都成了金光闪闪的金豆子。他高兴极了！就想重新修修自己的房子，再买上半亩地，马上把秀姑接来，好好过日子。

就在他修房屋的时候，他舅李老大来了，见了张成，吃了一惊，差点认不出，只见张成长得又高大又魁梧，脸蛋也着实好看，连忙来到屋里问他怎么变得这么快。张成是个直性人，就把上山打柴遇到石门开和救人的一节，一五一十地说了，就是没提金簪的事，因为他怕羞。最后还拿出两把金豆子叫李老大看，并说了石门的开法，李老大一一记在心里。回到家，把这些事同他老婆说了。他老婆一听，说：“既然石门能开，咱何不去扛它几布袋金豆子？”李老大道：“说的是。”就叫着他儿子一起去。原来李老大的儿子叫小辫子，和张成同岁，二人的个子也差不多，脸蛋也差不多，就是心眼不一样。一听说里面有大闺女，高兴极了，大步奔向石门洞。到了洞口，摘下那个有倒拉钩的圪针，插到石门的小洞里，推了三推，拉了三拉，石门“哗啦”就开了，他一步抢在前面。

再说秀姑，天天在石门洞口磨金豆子，自张成走后无一时不想不盼，时刻听着外面的动静。忽听得“哗啦”一声，石门大开，她以为是张成来了，忙站起来笑脸相迎。小辫子看到秀姑长得如花似玉，早就麻了手脚。一把拽住秀姑说：“娘子，快跟我走！”秀姑还没弄明白是怎么回事就被推到洞口。小辫子转回身来，一看那拉磨的骡子也很好，还有满磨台、满磨顶的金豆子，说不定拿什么好，抓了两把金豆子就来牵骡子，把骡子也牵出来了。秀姑站在洞门口向外一看，只见小辫子他爹妈慌里慌张边跑边喊：“把骡子拴住，快进去拿金豆子。”秀姑一看不是个来头，转身跑回洞里。这骡子一看主人跑回洞里，也转头向洞里跑，小辫子死拽住缰绳不放。他老两口也赶到了，三人拽着缰绳头，使劲往外拉，这样一来一往，把石门拉了碗口大的窟窿，那骡子终于回到了洞里。秀姑“乒”的一声把石门关上了。三人把缰绳拉断了，趔了个趔趄，差点没摔到山沟里。

三人又爬起来，使劲地推石门，砸石门，石门一动也不动，气得那女人一把将那寨圪针拔下来，扔在地上就走了。小辫子和他爹也悔恨不及，摸了摸口袋里的金豆，掉得一个也没剩，气得拿起寨圪针就回家了。

小辫子拿着这棵寨圪针直接来到张成家，进门把它往张成跟前一扔，说：“给你的钥匙！”扔下就走了。

张成拾起来一看，正是那棵600年才长成的寨圪针，现在却被拔了，急得他三步并作两步向山上跑去。来到石门洞的跟前，见石门紧闭，上面还有个窟窿。他叫也叫不应，打也打不开。从窟窿眼向里一望：磨子也倒了，骡子也卧下了，金豆子撒了一地，秀姑掩着脸在哭。他连忙说：“秀姑，秀姑，是我来了，快开门。”秀姑呢，以为又是坏人来了，理也不理只是哭。张成一急，拿出了她的金簪说：“我是给你送金簪来了。”说着把金簪从窟窿里递了进去。秀姑从里面接着金簪，一看真是他来了，连忙开了洞门，让他进去，随手又把石门关上。

再说小辫子看着张成向石门跑去，他也跟在后面想看个究竟。见石门一开张成进去了。他也来到石门跟前“表哥表嫂”地乱叫，可是怎么也叫不应。从那个窟窿向里一

望，只见秀姑和张成欢天喜地说话呢！他看着看着，突然从那个窟窿里流出钱来。小辫子见钱眼开，转忧为喜，连忙脱下褂子，铺在地上拾钱。拾了约莫有三百来钱，他怕拿不动了，就想回家拿个布袋来装，又怕流出来的钱叫别人拾去了，见身边有一棵万年蒿，随手拔下来，团了团就塞住了。他拿着这三百来钱急急忙忙回家去了。

再说张成回到洞里，秀姑领着他见了老洞主，细说了外面的情况，老洞主很同情他。秀姑又把小辫子无理的话说了一遍，老洞主气得胡子都翘起来了。老洞主见他二人情投意合，就决定招张成为姑爷。

那小辫子回到家里，拿了条大布袋，又跑到这里来了，他爹他娘拿着床单、草褥子片，扛着篓子在后面猛追。小辫子来到石门跟前，怎么也找不着原来的那个窟窿。听了听里面，又敲锣，又打鼓，还吹喇叭，这是老洞主正给张成和秀姑办喜事呢！好大一会儿，锣鼓一停，听着老洞主说："秀姑，那石门修好了吗？""修好了。""花多少钱？""花了三百。""谁修的？""谁弄坏的谁修的。""他心眼不好，修得不结实。""这回他又算错账了，修得可结实了，是用万年蒿修的，一万年以后才坏呢！"小辫子和他父母听了目瞪口呆。

至今那两扇门的中间还有碗口大的一圈，传说这就是小辫子向外拉骡子时缰绳磨的。

（张纯岭　搜集整理）

（选自《徂徕山民间故事》.山东省出版总社泰安分社1990年版.）

徂徕山四大怪

1.中军帐的蛤蟆干鼓肚　传说乾隆皇帝同刘罗锅南巡经过中军帐。中午，乾隆在龙凤松下休息，西边水池里的蛤蟆叫得烦人。刘罗锅便说："皇上在此休息，蛤蟆怎敢乱叫？"从此，这里的蛤蟆再也不敢叫唤了，只是气得肚子滚圆。因此，人们就出了歇后语："中军帐的蛤蟆干鼓肚"（实际上这是受小气候气压的影响造成的）。

2.中军帐的圪针——没有钩　乾隆皇帝来到中军帐，他穿得龙袍被酸枣棵子上的圪针挂住了，他顺手撸了一把，从此那圪针的钩就直了。看来皇上是真龙天子，不仅是金口玉言，也是金臂玉手。

3.光化寺的和尚——多一个　清朝中叶，光化寺达到鼎盛，香火不断，僧侣多达99个。传说旧时有一寺规，敲梆子是喂狗的信号，敲钟是僧侣吃饭的信号。本来光化寺有99个和尚，可是每到吃饭时就会有100个和尚，所有的和尚都很纳闷。有一天，住持和几个和尚想了个办法，调换寺规信号来查个所以然，殊不知是佛祖到这儿吃饭。第二天，当佛祖听到敲钟时以为开饭了，就到寺里吃饭，可是去了一看，寺里的和尚正在喂狗。原来住持把敲钟改为喂狗的信号，并通知了寺里的其他和尚。佛祖一气之下走了，走时在寺庙西南扔下一棵小树，并说待到这棵松树树冠能遮一亩地时再回来。佛祖朝东南方向走了，三步就到了海边，一步、两步踩出了两座山，就有了一步山和两步山的名称，并且每一个山顶都有一个大脚印。

4.周猛洞只见人进不见人出　周猛洞在光化寺东南4千米处，海拔314米。洞口朝西南，洞口周围巨石林立，后因洞口巨石断裂，现洞口半阴半阳，洞深数据不详，据传与松山洞和康王殿相连。因此洞由庄庄村村民周猛长期居住，故曰周猛洞。

这里流传着一个神奇的传说。相传明朝时在徂徕山下的庄庄村，有一对夫妇老年得子，此子生来哭声震耳，体魄健壮，眼大眉黑，故取名周猛。在他未满周岁时，老父因病无钱医治而暴病身亡，其后与老母相依为命，过着艰苦的日子。周猛随着年龄、体格的增长，饭量猛增，常无米下锅，只能靠庄里庄乡接济维持生活。到了周猛十八岁那年，一天周猛上山打猎，追一只兔子到一巨石下，野兔不见了，他仔细寻找，忽然眼前一亮，一个巨大洞口呈现在周猛面前。周猛顺着洞内一丝光线，一直向前走，走了很长时间，最后竟从山后的化马湾走了出来。周猛大喜，以后此洞便成为他遮风避雨的地方。这一年时逢大旱，周围乡村颗粒无收，百姓背井离乡，四处乞讨。一天，周猛在庄庄村附近官道上看到一队官兵推着独轮车，满载盖着官印的物品，浩浩荡荡前行。他走近一看，原来是朝廷运送税银的车队。周猛大喝一声，吓得官兵四处逃散。他把银子劫持下来，分给老百姓解了燃眉之急。皇帝知道后，非常气愤，命官府抓捕周猛。周猛便到洞内避难。官兵在周猛洞下方的大滩地驻扎了三年，天天围剿未果。相传只见周猛进洞，不见周猛出来。官兵们怎么也想不到此洞一直能到达山北面的化马湾。围困期间，有人在化马湾大集上常见周猛，因而周猛衣食无忧。后来官兵了解到周猛是个孝子，便把他母亲抓来，扬言周猛再不出来，便杀其母。周猛见其母被抓，只好走出山洞自首。官兵驻扎的大滩地，相传马粪足足有三尺厚。后来此庄村民谁能分到这块地儿女都不愁嫁娶。至今无人敢进此洞。

金　鱼　石

金鱼石，位于中军帐东南二里处，两巨石对称分开，中间分别有一鱼形痕迹，《泰安县志》记载："自中军帐北（应为东南）二里为金鱼石，中有鱼形若隐若显，相传一夕风雨，石劈化龙去，半踣于地，两石鱼迹宛在。"这里是说巨石是下雨打雷劈开的，而石中的鱼是变成龙飞走的。

关于"金鱼"的去向有几种传说，其中有一种传说还与泰山奶奶有关：碧霞从秋千架荡到泰山以后，正好看到黄飞虎将自己的木鱼子埋到山顶上有三尺深的坑中。待黄飞虎走后她灵机一动，将黄飞虎的木鱼子扒出来，又往下挖了三尺，先将自己的一只绣花鞋埋上，然后再将黄飞虎的木鱼子照原样埋上。到姜子牙封神的时候，众神仙都争当泰山神主，最后以谁来得早为准。黄飞虎说他来得早，以挖出自己的木鱼子为证。碧霞说她来得更早，不信你再往下挖，结果挖出了碧霞的绣花鞋。黄飞虎一看目瞪口呆，知道自己上了当，只好把泰山神主的位置让给了碧霞，从此也就有了碧霞元君——泰山奶奶。黄飞虎未争得泰山神主，只好到岱庙去受香火，一气之下就病倒了。玉皇大帝知道以后，就让碧霞元君想办法给黄飞虎治病。碧霞元君知道他的老家徂徕山有一条金鱼藏在石匣之中，吃了能治百病。于是她来到这里，拔下头上的金簪将石头一划为二，取出了金鱼。当金鱼知道事情的经过和自己的下场以后，便哭着求碧霞元君饶自己不死。泪水掉到徂徕山溪水之中，便化成了黑赤鳞鱼；当来到了泰山之后，金鱼的泪水已变成了血水，血泪掉到泰山的溪水中就变成了红赤鳞鱼。黄飞虎知道此事以后，见碧霞元君心诚，又可怜金鱼，自己也消了气，病也好了，就把金鱼放到黄河里去了。因此就有了著名的黄河金鲤鱼，而且成为贡品。

金鱼石的另一个传说是被南方人盗走的。传说有一南方人寻宝来到徂徕山，发现

了这块石头里藏有一条金鱼，但他手里无开石之宝没法打开。后来，他在山坡上一个瓜田里，发现了一个烧瓜是开石之宝，但要等到一百天成熟以后才行。因此，他就给了种瓜人一百两银子，给他看守。由于这一棵烧瓜熟得晚，看瓜人沉不住气，提前三天就给摘了。南方人拿到这个瓜后，朝石上用力一劈，结果因宝瓜不到天数不但没劈开，还把里边的金鱼给震惊了。等再一劈时，石头虽然开了，金鱼却化为一道金光，腾空而去，只留下这两道鱼痕。这一痕迹也被当地老百姓称为“躺不满”，意思是看着很短，但人躺进去不如它长（178厘米）。朋友们到徂徕山旅游时，若有兴趣不妨试一下，躺一躺，保一生大福大贵。

龙湾传说

相传很久以前，在龙湾峡谷有三个寺庙，即上庵寺、中庵寺、下庵寺。一天上庵寺住持到下庵寺议事，上、中两寺小和尚趁机溜出寺门来到龙湾，与此时正在游耍的“龙王爷”女儿相遇、结交，共同为当地老百姓祈福。某年，正值龙湾周边大旱，小和尚就托龙女祈求龙王。龙王听信，呼风唤雨，顿时天昏地暗，电闪雷鸣，大雨倾盆而下，旱情得到缓解。后人为感谢龙王，在龙湾旁建龙王庙一座，每逢农历三月，人们前往焚纸进香，祈求平安。当地老百姓遂称此地为龙湾。当年康王隐居化马湾，来到龙湾，见此处河水清澈，景色秀美，空气宜人，故放弃奔走而隐居于此。为重返中原，驱逐金兵，开始致力于发展当地经济，与老百姓共同种植樱桃。在樱桃种植过程中，康王驯养了一群大蜂，以各种形式加以训练，一击鼓暗示蜂群为樱桃授粉，一敲锣属出战保护当地百姓等等，于是此地获得长期安宁，樱桃也遍布山间。某日，王母娘娘赴蟠桃会时，途径此处，只见满目樱花，绚丽多姿，实乃人间仙境，随手将一蟠桃掷于此处，以作标记（即后来的蟠桃石），随后派福禄寿三星到此查看实情。三位神仙来到这里一看，好大一片果林，但樱桃尚未成熟；再一品这山泉水，好清凉润甜，三仙各自在三个清凉凉的水湾沐浴了一番，好不惬意！待到满枝红艳艳的樱桃成熟了，三仙忍俊不禁，偷偷摘了一颗吃，顿觉甜美爽口，实是人间难得的珍品，于是携带樱桃奔天庭而去。王母品尝之后，直言“天下第一果乃樱桃也”。认为康王有功，把他召到天上做神仙，而此地樱桃也因之得名“康王御”樱桃。福寿禄三星来的这个地方就是龙湾景区，此地樱桃一年比一年旺盛，逐步发展成万亩樱桃园。

第六节　歌谣　歌曲

徂徕山歌

佚　名

徂徕巍峨拔崒，
“秫秫岭”子帚云丘。
泰山元君为之游。
“笼扇子”与“簸箕掌”，
观之“山神庙”山峻，
“大小箩圈”　“石剑”有。
“老君堂”里丹香透。
“石盆子窝”备洗尘，
移山调水“大工程”，
吃“长寿面”玉女侑。
“车辙山”上芳轮骤然，
“空空洞”与“中军帐”，
“大脚丫子石”处花，

"双山""花坡""双树柳"。
"轿夫岭"上轿悠悠。
"僧官帽"子"和尚头",
"马队山"马不停蹄,
"上池""下池"清水流。
"石鼓""石锣"有节奏。
"万株花"园十五里,
"石咣咣"响乐连天,
"大石头"顽"二石头"。
青山绿雾"观音楼"。
"滴嗒泉子""花根石",
"神茶桌"上筵元君,
"花叶""花芯"芬芬稠。
"鲜果盘"里果子露。
"花朵山"花特鲜艳,
"炕沿石"凉元君愁,
元君拔簪诗句留。
"搁镜架子"照俊秀。
"金鱼石"与"钓鱼台",
"石合子"丽称瑰夽,
"塔山""三瞪眼"峻遒。
"梳头匣子"神梳头。
"夹牛石"头防踏花,
"铜盆"镜子样样好,
"揉拳柱子"练拳揉。
统为元君惠设优。
"三人不见面"捉迷,
元君赏察至"马场",
"锥山"绱鞋剔花绣。
"龙湾"玉龙戏珠豆。
"骨头山"上夕云立,
"米翁""面翁""窟厂"炭,
"徂徕夕照"堆金鋈。
"大猪""小猪""菜家沟"。
三月二十八日视巡,
"淌钱石"淌鑫线串,
元君徂徕东庆寿。
何须"石老""石婆"求。
夕阳弄山乱凤飞,
"石孩"笑指"浆水沟",
夕云幻景小放牛,
"前盆子窝"和"石臼"。
山迎霞运幅幅画,
"发面石"与"东锅沿",
今朝人民徂徕游。

徂徕山事变

乌云满天遮太阳,
徂徕山上真凄凉,
山前山后是敌人,
整个鲁中遭了殃。

敌人下令修碉堡,
各庄伕子出个光,
庄公所好比阎王殿,
庄长好比活阎王。

雄鸡未叫锣先响,
天明百姓更惊慌,
擦眼抹泪向前走,
好比去那杀人场。
天又热来日又长,
一心盼着落太阳,
日落西山回家转,
父母妻子泪汪汪。

抗日队员之歌

抗日队员真勇敢,
撇家离乡走得远,
过河湿了两只脚,

爬山越岭过天险。
凑点干粮实在难，
穷苦百姓不能担，
一日两餐肚难饱，
吃的煎饼喝稀饭。
住的房子更可怜，
破屋烂庙露着天，
铺的乱七八拉草，
少窗无门难挡寒。
一件破袄身上穿，
天冷天热无衣换，
我们的队伍不怕难，
半年才发一元钱，
一切零花都没有，
只能买它四两烟。
我们的队伍真勇敢，
坚决抗战齐向前，
消灭日本侵略者，
铲除一切大汉奸。

攻打茅茨据点

天气已到四月二十，
茅茨的老百姓着了急，
夜里逼着去站岗，
白天出夫修防地。
八路军，第一旅，
大批人马发这里，
为民除害拔据点，
鬼子个个成肉泥。

旧县桥战斗

南风吹来山河暖，
汶河修桥工程完，
各路鬼子来架桥，
庆祝大会在旧县。

旧县紧靠徂徕山，
山上驻着警卫连，
鬼子怕得不得了，
周围放哨十里远。

警卫员得信下山岗，
便衣短枪来武装，
早想找个好机会，
专叫鬼子遭个殃。

一路找到羊楼庄，
良好时机正遇上，
两个鬼子住村里，
喝酒捞肉闹嚷嚷。

警卫连，真勇敢，
一个箭步冲上前，
鬼子一看害了怕，
两手抱头床底钻。

喊声鬼子哪里逃，
叭！叭！两枪完蛋了，
缴获洋车和手表，
枪支子弹和背包。

任务完成回老营，
鬼子来了扑个空，
警卫连，立了功，
人人称赞是英雄。

东良庄保卫战

难忘的腊月二十七，
过年的东西置办齐，

东洋鬼子却来攻占我家西，
老百姓个个真着急。

东良庄人民本来不好欺，
男女老少组织起，
关帝庙前大集合，
镢锨锄镰当武器。
全庄青年一声喊，
西寨门外打反击，
大刀长矛都带上，
家家都去护寨去。

寨墙上站得满满的，
老百姓就是有威力，
土枪土炮齐射击，
打得鬼子倒在地。

东洋鬼子不讲理，
机枪大炮齐轰击，
七十多人遭惨死，
庄里的房子烧成白地。
良庄人民快快组织起，
组织起来打鬼子，
青年都要参军去，
参军报仇雪国耻。

人人都说咱徂徕美

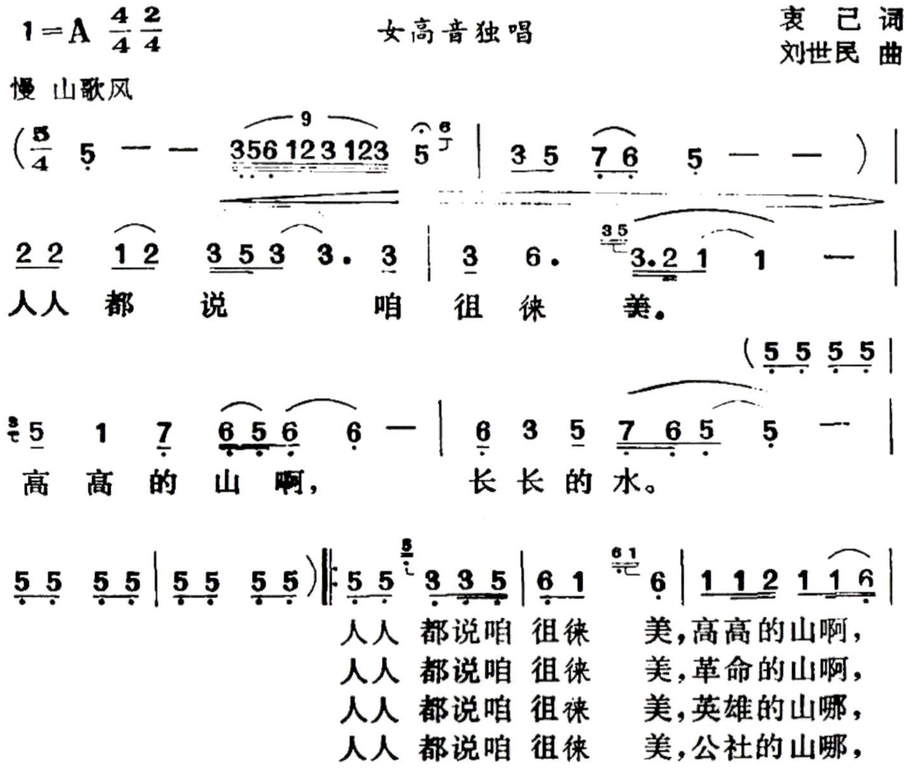

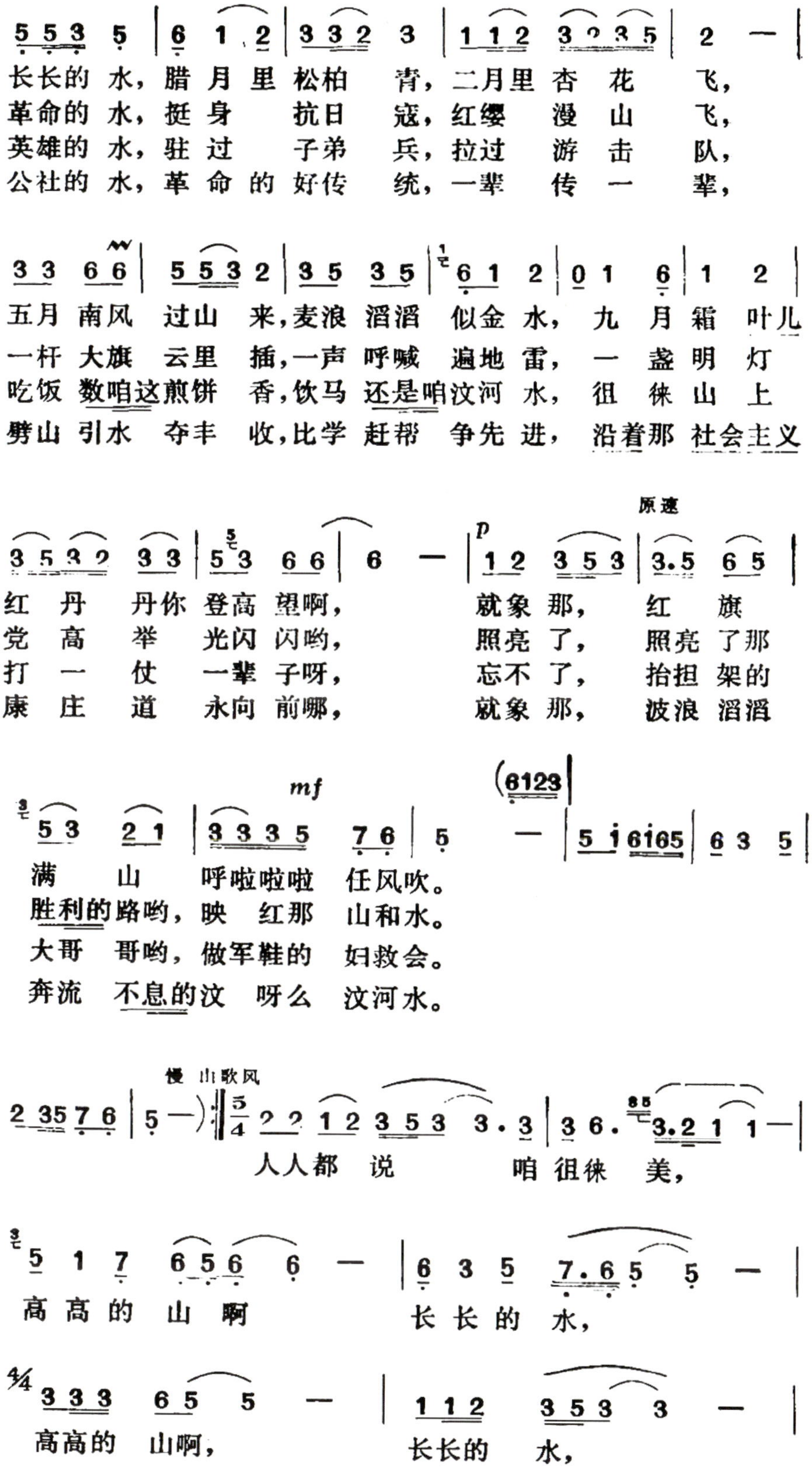
长长的水，腊月里松柏青，二月里杏花飞，
革命的水，挺身抗日寇，红缨漫山飞，
英雄的水，驻过子弟兵，拉过游击队，
公社的水，革命的好传统，一辈传一辈，
五月南风过山来，麦浪滔滔似金水，九月霜叶儿
一杆大旗云里插，一声呼喊遍地雷，一盏明灯
吃饭数咱这煎饼香，饮马还是咱汶河水，徂徕山上
劈山引水夺丰收，比学赶帮争先进，沿着那社会主义
原速
红丹丹你登高望啊，就象那，红旗
党高举光闪闪哟，照亮了，照亮了那
打一仗一辈子呀，忘不了，抬担架的
康庄道永向前哪，就象那，波浪滔滔
满山呼啦啦啦任风吹。
胜利的路哟，映红那山和水。
大哥哥哟，做军鞋的妇救会。
奔流不息的汶呀么汶河水。
慢 山歌风
人人都说咱徂徕美，
高高的山啊长长的水，
高高的山啊，长长的水，

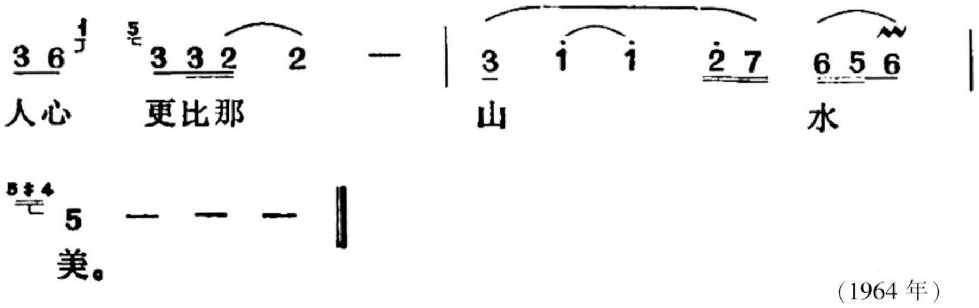

（1964 年）

（选自《山东三十年歌曲选1949—1979》第219~221页.中国音乐家协会山东分会编.1979年9月第1版.）

绿色的心声

1=D 4/4

词、曲：郑应茂

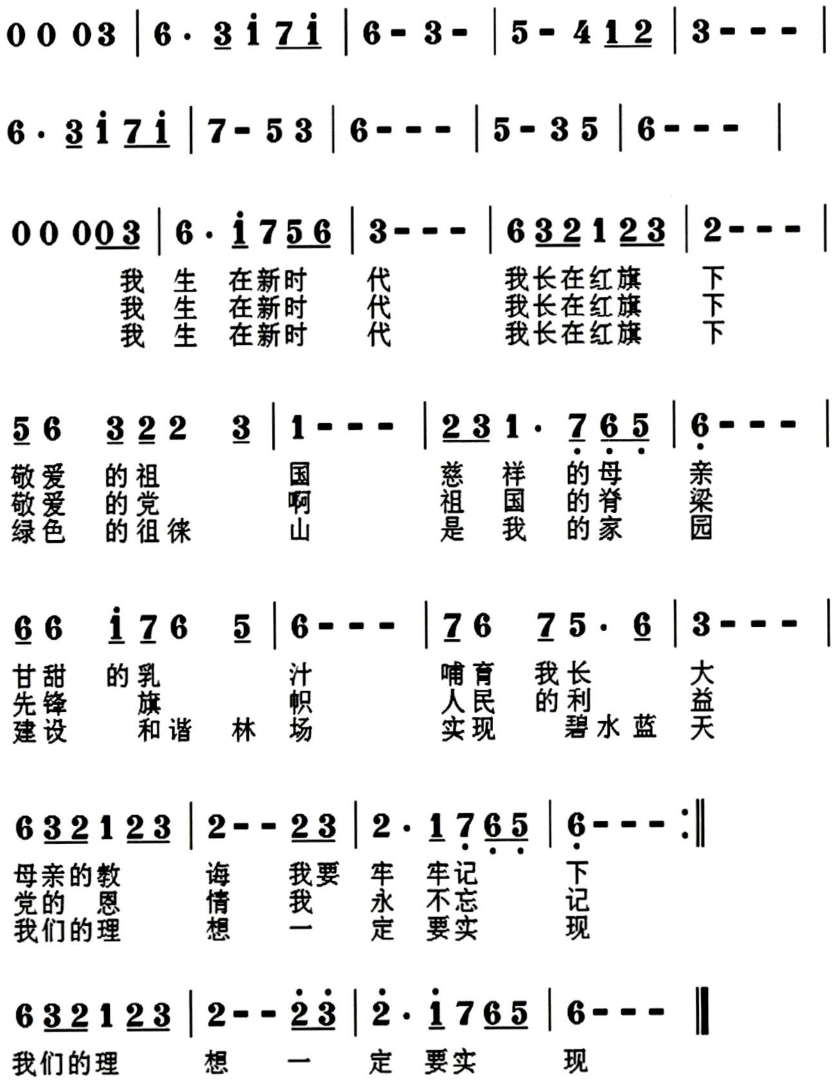

第七节　书目辑存

《徂徕集》　二十卷，宋石介撰。一作《徂徕文集》《石徂徕先生集》《徂徕石先生文集》《石介集》《徂徕石先生全集》《徂徕先生集》等。

本书是石介的诗文集。卷一颂10首，卷二至卷三古诗54首，卷四律诗80首，卷五至卷九杂著40篇，卷十至卷十一论12篇，卷十二至卷十七书40篇，卷十八序8篇，卷十九记11篇，卷二十启表文10篇。石介诗文的主要思想是反对佛、老，排斥时文，以维护自周公、孔子、孟轲、董仲舒、韩愈以来的儒学“道统”。《四库全书总目》提要云：“（石）介深恶五季以后文格卑靡，故《集》中极推柳开之功，而复作《怪说》以排杨亿。其文章宗旨可以想见。虽主持太过，抑杨皆不得其平，要亦戛然自为者。王士禛《池北偶谈》称其倔强劲质有唐人风，较胜柳、穆两家，而终未脱草昧之气。亦笃论也。”《徂徕集》内容涉猎十分广泛，其中部分内容与泰山有关。如卷四收《泰山》诗一首“七百里鲁望，北瞻何岩岩。诸山知峻极，五岳独尊严……”。卷十九“泰山书院记”为研究泰山学派的重要文献。

本书最早的版本为宋钞本。明人影印名为《新雕徂徕石先生全集》。清乾隆四十年（1775）雨山堂刻本刊行，光绪十年（1884）济南尚志书院据以刊印。乾隆中期，泰安学者聂剑光将所收集到的诗26首、文19篇辑录成一卷，名为《石徂徕先生文钞》，仅为原《徂徕集》的十之一二。民国王价藩将其收入《泰山丛书》乙集。潍县张氏又于光绪九年（1883）刻印《新雕徂徕集》。泰安市图书馆藏济南尚志书院刊印本。1983年陈植锷点校，易名《徂徕石先生文集》，以清光绪十年尚志书院刊本为底本，中华书局1984年版。

石介（1005—1045），字守道，北宋奉符（今岱岳区徂徕镇桥沟村）人。曾因在家乡徂徕山开馆讲学，人称“徂徕先生”。师从范仲淹。天圣八年（1030）进士。与孙复、胡瑗并称“宋初三先生”。

《竹溪集》　三十卷，金党怀英著，已佚。其诗、词分别收在其同时代著名诗人、文学家元好问编辑的《中州集》《中州乐府》中。党怀英（1134—1211），字世杰，号竹溪，金代著名文学家、书法家。曾隐居于徂徕山西北麓的攒石崮下读书吟诗，书刻“竹溪”二字。其读书处额称“竹溪庵”，俗称作书坊，遗址和“竹溪”二字犹存。

《徂徕山漫步》　燕平著。93页，32开本，5.3万字。本书以书信体散文形式，记述“三面”红旗时期泰安市徂徕人民公社改天换地的先进事迹。全书分七节，分别为：穷山恶水话当年、千辛万苦创业难、碧玉块块嵌山腰、凤凰嘴下悲欢曲、怎么能忘记过去、汶河辽阔水长流、满天明星颗颗亮。文笔生动，时代特色鲜明。1959年上海文华出版社出版，1964年上海少年儿童出版社再版。

《徂徕山地区刺槐造林密度调查报告》　刘锡彭、陈登咸著。山东省林业科学研究所1963年编印。20页，16开本。本书为油印本。山东省图书馆有藏本。

《徂徕石先生文集》　宋石介著，陈植锷点校。本书点校以清光绪十年济南尚志书院刊刻潍县张次陶所藏明人影印宋钞《新雕徂徕石先生全集》二十卷为底本。北京：中华书局1984年7月出版。337页，32开本。参见《徂徕集》。

《虎跃徂徕山》 评书，赵和琪编。中国曲艺出版社1984年11月第1版。全书230页，15万字，28回。故事发生在一九三七年，“七七”事变，日本侵略军发动全面侵华战争，共产党员刘坤、李警山由济南转赴泰安，发动群众组织自卫团，抗日保家。通过复杂的斗争过程，“借”到大地主宋老四准备武装红枪会的枪支弹药，壮大自卫团的力量；惩罚甘心投敌的汉奸特务宋天时；伏击进犯的日军，把自卫团拉上徂徕山，参加共产党领导的徂徕山起义，投入到抗日战争的洪流中。

《徂徕文物古迹志》 严承飞编。泰安市徂徕办事处编印，1985年4月出版，16开本。本志分名胜、古迹、文物三章。书中附言金党怀英书“竹溪”二篆字、元中统二年（1261）徂徕山鹿善森题七律诗石刻、抗日战争初期中共泰安县委和抗日民主政府驻长山前村的办公室等照片。

《徂徕山民间故事》 张纯岭整理。山东省出版总社泰安分社1990年12月出版，208页，32开本，13.7万字。本书收录作者搜集整理的徂徕山民间故事52则，有关于徂徕山的岭、洞、泉的美丽传说，有表现劳动人民勤劳、勇敢、善良的高尚品质和见义勇为、富有献身精神的正气歌，亦有对一切自私、剥削者和凶恶之人的揭露与鞭笞，还有妙趣横生的机智人物故事和讽刺故事。

《徂徕山国家森林公园旅游开发总体规划》 王雷亭等主编。105页，大16开本。《规划》由原泰安师专、泰安市林业局、徂徕山国家森林公园共同研究制订，2000年12月通过专家鉴定，被确定为省内领先规划。

《千峰竞秀——徂徕山》 李德明主编。济南：山东友谊出版社2001年9月出版发行。《山东自助游丛书·泰安卷》。全书45页，48开本，2万字。分概述、景区览胜、旅游资讯等部分，介绍徂徕山的旅游特色。

《徂徕山旅游开发调研资料汇编》 政协泰安市委员会2003年4月编。110页，16开本。收录关于徂徕山旅游的调研资料11篇，并附有徂徕山国家森林公园位置示意图。

《徂徕山传奇》 张纯岭编著。中国东部作家书系。北京：中国文史出版社2004年9月出版。190页，32开本，13.5万字。收录流传在徂徕山一带的离奇古怪故事27则。

《徂徕山歌谣》 张纯岭编著。中国学人丛书。中国文史出版社2006年1月出版。全书200页，32开本，16万字。分生活篇、德行篇、爱情篇、童谣篇、百味篇5辑，收录歌谣127首。

《徂徕山传说》（稿本） 张纯岭编著。收入关于徂徕山峰、沟、洞等名胜景点的由来、传说及围绕景点发生的传说故事50则。

《徂徕山情歌》（稿本） 张纯岭编著。该书是一部流传在徂徕山一带的传统歌谣集，分爱情篇、生活篇、多味篇、童谣篇4辑。

《徂徕山凯歌：整治白庙岭工程纪实》（稿本） 张纯岭编著。收文24篇。主要记述良庄人民在共产党的领导下，发扬老区人民的革命精神和艰苦创业的优良传统，大搞农田基本建设，改善生产条件，根治白庙岭的宏伟场面。

人　物

人物传略，依据“生不立传”原则，收录徂徕山山区籍、客居徂徕山山区的历史文化名人，徂徕山山区籍、参加徂徕山起义的著名革命烈士、副市（地、师）级以上领导干部（以卒年排序，生卒不详的按人物所处的大致年代、时间排序）。

人物简介，收录徂徕山山区籍、参加徂徕山起义的副市（地、师）级以上领导干部，徂徕山山区籍省级以上人大代表、政协委员，省（部）级以上表彰的英模人物，正高级专业技术职务人员，以及对徂徕山的保护、建设和对徂徕山文化的发展有重大贡献的人物（以生年排序）。

烈士名录，收录徂徕山山区籍的革命烈士（以卒年排序。卒年不详的排在名录后，按参加革命时间排序）。

人物传略

一

柳下惠（生卒年不详）　春秋时鲁国人，展氏，名获，字禽，又字季。食邑柳下（今新泰市宫里镇西柳村），死后其妻私谥为惠，故又称柳下惠。于臧文仲执政时任士师（掌管刑狱之官）。以讲究礼节著称。三黜（多次被撤职）不离父母之邦。臧文仲祭祀海鸟，他认为不合祀典。鲁僖公二十六年（前634），齐攻鲁，他使展喜（一名乙喜）至齐，以尊先王“世世子孙无相害”之命为辞，劝退齐兵。《诗·小雅·巷伯》毛享传和《孔子家语·好生》载有其“坐怀不乱”的故事，被誉为道德楷模。后世孔子称“柳下惠之贤”（《论语·卫灵公》），孟子称“柳下惠，圣之和者也”（《孟子·万章下》），以故后世尊为“和圣”。今西柳有“和圣故里”、“柳下书堂”遗址。卒后，葬于西柳村以北汶河对岸（今天宝镇郭家庄北），其墓历代皆妥为保护，《战国策·齐策四》：“昔者秦攻齐，令曰‘有敢去柳下季垄五十步而樵采者，死不赦！’”柳下惠墓为新泰市重点文物保护单位。

诸葛亮（181—234）　字孔明，东汉琅琊阳都（今山东临沂市沂南县）人。三国蜀汉政治家、军事家。东汉末年隐居邓县隆中（今湖北省襄阳市），被称为“卧龙”。建安十二年（207），刘备三顾草庐，他向刘备提出占据荆（今湖南省、湖北省）、益（今四川省）两州，谋取西南各民族支持，联合孙权、对抗曹操、统一全国的建议，即“隆中对”。从此成为刘备的主要谋士。后刘备根据其策略，联孙抗曹，占领荆、益，建立蜀汉政权。曹丕代魏，他劝刘备称帝，任丞相。建兴元年（223）刘禅继位，他被封为武乡侯，领益州牧，政无大小，悉由他决定。曾5次出兵攻魏，争夺中原。建兴十二年（234），病死于五丈原军中，葬定军山（今陕西省勉县东南）。著有《诸葛亮集》。诸葛亮幼年丧母，父诸葛珪，曾任汉末梁父县尉、泰山郡丞。亮从亲宦游，“初居山左，读书梁父山下”（清马允刚《重修诸葛武侯祠墓记》），曾在梁父（今新泰市天宝镇古城村）生活过一段时间。“忠武侯幼居山左，为《梁父吟》以见志；后结庵南阳卧龙岗，又为抱膝长吟”（马允刚《出师二表跋》）。所指“山左”即指泰山之左，也即泰山以东。《梁父吟》，乐府《楚调曲》名。梁父，又称梁甫，山名，在今山东省新泰市西部之徂徕山东麓，因古代帝王封泰山禅梁父而名载史籍，西汉在梁父山前设梁父县。陈寿《三国志·蜀书·诸葛亮传》云亮“好为《梁父吟》”。诸葛亮幼年随父寓居梁父县，读书梁父山下时，就好为《梁父吟》。诸葛亮所作《梁父吟》，乃述春秋齐相晏婴“二桃杀三士”事。春秋时，公孙接、田开疆、古冶子三人臣事齐景公，以勇而无礼闻名。齐相晏婴认为将危害国家，准备除掉他们，请齐景公以二桃赐予三人，论功而食，三人相争不下，皆不食桃，结果三人皆弃桃而自杀（《晏子春秋·谏下二》）。后比喻使用阴谋杀人。故诸葛亮《梁父吟》云：“步出齐东门，遥望荡阴里。里中有三坟，累累正相似。问是谁家冢？田疆古冶子。力能排南山，文能绝地理。一朝被谄言，二桃杀三士。谁能为此谋？国相齐晏子。”《梁父吟》不仅名涉梁父山和古梁父县，而且涉及诸葛亮幼年随父梁父尉任上求学时，对梁父山、梁父县和汤汤汶水那段美好的记忆，给少年时期的诸葛亮留下了深刻的印象。

羊　祜（221—278）　字叔子，西晋泰山南城（今新泰市羊流镇）人。祖续，东汉南阳太守。父衜，上党太守。其母为东汉中郎将蔡邕女蔡贞姬。前母为东汉北海太守孔融女。胞姐为（司马师妻）景献皇后。魏末任相国从事中郎，掌机密。迁中领军，悉统宿卫，入直殿中，执兵之要，事兼内外。参与代魏密谋，进中军将军，加散骑常侍，封钜平侯。泰始初，擢尚书左仆射、卫将军，给本营兵。泰始五年（269），任都督荆州诸军事，出镇襄阳，屯田八百余顷，广积军粮。缮甲训卒，增强戒备，并造船只，大治水军，筹备伐吴。平日轻裘缓带，身不披甲，与吴将陆抗互通使节，绥怀远近，以收江汉之心。西晋咸宁二年（276），除征南大将军，奏荐王濬监益州诸军事，密令修舟楫，为顺流之计。又上疏请伐吴，朝议多不同，未行。镇襄阳十年，甚得江汉众心。西晋咸宁四年（278），以病求入朝，面陈伐吴计，武帝迁中书令张华就问筹策。是年十一月，病重，举杜预自代。寻卒。襄阳百姓于岘山建庙立碑以祀，游者望碑流涕，因名“堕泪碑”。其故里羊流亦有羊公祠，已废。1994年3月，羊祜城遗址被泰安市人民政府公布为第一批市级文物保护单位。

羊　祉（458—516）　字灵祐，北魏泰山梁父（今新泰市天宝镇）人（按：《魏书·羊祉传》作“泰山钜平人”）琇六世孙。父规之，南朝齐任城（今山东省济宁市）令，后仕于北朝。父卒后袭爵钜平子，历司空令辅国长史、梁州军司等职。性刚愎，好刑名，当官不惮强御，朝廷以为刚断。北魏宣武帝正始元年（504），南梁夏侯道迁以梁州（今陕西省汉中市）降魏。北魏正始二年（505）北魏大举伐梁，祉假节龙骧将军、益州刺史，梁州十四郡皆属北魏。后又兼梁、秦二州刺史，加征虏将军，坐镇汉中，统辖新区。后“坐掠人为奴婢”，为御史中丞王显所劾而去职。延昌三年（514），魏司徒高肇执政，起用祉为光禄大夫假平南将军，因擅杀士卒而免。孝明帝继位后，欲拜祉为平北将军，未授而卒。卒后追赠安东将军、兖州刺史，谥曰“景”。1964年，天宝镇颜庄村东出土羊祉夫妇墓志，原题《魏镇军将军兖州刺史羊祉墓志铭》《魏镇军将军兖州刺史羊使君夫人崔氏墓志铭》。祉《魏书》《北史》有传。

羊　深（？—535）　字文渊，北魏泰山梁父（今新泰市天宝镇）人。续九世孙。父祉，北魏名将。学涉经史，善文牍。自司空府记室参军转尚书骑兵郎。正光五年

(524)从都督北海王元颢出讨敕勒酋长胡琛部将宿勤明达、北地人车金雀。孝昌三年(527)与大行台长孙稚击败反叛之齐王萧宝寅，以功赐新泰男。孝昌四年(528)，尔朱荣诛杀朝士，其弟泰山太守侃邀其南依梁，乃斩侃来使，不从。普泰元年(531)，为卫将军，监修《起居注》，兼侍中。上疏修立国学。寻拜中书令。永熙三年(534)，与尚书左仆射樊子鹄于兖州拒东魏，被杀。1973年，天宝镇出土羊妻墓志，原题《侍中车骑大将军中书羊令君妻崔夫人墓志铭》。深《北史》有传。

羊　侃(495—549)　字祖忻，北魏泰山梁父(今新泰市天宝镇)人。续九世孙。父祉，北魏名将。侃少博涉书记，尤好《左氏春秋》，孙、吴兵法。侃初仕北魏为泰山太守，有南归之意。大通二年(528)降梁。大通三年(529)，至建康(今江苏南京)。历任徐、青、冀、兖、衡诸州刺史。中大通四年(532)为侍中。太清二年(548)为都官尚书。是年，侯景造反，直下建康，遂指挥守城事宜。景执侃长子惊以示之，侃不为所动，数日后复持来。因引弓射之，景贼感其忠义，亦不加害，屡击退景军。旋病卒。卒赠侍中、军师将军。侃善音律，自造《采莲》《棹歌》2曲。

李　白(701—762)　字太白，号青莲居士，唐朝诗人，有“诗仙”之称。祖籍陇西成纪(今甘肃省天水市秦安县)，隋末先人流寓碎叶(唐时属安西都护府，今在吉尔吉斯斯坦北部托克马克附近)，幼时随父迁居绵州昌隆(今四川省江油市)青莲乡。25岁“仗剑去国，辞亲远游”。唐开元二十四年(736)，由湖北安陆移居任城(今山东省济宁市)，后举家移居沙丘(今新泰市天宝镇古城村)。其间，与孔巢父、韩准、裴政、张叔明、陶沔隐居徂徕竹溪，诗酒唱和，时称“竹溪六逸”。唐天宝元年(742)，游泰山，赋《泰山吟》诗6首。是年，由友人举荐，应诏入京，任玄宗供奉翰林，不久“赐金放还”。“安史之乱”爆发，李白为平叛报国，参加永王幕府，因永王反对肃宗，兵败被杀，李白亦获罪，长流夜郎(今贵州正安西北)，后遇赦得还。唐宝应元年(762)病卒当涂(今安徽省当涂县)。著有《李太白全集》。

孔巢父(？—784)　唐冀州(今河北省冀州市)人，字弱翁，孔如次子，孔子37代孙。少时与李白、韩准、张叔明、陶沔、裴政隐居徂徕山，诗酒唱和，时称“竹溪六逸”。唐代宗广德元年(763)由李季卿推荐，授左卫兵曹参军，累官至给事中、河中、陕、华等州招讨使，兼御史大夫。唐德宗兴元元年(784)受命为魏博宣慰使，前往劝说藩镇田悦及其将士归顺唐朝，田悦从弟田绪杀田悦归唐。不久，李怀光盘踞河中，巢父又往河中劝说其归顺唐朝，被怀光部众所杀。

石　介(1005—1045)　字守道，北宋初学者、文学家。宋兖州奉符(今山东省泰安市)人，故居在徂徕山西北之桥沟村。曾讲学徂徕山下，世称徂徕先生。26岁，举进士甲科，历任郓城观察推官、南京留守推官、御史台主簿、嘉州军事判官、国子监直讲、太子中允等职。与孙复、胡瑗提倡“以仁义礼乐为学”，并称“宋初三先生”。欧阳修称他“貌厚而气完，学笃而志大，虽在畎亩，不忘天下之忧”。孙复在泰山讲学时，石介尊他为师，执弟子礼甚恭，影响所及，能使鲁人皆好学。石介为文章，“博辩雄伟，极陈古今治乱成败，以指切当时贤愚善恶，是是非非，无所讳忌”。作《怪说》3篇，斥佛老为“汗漫不经之教，妖诞幻惑之说”。指杨億的时文“穷妍极态，缀风月，弄花草，淫巧侈丽，浮华纂组”。对于抑制佛老，捍卫儒家道统，以及开展古文运动，都起到积极作用。

石介在太学时，仁宗启用杜衍、范仲淹、富弼、韩琦等人，石介喜形于色，乃作《庆历圣德颂》以褒贬大臣，称杜衍等为众贤，斥夏竦为大奸。诗出，孙复谓石：“子祸始于此矣。”不久，出判濮州，未到任。庆历五年（1045）卒于家。奸人乘机中伤，说石介诈死，北走契丹，请开棺以验，赖杜衍、吕夷简等保全，始免于祸。石介卒后，妻子冻馁，赖韩琦、富弼资助购买田地，得以维持生计。欧阳修为石介撰墓志铭，称其德如徂徕之岩岩，道如汶水之汤汤。

石介的诗文，南宋时即有刻本，至清代有多次翻刻本，繁简不一。1984年，中华书局出版《徂徕石先生文集》（陈植锷搜集校点），录石介颂10首、古诗54首、律诗80首、杂著40篇、论12篇、书信40篇、序8篇、记11篇、启表10篇、附录佚文8篇，是迄今最完善的文集。

党怀英（1134—1211） 字世杰，号竹溪，谥号文献。金代文学家、书法家。祖籍冯翊（今陕西省大荔县）人。宋初名将党进11代孙。父纯睦任泰安录事参军，卒于任上。妻弱子幼，无力还乡，遂落籍泰安，故《中国历史大辞典》作“泰安州奉符（今山东省泰安市）人”。金大定十年（1170）进士。调任莒州军事判官，后累迁汝阴县（今安徽省阜阳市）尹、国史院编修官、应奉翰林文字、翰林侍制，兼同修国史。大定二十九年（1189），与郝俣参与《辽史》刊修。金章宗明昌元年（1190）升直学士，任国子监祭酒。时增修曲阜宣圣庙，奉圣命撰碑文。后迁侍讲学士、翰林学士等职，深受历任君主赏识，为当时金朝文坛领袖。章宗承安二年（1197），欲告老，未准，改任泰宁军节度使，他为政崇尚宽简，深得人心。承安三年（1198）再次召为翰林学士承旨。泰和元年（1201）受诏编修辽史。泰和四年（1204）八月，金朝廷命其写“泰和重宝”，铸于钱币上，其字圆润老到，线条流动，柔中寓刚，洒脱秀逸，后人以“金泰和”而美称之，是钱币遗产中的珍品。卫绍王完颜永济大安三年（1211）去世，葬于山东泰安奉符城（今山东省泰安市高新区西旺村）党家林。党曾居徂徕山读书，筑竹溪庵，其书“竹溪”二字石刻犹存。有《竹溪集》10卷，已佚。元好问《中州集》录党诗65首，其中《新泰县环翠亭》1首、《中州乐府》录党词5首、别有碑文多篇传世。《金史》有传。

石　硅（？—1223） 新泰市人。宋徂徕先生石介裔孙。金末随刘二祖、霍仪领导红袄军起义于泰安。南宋嘉定十年（1217），与李全等降宋。蒙古葛不罕使宋，令部下刘顺随同赴撒麻耳干（今乌兹别克斯坦撒马尔罕）与成吉思汗通好。南宋嘉定十三年（1220）涟水忠义军统辖季先为宋制置使贾涉诱杀，遂在盱眙（今江苏省盱眙县）被季先部下宋德珍等迎为统帅，称太尉，率众降蒙古。元太祖十六年（1221）与严实分居东平府（今山东省东平县）等，任济、兖、单三州总管、山东路行元帅。元光二年（1223），加官东平兵马都总管、山东诸路都元帅。领兵破曹州，为金兵所败，被擒至卞京（今河南开封）处死。子天禄袭职。

时　珍（1182—1252） 字国宝。元初著名将领。新泰市天宝镇时家庄人。祖忻，赠昭武大将军。父坚，镇国上将军。珍性长厚，幼为人所爱信。世乱，盗起东海，郡县

守令皆望风遁去，老幼震骇，无所请命。加之连岁兵践，郡聚为寇，猎人为食。珍率部捕杀，获甚众，余悉溃去，一方帖然。安抚使彭义斌举珍为袭庆府事、兼京东西路兵马令，改授武翼郎。于是珍集疮痍之民，垦田畴、完屋庐，朝抚暮煦，期月而病民复生，闾里相庆。宝庆二年（1226），署昭勇大将军、泰定军节度使、兖州营内观察使、元帅左监军。是年，率兵攻益都城，封镇国上将军、右副元帅。益都攻下，镇守兖州。金正大六年（1229）改左副元帅，封陇西郡开国侯，食邑千户。嘉熙二年（1238），请老于行台，行台许之。由其子宥袭职15年，复传于其孙栋。珍谢政后射猎于郊，以寻山水之乐。淳祐十二年（1252）去世。时珍墓在天宝镇时家庄，神道碑2通保护完好，为新泰市重点文物保护单位。

朱承恩（1859—1926）　原名朱业苏、字紫庭。泰安市岱岳区良庄镇石楼村人。出身于小地主家庭，幼读私塾。喜博览群书，注重研究历代王朝兴衰和时局变化。积极拥护康有为、梁启超维新变法，赞成实行学堂教育。清光绪二十八年（1902），为兴办新学，朱组织民众毁神像、驱道士，改3座庙宇为学堂，收庙地1.33公顷为学田，沿柴汶河百亩河滩植树，以广学产。朱的行动，遭到守旧势力的反对，乡绅控其“不守旧制，图谋不轨”。朱与乡绅对簿公堂。适值进步人士赵新儒准备留学日本，劝他罢讼一起东渡留学。朱与之同往，入东京宏文书院攻读师范科。清光绪三十二年（1906）回国，被选为泰安县劝学所副总董事（总董事范明枢），清宣统元年（1909）五月任总董事。清廷虽已明令废科举、兴学堂，但守旧势力和私塾教育根深蒂固。朱协同范明枢破旧立新，使学堂教育成为县内教育的主导力量。中华民国建立后，朱承恩因改革教育有成就，相继被选为泰安县议会议员、山东省议会议员、省咨议局议员。后历任禹城、嘉祥和广西武宣县知事。晚年出任沂州军法正。1926年卒于任。

二

洪　涛（1912—1938）　原名洪裕良。江西省横峰县青板乡排楼村人。山东人民抗日联军独立第一师师长，著名革命烈士。

洪涛幼年家贫，14岁给地主放牛。1927年参加著名的赣东北（阳）横（峰）农民暴动。1928年冬，入赣东北信江军校学习。结业后，任赣东北红军第三团一连某排排长，旋即升为连长。1929年2月，加入中国共产党。是年8月，赣东北红军扩编成红十军，历任营长、副团长。1933年1月，洪涛被调入中央瑞金“红大”学习。5月，任红十军十九师五十六团团长，先后率部出击闽西建宁、沙县、梅越等地，屡打胜仗，梅越战斗中腰部负伤。1934年10月，跟随罗炳辉将军参加二万五千里长征，其间负伤3次，子弹穿进肺部，弹头无法取出。1936年6月，任红三十二军七团团长。10月，赴延安“抗大”学习。1937年10月，被党中央派到山东创建抗日根据地，任山东第六区抗日第一游击支队长。他常以毛泽东主席的战略思想和红军战例教育训练部队，队伍很快由20多人发展至180多人。1938年1月1日，同黎玉、赵杰、林浩等组织领导徂徕山抗日武装起义，组建八路军山东人民抗日游击队第四支队，任司令员。起义队伍1个月内发展至700人，编成3个中队。为尽快提高部队军事素质，适应武装斗争需要，带病教战士投弹、射击、刺杀等技术。在他领导下，支队能征善战。1月26日，在大汶口至新泰必经的寺岭村伏击日军告捷。2月18日，在泰安至新泰之间的四槐树伏击日军再捷。为扩大根据地，同林浩率部向莱芜方向进军，他亲临前沿指挥，一举攻克莱芜城。继又挥军向淄川、博山进发，沿途扩大队伍至2000人。对此，驻鲁中山区的国民党顽固派秦启荣恐慌不安，与莱芜县长谭远村联合谋反。洪涛决定反击，俘获谭部300多人，遂成立抗日人民政权"莱芜县政执行委员会"，四支队改为山东人民抗日联军独立第一师，洪涛任师长。5月初，秦部向一师反扑，为顾全大局，维护统一战线，洪涛说服部队退向鲁西镇，秦部步步逼近时被迫反击。此时，他躺在担架上听战况汇报，查看地图，拖着虚弱的病体临阵指挥，逼敌退至莱芜城。因连续行军作战，病情恶化。25日，部队转移至徂徕山劝礼村（又称圈里村）时，不幸病故。安葬在泰安革命烈士陵园。

倪冠英（1917—1938）　曾用名倪灿武。泰安市岱岳区角峪镇北冶村人。1932年加入中国共产党。是年8月，中共角峪党支部成立，任党支部书记。1933年4月，他在泰山东眼光殿岭处决了韩复榘派入萃英中学的特务，出色地完成任务。1934年，在角峪南泉寺小学任教，从事党的秘密活动。12月11日，因叛徒出卖，被捕入狱。虽受尽折磨，但始终保持共产党员的革命气节。1937年底获释回乡。1938年1月1日，参加徂徕山抗日武装起义。是年2月，在泰城、省庄、山口等地发动群众组建泰安独立营。后任八路军山东纵队第六支队保卫科科长。1938年，在东平县簸箕峪战斗中壮烈牺牲。

张殿忠（1873—1940）　字绍韩，同盟会会员。泰安市岱岳区良庄镇东良庄人。幼聪慧，青年入泮，县考名列榜首。受维新变法运动影响，不求科举进取，在家博览群书，研究学问。光绪三十一年（1905）被选送公费留学日本，入东京帝国大学理化科。光绪三十二年（1906）参加同盟会。光绪三十四年（1908）学成回国。在家乡向乡亲们讲述封建礼俗的害处，揭露清朝政府的腐败昏庸，倡导放足剪发，发动群众拆除庙宇，兴建学校，创办东良庄初级小学，曾亲自任教，对学生进行反帝制、反封建的教育。中华民国成立后，他拥护三民主义，对袁世凯独裁统治不满，暗中声援孙中山的革命活动。"九一八"事变后，东北三省沦丧，张痛斥国民党政府无能，骂蒋介石、汪精卫卖国求荣、背叛孙中山革命宗旨。"一二·九"运动遭到镇压后，张义愤填膺，在学生和群众中大骂蒋介石是无道暴君。"七七"事变后，中国共产党抗日救国的主张传至良庄。张高兴地说："中国有了希望。要抗日救国不当亡国奴。"1937年秋，范明枢到东良庄发动组织区抗日动员委员会。张邀范居其家中，并在家中召集会议。东良庄区抗日动员委员会成立后，顾廷臣任主任，张殿忠任副主任。1938年1月1日，徂徕山抗日武装起义后，他动员赵一川组织地方武装参加八路军山东人民抗日游击队第四支队，还动员李挚等青年参加抗日工作。1938年春，侵占大汶口的日军兵临良庄，强行组织维持会。部分乡绅主张投降，而多数群众要求抵抗。战斗失利后，良庄遭受浩劫，主张投降的人幸灾乐祸。张挺身而出，支持抗击日军的行动，阐述抗日救国道理，使群众抗日情绪更加高涨。张丧偶多年后，1938年春娶高玉梅为妻。婚后他教玉梅识字明理，灌输进步思想。不久，张动员玉梅参加本村抗日妇救会，任村妇救会会长，后又支持玉梅调县妇救会。1940年夏病逝。

吴道源（1903—1941）　莱芜市丰登官庄人，山东省著名革命烈士。出身贫穷，幼年父母双亡，依靠兄长度日。1931年参加农民协会。1932年10月加入中国共产党。1933年9月，受党组织委派打入三区担任区丁，以区丁为掩护完成党的地下通讯联络工作，并在区丁中发展党员，掌握敌区联庄会的内部情况。1935年12月，被叛徒刘伯戈带领的国民党捕共队逮捕，在狱中受尽各种酷刑，他严守党的秘密，参加党组织领导的绝食斗争，迫使敌人答应他们的合理要求。1937年，抗日战争爆发后获释，立即投入抗日救亡运动。1938年1月1日，率领人员携带枪支参加徂徕山抗日武装起义。日军侵占莱芜城后，受党组织委派，先后任情报站站长、盘查站站长、交通站站长等职。1941年2月20日，在执行任务中被投靠日伪的硬拳道逮捕，敌人拴着他的大拇指吊在梁上毒打，灌辣椒水、煤油，施用老虎凳、挖肋骨、火棍烙胸等酷刑，他坚贞不屈。3月1日被敌人押赴刑场，他一路高呼“打倒日本帝国主义!”“打倒汉奸!”“中国共产党万岁!”。被敌人活埋。

鲁　民（1916—1941）　曾用名杜昭勋、杜鲁民。宁阳县磁窑镇人。1935年“一二·九”运动中，他和广大爱国青年一起，不畏风险，走上街头，宣传抗日。卢沟桥事变后，参加中共泰安临时县委组建的山东人民抗敌自卫团。1938年1月1日，参加徂徕山抗日武装起义，被编入八路军山东人民抗日游击队第四支队第一中队，同时加入中国共产党。寺岭伏击战后受党组织派遣，返回宁阳八区（今磁窑镇）从事抗日救亡宣传工作，动员多名爱国青年参加革命队伍。是年下半年返回四支队，任第二团政治处干事。1940年起，先后任八路军山东纵队第四支队第三团第三营副教导员、教导员。1941年4月，在沂蒙山反扫荡作战中牺牲。

彭子芳（1912—1941）　曾用名彭德来、彭志芳。辽宁省开原县人。1931年冬，在天津南开中学加入中国共产党。1937年9月被分配到鲁北惠民县工作。1938年1月1日，参加徂徕山抗日武装起义，任八路军山东人民抗日游击队第四支队第二中队政治战士。1939年1月，任中共泰山特委青年部部长。1940年初任泰山区青年抗日救国联合会主任。是年秋，在泰山区“肃托”错案中被错捕。被审查期间，他始终坚持实事求是的原则，1941年被错误杀害。1942年4月，泰山地委、专署为其平反，追认为革命烈士。

朱毓淦（1906—1941）　又名朱国栋、朱玉干。泰安市岱岳区徂徕镇北望村人。出生于农民家庭，幼年在本村读书。1925年考入泰安萃英中学。在校期间接受马列主义，1926年加入中国共产党。曾发动学生成立学生自治会，反对校方强迫做“礼拜”的斗争。1927年，与马守思、王仲修等筹建中共津浦铁路泰安工人支部，在工人中发展党员，开展索薪、提高工资的斗争。是年，在本村建立第一个农村党支部。1928年担任泰（安）莱（芜）县委学运委员，多次赴新泰、莱芜传达上级党的指示，转送秘密文件。是年，中共山东省委调他到济南做交通联络工作。1929年4月，任中共泰安特别支部书记。1932年9月，任中共泰安中心县委书记。1933年，泰安中心县委原书记曹福广叛变，他闻讯星夜通知各区村党组织负责人转移隐蔽，使津浦铁路东的党组织得以保存。后被国民党县党部逮捕，经营救脱险，辗转去大连躲避。1936年底返故里。“七七”事变后，参与组建抗敌自卫团，任政治部主任。为组织徂徕山抗日武装起义，他卖掉家产购买枪支。起义后，任中共泰安县委组织部部长。在津浦铁路两侧同敌人展开艰苦的斗争。1938年，任泰安县委书记，不久任鲁中区党委社会部部长。1941年夏，日军“扫荡”鲁中区，他与刘海涛司令员被捕，面对敌人的威胁引诱，两人坚贞不屈，顽强斗争。次日在桃墟村惨遭杀害。

王德一（1911—1941） 新泰市人。1929年7月考入山东省立第一中学，1930年加入中国共产党。1932年7月毕业后回家乡从事革命活动。是年11月，任中共新泰县委委员，后参与发动和领导龙须崮农民暴动、张庄煤矿工人罢工和组织抗日武装等一系列革命斗争。1933年秋至1935年秋，在省委和泰安中心县委相继遭受破坏的情形下，挺身而出主持县委工作，坚持地下斗争。1938年1月1日，参加徂徕山抗日武装起义，历任第四支队班长、连指导员、营教导员等职。参加过新莱公路伏击日军、袭击施家峪等战斗。1941年，在沂水县东南埠病逝。被山东省人民政府批准为革命烈士。

刘汉英（1917—1941年） 新泰市刘杜镇人。1932年2月，参加中华民族解放先锋队，1933年加入中国共产党。1938年1月1日，参加徂徕山抗日武装起义，曾任鲁中军区第一旅第三团团长等职。1941年，在沂源县牺牲。被山东省人民政府批准为山东省著名革命烈士。

程若晓（1917—1942） 曾用名程煜亮、程光。泰安市泰山区邱家店镇旧县村人。1935年5月考入山东省立泰安第三中学，1937年6月，加入中国共产党。1938年1月1日，参加徂徕山抗日武装起义。5月，受省委派遣回地方恢复建立县区党组织，任中共泰安县第五区区委书记。1939年1月，任中共泰安县委副书记兼组织部部长。10月，任中共泰安县委书记。12月，任中共泰山特委秘书。1940年2月，兼任泰安县参议会参议长。他领导的泰安县被山东省战时工作推行委员会授予“抗日模范县”称号。1942年2月，反扫荡战斗中，在颜张村与敌遭遇，身负重伤，是月20日牺牲。

周　松（1912—1942） 曾用名周庆玲。泰安市岱岳区房村镇人。1936年，在泰安师范求学期间加入中国共产党。毕业后在范镇、石碑、赵庄、房村等村以教学为掩护，从事党的地下工作。1940年2月，任泰安县第八区区委副书记。是年4月，任泰安（南）县委宣传部副部长。1942年7月，任旧县区区长。是年8月26日，数千日伪军扫荡莲花山区，转移到这里的泰安（南）县委、县政府机关全体人员、县独立营及部分区乡人员500余人被敌包围，在8月29日的激战中，他身中数弹，壮烈牺牲。

朱蓂阶（1900—1942） 曾用名朱相尧。山东公学校长、抗日烈士。泰安市宁阳县东庄村人。出身书香门第。自幼聪慧好学。曾在宁阳县第一小学、济南私立正谊中学读书。1920年考入北平大学。1926年后在烟台、益都任教。1931年“九一八”事变后，在任益都省立第十中学教务主任期间，公开支持学生的反日爱国活动，主张：“为人师表，必育人爱国。”并邀请冯玉祥将军到校演讲。当局以“地下共党操纵学生闹事”为由，将其逮捕，押进济南监狱，经多方营救保释。1935年，任济宁省立七中英语教员。抗日战争爆发后，弃教返乡，从事抗日救亡运动，先后分2批组织100余人参加徂徕山抗日武装起义，任山东抗日游击第四支队七中队中队长，率部队参加寺岭、四槐树和第一次攻打莱芜城的战斗。后任山东人民抗日独立第一师二团一营三连连长。是年6

月，任泰宁边区自治委员会主任委员，发动泰宁边区人民，搜集情报，掩护伤病员，保护延安至沂蒙山区的交通线，曾安全护送徐向前等八路军领导人通过津浦铁路。1939年9月加入中国共产党。1940年7月，任八路军泰宁边区办事处主任。1941年1月，任鲁南区党委尼山地委统战部部长。是年夏，任鲁南行署秘书主任。1942年6月，调山东省战时工作推行委员会（山东省战工会）工作，后任山东公学校长。是年秋，日军拉网“扫荡”沂蒙山区，他率一批干部、学生和群众在沂南县马牧池北侧的山区坚持反“扫荡”斗争。10月26日拂晓，被日军包围，在指挥突围时负伤被捕，日军将其押至济南，在日特机关“泺源公馆”严刑逼降，他坚贞不屈，被敌人杀害。

李枚青（1914—1943） 原名李美庆，曾用名李梅青。新泰市西南关村人。1923年上学，后考入县师范讲习所，半年后转入山东省立第一师范。在校期间积极参加反帝爱国运动。1931年6月加入中国共产党。1932年夏，任新泰县立第一小学共青团特别支部书记。1933年2月27日，在参加中共山东省委党团干部训练班学习时，因叛徒告密被国民党捕共队逮捕，在狱中数次参加党组织发动的绝食斗争。1937年11月获释回新泰，任中共新泰县工委委员。1938年1月1日，和董琰一起，带领20余人参加徂徕山抗日武装起义，5月回地方工作，6月先后任中共新泰县委委员、宣传部部长，7月组织上安排到国民党第69军政治部任新泰县民运指导员，11月任新泰县独立营政治委员，12月任泰山特委第一大队政治处主任。1939年6月，日伪军对鲁中区进行“扫荡”，他率一个连冲出敌人的包围转移到安全地带。指挥军民歼灭当地反动派顽固武装史怀仁部，缴获步枪70余支。是年11月起，历任泰山军分区政治部主任、泰山地委委员、敌工部部长等职。他坚持学习，倡议组织小乐队，组织部队编写战史，收集整理典型战例39个，撰写资料2万余字。他平易近人，从不摆干部架子。1943年8月13日夜，李枚青外出开会，途经莱芜县上游河时，遭日军伏击，壮烈牺牲。

杜庆亮（1909—1943） 曾用名杜圣明、杜名。泰安市岱岳区房村镇良父村人。1922年考入泰安桑蚕学校。1924年升入泰安省立第三中学。在校期间，开始阅读进步书刊，思想倾向革命，毕业后在禹城县政府当文书。1936年参加革命。1937年卢沟桥事变后，积极开展抗日宣传。1938年1月1日，参加徂徕山抗日武装起义。是年加入中国共产党。1942年，任泰泗宁县财粮科科长。1943年3月，在宁阳县东庄乡西直界村被捕。在狱中，面对敌人严刑拷打，坚贞不屈，惨遭杀害。

鲁宝琪（1912—1943） 泰安市泰城升平街人。幼年在泰安第二小学、第三中学读书。1928年考入曲阜省立第二师范，1931年入济南高中。其间，他曾在自己照片的背面写有铭志诗：“心中不平，冷剑欲鸣，为了真理，奋斗终生。”“九一八”事变后赴南京向国民政府请愿，要求抗日。1932年加入中国共产党，7月到胶东开展工作。是年秋，因中共山东省委遭破坏，与党失去联系。1934年在冯玉祥创办的泰山武训小学任教。“七七”事变后，投身于抗日斗争。1937年8月，与夏天庚（夏辅仁）、武冠英、夏振秋等组成中共泰安县临时委员会，任书记。联络各阶层爱国志士，组织泰安县人民抗敌自卫团。是年冬，参加省委在泰安城、篦子店、夏村等地召开的重要会议。1938年1月1日，参加徂徕山抗日武装起义，任四支队一中队指导员。2月受命组建泰安县独立营，任教导员。1939年调八路军山东纵队政治部任除奸科科长，出没于敌战区交通线上。1942年8月任鲁中军区敌工部部长，9月与廖容标司令员率30多人在泰山顶巧袭日伪军，击毙9人，伤2人，活捉伪山东省邮电局长简本。是年秋，日军疯狂“蚕食”徂徕山区，鲁宝琪奉命到泰安整顿“联络网”，将交通、情报2项工作分开，并另设鲁西交通站，使秘密交通联络工作得以畅通。1943年10月，他到泰安城东检查工作，天黑住泰山东南水牛铺村，因敌特告密，被包围，突围时多处负伤，昏迷后被捕。面对敌人的审讯和酷刑，他坚贞不屈，骂不绝口，并绝食、绝药，8天后惨遭杀害。新中国成立后，其遗骨安葬于泰山烈士陵园。

薛　浩（1903—1944）　又名薛其浩。泰安市岱岳区良庄镇薛庄村人。1924年毕业于曲阜省立第二师范学校。1926年在泰安大汶口卫驾庄加入中国共产党。1927年赴东北隐蔽。“九一八”事变后回泰安开展党的地下工作。1932年为营救共产党员程照轩，曾与隐居泰山的冯玉祥有来往。后与张伯祥等人以教书为名进行抗日活动。1938年1月1日，参加徂徕山抗日武装起义，编入八路军山东人民抗日游击队第四支队。曾动员泰安县第六区区长程子元和国民党秦启荣部第43大队参加抗日。是年7月，随中共山东省委书记郭洪涛南下，后留在临（沂）郯（城）一带坚持武装斗争。12月，薛组建临郯独立团，任团长。独立团首次出击日军俘敌5人、缴获汽车2辆。后任鲁南军区第一军分区司令员。因斗争环境残酷，操劳过度，致使枪伤和肺病复发，1944年病逝。

高明鉴（1918—1945）　曾用名高士洪、高冰、鲁心雅。泰安市岱岳区房村镇朱家庄村人。1938年2月加入中国共产党。早年就读泰安萃英中学，积极参加共产党领导的学生运动，卢沟桥事变后回乡以教书为名，组织抗日自卫团，宣传抗日救国。是年秋，建立朱家庄党支部，任党支部书记。1939年11月，任朱家庄乡党总支书记。是年冬，任泰安县社会部秘书。1942年3月，任泰安县公安局局长。1943年7月至1944年3月，任中共徂徕山（泰安）工委敌工部部长。1945年2月28日，在东良父执行任务返回朱家庄后，被华丰、汶口之敌200余人包围，在突围中不幸中弹，壮烈牺牲。

侯　英（1921—1947）　原名侯安礼。泰安市岱岳区良庄镇山阳北村人。1940年高小毕业后，参加共产党领导的抗日救国运动，任本村青年抗日先锋队队长，积极从事抗日活动。1942年6月，参加抗日游击队，后调入泰安县抗日民主政府公安局短枪班任侦察员。1943年加入中国共产党。在抗战最艰苦的岁月里，他不畏艰险，出生入死，多次参加袭击、擒敌、锄奸、反霸等活动。1944年11月，任旧县区公安员。在对敌斗争中，他经常对敌伪人员家属宣传党的政策，进行分化瓦解工作。旧县前街有个刘某，在泰城伪军朱茂轩部下当小队长。他得知后，冒着生命危险去刘的家中，刘不在，他就向刘妻申明大义，晓以利害，让她做刘的工作，使刘的思想起了变化。1945年麦收后的一天，区委、区中队50余人在圣元官庄被300多名伪军包围，刘某令其部下只往高处放枪，区委、区中队得以安全转移。

1947年，国民党军队占领泰安。旧县还乡团区队长李明泉经常带领还乡团及国民党军队搜捕残杀革命干部和群众。面对猖狂的敌人，他带领民兵张贴标语，监视坏分子，侦察敌情，与敌人展开了针锋相对的斗争。

敌人对他恨之入骨。是年12月16日，他与10多个民兵和县独立营1个班住郑家庄。17日拂晓，被李明泉带领的200多人包围。在突围中，他为掩护战友，把敌人引向自己，边打边撤，弹尽被俘。敌人将他带到旧县村，软硬兼施，想从他嘴里得到中共党组织、民兵武装等情况。在种种酷刑下，他始终守口如瓶。李明泉恼羞成怒，将侯带到旧县大桥北头，指着铡刀威胁他。他视死如归，义正严词地痛斥敌人。敌人将他按入铡内，他跳出铡口，高呼“共产党万岁!”“毛主席万岁!”刽子手抽出铡刀向他砍去，侯英壮烈牺牲。1964年，泰安县政府在岱庙举办“宁死不屈的侯英同志”展览。

马宗厚（1914—1952）　泰安市岱岳区房村镇人。出身贫苦，丙等小学毕业。1934年，在本村任教师。1938年参加革命，后加入中国共产党。1951年赴朝鲜任38军副政委。1952年牺牲于朝鲜战场。

董林汉（？—1959）　曾用名董毓举。新泰市人。1934年，在山东济南乡师加入中国共产党，在学校和家乡从事党的地下斗争。1937年，在新泰第一高等小学任教期间，广泛宣传党的抗日主张，发展“民先”队员。是年11月，根据新泰县委指示，积极组织抗日武装。1938年1月1日，参加徂徕山抗日武装起义。此后历任泰历县委宣传部部长、县委书记，泰北县委书记，泰山地委宣传部部长，沂蒙地委宣传部部长、组织部部长等职。新中国成立后，历任华东局驻山东检察组组长、中共山东省委纪委书记等职。1959年病逝。

赵笃生（1899—1964）　原名赵培祥。曾用名赵斌，泰城东关人。1919年毕业于山东省立第三中学，是年入济南省立第一师范本科二部就读。毕业后以教书为业。1925年，组织“五卅”后援会。1931年，组织济南学生南下请愿活动。抗日战争爆发后，组织泰安县抗敌后援会，任副主任，积极宣传抗日，募集粮秣武器，组织抗日武装，并带动兄弟子侄亲友数十人参加抗战。1938年1月1日，参加徂徕山抗日武装起义。2月，加入中国共产党。6月，赴尼山地区开辟根据地，随军做联络工作。他利用各种关系，排除地主武装阻挠，使部队顺利进军。是年下半年，为发展国共合作，先后受命去国民党山东省政府和石友三六十军做统一战线工作，面对复杂的局面，进行了有理有节的斗争。1940年，任泰山专署专员。一次专署被日军合围，突围时陷入前有断崖后有追兵的险境。他急命警卫：“快把我打死！我绝不做俘虏!”二人跳崖脱险。1941年1月，“皖南事变”发生后，他率所属县长通电全国，呼吁惩办祸首。1945年8月至11月，任中共济南市委常委兼市长。后复任泰山区专署专员，代表泰安民众参加军调部三人小组会议，慷慨陈词，要求保护人民抗战权益，惩办汉奸，为民除害。1947年，泰城第二次解放后，他及时制止拆除岱庙围墙的行动，围墙得以保存。1948年12月至1959年2月，历任昌潍专署专员、山东分局统战部副部长、山东省民族事务委员会主任、山东省统战部副部长、山东省政协副主席、山东省政治学校校长等职。1958年被错划为“右派”。1959年下放基层，依然勤奋工作。1963年甄别。1964年1月27日病故。

夏辅仁（1916—1964）　原名夏天庚。泰安市泰山区人。1928年就读于泰安山东省立第三中学，积极参加学生爱国运动。1931年考入曲阜山东省立第二师范，是年加入中国共产主义共青团。“九一八”事变后，联络学生，参与南下学生抗日请愿团等活动。

1932年5月20日，他与20多名师生被国民党军警逮捕，遭严刑拷问，坚贞不屈。在狱中参与领导绝食斗争。1934年，在狱中加入中国共产党。1937年10月获释返乡，立即与党组织取得联系，并联络范明枢等成立泰安县各界抗敌后援会。不久，中共山东省委机关由济南迁至泰安，中共泰安县委在夏辅仁家中建立，夏辅仁任县委书记。1938年1月1日，他带领县委和自卫团成员参加徂徕山抗日武装起义，编入八路军山东人民抗日游击队第四支队。5月，调回地方工作，先后任中共泰安县委书记、泰安县独立团政委。1939年1月，任中共泰山特委书记。是年10月，赴延安中央党校学习，参加整风运动。1945年，调东北地区工作，历任嫩江军区政治部宣传部部长、呼伦贝尔盟副盟长、中共呼伦贝尔盟委书记、中共内蒙古自治区委员会宣传部副部长。新中国成立后，历任内蒙古自治区人民政府秘书长、中共中央内蒙古分局组织部副部长、中共中央蒙绥分局组织部副部长。1954年，奉调支援越南土地改革，荣膺“胡志明一级荣誉勋章”。1955年，历任全国人大常委会办公厅民族室副主任、主任。1961年3月，任中共西藏自治区工委副书记兼日喀则分工委第一书记。1964年11月，在视察冰川公路建设时，不幸被工地飞石击中头部殉职，被安葬于拉萨西郊烈士陵园。

程照轩（1908—1966）　又名程金鉴，泰安市岱岳区良庄镇山阳村人。1927年考入曲阜省立第二师范。在校期间，阅读进步书籍，寻求革命道路。1931年6月，在泰安加入中国共产党。不久，回校重建曲阜二师党支部，任党支部书记。11月，二师支部扩大为曲阜特支，任特支书记兼学生会主席，领导进步学生开展革命活动。1932年5月被国民党军警逮捕，受尽酷刑，坚贞不屈。在狱中秘密组织党支部，开展对敌斗争。1937年“七七”事变后，经党营救出狱。获释后，找到党组织，联络共产党员和进步人士成立泰安抗敌自卫团，任主席。1937年12月23日，任中共泰安县六区区委书记，曾动员原六区区长程鹏参加抗日民族统一战线。1937年12月，在自己家中参加由中共山东省委书记黎玉主持的会议。1938年1月1日，参加徂徕山抗日武装起义。历任八路军山东人民抗日游击队第四支队二中队指导员、山东抗日联军独立一师二团政委、苏鲁豫皖边区省委民运部部长、中共山东分局组织部部长、鲁中南行署主任、华东支前委员会委员兼财政部部长。新中国成立后，历任华东军政委员会农林水利部副部长，中华人民共和国农业部部长助理、副部长等职。“文化大革命”开始后，受“林彪反革命集团”迫害，1966年7月23日去世。

董　琰（1914—1968）　新泰市东南关人。出生书香门第，8岁读书，1929年考入山东省立第一中学，加入“反帝大同盟”。1931年“九一八”事变后，组织并参加南下请愿团，要求南京国民政府抗日。1932年春被学校开除。是年夏，加入中国共产主义青年团，后转为中共党员。1933年2月，在济南被国民党逮捕，在监狱中虽有人供他是共产党员，但他表现坚强，始终保守党的机密。1937年11月，国共合作后获释，任中共新泰县工委书记。1938年1月1日，参加徂徕山抗日武装起义，在八路军山东人民抗日游击队第四支队任中队指导员和营教导员等职。6月，任中共新泰县委书记。1939年1月，任中共泰山特委委员兼宣传部部长，参与创立泰山特委机关报——《泰山时报》。1941年9月，任中共泰南地委书记兼泰南军

分区政委，领导泰南区抗日根据地军民，开展反“扫荡”、反“蚕食”、反“清剿”、反“自省”的斗争，恢复和发展党的基层组织，建立新西工委、新西办事处及泰宁中心县委。1944年春，为扩大抗日根据地，他和军分区其他领导指挥所属部队一举拔掉星村、仲村、盘车沟等敌人据点，争取2个大队和1个中队的伪军起义，恢复和开辟100多个村庄的工作，形成与费北、泰泗宁接壤的抗日根据地。是年下半年至1947年7月，任鲁中区党委委员、宣传部部长。1948年任沂蒙地委书记兼军分区政委。1949年夏调鲁中南区，历任区党委常委兼秘书长、副书记等职。1950年6月起，历任中共济南市委副书记、书记，中共山东省委副书记兼组织部部长。1955年，因受向明错案牵累，被隔离审查、开除党籍。1962年5月平反。1963年调任中共江西省委委员、副省长。1966年“文化大革命”中遭迫害，1968年，在上海华山医院病逝。1983年5月5日，中央纪律检查委员会给予平反。第一届全国人大代表。

刘舜卿（1911—1969）　原名刘华英。莱芜市刘封邱村人。出身贫苦家庭，从小学发奋读书，品学兼优。1930年6月，因学校停办而辍学，彷徨中走上教学之路。其间，阅读鲁迅、高尔基的文学作品和《唯物史观》《列宁主义问题》等马列著作，了解到中国共产党在南方武装建立苏维埃政权的情况，看到国家的前途和民族的曙光。1933年6月加入中国共产党，先后在下水河、景家镇、蔡家镇、片家镇发展党、团员，建立党、团组织。1935年刘白戈叛变后，组织遭到破坏，他仍坚持斗争，历尽艰险，保存党的力量。1938年1月1日，参加徂徕山抗日武装起义。7月，受组织委派到莱芜县开展统一战线工作。11月，任青年救国团主办的《抗日青年》编辑。1939年起，历任中共泰山特委秘书主任、莱东县委书记、莱芜（北）县长等职。积极贯彻“三三制”（在民主政权组成人员的分配上，共产党员、非党员的左派进步分子、中间分子各占三分之一）原则，加强民主政权建设，并发动群众参军参战，开展“借粮增资”、减租减息和反霸斗争。1939年冬，他家遭敌洗劫3次，父母带老小外出乞讨，其父因饥饿疾病逝于荒山。1942年，敌人将他在山村乞讨的家属逮捕作为人质。刘舜卿不为所动，反增强了对敌人的仇恨和抗战到底的决心。在抗日战争最艰苦阶段，他深入敌后，依靠和发动群众，开展瓦解日伪军和伪政权工作。1944年被省战时工作委员会誉为模范县长。1945年，日本投降后，任泰山专署副专员、专员。1946年兼任泰山区支前委员会副主任。他冒着敌机轰炸，日夜到现场指挥调运军粮。1947年，莱芜战役中，与地、县干部一起，带领群众支援前线。继而组织支前大军，支援孟良崮、兖州、济南、淮海等战役。同时，领导农民开展“减租减息”、“土地改革”斗争，积极组织“三查、三整”（查阶级、查思想、查作风，整顿组织、整顿思想、整顿作风）运动。1950年，任中共泰安地委副书记、书记。1954年，奉调支援工业建设，历任鞍钢建筑工程公司党委书记，中共鞍山市委组织部部长、监委副书记、市委书记、市革委会副主任等职。1965年，他身患严重心血管病，仍坚持下农村蹲点，与农民同吃同住同劳动。“文化大革命”中，他宁肯自己皮肉受苦，仍坚持原则，保护干部。1969年，赴沈阳参加省农业会议期间，突发脑溢血病逝。

王风谦（1885—1971）　泰安市岱岳区良庄镇山阳村人。他自幼习武，力大过人。

枪刀棍棒，样样精通，尤精太平拳。气功、轻功、硬功俱佳，群众敬仰爱慕。曾在山阳村、凤凰庄、白马坡、西良庄、南北望、西住等村教拳授徒。后因家贫，随人推小车去东口贩盐。后学得正骨绝艺，悬壶济世，美名盛传齐鲁。晚年技艺更高，不仅传于子孙，还收有许多门徒，是山东四大正骨先生之一。抗日战争期间，救治无数八路军指战员，1940年被乡里评为“开明人士”。1955年入联合诊所。1956年7月，大众日报刊发《山东四大正骨先生——王风谦》予以表彰。是年秋，任泰安中医院骨科主治医师。其接骨名方“虎骨救济膏”无私贡献国家。“文化大革命”期间，遭受迫害。1966年9月被遣送回家。1971年3月病逝。

薛　玉（1909—1973）　泰安市岱岳区良庄镇薛庄村人。1925年考入山东曲阜省立第二师范，1937年参加革命，1938年3月加入中国共产党。1938年1月1日，参加徂徕山抗日武装起义，先后任八路军山东人民抗日游击队第四支队第二团经理部主任、供给处处长。1939年4月，任八路军山东人民抗日游击队四支队供给部募集大队大队长。8月，任莱芜抗日政府财政科科长。1940年5月，任泰山专员公署财政科科长。1942年7月，任专署财政科科长、代理秘书长。是年11月至1944年5月，历任山东省淄川县长、县委书记。1948年6月，任鲁中南第一专署粮食局局长，9月任鲁中南第七专署粮食局局长。1949年7月，任山东粮食局直属三分局（徐州）局长。1951年4月，任中国驻越南顾问团财经顾问。1955年1月调国家粮食部，历任采购司副司长、监察局副局长、办公厅副主任、中央粮食干校副校长兼党委书记、粮食科学研究设计院副院长等职。1973年6月21日在泰安病逝。

杜文泉（1915—1974）　曾用名继富。新泰市青云街道办事处人。1936年11月参加中华民族解放先锋队。1938年12月加入中国共产党。1938年1月1日，参加徂徕山抗日武装起义，历任八路军山东人民抗日游击队第四支队排政治战士、新泰县独立营排政治战士、新泰县五区动委会组织委员、县独立营募集主任、山东纵队第四支队四大队指导员、新泰县抗日民主政府秘书、泰宁办事处文教科科长、泰南办事处秘书等职。解放战争时期，历任莒沂县政府秘书，益都县政府秘书、县粮食局局长，华东野战军第一纵队第二师财经队队长，豫皖苏行署科长，华东财办科长等职。新中国成立后，历任华东粮食局处长、华东财政部副处长、中央财政部农业税司处长、中央财贸部一级巡视员、东北局财委办公室副主任、吉林省财委副主任等职。1974年病逝。

于秀泉（1890—1978）　女，泰安市岱岳区徂徕镇徂徕村人。幼家贫，当童养媳。1937年参加革命。1938年3月加入中国共产党，任村妇女救国会会长。她曾说服自己的子、侄参加抗战。当时中共泰安县委机关驻大寺村，为避免日军“扫荡”，转移到徂徕村附近的崆崆山办公。她身为小脚妇女，自告奋勇当县委机关的义务情报员，不分阴雨寒暑，站岗放哨，传递情报。在深冬的一个雪天，因站岗放哨把脚冻伤致残。从她家到山都是陡峭山路，斗争最紧张时，曾一夜往返7次给县委送情报。1939年中秋节，日伪军对徂徕山根据地发起进攻。她将事先侦察知道的消息报告县委，县委预先准备，与日伪军激战一天，无一伤亡。在战斗中她冒着枪林弹雨给战士送水送饭。一次，送情报途中被敌特盯梢，她立即将情报吞入腹内，转危为安。任村妇女救国会长后，夜以继日为

抗日队伍筹措军粮，补洗军衣，给伤病员喂汤喂药。她在自己生活艰难的境况下，对过往抗日工作人员常留宿留饭，被人们称为“战士之家”。抗日干部赵声余身患疟疾，她卖掉家中槐树给赵治病。平时她组织妇女做军鞋，动员群众捐粮捐款，说服青年人参军参战，为支前工作做出了重大贡献。1942年7月，日军实行坚壁清野，徂徕山抗日根据地变成无人区。她一家6口人搬到邓家庄1间场院屋居住，食野菜充饥，但她对革命充满胜利信心，并说：“日本鬼子长不了，南山终究是八路军的”。新中国成立后，她积极带领群众参加社会主义建设，经常对青少年进行革命传统教育。1978年8月病逝。人们为她立碑并修建“秀泉亭”。

李介民（1909—1981）　泰安市岱岳区房村镇西住村人。出身贫农。1940年1月参加革命，不久加入中国共产党。是年4月，任中共泰安县第八区区委书记。他认真贯彻党的抗日民族统一战线政策，联合各界人士组织抗日活动委员会，发挥各抗日组织的作用，加强政权建设，开辟抗日根据地。1942年7月，日军蚕食徂徕山，形势恶化，他在空白村发展党员，建立“堡垒户”，择优选用干部，纯洁革命队伍。他率领区委一班人出没于徂徕山区，与敌昼夜周旋，坚持敌后斗争至抗战胜利。1945年日军投降后，他调东北工作，是年冬任中共黑龙江省北安县县委书记。1952年起，历任黑龙江省人民检察院副检察长、松花江专署专员。1961年，任安达市市长。1964年，任伊春特委副书记、伊春地委副书记。“文化大革命”中受迫害，冤狱7年。1977年平反，任黑龙江省人民检察院顾问。1981年3月病逝于伊春。

赵声余（1913—1981）　原名赵清安。泰安市岱岳区良庄镇良庄西村人。1939年参加革命，是年秋由孙毅介绍入党。1938年1月，在东良庄保卫战中，他与村民一起，封闭寨门，奋起自卫，并一枪击毙了日军机枪手，使日军遭受到重大损失。1939年1月，赵清安主动请缨深入日军茅茨据点参加青训班，刺探情报。11月30日，趁敌人外出扫荡，在区委书记顾廷臣带领下，袭击茅茨据点，缴获步枪2支，军用品若干，并烧毁据点。1940年，任泰安县大队中队队长，4月13日，他带领10余名队员，袭击茅茨据点，打死汉奸2人、日军1人，缴获轻机枪1挺、小炮1门、压弹机1个。8月1日，他被泰山军分区授予“徂徕山战斗英雄”称号。1941年9月，他带领5名战士夜袭云亭车站日军黑虎泉据点，打死日军1人、活捉1人，并将所有伪军俘虏。是年，被派往抗大学习。1943年，他前往大汶口筹款，在日伪军戒备森严的情况下，一人独闯虎穴，逼日伪银行行长交出现款500元，并送到汶河渡口，从而安全返回部队。1948年，随军南下参加淮海战役。新中国成立后，历任南京、济南、乐陵、禹城、潍坊市武装部部长。退休后居住泰城。1981年4月13日逝世。

燕遇明（1907—1982）　著名作家。泰安市泰山区邱家店镇颜张村人。出生于书香门第，少年就读于泰安城天书观小学。“五四”运动后考入济南省立第一中学。酷爱文学，常在《小说月报》《新女性》《语丝》等杂志上发表新诗、散文等，得到沈尹默和郑振铎的赏识。他提倡妇女剪发、放足，反对旧教育，曾自筹经费办小学，自任校长。校门上漆着“开通新世界、关锁旧河山”的对联，为众人注目。1928年5月，国民党北伐军占领泰安后，任山东国民新闻社校对员，在报刊上发表文章，抨击军阀的罪行。1931年，任泰安师范语文教师，编辑出版

《蔷薇》半月刊，反映劳动人民疾苦，揭露地主阶级剥削农民的罪恶。1932年加入中国共产党，任五区区委书记。是年，建立村党支部7个，发展党员46人，发动雇农进行罢工和要求提高工资的斗争，并多次组织群众抗捐、抗差。1933年，军阀残酷镇压反帝爱国运动，逮捕共产党员和进步学生。中共泰安县委书记曹广福叛变，他被迫南下，在上海参加左翼作家联盟。1936年，在滕县羊庄小学任教，并参加中共滕县特支，与友人出刊《救亡图存报》。1938年1月1日，参加徂徕山抗日武装起义，先后在泰安县委、淄博地区特委、尼山地委、抱犊崮山区第三地委任宣传部部长。1941年，任鲁南区委党校总支书记、《山东文化》主编。1946年，任《山东时报》副主编。1947年，任胶东区党委民运部部长。1949年，任《鲁南日报》社副社长、新华社鲁南分社社长。1955年起，历任青岛市委宣传部副部长，中共山东省委宣传部文艺处处长、山东文艺界联合委员会委员、党组书记、副主席，省革委文教办公室副主任、省文联副主席等职。1982年6月在济南病逝。从事写作50余年，著有中篇小说《苦女翻身记》、长诗《枯树开花》、短诗集《山乡女儿》和《碧叶集》等。

孙圣常（1910—1982）　新泰市天宝镇黄花岭村人。1947年加入中国共产党。黄花岭村第一任党支部书记。1949年，黄花岭乡党总支书记兼乡长。1952年，他组织林业生产合作社，造林33.33公顷、育林8万株、收割山草180吨。1956年，当选为山东省人大代表。1958年，参加全国农业社会主义建设先进单位代表会议。1959年，任天宝公社副社长。曾组织400多名社员，利用春季和雨季开展植树造林，造林333.33公顷、种植果树20公顷。1978年退休，1982年病逝。

程　鹏（1901—1983）　原名金泉，字子源。泰安市岱岳区良庄镇山阳村人。1938年加入中国共产党。毕业于泰安萃英中学。1924年参加冯玉祥部队任连长。1927年退役回家，发动本村104户农民成立“农民协会”，状告鱼肉乡里的乡长张丙灿，张丙灿被撤职。农民选其为乡长，并赠以“公正和平”匾额。1932年，任泰安县六区区长。1938年1月1日，参加徂徕山抗日武装起义，先后任八路军山东人民抗日游击第四支队二大队副大队长兼中队长、二团副团长、泰安县独立团长等职。1938年4月，率部抓获并处决大汶口汉奸维持会长。1940年3月，任泰安县抗日民主政府县长。1942年3至6月，日寇封锁蚕食徂徕山，实行“三光”（烧光、杀光、抢光）政策，他率县常备队先后攻克旧县、茅茨敌人据点，击毙敌人40余人，缴获机枪1挺、步枪26支、战马2匹、伪币3800元，受到中共山东分局的表扬。他任县长期间，千方百计筹措粮款支援部队，并在各区设情报联络站，秘密派员打入伪县政府内部，传送情报、散发传单、争取和打击伪顽人员。1947年，任沂蒙专署专员兼支前司令。是年，国民党大举进犯沂蒙山区，他广泛发动群众参军参战，支援莱芜、孟良崮、南麻、临朐等战役。1948年参加淮海战役后随军南下，在浙江开辟特区工作时，与潜伏的国民党残部进行斗争中，腿部受重伤。新中国成立后，历任浙江省民政厅厅长、党组书记，浙江省人民委员会视察室副主任，中国人民政治协商会议第四届委员会常委等职。1983年3月，在浙江病逝。

马馥塘（1906—1983）　曾用名马天香。山东省齐河县人。1920年春考入济南正谊中学，1921年参加王尽美、邓恩铭等成立的马克思学说研究会。1922年加入中国社会

主义青年团，并转为中共正式党员。1927年1月到高密县协助省委特派员成立中共高密县委，任监察委员兼城市支部书记，12月受组织委派到周村开展工作。1928年春任中共周村邮局党支部书记，8月任中共诸城县邮局党支部书记。1930年1月，由于叛徒出卖被捕入狱。1933年11月出狱后，辗转莱阳、禹城、济南等地，1936年下半年到泰安任民众教育馆馆长。卢沟桥事变后，在范明枢支持下，成立泰安县抗敌后援会，后改为人民抗敌自卫团，任团长。1937年10月恢复党组织关系。1938年1月1日，参加徂徕山抗日武装起义，任山东人民抗日游击队第四支队经理部主任，后改任供给部部长。1939年起，先后任鲁中行政公署副主任、主任，鲁中区党校财委副主任兼鲁中区工商局局长，华东支前委员会民力部部长等职。新中国成立后，历任济南市委常委，鲁中电业局局长、党组书记。1956年起，历任电力部、水电部劳动、物资供应部门的领导。1983年4月，在北京病逝。

常树人（1915—1984）　泰安市岱岳区角峪镇角峪村人。幼年在本村读私塾。1932年，在济南高中就读时考入济南无线电训练班，结业后，曾到齐河、潍县从业。1935年回济南高中读书。1937年因组织学生运动遭警方拘禁，后被保释回家。1938年1月1日，与倪冠英、张广心携枪参加徂徕山抗日武装起义。1939年3月加入中国共产党。1942年6月，任鲁中军区后勤处副处长。1944年11月入山东分局党校学习。1945年9月任鲁中军区供给部副部长，11月任东北民主联军第三纵队供给部部长。1946年1月，任辽东军区后勤供给部部长，参加保卫四平和临江战役。1948年，任东北军区后勤部东线战勤司令部参谋长、第四野战军后勤部第二分部部长，参加辽沈战役。1949年1月，任第四野战军特种兵后勤部部长，参加平津战役。1951年2月，任海军后勤部第二副部长。1955年9月授大校军衔。1956年9月入军事学院学习。1958年8月，任海军后勤部副部长兼后勤司令部参谋长。1962年12月任副部长。1964年晋升为少将。“文化大革命”开始，他受林彪、江青反革命集团的诬陷被审查批斗，虽身处逆境，仍以党的利益为重，保持共产党员的本色，坚持做力所能及的工作。1978年恢复原职。1983年按副兵团级待遇离休。1984年8月29日病逝。

冯　平（1903—1986）　曾用名冯广智、冯若愚。新泰市楼德镇楼德村人。1921年省立曲阜二师讲习班毕业后，在楼德、封家庄、苗庄等地教书。1938年1月1日，参加徂徕山抗日武装起义，并加入中国共产党。是年，随省委书记黎玉赴延安向中央汇报工作。1941年，任山东省战时工作推行委员会财政组副组长。1945年日本投降后，任山东省财政厅副厅长。1949年，任山东省接管委员会生产部部长。1950年，任山东省工业厅厅长、中共山东省委工业部部长。1957年，任淄博市市长。1962年，任省委统战部部长。1978年，任政协山东省委员会副主席、党组成员。政协第四届全国委员会委员。1986年病逝。

黎　玉（1906—1986）　山西省崞县（今原平市）人。1925年参加革命，1926年加入中国共产党。曾任中共北平地下党北京大学政法学院支部书记，天津市委书记，直中特委书记。1933年，任唐山市委书记时，领导了震动全国的开滦五矿总同盟工人大罢工。1936年5月，黎玉受中共北方局派遣来到济南，恢复建立了与中央失去多年联系的中共山东省委。1938年1月1日，组织领导徂徕山抗日武装起义，并任起义时成立的山东人民抗日游击队第四支队政委。1938年12月，中央决定山东各地抗日武装队伍整编为游击兵团——八路军山东纵队，黎玉任政委。1939年3月，八路军一一五师主力入鲁，他率部与一一五师协同作战，在对崮峪反“扫荡”战役中负伤。1940年8月，山东战时工作推行委员会（后改为山东省行政委员会）成立，黎玉任首席组长，先后主持制定《保障人权条例》《减租减息条例》《开展大生产运动的指示》等数百条法规、条例，为发展、巩固山东抗日根据地做出了重大贡献。解放战争时期，曾任中共华东中央局第二副书记、华东军区副政委。新中国成立后，历任中共上海市委委员兼秘书长、一机部副部长，农机部、八机部第一常务副部长、党组副书记等职。第七届中央候补委员，全国政协第三、五、六届常务委员。1986年5月，在北京逝世。

周兴柏（1920—1987）　新泰市东都镇人。1937年12月加入中国共产党，1938年1月1日，参加徂徕山抗日武装起义。抗日战争时期，历任特务连战士、排政治员，山东纵队特务队、抗大指导员，山东纵队保卫科科员，滨海行署公安局科员、副股长。解放战争时期，历任鲁中南六专署公安局科长、社会部海外工作组组长、沿海工委社会部部长，鲁中南新海市公安局科长、副局长。1949年7月，参加西南服务团，任云南支队六大队二中队指导员。新中国成立后，历任云南省公安接管部治安科科长，曲靖专署公安处处长，云南省公安学校副校长、校长。1956年5月，任云南省公安厅副厅长。1957年12月，任云南省政法干部学校校长。1960年3月，任中共楚雄地委副书记兼组织部部长。1964年至1966年，任雄楚地委副书记、渡口市副市长。1973年7月，任省对外联络组党委副书记。1979年2月，任云南省公安局副局长、党的核心小组成员。1980年2月，任云南省公安厅副厅长。1987年3月病逝。

张秉玉（1919—1989）　新泰市人。1936年在山东省立济南乡师学习期间加入中华民族解放先锋队，1938年1月1日，参加徂徕山抗日武装起义，3月加入中国共产党。在新民主主义革命时期，历任八路军山东纵队四支队战士、政治员、参谋、政治指导员、山东纵队鲁中第一（泰山）军分区独立团营教导员、第四旅第十二团政治处主任、鲁中一军分区政治部敌工科科长、山东军区第四师政治部联络科科长、山东军大学员、华东野战军第八纵队训练团政治委员、政治部联络部部长、第二十六军政治部保卫部部长兼军法处处长、第九兵团台湾干部训练团政治委员等职。新中国成立后，历任驻匈牙利大使馆首任武官，驻保加利亚大使馆武官，国防部外事处副处长、外事局副局长兼一处处长，驻法国大使馆首任武官，总参谋部外事局副局长、顾问等职。1955年被授予上校军衔、获二级独立自由勋章和二级解放勋章。1960年晋升为大校军衔。1988年7月，被授予二级红星功勋荣誉章。1989年5月26日，在北京病逝。

董　超（1915—1990）　新泰市翟镇董家庄村人。童年在家乡读书，曾任小学教师。1937年9月加入中国共产党。1938年1月1日，参加徂徕山抗日武装起义，先后任八路军山东纵队连指导员、营副教导员、团政治处主任、团政委等职。1945年8月起，历任师政治部主任、团政委、鲁中南军区政治部主任。1946年起，率部参加鲁南、莱芜、孟良崮、洛阳、开封、淮海等战役。在开封战役中，率领一个团首先攻入城门，对整个

战役的胜利起了重要作用。1949年1月6日，在淮海战役向杜聿明集团总攻的战斗中，作为师政委，他不顾疲劳大口吐血，和师长一起率领23师英勇作战，在不到4个小时的时间里，连续攻克敌前沿阵地和两道地堡群，歼灭守敌三十二师九十六团1600余人，俘敌副团长以下800余人。为此，纵队首长特向该师发来电报，祝贺他们“打响了1949年的第一炮，并光荣地立下了新年胜利的第一功”。1950年起，历任中国人民解放军南京军事学院基本系政委、高级系政委、政治部主任等职。1955年，被授予大校军衔。1961年晋升为少将军衔，获二级独立自由勋章、一级解放勋章，1990年病逝。

李秉政（1920—1990） 曾用名李均瀛、雷贯宇。泰安市人。1939年9月参加革命，并加入中国共产党。1940年12月至1945年6月，历任泰安县公安局科长、县委便衣队队长、公安局审讯股股长。其间，带领便衣队，深入敌占区，组织指挥锄奸反霸，瓦解和争取伪军，受到山东省公安总局通令嘉奖。1945年7月，任泰安专署审讯干事，组织领导肃反、镇反，稳准狠地打击了敌人的破坏活动。1946年3月，任新泰县公安局副局长、局长。1948年5月，任淮北县公安局局长、县委委员。1949年3月，任西海专署公安局局长，4月任滨北专署公安局局长。1950年6月起，历任胶州专署公安处处长、地委委员、副专员。1954年11月，任山东省公安厅副厅长、党组副书记。1968年至1975年，被打入冤狱，身心受到严重摧残，但始终对党忠贞不渝，同江青反革命集团进行了坚决的斗争。1975年10月起，历任中共青岛市委副书记、市革委会代主任，青岛市人民政府市长、党组书记。1983年4月，任青岛市人大常委会主任、党组书记。山东省第五、六届人大代表，山东省第五届人大常委。1990年10月，在青岛病逝。

韩顾三（1914—1990） 新泰市西张庄镇西张庄村人。1938年1月1日，参加徂徕山抗日武装起义。是年2月加入中国共产党。历任山东纵队四支队副中队长、连长、营长、副团长、鲁中三分区独立旅参谋处处长等职。1945年8月起，历任鲁中第三军分区第十团团长，鲁中第二军分区参谋长，七兵团第三十二军第一O五师副师长等职。参加过潍坊、济南、莱芜、淮海、渡江等战役。1950年起，历任浙江军区六军分区司令员，空军第七师师长，空军第三军参谋长、副军长，沈阳军区空军司令部副参谋长，国防部第六研究院副院长，广州军区空军参谋长等职。1955年被授予大校军衔，获中华人民共和国二级独立自由勋章、二级解放勋章。1988年8月，中央军委授予独立功勋荣誉章。1990年11月，在广州病逝。

王宪廷（1910—1991） 曾用名成章。新泰市青云街道办事处南关村人。1929年聊城师范毕业，1930年10月加入中国共产党。1931年8月，任新泰支部委员。1932年1月，任新泰特支委员，11月任新泰县县委书记。1933年4月至9月，发动领导新泰县龙须崮农民暴动。1935年8月至1937年底，县委重建后仍任书记。1938年1月1日，参加徂徕山抗日武装起义，先后任班政治战士、中队长、连指导员、营教导员、敌工科科长、分区区委书记、县抗联主任等职。解放战争中，任师政部主任，参加孟良崮、淮海、渡江等战役。历次战斗中多次负伤，被评为三等甲级残废军人。新中国成立后，历任中央军委中央复员委员会师职参谋、中央军委气象台第一任台长、农林部林业处处长、中央气象站站长、中央气象局副局长，甘肃省气象局局长、省政协专职常委等职。1991年6月在北京病逝。

王建青（1911—1991） 曾用名铭绅。新泰市羊流镇官桥村人。1931年2月，在新泰县立师范讲习所上学时加入中国共产党。在新泰县委发动的龙须崮农民暴动中，做了大量的组织发动工作。1933年9月至1935年，在县委遭受破坏的艰难困境下，顽强地坚持党的地下斗争。1935年8月，任中共新泰县委委员。卢沟桥事变后，积极发动组织抗日游击队。1938年1月1日，参加徂徕山抗日武装起义。抗日战争时期，历任连指导员、营教导员、特务大队政委、团政委、县委书记、军分区副政委、军分区司令员等职。解放战争时期，历任副旅长、副师长、师长兼政委等职，参加了莱芜、孟良崮、沙土集、淮海、渡江和解放上海等战役。新中国成立后，历任空军陆战第一旅旅长、华东军区司令部人武部第一副部长、二十军副军长兼参谋长、二十军副政委、南京军区工程兵政委、南京军区政治部顾问等职。1955年9月，被授予少将军衔。曾获二级独立自由勋章、一级解放勋章。1988年，被授予一级红星功勋荣誉章。第四届全国人民代表大会代表。1991年，在南京病逝。

赵龙图（1905—1993） 曾用名赵继河。泰安市岱岳区角峪镇安乐村人。1938年1月1日，参加徂徕山抗日武装起义，后编入八路军山东人民抗日游击队第四支队任警卫连连长。是年9月，加入中国共产党。历任沂水岸堤干校总务主任、山东纵队供给部管理科科长、沂蒙专署粮食科科长。1943年起，历任鲁中专署税务局局长，临沂专署工商局局长，泰南专署工商二分局、六分局局长等职。新中国成立后，历任山东工商部大华烟草公司经理、中国粮食公司山东分公司经理、山东省粮食厅副厅长、中央人民政府采购部烟麻局副局长、全国供销合作总社烟麻局副局长、宁夏回族自治区粮食厅副厅长、宁夏自治区政协第三届常委。1983年离休。1993年6月，在银川病逝。

刘子正（1914—1994） 山东省莱芜市莱城区方下镇人。1933年6月加入中国共产党。1934年起，历任村党支部书记、区委书记、莱芜县委委员、组织部部长。卢沟桥事变后，在当地发动和组织抗日武装。1938年1月1日，参加徂徕山抗日武装起义。1939年至1941年，任莱芜县委书记兼县大队政委。1942年5月起，历任鲁中区泰南地委委员、组织部部长，鲁中区泰山地委委员、组织部部长兼专员，鲁中南区党委组织科科长等职。1948年10月，在中共中央马列学院学习，任支部书记、总支委员。1950年毕业后留校，从事干部工作，并兼任新疆班工作组组长。此后历任组织处处长、校党委委员、党委常委，中直机关党委委员，浙江省人事局局长、党组书记。“文化大革命”期间，遭到林彪、江青反革命集团的迫害。粉碎江青反革命集团后，中共浙江省委为其恢复了名誉。1977年，任浙江省高级人民法院院长，为纠正冤假错案、落实党的政策，做了大量卓有成效的工作。1979年12月起，历任浙江省人大常委会副主任兼法制工作委员会主任，省机关党委书记。1985年12月离休。浙江省政协第三届、第四届委员，省人大第四届、第五届、第六届代表。1994年2月，在杭州病逝。

景晓村（1917—1994） 曾用名景慕达。山东省章丘市人。1933年考入山东省立第一乡师读书。1935年加入中国共产主义青年团，10月加入中国共产党。1936年，任中共济南乡师支部书记。1937年底调任中共山

东省委巡视员、秘书长。1938年1月1日，参加徂徕山抗日武装起义，历任八路军山东人民抗日游击第四支队政治部副主任，第一团政委，中共山东省委青年部部长，鲁东南特委书记兼第二支队政委，清河特委书记、山东纵队第六军分区政委，清河区党委书记兼清河军区政委，渤海区党委书记兼渤海军区政委。新中国成立后，历任上海市委副秘书长，华东局工业部副部长，国务院一机部局长、部长助理、厂长、司长，七机部第二研究院党委书记兼院长，农业机械部副部长等职。第六、七届全国政协委员。1994年8月9日，在北京逝世。家属根据其遗愿，将其多年的积蓄5万元捐赠给家乡的宅科村小学，作为奖学基金支持教育事业。

亓象岑（1912—1995）　山东省莱芜市人。“九一八”事变后，组织同学参加赴京请愿活动。考入北平燕京大学物理系后，参加“一二·九”爱国学生运动。1938年加入中国共产党。1938年1月1日，参加徂徕山抗日武装起义，历任八路军山东人民抗日游击队第四支队驻莱芜县办事处副主任、主任，泰山特委第一大队第四中队中队长，泰安、莱芜、历城等7县行政联合办事处秘书长，泰山区行政专员公署秘书长。1943年初，任泰山专署秘书主任、地委机关党委书记，主持专署日常工作。抗日战争胜利后，历任济南市人民政府秘书长兼党组书记，济南市委委员兼国军工作部部长和华东局济南国军工作委员会副书记等职。济南解放后，历任济南特别市军管会政务部副部长，济南市支援前线委员会副秘书长，济南市工商局局长、党组书记，济南市政府秘书长，中共济南市委常委、副市长兼财委主任和计委主任，济南市委副书记，市委书记处书记等职。1957年起，历任山东省物价局局长、党组书记，山东省粮食厅厅长、党组书记，山东省财贸办公室副主任兼党组副书记，山东省财委顾问等职。1983年离休。1995年6月病逝。

赵　杰（1913—1996）　曾用名赵正贵、赵东。河南省商城县上石桥镇人。1928年2月参加中国工农红军，是年加入中国共产主义青年团。1932年12月转为中国共产党党员。历任战士、班长、排长、团宣传队长、连指导员、团政治处主任、师政治部主任、红三十三军经理部代理政委、红五军政委等职。1937年，由延安抗日军政大学派往山东。1938年1月1日，同黎玉、林浩等领导徂徕山抗日武装起义，历任八路军山东纵队第四支队副司令员，鲁中军区后方司令部司令员，鲁中军区第一（泰山）、三、四分区司令员，滨海军区第三军分区司令员兼旅长。解放战争时期，历任辽宁省旅大警察总局局长，辽宁军区副司令员，辽北军区第一副司令员等职。新中国成立后，历任东北军区装甲兵副司令员、沈阳军区装甲兵司令员、装甲兵第一坦克学校校长。1955年被授予少将军衔，获二级八一勋章、一级独立自由勋章和一级解放勋章。1970年12月，任军委装甲兵副司令员。1983年5月至1993年，中国人民政治协商会议第六、七届全国政协委员。1988年获中国人民解放军一级红星功勋荣誉章。1996年3月3日，在北京病逝。

刘少傥（1916—1996）　曾用名士倜。新泰市果都镇坡里村人。1932年4月加入中国共产党。1933年7月考入省立济南乡师读书，任乡师党支部委员。1937年3月，任中共新泰县委委员，负责该县西部地区党的工作，发展“民先”组织，组建抗日游击队。1938年1月1日，参加徂徕山抗日武装起义，历任山东人民抗日游击队第四支队中队指导员、营教导员等职。是年11月，随同山东分局赴延安报告团到延安，留延安工作，任中央军委总政治部锄奸部秘书等职。1945年10月回山东工作，历任山东省公安总局科长、警察学校副教育长、鲁中南军区政治部保卫部部长、区党委社会部副部长、代理师政治委员等职。新中国成立后，历任上海市公安局处长、华东局公安部处长、苏北行署公安局局长，江苏省公安厅副厅长、省民政厅厅长、省高级法院院长，华东政法学院党委书记等职。1996年5月，在上海病逝。

林　浩（1916—1996）　山东省烟台市牟平区人。1934年加入中国共产党。1936年5月，任中共山东省委宣传部部长。1938年1月1日，参加领导徂徕山抗日武装起义。1938年3月，任中共山东省委代书记兼八路军山东人民抗日游击队第四支队政委，后任中共山东省委常委、组织部部长。1939年7月，任山东第一区（鲁南区）党委书记。1940年9月，任胶东区党委书记兼胶东军区政委。解放战争时期，任胶东区党委书记兼军区政委。1948年6月，任华东野战军第九纵队政委。新中国成立后，历任中国人民解放军军事科学院政治部教育部部长兼训练部副部长，政治部宣传教育部第一部长，政治部副主任，中国人民解放军高等军事学院政治部主任、副政委，中国人民解放军政治学院院长等职。1955年被授予少将军衔。中国人民政治协商会议第六届委员会委员，第十二届全国人民代表大会代表。1996年病逝。

封振武（1904—1997）　曾用名本慎。新泰市楼德人。卢沟桥事变后，在党组织的领导下积极开展发动武装抗日活动。1937年12月加入中国共产党。1938年1月1日，参加徂徕山抗日武装起义。抗日战争时期，历任八路军山东纵队第四支队二中队长、营长、团长，鲁南七县游击队司令员，尼山军分区司令员，山东省第一军区（大鲁南）二军分区司令员，鲁中军区第三军分区司令员等职。参加指挥百余次战斗。在莱芜与顽固派武装斗争中，活捉了国民党顽固派县长。在滕县北里沟战斗中负伤7处，被誉为“威震敌胆的司令员”。解放战争时期，历任鲁中南第二沂蒙军分区司令员兼兖济警备区司令员等职。参加过莱芜、孟良崮等战役和战斗。在莱芜战役前夕，他奉陈毅司令员命令，采用声东击西的战术，在济（宁）兖（州）地区运河上架桥，使敌误认为主力西去，从而为主力隐蔽北上夺取莱芜战役的胜利立下了大功。新中国成立后，历任泰安军分区司令员，泰泗宁地区剿匪总指挥、中国人民公安部队山东省总队总队长，济南军区公安军副司令员兼参谋长，山东省公安厅副厅长兼武警部队部队长，中国人民解放军山东省公安总队总队长、党委书记等职。1997年3月20日，在济南病逝。

边一峰（1912—1997）　曾用名边秀培、边轮升。山东省莱芜市莱城区寨里镇人。中共党员。1937年10月，参加本村抗日游击队并担任联络员。1938年1月1日，参加徂徕山起义，10月到山东分局党校学习。1939年1月，任莱芜九区区委书记。1940年1月任泰山地委社会部社会科科长，9月任淄川县委书记。1943年7月到华东局党校学习。1944年6月，任沂源县委书记。1946年6月任渤海办事处主任，10月任华东局土改大队党总支书记。新中国成立后，历任渤海区党委改革研究室农村组组长、华东局组织部政策研究室主任、浙江省民政厅财委办公室主任、浙江省计划委员会秘书长等职。1984年离休，1997年病逝。

赵剑秋（1916—1988）　新泰市市中办事处人。1938年1月1日，参加徂徕山抗日武

装起义。1946年6月，加入中国共产党。历任鲁中一分区宣传队队长，滨海文工团副团长，鲁中南区歌剧团副团长等职。1950年起，历任山东省文教厅文化处电影戏剧科副科长，省文化局电影戏剧科科长、艺术处处长，山东鲁剧院副院长，省戏剧研究室主任。1979年，任山东省艺术学院副院长、党委委员。山东省文联第四届委员会委员，中国戏剧家协会第三、四届理事，中国戏剧家协会山东分会第一、二届副主席。1988年2月病逝。

左宏奇（1917—1999）　曾用名李大同、李明武。泰安市岱岳区大汶口镇人。1938年1月1日，组织大汶口镇进步青年30余人参加徂徕山抗日武装起义。是年5月加入中国共产党。曾在八路军山东人民抗日游击队第四支队任战士、秘书，之后调往泰西地区工作。历任八路军山东纵队第六支队第二团特派员，鲁西军区第九团党总支书记、教导员，第三四三旅游击支队政委兼郓北县委副政委、县委书记。解放战争初期，任冀鲁豫野战军第七纵队第六十团政委。1946年11月，任中共平阴县委书记。1947年秋，任长清县长。1949年春，任鲁中南第七（泰西）专署合作推进社社长。新中国成立后，任泰西专区合作总社主任、泰安地委委员兼合作总社主任。1954年，任长春第一汽车制造厂供应处副处长、处长。在长春第一汽车制造厂40年厂庆时被授予“一汽建设功臣”称号。1957年，任长春六三六军工厂党委第一书记。1963年任山东省供销社副主任。“文化大革命”后，任山东省物资局副局长、党组成员。1983年1月离休。1999年3月27日，在济南病逝。

朱国平（1917—1999）　新泰市人。1936年5月参加革命工作。1938年1月1日，参加徂徕山抗日武装起义，3月加入中国共产党。历任八路军山东人民抗日游击队第四支队排长、连长，八路军总部参谋处科员、参谋等职。抗日战争胜利后，历任中共四平市委委员、代书记，四平市政府秘书处处长，辽北二地委秘书长，梨树县副县长，怀德县宣传部部长，四平市公安局局长，西安县县长、县委书记等职。新中国成立后，历任东北工业部、重工业部设计公司经理，地质司经理、副司长，冶金工业部地质司副司长，成都地质学院院长，冶金部地质司司长，中国有色金属工业总公司常务董事等职。1985年离休。1999年病逝。

顾廷臣（1913—1999）　曾用名李玉魁、董超。泰安市岱岳区良庄镇茅茨村人。1931年，在本乡董白塔村及本村担任小学教员。1938年8月参加革命工作，10月加入中国共产党。历任良庄区茅茨乡党总支书记、泰安县六区区委组织委员。1939年5月，任泰安县六区区委书记兼八区区委书记、六区中队指导员。1941年1月兼天宝区和徂阳区区委书记、徂阳区中队指导员。是年2月，任泰安（南）县委组织部副部长。1942年2月，任泰安（南）县委组织部部长。是年8月至1943年7月，任徂徕山工委敌工部部长。1945年，任泰南地区农救会会长。1948年，任潍坊市委组织部组织科科长。1950~1957年，历任坊子煤矿党委书记、新汶建设委员会主任、新汶煤矿矿长、新汶矿务局局长等职。1958年，任济南市煤炭局局长、济南工业生产委员会副主任。1961年，任泰安专署副专员。1967年参加“五七”干校学习。1970年9月，任泰安地区革命委员会生产指挥部负责人。1973年1月，任泰安地区革命委员会副主任。1978年7月，任泰安地区行署副专员。1980年12月，任泰安地区行署顾问。1983年12月离休。1999年在泰安病逝。

赵一川（1905—2001） 曾用名赵浩。泰安市岱岳区良庄镇东良庄村人。1923年秋考入泰安县立师范讲习所。1938年初组建抗日游击队，后编入八路军山东纵队第四支队第二团第三营，是年秋加入中国共产党。1941年春，任淄川县县长。1943年春，任章丘县县长。1945年，任章历县县长。1948年秋，任华东支前司令部运粮指挥站党委书记，参加了济南战役、淮海战役。后任淮北四地委支前司令部财粮部部长、浙江省支前办事处财粮部部长、南京西南服务团第一支队行政处处长、四川省江津县人民政府县长。1950年7月任涪陵地区副专员。1953年秋，涪陵、酉阳地区合并后任专员。1954年春，任地委副书记兼专员。1966年因病离休。2001年6月病逝。

单　洪（1913—2002） 曾用名昭洪。新泰市人。1930年考入青州省立第四师范。1932年6月加入中国共产党。1933年7月，任中共新泰县县委委员，参加新泰县委发动的龙须崮农民暴动。1935年3月，在刘杜村开办新华医院，以此为掩护建立党的秘密联络站。1938年1月1日，率领组织的游击队员参加徂徕山抗日武装起义。抗日战争期间，历任八路军山东纵队第四支队中队长、连长、营长、团长，四大队大队长、团长，泰南军分区参谋长、副司令员等职。解放战争时期，历任军分区司令员、师长、济南警备区司令部参谋长等职。新中国成立后，历任解放军后勤学院指导系教授、学会主任，北京林学院副院长、党委副书记等职。2002年7月，在北京病逝。

薛　超（1915—2003） 曾用名薛子超、薛云龙。泰安市岱岳区良庄镇薛庄村人。1937年参加工作，1939年1月加入中国共产党。1934年2月毕业于山东济南省立第一师范。1938年1月，在徂徕山组织群众发动抗日。是年1月至1958年，在部队先后任副营长、营长、团参谋长、团长、团政委、处长等职，参加辽沈、平津、淮海三大战役及抗美援朝。1958至1963年，任化工部太原化学工业公司副经理。1964年至1965年5月，任化工部吉林化学工业公司副经理。1965年5月至1969年9月，任化工部化工原料工业公司副经理。1969年9月至1971年6月，任化工部河南太康五七干校指导员。1971年6月至1975年7月，任山东新华制药厂党委书记。1975年7月至1982年3月，任淄博市委统战部副部长。1982年3月至1983年3月，任淄博市政协副主席。1983年3月离职。2003年1月15日，在张店因病逝世。

管　戈（1913—2005） 曾用名管毓筠、管竹溪。新泰市青云街道办事处人。1936年11月加入中国共产党。1931年12月，作为曲阜省立二师的学生参加党组织领导的南下请愿，要求南京政府出兵抗日的斗争，被捕入狱。1936年出狱后，与新泰地下党组织取得联系，按党组织指示返回曲阜二师任党小组组长，在曲阜、泗水一带发动组织抗日武装。1938年1月1日，率抗日武装60多人参加徂徕山起义，任八路军山东人民抗日游击队第四支队五中队指导员。1939年8月，在山东抗日军政干部学校、抗日军政大学任政治教员。1946年3月起，历任中共华东局土改工作队队长、土改工作团团长、土改指挥部土改科科长，山东分局职工工作委员会筹委会秘书长。新中国成立后，历任山东省总工会副主席，省劳动局副局长、党组副书记、局长、党组书记，省劳动厅厅长、党组书记，省计委副主任、党组副书记，省政协

常委，省工交政治部副主任，省革委计委副主任、党组成员，省统计局局长、党组书记，省计委副主任，省顾问委员会委员等职。1985年离休。2005年8月19日，在济南逝世。

武中奇（1907—2006）　著名书法家。济南市长清区崮山人。出生于贫苦农民家庭，少年时代跟随父母到济南谋生，在印刷厂当童工。20世纪30年代初，应聘为泰安武训学校书法金石教员，任教2年余回济南。1936年初，遭敌破坏后重建不久的中共山东省委机关设在其家。是年，由中共山东省委书记黎玉介绍，加入中国共产党。1937年“七七事变”后，随山东省委撤至泰安。1938年1月1日，参加徂徕山抗日武装起义。历任八路军山东纵队四支队排长、中队长、营长、特务大队长、九支队团长，曾指挥部队用步枪击落日军飞机1架。1941年，参加中共山东分局党校第二期培训班学习。1943年6月，任济南工委委员、济南市抗日民主政府办事处主任。1944年9月兼任历城县抗日民主政府首任县长。1945年8月，任济南市民主政府秘书长。是年11月，调至联合国救济署山东解放区救济分会，负责该分会的日常工作。1949年任第三野战军南下干部纵队参谋长，参加接管上海的工作，任上海市人民政府秘书科科长。20世纪50年代初，历任上海提篮桥监狱典狱长、治淮劳动纵队司令员。“三反”（反贪污、反浪费、反官僚主义）运动中遭诬陷受到错误处分，1954年秋被派至南京江苏省劳改局工作。1959年，任南京钟表厂厂长。1963年，任南京市文物保管委员会主任。“文化大革命”开始后受到冲击，1970年被诬为“五一六”反革命分子。1973年春被平反结束关押。1979年，任江苏省国画院副院长。1980年，任江苏省人大常委会委员、中国书法家协会理事、江苏省书法家协会主席。1980年起，先后在济南、南京、北京等地举办武中奇书法展览，率中国书法家代表团出访日本2次，作品被国内外数百家博物馆、美术馆、陈列馆收藏、展出。1985年和1987年，先后2次将数百幅书画作品捐赠给济南市人民政府。济南市人民政府择五龙潭畔辟建武中奇书法篆刻作品展览馆，将其作品收藏、陈列于馆中。出版《武中奇书法选集》《武中奇书法选萃》等多种书法作品集。2006年3月29日，在南京逝世。

王一平（1914—2007）　山东省荣成市人。1932年入山东省立第七（文登）乡村师范学习，10月加入中国共产党。1934年秋后，因受学校当局怀疑和监视，被迫离校，回乡任小学教员。1935年11月，参加胶东地区党组织领导的“一一·四”暴动，失败后因通缉到北平。1936年2月30日夜，在谷牧住处以共产党员嫌疑一同被捕，因无任何口供和证据，被释放。是年8月，随同平津大批青年学生去西安东北军学兵队进行抗日活动。1937年2月转往延安，先在抗大学习，后转入中央党校学习。1938年初被党中央派回山东，参加徂徕山抗日武装起义，先后任八路军山东纵队政治部组织科科长、四支队后方司令部政委、鲁中军区二军分区（沂蒙军分区）政委、沂蒙地委书记等职。解放战争时期，先后任山东军区第四师政委，华东野战军第八纵队政治部主任、政委，第三野战军第二十六军、第二十二军政委，八兵团政治部主任等职。1952年3月起，历任中共上海市委组织部部长、市委常委、秘书长、市委书记处书记、上海市副市长、市第五届政协主席等职。中国共产党第八次、十一次、十三次代表大会代表，第十一届中央委员会委员，第十二届、第十三届中顾委委员。2007年2月28日，在上海逝世。

周星夫（1918—2010） 新泰市人。1934年考入济南乡村师范学校。1936年3月参加革命工作，12月加入中国共产党。1937年12月任本村党支部书记。1938年1月，带领部分人员参加徂徕山抗日武装起义，历任八路军山东人民抗日游击队第四支队第一中队班政治战士、党支部书记、新泰县委青年部部长。1939年3月，任新泰六区区委书记。是年11月，任新泰县委组织部副部长，后任部长。1941年1月，任新泰县委书记，9月，任新蒙县委书记兼独立营政委。1943年8月任泰宁县委书记兼独立营政委。1944年8月，任蒙阴县委书记兼独立营政委。1945年7月，任沂蒙地委副书记。解放战争时期，历任鲁中区党委组织部组织科科长、鲁中南区党委党校教育长、沂蒙地委副书记等职。新中国成立后，历任沂水地委副书记、书记兼军分区政委，援越顾问团土改顾问，山东省委监委副书记，济南市委书记处书记，济南市革委会常委、副主任、党组成员，济南市委常委、副书记，淄博市革委会副主任、市委副书记，山东省委统战部部长，政协山东省委员会第四、五届副主席、党组副书记等职。全国政协第五、六届委员，中共山东省委第一、二届委员，省人大第五、六、七届代表。1988年3月离休。2010年12月14日，在济南逝世。

时亨起（1920-2013） 新泰市天宝镇时家庄村人。1945年7月参加工作，1948年12月加入中国共产党。1945年7月至1950年5月，先后在鲁中行署泰南办事处、博山市政府、鲁中行署司法处审理科、鲁中支前司令部前方办事处、鲁中南行署民政处、南下干部纵队第二支队部、宁波市军管会秘书处、宁波市干部学校二部、宁波地（市）委秘书处等部门、单位工作。1950年6月至1960年6月，历任宁波市劳动局调解科科长，宁波市工商局副局长、局长，宁波市财委副主任兼宁波市委财贸部副部长，宁波市计委副主任，宁波市人委副市长兼计委主任，宁波地区钢铁联合筹备处主任。1961年1月，任余姚县委书记处书记。1963年1月，兼任余姚县人委副县长。1967年3月，任余姚县生产办公室副主任。1967年3月至1969年11月，“文化大革命”期间受到迫害被审查。1970年3月，任余姚镇委书记、革委会主任。1971年11月，任余姚县委常委。1972年4月，任宁波港务局党委书记、革委会主任（兼宁波建港指挥部副总指挥）。1979年3月，任宁波市外办主任。1979年5月，任宁波市革委会副主任。1982年3月，任宁波市副市长。1983年12月离休。2013年3月14日，在宁波市逝世。

人物简介

一

刘世元（王玉） 1921年3月19日出生，泰安市岱岳区徂徕镇许家庄人。1938年加入中国共产党。抗日战争期间，转战沂蒙山区，任山东省沂水县公安局局长。1949年南下浙江，先后任台州地区县委书记、公安处处长。1954年，先后任辽宁省抚顺钢厂党委书记，中国科学院金属研究所党委副书记、副所长。1981年3月离休。

边锡锋 曾用名韩邦英。1927年出生，泰安市岱岳区化马湾乡草茨村人。1944年5月参加当地抗日活动，10月任八路军泰安独立营洪山分队班长。1945年2月，山东军区

第二军分区司令部警卫连班长、副排长。是年6月，加入中国共产党。1946年1月编入第二军分区特务营。1948年3月，华东军区司令部参谋处参谋。1949年5月参加上海军管会。是年7月，转业到上海公安局杨浦分局，先后任派出所所长、户政科科长、治安科科长等职。1957年，上海市杨浦区委政法部科长。1960年6月，上海市杨浦区人民检察院副检察长。“文化大革命”中受冲击。1976年，杨浦区人民法院副院长。1979年1月，杨浦区人民检察院副检察长。1984年4月，杨浦区人民检察院检察长、党组书记。1987年4月离休。

刘锡祥　1937年2月出生，新泰市天宝镇黄道沟村人。1958年9月参加工作，1959年6月加入中国共产党。1958年9月至1964年8月，临沂七中教师、教导处主任。1964年8月至1965年11月，临沂县教育局教研室副主任。1965年11月至1971年8月，临沂地区文教局办事员。1971年8月至1975年5月，临沂地区革命委员会政治部教育组办事员。1975年5月至1984年4月，临沂地区文办、文委政工科科长、党组成员。1984年4月至1990年9月，临沂地区教育局副局长、党组成员。1990年9月至1992年9月，临沂地区教育局局长、党组书记。1992年9月至1995年4月，临沂地区教育委员会主任、党组书记。1995年4月，临沂市人大常委会副主任、党组成员。七届山东省政协委员。

胡化泉　1939年9月出生，泰安市岱岳区化马湾乡双泉村人，大专文化。1957年4月参加工作，1960年8月加入中国共产党。1957年4月至1958年12月，泰安县角峪公社双泉村民办教师。1958年12月至1961年7月，596团一营一炮连观察员、营部统计员（1960年10月至1961年6月，济南军区后勤学校学员）。1961年7月至1963年5月，596团后勤处实习粮秣助理员。1963年5月至1965年5月，泰安县角峪公社双泉大队大队长、党支部书记。1965年5月至1970年3月，泰安县角峪公社武装部干事。1970年3月至1971年4月，泰安县夏张公社党委副书记、武装部部长。1971年4月至1981年1月，泰安县委常委、政治部副主任、生产指挥部副指挥、宣传部部长。1981年1月至1986年7月，泰安县（市）委常委、县（市）政府副县（市）长（1984年2月至1986年7月，山东省委党校培训班学员）。1986年7月至1987年4月，泰安市泰山区区委副书记、区政府代区长。1987年4月至1990年3月，泰安市泰山区区委副书记、区政府区长。1990年3月至1992年11月，泰安市泰山区区委书记。1992年11月至1993年3月，泰安市人民政府市长助理、党组成员。1993年3月至2001年2月，历任泰安市十二、十三届人大常委会副主任、党组成员、党组副书记。2001年2月离职。2008年3月退休。

赵一民　1943年9月出生，泰安市岱岳区徂徕镇北望村人，大学文化。1962年8月参加工作。1976年2月加入中国共产党。1962年8月至1963年7月，泰安县徂徕公社北望大队民办教师。1963年7月至1968年8月，在山东农学院畜牧兽医系畜牧专业学习（1965年8月至1966年7月，抽调参加农村社教工作队）。1968年8月至1970年9月，宁阳县城南公社畜牧兽医站技术员。1970年9月至1975年9月，宁阳县畜牧兽医站技术员。1975年9月至1980年6月，宁阳县农委、农办办事员。1980年6月至1980年8月，宁阳县委组织部干事。1980年8月至1982年2月，宁阳县城关公社党委副书记。1982年2月至1983年8月，宁阳县鹤山公社党委副书记。1983

年8月至1984年2月，宁阳县鹤山区区委书记。1984年2月至1990年3月，宁阳县委副书记、县政府县长。1990年3月至1993年12月，宁阳县委书记、县武装部党委第一书记。1993年12月至1996年3月，泰安师专党委书记。1996年3月至2003年2月，泰安市人民政府副市长、党组成员（1996年3月至1996年5月，兼任泰安师专党委书记）。2008年5月退休。山东省第六次党代表大会代表、山东省第七届人民代表大会代表。

李金明　1945年9月出生，泰安市岱岳区徂徕镇寺河村人。1965年10月参加工作，1966年4月加入中国共产党。1965年10月至1966年10月，泰安县徂徕公社邓家庄管区工作。1966年10月至1968年8月，泰安县徂徕公社崔家庄管区副主任。1968年8月至1971年5月，泰安县化肥厂工人。1971年5月至1975年10月，泰安县粥店公社团委书记。1975年10月至1977年3月，泰安县粥店公社党委常委。1977年3月至1978年5月，泰安县化肥厂党总支书记。1978年5月至1980年8月，泰安县粥店公社党委常委。1980年8月至1984年3月，泰安县（市）粥店公社党委副书记。1984年3月至1986年8月，泰安市泰山区粥店办事处党委书记（1984年1月至1984年7月，在泰安市干部高中文化补习班学习）。1986年8月至1990年3月，泰安市泰山区政府副区长。1990年3月至1992年12月，泰安市泰山区委常委、副区长（1991年11月至1992年1月，泰安市委党校培训班学员）。1992年12月至1993年2月，泰安市泰山区委副书记、代区长。1993年2月至1995年12月，泰安市泰山区委副书记、区长。1995年12月至1997年12月，泰安市泰山区委书记。1997年12月至1998年3月，泰安市政府市长助理、党组成员。1998年3月至2003年2月，泰安市政府副市长、党组成员。2003年2月至2006年2月，泰安市十四届人大常委会副主任、党组成员。2006年2月离职。2012年6月退休。

刘玉浦　1949年8月出生，泰安市岱岳区徂徕镇许家庄人。1968年9月参加工作，1971年10月加入中国共产党，中央党校研究生（中央党校研究生院世界经济专业），高级工程师。1968年9月至1972年3月，辽宁省西丰县凉泉公社插队知青。1972年3月至1973年9月，辽宁省西丰县革委会干事。1973年9月至1976年11月，东北工学院钢冶系电冶金专业学习。1976年11月至1977年6月，冶金部北京钢铁设计院技术员。1977年6月至1982年6月，冶金部企业办公室助理工程师、部机关团委书记。1982年6月至1986年5月，共青团中央常委、中央国家机关团委书记（正局级）（1985年8月至1986年1月，在中央党校青年干部培训班学习）。1986年5月至1995年10月，中央国家机关工作委员会委员、办公室主任。1995年10月至1996年1月，陕西省长助理。1996年1月至1998年5月，陕西省长助理、省计委主任。1998年5月至1998年6月，陕西省委常委、省长助理、省计委主任。1998年6月至2000年11月，陕西省委常委、组织部部长（1995年9月至1998年7月，在中央党校研究生院世界经济专业在职研究生学习）。2000年11月至2003年12月，广东省委常委、组织部部长。2003年12月至2004年2月，广东省委副书记、组织部部长。2004年2月至7月，广东省委副书记、组织部部长，省委党校（广东行政学院）校（院）长。2004年7月至2007年5月，广东省委副书记、省委党校（广东行政学院）校（院）长。2007年5月至2007年12月，广东省委副书记、省委政法委书记。2007年

12月至2008年4月，广东省委副书记、省委政法委书记、深圳市委书记。2008年4月至9月，广东省委副书记、省委政法委书记，深圳市委书记、市人大常委会主任。2008年9月至2010年4月，广东省委副书记，深圳市委书记、市人大常委会主任。2010年4月至5月，广东省委副书记、深圳市人大常委会主任。2010年5月，深圳市人大常委会主任、中共十七届中央候补委员、广东省委委员、省人大代表、五届市委委员。

齐承芳　1953年8月出生，泰安市岱岳区徂徕镇西埠前村人。1974年8月加入中国共产党，1977年9月参加工作，大学普通班学历，高级经济师。1972年3月至1974年10月，泰安县徂徕公社崔家庄管区电话员。1974年10月至1977年9月，武汉建筑材料工业学院非金属矿系选矿专业学生。1977年9月至1979年10月，泰安地区明水浅井粘土矿技术员。1979年10月至1984年3月，泰安地区建材工业公司助理工程师。1984年3月至1991年6月，泰安市多种经营乡镇企业局副局长、党组成员（1989年6月至1991年2月，挂职肥城县副县长）。1991年6月至1992年2月，泰安市建材工业公司（局）副经理（副局长）、党委委员。1992年2月至1992年11月，泰安市建材工业公司（局）副经理（副局长）、党委委员，泰安市复合材料工程筹建处主任、党支部副书记（正县级）。1992年11月至1993年3月，肥城市委副书记、代市长。1993年3月至1997年12月，肥城市委副书记、市长。1997年12月至2001年1月，肥城市委书记。2001年1月至2001年2月，泰安市人民政府党组成员。2001年2月至2008年1月，泰安市人民政府副市长、党组成员。2008年1月至2012年2月，泰安市人大常委会党组副书记、副主任。2012年2月至2013年9月，泰安市人大常委会特邀咨询。2013年9月离职。

张太朋　1954年8月出生，新泰市天宝镇豪山前村人。1972年11月至1975年6月，成都军区空军昆明指挥所某部战士、副班长、班长。1975年7月至1979年5月，福州军区空军司令部气象勤务站情报中队班长、无线电技师。1979年6月至1983年6月，历任福州军区空军司令部情报中队副政治指导员、中队长、情报资料研究室主任等职。1983年7月至1985年9月，福州军区空军司令部管理处参谋。1985年10月至1987年7月，南京政治学院上海分院学习。1987年8月至1988年6月，空军第八军司令部管理处参谋。1988年7月至1990年6月，空军第八军司令部金山引导站站长。1990年7月至1994年3月，空军第八军司令部任保密室主任、管理处副处长。1994年4月至1998年12月，空军第八军司令部管理处长。1999年1月至2008年3月，南京军区空军任第一招待所所长、司令部气象处工程师，空军大校军衔、技术6级、正师职。2008年4月，南京军区空军任第一招待所所长、第六通信修理所高级工程师，空军大校军衔、技术5级、副军职。2009年，获“空军保留技术骨干”“空军高级技术人才”称号。

刘汉玲　女，1956年3月出生，泰安市岱岳区徂徕镇南上庄村人。1976年11月加入中国共产党，1978年12月参加工作，省委党校研究生学历。1975年11月至1978年12月，泰安地委驻肥城、宁阳、章丘工作队队员、副队长、队长（计算连续工龄）。1978年12月至1979年3月，泰安地委驻平阴县城关镇工作队秘书。1979年3月至1984年9月，泰安县（市）妇联干事、办公室主任。1984年9月至1986年7月，泰安师专干修科学员。

1986年7月至1986年10月，泰安市郊区妇联办公室主任。1986年10月至1989年1月，泰安市郊区区委组织部干事、组织科副科长。1989年1月至1991年11月，泰安市郊区区委组织部副局级组织员。1991年11月至1992年5月，泰安市郊区区委组织员办公室副主任（1988年6月至1992年6月，在高教自考省教育学院本科汉语言文学专业学习）。1992年5月至12月，泰安市郊区区委组织员办公室主任。1992年12月至1995年12月，泰安市郊区区委常委、妇联主席。1995年12月至1997年12月，泰安市郊区区委常委、宣传部部长。1997年12月至1998年2月，泰安市计生委副主任、党组副书记。1998年2月至3月，泰安市计生委党组书记。1998年3月至2001年1月，泰安市计生委主任、党组书记。2001年1月至3月，泰安市岱岳区区委书记、泰安市计生委主任。2001年3月至2003年1月，泰安市岱岳区区委书记、党校校长、区人武部党委第一书记。2003年1月至2月，泰安市政府市长助理、党组成员。2003年2月至2005年5月，泰安市政府副市长、党组成员。2005年5月至2006年2月，泰安市政府副市长、党组成员，市慈善总会会长。2006年2月至2008年12月，泰安市人大常委会副主任、党组成员，市慈善总会会长。2008年12月至2012年5月，泰安市人大常委会副主任、党组成员。2012年5月，泰安市人大常委会党组副书记、副主任。省八次党代会代表。

二

董文华 1933年2月出生，泰安市岱岳区房村镇董白塔村人。1958年7月参加工作，1973年3月加入中国共产党，中学高级教师（副教授）。1958年7月至1968年10月，莱芜第二中学任教师、班主任、数学教研组组长。1968年10月，泰安县西住公社董白塔村小学任教。1970年至1975年，东良父联中学校与学区负责人。1975年6月，西住人民公社教育组教研会主任、中小学教研员。1978年，教育党总支副书记。1985年，房村乡教育办公室主任、党总支书记。1987年至1989年，兼泰安市第二十一中学党支部书记。1989年9月，被评为全国优秀教师。是年10月，被泰安市政府授予职工劳动模范、优秀知识分子。1993年2月退休。2009年4月，主编《蓬勃发展的房村镇基础教育——教育事业发展的六十年》一书。

刘传忠 1962年7月出生，山东省泰安市泰山区省庄镇人，大学学历。1981年7月参加工作，1985年11月加入中国共产党。1981年7月至1988年12月，泰安市徂徕山林场技术员（1987年9月，助理工程师）。1988年12月至1994年10月，泰安市徂徕山林场人造板厂副厂长、厂长、党支部书记，助理工程师。1994年10月至2000年6月，泰安市徂徕山林场林海实业公司经理、党支部书记（1994年10月，工程师）。2000年6月至2008年7月，泰安市徂徕山林场森保站站长（2000年10月，高级工程师）。2008年7月至2011年1月，新疆岳普湖县林业局副局长（2010年11月，提高待遇高级工程师）。2011年1月至2012年11月，市徂徕山林场森保站站长，提高待遇高级工程师。2012年11月，泰安市徂徕山林场总工程师、党委委员，提高待遇高级工程师。

时贞军 1963年11月出生，新泰市天宝镇时家庄村人。曲阜师范大学运筹与管理学院副院长、硕士研究生导师、中国数学规划学会理事、山东省运筹学会常务理事，主要从事运筹学、最优化与计算机应用的研究。

1986年毕业于曲阜师范大学数学系，获学士学位。1991年7月毕业于南京大学计算数学专业，获理学硕士学位。1992年、1994年和1995年分别晋升为讲师、副教授和教授。1996年获中国运筹学会（国家一级学会）第五届全国青年运筹学奖。1998年获第五届山东省青年科技奖。2002年10月，毕业于大连理工大学应用数学系运筹学与控制论专业，获理学博士学位。2003年4月，在中国科学院计算数学与科学工程计算研究所做博士后研究工作。他一直从事非线性规划理论与算法的研究和运筹学、计算机在工矿企业中的推广应用工作，曾承担国家自然科学基金项目2项、山东省青年科学家奖励基金项目2项，山东省自然科学基金项目2项，在国内外学术刊物上发表论文50余篇，获国家教育部科技进步二等奖1项，中国高校科学技术奖二等奖1项，山东省科技进步二等奖1项、三等奖2项，山东省计算机应用优秀成果三等奖2项、中国运筹学会第五届全国青年运筹学奖、第五届山东省青年科技奖、第六届中国运筹学二等奖、山东省教育厅科技进步奖7项。

张兴广　1965年10月出生，泰安市岱岳区满庄镇王家园村人，大学学历。1988年7月参加工作，1993年3月加入中国共产党。1988年7月至1992年7月，泰安市徂徕山林场生产科助理工程师。1992年7月至1992年12月，泰安市徂徕山林场生产科副科长，助理工程师。1992年12月至1995年12月，泰安市徂徕山林场王庄林区主任、党支部书记（1993年10月，林业工程师）。1995年12月至1996年12月，泰安市徂徕山林场王庄林区党支部书记、林业工程师。1996年12月至1997年12月，泰安市徂徕山林场锦罗林区党支部书记、林业工程师。1997年12月至2004年3月，泰安市徂徕山林场生产科副科长（2001年10月，林业副高级工程师）。2004年3月至2012年12月，泰安市徂徕山林场生产科科长、林业副高级工程师（2011年10至11月，新疆岳普湖县科技支农）。2012年12月，泰安市徂徕山林场生产科科长、工程技术应用研究员。

马宝成　1967年出生，新泰市天宝镇下坦村人。1985年毕业于山东新泰师范学校。是年，在山东大学教务处工作。1993年毕业于山东大学历史系，获历史学硕士学位。是年，任山东行政学院行政系讲师。1999年7月毕业于北京大学政府管理学院，获法学博士学位。是年，在国家行政学院工作，历任国家行政学院研究员、《国家行政学院学报》编辑部主任、科研部院刊处处长。中国政治学学会理事，中央民族大学、西南政法大学、中国人民公安大学兼职教授。主要从事政治学理论、中国地方政府管理与创新、中国农村问题等方面的研究。在国内外发表学术论文70余篇。主持国家哲学社会科学基金青年项目1项、司法部部级课题1项，参与国家级、省部级课题项目6项。主要著作有《政治合法性研究》《村级治理：制度与绩效》《后税费时代的农村基层政权》等专著，合著及参与编写学术著作10余部。

刘真社　1967年11月出生，新泰市天宝镇杨庄村人。1983年至1986年，在新泰市第三农业中学读书。1987年10月参军入伍。1988年10月，被授予下士军衔。1989年9月至1991年7月，在北京防化学院学习。1991年7月，天津警备区特务连排长。1993年4月，天津警备区教导大队教员。1999年至2007年，天津警备区新兵营营长。2001年2月，记二等功一次。2002年，当选为中国共产党第十六次全国代表大会代表。2011年8月，天津市西青区人民武装部副部长。

烈士名录

一、新泰市天宝镇

表人物-1

姓　名	性别	籍 贯	出 生 时 间	参加革 命时间	牺 牲 时 间	牺 牲 地 点	牺牲时 单　位	备 注
马春读	男	大西峪	1918	1940	1940	蒙　阴	八路军	
焦丰良	男	豪山前	1913	1939	1940	泗　水	八路军	
侯发贵	男	上官庄	1916	1940	1941	新　泰	泰安独立营	
陶振宽	男	上官庄	1911	1940	1941	石　莱	天宝区中队	
时运杰	男	时家庄	1916	1938	1941	徂徕山	八路军	中共党员
梁传忠	男	涝　洼	1919	1938	1943	徂徕山	泰安独立营	中共党员
孙兆有	男	涝　洼	1925	1943	1943	徂徕山	泰安独立营	
张立臣	男	时家庄	1915	1944	1944	徂徕山	泰宁独立营	
王连财	男	时家庄	1920	1944	1944	徂徕山	泰宁独立营	
戚安贤	男	天宝二	1925	1943	1944	新　泰	鲁中军区	
李振楼	男	赵　庄	1921	1943	1944	泰　安	泰安独立营	
周和然	男	庄　庄	1920	1944	1944	平　邑	泰山军分区	
周茂伦	男	庄　庄	1922	1943	1944	赵　庄	泰安独立营	
陈庆有	男	天宝五	1920	1943	1945	莱　芜	八路军	中共党员
孙海粟	男	西羊舍	1920	1939	1945	山口战斗	泰北行署	中共党员
刘方胜	男	杨　庄	1922	1945	1945	徂徕山	泰宁独立营	
刘瑞胜	男	大西峪	1925	1945	1946	辽　中	东北野战军	
陈庆伦	男	寇家庄	1921	1944	1946	楼　德	天宝区公所	
孟继漠	男	寇家庄	1918	1945	1946	楼　德	天宝区公所	
刘西常	男	朴　里	1908	—	1946	朴　里	朴里村	
赵和银	男	朴　里	1919	—	1946	朴　里	朴里村	
王光明	男	朴　里	1919	—	1946	朴　里	朴里村	中共党员
刘相山	男	朴　里	1928	—	1946	朴　里	朴里村	

续表 1

姓 名	性别	籍 贯	出 生 时 间	参加革命时间	牺 牲 时 间	牺 牲 地 点	牺牲时单 位	备 注
段清山	男	朴 里	1918	—	1946	朴 里	朴里村	中共党员
吴消佑	男	朴 里	1901	—	1946	朴 里	朴里村	
刘希瑞	男	朴 里	1926	—	1946	朴 里	朴里村	
刘公海	男	朴 里	1911	—	1946	朴 里	朴里村	
耿丙存	男	前寺庄	1924	1942	1946	辽 中	东北民主联军	
时贞田	男	时家庄	1923	1942	1946	歪头山	东北野战军	
时亨鲁	男	时家庄	1920	1944	1946	鞍山市	辽南独立师	
王振水	男	西羊舍	1923	1944	1946	淄 博	泰宁独立营	
孙德胜	男	西羊舍	1907	1938	1946	天 宝	—	
李玉等	男	颜 后	1922	1940	1946	博 山	鲁中军区	
赵敬宝	男	颜 前	1924	1945	1946	博 山	鲁中军区	
米风来	男	天宝一	1900	—	1947	平 邑	天宝区	中共党员
袁玉恩	男	北汶西	1915	1942	1947	吉林省	东北野战军	中共党员
苏江喜	男	大东庄	1922	1942	1947	四 平	东北野战军	
卢纪红	男	大西峪	1910	1945	1947	陕西省	中原野战军	
郭元泉	男	郭家庄	1918	1946	1947	徂徕山	泰宁独立营	
黄绪安	男	南汶西	1922	1945	1947	泰 安	泰宁独立营	
黄寿义	男	南汶西	1929	1946	1947	泰 安	泰宁独立营	
张保珠	男	上官庄	1927	1944	1947	辽宁省	东北野战军	
尹承水	男	时家庄	1920	1944	1947	九山战斗	鲁中军区	
赵连常	男	时家庄	1924	1944	1947	泰 安	华野九纵	
赵元清	男	时家庄	1923	1944	1947	肥 城	鲁南军区	
戚化祥	男	天宝六	1920	1946	1947	泰 安	泰宁独立营	
米英旺	男	天宝一	1916	1947	1947	莱 芜	华野八纵	中共党员
崔希让	男	西羊舍	1913	1943	1947	莱 芜	华野八纵	中共党员
李玉元	男	颜 后	1923	1943	1947	泰 安	华野八纵	

续表 2

姓 名	性别	籍 贯	出 生 时 间	参加革命时间	牺 牲 时 间	牺 牲 地 点	牺牲时 单 位	备 注
刘志安	男	大东庄	1921	1941	1948	—	华 野	
尹礼祥	男	花拉湾	1920	1948	1948	淮海战役	华野八纵	中共党员
尹礼仁	男	花拉湾	1919	1943	1948	吉林省	东北野战军	中共党员
傅泰吉	男	彭家庄	1919	1946	1948	开封战役	华野八纵	中共党员
王光玉	男	时家庄	1926	1944	1948	蒙 阴	鲁中军区	
时亨安	男	时家庄	1926	1945	1948	淮海战役	鲁中二专署	
孟光法	男	天宝三	1930	1946	1948	辽宁省	志愿军	
郭元森	男	西羊舍	1925	1947	1948	淮海战役	华野八纵	中共党员
焦瑞和	男	颜 后	1924	1947	1948	淮海战役	华野八纵	
朱立生	男	颜 前	1915	1947	1948	开封战役	华野八纵	中共党员
王玉忠	男	颜 前	1927	1944	1948	兖 州	鲁中军区	中共党员
钟守存	男	颜 前	1924	1944	1948	淮海战役	华野八纵	
陈瑞祥	男	北汶西	1925	1945	1949	淮海战役	华野十纵	
王振昌	男	西羊舍	1917	1938	1949	浙江省	—	中共党员
孙圣贤	男	杨 庄	1915	1944	1949	淮海战役	华野八纵	
刘廷会	男	大西峪	1923	1946	1950	四 平	解放军	
张现财	男	涝 洼	1924	1940	1950	海南岛	40 军	
鲍继海	男	南汶西	1921	1946	1950	朝 鲜	志愿军	
耿丙奎	男	前寺庄	1916	1949	1950	朝 鲜	志愿军	
刘正增	男	上官庄	1928	1949	1950	朝 鲜	志愿军	
方殿银	男	天宝二	1923	1950	1950	朝 鲜	志愿军	
张兆珂	男	天宝二	1927	1945	1950	上 海	26 军	
武玉兰	男	天宝二	1929	1944	1950	朝 鲜	志愿军	中共党员
戚现志	男	天宝六	1927	1946	1950	朝 鲜	志愿军	中共党员
柴树坤	男	天宝五	1924	1948	1950	朝 鲜	志愿军	中共党员
刘玉刚	男	杨 庄	1924	1947	1950	朝 鲜	志愿军	中共党员
周长增	男	杨 庄	1922	1949	1950	朝 鲜	志愿军	

续表 3

姓 名	性别	籍 贯	出 生 时 间	参加革命时间	牺 牲 时 间	牺 牲 地 点	牺牲时 单 位	备 注
李灿珠	男	杨 庄	1922	1948	1950	朝 鲜	志愿军	
刘忠文	男	赵 庄	1919	1943	1950	朝 鲜	志愿军	
周长兰	男	庄 庄	1926	1948	1950	朝 鲜	志愿军	
周江战	男	高山崖	1924	1945	1951	朝 鲜	志愿军	
丁文德	男	高山崖	1921	1947	1951	朝 鲜	志愿军	
郭元鑫	男	郭家庄	1925	1948	1951	朝 鲜	—	
孙克宝	男	黄花岭	1917	1948	1951	朝 鲜	志愿军	
吴登山	男	天宝二	1925	1951	1951	朝 鲜	志愿军	
殷士甲	男	天宝四	1927	1948	1951	朝 鲜	志愿军	中共党员
程德杰	男	天宝五	1925	1945	1951	朝 鲜	志愿军	中共党员
孙盛泉	男	魏家沟	1927	1950	1951	朝 鲜	志愿军	中共党员
郭广梅	男	西羊舍	1919	1951	1951	朝 鲜	志愿军	
刘纪真	男	夏 疃	1929	1948	1951	朝 鲜	志愿军	中共党员
陈云清	男	杨 庄	1926	1946	1951	朝 鲜	志愿军	中共党员
王成宗	男	北汶西	1929	1948	1952	朝 鲜	志愿军	中共党员
刘廷绘	男	大西峪	1929	1948	1952	朝 鲜	志愿军	
罗文田	男	年家峪	1932	1951	1952	朝 鲜	志愿军	
张保伦	男	上官庄	1922	1948	1952	朝 鲜	志愿军	
王大安	男	西羊舍	1933	1951	1952	朝 鲜	志愿军	
杨笃芝	男	下官庄	1926	1951	1952	朝 鲜	志愿军	
范明坤	男	夏 疃	1928	1947	1952	吉林省	26 军	中共党员
朱德海	男	颜 前	1933	1951	1952	朝 鲜	志愿军	
李兴玉	男	赵 庄	1925	1947	1952	朝 鲜	志愿军	
周庆读	男	庄 庄	1923	1948	1952	朝 鲜	志愿军	
陈衍善	男	陈汶西	1930	1951	1953	朝 鲜	志愿军	
卢方财	男	大西峪	1933	1951	1953	朝 鲜	志愿军	
刘瑞增	男	大西峪	1934	1952	1953	朝 鲜	志愿军	

续表 4

姓 名	性别	籍 贯	出 生 时 间	参加革 命时间	牺 牲 时 间	牺 牲 地 点	牺牲时 单 位	备 注
梁培玉	男	大西峪	1932	1951	1953	朝 鲜	志愿军	中共党员
张文柱	男	黄道沟	1925	1946	1953	—	—	中共党员
姜永信	男	彭家庄	1920	1948	1954	大 连	26 军	中共党员
刘玉生	男	夏 疃	1926	1948	1956	朝 鲜	—	
杨昌朋	男	东羊舍	1931	1947	1957	济南军区	26 军	中共党员
李玉富	男	大东庄	1944	1965	1967	越 南	3998 部队	中共党员
臧敬义	男	高山崖	1940	1964	1967	福建省	6609 部队	
王元芳	男	彭家庄	1945	1966	1967	越 南	2855 部队	中共党员
戚群吉	男	颜 后	1946	1966	1968	越 南	空军高炮	
郭广涛	男	西羊舍	1949	1968	1969	拉萨市	空军 852 部队	
王光顺	男	北汶西	1924	1943	1970	合 肥	南京军区	中共党员
李兴安	男	上官庄	1948	1968	1970	西 昌	7267 部队	
鲍怀龙	男	南汶西	1952	1973	1975	昆 明	87300 部队	
冯绍金	男	城 东	1933	1953	1979	西沙群岛	38262 部队	中共党员
陈衍忠	男	寇家庄	1923	1941	—	—	鲁中军区	
杨兰苓	男	下官庄	1927	1942	—	—	八路军	
方存实	男	槐 林	1915	1945	—	—	泰安独立营	
王振录	男	松 棚	1925	1946	—	—	志愿军	
周长春	男	庄 庄	1920	1948	—	—	—	

二、岱岳区马湾乡

表人物–2

姓 名	性别	籍 贯	出 生 时 间	参加革 命时间	牺 牲 时 间	牺 牲 地 点	生前职务
王承禄	男	石 湾	1921	1938	1938	莱芜圣井	战 士
彭西海	男	洼 里	1920.3	1941.4	1942	新泰莲花山	战 士
张登友	男	沙 沟	1921.5	—	1943.8	泰 安	战 士
严积和	男	殷家林	1926.12	1944.3	1944	莱芜毛埠	战 士

续表 1

姓名	性别	籍贯	出生时间	参加革命时间	牺牲时间	牺牲地点	生前职务
吴连前	男	王家庄	1928	1944.4	1945	章丘	战士
王承读	男	石湾	1924	1942	1946	临沂朱子园	战士
赵奎祥	男	董庄	1925.4	1943	1946.1	莱芜	连长
彭西升	男	洼里	1925.3	1944.8	1946.6	长清万德	战士
刘文良	男	想家峪	1926	1944	1947	郯城	文化教员
严承俊	男	殷家林	1922	1947	1947	新泰	营业员
孙积红	男	沙沟	1922.7	1944.2	1947.2	莱芜	公安员
孙清全	男	劝礼	1921	1947	1948	兖洲	战士
张树良	男	王家庄	1905.3	1948	1948	济南	民工
彭钦增	男	茌家庄	1921.3	1945.7	1948.1	泰安苑庄	邮递员
吴佐增	男	劝礼	1930	1947.6	1948.12	淮海战役	战士
吴佐成	男	劝礼	1931	1947	1949.1	福建省厦门	战士
赵奎如	男	董庄	1927.2	1948.3	1949.1	淮海战役	战士
任德广	男	南洪河	1919.2	1948	1949.1	淮海战役	战士
任先平	男	化马湾	1924	1943	1949.1	淮海战役	战士
陈志和	男	化马湾	1924	1944	1949.1	淮海战役	连长
常圣刚	男	化马湾	1924	1949	1950	云南	战士
张举亮	男	南韩	1928.4	1948.3	1950	云南	战士
彭光友	男	河东	1926.7	1942.6	1950.12	朝鲜	指导员
任万功	男	化马湾	1927	1946.6	1950.2.	重庆	科员
孙汉申	男	茌家庄	1928.5	1948.1	1950.8	重庆	战士
窦金山	男	东掌	1932	1950	1951	朝鲜	战士
邹宗福	男	想家峪	1925	1947	1951	南京	战士
孙法河	男	西庄	1928.4	1948.11	1951	浙江奉化	电话员
刘孝泉	男	茌家庄	1925.4	1950.8	1951	朝鲜	战士
邓元财	男	石湾	1929	1951.2	1951.11	朝鲜	战士
张登江	男	化马湾	1926	1951.2	1951.12	朝鲜	副班长

续表 2

姓 名	性别	籍 贯	出 生 时 间	参加革 命时间	牺 牲 时 间	牺 牲 地 点	生前职务
王德庆	男	河 东	1926.7	1949.3	1951.2	朝 鲜	战 士
张兴宗	男	牛 山	1923.5	1950.	1951.4	朝 鲜	战 士
张叔喜	男	茌家庄	1920.6	1948.6	1951.6	朝 鲜	战 士
张国炳	男	肖家庄	1919	1949.3	1952.6	云南省河口	战 士
王树田	男	贾家庄	1927.7	1948.8	1953	云南剿匪	副班长
彭西凯	男	洼 里	1934.10	1953.4	1964.4	滇南剿匪	战 士
赵国仁	男	东 掌	1955	1972	1974	荣 城	战 士

三、岱岳区良庄镇

表人物–3

姓 名	性别	籍 贯	出 生 年 月	参加革 命时间	牺 牲 时 间	牺 牲 地 点	生前职务	备 注
房汝洲	男	房宣洛	1913	1938	1938	滕 县	战 士	中共党员
高培亮	男	房宣洛	1917	1938	1938	滕 县	战 士	中共党员
薛厚文	男	薛庄南	1922	1937	1938	新泰椅子门	班 长	
张召善	男	良庄西	1902	1936	1938	淄 博	战 士	
高洪元	男	茅 三	1911	1938	1939	宁阳四岭	战 士	
李丙师	男	良庄东	1919	—	1939	良 庄	良庄联防队员	
李玉亭	男	茅 三	1916	1938	1939	泰 安	连 长	中共党员
张锡富	男	山阳北	1911	1938	1939	沂蒙山	排 长	中共党员
程中超	男	茅 三	1913	1938	1940	下 港	连 长	中共党员
高相新	男	高胡庄	1918	1939	1940	泰安颜张	战 士	中共党员
孔召伍	男	山阳东	1912	1948	1940	徂徕山三棱崮	营 长	中共党员
李丙寅	男	良庄东	1919	1938	1940	蒙 阴	战 士	
李恒温	男	凤凰庄	1920	1939	1940	山东彭山泉	排 长	中共党员
王继亮	男	茅 四	1919	1937	1940	大汶口	战 士	
张丙坤	男	白 庙	1916	1938	1940	莱 芜	教导员	中共党员

续表 1

姓 名	性别	籍 贯	出 生 年 月	参加革 命时间	牺 牲 时 间	牺 牲 地 点	生前职务	备 注
蔡林皆	男	茅　二	1896	1938	1941	徂徕山	连　长	中共党员
陈文业	男	西良庄	1918	1940	1941	莱　芜	战　士	
陈文油	男	西良庄	1918	1939	1941	莱　芜	战　士	
程春田	男	茅　三	1914	1938	1941	泰城城南	排　长	中共党员
楮光皆	男	良庄北	1918	1938	1941	泰安良庄	战　士	
高士贞	男	房宣洛	1913	1938	1941	房宣洛村	地下交通员	中共党员
耿光贵	男	白　庙	1902	1933	1941	莱　芜	战　士	
李昌文	男	良庄东	1921	—	1941	滕　县	支前担架队民工	
李昌雨	男	良庄西	1911	1938	1941	滕　县	战　士	
梁文远	男	高胡庄	1918	1938	1941	沂水县	医　生	中共党员
吴万生	男	白　庙	1915	1939	1941	莱　芜	战　士	
薛玉台	男	薛庄北	1917	1939	1941	莱芜徐家店子	新泰联合办事处	中共党员
杨金顺	男	凤凰庄	1917	1940	1941	泰安崆峪山	战　士	
张　重	男	西良庄	1918	1939	1941	莱　芜	战　士	
张建翠	男	西良庄	1905	939	1941	泗水县	战　士	
赵允言	男	凤凰庄	1922	1940	1941	泰安崆峪山	战　士	
赵允椅	男	凤凰庄	1921	1940	1941	沂源县	八路军	
陈炳兰	男	西良庄	1910	1940	1942	莲花山	排　长	
陈庆林	男	山阳东	1913	1941	1942	莱　芜	连　长	中共党员
程春水	男	茅　三	1916	1937	1942	莱芜战役	战　士	
程焕文	男	山阳南	1923	1938	1942	莲花山战役	战　士	
程金炳	男	茅　三	1916	1941	1942	莱　芜	泰安县大队	
程宗伦	男	山阳北	1918	1940	1942	新泰国都	战　士	
褚正良	男	良庄北	1920	1940	1942	徂徕山三棱崮	战　士	

续表 2

姓 名	性别	籍 贯	出 生 年 月	参加革命时间	牺 牲 时 间	牺 牲 地 点	生前职务	备 注
高炳圣	男	山阳西	1924	1941	1942	莲花山战役	排 长	中共党员
高炳侠	男	山阳西	1921	1942	1942	徂徕山	战 士	中共党员
高圣文	男	良庄东	1925	1942	1942	莲花山战役	战 士	
葛秀武	男	演武厅	1921	1939	1942	莲花山战役	战 士	
葛衍臣	男	演武厅	1911	—	1942	演武厅村	泰安演武厅村	中共党员
耿光成	男	白 庙	1918	1939	1942	莲花山战役	战 士	
耿文江	男	山阳北	1919	1937	1942	莲花山	县大队医生	中共党员
黄庆芳	男	白 庙	1917	1940	1942	莲花山战役	战 士	
姬圣才	男	茅 二	1910	1938	1942	泰安肖家官庄	战 士	
姬长荣	男	茅 二	1919	1941	1942	徂徕山三棱崮	战 士	
孔祥富	男	山阳北	1919	1940	1942	莲花山	战 士	
李安深	男	良庄西	1913	1938	1942	莲花山战役	战 士	
李炳宽	男	良庄南	1915	1937	1942	莲花山战役	战 士	中共党员
李昌岳	男	良庄西	1926	1942	1942	莲花山	战 士	
李恒川	男	良庄南	1915	1938	1942	莲花山战役	战 士	
李恒建	男	良庄南	1912	1937	1942	莲花山战役	战 士	
李平敦	男	良庄西	1911	1937	1942	莲花山战役	战 士	
李朴平	男	良庄南	1918	1938	1942	莲花山战役	战 士	
李升平	男	良庄东	1925	1942	1942	莲花山战役	战 士	
李振林	男	茅 一	1910	1937	1942	莱芜善家庄	战 士	
卢木贤	男	良庄南	1915	1937	1942	莲花山战役	战 士	
马传富	男	茅 二	1918	1940	1942	莲花山	连 长	中共党员
时全艮	男	良庄西	1912	1938	1942	莲花山战役	战 士	
时义三	男	良庄西	1912	1938	1942	莲花山战役	战 士	中共党员
孙永安	男	孙宣洛	1917	1941	1942	莲花山	战 士	
孙永正	男	孙宣洛	1916	1941	1942	莲花山	战 士	

续表 3

姓 名	性别	籍 贯	出 生 年 月	参加革命时间	牺 牲 时 间	牺 牲 地 点	生前职务	备 注
孙兆昌	男	良庄北	1928	1940	1942	莲花山战役	战　士	
王宝珍	男	山阳西	1921	1942	1942	泰安西南望	班　长	中共党员
王保贤	男	山阳东	1910	1941	1942	徂徕山三棱崮	战　士	
王怀义	男	山阳西	1921	1940	1942	徂徕山	战　士	中共党员
王启岭	男	山阳东	1911	1940	1942	泰安山阳村	战　士	
王圣山	男	茅　二	1924	1941	1942	莲花山	战　士	
王胜洲	男	良庄西	1922	1941	1942	莲花山战役	战　士	
王新瑞	男	茅　一	1921	1940	1942	泰安肖家官庄	连　长	中共党员
吴西汉	男	山阳东	1913	1938	1942	莱　芜	泰北行署宣传部部长	中共党员
武甲成	男	茅　一	1918	1937	1942	泰安肖家官庄	战　士	
辛夫举	男	凤凰庄	1914	1940	1942	徂徕山三棱崮	副排长	中共党员
辛夫义	男	凤凰庄	1919	1940	1942	泰安旧县	班　长	中共党员
许崇起	男	八里庄	1922	1939	1942	徂徕山	战　士	
薛德刚	男	薛庄南	1917	1939	1942	莱芜小北野	战　士	
薛其汉	男	薛庄北	1916	1938	1942	莱芜善家庄	连　长	中共党员
薛其美	男	薛庄北	1923	1939	1942	莲花山	战　士	
薛其木	男	薛庄北	1923	1940	1942	泰安汶口	战　士	
薛训德	男	薛庄北	1922	1941	1942	莱芜善家庄	战　士	
薛训宣	男	薛庄北	1912	1942	1942	莱　芜	教导员	中共党员
薛玉忠	男	薛庄北	1916	1938	1942	莱芜善家庄	战　士	
颜承新	男	良庄西	1911	1939	1942	莲花山战役	战　士	
杨存德	男	良庄北	1918	1938	1942	徂徕山	战　士	
杨正良	男	良庄北	1920	1940	1942	徂徕山	战　士	
郇圣玉	男	山阳东	1916	1940	1942	徂徕山三棱崮	战　士	
张佃响	男	良庄东	1915	1935	1942	莲花山战役	战　士	
张亮德	男	山阳北	1924	1942	1942	新泰莲花山	战　士	

续表 4

姓名	性别	籍贯	出生年月	参加革命时间	牺牲时间	牺牲地点	生前职务	备注
张清干	男	西良庄	1917	1938	1942	莲花山	战士	中共党员
张清汉	男	西良庄	1915	1938	1942	莱芜	战士	
张清荣	男	西良庄	1917	1938	1942	莲花山战役	战士	中共党员
张清修	男	西良庄	1921	—	1942	莲花山	支前担架队民工	
张庆近	男	良庄东	1920	1940	1942	莲花山战役	战士	
张庆珠	男	良庄东	1926	1938	1942	莲花山战役	战士	
张召本	男	良庄西	1912	1939	1942	莲花山战役	战士	中共党员
张召金	男	良庄北	1920	1937	1942	徂徕山	战士	
张召善	男	黄石崖	1918	1937	1942	新泰莲花山	排长	
张志祥	男	良庄西	1913	1938	1942	莲花山战役	班长	
赵方新	男	西良庄	1920	1938	1942	莲花山战役	战士	中共党员
赵吉伦	男	良庄北	1908	—	1942	新泰莲花山	支前担架队民工	
赵允湖	男	凤凰庄	1910	1940	1942	沂蒙山	战士	
赵允敬	男	凤凰庄	1915	1942	1942	莲花山战役	战士	
程夫香	男	辛庄	1910	1941	1943	莱芜	战士	中共党员
高相坤	男	山阳西	1921	1942	1943	徂徕	战士	中共党员
耿文平	男	白庙	1914	1939	1943	章丘	战士	
梁东大	男	山阳北	1922	1941	1943	长清崮山	副排长	中共党员
梁京堂	男	山阳北	1912	1942	1943	泰安韩家寨	战士	
刘仁友	男	侯宣洛	1920	1943	1943	徂徕山三棱崮	战士	
邵吉富	男	山阳西	1922	1941	1943	临沂	连长	中共党员
王继顺	男	黄石崖	1918	1937	1943	泗水重村	排长	中共党员
薛宣	男	薛庄南	1917	1935	1943	日照	营长兼教导员	中共党员
张夫柳	男	西良庄	1921	1940	1943	徂徕山	战士	
张福生	男	东延东	1905	1937	1943	泰安草茨	班长	

续表 5

姓 名	性别	籍 贯	出 生 年 月	参加革 命时间	牺 牲 时 间	牺 牲 地 点	生前职务	备 注
张建伦	男	薛庄北	1906	1939	1943	泰安薛庄	通信员	
张庆恒	男	房宣洛	1926	1943	1943	泰　安	战　士	
张庆喜	男	良庄东	1923	1942	1943	徂徕山	战　士	
张树棠	男	西良庄	1916	1938	1943	莱　芜	战　士	
赵方读	男	西良庄	1918	1940	1943	兖　州	排　长	中共党员
赵运金	男	凤凰庄	1911	1940	1943	泰安崆崆山	战　士	
程夫珠	男	山阳南	1926	1942	1944	山东广饶	战　士	
高相言	男	山阳西	1920	1940	1944	莱　芜	战　士	
高元其	男	山阳西	1922	1941	1944	徂徕山三棱崮	战　士	中共党员
侯　英	男	山阳北	1921	1941	1944	泰安旧县	旧县区区长	中共党员
梁建田	男	山阳南	1915	1940	1944	临沂李庄	临沂县区委组织委员	中共党员
王秀全	男	山阳南	1920	1938	1944	沂　水	副排长	中共党员
薛　浩	男	薛庄南	1902	1937	1944	安徽省	鲁南军区第三军分区司令员	中共党员
薛训德	男	薛庄北	1919	1942	1944	宋家林	战　士	
程德祥	男	茅　三	1911	1937	1945	旧县村	交通员	
房庆丰	男	房宣洛	1903	1943	1945	邱家店	战　士	中共党员
高士圣	男	房宣洛	1918	1943	1945	邱家店	战　士	中共党员
李恒见	男	良庄东	1916	1936	1945	良　庄	县委司法科科长	
梁建训	男	山阳南	1907	1940	1945	新　泰	班　长	中共党员
武道泉	男	茅　一	1923	1940	1945	旧县村	战　士	中共党员
武之凯	男	茅　一	1920	1942	1945	旧县村	连　长	中共党员
张炳信	男	山阳东	1909	1938	1945	鲁　南	营后勤部长	中共党员 二等功 2 次
赵芳谦	男	西良庄	1918	—	1945	淮海战役	支前担架队民工	
陈树晋	男	西良庄	1912	1938	1946	新泰云亭山	连　长	中共党员

续表 6

姓名	性别	籍贯	出生年月	参加革命时间	牺牲时间	牺牲地点	生前职务	备注
程夫孔	男	山阳南	1904	1940	1946	莱芜	指导员	中共党员
程宗仁	男	山阳南	1912	1938	1946	莱芜	战士	中共党员
冯国存	男	茅一	1920	1942	1946	滕县战役	连长	中共党员
李昌垒	男	良庄西	1926	1938	1946	良庄	良庄联防队队员	中共党员
秦兴富	男	山阳北	1915	1945	1946	济南	战士	
万振岩	男	演武厅	1911	1940	1946	宁阳	战士	
王洪起	男	茅一	1919	1941	1946	河北省	营长	中共党员
张西坤	男	良庄东	1922	—	1946	良庄	良庄联防队队员	
蔡松林	男	茅二	1917	1940	1947	角峪	副营长	中共党员
陈丙亭	男	西良庄	1918	1945	1947	良庄	排长	中共党员
陈尚星	男	西良庄	1922	—	1947	西良庄村	良庄联防队队员	
程金石	男	辛庄	1928	1947	1947	河南开封	战士	
房元领	男	房宣洛	1919	1944	1947	长清万德	战士	中共党员
李玉明	男	八里庄	1921	1941	1947	四平街	四野战军教导员	中共党员
梁传英	男	凤凰庄	1927	—	1947	泰安南官庄村	凤凰联防队队员	
刘加孝	男	南官庄	1922	—	1947	南官庄村	良庄联防队队员	中共党员
王立斗	男	茅三	1915	1942	1947	辽宁鞍山	战士	
徐恩文	男	良庄北	1920	1938	1947	莱芜战役	战士	
薛信文	男	薛庄北	1918	1937	1947	东北四平街	旅教导员	中共党员
薛训护	男	薛庄北	1911	1938	1947	薛庄	副连长	中共党员
郁绪平	男	山阳东	1917	1941	1947	河南开封	副连长	中共党员
张清芬	男	西良庄	1905	1940	1947	蒙阳战斗	战士	中共党员
赵允翠	男	凤凰庄	1921	1943	1947	临沂	三野八纵队	
方恒安	男	房宣洛	1918	1943	1948	新泰水波	联防队队员	中共党员

续表 7

姓 名	性别	籍 贯	出 生 年 月	参加革 命时间	牺 牲 时 间	牺 牲 地 点	生前职务	备 注
方恒保	男	房宣洛	1917	1948	1948	楼德镇	联防队队员	中共党员
冯培良	男	黄石崖	1923	1945	1948	沂蒙山	班 长	
高炳石	男	山阳西	1924	1946	1948	沂蒙山	战 士	中共党员
侯宝景	男	茅 一	1927	1947	1948	泰安角峪	连 长	中共党员
蒋乐祥	男	员外庄	1925	1947	1948	淮海战役	战 士	中共党员
李昌恩	男	良庄西	1911	1936	1948	济南战役	战 士	中共党员
李昌硕	男	良庄东	1925	1943	1948	泰安凤凰庄	班 长	
李禄昌	男	良庄西	1911	—	1948	淮海战役	支前担架队	
李西秋	男	茅 四	1920	1947	1948	长春市	战 士	
刘相峰	男	西良庄	1930	1947	1948	南官庄村	战 士	
庞德友	男	良庄西	1911	—	1948	淮海战役	支前担架队	
邵丽颜	男	西良庄	1920	1942	1948	淮海战役	战 士	中共党员
王继木	男	茅 四	1917	1947	1948	长春市	勤务员	
王继志	男	茅 四	1920	1947	1948	长春市	通信员	
许加顺	男	旺 泉	1920	1941	1948	河南开封	副营长	中共党员
薛德功	男	薛庄南	1922	1947	1948	四平战役	连 长	中共党员 二等功一次
薛德孝	男	薛庄南	1928	1945	1948	临朐唐家官庄	战 士	
薛玉喜	男	薛庄南	1915.7	1938	1948	莱芜寨里	战 士	
杨高亮	男	凤凰庄	1923	1942	1948	淮海战役	连 长	中共党员
张夫义	男	员外庄	1927	1943	1948	河南开封	医 生	
张学川	男	良庄北	1907	1937	1948	莱芜战役	战 士	
赵建录	男	石 楼	1917	1945	1948	淮海战役	战 士	
赵中法	男	凤凰庄	1905	1947	1948	淮海战役	通信员	
陈玉刚	男	侯宣洛	1925	1943	1949	四川成都	团政治部 主任	中共党员
高传印	男	房宣洛	1913	1948	1949	浙江省湖州市	湖州市政府 干部	中共党员

续表 8

姓 名	性别	籍 贯	出 生 年 月	参加革命时间	牺 牲 时 间	牺 牲 地 点	生前职务	备 注
李志泉	男	员外庄	1921	1939	1949	渡江战役	班 长	
查中三	男	茅 一	1907	1933	1950	四 川	大足县委书记	中共党员
高传法	男	房宣洛	1929	1943	1950	上 海	师教导员	中共党员
高传坤	男	员外庄	1930	1947	1950	朝 鲜	班 长	中共党员
葛秀运	男	演武厅	1927	1947	1950	朝 鲜	副班长	中共党员
孔德传	男	员外庄	1923	1947	1950	朝鲜咸兴	战 士	
李节平	男	良庄南	1927	1947	1950	朝 鲜	战 士	
陈玉龙	男	侯宣洛	1930	1948	1951	朝鲜金河山	战 士	中共党员
房恒立	男	房宣洛	1920	1938	1951	朝 鲜	战 士	中共党员
冯培东	男	茅 一	1921	1948	1951	朝 鲜	营 长	中共党员
高士田	男	房宣洛	1921	1949	1951	朝 鲜	战 士	中共党员
孔先和	男	山阳北	1928	1947	1951	朝 鲜	战 士	中共党员
李振金	男	大延东	1909	1943	1951	朝 鲜	战 士	
王新善	男	茅 四	1925	1947	1951	朝 鲜	战 士	
薛猛文	男	薛庄北	1923	1939	1951	朝 鲜	战 士	
张玉德	男	山阳北	1928	1940	1951	朝 鲜	班 长	
张兆海	男	良庄东	1921	1941	1951	朝 鲜	班 长	中共党员
赵允良	男	南官庄	1925	1942	1951	朝 鲜	排 长	中共党员
朱立登	男	石 楼	1926	1949	1951	朝 鲜	战 士	
查传军	男	茅 一	1928	1947	1952	朝 鲜	战 士	
董长青	男	茅 四	1924	1937	1952	朝 鲜	战 士	
樊召海	男	旺 泉	1928	1951	1952	朝 鲜	战 士	
耿文亮	男	山阳西	1924	1946	1952	朝 鲜	司号员	中共党员
李玉甲	男	茅 三	1920	1941	1952	朝 鲜	连 长	中共党员
李振存	男	北 宋	1923	946	1952	朝 鲜	战 士	
李志善	男	良庄南	1917	1938	1952	朝 鲜	排 长	中共党员
宋继刚	男	山阳西	1925	1942	1952	朝 鲜	战 士	团员

续表 9

姓 名	性别	籍 贯	出 生 年 月	参加革 命时间	牺 牲 时 间	牺 牲 地 点	生前职务	备 注
宋继孟	男	山阳西	1924	1944	1952	朝 鲜	战 士	团员
王西功	男	山阳西	1926	1947	1952	朝 鲜	战 士	中共党员
张茂页	男	北 宋	1928	1951	1952	朝 鲜	班 长	中共党员
张茂正	男	北 宋	1925	1946	1952	朝 鲜	特务营班长	
娄圣勤	男	良庄东	1925	1945	1953	朝 鲜	战 士	
付德信	男	西良庄	1915	1939	1954	西良庄村	战 士	
吴元林	男	山阳东	1915	1942	1954	济南病故	机要科 副科长	中共党员
程 建 （程汉忠）	男	山阳南	1914	1938	1955	上海病故	副政治委员	中共党员 二等功 2 次
葛茂广	男	南 宋	1933	1953	1955	福建省连江县	战 士	
李怀禄	男	北 宋	1923	1952	1955	山东仲村	班 长	
王希功	男	高胡庄	1928	1941	1955	朝 鲜	战 士	
张兆安	男	员外庄	1926	1944	1955	朝 鲜	营副教导员	中共党员
高圣武	男	良庄东	1921	1938	1972	良 庄	良庄东村	一等残废 军人
张志贵	男	北 宋	1958	1976	1979	云南边防保卫 战	副班长	
陈乃栋	男	侯宣洛	1960	1980	1981	北 京	战 士	
李昌纯	男	良庄西	1911	1938	—	济 南	战 士	中共党员
李太民	男	良庄西	1902	1938	—	济 南	山东中医 学院院长	中共党员
王 晢	男	茅 四	1922	1938	—	吉林通化市	通化后方 医院护士长	
张庆秀	男	良庄东	1921	1945	—	—	战 士	

四、岱岳区房村镇

表人物-4

姓 名	性别	籍贯	出生年月	参加革命时间	牺牲时间	牺牲地点	生前职务	备 注
冯全根	男	北阳关	1912	1939	1938.8	泰安角峪	战 士	
王传印	男	么山峪	1919.5	1937.7	1938.9	莱 芜	战 士	
左保贵	男	朱家庄	1922	1939	1939	泰安良庄	战 士	
于可坡	男	西南望	1920	1938.7	1939.11	莱 阳	战 士	
张夫林	男	周 全	1916	1938	1940	莱 芜	战 士	
李昌科	男	涝 坡	1908	1939	1940	临 沂	战 士	
褚正芳	男	东杨庄	1916	1936.3	1940	徂徕山	战 士	
杨礼富	男	东杨庄	1916	1936.4	1940	徂徕山	战 士	
邹荣德	男	良 一	1916	1938	1940	徂徕山	通讯员	中共党员
杨志田	男	东杨庄	1918	1938.6	1940	徂徕山	战 士	
夏广银	男	朱家庄	1915	1938	1940	泰安西南望	战 士	中共党员
王来才	男	周全村	1921	1939	1941	莱 芜	战 士	
杨绍农	男	金庄村	1920	1940	1941	徂徕山	战 士	
徐孝苏	男	周 全	1917	1940	1941	蒙 阴	战 士	
张夫深	男	周 全	1919	1938	1941	蒙 阴	战 士	
侯安胜	男	程白塔	1909	1938.10	1941	莱 芜	连 长	中共党员
李昌法	男	涝 坡	1917	1935	1941	临 朐	团副指导员	中共党员
张清林	男	房 村	1920	1938	1941	蒙 阴	战 士	
李元昌	男	西西住	1918	1937	1941	泰安山阳	战 士	中共党员
董长耕	男	东南望	1920.10	1940.8	1941	莱芜址坊山	战 士	
郑茂轩	男	埠 西	1914	1939.2	1941.7	泰安北埠村	排 长	
侯存富	男	周全村	1919	1938	1942	莱芜朱家峪	战 士	
侯培文	男	肖庄村	1913.12	1938	1942	新泰莲花山	战 士	
董传红	男	董白塔	1918.3	1938	1942	泰安叶家庄	特派员	中共党员
程会程	男	程白塔	1918.8	1938.12	1942	泰安朱家庄	排 长	中共党员

续表 1

姓 名	性别	籍贯	出生年月	参加革命时间	牺牲时间	牺牲地点	生前职务	备 注
李成法	男	涝 坡	1921	1937	1942	泰安二虎山	战 士	
周长义	男	房 村	1921	1939	1942	泰安茅茨	战 士	中共党员
侯芳山	男	东西住	1919	1940	1942	莱 芜	战 士	
杨礼棠	男	西杨庄	1923.5	1941.7	1942	莱芜大店子	通讯员	
杨义贵	男	西杨庄	1908	1941.7	1942	莱芜大店子	战 士	
高士林	男	韩家寨	1923	1940.4	1942	沂蒙山	副班长	中共党员
邵字兴	男	朱家庄	1921	1938	1942	沂蒙山	副指导员	中共党员
高子文	男	朱家庄	1921	1939	1942	沂蒙山	班 长	中共党员
董长幸	男	程白塔	1914	1938.10	1942.3	新泰莲花山	战 士	
杨西保	男	涝 坡	1908	1940	1942.3	新泰莲花山	战 士	
蒋圣贤	男	北阳关	1917	1937	1942.3	新泰莲花山	教导员	中共党员 三等功一次
邹仁义	男	邹家庄	1918	1938.6	1942.3	新泰莲花山	战 士	中共党员
邹本尧	男	邹家庄	1921	1941	1942.3	新泰莲花山	战 士	中共党员
李其峰	男	乡城南	1920	1938.6	1942.3	新泰莲花山	战 士	
于文淳	男	乡城北	1911	1938	1942.3	新泰莲花山	战 士	中共党员
郑成段	男	乡城北	1919	1938	1942.3	新泰莲花山	战 士	中共党员
周 松	男	房 村	1912	1937	1942.3	新泰莲花山	部 长	中共党员
李元春	男	西西住	1919	1940	1942.3	新泰莲花山	战 士	
杨志星	男	西杨庄	1921.5	1940	1942.3	新泰莲花山	战 士	
杨礼尧	男	西杨庄	1903.6	1939.5	1942.3	新泰莲花山	连 长	中共党员
韩焕强	男	韩家寨	1908	1939	1942.3	蒙 阴	战 士	
高广利	男	韩家寨	1924	1940.7	1942.3	蒙 阴	战 士	
夏荣河	男	朱家庄	1922	1939	1942.3	新泰莲花山	班 长	
于可倦	男	西南望	1912.6	1937.2	1942.3	新泰莲花山	班 长	中共党员
刘加臣	男	东南望	1896	1938.9	1942.3	新泰莲花山	战 士	中共党员
周文德	男	黑石埠	1903	1938	1943	蒙 阴	战 士	

续表 2

姓 名	性别	籍贯	出生年月	参加革命时间	牺牲时间	牺牲地点	生前职务	备 注
张业后	男	董白塔	1921.4	1940.3	1943	莱芜口镇	副排长	中共党员
于绍印	男	西南望	1921.6	1941	1943	新 泰	战 士	
李长安	男	西西住	1923	1942	1943	泰安山阳	战 士	
翟万杨	男	北 滕	1915	1942	1943	泰安良庄	战 士	
杜庆亮	男	良 一	1909	1936	1943	宁阳革家村	副政委	中共党员
郭秀水	男	良 二	1918	1938	1943	新 泰	战 士	
高传春	男	朱家庄	1920	1938	1943	沂蒙山	副排长	
杨锡田	男	西南望	1923	1939	1943	临 沂	战 士	
高士贵	男	朱家庄	1921	1942	1943	莱芜吉山	班 长	中共党员
李庆昌	男	邹家庄	1923	1941.8	1944	蒙 阴	战 士	团 员
翟现理	男	北 滕	1922	1943	1944	徂徕山	战 士	
李升冉	男	房 村	1927	1941	1944.7	沂水葛庄	战 士	中共党员
蒋圣忠	男	西南望	1914	1938	1945	泰安西南望	战 士	中共党员
刘相泉	男	涝 坡	1915	1938	1945	临 沂	战 士	
冯培洲	男	北阳关	1897	—	1945	新泰天宝寨	民 兵	
郑城镇	男	埠 西	1919	1940	1945	徂徕山	战 士	
刘向政	男	朱家庄	1920	1943	1945	宁阳华丰	公安局警卫员	
高士洪	男	朱家庄	1916	1938	1945	泰安朱家庄	公安局局长	中共党员
李元风	男	朱家庄	1925	1945	1945	沂源县	战 士	
董富柱	男	东南望	1925.3	1942.5	1945	辽宁省鞍山	战 士	
尹绪仁	男	北 滕	1914	1944	1946	临 沂	战 士	
郑成可	男	埠 东	1912	—	1946	泰安汶口	民 兵	
张清友	男	周全村	1920	1938	1947	孟良崮战役	战 士	
高相桐	男	周全村	1927	1944	1947	莱芜东官庄	战 士	
杨金亭	男	金庄村	1922	1939	1947	河南省陈留	连 长	
杨锡昌	男	金庄村	1920	1940	1947	泰安茅茨	指导员	中共党员
侯衍松	男	肖庄村	1922.3	1944.10	1947	辽宁凤凰山	战 士	中共党员

续表 3

姓 名	性别	籍贯	出生年月	参加革命时间	牺牲时间	牺牲地点	生前职务	备 注
李昌富	男	涝 坡	1921	1941	1947	四平街	战 士	
李烙荣	男	东西住	1924	1940	1947	宁阳太平	连 长	中共党员
李升岭	男	东西住	1923	1942	1947	兖 州	战 士	中共党员
李元满	男	西西住	1927	1946	1947	泰安北滕村	战 士	
郑继山	男	西杨庄	1923.1	1944	1947	新泰楼德	战 士	
赵宗乾	男	南 滕	1921	1947	1947	沂源县	民 兵	
翟玉春	男	北 滕	1927	1945	1947	河南省	战 士	
朱胜祯	男	良 二	1920.10	1943	1947	大别山	战 士	
韩焕豹	男	韩家寨	1918	1938.3	1947	宁阳华丰	公安局班长	中共党员
高士芝	男	朱家庄	1912	1944.5	1947	泰安朱家庄	公安局公安员	
夏宗海	男	朱家庄	1921	1947	1947	大别山	代理指导员	中共党员
夏光寅	男	朱家庄	1915	—	1947	新泰谷里	民 兵	中共党员
高荣祥	男	朱家庄	1921	1938	1947	长清崮山	排 长	
高士池	男	朱家庄	1920	1944	1947	江苏省	公安局公安员	
乔荣屯	男	西良甫	1923	1946	1947.2	高 密	战 士	
郑希斗	男	埠 东	1918	—	1947.2	宁阳华丰	民 兵	
郑希桥	男	埠 东	1923	—	1947.2	宁阳华丰	民 兵	
翟承元	男	东杨庄	1918	1938.7	1947.3	莱芜王头地	战 士	中共党员
于绍仁	男	西南望	1924.7	1946.1	1947.5	泰安东南望	战 士	
刘少兑	男	东南望	1922.5	1945.1	1947.5	泰安东南望	战 士	
李振祥	男	韩家寨	1912	—	1947.7	新泰谷里	民 兵	
高兴岳	男	周全村	1922	1945	1948	泰安延东村	战 士	
高相训	男	周全村	1921	1941	1948	京汉路战斗	秘 书	中共党员
侯培信	男	肖庄村	1914.4	1939.8	1948	沂源杜家林	班 长	
于绍金	男	西南望	1923	1947	1948	莱 芜	战 士	
李升地	男	西西住	1924	1947	1948	泰安房村	战 士	中共党员
乔天柱	男	西良甫	1924	1946.10	1948.9	辽沈战役	战 士	

续表 4

姓名	性别	籍贯	出生年月	参加革命时间	牺牲时间	牺牲地点	生前职务	备注
郑希俊	男	埠　东	1916	1941	1948	泰安西良父	班　长	
高传庭	男	朱家庄	1917	1947	1948	泰安朱家庄	朱家庄联防队	
刘忠木	男	朱家庄	1920	1940	1948	南　麻	连　长	中共党员
高士伦	男	朱家庄	1922	1943	1948	宁阳县崔庄	公安局公安员	
李良后	男	良　二	1927.8	1944	1948.11	淮海战役	战　士	
程钦俊	男	程白塔	1921	1947.2	1948.12	江苏省高桥	班　长	中共党员
董传高	男	北　滕	1927	1946	1948.12	淮海战役	战　士	二等功一次
翟现余	男	北　滕	1923	1943	1948.12	淮海战役	战　士	
吴道品	男	么山峪	1929.10	1946.7	1948.6	开封战役	副班长	中共党员
郑传江	男	西杨庄	1926.8	1946.4	1948.9	曹州战斗	班　长	
夏继伟	男	朱家庄	1922	1942	1949	海南岛	副连长	
李万水	男	西西住	1927	1946	1949.1	淮海战役	战　士	
高士银	男	朱家庄	1915	1939	1949.4	渡江战役	排　长	
高士会	男	朱家庄	1921	1941	1949.4	渡江战役	中队副指导员	中共党员
刘西义	男	涝　坡	1921	1948.11	1950	华东野战医院	炊事员	
李元告	男	房　村	1927	1948	1950	朝　鲜	战　士	
李　金	男	西西住	1914	—	1950	泰安医院	会　长	中共党员
李元安	男	西西住	1921	1949	1950	云南边境	战　士	
郑衍位	男	西杨庄	1928	1947	1950	朝　鲜	战　士	
高士元	男	朱家庄	1909	1942	1950	泰安朱家庄	公安局公安员	中共党员
徐玉柱	男	周　全	1930	1948	1951	朝　鲜	战　士	
李均义	男	周　全	1920	1938	1951	泰安周全庄	连　长	
李万良	男	西西住	1925	1946	1951	浙江省建德	排　长	中共党员
赵恒芹	男	北　滕	1925	1946	1951	福建省长汀	战　士	
郑士德	男	埠　西	1915	1940	1951	朝　鲜	营　长	中共党员
郑士忠	男	埠　西	1921	1941	1951	朝　鲜	排　长	
邹安秀	男	邹家庄	1924	1951.2	1951.10	朝　鲜	战　士	团　员

续表 5

姓 名	性别	籍贯	出生年月	参加革命时间	牺牲时间	牺牲地点	生前职务	备 注
郑相合	男	埠 西	1929	1951.1	1951.10	朝 鲜	战 士	
郑龙光	男	乡城北	1926	1948.12	1951.10	朝 鲜	电话员	
邹仁常	男	邹家庄	1928	1951.2	1951.3	朝 鲜	副班长	团 员
高 杰	男	周全村	1913	1941	1952	朝 鲜	战 士	中共党员
侯芳英	男	周 全	1922	1948	1952	朝 鲜	战 士	
郑希山	男	鲁里村	1929	1951.2	1952	朝 鲜	战 士	团 员
岳传径	男	北阳关	1923	1940	1952	朝 鲜	连 长	
赵基宁	男	乡城南	1931	1951.2	1952	朝 鲜	战 士	
岳为朝	男	乡城北	1936	1951.2	1952	朝 鲜	战 士	团 员
赵吉温	男	乡城北	1931	1950	1952	朝 鲜	战 士	
高法田	男	东杨庄	1928	1951.3	1952	朝 鲜	战 士	
马宗后	男	良 一	1914	1938	1952	朝 鲜	师政委	中共党员
李义友	男	良 二	1928.6	1945	1952	朝 鲜	侦察员	
郭传海	男	良 二	1923.3	1951	1952	朝 鲜	战 士	
高荣河	男	朱家庄	1925	1942	1952	朝 鲜	教导员	中共党员
宋德昌	男	东南望	1932.1	1951.3	1952	朝 鲜	战 士	团 员
周继孝	男	西南望	1931.2	1951.6	1952.6	朝 鲜	战 士	
高士秋	男	朱家庄	1921	1943.8	1955.8	上 海	炊事班班长	
郑希泉	男	良 二	1943.1	1959.2	1959.3	即 墨	战 士	
邹本东	男	邹家庄	1945	1964.3	1965.12	中越边境	战 士	中共党员
李润生	男	房 村	1932	1951	1966	哈尔滨	战 士	中共党员
焦其刚	男	房 村	1928	1947	1968	河北保定	助理员	中共党员 二、三等功 各一次
李升炳	男	房 村	1940	1961.9	1970	泰 安	连 长	
周继田	男	西南望	1941.4	1961.9	1970	平阴县	县武装部参谋	中共党员
贾振富	男	北 滕	1914	1938	—	—	县护军委员会工作人员	
程会岱	男	黑石埠	1925.11	1945	—	—	战 士	

五、岱岳区徂徕镇

表人物-5

姓 名	性别	籍贯	出生年月	参加革命时间	牺牲时间	牺牲地点	生前职务	备 注
李德坤	男	桃 园	1918	1936	1938	—	排 长	
邢秀祯	男	桃 园	1916	1936	1938	—	排 长	
齐元儒	男	西埠前	1923	1940	1940	—	战 士	
张文海	男	徂 徕	1923	1939	1940	—	战 士	
董兆水	男	南上庄	1911	1938	1941	—	排 长	
刘松亭	男	李家峪	1924	1940	1941	—	战 士	
张传宝	男	邓家庄	1920	1938	1941	—	战 士	
朱玉淦	男	北 望	1906	1937	1941	鲁中区	部 长	中共党员
崔连聘	男	邓家庄	1923	1938	1942	—	班 长	
聂大录	男	邓家庄	1919	1937	1942	—	班 长	
聂克山	男	北 望	1916	1940	1942	—	班 长	
孙凤珍	男	孙家疃	1923	1939	1942	—	班 长	
于绍安	男	宽 店	1921	1940	1942	—	战 士	
张兴典	男	桃 园	1926	1942	1942	—	副连长	
朱炳水	男	邓家庄	1920	1940	1942	—	战 士	
刘京阳	男	南上庄	1916	1941	1943	—	工作员	
齐克顺	男	西埠前	1909	1937	1943	—	连 长	
张兴恩	男	徂 徕	1904	1939	1943	—	班 长	
朱绪功	男	宽 店	1926	1940	1943	—	战 士	
朱绪吉	男	宽 店	1923	1939	1943	—	情报员	
高延坤	男	北 望	1913	1938	1944	—	工作员	中共党员
高延渭	男	北 望	1924	1942	1944	—	供给员	中共党员
刘振常	男	桃 园	1919	1940	1945	—	战 士	
蒋兴尧	男	宽 店	1919	1945	1946	—	战 士	
吴恒浮	男	北 望	1913	1938	1946	—	副班长	中共党员

续表 1

姓 名	性别	籍贯	出生年月	参加革命时间	牺牲时间	牺牲地点	生前职务	备 注
吴希明	男	向 阳	—	—	1946	新 泰		
翟承实	男	新 庄	1922	1946	1946	—	战 士	
郑兴东	男	孙家疃	1929	1944	1946	—	排 长	
朱绪新	男	宽 店	1926	1945	1946	—	战 士	
边西友	男	北黄崖	1923	1941	1947	—	战 士	
仇相卿	男	水 泉	1923	1939	1947	—	班 长	
高国钦	男	北 望	1911	1938	1947	—	科 长	中共党员
韩树礼	男	许家庄	1920	1940	1947	—	战 士	
兰茂连	男	桥 沟	1920	1946	1947	—	战 士	
李玉顺	男	下 庄	1916	1945	1947	徂徕山	班 长	
李玉洲	男	下 庄	1915	1946	1947	—	班 长	
刘 群	男	曹 庄	1915	1938	1947	—	营 长	中共党员
彭德亮	男	留 送	1921	1946	1947	—	战 士	
彭清长	男	北 望	1908	—	1947	—	民 工	
石金殿	男	桥 沟	1928	—	1947	—	民 兵	
王玉富	男	李家峪	1930	1946	1947	—	班 长	
王玉珍	男	北黄崖	1919	1937	1947	—	连 长	中共党员
武玉禄	男	杜家庄	1916	1944	1947	辽 宁	营秘书	中共党员
张树章	男	水 泉	1928	1946	1947	—	队 长	
张兴泉	男	留 送	1916	—	1947	博 山	民 工	
张运点	男	许家庄	1921	1940	1947	—	班 长	
朱逢兰	男	水 泉	1921	1946	1947	—	队 长	中共党员
宗德第	男	留 送	1930	1946	1947	—	战 士	
宗振财	男	水 泉	1926	1944	1947	—	班 长	
程玉春	男	桥 沟	1927	1946	1948	—	战 士	
程悦明	男	桥 沟	1926	1946	1948	—	战 士	
韩邦峰	男	石 崖	1932	1947	1948	—	战 士	

续表 2

姓名	性别	籍贯	出生年月	参加革命时间	牺牲时间	牺牲地点	生前职务	备注
李炳泉	男	桃园	1923	1946	1948	—	战士	
李玉科	男	崔家庄	1930	—	1948	济南	民兵	
李玉林	男	下庄	1930	1946	1948	兖州	排长	
刘元成	男	南上庄	1926	1946	1948	—	战士	
梅少坤	男	新庄	1915	1943	1948	—	排长	
邵金水	男	北望	1929	—	1948	—	民工	
石登坤	男	桥沟	1925	1946	1948	—	战士	
孙连和	男	南上庄	1924	1946	1948	—	战士	
王圣山	男	崔家庄	1927	1947	1948	—	战士	
魏传林	男	桃园	1923	—	1948	—	队员	
尹承佐	男	崔家庄	1929	1947	1948	济南	战士	
张杰	男	北望	1924	1940	1948	—	工作员	中共党员
张光明	男	邓家庄	1913	1938	1948	—	排长	
张恒元	男	水泉	1920	1946	1948	—	战士	
张美生	男	北望	1922	1946	1948	—	班长	中共党员
张圣河	男	新庄	1928	1946	1948	—	战士	
张兆美	男	许家庄	1916	1940	1948	莱芜	班长	
程松林	男	寺河	1926	1946	1949	—	班长	
黄连森	男	新庄	1921	1939	1949	—	战士	
庞常海	男	北望	1918	1937	1949	莱芜	排长	中共党员
王恩文	男	北望	1921	1941	1949	—	班长	中共党员
王九雨	男	姬家庄	1921	1942	1949	—	学员	
杨宝珠	男	南上庄	1919	1943	1949	—	战士	
翟荣谟	男	许家庄	1923	1944	1949	—	班长	
郑北顺	男	桃园	1928	1946	1949	—	战士	
郑士德	男	寺河	1919	1941	1949	—	副连长	
宗传宝	男	留送	1930	1948	1949	—	战士	

续表 3

姓 名	性别	籍贯	出生年月	参加革命时间	牺牲时间	牺牲地点	生前职务	备 注
宗德祥	男	向 阳	1932	1947	1949	—	战 士	
宗树泉	男	南黄崖	1930	1946	1949	渡江战役	战 士	
刘 军	男	许家庄	1919	1943	1950	朝 鲜	连 长	
刘汉祥	男	小埠前	1931	1950	1950	朝 鲜	战 士	
刘继林	男	北 望	1931	1947	1950	朝 鲜	卫生员	中共党员
齐可珠	男	西埠前	1923	1946	1950	—	局 长	
张友忠	男	杜家庄	1929	1946	1950	朝 鲜	班 长	中共党员
程继田	男	桥 沟	1919	1945	1951	朝 鲜	班 长	
刘庆山	男	曹 庄	1933	1951	1951	朝 鲜	战 士	
刘士礼	男	徂 徕	1924	1948	1951	朝 鲜	战 士	
王绪东	男	许家庄	1923	1938	1951	朝 鲜	战 士	中共党员
张朝栋	男	留 送	1929	1950	1951	朝 鲜	战 士	
张继胜	男	邓家庄	1933	1951	1951	朝 鲜	班 长	
赵忠林	男	邓家庄	1922	1942	1951	朝 鲜	班 长	
宗成森	男	官 路	1929	1947	1951	朝 鲜	班 长	
宗承夏	男	向 阳	1932	1951	1951	朝 鲜	战 士	
边树星	男	石 崖	1928	1951	1952	朝 鲜	战 士	
程悦泰	男	桥 沟	1926	1951	1952	朝 鲜	战 士	
蒋传海	男	北 望	1929	1948	1952	朝 鲜	战 士	
刘伯延	男	南上庄	1929	1951	1952	朝 鲜	班 长	
刘如银	男	南上庄	1927	1951	1952	朝 鲜	班 长	
聂大德	男	邓家庄	1913	1939	1952	朝 鲜	副营长	
聂悦岭	男	桥 沟	1925	1945	1952	朝 鲜	战 士	
吴庆生	男	北 望	1924	1948	1952	朝 鲜	战 士	
张乃洋	男	邓家庄	1929	1949	1952	朝 鲜	战 士	
仇江文	男	留 送	1930	1947	1953	朝 鲜	班 长	
邓兴山	男	徂 徕	1923	1945	1953	朝 鲜	班 长	

续表 4

姓 名	性别	籍贯	出生年月	参加革命时间	牺牲时间	牺牲地点	生前职务	备 注
李洪儒	男	兴 隆	1928	1952	1953	朝 鲜	—	
石宗法	男	北 望	1933	1940	1953	朝 鲜	班 长	
时运亭	男	杜家庄	1920	1941	1953	朝 鲜	排 长	
王玉珠	男	北黄崖	1919	1941	1953	—	副排长	
张兴芬	男	留 送	1918	1948	1953	朝 鲜	班 长	
张运富	男	许家庄	1924	1940	1953	朝 鲜	教导员	中共党员
赵中林	男	宽 店	—	—	1953	朝 鲜	—	
朱宗礼	男	北 望	1926	1949	1953	朝 鲜	班 长	
宗鲁东	男	河 西	1926	1949	1954	朝 鲜	班 长	中共党员
李文化	男	李家峪	1921	1946	1956	—	局 长	
李相忠	男	兴 隆	1933	1951	1957	—	排 长	中共党员
仇江泰	男	留 送	1937	1959	1959	—	战 士	
赵奎河	男	南黄崖	1942	1961	1969	福 建	股 长	
李国佐	男	下 庄	1950	1973	1975	—	班 长	
宗西勇	男	留 送	1932	1948	1977	陕 西	副团长	中共党员

附　录

龙凤松

附录一

林业部
关于建立五台山等四十五处
国家森林公园的批复

林造批字〔1992〕154号

山西、内蒙古、黑龙江、安徽、山东、河南、湖南、广东、广西、四川、甘肃省（自治区）林业厅（局）：

你厅（局）关于建立国家森林公园的请示收悉。经研究，现批复如下：

一、为充分发挥森林风景资源优势，兴办森林旅游业，扩大林业对外开放，振兴林业经济，同意建立五台山等四十五处国家森林公园（名单见附件）。

二、国家森林公园与国营林场（森林经营局、植物园、树木园等）实行两块牌子、一套班子的管理体制，原有隶属关系、山林权属和经营范围均不改变。

三、为了有计划地开展森林公园建设，请抓紧组织编制森林公园的总体设计（按附表所列面积），由你厅负责审批，报我部备案。总体设计要注意森林防火和病虫害防治，并遵循有利于保护和发展森林风景资源、突出自然景观的原则，体现合理开发的精神。各项建设要与自然环境相协调，讲求实效。

四、为尽快发挥森林公园的生态效益、社会效益和经济效益，请你厅将森林公园建设纳入计划，在产权、经营管理权归国营林场所有的前提下，应采取多渠道集资的办法进行建设，共同开发，共同受益。

附件：国家森林公园名单

中华人民共和国林业部
一九九二年九月九日

国家森林公园名单

表附录-1

序号	林场名称	公园名称	面积（亩）
1	山西省五台山国营林场	五台山国家森林公园	207000
2	山西省太原市国营林场	天龙山国家森林公园	3095000
3	山西省关帝山森林经营局	关帝山国家森林公园	780400
4	山西省管涔山森林经营局	管涔山国家森林公园	651600
5	内蒙古呼伦贝尔盟海拉尔林场	海拉尔国家森林公园	210930
6	内蒙古巴彦淖尔盟乌拉山林场	乌拉山国家森林公园	1395630
7	黑龙江省森林植物园	哈尔滨国家森林公园	2040
8	黑龙江省同江市街津口林场	街津山国家森林公园	200000
9	安徽省和县鸡笼山林场	鸡笼山国家森林公园	67500

续表 1

序号	林场名称	公园名称	面积（亩）
10	安徽省庐江县东顾山林场	冶父山国家森林公园	12157
11	安徽省含山县太湖山林场	太湖山国家森林公园	27203
12	安徽省全椒县大山林场	神山国家森林公园	33328
13	安徽省岳西县河图林场	妙道山国家森林公园	11280
14	安徽省无为县周家大山林场	天井山国家森林公园	18006
15	安徽省长丰县洞山林场	舜耕山国家森林公园	38000
16	山东省青岛市崂山林场	崂山国家森林公园	112000
17	山东省枣庄市抱犊崮林场	抱犊崮国家森林公园	10000
18	山东省东营市一千二林场、孤岛林场	黄河口国家森林公园	764000
19	山东省烟台市昆嵛山林场	昆嵛山国家森林公园	71000
20	山东省招远市罗山林场	罗山国家森林公园	7200
21	山东省长岛县国营林场	长岛国家森林公园	85500
22	山东省临朐县沂山林场	沂山国家森林公园	97000
23	山东省曲阜市尼山林场、石门寺林场	尼山国家森林公园	8850
24	山东省泰安市泰山林场	泰山国家森林公园	130000
25	山东省泰安市徂徕山林场	徂徕山国家森林公园	135000
26	山东省日照市大沙洼林场	鲁南海滨国家森林公园	11830
27	山东省邹平县鹤伴山林场	鹤伴山国家森林公园	7200
28	山东省沂南县孟良崮林场	孟良崮国家森林公园	12000
29	河南省嵩县五马寺林场	五马寺国家森林公园	122000
30	河南省西峡县木寨林场	寺山国家森林公园	84000
31	河南省汝州市风穴寺林场	风穴寺国家森林公园	11500
32	河南省舞钢市石漫滩林场	石漫滩国家森林公园	80000
33	河南省驻马店地区薄山林场	薄山国家森林公园	91000
34	河南省国营开封市林场	开封国家森林公园	8300
35	湖南省东安县大庙口林场	舜皇山国家森林公园	218220
36	湖南省湘乡市东山林场	东台山国家森林公园	5040

续表 2

序号	林 场 名 称	公 园 名 称	面积（亩）
37	广东省西江林业局林业科学研究所	万有国家森林公园	6477
38	广东省曲江县小坑林场	小坑国家森林公园	250500
39	广西南宁树木园	良凤江国家森林公园	3720
40	四川省剑阁县剑门关林场	剑门关国家森林公园	25000
41	四川省丰都县林桂山林场	双桂山国家森林公园	1530
42	甘肃省永登县连城实验林场	吐鲁沟国家森林公园	87720
43	甘肃省兰州市七里河区阿干林场	石佛沟国家森林公园	95640
44	甘肃省兰临夏回族自治州太子山水源涵养林建设总场	松鸣岩国家森林公园	40000
45	内蒙古呼和浩特市乌素图林场 大青山林场 古路板林场	乌素图国家森林公园	1200000

附录二

山东省人民政府
关于省市地属国有林场苗圃
经营类型划定的批复

鲁政字〔1999〕41号

省林业厅：

你厅《关于省属和市地属国有林场苗圃经营类型划定的请示》（鲁林场发〔1999〕1号）收悉。经研究，批复如下：

一、同意将山东省国有药乡林场、山东省林科所燕子山实验林场、山东省林业学校实习苗圃、淄博市国有鲁山林场、淄博市国有原山林场、淄博市国有园艺场、淄博市国有铁山园艺场、淄博市林木良种繁育场、淄博市国有实验苗圃、淄博市国有苗圃、枣庄市国有第一苗圃，东营市国有林业苗圃，烟台市国有昆嵛山林场、泰安市国有泰山林场、泰安市国有徂徕山林场、泰安市林业局国有实验林场、威海市国有海滨林场、威海市国有刘公岛林场、德州市国有林木良种圃、菏泽地区国有林木良种繁育苗圃等24处国有林场、苗圃划为生态公益型林场、生态公益型苗圃。

二、同意将济南市国有苗圃、潍坊市国有花卉苗木良种繁育试验场、莱芜市国有东关苗圃等3处国有苗圃（场）划为混合经营型苗圃。

三、各市人民政府、行署和省政府有关部门，要加强对国有林业场圃工作的领导，加快改革步伐，强化管理措施，认真落实鲁政办发〔1998〕10号文件规定的有关政策规定，按照分类经营、分级管理的原则，制定配套扶持政策，促进国有场圃的改革和发展。

山东省人民政府

一九九九年三月十一日

附录三

泰安市人民政府
关于同意建立徂徕山市级
自然保护区的批复

泰政函〔1999〕64号

市林业局：

你局《关于建立徂徕山市级自然保护区的请示》（泰林字〔1999〕59号文）收悉。经研究现批复如下：

一、同意建立徂徕山市级自然保护区，你局为自然保护区主管部门。

二、自然保护区位于北纬36°02′~36°07′，东经117°16′~117°20′，横跨新泰、郊区两市区，面积9050公顷，其中核心区3000公顷。该区域主要保护对象有：森林植物789种，隶属128科，449属，其中国家、省级保护植物10种；兽类16种、爬行类12种、两栖类6种、鸟类141种，其中国家级、省级保护野生动物37种。

三、要按照《中华人民共和国自然保护区条例》（1994年10月9日国务院第167号令）的有关规定，加强对自然保护区的管理，积极开展各项保护工作。

泰安市人民政府

一九九九年十一月二十三日

附录四

泰安市机构编制委员会
关于调整泰安市徂徕山林场人员
工资标准的批复

泰编〔2004〕20号

市林业局：

泰林字〔2003〕23号文件收悉，经研究，泰安市徂徕山林场在职人员的工资从2004年6月起，按照全额事业单位标准执行，重新核定事业编制428人。今后增加人员仅限于急需的旅游、育林、森林植保、园艺等方面的专业人员，逐步改善人员结构。

泰安市机构编制委员会

二〇〇四年六月九日

附录五

山东省旅游局
关于批准发布潍坊风筝博物馆等
景区为国家AAA级旅游景区的
公告决定

鲁旅规发〔2006〕12号

各市旅游局：

依照中华人民共和国国家标准《旅游景区质量等级的划分与评定》（GB/T17775—2003）与《旅游景区质量等级评定管理办法》，经当地旅游局初评与推荐，由省旅游景区（点）质量等评定委员会评定以下景区为国家AAA级旅游景区，现予以公告：

潍坊风筝博物馆

潍坊安丘青云湖休闲度假乐园

潍坊青州仰天山国家森林公园

潍坊青州云门山风景区

泰安泰山蓄能休闲探险科普水城

泰安徂徕山国家森林公园

聊城高唐鱼丘湖风景区

聊城姜堤乐园

山东省旅游局

二〇〇六年十月三十日

附录六

山东省人民政府
关于同意建立徂徕山省级自然
保护区的批复

鲁政字〔2006〕279号

泰安市人民政府：

你市《关于建立徂徕山省级自然保护区的请示》（泰政发〔2005〕78号）收悉。经研究，现批复如下：

一、同意建立徂徕山省级自然保护区。自然保护区总面积10915公顷，其中核心区面积3777公顷、缓冲区面积3558公顷、实验区面积3580公顷。

二、徂徕山是泰山国家地质公园的组成部分、大汶河发源地之一，分布着大面积华北地区特有的油松林和暖温带落叶阔叶林的典型代表栎类，形成了典型的森林生态系统。保护区自然生态系统结构完整，珍稀动植物资源丰富，地质构造形迹、花岗岩地貌等地质景观丰富，历史文化遗迹、人文景观众多，具有很高的保护和研究价值。建立徂徕山省级自然保护区，对维护生态安全，保护生物多样性，确保国家南水北调东线工程的顺利实施，促进区域经济社会与环境的协调发展具有重要意义。

三、望你市按照自然保护区管理的有关规定，制定并实施自然保护区建设规划，正确处理生态环境保护与开发的关系，促进当地经济社会与环境协调发展。

山东省人民政府

二〇〇六年十一月二十日

附录七

国家林业局
关于公布首批森林经营示范
国有林场的通知

林场发〔2009〕16号

各省、自治区、直辖市林业厅（局）：

为探索森林经营模式，提高森林经营水平，加快现代林业建设，充分发挥国有林场的骨干示范作用，我局确定北京西山林场等国有林场作为首批森林经营示范林场（名单见附件），现予以公布，并将有关事项通知如下：

一、要认真组织编制示范林场森林经营方案。森林经营方案是示范林场加强森林科学经营的重要手段，是各级林业主管部门对森林经营活动实施管理和监督检查的依据。各示范林场要按照国家林业局《森林经营方案编制与实施纲要》（试行）（林资发〔2006〕227号）的规定，结合自身的实际情况，编制或调整完善森林经营方案，依程序经省级林业主管部门审批后报我局备案。

二、要努力探索所属类型森林的经营模式。示范林场要根据经营森林的主导功能，明确森林经营方向和目标，制定科学的森林经营措施，探索所属类型森林的经营模式，有效增加森林资源的数量，全面提高森林资源的质量，不断增强森林生态系统的整体功能。

三、要创新示范林场森林经营机制。示范林场建设要与国有林场改革相结合，要引入市场机制，建设项目可以采取承包或向社会招标等形式进行，切实保证作业质量，并努力为富余职工和当地农民提供就业机会。

四、要强化示范林场的科技支撑。森林经营是一项技术含量高的基础性工作，各级林业主管部门要加强对示范林场的技术培训和技术指导。示范林场要建立健全森林经营档案，大力推广应用先进的科学技术成果，有条件的示范林场还要明确科技支撑单位或专家，切实保障森林的科学经营，把示范林场建成科技兴林的示范基地。

五、要加强对示范林场的领导和管理。各级林业主管部门要把示范林场的建设工作作为建设现代林业的一项重要内容来抓，从政策、资金和技术等方面为示范林场创造良好的外部环境。要掌握动态，实施跟踪管理，每年年底要对示范林场建设工作进行总结并上报我局。我局将及时总结并推广先进经验，以示范促发展，努力实现国有林场又好又快发展。

附件：首批森林经营示范国有林场名单

国家林业局

二〇〇九年一月二十日

首批森林经营示范国有林场名单

1.北京市西山试验林场
2.北京市八达岭林场
3.河北省塞罕坝机械林场总场
4.河北省丰宁县国营林场总场
5.河北省赤城县黑龙山林场
6.河北省平泉县黄土梁子林场
7.河北省涿鹿县国有林场
8.山西省黑茶山国有林管理局南阳山林场
9.山西省中条山国有林管理局中村林场
10.山西省陵川县第一山林场
11.山西省太岳山国有林管理局将台林场
12.山西省关帝山国有林管理局三道川林场
13.内蒙古自治区呼伦贝尔市乌奴耳林业局
14.内蒙古自治区兴安盟五岔沟林业局
15.内蒙古自治区赤峰市旺业甸林场
16.内蒙古自治区武川县井儿沟林场
17.内蒙古自治区奈曼旗奈林林场
18.辽宁省实验林场
19.辽宁省国有本溪县碱厂林场
20.辽宁省国有建平县黑水林场
21.辽宁省大连市金州林场
22.辽宁省清原满族自治县国有大边沟林场
23.吉林省柳河县大北岔林场
24.吉林省江源区大阳岔林场
25.吉林省敦化市柞木台林场
26.吉林省磐石市江南林场
27.黑龙江省佳木斯孟家岗林场
28.黑龙江省哈尔滨市宾县万人欢林场
29.黑龙江省哈尔滨市直丹青河林场
30.黑龙江省绥化海伦市国有林场管理局双河林场
31.黑龙江省萝北县太平沟林场
32.黑龙江省穆棱市代马沟林场
33.江苏省常熟虞山林场
34.江苏省溧阳龙潭林场
35.浙江省开化林场
36.浙江省庆元林场
37.浙江省建德林场
38.浙江省临安市昌化林场
39.安徽省全椒县瓦山林场
40.安徽省祁门县大洪岭林场
41.安徽省旌德县庙首林场
42.安徽省绩溪县镇头林场
43.福建省洋口国有林场
44.福建省沙县官庄国有林场
45.福建省龙海九龙岭国有林场
46.福建省邵武卫闽国有林场
47.福建省永安国有林场
48.江西省景德镇市枫树山林场
49.江西省安福县明月山林场
50.江西省信丰县金鸡林场
51.江西省贵溪双圳采育林场
52.江西省德安县彭山林场

53.江西省靖安县大杞山生态林场
54.山东省国有药乡林场
55.山东省泰安市国有徂徕山林场
56.山东省聊城市莘县国有马西林场
57.山东省日照市东港区国有大沙洼林场
58.河南省商城县黄柏山国有林场
59.河南省尉氏县国有林场
60.河南省舞钢市石漫滩国有林场
61.湖北省太子山林场管理局
62.湖北省崇阳县桂花林场管理局
63.湖北省钟祥市大口林场
64.湖南省攸县黄丰桥国有林场
65.湖南省资兴市滁口国有林场
66.湖南省江永县高泽源国有林场
67.湖南省靖州苗族侗族自治县排牙山国有林场
68.广东省西江林业局西江林场
69.广东省肇庆市大水口林场
70.广东省韶关市曲江林场
71.广西壮族自治区国营高峰林场
72.广西壮族自治区桂平市金田林场
73.广西壮族自治区天峨县林朵林场
74.海南省岛东林场
75.海南省岛西林场
76.重庆市城口县仁河林场
77.重庆市酉阳县青华林场
78.重庆市开县毛垭林场
79.重庆市南川林木良种场
80.四川省洪雅林场
81.四川省什邡市林场
82.四川省万源市黑宝山林场
83.贵州省龙里林场
84.贵州省独山县国有林场
85.贵州省天柱县国有林场
86.贵州省从江县国有林场
87.云南省保山市隆阳区林场
88.云南省曲靖市海寨林场
89.云南省文山州马关县金城林场
90.陕西省延安市劳山林业局府村林场
91.陕西省宜君县太安林场
92.陕西省岚皋县林业总场
93.陕西省楼观台实验林场
94.甘肃省小陇山林业实验局百花林场
95.甘肃省陇南市岷江林业总场黄家路林场
96.甘肃省庆阳市合水林业总场连家砭林场
97.青海省大通县东峡林场
98.青海省互助县北山林场
99.宁夏回族自治区六盘山林业局挂马沟林场
100.宁夏回族自治区青铜峡市树新林场
101.新疆维吾尔自治区伊犁州平原林场
102.新疆维吾尔自治区哈巴河平原林场
103.新疆维吾尔自治区富蕴山区林场
104.新疆维吾尔自治区乌鲁木齐南山林场（场圃总站）

附录八

泰安市机构编制委员会办公室关于核定泰安市徂徕山林场内部机构设置的批复

泰编字〔2011〕68号

市林业局：

你局《关于徂徕山林场内部机构设置的请示》（泰林党字〔2011〕22号）收悉。经研究，同意泰安市徂徕山林场设置党政办公室、人事科、财务科、审计科、生产科、林政科、多种经营科、基建科、职工教育科、老干部科、森林病虫害防治检疫站、森林防火办公室、保卫处、森林公园管理办公室、消防一队、消防二队；设置大寺林区、徂徕林区、王庄林区、锦罗林区、光华寺林区、礤石峪林区、庙子林区、黄石崖林区、王家院林区和太平顶景区。以上机构均为正科级规格，配备科级领导职数90名。党群领导职数按照有关规定配备。同时，撤销原泰安市徂徕山林场消防队。

各内设机构的主要职责是：

1、党政办公室。负责制定林场机关工作制度，起草、审阅各种文件及文字材料；负责公文的收发、处理、文印、档案的使用与管理；负责接待服务工作和来信、来访的办理；协助林场领导处理党委、行政日常事务，处理林场综合性事务。

2、人事科。负责人事管理和机构编制工作；负责干部选拔任用、考核、任免、奖惩、调配和教育培训工作；负责劳资、人事档案管理、职称评聘等工作。

3、财务科。负责编制生产、建设计划，拟定财务年度预算和计划草案，汇总财务月、季、年度报表；负责保管会计凭证、账簿、报表等会计档案资料和资金、有价证券，确保其安全完整；加强资产管理。对固定资产、大型办公用品及时清查核对，确保国有资产安全；负责全场生产资料、办公用品的采购、供应工作。

4、审计科。负责制定林场审计工作发展规划、年度审计工作计划和规章制度，并组织实施；负责专项资金审计，确保专项资金专款专用，杜绝挪用、挤占、截留；负责全场财务收支情况的审计监督。

5、生产科。负责制定林场育苗、造林、森林更新、营林抚育、封山育林工作计划；负责检查指导林区营林技术措施、作业质量及标准要求；负责组织营林作业设计的实施管理及检查验收；负责推广应用林业新成果、新技术，开展科学研究，提高营林管理水平。

6、林政科。负责组织林政执法人员学习各项政策、法律、法规，认真贯彻执行《森林法》及有关规定；负责协调解决林场与周边相邻单位的林地、林木纠纷，查处对林场林地、林木的侵权侵占行为；负责各营林区与地方的边界划定工作。

7、多种经营科。负责林场多种经营项目的发展、管理和统计工作；负责编制年度计划和长远规划，制定安全生产细则、技术操作规程和质量管理标准；负责引进外资，扩大多种经营项目范围，检查、监督各项任务指标的完成情况；负责政策引导，技术指导，处理资源保护与开发利用的关系。

8、基建科。负责林场基本建设工作，提出建设规划方案，并组织实施；负责预算管理，掌握市场建材行情，编制工程预算，并组织人员检查验收；负责安全生产、确保工程质量；检查、维修全场房舍、院墙及其他建筑设施。

9、职工教育科。负责制定职工培训、业余教育规划和年度计划；负责举办各种类型的技术讲座和文化补习班；负责与有关院校、科研单位开展横向联合，组织学术交流和协作；负责职工思想道德、法制教育和文明单位的争创工作。

10、老干部科。负责林场老干部的管理和服务工作。负责组织老干部学习国家政策、法律、法规及各项文件精神，及时反馈老干部的意见和建议；负责老干部的医疗卫生保健工作。

11、森林病虫害防治检疫站。负责林场林木病虫害的监测防治工作，制定林场年度测报与防治计划；负责植物检疫、野生动植物及古树名木的保护管理工作；负责实施林木、林产品产地和调运检疫，预防有害生物入侵。

12、森林防火办公室。提出森林防火年度工作要点和实施意见；开展森林防火宣传教育，制定森林防火措施，组织群众预防森林火灾；制定扑火预备方案，组织扑救森林火灾；负责上报和发布森林火情信息；负责组织、培训林场森林防火队伍；制定森防基础设施建设规划，并监督实施；负责值班备勤工作，值班记录登记。

13、保卫处。负责制定安全制度，完善安全教育机制，布置检查落实各种防范措施；积极开展治安防范和打击处理违法犯罪行为的各项工作；负责落实安全保卫责任制，做好防止盗窃、火灾、破坏和其他治安灾害事故的工作；协助公安机关侦破各类案件，查处治安案件。

14、森林公园管理办公室。拟定森林公园的开发建设和管理计划，并组织实施；编制森林公园开发建设总体规划和年度工作计划，并组织实施；拟定森林公园的广告、策划、宣传工作和导游词的编写；负责管理森林公园导游员、售票员及卫生清洁员的工作；负责接待和处理游客的投诉。

15、消防队（一队、二队）。负责预防和扑救森林火灾，消除火灾隐患；积极应对各类突发性林火事件，实施先期处理；实施护林巡查工作，负责林区内的林火监控工作；做好灭火器具的保养和维修工作，开展各种岗位练兵活动。

16、各林（景）区。拟定本林区的生态建设、森林资源培育、保护、管理的具体措施、管理办法和规章制度；编制本林区的造林绿化、森林资源培育发展计划和年度计划；负责本林区“三防”体系建设和具体措施的落实；负责组织开展本林区的日常管理和生产工作，落实林区设施维护、运行保障和人员管理，落实营造林的管护、抚育等经营措施。

泰安市机构编制委员会办公室

二〇一一年八月三十日

附录九

泰安市机构编制委员会
关于市徂徕山林场等单位机构编制事项的批复

泰编字〔2011〕47号

市林业局、市徂徕山林场、市林科院：

你局《关于申请核定市徂徕山林场、市林科院领导职数的请示》（泰林党字〔2011〕19号）收悉。经研究，同意：

1、泰安市徂徕山林场（徂徕山国家森林公园管理委员会）加挂山东泰安徂徕山省级自然保护区管理局牌子，配备场长（主任、局长）1名，副场长（副主任、副局长）5名，总工程师1名，党群组织的领导职数按有关规定配备。

2、泰安市泰山林业科学研究院配备院长1名，副院长4名，总工程师1名，党群组织的领导职数按有关规定配备。

泰安市机构编制委员会

二〇一一年十二月二十九日

附录十

山东省环境保护厅
关于命名红叶谷生态文化旅游区等
33家单位为第二批省级环境教育基地的通报

鲁环函〔2012〕53号

各市环保局：

根据《关于申报第二批省级环境教育基地的通知》（鲁环办〔2010〕59号）要求，

各市加强对环境教育示范单位的指导和支持，积极组织创建活动和申报工作。通过创建活动，示范单位提高了环境教育的工作水平，为公众学习环保知识、参与环保实践提供了平台，促进了当地环境教育工作的深入开展，产生了良好的社会效应。在各市推荐的基础上，经研究决定，命名红叶谷生态文化旅游区等33家单位为第二批省级环境教育基地。希望这33家单位进一步完善各项措施，更好地发挥环境教育与服务功能，积极开展公众环境教育，为生态山东建设做出更大的贡献。

附件：第二批省级环境教育基地名单

山东省环境保护厅

二〇一二年一月三十一日

附件：

第二批省级环境教育基地名单

济南：

红叶谷生态文化旅游区

平阴镇圣母山生态农业观光园

光大水务（济南）污水处理厂

济南市市中区国防教育基地

青岛：

崂山区汉河小学环境教育基地

崂山区晓望小学环境教育基地

淄博：

山东峨庄古村落国家森林公园

枣庄：

山东滕州莲青山生态旅游区

薛城蟠龙河湿地

东营：

广饶县孙子文化旅游区

烟台：

烟台东炮台海滨风景区

莱州黄金海岸旅游地产有限公司黄金海岸（一期）

潍坊：

昌邑市绿化苗木博览园

临朐县沂山风景区

寿光林海生态博览园

安丘市青少年科技创新实践教育基地

济宁：

兖州煤业股份有限公司济宁三号煤矿

微山县微山岛景区

微山县南四湖人工湿地

泰安：

泰安市徂徕山省级自然保护区

东平县东平湖风景名胜区

威海：

山东乳山大乳山滨海旅游度假区

日照：

日照市固体废物处理中心

莒县浮来山风景区

临沂：

武河万亩湿地水质净化工程

沂水天然地下画廊旅游景区

德州：

齐河黄河国际生态城（一期）

临邑县红坛寺省级森林公园

聊城：

聊城植物园

东阿县曹植公园

滨州：

龙福环能科技股份有限公司

山东嘉业生态园

菏泽：

单县浮龙湖生态旅游经济开发区

索　引

古龙松

一、本索引共设要目索引、人物索引、表格索引三部分。

二、要目索引和人物索引以词题的首字拼音声母顺序排列。表格索引以在本志中页码先后为序。

三、相同词题的索引按页码先后顺序集中排列于其下。

四、词题内容较多的以词题的首句作为索引词题，并按词题的首字拼音声母顺序排序。

一、要目索引

D

E

F

G

H

J

K

L

M

N

P

Q

R

S

T

Y

二、人物索引

三、表格索引

《徂徕山志》志稿评审人员

翟世林　李　刚　屈婉情　王书高　马　辉　魏云刚
陈玉泉　吕继祥　王笃银

《徂徕山志》参与编纂人员

部门、单位审稿人员

（以姓氏笔画为序）

边炳梓　朱致伟　刘合利　刘燕林　李耀德　周晓东
孟　娟　臧　萍

部门、单位供稿人员

（以姓氏笔画为序）

王衍婷　刘玉朴　刘灿华　李建蔚　李贵友　李钦峰
李继生　张兴广　张秀岭　张焕兰　张　琰　张　谦
陈　雷　周　郢　郑连霞　郑应茂　施增玺　贾庆芸
高　锋　高　雷　崔广强　程宝珠　焦圣涛

摄　影：（以姓氏笔画为序）

王庆禄　冯　燕　边　梅　刘　杨　刘兆瑞　江卫昌
李　明　李长勇　李金明　张　捷　张兴广　陈　勇
周　钢　赵　敏　赵其增　郭朋朋

编印务：赵　兵

编 后 记

《徂徕山志》编纂是泰安市委、市政府“推进全市旅游与文化融合发展、构建泰山大旅游大产业格局”而作出的一项重要决策，由市地方史志办公室编纂，是徂徕山历史上的首部志书。编纂工作自2012年4月开始，至2015年10月出版。其间，经历了以下五个阶段：

一、组织筹备阶段。2012年4月，根据徂徕山林场编纂的《徂徕山志》初稿，开始起草《徂徕山志》篇目和编纂方案，并把志书的下限由2009年延长至2012年。5月，召开《徂徕山志》篇目研讨会，对《徂徕山志》篇目进行研讨。6月，印发《徂徕山志》篇目（征求意见稿），征求有关县（市、区）、部门、单位对篇目设计的意见，对篇目进行反复讨论修改。10月10日，纪念泰安市新方志编修30周年暨《徂徕山志》编纂工作会议召开，《徂徕山志》编纂工作正式全面展开。11月，分系统对有关部门、单位的供稿人员进行修志业务培训2次。

二、全面组稿阶段。2012年12月起，徂徕山林场、有关乡镇和部门、单位按总体框架设计和章节目分工，在资料收集整理的基础上，开始进行初稿撰写，提供志稿稿件。各分工编辑按照分工，主动撰写样稿，并深入部门、单位及时帮助供稿人员解决业务难题，督促指导志稿撰写。为提高志书质量，加快供稿进度，聘请4名专家、教授为特邀供稿人，并组织有关专家对重点人物、事件、碑刻、遗迹遗址等进行现场考证，对个别重点、难点的节目，采用编辑现场采编的方式撰写志稿。至2013年5月，除个别单位外供稿工作基本完成。

三、编辑总纂阶段。2013年6月起，组织力量以章为单位进行编辑分纂。采取逐章落实责任、加强调度督促、加班加点、召开编辑业务研讨会等措施，千方百计加快编纂进度、提高志书质量。对存在的问题及时与单位供稿人员对接，随时进行补充完善；对供稿单位供稿不及时、供稿质量较差或提供资料不完整的单位，采取到供稿单位现场指导、帮助查阅资料档案等办法补充资料。同时，分工编辑以章为单位按照志稿“齐、清、定”的要求，将编辑稿按编审流程依次送副主编、常务副主编审稿，最后由主编进行统编总纂。2013年12月，形成征求意见稿。

四、征求意见阶段。2014年1月，市编委会印发《关于审核〈徂徕山志〉征求意见稿的通知》，按照属地管理的原则，要求有关部门、单位对有关章节进行审核，提出修改意见，由单位盖章、主要负责人签字后上报市史志办。同时，组织编辑交叉看稿。根据承撰部门、单位反馈的意见和编辑交叉看稿的情况，对存在的问题进行了专门研究讨论、梳理归纳，制定修改标准，分工编辑对志稿进行了又一次大的修改补充和精加工。

五、评审加工阶段。2014年10月，省史志办和省、市10多名专家、教授对《徂徕山志》

志稿进行了评审。一致认为《徂徕山志》志稿观点正确，体例完备；内容全面，资料性强；总体结构科学、合理；时代性和地方特色比较突出；文字记述通顺流畅，基本达到了出版要求。同时，对志稿的进一步修改提出了意见和建议。根据方志出版社和评审会上专家、教授提出的意见和建议，组织编纂人员对提出的意见和建议，逐条逐字进行了认真梳理归纳，制定科学合理、规范统一的修改标准，集中一个多月时间，又一次对志稿进行了再修改、再补充、再完善、再提高。2014年11月，形成送审稿，报泰安市人民政府批准出版。12月，市政府印发《关于同意出版〈徂徕山志〉的批复》（泰政函〔2014〕118号），批准《徂徕山志》正式出版。

《徂徕山志》是全市第二轮志书规划中的重点志书之一。2004年，泰安市徂徕山林场开始启动《徂徕山志》的编纂工作。林场领导高度重视该志的编纂工作，成立了编纂委员会和编审领导机构，先后经历了篇目设计、资料收集、统编总纂、征求意见、修改补充五个阶段，记事时间上限自事物发端，下限至2009年。2010年12月，市徂徕山林场初步完成《徂徕山志》资料的收集整理和初稿的撰写工作，形成了《徂徕山志》初稿。在编纂过程中，市史志办选派业务技术骨干进行了全过程的业务指导，及时帮助徂徕山林场解决编纂过程中遇到的业务困难和技术难题。徂徕山林场参编人员克服种种困难，以修志奉献为已任，默默耕耘，始终保持着一丝不苟的工作态度和昂扬向上的精神状态，为资料的收集、初稿的撰写做了大量卓有成效的编纂工作，为下一步《徂徕山志》的编纂工作打下了坚实的基础。为此，谨向市徂徕山林场参编人员表示衷心的感谢！

《徂徕山志》编纂具体分工是：责任编辑曹成义负责概述、山区居民章的编辑工作，会同张兴广、高锋、郑应茂、朱海涛分别负责植物资源、动物资源、人物、附录的编辑工作；责任编辑高兴学负责大事记的编辑工作，会同张兴广、焦圣涛、程宝珠分别负责地理环境、水文，旅游、林场管理章的编辑工作；责任编辑赵兵负责编印务、时政图片的编辑工作，会同焦圣涛负责风景名胜、文物古迹、宗教章的编辑工作；责任编辑袁立轩负责徂徕山抗日武装起义章的编辑工作；责任编辑戚淑娟负责石刻章的编辑工作，会同郑应茂负责艺文章的编辑工作。2012年4月至2014年1月，主编田书阳主持全书的编纂工作。2014年1月起，主编王天宇主持全书的编纂工作，并负责全书的整体设计、宏观把握、篇目调整、统编总纂等工作。常务副主编边炳梓、曹成义负责编纂组织，并对分工的志稿进行了审稿。副主编高兴学、周晓东、陈树秋分别对分工的志稿进行了审稿。

在《徂徕山志》编纂过程中，得到了市委、市政府、省业务部门及各级领导的高度重视、支持和社会各界关心、帮助。市委书记、市人大常委会主任李洪峰，市委副书记、市长王云鹏等领导经常听取取编纂情况汇报，并审定志书稿件。副市长徐恩虎、成丽经常调度编纂进展情况，协调解决志书编纂中的具体问题。市人大、市政协、市政府办公室、市财政局、市林业局、市档案局、市委党史办、市徂徕山林场，有关县（市、区）史志办、乡镇等单位在督促供稿、组织审稿、经费保障、资料提供及查证等方面给予了大力支持和帮助，市摄影文化研究会及摄影爱好者积极提供图片资料，增强了志书的可读性。各有关部门、单位的供稿人员按照要求，尽心尽力为志书供稿，收集、提供文字及图片资料，付出了大量的心血和汗水。市史志办参编人员以对历史负责、对党和人民的事业高度负责的精神，克服任务重、工作量大、资料短缺等困难，始终保持昂扬的工作热情和精益求精的精神，扎扎实实，任劳任怨，加班加点，无私奉献，为《徂徕山志》的编纂做出了应有的贡献。泰山学院副研究员周郢应邀承担了大事记（古代部分）、石刻、艺文（古代部分）的供稿，市史志办退休干部李继生、泰山区史志办副主任刘玉朴应邀分别承担了地质、民间习俗的供稿，山东农业大学教授臧德奎、副教授康明江分别对植物资源、动物资源进行了审稿。在该志书出版之际，谨向为《徂徕山志》的编纂付出心血和汗水的各位领导、专家和社会各界人士致以崇高的敬意和衷心的感谢！

编纂《徂徕山志》是一项工作量大、内容浩繁的系统文化工程。虽数易其稿，但由于本志书横陈百科，涉及面广，在历史上尚属首次，加上我们掌握的资料匮乏和水平所限，难免有遗漏和错误之处，敬请广大读者批评指正。

编　者

2015年10月